Das Werk

Revisionen

Grundbegriffe der Literaturtheorie

Herausgegeben
von

Fotis Jannidis

Gerhard Lauer

Matías Martínez

Simone Winko

5

De Gruyter

Das Werk

Zum Verschwinden und Fortwirken eines Grundbegriffs

Herausgegeben
von

Lutz Danneberg
Annette Gilbert
Carlos Spoerhase

De Gruyter

Gefördert von der VolkswagenStiftung

ISBN 978-3-11-221602-6
e-ISBN (PDF) 978-3-11-052588-5
e-ISBN (EPUB) 978-3-11-052543-4

Library of Congress Control Number: 2019936233

Bibliografische Information der Deutschen Nationalbibliothek
Die Deutsche Nationalbibliothek verzeichnet diese Publikation in der
Deutschen Nationalbibliografie; detaillierte bibliografische Daten sind im Internet
über *http://dnb.dnb.de* abrufbar.

© 2025 Walter de Gruyter GmbH, Berlin/Boston
Dieser Band ist text- und seitenidentisch mit der 2019 erschienenen gebundenen Ausgabe.

Satz: Meta Systems Publishing & Printservices GmbH, Wustermark
Druck: CPI books GmbH, Leck

www.degruyter.com

Inhalt

Einleitung

LUTZ DANNEBERG/ANNETTE GILBERT/
CARLOS SPOERHASE
Zur Gegenwart des Werks 3

I. Ontologien des Werks: Status und Seinsweise

AMIE L. THOMASSON
Die Ontologie literarischer Werke 29

DANIEL MARTIN FEIGE
Das Werk im Lichte der Logik der Improvisation 47

II. Praktiken des Werks:
Gebrauchsform und Funktionsweise

THOMAS KATER
Im Werkfokus: Grundlinien und Elemente eines pragmatischen
Werkbegriffs. 67

STEFFEN MARTUS
Die Praxis des Werks 93

SIMONE WINKO
Zum Werkbegriff in der gegenwärtigen Interpretationspraxis:
Exemplarische Untersuchungen 131

III. Materialitäten des Werks: Buchformat und Druckwerk

ALEXANDER STARRE
Buchwerke: Paratext und post-digitale Materialität
in der amerikanischen Gegenwartsliteratur 169

DIRK NIEFANGER
Drama als Werk 191

IV. Institutionen des Werks: Archiv und Bibliothek

MAGNUS WIELAND
Werkgenesen: Anfang und Ende des Werks im Archiv 213

ERIC W. STEINHAUER
Regelwerke: Normative Werkkonzepte in Bibliotheks-
und Rechtswissenschaft 237

V. Grenzen des Werks: Serie und Fortsetzung

CLAUDIA STOCKINGER
Werk in Serie? Werkförmigkeit unter den Bedingungen
von Populärkultur 259

NORA RAMTKE
Allographe Fortsetzungen als prätendierte Werkeinheiten 303

VI. Hermeneutiken des Werks: Intention und Interpretation

OLAV KRÄMER
Kommunikative Funktion oder Autonomie? Der Werkbegriff
in neueren intentionalistischen Interpretationstheorien 329

JØRGEN SNEIS
Das ‚Leben' des Werks: Das literarische Werk im Spannungsfeld
zwischen Interpretation, Ästhetik und Wirkungsgeschichte 351

WERNER WOLF
‚Du texte à l'œuvre'? Zur Sinnhaftigkeit der Restauration bzw.
Wiederverwendung des Werkbegriffs als eines Grundkonzeptes
nicht nur der Literaturwissenschaft. 379

VII. Diskurse des Werks: Kunst und Wissenschaft

ANDREA POLASCHEGG
Der Gegenstand im Kopf: Zur mentalistischen Erbschaft
des Werkkonzepts auf dem Sparbuch literaturwissenschaftlicher
Objektivität 399

ANDREA ALBRECHT
„Der Weg zum Werk": Werkkonzepte zwischen Kunst,
Essayistik und Wissenschaft bei Georg Lukács. 419

KAI SINA
Spätwerke in Literatur und Literaturwissenschaft: Phänomen und
Begriff 477

Ausblick

ANNETTE GILBERT
Die Zukünfte des Werks: Kleiner Abriss der Gegenwartsliteratur
mit Blick auf die Werkdebatte von Morgen 495

Namenregister 551

Einleitung

LUTZ DANNEBERG/ANNETTE GILBERT/
CARLOS SPOERHASE

Zur Gegenwart des Werks

1.

Was ist ein literarisches Werk? Wie lässt es sich begrifflich fassen? Wie kann es identifiziert werden? Welche ästhetische Relevanz hat der Sachverhalt, dass es sich bei einem Gegenstand um ein „Werk" handelt? Welche Konsequenzen hat diese Zuschreibung für die Beschreibung, Interpretation und Wertung innerhalb und außerhalb der Literaturwissenschaft? Auf diese und ähnliche Fragen geben tagaus tagein Philologinnen, Buchhändler, Bibliothekarinnen, Archivare, Herausgeberinnen, Verleger, Juristinnen und Leser intuitiv Antwort. Diese täglich unter Beweis gestellte Kompetenz im Umgang mit literarischen Werken trifft allerdings auf ein erstaunliches Theoriedefizit, hat der Werkbegriff doch seit einigen Jahrzehnten die Arena literaturwissenschaftlicher Debatten verlassen. Die im wissenschaftlichen, aber auch alltäglichen Umgang mit literarischen Werken entwickelten Instrumente und Strategien zur Werkwerdung, Werkproduktion, Werkherrschaft, Werkevaluation, Werkrezeption etc. sind schon lange nicht mehr Gegenstand literaturwissenschaftlicher Forschung, weil im Rahmen der Literaturtheorie der 1970er Jahre die Werkkategorie ebenso nachdrücklich kritisiert wie programmatisch verworfen wurde.[1]

So wurde ausgehend von einer Theorie der performativen Künste vor allem in der Theaterwissenschaft der Aufführungscharakter des Kunstwerks untersucht und in diesem Rahmen die Werkästhetik von einer Ereignisästhetik abgelöst, die für ästhetische Ereignisse den Vollzugscharakter, die Flüchtigkeit und das Zusammenwirken von Produzent und Rezipient hervorhebt. Die Prozessualität, die Unwiederholbarkeit und der Interaktionscharakter des ästhetischen Ereignisses sollten Werkkonzeptionen insgesamt als anachronistische, der aktuellen ästhetischen Praxis nicht mehr

---

1 Vgl. u. a. Wehrli: Schwinden.

angemessene Analysekategorie desavouieren. Parallel dazu wurde in den Philologien und der kontinentalen Philosophie statt vom Werk allenthalben nur noch vom Text gesprochen. Unter der Ägide sowohl einer linguistischen Texttheorie als auch einer linguistisch orientierten Sprachphilosophie wurde der Text seit den 1970er Jahren zur zentralen literaturwissenschaftlichen Gegenstandskategorie. Aus der Perspektive einer poststrukturalistischen Intertextualitätstheorie, der Semiotik, der Diskursanalyse, der Dekonstruktion oder der „critique génétique" wurde der Werkbegriff als eine überholte Kategorie verstanden, deren ideologisch suspekte Funktionsweise man allenfalls analysieren könne. Am deutlichsten ist diese Tendenz sicherlich bei Roland Barthes, der nicht allein mit dem Slogan „Vom Werk zum Text" den Werkbegriff völlig verabschiedet, sondern in seinen Schriften auch eine nicht mehr auf ein Werk bezogene „Intransitivität" literarischen Schreibens hervorhebt und damit eine lange, einflussreiche werkkritische Poetik vorschlägt.[2] Diese Kritik am Werk hat sich in der Literaturwissenschaft durchgesetzt.

Obwohl viele literaturwissenschaftliche Fundamentalkategorien, die während der poststrukturalistischen Phase weitgehend anathematisiert worden waren, in den letzten Jahren eine kritische Neubewertung erfahren haben (Autor, Interpretation, Hermeneutik, Philologie), hat eine derartige Revision des Werkbegriffs bisher nicht stattgefunden. Selbst im Zuge der intensiven und produktiven Debatten um eine theoretische Revision des Autorkonzepts, das aufs engste mit dem Werk(begriff) verbunden ist, wurde nur selten der unleugbare Zusammenhang von Werk(begriff) und Autor(begriff) thematisiert und noch seltener der Werkbegriff selbst umfassender problematisiert. Gerade für eine poetologische und ästhetische Kategorie, die seit der Antike diskursprägend gewesen ist, muss dieser Sachverhalt verwundern. Wie soll man angesichts dieser aktuellen Konstellation vorgehen?

Ein vielversprechender Zugang könnte in diesem Zusammenhang die Wiederaufnahme der Theoriediskussion und damit einhergehend die kritische Relektüre grundlegender Texte der werkkritischen Literaturtheorie sein. Es lassen sich darin nämlich bereits interessante Ansätze zu einer weiterführenden Diskussion des Werkbegriffs finden: Schon Michel Foucault legte schließlich einen Konnex zwischen Autor und Werk nahe, wenn er in seinem Vortrag „Was ist ein Autor?" konstatierte, dass es an einer Theorie des Werks mangele: „Was ist ein Werk? Worin besteht diese merk-

---

2 Wobei der späte Barthes wieder auf den Werkbegriff zurückkommt; vgl. dazu Morgenroth: 1978.

würdige Einheit, die man als Werk bezeichnet?"³ Diese Frage wird von Foucault nicht beantwortet; sie ist allerdings, wie auch die jüngere philologische Diskussion über die Edition, Beschreibung, Interpretation und Wertung von Literatur zeigt, keineswegs einfach zu beantworten.

Nicht minder vielversprechend könnte die Fokussierung der verschiedenen Verwendungspraktiken des Werkbegriffs sein. Entgegen mancher Positionen in der Theoriedebatte würde man hier von einem einheitlichen Werkbegriff, der durch eine kritische Geste ‚widerlegt' werden könne, sinnvollerweise gar nicht ausgehen. Wie viele andere Begriffe – man denke nur an den Autorbegriff – ist auch der Werkbegriff in vielen Disziplinen, Diskursen, intellektuellen Feldern und institutionellen Praxiszusammenhängen anzutreffen und hat dementsprechend unterschiedliche Modellierungen und Bestimmungen erfahren. Der juristische Werkbegriff etwa hat nur wenige Überschneidungen mit der Definition eines literarischen Werks, wie sie in den Richtlinien zur Katalogisierung von Büchern in wissenschaftlichen Bibliotheken oder in den ISBN-Vergaberegeln im Buchhandel anzutreffen ist. Diese Varietät des Werkbegriffs trifft selbst auf die Philologie zu, bedenkt man die verschiedenen Explikationen und auch Funktionalisierungen, die das Werk bzw. der Werkbegriff etwa im Bereich der editionsphilologischen Grundlagendebatte und der literaturästhetischen Theoriebildung erhält.

Angesichts dieser vielfältigen Verwendungsweisen des Werkbegriffs reicht es nicht aus, sich auf Minimaldefinitionen zu einigen. Sicher: Ein (literarisches) Werk hat Grenzen; es bezeichnet die Umrisslinien einer Textmenge.⁴ Doch gibt es ganz unterschiedliche Möglichkeiten, diese Umrisslinien herzustellen. Sind beispielsweise bereits die Manuskripte einer Erzählung das Werk? Oder die in einer Zeitschrift seriell publizierte Fassung? Oder die erste Publikation in einer buchförmigen Erzählsammlung? Oder aber die nach philologischen Kriterien konstituierte Version in einer Werkausgabe? Oder ist die ‚Summe' dieser divergierenden Versionen das Werk? Das Problem, was genau zum Werk gehört und was nicht, stellt sich, wie in neueren Studien zur ‚Werkpolitik' gezeigt wurde, nicht erst für den Philologen, sondern bereits für den Autor. Darüber hinaus rücken jüngere literarische Entwicklungen die Frage der Grenzen des Werks in ein neues Licht: etwa die Fan Fiction, in der Geschichten weitererzählt oder umgeschrieben werden sowie fiktive Figuren weiterleben, was die Frage nach den Grenzen eines Werks auch aus narratologischer und fiktionalitätstheoretischer Sicht wieder aktuell werden lässt. Und der Einzug des

---

3 Foucault: Autor, S. 240.
4 Vgl. Zons: Ursprung, S. 106.

Digitalen führt schließlich zu einer medial-materiellen Konstellation, die neue Fragen hinsichtlich der Stabilität und des Seinszustands des literarischen Werks aufwirft. Gerade die ästhetischen und medialen Veränderungen in unserer unmittelbaren Gegenwart bieten also gute Voraussetzungen, sich der Untersuchung der Gebrauchsweisen des Werkbegriffs neu zu widmen.

2.

So hat in den letzten Jahren eine entschiedene Ausdifferenzierung der Werkmedien der Literatur stattgefunden,[5] in deren Laufe dasjenige Werkmedium, das das literarische Leben der letzten Jahrhunderte entscheidend bestimmt, ja dominiert hat, in bedeutendem Maße an Boden verloren hat: das gedruckte Buch. Das biblionome Zeitalter, in dem das Buch „die grundlegende Existenzform des literarischen Kunstwerks" bildete und maßgeblich unsere Vorstellung des literarischen Werks prägte, geht seinem Ende entgegen.[6] Mit dem Ausklingen dieser engen „medienhistorischen Verbindung von ‚Buch' und ‚Werk'" verliert auch die darauf aufbauende, stark ausgeprägte „Buchförmigkeit der Werkkonzeption" an Überzeugungskraft.[7] Diese Fixierung der Literaturwissenschaft auf das gedruckte Buch als bevorzugtes, ja ideales Werkmedium der Literatur wird spätestens mit der digitalen Wende prekär. Diese eröffnet neue mediale Möglichkeitsräume und geht mit einer beispiellosen Diversifizierung der Medien und Gattungen einher, in denen Literatur in Erscheinung treten kann. Das Spektrum medialer Werkformate hat sich in kürzester Zeit beträchtlich erweitert, etwa um die Codepoetry, Hypertextliteratur, Interactive Fiction, kinetische Poesie, elektroakustische Dichtung, Handyromane, Blogs, Instapoetry und Twitteratur. Diese fordern nicht nur geänderte Rezeptionspraktiken ein, etwa wenn das in Japan weit verbreitete Genre des Handyromans die übliche vertikale Leserichtung gedruckter japanischer Texte unterläuft oder wenn sich bei Hypertexten und Textadventures jede Leserin einen eigenen Weg durch den Text sucht. Die neuen digitalen Werkformate berühren auch substanzielle Eigenschaften des Werks in einem ontologischen

---

5 In Anlehnung an Binczek/Dembeck/Schäfer: Einleitung, wird unter ‚Werkmedium' das Medium verstanden, in dem sich das literarische Werk konstituiert, zur Erscheinung kommt und in die literarische Kommunikation eintritt, wobei das jeweilige Medium das Werk entscheidend mit hervorbringt und prägt.
6 Chvatík: Artefakt, S. 43. Zum biblionomen Zeitalter vgl. Illich: Weinberg.
7 Martus: Dichtung, S. 75.

Sinn, etwa wenn sich in Programmiersprache verfasste Perl Poems selbst ausführen und so ein mehrschichtiges, zwischen Tiefen- und Oberflächendimension oszillierendes Werk entsteht, das mehrere Aggregatzustände enthält: Sowohl der Programmcode als auch die Performanz der Prozessierung und der produzierte Output sind prinzipiell lesbar. Das graphische Erscheinungsbild eines literarischen Werks, das den jüngsten Ergebnissen der materialitätsorientierten Philologie zufolge grundsätzlich als potentiell bedeutsames Interpretament zu gelten hat,[8] wird von den Designern digitaler Lesemedien hingegen de facto zur akzidentiellen Eigenschaft erklärt, wenn sie die Darstellung der Texte auf dem Bildschirm mithilfe des Responsive Designs flexibilisieren, so dass sie individuell an Leser oder Gerät angepasst werden kann. Hier zeigt sich die grundlegend andere Verfasstheit digitaler literarischer Werke, die sich wesentlich über das Zusammenspiel von Code und Darstellung definieren, welches seinerseits immer an eine spezifische historische Konstellation von Soft- und Hardware gebunden ist. Digitale Werke sind daher einem viel schnelleren Verfall ausgesetzt als es Druckwerke und Handschriften je waren, jede neue Gerätegeneration oder Softwareversion stellt potentiell eine Bedrohung für die Überlieferung dar.

Damit erfordern diese neuen digitalen Werkmedien zwingend entsprechend angepasste philologische Werkumgangsformen und setzen zugleich eine fundierte technische und medienphilologische Ausbildung voraus. Darüber hinaus muss ein ähnlich differenziertes Beschreibungsvokabular für sie erarbeitet werden wie für das gedruckte Medium. Dass die Begrifflichkeiten nicht einfach übertragen werden können, weil sie „absolutely dependent on the material speciality of their medium"[9] sind, ist leicht an zentralen Begriffen wie Version, Auflage oder Edition erkennbar, die im Analogen und Digitalen jeweils sehr unterschiedliche Phänomene bezeichnen. In Analogie zu ähnlichen Fragestellungen der editionsphilologischen Forschung zu Druck- und Buchwerken muss auch in Bezug auf digitale Werkmedien erst noch eine Einigung darüber erzielt werden, ob es beispielsweise einen Unterschied macht, einen Hypertext auf einem Apple oder einem PC, ein Textadventure auf einem C64 oder in HTML5 im Browser, Twitteratur in der persönlichen Timeline auf dem Smartphone, als fortlaufenden Nachrichtenstrom im Browser oder gar offline, losgelöst vom ursprünglichen Erscheinungskontext der sozialen Mikrobloggingplattform, in Buchform zu lesen. Aufbauend darauf ließe sich dann diskutieren, wie eine historisch-kritische Edition digitaler Werke sinnvoller- und prakti-

---

8 Vgl. z. B. Falk/Rahn: Ausweitung.
9 Kirschenbaum: Editing, S. 46.

scherweise aussehen könnte und wie die Archivierung und Überlieferung digitaler literarischer Werke sichergestellt werden kann. Geklärt werden müsste dabei auch, welche Elemente – neben der reinen Textüberlieferung – jeweils als werkrelevant bewahrt werden sollten: Das mögliche Spektrum reicht hier von der Funktionalität und Ausführbarkeit des Werks (Läuft das System auf den Geräten späterer Generationen noch?) über seine Operativität (Läuft die Steuerung über Tastaturbefehle, die Maus oder den Touchscreen? Ist Interaktion weiterhin möglich?) und sein Erscheinungsbild (Ist es das originäre oder variiert es?) bis hin zu seinem spezifischen Publikationskontext (insbesondere im Fall von Netzliteratur und Social Media). Digitale Werkmedien erweisen sich somit als äußerst komplexe Materie.

Gerade Literatur im Netz oder in den Social Media lässt darüber hinaus ein weiteres grundlegendes Kriterium der Werkwerdung fragwürdig werden, das offenkundig einst aus den institutionalisierten Praktiken rund um das gedruckte Buch abgeleitet wurde: das Kriterium der Veröffentlichung, das bisher als unverzichtbare Voraussetzung der Sozialisierung und Werkwerdung von Texten gehandelt wurde.[10] Der Unterschied zwischen privatem und öffentlichem Schreiben, der auch schon im biblionomen Zeitalter Graubereiche kannte,[11] ist im digitalen Zeitalter jedoch in Auflösung begriffen. Schon heute entsteht ein Großteil aller Texte netzöffentlich. Darüber hinaus scheint die gegenwärtige gesellschaftliche Entwicklung darauf hinzudeuten, dass in Zukunft alles Digitale per se öffentlich ist, auch wenn sich diese (Netz-)Öffentlichkeit, etwa im Rückgriff auf die Zahl der Follower, Likes, Retweets etc., graduell differenzieren ließe. Es braucht somit, wenn wir am Kriterium der Sozialisierung von Texten als Voraussetzung ihrer Werkwerdung festhalten wollen, eine Rekonzeptualisierung unseres Verständnisses von Öffentlichkeit und Veröffentlichung, das sich von der Bindung an das gedruckte Medium lösen und sowohl die Niedrigschwelligkeit der Produktions- und Publikationsmöglichkeiten im digitalen Raum als auch die potentiell neuartigen und je nach Werkmedium differierenden Strategien, Praktiken und Institutionen des ‚Öffentlichmachens' literarischer Produktion berücksichtigen muss.

Die Herausforderung einer Rekonzeptualisierung von Werkförmigkeit besteht auch in Bezug auf jene intermedialen, mündlichen und performativen Formate von Literatur, die in der öffentlichen Aufmerksamkeit der letzten Jahre einen unverhofften Boom erlebt haben und die mindestens ebenso großen Anteil an der Diversifizierung der literarischen Werkmedien

---

10 Vgl. Spoerhase: Werk, S. 288 und McGann: Condition, S. 21.
11 Vgl. dazu Spoerhase: Format, S. 51–165.

haben wie die Digitalisierung: von Graphic Novel und Poetry Film über Slam und Spoken Word sowie Hörspiel und Podcast bis hin zu Lesung, Aufführung und Performance. Letztere ist keineswegs nur an bühnenartige Situationen mit leiblicher Kopräsenz von Autor und Publikum gebunden. Von einer „,performative[n] Wende'" lässt sich auch in Bezug auf den digitalen Raum sprechen, wo etwa das Erscheinen von Text, der Akt des Schreibens bzw. Lesens oder aber Mensch-Maschine- bzw. Mensch-Mensch-Interaktionen aufgeführt und in ihrer Ereignis- und Prozesshaftigkeit in Szene gesetzt werden können.[12] Verglichen mit biblionomen Werkeinheiten, denen idealtypisch (Ab-)Geschlossenheit, Dauerhaftigkeit, Stabilität und Reproduzierbarkeit zugesprochen wird, stellen diese prozessualen literarischen Formate innerhalb der literarischen und kunstphilosophischen Werktheorie allerdings Problemfälle dar. Es muss daher oft noch einmal eigens betont werden, dass mündliche oder performative Formate von Literatur ungeachtet ihrer Ereignishaftigkeit und Unwiederholbarkeit Werkcharakter annehmen und sehr wohl dauerhaft in die literarische Kommunikation eintreten können, wenn sie als Werkeinheit entsprechend markiert, begrenzt und gerahmt wurden: „In diesem Sinn erzeugt auch die Situation, in der ein Gedicht vorgetragen wird, ein Werk [...], obgleich der Vortrag bzw. die Lesung sogleich wieder verklingt."[13] Es ist somit geboten, auf die wachsende Vielfalt medialer und ontologischer Erscheinungsformen literarischer Werke mit einer entsprechenden Diversität an Werkmodellen zu reagieren.

Auch in Bezug auf die ästhetische Qualität literarischer Werke muss die Philologie ihren Radius erweitern. Besondere Dringlichkeit gewinnt dieses an sich altbekannte Problem dadurch,[14] dass mit der wachsenden Vielfalt literarischer Werkmedien und der Zunahme literarischer Produzenten und Produzentinnen, die den digitalen Raum als Chance zur Selbstentfaltung nutzen, plötzlich auch Bereiche literarischen Lebens an öffentlicher Sichtbarkeit gewinnen, die sich bisher eher außerhalb des ‚normalen' Betriebs und unter dem Radar der Literaturwissenschaft bewegten. Das liegt nicht nur daran, dass sie sich häufig in anderen Werkmedien als dem Buch manifestieren oder aber über Kanäle außerhalb des institutionellen Buchhandels und Betriebs – an den Lektoren, Verlagen und anderen Gatekeepern vorbei – produziert und verbreitet werden, sei es im Selbstverlag, in den sozialen Medien, in Fan Fiction-Foren oder auf Social Reading-

---

12 Kamphusmann: Performanz, S. 31.
13 Binczek/Dembeck/Schäfer: Einleitung, S. 2.
14 Vgl. die Diskussion um den erweiterten Literaturbegriff z. B. bei Kreuzer: Veränderungen.

Plattformen. Hinzu kommt, dass ein Großteil dieser weitgehend unreguliert entstandenen literarischen (Laien-)Produktion nicht den hohen ästhetischen Ansprüchen genügt, den Philologie und Literaturkritik häufig implizit an literarische Werke anlegen: Sie gilt ihnen oft als nicht in klassischer Buchform publikationsfähig, womit implizit häufig auch ihre Werkfähigkeit (sowie ihre Legitimität als Forschungsgegenstand) in Abrede gestellt wird bzw. vice versa: Publikationsfähigkeit und Werkfähigkeit greifen hier Hand in Hand. An diesem Fall zeigt sich deutlich, dass die Zusprechung von Werkstatus eine kontextrelative Zuschreibung ist und der philologische Umgang mit literarischen Werken zu einem großen Teil von Wertzuschreibungen grundiert ist, die ihrerseits eng an bestimmte Vorstellungen von Literatur gebunden sind. Das literarische Werk erweist sich so als „Kristallisationspunkt von Normen des Umgangs mit Literatur"[15] und in seiner hochgradigen Abhängigkeit von diesen Normen letztlich als „a precarious existence".[16]

Dabei handelt es sich bei Phänomenen wie der Fan Fiction oder Instapoetry nicht selten um äußerst populäre Werke, die von hunderttausenden Leserinnen und Lesern rezipiert werden. Sie bilden somit unzweifelhaft ein kulturell bedeutsames Segment literarischer Produktion der Gegenwart. Noch weitgehend offen ist jedoch, wie die Philologie auf diese Explosion ‚unregulierter' literarischer Produktions- und Publikationspraktiken reagieren und die dabei nachgerade inflationär erzeugten Textmassen bewältigen könnte, bei denen sowohl das individuelle menschliche Lektürevermögen als auch bewährte philologische Lektüreverfahren, Bewertungsmaßstäbe und Analyseinstrumente an ihre Grenzen stoßen.

Unweigerlich kommt es gerade unter diesen veränderten medialen Ausgangsbedingungen auch zu einer (ästhetischen) Neuentdeckung des gedruckten Buchs, das sich im Mediengefüge der Gegenwart neu positionieren muss. Im Zuge dieser Neubefragung avanciert das ‚alte' Medium gegenwärtig unter nicht wenigen Autoren von der unhinterfragten Standardlösung zum Medium der Wahl – es ist bewusst das gedruckte Buch, für das sie sich entscheiden, nicht der Blog, der Hypertext, der Tweet. Die Gründe dafür sind vielfältig. Da ist zum einen die höhere Reputation, die dem gedruckten Medium im Vergleich etwa zu Netzpublikationen nach wie vor eigen ist, es stellt unzweifelhaft noch immer das Eintrittsbillet in den ‚klassischen' Literaturbetrieb dar. Da ist zum anderen die Sorge um die Werkherrschaft, denn weder die Verbreitung und Nutzung noch die Gestalt, die ein Werk in einer digitalen Publikation annimmt, kann ein

---

15 Martus: Werkpolitik, S. 21.
16 Lamarque: Work, S. 232.

Autor noch effektiv kontrollieren. Häufig steht die Rückkehr zum analogen Medium aber auch im Zeichen einer „‚aesthetic of bookishness'";[17] hier geht es um Werke, die die spezifischen Eigenschaften und Möglichkeiten des gedruckten Buchs künstlerisch fruchtbar machen und gezielt in ihr literarisches Konzept einbeziehen, so dass Text und Buch eine untrennbare Einheit bilden und den Charakter von Gesamtkunstwerken annehmen. Diese Buchwerke operieren zugleich als Werke in situ, insofern die in ihnen befindlichen Texte keine „sich zufällig ergebende[n] *Stellen*", sondern nur „konkrete *Orte*" kennen und für sich ein definitives „So-und-nicht-anders-Sein" reklamieren.[18] Will man dem gerecht werden, verbietet es sich in letzter Konsequenz, „die äußere Gestalt des Textes vom Text selbst abzulösen", was die weitere Überlieferung dieser Werke, etwa in Form einer Neuedition, vor eine Herausforderung stellt.[19] Diese Form von ‚Liberature', die man gewohnheitsgemäß wohl am ehesten der Avantgarde oder Buchkunst zuschlagen wird, hat inzwischen längst Eingang in das Programm großer Publikumsverlage gefunden und sich als Erfolgsrezept für Weltbestseller erwiesen, was beweist, dass „it is more than [...] just a coincidence: it is an emergent literary strategy that speaks to our cultural moment."[20]

Gegenläufig dazu scheint die Tendenz zu sein, sich der Herausforderung durch das Digitale zu stellen, indem sich das analoge Medium den geänderten Erwartungshaltungen anpasst und typische Eigenschaften digitaler Medien wie Flexibilität und Interaktivität ansatzweise auch im Druck zu verwirklichen sucht. So erlaubt der Einsatz der Print-on-Demand-Technologie die Herstellung unikaler Exemplare und damit eine stetige Modifizierung der Inhalte sowie Anpassung an spezielle Leserbedürfnisse, weshalb selbst das gedruckte Medium nicht mehr per se als Garant von Text- und Werkstabilität gelten kann. In beiden Fällen handelt es sich allerdings um Rückkopplungseffekte zwischen ‚altem' analogen Medium und ‚neuen' digitalen Medien, die ein starkes Argument dafür sind, die starre Opposition (analog vs. digital) und die damit verbundene Fortschrittserzählung (alt vs. neu) zu hinterfragen. Ein Großteil der literarischen Werke der Gegenwart – auch die, die in gedruckter Buchform erscheinen – entsteht heute

---

17 Pressman: Aesthetic.
18 Alle Zitate aus Reuß: Spielräume, S. 60 [Herv. i. O.].
19 Ebd., S. 80. Folgt man der Argumentation von Reuß, wären solche Buchwerke „nicht mehr mit sichtbarer Differenz *übersetzbar*, sondern nur noch reproduzierbar." Ebd., S. 86 [Herv. i. O.].
20 Pressman: Aesthetic. Zum Begriff der Liberature vgl. Fajfer: Liberature. Alexander Starre prägt den Begriff „bibliographic author" in Starre: Metamedia. Vgl. auch Starre: Buchwerke (in diesem Band).

selbstverständlich am Computer und unter dem Einfluss der digitalen (Netz-)Kultur. Auch das Analoge ist somit hochgradig digital geprägt, so wie sich auch das Digitale noch lange nicht vollständig vom Analogen freigemacht hat.[21] Diese Gemengelage, die in der Kunst- und Medienwissenschaft unter dem Begriff des Postdigitalen verhandelt wird, hat nicht zuletzt zur Folge, dass weder den Medien noch den Werken, die sich in ihnen manifestieren, länger von sich aus bestimmte Eigenschaften wie Fluidität oder Stabilität zugeschrieben werden können.

3.

Neben der medialen Neuordnung lässt sich innerhalb der Gegenwartsliteratur eine tiefgreifende Änderung literarischer Schreib- und Produktionspraktiken beobachten: Die originäre, eigenschöpferische Textproduktion stellt nicht mehr das Nonplusultra dar, was mit etlichen diskursiven Verwerfungen einhergeht und angesichts der starken Bindung der Werkkategorie an die Konzepte von Autorschaft sowie von Originalität und Kreativität auch für die Werkdiskussion relevant ist.

So kommt die automatische Textproduktion mithilfe des Computers inzwischen auch in der Literatur zur Anwendung. Angesichts der leichten Verfügbarkeit und einfachen Bedienbarkeit der entsprechenden Tools gewinnt sie zunehmend auch im literarischen Feld an Gewicht: „Ich selber schreibe keine Bücher, ich lasse sie schreiben",[22] erklärt ein Vertreter dieser Spielart digitaler Literatur provokant, der den Output dieser Form „eskaliterte[n] Schreiben*lassen*[s]"[23] mit seinem Namen signiert, selbst dann, wenn dieser nicht immer in all seinen Details vorhersagbar und kontrollierbar ist.[24] Aus literaturtheoretischer und aus juristischer Perspektive sind derartige computergenerierte literarische Werke jedoch nach wie vor häufig problematisch. So genießen im deutschen Urheberrecht nur „persönliche geistige Schöpfungen" Werkstatus und damit Urheberrechtsschutz (vgl.

---

21 Das digitale Äquivalent dieser Form medialer Akkommodation ist die Skeuomorphie der neuen Medien, die vor der Folie des alten analogen Mediums entworfen wurden und häufig noch immer Handhabung, Optik und Akustik des vertrauten Mediums zu imitieren suchen (z. B. durch Beibehaltung der Seite als Dispositiv oder des Geräuschs des Umblätterns), ohne dass dies medial-materiell und funktional geboten wäre.
22 Gregor Weichbrodt zit. nach Molle: Sphere.
23 Bajohr: Geist [Herv. i. O.].
24 Man könnte von einer Fortführung der Tradition „nichtintentionaler Werkgenese" sprechen, die Holger Schulze noch am Beispiel analoger Literatur, vornehmlich experimenteller und (neo-)avantgardistischer Provenienz, skizziert hat. Vgl. Schulze: Spiel.

§ 2, S. 2 UrhG). Inwiefern computergenerierte Werke das Ergebnis persönlichen, menschlichen Schaffens darstellen, muss noch immer als umstritten gelten, auch wenn zunehmend Berücksichtigung findet, dass der schöpferische auktoriale Akt nicht aufgehoben ist: Auch der Autor digitaler Literatur hat noch immer eine nicht zu unterschätzende Gestaltungsmacht in Bezug auf Konzeption, Produktion, Formgebung, Rahmung und Präsentation seines Werks.

Diese Problematik verschärft sich im Hinblick auf die diversen Spielarten produktiver Rezeption, die in den letzten Jahren gleichfalls beachtlich an Verbreitung gewonnen haben, sowohl in den Künsten als auch im Alltag, in der Netz- und Konsumkultur. Wenn literarische Werke aus der Rezeption bereits existierender Werke erwachsen und diese (oder Teile davon) mehr oder weniger kreativ und originell weiterverarbeiten, ist nicht nur die Schöpfungshöhe umstritten, sondern auch das Konzept der Werkherrschaft in Gefahr. Beispielhaft zu nennen wären die in ihrer Ubiquität kaum noch hinterfragten Praktiken des Kompilierens, Kopierens, Zitierens, Samplens, Collagierens, Remixens, Aneignens usw., die erheblich von der mit der Digitalisierung einsetzenden massiven Verfügbarkeit von Texten sowie von der Einfachheit und Schnelligkeit digitaler Textverarbeitung und Kopiervorgänge profitiert haben. Wie diese Schreib- und Werkpraxis wahrgenommen und bewertet wird, hängt von historisch variierenden Autorschafts- und Werkkonzepten, national differierenden Rechtsprechungen, schwankenden Moralauffassungen sowie volatilen politisch-ökonomischen Machtverhältnissen ab – aber auch von der jeweiligen Autorenperspektive, die nicht selten von einer merkwürdigen Doppelperspektive bestimmt zu sein scheint: Während viele Autoren die prinzipiell freie Zugänglichkeit des literarischen Erbes fordern und jegliche Beschränkung als Hemmnis künstlerischer Kreativität und Freiheit anprangern, möchten dieselben Autoren die Weiterverwendung ihres eigenen Werks doch gern in enge Schranken weisen.

Geradezu zwangsläufig geraten so ästhetisches, juristisches und ethisches Handeln in Konflikt, was tendenziell zu widersprüchlichen Entwicklungen im Umgang mit solchen Werkpraktiken führt. So werden etwa punktuelle Übernahmen von Fremdtext in der Öffentlichkeit immer häufiger als ethisch inakzeptabel gebrandmarkt, wenn sich die Autoren nicht sogar mit Plagiatsvorwürfen konfrontiert sehen. Das Problem scheint dabei jedoch weniger der Akt der Übernahme selbst zu sein als vielmehr die ungenügende Kennzeichnung, die fehlende Quellenangabe oder auch die unterschiedliche Behandlung der Quellen starker und schwacher Autoren. Den Autoren wird deshalb inzwischen immer öfter (etwa von ihren Verlagen) die Beifügung eines Quellenverzeichnisses angeraten. Offen, ja offensiv wird der Akt der Aneignung hingegen in der Appropriation Literature,

Found Poetry und Erasure Poetry zelebriert. Im Extremfall wird dabei ein einziges Fremdwerk in seiner Gänze übernommen und dergestalt das immer schon problembelastete Verhältnis von Original und Kopie neu aufgerollt. Zugleich wird dabei nonchalant das geltende Urheberrecht, das die freie Nutzung allenfalls von Teilen eines Werks erlaubt, ad absurdum geführt. Ebenso konfliktreich gestalten sich jene kuratorisch-editorischen Projekte, die auf der Sammlung, Selektion, (Re-)Kombination und Neurahmung von Fremdmaterial beruhen und dabei gleichfalls Anspruch auf den Status als eigenständiges Werk erheben.

Bemerkenswert sind in diesem Zusammenhang auch transformative Werke, bei denen vorzugsweise Werkgrenzen und -einheiten oder auch ganze Werkkomplexe in Auflösung geraten. So greifen z. B. Autoren der Fan Fiction relevante Teile eines Werks wie einzelne Figuren oder Figurenkonstellationen, Plotelemente, Motive oder Szenen auf und führen diese als Ableger, Spin-off, Tie-in, Prequel, Sequel etc. unter eigener Autorschaft mit Werkintention fort. Weite Verbreitung erlangt haben auch transmediale Story-Welten, zu denen einzelne Werke ausgebaut werden, Fortsetzungen international und kommerziell erfolgreicher Genreliteratur nach dem Tod des Originalautors sowie Übersetzungen in andere Medien oder Sprachen, die ihrerseits mit Werkanspruch auftreten und damit die herkömmliche Hierarchie von Originalwerk und Derivat unterlaufen. Letztlich unterminieren all diese Formen produktiver Rezeption und transformativer Nutzung fremder Werke die gewohnten, auch juristisch und bibliographisch kodifizierten Grenzen und Einheiten literarischer Werke sowie bewährte philologische und bibliothekarische Verfahren der Zuschreibung, Identifizierung und Individuierung von Werken.

Implikationen für die aktuelle Werkdebatte haben zudem konfliktive Rückkopplungen zwischen literarischer und philologischer Werkpraxis, die insbesondere durch die Intensivierung der Werkpolitik vonseiten der Autoren und den Aufschwung, den die Gegenwartsliteraturforschung in den letzten Jahren genommen hat, ausgelöst wurden. So werden unter den Bedingungen der heutigen Aufmerksamkeitsökonomie mit ihren gesteigerten Visibilitätszwängen altbekannte werkpolitische Strategien gezielt ausgebaut und um neue flankierende Maßnahmen zur Generierung von Sichtbarkeit und zur Akkumulation von Aufmerksamkeit für das eigene Werk ergänzt: Die Autoren pflegen eigene Homepages, Social Media-Profile und Wikipedia-Einträge, sie kommunizieren direkt mit ihren Lesern, sie treten auf Lesungen und Festivals auf, sie geben Interviews usw. Mit diesen Paratexten und Medienformaten, die das ‚eigentliche' Werk umstellen, versuchen die Autoren (und ihre Verlage) proaktiv auf die Vermittlung ihrer Werke, insbesondere auf ihre Rezeption und Deutung, Einfluss zu nehmen. Unterstützt wird dies durch den Siegeszug, den die Institution des

Vorlasses und das Format der Poetikvorlesung in den letzten Jahren angetreten haben. Mit ihnen lässt sich gezielt der spezifisch philologische Umgang mit dem eigenen Werk vorzeichnen und konditionieren, wobei bei vielen Autoren immer noch das im späten 18. Jahrhundert entwickelte „Konzept der zeit- und aufmerksamkeitsintensiven Werkbehandlung" hoch im Kurs zu stehen scheint, das eng an den emphatischen Werkbegriff gebunden ist.[25]

Literarische und philologische Werkpraxis greifen aber auch infolge der zunehmenden Öffnung der Philologien für die aktuellste Gegenwartsliteratur immer stärker ineinander, die sich sowohl in einer Institutionalisierung der Gegenwartsliteraturforschung als auch in der wachsenden Einbindung von Akteuren aus der akademischen Welt in den literarischen Betrieb und vice versa niederschlägt.[26] Dabei schwindet zwangsläufig die Distanz zwischen literarischem und akademischem Feld sowie zwischen Forschungsobjekt und Forschungssubjekt, was die kritische Reflexion der eigenen Rolle in dieser Gemengelage unter Berücksichtigung der divergenten Interessen aller Akteure im Feld ebenso notwendig erscheinen lässt wie die Etablierung alternativer, z. B. praxeologischer Ansätze.

4.

Die letzte umfassende systematische Studie zum literaturwissenschaftlichen Werkbegriff hatte zehn Forschungsfelder identifiziert.[27] Grundsätzlich wurde in dieser Studie beobachtet, wie stark die Diskussionen der literaturwissenschaftlichen Werkkategorie mit der allgemeinen Debatte um Autorkonzepte verknüpft waren. Keineswegs nur bei Michel Foucault, Roland Barthes und Jacques Derrida war die Frage nach dem Werk eng mit der Frage nach dem Autor verbunden. In diesen Diskussionen wurde aber jenseits von manifestartig-programmatischen Dichotomien (Text vs. Werk) kaum Begriffsarbeit betrieben: Eine Bestimmung und Relationierung von werkaffinen Begriffen wie Opus, Œuvre, Gesamtwerk, Werkzusammenhang, Werkkomplex, Werkausgabe, Fassung, Version, Variante,

---

25 Martus: Werkpolitik, S. 4.
26 Vgl. die wachsende Zahl entsprechender Einführungen, Sammelbände, Studiengänge und Graduiertenkollegs mit Praxismodulen. Immer öfter sind Philologen an Moderationen, Jurys, Preisverleihungen beteiligt, immer öfter veranstalten Philologen Tagungen oder Sammelbände zu noch lebenden Autoren, immer öfter lehren Autoren an Hochschulen usw.
27 Vgl. Spoerhase: Werk, S. 297–282. Vgl. jüngst auch Efimova: Autor.

Entwurf, Paralipomenon, Monographie, Buch, Publikation, Medieneinheit, Nachlass, Überlieferung oder Patrimonium blieb weitgehend aus.

Angesichts eines unübersichtlichen und unstrukturierten Begriffsgebrauchs wurde in der Studie „Was ist ein Werk?" der Vorschlag unterbreitet, unterschiedliche Dimensionen des Werkkonzepts klar zu differenzieren: erstens das Gesamtwerk im Sinne der gesamten textuellen Überlieferung eines Autors inklusive des schriftlichen Nachlasses (Patrimonium); zweitens das Einzelwerk im Sinne einer bestimmte (paratextuelle, institutionelle, autorintentionale oder ästhetische) Kriterien erfüllenden Textualität (Opus); drittens die Werkausgabe im Sinne des Ausgabenformats der Gesamtausgabe (Œuvre).[28] Neben der Notwendigkeit, den Werkbegriff zu differenzieren, ließ sich das Desiderat erkennen, darüber hinaus die Begriffe zu identifizieren, die in bestimmten Gebrauchsweisen die Funktion des Werkbegriffs übernehmen: So ist auffällig, dass sowohl der Begriff des Textes[29] und der Begriff des Buchs[30] oder auch der Name des Autors nicht selten in einer Weise gebraucht werden, die derjenigen des Werkbegriffs ähnelt.

Die Beobachtung der literaturwissenschaftlichen Verwendung des Werkbegriffs kam zudem zu dem Ergebnis, dass eine Rekonstruktion des Werkbegriffs unangemessen wäre, die sich wie alle vorangehenden Studien

---

28 Vgl. ebd., S. 286–290.
29 So ähnelt etwa der Textbegriff von Jürgen Trabant dem philologischen Werkbegriff, wenn er den „Text" als (a) geschriebenes, (b) abgeschlossenes, und (c) konsakriertes Stück Sprache charakterisiert. Diese drei Merkmale implizieren (a) das Medium der Schriftlichkeit, (b) die Integrität des Artefakts im Sinne der Nicht-(Mehr-)Manipulierbarkeit des Zeichenbestandes und (c) die Kommentarwürdigkeit (nicht notwendig aber Kommentarbedürftigkeit) in dem Sinne, dass dem Artefakt eine Güte zugeschrieben wird, die es zu einem möglichen Gegenstand einer (proto-)philologischen (Explikations-)Praxis werden lässt. Vgl. Trabant: Artikulationen, S. 54.
30 So schreibt Foucault dem „Buch" bestimmte Funktionen zu, die denjenigen des philologischen Werkbegriffs ähneln: „[...] ein mehrmals reproduzierter Text, die aufeinanderfolgenden Ausgaben eines Buches [...] verursachen nicht ebenso viele distinkte Aussagen: in allen Ausgaben der Fleurs du mal [...] findet man dasselbe Bündel von Aussagen wieder; dennoch sind weder die Schrifttypen, noch die Tinte, noch das Papier, und auf keinen Fall die Lokalisierung des Textes und die Anordnung der Zeichen dieselben: das ganze Gewebe der Materialität hat sich geändert. Aber hier sind diese ‚kleinen' Unterschiede nicht so wirksam, dass sie die Identität der Aussage verändern und eine andere entstehen lassen: sie werden alle in dem allgemeinen – selbstverständlich materiellen, aber gleichzeitig institutionellen und ökonomischen – Element des ‚Buches' neutralisiert: ein Buch ist unabhängig von der Zahl der Exemplare oder Auflagen, unabhängig von den verschiedenen dafür benutzten Substanzen ein Platz exakter Äquivalenz für die Aussagen und ist für sie eine Instanz der Wiederholung ohne Veränderung ihrer Identität." Foucault: Archäologie, S. 149.

auf die literaturwissenschaftlichen Theoriedebatten und Begriffsstreitigkeiten beschränken würde. Vielmehr lässt sich etwa beobachten, dass die in der Editionstheorie diskutierten abweichenden Werkbegriffe auf divergierenden Editionspraktiken beruhen.[31] So kann der Streit um die Frage, was eigentlich ein literarisches Werk sei, letztlich fundiert sein in einem Streit um editorische Darstellungspraktiken: Da nur das Werk im ‚editierten Text' einer philologischen Ausgabe erscheint (und das Nicht-Werk dagegen im Apparat aufgeführt wird), wird dann in der Theoriediskussion genau das als Werk begrifflich gefasst, was aufgrund bestimmter Darstellungspraktiken eben in den ‚editierten Text' aufgenommen worden ist. Hier lässt sich bei genauerer Betrachtung häufig erkennen, dass scheinbar allgemeine und abstrakte Diskussionen des Werkbegriffs faktisch eng an spezifische Praxiszusammenhänge und konkrete philologische Problemstellungen geknüpft sind.

Im Zentrum der Reflexionen über den Werkbegriff steht zweifellos das Verhältnis von Werk und Text.[32] In der genannten Studie wurde dieses Verhältnis als eine doppelte Asymmetrie rekonstruiert: Einerseits können unterschiedliche Texte ein und demselben Werk angehören; andererseits können unterschiedliche Werke ein und demselben Text angehören. Der erste Fall dürfte der geläufigere sein: Einem Werk wie Jonathan Swifts *Gulliver's Travels* lässt sich eine Vielzahl von unterschiedlichen Texten zuordnen: Schon vor der Erstpublikation lassen sich verschiedene Textfassungen des Werks beobachten; und seit der Erstpublikation zirkuliert das Werk in mitunter stark gekürzten, für die Jugendlektüre adaptierten, in modernisierten oder in übersetzten Textausgaben – immer aber handelt es sich dabei um das Werk *Gulliver's Travels*. Der zweite Fall lässt sich im Bereich der Aneignungsverfahren der modernen Künste („Appropriation Art") bemerken: Ein bestimmter Text kann, wenn er in zwei divergierenden paratextuellen Rahmungen vorliegt, zum ‚identischen' Text von zwei unterschiedlichen Werken werden.[33] Das Problem der paratextuellen Rahmung von Textualität verweist aber nicht nur auf die systematische Verhältnisbestimmung von Text und Werk, sondern auch auf die genetische Problemstellung, wie aus einem Text überhaupt ein Werk werden kann: Welche paratextuellen, institutionellen, autorintentionalen, formalen und inhaltlichen Kriterien muss ein Text erfüllen, damit ihm ein Werkstatus zugeschrieben wird? Welche Funktion hat der Autor bzw. der Autorname für die Konstitution von Werken?[34]

---

31 Vgl. Spoerhase: Werk, S. 284–285.
32 Vgl. ebd., S. 290–296.
33 Vgl. Gilbert: Wiederaufgelegt.
34 Vgl. Spoerhase: Werk, S. 296–300.

Wie die Studie zeigen konnte, hat die Zuschreibung eines Werkstatus erhebliche Konsequenzen für die literaturwissenschaftliche Interpretationspraxis.[35] Die Werkkonzeption fungiert in den Philologien als Garant einer minimalen Kohärenz und Konsistenz eines Textkorpus. Die Werkkategorie garantiert also die hermeneutische Homogenität des Interpretationsobjekts und damit den Einsatz der philologischen Parallelstellenmethode. Die hermeneutische Homogenitätsunterstellung kann sich dabei nicht nur auf das Einzelwerk (Opus), sondern auch auf die Werkausgabe (Œuvre) und sogar auf das Gesamtwerk (Patrimonium) beziehen. So lässt sich z. B. in der literaturwissenschaftlichen Interpretationspraxis im Umgang mit Werkausgaben eine gewisse Enthistorisierung des Textmaterials beobachten: Das gesamte Material, das in der Werkausgabe enthalten ist, befindet sich gleichsam in einem ‚homogenen' Bereich, weshalb dann nicht nur chronologisch Späteres durch Früheres, sondern auch chronologisch Früheres durch Späteres erklärt werden darf. Im Bereich des Wissens mag dann sogar unterstellt werden, dass die Werkausgabe eine einheitliche ‚Lehre' enthält, die zur Autorisierung von epistemischen Geltungsansprüchen herangezogen werden kann.[36] Derartige Deutungsmodelle werden auch von der Materialität der Werkausgabe gestützt.[37] Die verlegerische Realisierung von „Gesammelten Werken", die sowohl die buchmaterielle Uniformisierung der Einzelbände als auch den Einsatz von homogenisierenden Erschließungsinstrumenten wie z. B. Gesamtregister umfasst, hat erhebliche Effekte auf die literaturwissenschaftlichen Lektürepraktiken und Interpretationsverfahren.

Die Autoren sind sich der kulturellen Effekte von Werkwerdung auf die Textumgangspraktiken von Publikum und Philologie häufig bewusst.[38] Im Bereich der Herstellung von Werkausgaben und der Überlieferung von Nachlässen lassen sich die Werkstrategien von Autoren besonders deutlich erkennen.[39] Die Autoren bemühen sich um eine charakteristische Binnendifferenzierung der Werkausgaben und ordnen ihre „Gesammelten Werke" in spezifische Werkgruppen und Werkteile; sie sorgen sich um die Verknüpfung des Gesamtwerks mit der Biographie des Autors; sie sichern und ordnen die nicht publizierte Überlieferung und bemühen sich um die Ergänzung und Anreicherung der Werkausgabe durch den Nachlass.[40] Neben die Werkpolitik, verstanden als eine ‚Politik' der Werkausgabe, tritt

---

35 Vgl. ebd., S. 300–313.
36 Vgl. ebd., S. 332–338.
37 Vgl. ebd., S. 313–320.
38 Vgl. ebd., S. 342–344.
39 Vgl. ebd., S. 320–325.
40 Vgl. Sina/Spoerhase: Nachlassbewusstsein.

hier also eine an unpublizierten Materialien orientierte Nachlasspolitik, die ebenfalls einer spezifischen kulturellen ‚Logik' gehorcht.

In der genannten Studie wurde dafür plädiert, den Werkbegriff aus einer sozialtheoretischen und praxisorientierten Perspektive zu rekonstruieren. Das Werk erweist sich in dieser Hinsicht nicht als ein intimer Schreibprozess oder eine mehr oder weniger ‚fixierte' Schriftlichkeit, sondern als eine ‚vergesellschaftete' Textualität.[41] Werkförmig werden Texte also erst, wenn sie in kollektive Kommunikationskreisläufe eingespeist werden und in die kulturellen Institutionen einer mehr oder weniger kollaborativ arbeitenden Kultur Eingang finden. Der Werkbegriff ist also ein Konzept, das nicht nur abstrakt auf einen bestimmten literaturwissenschaftlichen Untersuchungsgegenstand verweist, sondern vielmehr ein Konzept, das auf ein komplexes Gefüge an sozialen Institutionen, Interaktionspraktiken und Verhaltensnormen verweist, die überhaupt erst Werkförmigkeit ermöglichen.

Zu diesem Gefüge gehören, wie man etwa im Hinblick auf das Einzelwerk (Opus) konstatieren kann, Institutionen wie das Verlagswesen, der Buchhandel und die Bibliotheken, die bestimmte Texte unter administrativen, ökonomischen und rechtlichen Gesichtspunkten als Werke behandeln. Dazu gehören in der Literaturkritik und der Literaturwissenschaft tendenziell bestimmte Publikationstypen (die Monographie), Rezeptionspraktiken (die integrale Lektüre), Bedeutungskonzeptionen (Unterstellung einer Gesamtbedeutung) und teilweise auch ästhetische Normen (Unterstellung von harmonischer Komplexität, formaler Geschlossenheit). Dazu gehören aber auch bestimmte kulturelle Transpositionsnormen (Gewährleistung von Werkidentität bei Bearbeitungen, Übersetzungen und transmedialen Adaptationen), Modifikationsnormen (Beschränkung retroaktiver Eingriffe in das abgeschlossene Werk)[42] sowie Darstellungsnormen (Erfordernis der Werktreue von Publikationen und Aufführungen).[43] Das „Werk" erweist sich aus dieser Perspektive also nicht als ein (möglicher) Begriff für die Gegenstände der Literaturwissenschaft, sondern vielmehr als ein historisch etabliertes Modell, die sozialen Praxiszusammenhänge einer ‚vergesellschafteten' Textualität zu arrangieren und zu regulieren. Diesem Sachverhalt ließe sich Rechnung tragen, wenn man weniger von „Werken" tout court als von der „Werkförmigkeit" bestimmter Umgangsformen mit Textualität sprechen würde – nicht grundsätzlich, sondern immer nur innerhalb bestimmter Tätigkeitsfelder wäre Textualität dann

---

41 Vgl. Spoerhase: Werk, S. 325–331.
42 Vgl. ebd., S. 338–342.
43 Vgl. Goehr: Museum, S. 243–286.

jeweils als werkförmig zu begreifen. Wem dieses Argument für die Bereichsspezifik von Werkförmigkeit einleuchtet, der wird im Hinblick auf das Werkkonzept wohl auch nur noch Explikationen von mittlerer Reichweite für sinnvoll halten.

Ausgehend von den vorangehenden Beobachtungen lässt sich abschließend eine allgemeine Überlegung zum Werkbegriff anstellen. Zunächst lässt sich konstatieren, dass dem Werkkonzept, so wie es in unterschiedlichen sozialen Praxiszusammenhängen eingesetzt wird, eine gewisse ‚idealisierende' Stoßrichtung innewohnt.[44] Das Werk lässt sich weder auf eine abstrakte textuelle Zeichenfolge reduzieren (die linearisierte Abfolge von bestimmten linguistischen Zeichen) noch auf ein konkretes materielles Textartefakt (das materielle Exemplar einer bestimmten Ausgabe). Hier kann es dann aber nicht primär darum gehen, mit kritischer Geste zu prüfen, ob das Werkkonzept tatsächlich die einzig ‚sachgerechte' Zugangsweise zu Literatur ist oder nicht. Vielmehr gilt es zu rekonstruieren, welches kulturelle Leistungsspektrum mit Werkkonzeptionen jeweils verknüpft ist. Entscheidend ist also nicht die Frage, ob man Literatur als Werk verstehen sollte, sondern die Rekonstruktion der Leistungen von historisch spezifischen kulturellen Praktiken des werkförmigen ‚Idealisierens'.

Hier stellt sich heraus, dass die Idealisierungsleistung des Werkkonzepts relevant ist für bestimmte Vorstellungen des intellektuellen bzw. kreativen Eigentums; für die Herstellung einer gemeinsamen Bezugsgröße von kreativen Prozessen (verschiedene Versionen eines Werks) und editorischen Verfahren (verschiedene Ausgaben eines Werks); schließlich für die Konstitution einer gemeinsamen Bezugsfigur in textuellen und transtextuellen Transformationsprozessen (Überarbeitungen, Kürzungen, Übersetzungen, Modernisierungen und Adaptationen eines Werks). Eine werkförmige Beobachtung von Literatur kann also in konkreten sozialen Praxiszusammenhängen dazu dienen, von der Einbettung von Literatur in konkrete soziale Praxiszusammenhänge zu abstrahieren und von der Beobachtung der Materialisierung von Literatur als konkrete textuelle Artefakte abzusehen. Es wäre falsch, dem Werkkonzept eine soziale Entsituivierung und textuelle Dematerialisierung von Literatur pauschal vorzuwerfen: Darin besteht gerade seine Leistung. Es wäre aber ebenso falsch, die Augen davor zu verschließen, welche mitunter massiven Effekte diese Entsituivierung und Dematerialisierung auf unseren Umgang mit Literatur haben können.

---

44 Vgl. zu „Platonismus" von Werkkonzeptionen u. a. Kastan: Shakespeare, S. 117–118. Chartier: Hand, S. 170–171. Vgl. zur Position Chartiers auch den Hinweis von Minzetanu: Rhétorique, S. 931.

Was wird durch eine eingehendere Untersuchung der Verwendungsweisen des Werkkonzepts sichtbar gemacht? Es werden die spezifischen sozialen Institutionen, Infrastrukturen, Praktiken und Materialitäten sichtbar gemacht, die den werkförmigen Textumgangspraktiken bzw. werkbasierten ästhetischen Praktiken („work-based practices")[45] erlauben, genau diese sozialen Institutionen, Infrastrukturen, Praktiken und Materialitäten auszublenden. Die Untersuchung des Werkbegriffs erlaubt also nachzuvollziehen, was die materiellen und gesellschaftlichen Voraussetzungen von gelungener kultureller ‚Idealisierung' sind.

5.

Im Wissen um die historische Veränderlichkeit der Werkkategorie, die in jüngerer Zeit auch Gegenstand von Untersuchungen gewesen ist,[46] ist das Interesse in diesem Band kein vorrangig historisches, sondern ein dezidiert systematisches. Es geht somit weniger um den Versuch einer möglichst umfassenden Rekonstruktion der historischen und diskursiven Verschiebungen in unserem Verständnis von Werk als vielmehr um den Versuch einer Antwort auf die Frage, welche konkreten Probleme die aktuellen ästhetischen Tendenzen sowie medialen Entwicklungen für die literarische Werkkategorie aufwerfen und was die Kategorie des Werks heute (noch) in der Literaturwissenschaft leisten kann bzw. wo ihre Benutzung sinnvoll ist.

Dabei gilt es, die terminologischen Bemühungen um eine differenzierte Begriffsklärung fortzusetzen[47] und die komplexen literaturtheoretischen Debatten über Werk und Werkkonzept sowohl kritisch zu rekonstruieren als auch mit neuen Perspektiven zu erweitern. Dies wird in diesem Band von den Beiträgen von Andrea Polaschegg, Andrea Albrecht und Kai Sina über Diskurse des Werks und in den Beiträgen von Olav Krämer, Jørgen Sneis und Werner Wolf über die Hermeneutiken des Werks geleistet.

Darüber hinaus gilt es, die Impulse aus wichtigen Diskussionsfeldern aufzunehmen, die in den letzten Jahren sehr viel zur systematischen und historischen Situierung des Werkbegriffs geleistet haben. Hier lassen sich drei Diskussionsfelder hervorheben. Erstens die Diskussionen, inwieweit die Materialität des Werks eine Dimension ist, die einer näheren Berück-

---

45 Goehr: Museum, S. 178 und S. 241.
46 Vgl. im Anschluss an Bosse: Autorschaft und Martus: Werkpolitik die Überlegungen von Benne: Erfindung, S. 219–274, und von Scheidegger Lämmle: Werkpolitik.
47 Vgl. Kondrup: Text.

sichtigung bedarf, und die Frage, mit welchem theoretischen Instrumentarium diese materiellen Merkmale von Werken rekonstruiert werden sollten. Hier sind nicht nur Arbeiten zu nennen, die den materiellen Artefaktcharakter des Werks in den Vordergrund rücken, sondern auch Arbeiten, die die Rahmung von Werken mit Bei-Werken näher untersuchen. Wie jüngere Studien zeigen, reflektieren die Schriftsteller in der Gegenwart verstärkt über die materielle Herstellung eigener Werke und werden teilweise im Rahmen einer „bibliographischen Autorschaft" sogar selbst zu den Produzenten ihrer „Buchwerke".[48] Zu nennen sind hier aber auch Studien aus dem Bereich der Editionsphilologie und der Archivwissenschaft, die einen Werkbegriff zu profilieren versuchen, der die Historizität des materiellen Textträgers stärker zur Geltung bringt: Besonders fruchtbar waren in diesem Bereich die Untersuchungen zur kulturellen Autorität und Kanonizität von Werkausgaben und „Gesammelten Werken"[49] oder zur Differenzierung von Werktypen.[50] In dem vorliegenden Band widmen sich die Beiträge von Alexander Starre und Dirk Niefanger dem Problemfeld der Materialitäten des Werks.

Zweitens die Diskussionen, wie sich bestimmte Praxisformen auf den Umgang mit Werken und auf die spezifische Konstitution von Werken auswirken. Was genau ein Werk ist, lässt sich hier nicht grundsätzlich beantworten, sondern nur im Kontext von spezifischen, mehr oder weniger institutionalisierten Praxiszusammenhängen. In diesem Bereich liegen Forschungen zu Praxisformen der Werketablierung im Rahmen von kreativer Arbeit vor.[51] Aus praxeologischer Perspektive muss die Frage des Werks auf die institutionellen Rahmenbedingungen bezogen werden, in denen „Werke" eine Rolle spielen – dieser Perspektivwechsel hat auch in der philosophischen Diskussion stattgefunden.[52] Darüber hinaus stellt sich die Frage, inwiefern der Literaturbetrieb einer werkförmig verfassten Literatur bedarf und inwiefern die Wissenschaften, die sich mit Literatur befassen, aufgrund ihres spezifischen Profils auf bestimmte Werkkonzeptionen in ihrer disziplinären Praxis angewiesen sind. Inwiefern sind die Praktiken des philologischen Edierens, Beschreibens, Interpretierens und Wertens auf den Werkbegriff angewiesen? Diesem Problemfeld widmen sich in die-

---

48 Vgl. Starre: Metamedia. Vgl. auch Gilbert: Publishing.
49 Vgl. Anesko: Editions; Haischer: Historizität; Rockenberger/Röcken: Edition; Rockenberger/Röcken: Editionen; Ajouri: Präsentation; Gamer: Romanticism.
50 Vgl. Danneberg: Schleiermacher, S. 225–226; Stanitzek: Werke.
51 Vgl. Menger: Travail.
52 Vgl. die praxeologische Reperspektivierung der aktuellen analytischen Literaturtheorie bei Selleri: Examples. Für die vorangehende analytische Diskussion vgl. u. a. Currie: Arts, S. 9–27; Livingston: Art, S. 112–134.

sem Band aus ontologischer Perspektive die Beiträge von Amie L. Thomasson und Daniel Martin Feige, aus praxeologischer Perspektive die Aufsätze von Thomas Kater, Steffen Martus und Simone Winko und schließlich aus institutionenspezifischer Perspektive die Beiträge von Magnus Wieland und Eric W. Steinhauer.

An dritter Stelle sind die äußeren Grenzen des Werks zu nennen. In den letzten Jahren wurden viele Studien zu den Begrenzungen des Werks vorgelegt. Dabei wurden literarische Formen und Formate fokussiert, die Werkgrenzen verwischen oder problematisieren, wie z. B. Formen der Transfiktionalität, in denen fiktionale Welten, die in Werken bestimmter Schriftsteller entworfen werden, durch andere Schriftsteller (oder auch Fans) weitergeschrieben werden;[53] oder Formen der Serialität, die unter anderem aufgrund von ‚verstreuter Autorschaft' herkömmliche Werkvorstellungen unterlaufen.[54] Weiterhin wurde intensiv diskutiert, inwiefern sich die Untersuchungsverfahren der Digital Humanities, die großen Textkorpora gelten, nicht vollständig außerhalb herkömmlicher Werkkonzeptionen bewegen. In der Ästhetik wird darüber hinaus intensiv diskutiert, wie sich die Unabgeschlossenheit[55] oder Abgeschlossenheit[56] von Werken charakterisieren lässt. Dieses Problemfeld wird in dem vorliegenden Band in den Aufsätzen von Claudia Stockinger und Nora Ramtke erkundet.

Den Abschluss bildet der Beitrag von Annette Gilbert mit einer strukturierten Materialsammlung, die eine Bestandsaufnahme ausgewählter aktueller Tendenzen in der literarischen Produktion und im literarischen Feld bietet. Diese Tendenzen haben vielfältige Implikationen für die literarische und philologische, aber auch die bibliothekarische, juristische und ökonomische Werktheorie und -praxis und werden sich zweifellos auf zukünftige Forschungsperspektiven der Gegenwartsliteraturforschung auswirken.

Wenn dieser Band die in den 1970er Jahren gestellte Frage, was ein Werk eigentlich sei, wiederaufnimmt, so läuft die gemeinsame Beantwortung dieser Frage nicht auf ein pauschales Plädoyer oder eine vehemente Verteidigung des vielkritisierten Werkbegriffs hinaus. Jenseits von programmatischer Positionsnahme gilt dieser Band vielmehr der Erkundung der unterschiedlichen materiell geprägten und institutionell gerahmten literarischen und philologischen Praxiszusammenhänge, in denen die Werkkategorie, häufig auch unter einer anderen Bezeichnung, weiterhin wirksam

---

53 Vgl. Saint-Gelais: Fictions.
54 Vgl. Letourneux: Fictions.
55 Vgl. Stewart: Unfinished, S. 140–147 und S. 271; Wallen: Work.
56 Vgl. Hick: Work; Livingston: Work; Hick: Reply; Livingston/Archer: Collaboration; Trogdon/Livingston: Work.

ist. Die spezifische Leistungskraft der Werkkategorie kann sich, wenn überhaupt, nur in konkreten ästhetischen und akademischen Konstellationen erweisen. Die Frage ist also weniger, was das Werk eigentlich und überhaupt sei, sondern wo das Werk gebraucht wird und welche Funktionen es dort übernimmt.

Bibliographie

Ajouri, Philip (Hg.): Die Präsentation kanonischer Werke um 1900. Semantiken, Praktiken, Materialitäten. Berlin, Boston 2017.
Anesko, Michael: Collected Editions and the Consolidation of Cultural Authority. The Case of Henry James. In: Book History 12 (2009), S. 186–208.
Bajohr, Hannes: Vom Geist und den Maschinen. In: Logbuch. Deutschsprachige Literatur heute. Suhrkamp Blog. Juli 2016. <http://www.logbuch-suhrkamp.de/hannes-bajohr/vom-geist-und-den-maschinen/> (30. 10. 2018).
Benne, Christian: Die Erfindung des Manuskripts. Zur Theorie und Geschichte literarischer Gegenständlichkeit. Berlin 2015.
Binczek, Natalie/Till Dembeck/Jörgen Schäfer: Einleitung. In: N. B./T. D./J. Sch. (Hg.): Handbuch Medien der Literatur. Berlin, Boston 2013, S. 1–8.
Bosse, Heinrich: Autorschaft ist Werkherrschaft. Über die Entstehung des Urheberrechts aus dem Geist der Goethezeit. Neue, mit einem Nachwort von Wulf D. v. Lucius versehene Auflage. Paderborn 2014.
Chartier, Roger: The Author's Hand and the Printer's Mind. Cambridge 2014.
Chvatík, Květoslav: Artefakt und ästhetisches Objekt. In: Willi Oelmüller (Hg.): Kolloquium Kunst und Philosophie. Bd. 3: Das Kunstwerk. Paderborn u. a. 1983, S. 35–58.
Currie, Gregory: Arts and Minds. Oxford 2004.
Danneberg, Lutz: Schleiermacher und die Hermeneutik. In: Annette M. Baertschi/Colin G. King (Hg.): Die modernen Väter der Antike. Die Entwicklung der Altertumswissenschaften an Akademie und Universität im Berlin des 19. Jahrhunderts. Berlin, New York 2009, S. 211–275.
Efimova, Svetlana (Hg.): Autor und Werk. Wechselwirkungen und Perspektiven. Sonderausgabe #3 von Textpraxis. Digitales Journal für Philologie 2 (2018). <https://www.textpraxis.net/sonderausgabe-3> (08. 11. 2018).
Fajfer, Zenon: Liberature or Total Literature. Collected Essays 1999–2009. Kraków 2010.
Falk, Rainer/Thomas Rahn: Ausweitung der Interpretationszone. Zur Einführung. In: R. F./Th. R. (Hg.): Typographie & Literatur. Sonderheft zu Text. Kritische Beiträge. Frankfurt a. M. 2016, S. 1–11.
Foucault, Michel: Die Archäologie des Wissens. Frankfurt a. M. 1973.
Foucault, Michel: Was ist ein Autor? In: M. F.: Schriften zur Literatur, hg. v. Daniel Defert u. François Ewald. Frankfurt a. M. 2003, S. 234–270.
Gamer, Michael: Romanticism, Self-Canonization, and the Business of Poetry. Cambridge 2017.
Gilbert, Annette (Hg.): Wiederaufgelegt. Zur Appropriation von Texten und Büchern in Büchern. Bielefeld 2012.
Gilbert, Annette (Hg.): Publishing as Artistic Practice. Berlin 2016.
Goehr, Lydia: The Imaginary Museum of Musical Works. An Essay in the Philosophy of Music. Revised Edition. Oxford 2007.

Haischer, Peter-Henning: Historizität und Klassizität. Christoph Martin Wieland und die Werkausgabe im 18. Jahrhundert. Heidelberg 2011.
Hick, Darren Hudson: A Reply to Paisley Livingston. In: The Journal of Aesthetics and Art Criticism 66:4 (2008), S. 395–398.
Hick, Darren Hudson: When Is a Work of Art Finished? In: The Journal of Aesthetics and Art Criticism 66:1 (2008), S. 67–76.
Illich, Ivan: Im Weinberg des Textes. Als das Schriftbild der Moderne entstand. Ein Kommentar zu Hugos „Didascalicon". Frankfurt a. M. 1991.
Kamphusmann, Thomas: Performanz des Erscheinens: Zur Dramatisierung des Schreibens unter den Bedingungen des Internet. In: Zeitschrift für Literaturwissenschaft und Linguistik 45:154 (2009), S. 31–53.
Kastan, David Scott: Shakespeare and the Book. Cambridge 2001.
Kirschenbaum, Matthew G.: Editing the Interface: Textual Studies and First Generation Electronic Objects. In: Text 14 (2002), S. 15–51.
Kondrup, Johnny: Text und Werk – zwei Begriffe auf dem Prüfstand. In: editio 27 (2013), S. 1–14.
Kreuzer, Helmut: Veränderungen des Literaturbegriffs. Fünf Beiträge zu aktuellen Problemen der Literaturwissenschaft. Göttingen 1975.
Livingston, Paisley: Art and Intention. A Philosophical Study. Oxford 2005.
Martus, Steffen: Zwischen Dichtung und Wahrheit. Zur Werkfunktion von Lyrik im 19. Jahrhundert. In: St. M./Stefan Scherer/Claudia Stockinger (Hg.): Lyrik im 19. Jahrhundert. Gattungspoetik als Reflexionsmedium der Kultur. Bern u. a. 2005, S. 61–92.
Martus, Steffen: Werkpolitik. Zur Literaturgeschichte kritischer Kommunikation vom 17. bis ins 20. Jahrhundert mit Studien zu Klopstock, Tieck, Goethe und George. Berlin, New York 2007.
McGann, Jerome J.: The Textual Condition. Princeton, NJ 1991.
Menger, Pierre-Michel: Le travail créateur. S'accomplir dans l'incertain. Paris 2009.
Minzetanu, Andrei: La „rhétorique spéculative" de Michel Charles. In: Critique 858:11 (2018), S. 929–946.
Morgenroth, Claas: 1978. Roland Barthes: Die Vorbereitung des Romans. In: Sandro Zanetti (Hg.): Improvisation und Invention. Momente, Modelle, Medien. Zürich, Berlin 2014, S. 149–159.
Lamarque, Peter: Work and Object. Explorations in the Metaphysics of Art. Oxford 2010.
Letourneux, Matthieu: Fictions à la chaîne. Littératures sérielles et culture médiatique. Paris 2017.
Livingston, Paisley: When a Work is Finished: A Response to Darren Hudson Hick. In: The Journal of Aesthetics and Art Criticism 66:4 (2008), S. 393–395.
Livingston, Paisley/Carol Archer: Artistic Collaboration and the Completion of Works of Art. In: British Journal of Aesthetics 50:4 (2010), S. 439–455.
Molle, Elias: The Publishing Sphere: Session 2 – Protocols. In: Epitext. Live-Blog. 14. 7. 2017. <https://www.epitext.hkw.de/the-publishing-sphere-session-2-protocols/> (31. 10. 2018).
Pressman, Jessica: The Aesthetic of Bookishness in Twenty-First-Century Literature. In: Michigan Quarterly Review XLVIII:4 (Fall 2009). <http://hdl.handle.net/2027/spo.act2080.0048.402> (31. 10. 2018).
Reuß, Roland: Spielräume des Zufälligen. Zum Verhältnis von Edition und Typographie. In: Text 11 (2006), S. 55–100.
Rockenberger, Annika/Per Röcken: Ist Edition ein Kanonisierungsfaktor? Unvorgreifliche Überlegungen zur Präzisierung der Fragestellung. In: Matthias Beilein/Claudia Stockinger/Simone Winko (Hg.): Kanon, Wertung und Vermittlung. Literatur in der Wissensgesellschaft. Berlin, Boston 2012, S. 145–158.

Rockenberger, Annika/Per Röcken: Editionen. In: Gabriele Rippl/Simone Winko (Hg.): Handbuch Kanon und Wertung. Theorien, Instanzen, Geschichte. Stuttgart 2013, S. 167–169.
Saint-Gelais, Richard: Fictions transfuges. La transfictionnalité et ses enjeux. Paris 2011.
Scheidegger Lämmle, Cédric: Werkpolitik in der Antike. Studien zu Cicero, Vergil, Horaz und Ovid. München 2016.
Schulze, Holger: Das aleatorische Spiel. Erkundung und Anwendung der nichtintentionalen Werkgenese im 20. Jahrhundert. München 2000.
Selleri, Andrea: Literary Examples in Analytic Aesthetics: The Claim of the Empirical. In: A. S./Philip Gaydon (Hg.): Literary Studies and the Philosophy of Literature. New Interdisciplinary Directions. Cham 2016, S. 207–223.
Sina, Kai/Carlos Spoerhase (Hg.): Nachlassbewusstsein. Archiv, Literatur, Philologie 1750–2000. Göttingen 2017.
Spoerhase, Carlos: Was ist ein Werk? Über philologische Werkfunktionen. In: Scientia Poetica 11 (2007), S. 276–344.
Spoerhase, Carlos: Das Format der Literatur. Praktiken materieller Textualität zwischen 1740 und 1830. Göttingen 2018.
Stanitzek, Georg: Werke/Studien/Gelegenheitsschriften. In: Revue. Magazine for the Next Society 17 (2015), S. 45–46.
Starre, Alexander: Metamedia: American Book Fictions and Literary Print Culture after Digitization. Iowa 2015.
Stewart, Susan: The Literary Unfinished. In: Kelly Baum/Andrea Bayer/Sheena Wagstaff (Hg.): Unfinished. Thoughts Left Visible. New Haven, London 2016, S. 140–147 und S. 271.
Trabant, Jürgen: Artikulationen. Historische Anthropologie der Sprache. Frankfurt a. M. 1998.
Trogdon, Kelly/Paisley Livingston: The Complete Work. In: The Journal of Aesthetics and Art Criticism 72:3 (2014), S. 225–233.
Wallen, James Ramsey: What Is an Unfinished Work? In: New Literary History 46:1 (2015), S. 125–142.
Wehrli, Max: Vom Schwinden des Werk-Begriffs. In: editio 5 (1991), S. 1–11.
Zons, Raimar Stefan: Über den Ursprung des literarischen Werks aus dem Geist der Autorschaft. In: Willi Oelmüller (Hg.): Kolloquium Kunst und Philosophie. Bd. 3. Paderborn 1983, S. 104–127.

I. Ontologien des Werks: Status und Seinsweise

AMIE L. THOMASSON

Die Ontologie literarischer Werke

1. Einleitung

Die Frage „Was ist der ontologische Status literarischer Werke?" ist gleichbedeutend mit der Frage, um welche Art von Entität es sich bei einem literarischen Werk handelt: Ist das Werk ein physischer Gegenstand, den wir in der Hand halten und mit unseren Augen betrachten können? Ist es eine abstrakte Sequenz aus Buchstaben, Wörtern oder Bedeutungen? Ist es vielleicht sogar eine bestimmte Form von Ausführung durch einen Autor, die in einem bestimmten kulturellen und historischen Kontext stattfindet? Fragen zur Ontologie literarischer Werke sind eng verbunden mit Fragen der Existenz, des Überlebens und der Identitätsbedingungen dieser Werke sowie – ganz allgemein – ihrer modalen Eigenschaften. Wir möchten wissen, unter welchen Bedingungen ein literarisches Werk existiert: Muss es von einem Autor erschaffen werden, oder ist es vielmehr so, dass Autoren ihre Werke gewissermaßen ‚entdecken'? Wenn wir davon ausgehen, dass ein literarisches Werk in jedem Fall von einem Autor erschaffen wird – muss dieser Autor dann ein Gedicht aufschreiben, um es zu erschaffen, oder kann es einfach ‚im Kopf des Dichters' hervorgebracht werden? Hätte ein und dieselbe Kurzgeschichte auch in einem völlig anderen kulturellen Kontext mit anderen kulturellen Praktiken oder einer anderen Literaturgeschichte ins Dasein gebracht werden können? Eine weitere Frage wäre, welche Art von Veränderungen ein literarisches Werk überstehen kann: Hört ein Roman auf zu existieren, wenn sämtliche seiner Exemplare zerstört worden sind? Wenn es noch Exemplare gibt, aber alle Menschen sterben, die sie lesen könnten, besteht der Roman dann fort? Auch Fragen in Bezug auf die Identitätsbedingungen von literarischen Werken sind hier von Belang: Wenn ein Roman fehlerhaft vervielfältigt

---

Note: Erstveröffentlichung: Thomasson, Amie: The Ontology of Literary Works. In: Noël Carroll/John Gibson (Hg.): Routledge Companion to Philosophy of Literature. New York, London 2016, S. 349–358. (Übersetzung: Michael Weh)

https://doi.org/10.1515/9783110525885-002

wird, ist dieses Exemplar dann eine Instanz desselben Werkes wie das Original? Lese ich, wenn ich eine Übersetzung eines Gedichts von Rilke lese, dasselbe Gedicht wie meine deutschen Freunde?

Fragen zum ontologischen Status von literarischen Werken müssen deutlich von definitorischen Fragen getrennt werden, was als Literatur zu gelten hat. Beispielsweise könnten wir (wie Robert Howell) literarische Werke definieren als „diejenigen Werke, bei denen es in essenzieller und signifikanter Weise um den Einsatz von Wörtern geht, bei denen es sich um Objekte mit ästhetisch relevanten Merkmalen handelt bzw. die mit dieser Absicht vorgebracht werden".[1] Wir könnten diese Definition auch variieren. Dennoch hätten wir damit die ontologische Frage nicht beantwortet (abgesehen von der Feststellung, dass Werke der Literatur *grundsätzlich* die Verwendung von Wörtern erfordern). Fragen zum ontologischen Status müssen auch deutlich von evaluativen Fragen getrennt werden, was ein gutes literarisches Werk ist oder weshalb es sich dabei um ein Kunstwerk handelt. Unsere Antwort auf die Frage nach dem ontologischen Status von literarischen Werken sollte sowohl auf Klassiker der Literatur zutreffen als auch auf die eingereichten Arbeiten unmotivierter Studenten aus dem Seminar für Kreatives Schreiben.

Die verwirrende Frage, welche Art von Gegenstand ein literarisches Werk sein könnte, stellt sich, sobald wir einsehen, dass literarische Werke – so wie wir sie normalerweise verstehen, über sie reden und uns in Form von Kritik und Interpretation mit ihnen auseinandersetzen – keine physischen Gegenstände sein können. Richard Wollheim argumentiert überzeugend gegen die von ihm so genannte „„materielle Objekthypothese'" (*physical object hypothesis*) – d. h. die Auffassung, es gäbe ein materielles Objekt, das sich beispielsweise „als *Ulysses* [...] identifizieren läßt".[2] Bei diesem Objekt kann es sich nicht um das Exemplar in meinem Bücherregal handeln, denn „daraus [würde] etwa folgen, der *Ulysses* werde zu einem verlorengegangenen Werk, wenn ich mein Exemplar verlöre."[3] Wir könnten zudem darauf hinweisen, dass viele Dinge für mein Exemplar gelten (dass es zerfleddert ist, 280 Gramm wiegt usw.), die nicht für das Werk an sich gelten. Wir können das Werk auch nicht mit dem Originalmanuskript des Autors gleichsetzen, denn Letzteres könnte zerstört sein, während das Werk weiterhin existiert.

Noch verwirrender wird es, sobald wir uns klarmachen, dass literarische Werke nicht nur nicht als physische Objekte klassifiziert werden können –

---

1 Howell: Ontology, S. 67. Sofern nicht anders angegeben, stammen alle Übersetzungen von Michael Weh.
2 Wollheim: Objekte, S. 17 und S. 18.
3 Ebd., S. 18.

sondern darüber hinaus auch in *keine andere* ontologische Standardkategorie passen. In der vielleicht ersten (und immer noch einer der besten) Arbeit(en) über die Ontologie von Literatur, *Das literarische Kunstwerk* (1931), argumentiert Roman Ingarden überzeugend, dass literarische Werke weder in der Kategorie realer Objekte noch in der idealer Objekte verortet werden können.[4] Für Ingarden umfasst die Kategorie realer Objekte sowohl physische Gegenstände als auch mentale Erfahrungen – und somit alles, das zu einem gewissen Zeitpunkt entsteht, eine Zeitlang existiert, sich verändern kann und auch wieder aufhören kann zu existieren. Ingarden argumentiert, dass literarische Werke nicht nur nicht mit physischen Objekten gleichgesetzt werden können, sie können auch nicht als Erfahrungen (sei es des Autors oder des Lesers) angesehen werden, ohne dass es zu mehreren absurden Konsequenzen kommt. Denn wenn es sich bei dem Werk um die Erfahrungen des Autors handelte, könnten Leser es nicht kennen, und das Werk würde aufhören zu existieren, sobald es die entsprechenden Erfahrungen nicht mehr gibt. Wenn wir das Werk mit den Erfahrungen der Leser identifizierten, wäre es unzutreffend, von einem einzigen Werk zu sprechen, da sich die Erfahrungen der Leser stark voneinander unterscheiden (wir könnten auch nicht darüber debattieren, wer das Werk korrekt versteht). Ingarden folgert daraus, dass ein Werk der Literatur kein in diesem Sinne ‚reales' Objekt sein könne. Er argumentiert auch gegen die Vorstellung, das Werk sei ein ideales Objekt (wie eine Nummer, ein Dreieck oder die Eigenschaft der Röte), denn dann wäre es „unverständlich, wie es zu einer bestimmten Zeit entstehen und sich während seiner Existenz verändern könnte, wie es doch tatsächlich ist."[5] (Dennoch war die Ansicht, dass es sich bei literarischen Werken um ideale Objekte handelt, in analytischen philosophischen Kreisen, in denen Ingardens Arbeiten wenig bekannt waren, durchaus verbreitet, wie wir noch sehen werden.)

2. Bedeutungen, Texte und Autoren

Nachdem er dafür argumentiert hat, dass literarische Werke weder real noch ideal sein können, vertritt Ingarden die These, dass das literarische Werk einer anderen ontologischen Kategorie angehört: Es ist ein „rein intentionaler" Gegenstand, d.h. ein Objekt, das in seiner Existenz von

---

4 Vgl. Ingarden: Kunstwerk, S. 5–16. Für eine Geschichte der Studien zur Kunstontologie (auch zur Literaturontologie), einschließlich einiger Studien, die älter sind als Ingardens, vgl. Livingston: History.
5 Ingarden: Kunstwerk, S. 7.

einem Geist abhängig ist, das „nur aus unseren Gnaden entsteht und ist."[6] Dieser Auffassung zufolge hängt das literarische Werk in seiner Entstehung von den satzbildenden Aktivitäten seines Autors bzw. seiner Autoren ab, doch kann es noch lange, nachdem der Autor seine Arbeit verrichtet hat, fortbestehen. Das literarische Werk bleibt durch ein öffentliches Exemplar dieser Sätze erhalten, durch das es – trotz seiner Abhängigkeit von einem Geist – zu einer fortdauernden und öffentlichen Entität wird. Ingarden zufolge ist das literarische Werk in seiner Existenz und Essenz auch von der Beziehung zu bestimmten idealen Bedeutungen abhängig, die in den Sätzen des Textes ‚aktualisiert' sind. Während ideale Bedeutungen nicht selber *Teil* des literarischen Werks sind, stellt die Beziehung zu diesen idealen Bedeutungen, so Ingarden, die ‚Identität und Einheit' des Werks sicher, so dass es weiterbestehen kann, auch wenn niemand an das Werk denkt, und so dass viele verschiedene Leser ein und dasselbe Werk lesen können.[7] (Jedoch kann jeder Leser eine unterschiedliche *Konkretisation* des Werks wahrnehmen, wie es bei einer bestimmten Lektüre erfahren wird, die von dem Werk an sich und der Erfahrung des individuellen Lesers abhängt.[8]) Trotz dieser (gerade erwähnten) Abhängigkeit von idealen Bedeutungen argumentiert Ingarden, dass das literarische Werk selbst kein ideales Objekt sein kann, da es zu einem bestimmten Zeitpunkt entsteht, sich verändern und wieder aufhören kann zu existieren.

In der analytischen Tradition gehen Studien zur Ontologie von Literatur in erster Linie auf Nelson Goodman und Richard Wollheim zurück. Goodmans Theorie beruht auf der interessanten und einflussreichen Idee, dass einige Kunstwerke ‚autographisch' sind (bei ihnen ist die Unterscheidung zwischen Original und Fälschung bedeutsam) und andere ‚allographisch' (bei ihnen stellt sich die Frage der Fälschung nicht). Im Rahmen seiner Erklärung, warum literarische Werke nicht wie beispielsweise Gemälde gefälscht werden können, schlägt Goodman vor, dass für ein genuines Exemplar eines Werkes lediglich die „Selbigkeit des Buchstabierens"[9] von Belang ist. Daher wäre auch eine perfekte Fälschung des Originalmanuskripts eines Autors ein Exemplar des Werks. Dieser Ansicht zufolge sind die Instanzen von literarischen Werken einzig durch die Selbigkeit von „Buchstabenfolgen, Abständen und Satzzeichen"[10] bestimmt. Ob Goodman dies als notwendige oder nur als hinreichende Bedingung dafür

---

6 Ebd., S. 389.
7 Vgl. ebd., S. 15.
8 Ebd., S. 347.
9 Goodman: Sprachen, S. 115.
10 Ebd.

erachtet, eine echte Instanz des Werks zu sein, ist nicht ganz offensichtlich. Da er das korrekte Buchstabieren als „das einzige Erfordernis für einen echten Einzelfall eines Werks"[11] bezeichnet, scheint er es als gleichermaßen notwendige wie hinreichende Bedingung zu verstehen.[12] Als notwendige Bedingung könnte die Selbigkeit des Buchstabierens jedoch zu strikt sein, denn normalerweise halten wir Exemplare eines Romans, die einige Druckfehler aufweisen, dennoch für genuine Exemplare des Werks (angenommen, zwischen zwei Wörtern in Austens *Pride and Prejudice* befände sich ein zusätzliches Leerzeichen). Wir halten sogar überarbeitete Ausgaben und Übersetzungen für genuine Instanzen eines Werks.

Damit werden uns jedoch nur die Bedingungen an die Hand gegeben, unter denen wir es mit zwei Exemplaren eines literarischen Werks zu tun haben. Doch was ist das literarische Werk, von dem beide Exemplare Instanzen sind? Es kann nicht einfach die Klasse seiner Exemplare sein, denn das Werk kann abgeschlossen sein, ohne dass die Klasse es ist.[13] Ebenso wenig kann es sich um die Menge der Exemplare handeln, denn von Mengen wird gemeinhin angenommen (wie Nicholas Wolterstorff betont),[14] dass sie ihre Elemente notwendig enthalten. *Pride and Prejudice* bleibt jedoch eindeutig auch dann dasselbe Werk, wenn neue Exemplare hergestellt oder alte zerstört werden. Richard Wollheim argumentiert, ein literarisches Werk müsse statt mit einer Klasse oder einem Universale mit einem Typ identifiziert werden, von dem Buchexemplare Token sind.[15] Ein Vorteil dieser Auffassung lautet, dass wir Typen (im Gegensatz etwa zu Mengen) vernünftigerweise physische Eigenschaften zuschreiben können. Somit können wir die Dinge als sinnvoll einordnen, die Literaturkritiker äußern, wie etwa: „die *Satiren* von John Donne klängen hart".[16] Wollheim geht nicht direkt auf die Frage ein, unter welchen Bedingungen zwei Token demselben Typ angehören.[17] Er zieht jedoch zumindest Goodmans Vorschlag in Betracht, dass „die Vorkommnisse eines bestimmten Gedichts die vielen verschiedenen Inskriptionen sind, die in Büchern enthalten sind und die Wortfolge des Dichtermanuskripts reproduzieren".[18]

---

11 Ebd., S. 117.
12 Für die Musik – die Goodman als Parallelfall zur Literatur ansieht – schlägt er vor, die Übereinstimmung mit der Partitur sei der „entscheidende[ ] Test", ob eine Aufführung im strikten Sinn als Aufführung des fraglichen Werks gilt (ebd.).
13 Vgl. Wollheim: Objekte, S. 20 f.
14 Vgl. Wolterstorff: Weg; ders.: Works.
15 Vgl. Wollheim: Objekte, S. 77–81.
16 Ebd., S. 83 f.
17 Vgl. ebd., S. 81.
18 Ebd., S. 82. Er weist auf einen Punkt hin, der in der späteren Diskussion wichtig werden wird, wenn er schreibt: „Eine sehr wichtige Gruppe von Umständen, unter

Wie wir gesehen haben, besteht ein Problem der Auffassung, dass literarische Werke durch eine Abfolge von Buchstaben oder Wörtern gekennzeichnete Typen (oder eine andere Art abstrakter Entität) sind, in der Konsequenz, dass leicht fehlerhafte Exemplare nicht als Instanzen desselben Werks zählen würden. Nicholas Wolterstorff vermeidet dieses Problem, indem er behauptet, literarische Werke seien etwas, das er „Normarten" (*norm-kinds*) nennt.[19] Ihm zufolge gehören nicht nur Kunstwerke zu den Normarten, sondern auch natürliche Arten. Sie sind Arten, von denen es wohlgeformte oder nichtwohlgeformte Exemplare geben kann. So ist es beispielsweise wahr, dass „die Gabelantilope vier Beine hat", auch wenn einzelne missgebildete Vertreter dieser Art mit nur drei Beinen geboren werden. In ähnlicher Weise können wir zulassen, dass ein leicht fehlerhaftes Exemplar von *Pride and Prejudice* immer noch ein Exemplar des Werks ist. Norm-Arten weisen gewisse normative Eigenschaften auf: Um ein exakt ausgebildetes Exemplar dieser Art zu sein, muss etwas die vorgegebenen Eigenschaften besitzen. Deswegen können wir sagen, dass normativ für Exemplare von *Pride and Prejudice* gilt, dass sie dieselbe Abfolge von Buchstaben, Satzzeichen und Leerzeichen aufweisen müssen wie das Originalmanuskript. Dennoch können wir zulassen, dass einige Exemplare diese Norm nicht erfüllen, aber dennoch genuine Instanzen des Werkes sind.

Doch stehen Theorien, denen zufolge literarische Werke textuell festgelegte, abstrakte Entitäten sind – selbst wenn wir diese als „Normart" verstehen – einem Problem gegenüber. Dies ist in etwa das Problem, das schon Roman Ingarden identifiziert hat, wenn literarische Werke als ‚ideale' Objekte aufgefasst werden: Im Gegensatz zu gewöhnlichen abstrakten Gegenständen wie Zahlen oder platonischen Universalien hat die Existenz literarischer Werke einen zeitlichen Anfang, sie können sich verändern und aufhören zu existieren. (Dasselbe gilt natürlich auch für natürliche Arten als Beispiel einer weiteren Normart.) In der analytischen Literatur wurden solche Bedenken zunächst von Jerrold Levinson geäußert, dessen Arbeiten sich auf die Musik konzentrieren, aber leicht auf literarische Werke ausgeweitet werden können (wie er selbst sagt). Er argumentiert, dass musikalische (und wohl auch literarische) Werke Gegenstände sein müssen, die durch die kreative Aktivität eines Komponisten (bzw. Autors) erschaffen

---

denen wir Typen postulieren [...] liegt dort vor, wo wir eine Klasse von Einzeldingen mit einem Stück menschlicher Erfindung in Beziehung setzen können" (ebd., S. 80). Es ist jedoch nicht klar, ob er die Herkunft von demselben Ursprung als eine Bedingung einfordern würde, damit zwei literarische Token demselben Typ angehören. Ebenso unklar ist, ob er die exakte Selbigkeit des Buchstabierens usw. als notwendige Bedingung einfordert.

19 Wolterstorff: Weg, S. 61.

werden. Deswegen sollten sie nicht als reine Klangstrukturen (bzw. Wortstrukturen) angesehen werden, sondern als ‚kenntlich gemachte Strukturen'. Ein literarisches Werk ist dieser Auffassung zufolge eine Wortstruktur, *die von einem bestimmten Schöpfer kenntlich gemacht wurde.* Außerdem würden die ästhetischen Eigenschaften von musikalischen (oder literarischen) Werken normalerweise davon abhängen, wer sie zu welcher Zeit, unter welchen Einflüssen und an welchem Ort innerhalb des relevanten kulturgeschichtlichen Kontextes erschaffen hat. Levinson argumentiert, dass ein Werk – wenn wir seine ästhetischen Eigenschaften als essenziell erachten – nicht von einem anderen Schöpfer oder in einem anderen kulturhistorischen Kontext hätte hervorgebracht werden können. In Bezug auf die Literatur schreibt er:

> Ein Gedicht ist nicht bloß eine vorgegebene Wortsequenz. Ein Gedicht ist das Produkt eines bestimmten Individuums zu einer bestimmten Zeit an einem bestimmten Ort, mit einer mehr oder weniger definitiven Bedeutung und einem ästhetischen Charakter, der teilweise von dieser Zeit und diesem Ort abhängt […]. Ich bin geneigt, ein Gedicht von der Art, die wir gewohnt sind, als eine Wortstruktur zu verstehen, wie sie von X zum Zeitpunkt t kenntlich gemacht wurde.[20]

Levinsons Vorstellung, dass Kunstwerke (zu denen auch literarische Werke zählen) erschaffen werden müssen und dass die Quelle und die Umstände dieser Schöpfung für die Identitätsbedingungen von Kunstwerken eine entscheidende Rolle spielen, ist von vielen anderen Philosophen übernommen worden. Dennoch herrscht Uneinigkeit darüber, ob ein literarisches Werk notwendig mit einem bestimmten Autor verbunden ist (oder ob eine sehr ähnliche Person oder ein ‚Zwilling' das Werk hätte schreiben können) oder mit dem genauen Zeitpunkt, Ort und kulturellen Kontext seiner Entstehung. (Und bei jedem dieser Punkte herrscht Uneinigkeit darüber, in welchem Ausmaß eine Abweichung möglich wäre).[21]

Guy Rohrbaugh geht in seiner Kritik an rein ‚strukturellen' Auffassungen von Kunstwerken jeglicher Art noch weiter,[22] mit einer Begründung, die deutlich an Ingarden erinnert. Er argumentiert, dass kein Kunstwerk mit einer abstrakten Struktur identifiziert werden könne (noch nicht einmal

---

20 Levinson: Music, S. 97. Dies erinnert an Edward Zaltas früheren Vorschlag von 1983, Geschichten seien abstrakte Gegenstände, die von jemandem ‚hervorgebracht' (authored) werden (Zalta: Objects).
21 Gregory Currie beispielsweise meint, Levinsons Art und Weise, musikalische Werke zu individuieren, sei zu detailliert. Es scheint möglich zu sein, dass ein Werk zu leicht unterschiedlichen Zeitpunkten oder von unterschiedlichen Individuen in demselben kulturellen und historischen Kontext mit derselben künstlerischen Leistung komponiert wird.
22 Vgl. Rohrbaugh: Artworks.

mit einer von ihrem Schöpfer kenntlich gemachten Struktur), da Kunstwerke entstehen und verschwinden, sich im Laufe der Zeit sogar in ihren intrinsischen Qualitäten verändern können und auch ‚modal flexibel' sind, da sie über andere (intrinsische) Qualitäten hätten verfügen können, als es faktisch der Fall ist.[23] Anstatt uns literarische Werke als strukturierte identifizierbare Dinge vorzustellen (wie etwa Abfolgen von Wörtern, Propositionen oder Handlungssequenzen), sollten wir sie uns laut Rohrbaugh als historische identifizierbare Dinge vorstellen, die durch die Zeit persistieren und veränderlich sind, in ihrer Existenz jedoch von gewissen physischen Einzeldingen abhängig sind (ihren Exemplaren). Dies bedeute, dass Werke der Literatur (und der anderen schönen Künste) in keine herkömmliche ontologische Kategorie passen (physische Objekte, Mengen, Eigenschaften, Typen ...).[24] Um zu einer adäquaten Ontologie der Literatur zu gelangen, müssen wir folglich Entitäten einer neuen Art anerkennen: „nicht-physische historische identifizierbare Dinge, Fortbestehendes, das zu einer Reihe kausal zusammenhängender physischer (oder manchmal mentaler) Einzeldinge in einer Beziehung der ontologischen Abhängigkeit steht".[25]

3. Werke und ihre kulturellen Kontexte

Damit stellt sich auch die Frage nach der Beziehung zwischen dem literarischen Werk und dem kulturellen Kontext, in dem es erschaffen wurde. Wenn wir ein literarisches Werk bloß als eine Reihe von Symbolen betrachten, ignorieren wir die wichtige Rolle, die der kulturelle Hintergrund dabei gespielt haben mag, dass es zu genau diesem Werk werden konnte. Eine gewisse Abhängigkeit vom kulturellen Kontext ist vielleicht bereits implizit vorhanden, wenn wir einen Text semantisch auffassen und Bedeutung als kulturabhängig (anstatt einen Text beispielsweise als eine Abfolge von Buchstaben, Leerstellen und Satzzeichen zu verstehen). Doch der kulturelle Kontext könnte auch so verstanden werden, dass er die Hintergrundannahmen liefert, die notwendig sind, damit die erzählte Geschichte einen Sinn ergibt, oder dass er den künstlerischen Zusammenhang liefert, der

---

23 Vgl. ebd., S. 178.
24 Ich bringe ein ähnliches Argument an und entwickle die vergleichbare Ansicht, dass wir Werke der Literatur und Musik ebenso wie fiktive Charaktere als erschaffene, abhängige abstrakte Entitäten betrachten sollten. Ich nenne sie ‚abstrakte Artefakte'. Vgl. Thomasson: Fiction, S. 131–136 und S. 148–153; dies.: Ontology (2004).
25 Rohrbaugh: Artworks, S. 198.

notwendig ist, um die besonderen ästhetischen Eigenschaften und Leistungen eines literarischen Werkes zu erfassen. In *Fiction and Metaphysics* traf ich eine dreifache Unterscheidung zwischen Texten (Sequenzen von Symbolen in einer Sprache), Kompositionen (Texten, die von einem bestimmten Autor unter bestimmten historischen Bedingungen geschaffen wurden) und literarischen Werken (Kompositionen mit bestimmten ästhetischen Qualitäten, die eine bestimmte Geschichte erzählen etc.).[26] Dabei habe ich argumentiert, dass Kompositionen, um Instanzen desselben literarischen Werks zu sein, von ihren Lesern dieselben Hintergrundannahmen und Sprachkenntnisse einfordern müssen.[27] Peter Lamarque unterscheidet (bei allen Künsten) zwischen dem Objekt und dem Werk, wobei das Werk „eine kulturelle Entität [ist], deren Existenz essenziell von den passenden kulturellen Bedingungen abhängt".[28] Lamarque zufolge besitzen Werke essenziell „intentionale Eigenschaften ästhetischer, künstlerischer oder repräsentativer Natur", wobei „der Besitz dieser Eigenschaften nur in einem geeigneten kulturellen Kontext möglich ist".[29] Der geeignete kulturelle Kontext scheint vor allem normative Praktiken und Konventionen zu umfassen. Beispielsweise gehören zu unseren normativen Praktiken, wie Dinge individuiert, behandelt und interpretiert werden, auch Konventionen, die unterschiedliche *Kategorien* der Kunst festlegen. Welcher Kategorie ein Kunstwerk angehört, kann sich wiederum auf seine ästhetischen und künstlerischen Eigenschaften auswirken.

Man kann sagen, dass die vorherrschende Meinung in den letzten Jahren lautete, dass literarische Werke erschaffene abstrakte Entitäten einer gewissen Art sind (nicht jedoch ideale oder platonische Abstrakta), die in verschiedener Hinsicht von Schöpfungsakten durch Autoren und von kulturellen Hintergrundbedingungen abhängig sind und deren Identitätsbedingungen an bestimmte Umständen ihrer Schöpfung gebunden sind. Wovon sie im Detail abhängig sind, muss jedoch noch geklärt werden. Ist ein literarisches Werk zum Beispiel von genau diesem Autor abhängig oder wäre ein ähnlich gearteter Autor auch möglich gewesen? Hängt auch der Fortbestand oder nur die Schöpfung eines Werks von seinem kulturellen Kontext ab? Lamarque vertritt die Auffassung, dass Werke nicht nur hinsichtlich ihrer Schöpfung (und vieler ihrer Eigenschaften) von ihrem kulturellen Kontext und den vorherrschenden Normen und Praktiken abhängen, sondern auch hinsichtlich ihres *Fortbestands*.[30] Doch selbst wenn wir

---

26 Vgl. Thomasson: Fiction.
27 Vgl. ebd., S. 64–66.
28 Lamarque: Work, S. 4.
29 Ebd., S. 54.
30 Vgl. ebd.

Lamarque zustimmen, dass Werke von dem sie umgebenden kulturellen Kontext abhängig sind, könnten wir der Meinung sein, dass sie davon nur bei ihrer Entstehung abhängig sind – und nicht für ihr weiteres Überleben. So gesehen könnten Kunstwerke analog zu Artefakten wie den ägyptischen Kanopen aufgefasst werden, die nur unter gewissen kulturellen Bedingungen erschaffen werden können, aber überdauern können, auch wenn es die entsprechende Kultur nicht mehr gibt. Jedenfalls bleibt die Frage offen, ob literarische Werke von bestimmten Autoren abhängen, von welchen kulturellen Hintergrundbedingungen (falls überhaupt) sie abhängen und ob sie lediglich von ihnen abhängen, um erschaffen zu werden (und viele ihrer ästhetischen Eigenschaften zu erlangen), oder auch, um weiter zu existieren.

4. Handlungszentrierte Theorien

Während die gängigsten Theorien literarische Werke als abstrakte Gegenstände der einen oder anderen Art auffassen, wurde auch ein völlig anderer Ansatz vorgeschlagen. Er lautet, dass literarische Kunstwerke – ebenso wie alle anderen Kunstwerke – gar keine Objekte sind (weder physische noch abstrakte). Diese konkurrierende Auffassung, die in unterschiedlicher Weise von Gregory Currie und David Davies vertreten wird, behauptet, dass Kunstwerke nicht als *Objekte*, sondern als *Handlungen* zu verstehen sind: Typen von Handlungen[31] oder individuelle (Token-)Handlungen.[32] Currie vertritt die von ihm so betitelte ‚Handlungstyp-Hypothese' (*Action Type Hypothesis*). Sie besagt, dass Kunstwerke (der bildenden Kunst, Musik, Literatur und anderer Kunstformen) Ereignistypen sind. Das Ereignis besteht darin, dass jemand zu einem gewissen Zeitpunkt eine bestehende Struktur über einen heuristischen Pfad entdeckt.[33] Im Falle eines literarischen Werks wie *Pride and Prejudice* besteht dieses Ereignis beispielsweise darin, dass Jane Austen eine bestimmte Wortstruktur auf dem Wege bestimmter literarischer Einflüsse, Ideenquellen, Konventionen des Genres usw. entdeckte.[34] Dies bedeutet auch (wie Levinson betont), dass verschiedene Individuen prinzipiell dasselbe Werk erschaffen könnten, wenn sie dieselbe Wortstruktur auf demselben heuristischen Pfad entdecken.

---

31 Vgl. Currie: Ontology.
32 Vgl. Davies: Art.
33 Vgl. Currie: Ontology, S. 70.
34 Vgl. ebd., S. 68 f.

David Davies greift die Idee auf, dass wir bei unserer Wertschätzung eines Werkes eine Ausführung (*performance*) wertschätzen.[35] Diesen Aspekt versteht er noch wortwörtlicher als Currie, wenn er behauptet, dass Kunstwerke keine Handlungs*typen* seien, sondern vielmehr individuelle (*Token*-) Ausführungen. In diesen Ausführungen soll die Aktivität eines Künstlers nicht so verstanden werden, dass er eine abstrakte Struktur auf einem heuristischen Pfad entdeckt, sondern dass er einen jeweiligen ‚Fokus der Wertschätzung' bestimmt (einen Text, eine Leinwand etc.).[36] Dieser Auffassung zufolge wäre ein literarisches Werk wie *Pride and Prejudice* mit der individuellen Handlung Jane Austens gleichzusetzen, einen spezifischen Text als Fokus der Wertschätzung zu bestimmen. Das eigentliche Kunstwerk ist jedoch (Davies zufolge) Austens Handlung und nicht der von ihr bestimmte Text.

Diese handlungszentrierten Theorien sind mitunter von der Vorstellung inspiriert, dass wir das Kunstwerk mit dem entsprechenden Gegenstand der Wertschätzung, kritischen Aufmerksamkeit usw. identifizieren sollten. Hinzu kommt die Vorstellung (wie Currie es formuliert), unsere Wertschätzung sei zumindest zum Teil „eine Wertschätzung der Leistung des Künstlers", innerhalb eines bestimmten kulturellen Kontextes „zu einem [bestimmten, A. T.] Muster oder einer [bestimmten] Struktur [aus Wörtern oder Klängen, A. T.] gelangt zu sein".[37] Ein solcher Ansatz scheint gut zu unseren kritischen Praktiken des Bewertens und Wertschätzens eines Werkes zu passen, denen es vorrangig um die Wertschätzung dessen geht, was ein Künstler getan hat, wenn er ein bestimmtes Werk erschafft. Currie schreibt dazu: „Das Werk ist der Handlungstyp, den der Künstler ausführt. Bei der Wertschätzung des Werkes würdigen wir somit die Ausführung des Künstlers".[38]

Handlungszentrierte Theorien wurden jedoch häufig kritisiert, da sie nicht gut zu der Art und Weise passen, wie wir gewöhnlich über Kunstwerke sprechen und sie individuieren. Normalerweise betrachten wir Kunstwerke – und auch Literatur – als *Produkte* einer künstlerischen Aktivität und nicht als die Prozesse, durch die sie hervorgebracht werden.[39] So sagen wir normalerweise zum Beispiel Dinge wie, dass ein bestimmtes literarisches Werk 17 Kapitel hat, dass es in zweiter Auflage erscheint, dass es in zwölf Sprachen übersetzt wurde, dass es aus gereimten Zweizeilern

---

35 Vgl. Davies: Art.
36 Vgl. ebd., S. 81.
37 Currie: Ontology, S. 68.
38 Ebd., S. 71.
39 Vgl. Davies: Art, S. 141 f.

besteht usw. Jedoch kann keines dieser Merkmale sinnvollerweise der Ausführung oder dem Handlungstyp eines Künstlers zugeschrieben werden. Stattdessen beziehen sie sich auf das *Produkt* dieser künstlerischen Aktivität. Wir gehen auch normalerweise davon aus, dass wir literarische Werke lesen können. Doch niemand kann die Ausführung des Künstlers lesen (und wenn wir uns das Werk als Ausführungstoken vorstellen, existiert es üblicherweise in den nachfolgenden Jahren nicht mehr, in denen wir glauben, dass das Werk existiert). Davies selbst fasst das Problem so zusammen, dass handlungszentrierte Theorien „zur Folge haben, dass ein Großteil unseres gewöhnlichen Diskurses über Kunst entweder falsch oder hoffnungslos ungenau ist".[40]

5. Methodologische Fragestellungen

Einwände dieser Art haben dazu geführt, dass Diskussionen erster Stufe über die Ontologie von Kunstwerken auf interessante Weise mit metaontologischen Diskussionen darüber zusammenlaufen, was wir eigentlich machen, wenn wir eine Theorie über den ontologischen Status eines literarischen Werks aufstellen, und wie wir miteinander konkurrierende Vorschläge bewerten sollten. Ich habe an anderer Stelle dafür argumentiert, dass Studien zur Ontologie der Kunst so vorgehen müssen, dass sie die Konzeptionen analysieren, die bei denjenigen wirksam sind, die die Referenz der relevanten Kunstarten-Begriffe (‚Gemälde', ‚Roman' usw.) festlegen bzw. neu festlegen. Denn diese Konzeptionen bestimmen die modalen Merkmale der Entitäten, auf die sich die entsprechenden sortalen Begriffe beziehen (falls überhaupt).[41] Diese Form der Begriffsanalyse beinhaltet, wie ich argumentiert habe, auf die Art und Weise zu achten, wie wir Werke als dieselben oder unterschiedliche Werke behandeln, als fortdauernd oder zerstört usw.[42] Wenn wir diese Methodologie übernehmen, verfügen wir über Gründe, handlungszentrierte ontologische Vorschläge abzulehnen.

Andere Philosophen bewerten ontologische Vorschläge jedoch nicht primär danach, wie gut sie zu unseren Begriffen oder linguistischen und anderen Praktiken passen. Stattdessen bewerten sie konkurrierende Theorien danach, wie gut sie zu allgemeinen metaphysischen Prinzipien passen. Beispielsweise lautet Curries Kritik an Levinsons Auffassung, einige Kunstwerke (darunter auch die Literatur) seien kenntlich gemachte Strukturen,

---

40 Ebd., S. 178.
41 Vgl. Thomasson: Knowledge; dies.: Debates.
42 Vgl. Thomasson: Debates.

sie sei ‚metaphysisch obskur'. Sie führe dazu, dass es dann auch zahllose weitere, ungewollte Entitäten geben müsste, etwa ein Von-Fleming-entdecktes-Penicillin.[43] Julian Dodd erhebt ähnliche Einwände gegen die Vorstellung, Kunstwerke könnten erschaffene Abstrakta sein, indem er argumentiert, dass abstrakte Entitäten niemals erschaffen werden können.[44]

Wiederum andere lehnen ausdrücklich die Idee ab, dass eine Kunstontologie daran gemessen werden sollte, wie sie zu unseren tatsächlichen Praktiken passt. David Davies geht ohne Umwege auf den Vorwurf des Revisionismus ein und argumentiert, dass wir uns bei der Entwicklung einer Kunstontologie weniger um ihre Kohärenz mit unseren tatsächlichen Redegewohnheiten oder Praktiken kümmern sollten als vielmehr darum, wie gut die vorgeschlagene Ontologie zu den Normen passt, die unsere kritischen Urteile darüber prägen *sollten*, wie Werke zu bewerten und zu würdigen sind.[45] Er begrüßt somit den Revisionismus, der mit handlungsorientierten Ansätzen einhergeht, und begründet dies damit, dass er besser zu jenen kritischen Praktiken passt, die wir haben *sollten*. Wenn die Leistung des Künstlers aus kritischer Sicht am wichtigsten ist (oder sein sollte), dann (so argumentiert Davies) können wir von der nützlichen Unterscheidung zwischen dem Werk an sich (der Ausführung) und den Werk-Produkten oder den festgelegten Fokussen der Wertschätzung nur profitieren. Dann könnten wir akzeptieren, dass literarische Werke Ausführungen sind, und wir könnten jene Dinge, die Ausführungen nicht zugesprochen werden können, einfach als Aussagen über die Werk-Produkte ‚anstatt als Diskurs über Werke an sich' neuinterpretieren.[46]

6. Hat jede Literatur denselben ontologischen Status?

Traditionelle Arbeiten zur Kunstontologie gingen davon aus, dass es einen wichtigen ontologischen Unterschied zwischen dem Status von literarischen und musikalischen Werken (einerseits) und Gemälden und nichtgegossenen Skulpturen (andererseits) gibt. Von Ersteren wird zumeist angenommen, dass es sich um eine Form von (erschaffenen oder entdeckten) abstrakten Gegenständen handelt, während letztere anscheinend eine Form von konkreten Entitäten sind. Nennen wir dies die ‚pluralistische' kunstontologische Auffassung. Vor diesem Hintergrund ist es ein interessantes

---

43 Vgl. Currie: Ontology, S. 58.
44 Vgl. Dodd: Works, S. 424–440.
45 Vgl. Davies: Art, S. 143.
46 Vgl. ebd., S. 144.

Merkmal handlungszentrierter Theorien, dass sie eine einheitliche ontologische Auffassung *sämtlicher* Werke anbieten, indem sie Werke der Literatur, Musik, Gemälde und Skulpturen gleichbehandeln.

Doch selbst Philosophen, die pluralistische Positionen vertreten und zwischen dem ontologischen Status von Literatur und Musik und dem von Gemälden und Skulpturen unterscheiden, nahmen mehrheitlich an, es könne eine einheitliche ontologische Theorie (sämtlicher) Werke der *Literatur* geben, so dass es uns möglich wäre, die einfache Frage zu stellen und zu beantworten, welchen ontologischen Status literarische Werke innehaben.

Eine der interessantesten und plausibelsten Entwicklungen innerhalb der Literaturontologie der letzten Jahre ist die Auffassung, dass wir einem Irrtum unterliegen, wenn wir versuchen, eine einheitliche ontologische Theorie literarischer Werke zu finden. Anna Christina Ribeiro argumentiert gegen den von ihr so genannten ‚generalistischen' Ansatz innerhalb der Literaturphilosophie,[47] und Robert Howell argumentiert überzeugend, dass es auf die Frage „Was ist der ontologische Status literarischer Werke?" nicht nur eine Antwort gibt.[48] Dafür spräche, dass keiner der bisher vorgebrachten Vorschläge auf alle tatsächlichen und möglichen Werke der Literatur anwendbar ist.[49] Theorien, die einen Texttyp als wesentlich für literarische Werke erachten, lassen sich zum Beispiel nicht auf Märchen, traditionelle Balladen, Epen und Ähnliches anwenden. Diese benötigen nämlich keinen festgelegten Text: Was etwas zu einer Instanz desselben Märchens macht, könnte die Selbigkeit einer Handlungsabfolge oder der Themen sein, nicht jedoch die wortwörtliche Entsprechung.[50] Sprachliche Improvisationen sind noch schwerer einzuordnen – sie gleichen eher Token-Werken denn irgendetwas, das mit einem Texttyp zu tun hat.[51] Ein ähnliches Argument bringt Davies in Bezug auf die Kontextabhängigkeit: Ein Werk wie Orwells *Animal Farm* könnte wohl nicht in einem historischen Kontext existieren, in dem die Russische Revolution niemals stattgefunden hat.[52] Andere Werke hingegen (wie vielleicht die *Frog-and-Toad*-Kindergeschichten) mögen wesentlich unabhängiger von ihrem historischen Kontext sein. Aus diesem Grund sollten wir laut Davies keine einheitliche Antwort auf die Frage erwarten, welche Aspekte der Herkunft essenziell für die Identität eines Kunstwerks sind.

---

47 Vgl. Ribeiro: Philosophy.
48 Vgl. Howell: Ontology.
49 Vgl. ebd., S. 68.
50 Vgl. ebd., S. 70–72.
51 Vgl. ebd., S. 75.
52 Vgl. Davies: Art, S. 111–113.

Es zeichnet sich somit ein Trend gegen einheitliche Annahmen in der Ontologie der Literatur und anderer Künste ab. Selbst wer Howells negative Argumente gegen einheitliche Ontologien akzeptiert, fragt sich vielleicht, warum einzelne literarische Werke einen unterschiedlichen ontologischen Status innehaben sollten. Howells plausibler Vorschlag lautet, dass ‚literarisches Werk' keine ontologische Kategorie definiert: Wir können unter literarisches Werk Werke verstehen, die notwendig die Verwendung von Wörtern beinhalten und ästhetisch relevante Merkmale aufweisen (oder aufweisen sollten). Damit bleiben jedoch viele Parameter offen, wie etwa ob sie notwendig an ihre Autoren, ihren genauen Text oder eine exakte Handlungslinie gebunden sind oder ob sie bestimmte Ereignisse sind (improvisierte Ausführungen) oder zugehörige Typen.[53] „Werke der Literatur können im Prinzip jegliche ontologische Form annehmen, die die essenzielle und bedeutungsvolle Verwendung von Wörtern einschließt und zu einem Objekt (in einem weiten Verständnis von ‚Objekt') mit ästhetisch relevanten Eigenschaften führt".[54] Es steht Autoren frei, diese Objekte dergestalt mit ästhetisch relevanten Merkmalen herzustellen, wie sie es für wirkungsvoll halten.

Sherri Irvins Arbeiten zur Ontologie der bildenden Kunst könnten zur Klärung beitragen, warum hinsichtlich des ontologischen Status von Werken eine solche Vielfalt möglich ist.[55] Irvin argumentiert wie Howell, dass es auf die Frage „Was ist der ontologische Status von Werken der bildenden Kunst?" keine einzelne Antwort gibt. Denn die ontologischen Merkmale eines Kunstwerks (wozu auch gehört, welche Merkmale essenziell sind, welche Veränderungen das Werk überstehen kann usw.) seien von dem bestimmt, was Irvin die ‚Verfügung' (*sanction*) des Künstlers nennt. Dabei handelt es sich, vereinfacht gesagt, um das, was der Künstler direkt kommuniziert, verbunden mit den im entsprechenden Kontext hintergründig wirkenden Konventionen.

Auf die Literatur angewandt könnte dies heißen: Im Fall von traditionellen Kunstformen ist alles durch die Hintergrundkonventionen geregelt. Wird also ein Werk im Kontext traditioneller westlicher Gedichtsammlungen präsentiert, dürfte damit gewährleistet sein, dass das Werk notwendig (zumindest mehr oder weniger) denselben Text aufweist, jedoch wiederholbar ist (in mehreren Exemplaren). Wird ein Werk im Kontext einer politischen Demonstration oder einer Stand-up-Show präsentiert, mögen andere Normen herangezogen werden, denen zufolge das Werk als singulä-

---

53 Vgl. Howell: Ontology, S. 75.
54 Ebd., S. 76.
55 Vgl. Irvin: Sanction; dies.: Diversity.

res Ereignis gilt. Wird etwas als Scherz oder Detektivgeschichte präsentiert, dürften wiederum andere Normen ins Spiel kommen (die es z. B. erlauben, in etwa dasselbe Wortspiel bei verschiedenen Gelegenheiten vorzutragen oder verschiedene Übersetzungen von Erzählungen mit derselben Handlungsabfolge anzufertigen). Doch es sind auch andere Werke möglich (die die Grenzen dessen strapazieren, was als literarisches Werk gilt), bei denen das Vorliegen desselben Textes nicht hinreichend wäre, um als Exemplar desselben Werks zu gelten. Bei einigen Werken könnte es erforderlich sein, dass die Worte des Textes in einem bestimmten Muster oder räumlichen Arrangement gedruckt sind (wie bei George Herberts Gedichten vom Anfang des 17. Jahrhunderts, von denen eines z. B. in einer Form gedruckt sein musste, die an den Umriss eines Altars erinnert, während ein anderes ein Druckmuster verlangte, das zwei Vögeln ähnelt, die sich in die Luft erheben).[56] Möglich ist auch, dass ein Text mit bestimmten Bildern abgedruckt werden muss (wie bei zeitgenössischen Graphic Novels sowie Comics und Kinderbüchern der Vergangenheit) oder sogar mit bestimmten künstlerischen Ziertokens (wie bei der Buchmalerei).[57] Und es kann sogar sein (wie Irvin betont und ich darauf aufbauend an anderer Stelle argumentiert habe),[58] dass Künstler neue Arten von Dingen einführen, indem sie explizite Verfügungen (*sanctions*) darüber treffen, was an ihren Werken geändert werden darf und was nicht, sofern diese nicht einfach auf bestehende Gattungskonventionen zurückgreifen.

7. Richtungen der zukünftigen Forschung

Was gibt es in der Ontologie literarischer Werke noch zu tun, wenn wir diese Lektion aufgreifen? Erstens verästelt sich das Projekt, denn wir müssen uns nicht mehr nur mit dem ontologischen Status von literarischen Werken beschäftigen, sondern auch die Ontologie von Romanen, Detektivgeschichten, Balladen, Volksmärchen, Gedichten, Graphic Novels usw. zu verstehen suchen. Hier gibt es noch viel lohnenswerte Arbeit zu leisten, vor allem im Zusammenhang mit literarischen Werken abseits der traditionellen Romane und Gedichte, auf die sich die Ontologie der Literatur anfangs konzentrierte. Für besonders innovative Werke mag es sogar erforderlich sein, sich über den ontologischen Status dieses oder jenes *Werks* Gedanken zu machen statt über diese *Art von* Werk im Allgemeinen.

---

56 Besten Dank an Robert Howell für dieses Beispiel.
57 Für eine Diskussion ontologischer Fragen im Zusammenhang mit Graphic Novels vgl. Meskin: Ontology.
58 Vgl. Thomasson: Innovation, S. 119–130.

Zweitens muss grundierend noch an einer Metaontologie gearbeitet werden. Dabei muss untersucht werden, welche Kriterien für den ontologischen Status eines literarischen Werks als relevant zu gelten haben: Sollten wir Theorien zum Teil oder ausschließlich auf Grundlage dessen bewerten, wie gut sie zu unseren tatsächlichen Praktiken des Diskutierens, Lesens, Kaufens, Verkaufens und Druckens (oder Aufführens und Zeigens) von literarischen Werken passen oder wie gut sie zu den kritischen und evaluativen Praktiken passen, die wir ausbilden *sollten*? Abschließend könnten wir uns fragen, ob diese Theorien wirklich in einem Widerspruch zueinander stehen oder ob sie nicht vielmehr eine Pluralität akzeptabler Ansätze darstellen: Ein Ansatz könnte uns verraten, um was es sich bei den literarischen Werke handelt, mit denen wir vertraut sind (angesichts der Begriffe und Kategorien, mit denen wir arbeiten), während ein anderer Ansatz Vorschläge macht, inwiefern wir unser Begriffsschema ändern sollten.

Bibliographie

Currie, Gregory: An Ontology of Art. New York 1989.
Davies, David: Art as Performance. Oxford 2004.
Dodd, Julian: Musical Works as Eternal Types. In: British Journal of Aesthetics 40 (2000), S. 424–440.
Goodman, Nelson: Sprachen der Kunst. Entwurf einer Symboltheorie [1976]. Übersetzt von Bernd Philippi. Frankfurt a. M. 1997.
Howell, Robert: Ontology and the Nature of the Literary Work. In: Journal of Aesthetics and Art Criticism 60.1 (2002), S. 67–79.
Ingarden, Roman: Das literarische Kunstwerk. Halle (Saale) 1931.
Irvin, Sherri: The Artist's Sanction in Contemporary Art. In: Journal of Aesthetics and Art Criticism 63:4 (2005), S. 315–326.
Irvin, Sherri: The Ontological Diversity of Visual Artworks. In: Kathleen Stock/Katherine Thompson-Jones (Hg.): New Waves in Aesthetics. London 2008, S. 1–19.
Lamarque, Peter: Work and Object: Explorations in the Metaphysics of Art. New York 2012.
Levinson, Jerrold: Music, Art and Metaphysics. Ithaca, NY 1990.
Livingston, Paisley: History of the Ontology of Art. In: Edward N. Zalta (Hg.): The Stanford Encyclopedia of Philosophy (Summer 2013 Edition). 06. 05. 2013. <http://plato.stanford.edu/archives/sum2013/entries/art-ontology-history/> (08. 05. 2018).
Meskin, Aaron: The Ontology of Comics. In: A. M./Roy T. Cook (Hg.): The Art of Comics: A Philosophical Approach. Malden, MA 2012.
Ribeiro, Anna Christina: Toward a Philosophy of Poetry. In: Midwest Studies in Philosophy 33.1 (2009), S. 61–77.

Acknowledgment: Ich danke Robert Howell für seine äußerst hilfreichen Kommentare zu einer früheren Version dieses Aufsatzes.

Rohrbaugh, Guy: Artworks as Historical Individuals. In: European Journal of Philosophy 11.2 (2003), S. 177–205.
Thomasson, Amie L.: Fiction and Metaphysics. Cambridge 1999.
Thomasson, Amie L.: The Ontology of Art. In: Peter Kivy (Hg.): The Blackwell Guide to Aesthetics. Oxford 2004, S. 78–92.
Thomasson, Amie L.: The Ontology of Art and Knowledge in Aesthetics. In: Journal of Aesthetics and Art Cristicism 63.3 (Sommer 2005), S. 221–229.
Thomasson, Amie L.: Debates about the Ontology of Art: What Are We Doing Here? In: Philosophy Compass 1.3 (2006), S. 245–255.
Thomasson, Amie L.: Ontological Innovation in Art. In: Journal of Aesthetics and Art Criticism 68.2 (2010), S. 119–130.
Wollheim, Richard: Objekte der Kunst [1968]. Übersetzt von Max Looser. Frankfurt a. M. 1982.
Wolterstorff, Nicholas: Works and Worlds of Art. Oxford 1980.
Wolterstorff, Nicholas: Auf dem Weg zu einer Ontologie der Kunstwerke. Übersetzt von Fabian Fricke. In: Reinold Schmücker (Hg.): Identität und Existenz. Studien zur Ontologie der Kunst. Paderborn 2009, S. 47–75.
Zalta, Edward: Abstract Objects. Dordrecht u. a. 1983.

DANIEL MARTIN FEIGE

Das Werk im Lichte der Logik der Improvisation

Während in Alltag und Kunstkritik relativ unproblematisch von Romanen, Kompositionen sowie Gemälden als Werken die Rede ist, ist die Kategorie des Werks seit der zweiten Hälfte des 20. Jahrhunderts in verschiedenen Feldern der Ästhetik problematisiert worden. Ist der Werkbegriff in der philosophischen Ästhetik vor allem durch ihre erfahrungsästhetische Wende fragwürdig geworden,[1] hat der Einfluss des Poststrukturalismus in der deutschen Germanistik dafür gesorgt, dass Werke mitunter als bloße Instanzen eines allgemeinen Textes erläutert worden sind. Zu den Feldern der philosophischen Ästhetik, in der die Debatte um den Werkbegriff heute unverändert intensiv geführt wird, gehört die Musikphilosophie.[2] Unter Werk wird hier zumeist ein Gegenstand verstanden, der das Produkt der Arbeit von Komponierenden ist, der in Partituren verkörpert wird und der im Rahmen musikalischer Performances richtig oder falsch gespielt sowie mehr oder weniger angemessen interpretiert werden kann. Zu den in der Musikphilosophie in jüngerer Zeit intensiv diskutierten Fragen gehört dabei die nach der explanatorischen Relevanz der Kategorie des musikalischen Werks für ein Verständnis musikalischer Improvisation: Haben Improvisationen als Produkte der Tätigkeit des Improvisierens mit Werken im skizzierten Sinne nichts zu tun oder sind sie ein Sonderfall derselben? Besonders ausgeprägt wird diese Frage hinsichtlich des Jazz diskutiert, für den einerseits Improvisation charakteristisch ist, der aber andererseits in bestimmter Weise mit werkanalogen Strukturen aufzuwarten scheint.[3]

---

1 In der deutschen Ästhetik ist diese unter anderem mit Rüdiger Bubner verbunden, in der amerikanischen mit Monroe Beardsley. Vgl. Bubner: Erfahrung; Beardsley: Aesthetics.
2 Das gilt vor allem für die angloamerikanische Musikästhetik; vgl. als guten Überblick Gracyk/Kania: Music.
3 Letzteres bestreitet Andrew Kania und verteidigt Julian Dodd. Vgl. Kania: Play; Dodd: Standards.

Gegenüber der genannten Alternative – Improvisationen sind Werke oder Improvisationen haben mit Werken nichts zu tun – möchte ich im Folgenden ein anderes Verständnis des explanatorischen Zusammenhangs von Werk und Improvisation vorschlagen: Statt durch die Kategorie des musikalischen Werks die Kategorie musikalischer Improvisation verständlich zu machen, wird es mir umgekehrt darum gehen, durch die Kategorie musikalischer Improvisation die Kategorie des musikalischen Werks verständlich zu machen. Um nicht falsch verstanden zu werden: Ich behaupte damit nicht, dass musikalische Interpretationen von Beethoven-Sonaten dasselbe sind wie die Improvisationen eines John Coltrane oder Miles Davis. Was ich allerdings sehr wohl behaupte, ist, dass sich ein bestimmtes problematisches Verständnis der Kategorie des musikalischen Werks, das gerade im Mainstream der analytischen Musikphilosophie weiterhin Konjunktur hat, ausgehend von einer Analyse musikalischer Improvisation folgendermaßen korrigieren lässt: Eine Analyse der temporalen Struktur musikalischer Improvisation kann auch ein Moment dessen verständlich machen, was musikalische Werke sind. Gegenüber ihrer Rekonstruktion als vorhandene, von unseren interpretativen wie evaluativen Praktiken unaffizierte abstrakte Gegenstände möchte ich damit vorschlagen, den Sinn von Werken und damit sie selbst als dynamisch zu verstehen:[4] Wie im Lichte der einzelnen Züge einer Improvisation der Sinn der ganzen Improvisation neu ausgehandelt wird, so wird auch der Sinn des musikalischen Werks in und durch seine einzelnen Interpretationen neu ausgehandelt. Diese Analyse positioniert sich nicht allein kritisch gegenüber kurrenten Debatten der analytischen Musikphilosophie, sondern auch gegenüber bestimmten Tendenzen der deutschen Erfahrungsästhetik: Es geht mir mit den folgenden Überlegungen keineswegs darum, die Kategorie des Werks im Lichte der vielfältigen interpretativen Aneignungen derart zu verabschieden, dass ich sie als bloßen Reflex einer letztlich subjektiven Reaktion deute. Vielmehr möchte ich unter kritischem Rückgriff auf die entsprechenden Debatten der analytischen Musikphilosophie an der Objektivität des Werks festhalten, diese aber unter kritischem Anschluss an die erfahrungsästhetischen Debatten so denken, dass der Sinn von Werken in ihren und durch ihre vielfältigen Aneignungen jeweils neu- und weiterbestimmt

---

4 Anders etwa als bei Gegenständen der Physik, wo – pace Feyerabend und Kuhn – ein Unterschied zwischen der Art und Weise zu markieren ist, wie die Gegenstände für uns sind und wie sie an sich sind, ist dieser Unterschied bei Kunstwerken nicht in derselben Weise sinnvoll. Natürlich können wir Kunstwerken interpretatorisch Unrecht tun. Aber diese Unterscheidung spielt sich gewissermaßen innerhalb einer Ökonomie von Interpretationen ab – was, wie ich noch zeigen werde, keineswegs heißt, dass Interpretationen nicht in Kontakt mit den Werken selbst stehen.

wird:⁵ Werke sind eher nach dem Vorbild von Prozessen zu denken denn nach dem Vorbild abstrakter Gegenstände.

Diese Überlegungen sollen in vier Schritten entwickelt werden. In einem ersten Schritt (1) werde ich den plausiblen Kern der Unterscheidung zwischen musikalischen Werken und musikalischen Improvisationen herausarbeiten. Im zweiten Schritt (2) werde ich daraufhin am Beispiel des Jazz eine Rekonstruktion der zeitlichen Logik musikalischer Improvisationen vorschlagen. Daraufhin (3) werde ich ausgehend von der Analyse musikalischer Improvisation ein alternatives Verständnis dessen formulieren, was musikalische Werke sind. Die folgenden Überlegungen gelten damit zunächst und an erster Stelle musikästhetischen wie musikontologischen Fragen. Dass sie aber zugleich auch Relevanz für ein Verständnis der Kategorie des literarischen Werks haben, möchte ich in einem vierten und letzten Schritt (4) zumindest kurz andeuten.

1. Zwei Arten musikalischer Praxis

So unklar die Unterscheidung zwischen musikalischen Werken und musikalischen Improvisationen auf den ersten Blick gerade durch die Unmöglichkeit, sie historisch einwandfrei musikalischen Stilen und Traditionen zuzuschlagen, auch sein mag:⁶ Sie hat ihren rationalen Kern darin, dass eine musikalische Interpretation eines musikalischen Werks wertzuschätzen etwas anderes meint, als eine musikalische Improvisation wertzuschätzen. Entsprechend macht man einen Fehler, wenn man die Improvisationen eines Miles Davis an den Maßstäben dessen misst, was es heißt, dass eine Klaviersonate Schuberts gelingt. Zwar mag es Aspekte geben, die an beiden wertgeschätzt werden – Flüssigkeit der Artikulation etwa und Schlüssigkeit der musikalischen Entwicklung. Aber diese Begriffe gewinnen in beiden Fällen offensichtlich allein schon deshalb einen anderen Sinn, weil mit Blick auf die Interpretation des Werks von Schubert nicht ohne weiteres klar ist, ob wir diese Eigenschaften dem Werk selbst oder nur der Interpretation oder beidem zuschreiben. Damit ist bereits ein Unterschied benannt: Ist hinsichtlich einer musikalischen Improvisation der

---

5 Ein solcher Begriff der Objektivität ist grundsätzlich an Überlegungen McDowells orientiert, der überzeugend gegen einen seichten Konstruktivismus gezeigt hat, dass aus der Tatsache, dass Aspekte der Welt nur bestimmten Lebewesen zugänglich sind, nicht folgt, dass es nicht Aspekte der Welt sind. Vgl. v. a. McDowell: Naturalismus. Ich habe versucht diese Überlegungen für die Ästhetik fruchtbar zu machen mit Feige: Objektivität.

6 Vgl. dazu ausführlich Feige: Jazz, Kap. 2.

primäre Gegenstand der ästhetischen Wertschätzung das konkrete raumzeitliche musikalische Ereignis selbst, so wäre es seltsam, wenn wir eine musikalische Interpretation eines musikalischen Werks so behandeln würden. Mehr noch: Uns würde gerade die zentrale Pointe derselben entgehen; wir hätten in bestimmter Weise nicht verstanden, was ein musikalisches Werk ist, wenn wir so etwas tun würden. Zwar sind auch musikalische Interpretationen konkrete raumzeitliche Ereignisse, aber ihre Wertschätzung meint eben nicht allein das konkrete raumzeitliche musikalische Ereignis wertzuschätzen, sondern es *als* Interpretation eines Werks wertzuschätzen. Damit ist keineswegs die Frage entschieden, ob man musikalische Werke unabhängig von jedweder musikalischen Interpretation wertschätzt oder ob man einzelne Interpretationen vor dem Hintergrund anderer Interpretationen beurteilt; es ist also keineswegs schon etwas zu der Frage gesagt, ob Werke abstrakte Gegenstände sind, die nach dem Vorbild von Typen in prinzipiell beliebig vielen Token instanziiert werden können.[7] Es ist damit allein festgehalten, dass in der musikalischen Improvisation ein raumzeitliches musikalisches Ereignis im Zentrum der ästhetischen Würdigung steht, während im Fall der musikalischen Interpretation ein raumzeitliches musikalisches Ereignis *als* Interpretation eines Werks gewürdigt wird. Musikalische Performances bilden somit keine homogene Menge, sondern sind danach zu unterscheiden, ob sie Improvisationen oder Interpretationen sind.

Eine Präzisierung ist hinsichtlich der These vonnöten, dass der Gegenstand der ästhetischen Wertschätzung im Fall musikalischer Improvisation das konkrete raumzeitliche musikalische Ereignis ist: Damit ist nicht gemeint, dass wir, wenn wir etwa eine Improvisation des Brad Mehldau Trio hören, dieses nicht vor dem Hintergrund früherer Aufnahmen von Improvisationen dieses Trios wie der einzelnen Musiker oder weitergehenden Kategorien wie bestimmter Jazzstile hören. Ein konkretes raumzeitliches musikalisches Ereignis wertzuschätzen heißt nämlich nicht, sein Hören irgendwie von früheren Hörerfahrungen frei zu machen – und das nicht allein deshalb, weil das empirisch unmöglich ist. Es heißt vielmehr, dass wir die jeweilige Improvisation – nach dem herkömmlichen Verständnis dessen, was musikalische Werke sind – nicht als Ausdruck einer klanglich-

---

7 Eine bestimmte Spielart der Typenontologie ist v. a. von Margolis in der Ästhetik verteidigt worden. Vgl. Margolis: Identität. Die These, dass musikalische Werke in irgendeiner Weise abstrakte Gegenstände sind, ist derzeit die in der analytischen Musikphilosophie am meisten vertretene Position und firmiert dort aus naheliegenden Gründen unter dem Schlagwort des ‚Platonismus'. Zwei paradigmatische Arbeiten, die eine solche Position vertreten, stammen von Peter Kivy und Julian Dodd. Vgl. Kivy: Platonism; Dodd: Works.

rhythmischen Struktur hören, die in verschiedenen Interpretationen verkörpert sein kann. Man hat auch dann nicht das einer Improvisation zugrundeliegende musikalische Werk herausgefunden, wenn man eine Transkription einer per Aufnahme festgehaltenen Improvisation in Form eines Notentextes angefertigt hat. Denn dann hat man genau das und nichts anderes getan: Man hat versucht, wesentliche Eigenschaften eines konkreten raumzeitlichen musikalischen Ereignisses in Form einer Notation festzuhalten. Auch wenn zumindest die musikalische Standardnotation mit Blick auf Jazz nur von beschränkter Brauchbarkeit ist,[8] so sind musikalische Improvisationen nicht etwas, das man nicht prinzipiell auch mit Einschränkungen notieren und nachspielen könnte. Aber nochmal: Das macht sie eben noch nicht zu Interpretationen von Werken – denn dann würde man die Welt derart mit Entitäten überbevölkern, dass man sagen müsste, dass genau jede Improvisation genau einem Werk entsprechen würde. Zu sagen, dass musikalische Improvisationen als konkrete raumzeitliche Ereignisse ästhetisch gewürdigt werden, heißt also weder zu behaupten, ihr Hören würde sich puristisch von früherem Hören freimachen, noch heißt es zu behaupten, dass sie nicht strukturell die Möglichkeit der Wiederholung im Sinne eines Nachspielens mit sich bringen würden. Aber ein Nachspielen einer Improvisation ist eben genau das: Ein Nachspielen einer Improvisation und nicht selbst wiederum eine Improvisation.

Die bisherigen Bemerkungen zum Unterschied musikalischer Interpretationen und musikalischer Improvisationen betreffen die Frage, was hinsichtlich musikalischer Performances der primäre Gegenstand der Wertschätzung ist. Weiter lässt sich der Unterschied dadurch aufklären, dass man präzisiert, Ausdruck welcher Produktionsumstände Interpretationen und Improvisationen jeweils sind. Üblicherweise ist sowohl das Komponieren eines Werks als auch das Improvisieren ein zeitlicher Prozess. Während aber Komponierende gemeinhin beliebig viele Veränderungen und damit prinzipiell unendlich viele Iterationen ihrer Komposition erstellen können, bevor sie sie veröffentlichen, gilt das für Improvisationen nicht:[9] Was die Musiker während der Improvisation tun, geht in das ein, was ästhetisch beurteilt wird.[10] Natürlich kann man potenziell die Aufnahmen

---

[8] So lässt sich etwa die rhythmische Gestaltung von Nummern mit einem Swing-Rhythmus deshalb nicht in der Standardnotation einfangen, weil jeder fortgeschrittene Jazzmusiker eine leicht andere Spielweise hat. Vgl. zu einem Begriff derartiger rhythmischer Nuancen auch Roholt: Groove.

[9] Ich wähle hier wie im Folgenden bewusst vorsichtige Formulierungen. Das gilt deshalb nur gemeinhin, weil es gerade im Kontext der Neuen Musik auch Kompositionsverfahren gibt, die nicht länger so zu beschreiben sind.

[10] Vgl. Brown: Jazz.

von Improvisationen manipulieren – was z. B. Lennie Tristano sowie der Produzent der ersten Fusion-Alben von Miles Davis, Teo Macero, getan hat. Aber das ist natürlich keine Manipulation der Improvisation selbst, sondern eben eine Manipulation der Aufnahme. Das Pausieren während des Kompositionsprozesses geht nicht als Pause in das Werk ein, während das Pausieren im Verlauf einer Improvisation als Pause – oder auch als musikalische Sprachlosigkeit oder gar als Abbruch – in diese eingeht. Anders als Komponierende können Improvisierende keine Schritte rückgängig machen; sie können allein dem, was zunächst wie ein ästhetischer Fehler erschienen sein mag, durch die folgenden Züge einer Improvisation Sinn verleihen und damit herbeiführen, dass es sich gar nicht um einen Fehler gehandelt hat.[11] Kurz gesagt: Das, was Improvisierende während der Zeitspanne der Improvisation tun, geht ein in das, was ästhetisch beurteilt wird,[12] wohingegen das, was während der Zeitspanne der Komposition eines Werks geschieht, üblicherweise nicht in das eingeht, was am Ende ästhetisch beurteilt wird.

Musikalische Werke sind ästhetisch freilich im Lichte ihrer musikalischen Interpretationen lebendig. Es stellt sich also nicht allein die Frage nach dem Unterschied zwischen Improvisieren und Komponieren, sondern auch die Frage nach dem Unterschied zwischen Improvisieren und Interpretieren. Einem geläufigen Verständnis nach heißt musikalisch zu improvisieren, spontan aus dem Moment heraus Musik zu machen. Es hängt aber daran, wie man diese Charakterisierung genauer versteht. Wenn man unter spontan hier versteht, dass man ohne Vorbereitung Musik macht, so ist die These dann falsch, wenn man damit meint, dass Improvisieren ohne vielfältige Arten des Übens zustande kommt. Denn musikalisches Improvisieren ist wie musikalisches Interpretieren etwas, das gelingen oder misslingen kann, und etwas, das vielfältige Arten von Voraussetzungen und Vorbedingungen hat. Noch Free-Jazz-Improvisationen haben wenig damit zu tun, dass man irgendetwas einfach aus dem Moment heraus macht – was von Zufall ununterscheidbar wäre –, sondern vor allem etwas damit, bestimmte Arten von Strukturgebungen musikalischen Materialien angedeihen zu lassen – Strukturgebungen, die natürlich ausgehend von Einübungen am Instrument genauso wie auf damit einhergehende Sensibi-

---

11 Vgl. zur Kategorie des Fehlers auch Bertinetto: Jazz.
12 Ich lasse die Frage hier offen, ob man das Prädikat ‚musikalisch' hier ergänzen müsste, da darüber in der Forschung Uneinigkeit herrscht. Ist das Anfeuern der Improvisation durch das Publikum und sind die nicht intentional entstandenen Klappengeräusche des Saxophonisten Teil dessen, was hier wertgeschätzt wird? Der Jazz scheint mir allerdings, anders als Teile der Forschung glauben, in dieser Hinsicht konservativer als etwa die Performance zu sein, angesichts der man diese Fragen eindeutig bejahen müsste.

lisierungen der Wahrnehmung und des Urteilens über Musik zu erläutern sind. Es sind allerdings – abgesehen von basalen technischen Fähigkeiten am Instrument, um die es hier nicht geht – Fähigkeiten durchaus unterschiedlicher Art im Improvisieren und im Interpretieren im Spiel: Ist es zwar so, dass aus verschiedenen Gründen an verschiedenen Konzertabenden eine Interpretation derselben Musiker mal gelungener, mal misslungener sein kann, so verhält es sich dennoch derart, dass man natürlich die entsprechenden musikalischen raumzeitlichen Ereignisse intensiv in ihrem Verlauf vorbereitet hat.[13] Ein Werk auf höherem Niveau zu üben heißt, sich immer auch mit interpretativen Fragen beschäftigt zu haben und eine Auffassung des Werks im Lichte seiner einzelnen Teile durch die entsprechende praktische Erarbeitung gewonnen zu haben – eine Erarbeitung, die von der Interpretation selbst verkörpert wird. Auch wenn Improvisationen keineswegs voraussetzungslos sind, gibt es dennoch keine Blaupause dessen, was einzelne Musiker in jeweiligen Situationen tun werden. Noch im Fall sogenannter Jazzstandards – einem offenen wie beweglichen Kanon des Jazz – gibt es, anders als Laien denken mögen, keine minimalen Parameter, die vor der Improvisation für alle feststehen würden und die eine notwendige Bedingung dafür wären, den entsprechenden Standard zu spielen;[14] selbst dann, wenn Musiker jahrelang melodische Muster und Skalen in allen Varianten und Tonarten geübt haben, so sind Improvisationen eben nicht als Rekombinationen von solch vorgängig erworbenen Mustern zu verstehen, bzw.: wenn sie es sind, klingt eine Improvisation genau danach und ist misslungen und sogar vielleicht gar keine Improvisation mehr. Die Fähigkeit zu improvisieren ist eine paradoxe Fähigkeit: Man bereitet sich auf das Unvorhersehbare vor, das die Interaktion mit anderen Musikern, aber auch der Verlauf der eigenen musikalischen Ideen im Laufe einer Soloimprovisation immer auch ist, und damit auf etwas, auf das man sich nicht vorbereiten kann. Improvisationen sind also anders als Interpretationen nicht dahingehend spontan, dass sie keine komplexen Voraussetzungen hätten. Sie sind vielmehr dahingehend spontan, dass sich die Musizierenden zwar mit ihrer jeweiligen Spielweise und damit als musikalische Persönlichkeiten – d. i. etwas auf eine bestimmte Weise musikalisch zu tun, aber eben nicht, immer dasselbe zu tun – in die Situation der Improvisation einbringen, aber eben nicht so, dass sie eine Blaupause der einzelnen Züge der Improvisation inhaltlich vorbereitet hätten.

---

13 Ich halte hier sicherheitshalber noch einmal fest, dass diese Charakterisierung für vieles, was vor allem in jüngerer Zeit im Kontext der Neuen Musik passiert, nicht länger gilt.
14 Ausführlich dazu Feige: Jazz, Kap. 3, Abschn. II.

2. Zur Zeitlichkeit musikalischer Improvisation

An den bislang entwickelten Unterscheidungen möchte ich im Folgenden nicht rütteln. Gleichwohl werde ich Folgendes geltend machen: *So wie der Sinn der einzelnen Momente einer Improvisation im Lichte ihrer zukünftigen Momente ausgehandelt wird, so wird auch der Sinn musikalischer Werke im Lichte der jeweils zukünftigen Interpretationen ausgehandelt.* Dazu soll in diesem Schritt zunächst eine positive Bestimmung der Zeitlichkeit der musikalischen Improvisation entwickelt werden.

Musikalische Improvisationen sind natürlich in vielfältiger Hinsicht anhand von Zeitprädikaten beschreibbar: Sie sind von einer bestimmten Dauer und tragen sich an einem bestimmten Datum zu. Nicht zuletzt beziehen sich viele evaluative Prädikate zumindest auch auf zeitliche Aspekte, wenn man etwa sagt, seine Improvisation sei langatmig, ereignisreich oder ereignislos. Um entsprechende Beschreibungen der ersten Art geht es mir im Folgenden allerdings nicht, um solche der zweiten Art nur mittelbar. Es geht mir um das, was man die ästhetische Innerzeitlichkeit oder Eigenzeitlichkeit musikalischer Improvisationen nennen könnte, die ein wesentliches Merkmal ihrer Konstitution als autonome ästhetische Gegenstände ausmacht. Dass musikalische Improvisation eine eigene ästhetische Zeitlichkeit entwickelt, die nicht etwa auf eine physikalische oder auch alltägliche Zeitlichkeit verrechenbar ist, unterscheidet sie natürlich nicht vom musikalischen Werk. Auch Werke organisieren eigenlogisch ihre Zeitformen; ästhetisch relevante Musik erklingt nicht allein in der Zeit, sondern gestaltet Zeit durch die Gestaltung musikalischer Materialien.[15] Meines Erachtens etablieren musikalische Improvisationen allerdings eine besondere Art von Zeitlichkeit, die von der Zeitlichkeit von Interpretationen von Werken verschieden ist. Eine solche Zeitlichkeit lässt sich anhand des Prädikats der Retroaktivität kennzeichnen und hat ihr Modell in der Art von Bewegung, die Hegels Dialektik zeitigt.[16] Sie geht mit Blick auf geschichtliche Entwicklungen ebenso wie mit Blick auf die Entwicklung systematischer Grundbegriffe im Kontrast zu projektiven Teleologien genauso wie im Kontrast zu diskontinuierlichen Reihen von Elementen davon aus, dass der Sinn der Elemente einer Reihe weder vor ihrem Durchlaufen schon feststeht, noch, dass die Elemente beziehungslos nebeneinander stehen und es somit gar keine Reihe gäbe. Hegels Dialektik artikuliert ein Modell

---

15 Vgl. systematisch dazu auch Hindrichs: Autonomie, Kap. 3.
16 Solche unterschiedliche Leser Hegels wie Terry Pinkard und Slavoj Žižek haben Hegels Dialektik in dieser Richtung gelesen. Vgl. Pinkard: Phenomenology, S. 269 ff.; Žižek: Nothing, Kap. 4.

temporaler wie gleichermaßen logischer Entwicklung, das sich jenseits der Alternative monotoner Diskontinuität und monotoner Teleologie platziert – monoton deshalb, weil im ersten Fall jedes Ereignis dadurch identisch wird, dass es wie alle anderen Elemente der Reihe einen bloßen Bruch darstellt gemäß des Vorbilds einer unbestimmten Negation, im zweiten Fall deshalb, weil hier jedes Ereignis dadurch identisch wird, dass es nichts anderes als sein Beitrag zu dem Endzweck der Reihe der Elemente ist. Eine retroaktive Zeitlichkeit zeichnet sich anders als eine sozusagen prophetische Teleologie, die schon weiß, was passiert sein wird, bevor es passiert ist, dadurch aus, dass sie ein Moment des Denkens von Diskontinuitäten in eine solche Teleologie einführt: Jedes neue Element ist derart ein Ereignis für die Reihe von Elementen insgesamt, dass es den Sinn aller vorangehenden Elemente neu bestimmt. Umgekehrt führt eine retroaktive Zeitlichkeit ein Moment der Kontinuität in das Denken in diskontinuierlichen Elementen ein: Erst durch dieses, durch das jeweils neue Stiften eines Zusammenhangs können Elemente überhaupt als Elemente einer Reihe verständlich werden. Wenn ich die Zeitlichkeit der Jazzimprovisation im Folgenden anhand eines solchen Verständnisses erläutere, so ist das nicht so zu verstehen, dass ich damit eine „philosophische Theorie" auf einen ästhetischen Gegenstand „übertrage" oder „anwende". Es ist vielmehr so zu verstehen, dass Jazzimprovisationen just eine solche Versöhnung von Kontingenz und Notwendigkeit exemplifizieren, um die es in Hegels Dialektik geht. Wie das genauer mit Blick auf die Jazzimprovisation zu verstehen ist, möchte ich jetzt kurz erläutern.

Der Anfang einer Improvisation – eine bestimmte melodische Phrase, ein Sound, eine rhythmische Idee usf. – legt die Improvisierenden nicht darauf fest, was sie daraufhin tun können. Es eröffnet nicht ein Spektrum von Möglichkeiten, das sie daraufhin ergreifen können,[17] denn das würde voraussetzen, dass der Sinn des anfangs artikulierten Elements schon *vor* seinem Fortgang feststehen würde. Der Sinn des Anfangs ergibt sich aber erst vom Ende her bzw. aus jedem folgenden Zug und der Gesamtheit der folgenden Züge. Spiele ich nach einer melodischen Phrase diese in einer anderen Tonart, so wird sie durch dieses spätere Spielen gewissermaßen erst als melodische Phrase konstituiert. Wenn ich nämlich nach der Phrase allein den Rhythmus der musikalischen Phrase aufgreife und alle Töne austausche, so hat sich das erste Element eben nicht als melodische Phrase, sondern vielmehr als Verkörperung einer rhythmischen Figur in bestimmten Tönen erwiesen. Kurz gesagt: Im Lichte des jeweils zukünfti-

---

17 Die Kategorie der Möglichkeit ist in der Ästhetik wie in der Handlungstheorie mit Vorsicht zu genießen; vgl. dazu Hegel: Enzyklopädie, § 142 ff.

gen Zugs wird erst der Sinn des jeweils vorangehenden Zugs herausgearbeitet – und auch, ob es sich *überhaupt* um einen Zug derart gehandelt hat, dass aus ihm in irgendeiner Weise Sinn gemacht werden konnte. Entsprechend stehen in jedem Moment der Sinn und die Einheit der gesamten Improvisation auf dem Spiel. Diese sind damit zugleich auch nichts, was schon vor der Improvisation anhand von gegebenen Kriterien bestimmt werden könnte. Indem eine Improvisation ihre Elemente aushandelt, handelt sie gleichursprünglich auch die Kriterien aus, die für ihre Beurteilung zugrunde gelegt werden müssen.[18] Wenn der Sinn jedes Zugs nicht schon vor den zukünftigen Zügen feststeht, so sind die Elemente in einem temporalen Sinne holistisch konstituiert: Jedes Element ist das Element, das es ist, aufgrund seiner Beziehungen zu allen anderen Elementen.[19] Mit jedem neuen Zug der Improvisation ändern sich somit das Gefüge und der Sinn all dessen, was vorher geschehen ist. Der Anfang der Improvisation ist zwar keineswegs beliebig oder leer. Es ist aber so, dass sein Sinn erst im Lichte dessen, was daraufhin geschieht, herausgearbeitet worden sein wird.

Eine entsprechende retroaktive Zeitlichkeit prägt dabei nicht allein die Elemente einer Improvisation, sondern auch den Sinn der Improvisation insgesamt. Ist eine Improvisation an ihr Ende gekommen, ist damit nämlich keineswegs ihr Sinn zugleich abschließend bestimmt. So wie die Elemente einer Improvisation keine gegebenen Atome sind, sondern holistisch konstituiert werden, so stehen verschiedene Improvisationen auch dann nicht einfach beziehungslos nebeneinander, wenn sie jeweils individuelle Gegenstände der ästhetischen Wertschätzung sind. Denn was in den Improvisationen John Coltranes musikalisch geschieht, steht offensichtlich in einer Tradition zu dem, was in den Improvisationen Charlie Parkers geschieht, wie das, was in den Improvisationen Bill Evans geschieht, in einer Tradition zu dem steht, was in den Improvisationen von Lennie Tristano geschieht. Gemäß den hier vorgestellten Überlegungen ist es nicht so, dass entsprechende traditionale Zusammenhänge derart zu erläutern wären, dass es gegebene Elemente gibt, die sich gewissermaßen als defini-

---

18 Es sind dahingehend paradoxe Kriterien, dass sie nur für jeweils einen Gegenstand Geltung haben. Im Geiste Kants kann man auch sagen, dass es sich bei gelingenden Improvisationen derart um paradigmatische Gegenstände handelt, dass eine Reproduktion der sie konstituierenden Regeln nicht zu einem neuen gelungenen Werk führt, sondern vielmehr zu einem epigonalen Gegenstand. Vgl. Kant: Urteilskraft, § 46 f.
19 Der Begriff des ‚Holismus' stammt ursprünglich aus dem Kontext sprachphilosophischer Überlegungen. Vgl. Bertram u. a.: Welt. In der Ästhetik hat v. a. Adorno unter dem Schlagwort des ‚Formgesetzes' ein bestimmtes Verständnis von Kunstwerken als holistische Gegenstände formuliert. Vgl. Adorno: Theorie, etwa S. 205 ff.

torische Bedingungen der entsprechenden Tradition durchhalten würden. Vielmehr meint Tradition hier nichts anderes als eine offene Reihe von Elementen, bei denen das jeweils spätere Element die früheren Elemente und damit den Sinn der Reihe neubestimmt. Wenn dem so ist, so steht aber auch nicht vor den jeweils späteren Elementen und damit niemals abschließend fest, welche Elemente überhaupt *Teil* der entsprechenden Reihe sind: Wayne Shorters Improvisationen stehen in anderer Weise in einer Tradition zu den Improvisationen Charlie Parkers als die Improvisationen John Coltranes – und eine entsprechende Dynamik gilt schon für die Reihe der Improvisationen jedes einzelnen Musikers. Auch wenn eine Improvisation an ihr Ende gekommen ist, bedeutet das also nicht, dass auch der Sinn der Improvisation damit abschließend bestimmt worden sei – so etwas zu glauben, würde von einem falschen, weil vorhandenheitstheoretischen Verständnis ästhetischer Gegenstände ausgehen. Diese letzten Überlegungen deuten bereits eine Richtung an, in der über den Begriff des musikalischen Werks in anderer Weise nachgedacht werden kann denn als besondere Arten abstrakter Gegenstände: Sie deuten eine Richtung an, in der der Werkbegriff praxeologisch rekonstruiert werden kann, so dass Werke ausgehend von ihren Erarbeitungen in Form von Interpretationen gedeutet werden, als offene und prinzipiell unabgeschlossene Prozesse.

3. Der prozessuale Charakter von Werken

Die These, die ich im Folgenden plausibilisieren möchte, lautet: Werke existieren weder als nur empirisch nicht abgeschlossene Gesamtheit von Gegenständen in der Welt im Sinne der faktischen Gesamtheit aller ihrer Interpretationen, noch existieren sie als abstrakte Gegenstände, denen unsere Interpretationen nichts anhaben können.[20] Vielmehr sind sie ontologisch als wesentlich unabgeschlossene Prozesse und nicht als vorhandene wie fertig bestimmte Gegenstände zu erläutern, da sie im Lichte ihrer Interpretationen neu- und weiterbestimmt werden. Dieser Gedanke darf weder so verstanden werden, dass damit der Werkbegriff verabschiedet wird,[21] noch darf er im Sinne einer subjektivistischen Reformulierung des

---

20 Zu den subtileren Vorschlägen im Kontext der analytischen Musikphilosophie gehört Jerrold Levinsons Definition des musikalischen Werks, die dieses als Hybrid aus abstrakten und konkreten Gegenständen bestimmt. Eine solche bloß additive Rekonstruktion wiederholt aber meines Erachtens die Einseitigkeiten der vorausgesetzten Unterscheidung. Vgl. Levinson: Work.
21 In bestimmter Weise hat sich Lydia Goehr auf eine solche Verabschiedung unter genealogischer Perspektive in ihrer einschlägigen Studie verpflichtet. Vgl. Goehr: Museum.

Werkbegriffs verstanden werden, demzufolge Werke letztlich mit unseren Reaktionen auf sie identisch wären. Vielmehr ist er so zu verstehen, dass es um eine Reformulierung des Werksbegriffs geht, der bestehende falsche Alternativen zu umschiffen versucht.[22]

Ein solches Verständnis des Begriffs des musikalischen Werks lässt sich derart entwickeln, dass man die vorgeschlagene Analyse musikalischer Improvisation für eine Analyse auch musikalischer Interpretationen fruchtbar zu machen versucht. Vergleichbar sind beide in ihrer temporalen Struktur und in dem, was es heißt, dass hier etwas ästhetisch gelingt: Wie die Elemente einer Improvisation in einem retroaktiven Verhältnis zueinander stehen, so stehen auch die Interpretationen eines Werks in einem solchen Verhältnis zueinander. Das nicht allein deshalb, weil ein Werk zu spielen niemals bloß eine vertikale Beziehung zwischen Interpret und Notentext ist, sondern vielmehr immer schon heißt, in eine musikalische Praxis einsozialisiert zu werden, die wesentlich in Traditionen des Spielens von Werken besteht.[23] Es verhält sich vielmehr auch und vor allem deshalb so, weil jede Interpretation aus dem Werk neu Sinn machen muss. Das ist nicht so gemeint, dass Interpretierende einfach irgendetwas machen können, wenn sie ein Werk interpretieren, gesetzt den Fall, es ist irgendwie neu und anders. Durch eine Interpretation einem musikalischen Werk neuen Sinn zu verleihen, heißt nämlich zugleich, ihm erneut Sinn zu verleihen. Es ist vielmehr so gemeint, dass Interpretationen nicht schon selbst im Werk enthalten sind. Interpretationen lassen das Werk in je eigener Weise neu und anders hören. Im Namen des Werks eine Interpretation zu kritisieren mag mit Blick auf solche Interpretationen eine verständliche Redeweise sein, von denen wir sagen würden, sie seien Überinterpretationen und würden damit dem Werk nicht gerecht. Aber – und das ist die entscheidende Pointe: *Was es heißt, dem Werk ästhetisch gerecht zu werden, steht nicht schon vor der Interpretation fest.* Die Geschichte der Interpretationen eines Werks wäre ziemlich witzlos, wenn man nicht davon ausgehen würde, es gäbe hier eine Art von Entwicklung, die von ästhetischer Relevanz ist; eine Symphonie Mahlers klingt heute anders als vor fünfzig Jahren und das nicht in einem bloß empirischen Sinne. Diese Überlegung lässt sich nicht dadurch kontern, dass man auf die Intentionen des Komponisten verweist, um den Radius dessen abzustecken, was es heißen würde, ein Werk angemessen zu interpretieren. Zweifelsohne sind Werke etwas, was durch In-

---

22 Zu diesen falschen Alternativen gehört u. a., das Werk mit der Partitur, mit einer Idee im Geiste des Komponisten sowie mit seinen musikalischen Interpretationen zu identifizieren. Vgl. dazu Feige: Jazz, Kap. 3, Abschn. I.
23 Vgl. weitergehend dazu auch Wellmer: Kunstwerk.

tentionen in die Welt kommt.²⁴ Aber Intentionen sind nichts, was irgendwie hinter oder jenseits der Werke läge, sondern etwas, das prinzipiell – wenn man einmal von unvollendeten Werken usf. absieht, die eine komplexere, aber keine ganz andere Beschreibung nötig machen – in den Werken selbst öffentlich ist. Anders gesagt: Zu glauben, dass der Verweis auf Intentionen ein Gegenargument gegenüber der hier skizzierten Dynamik darstellen würde, heißt einfach nur, einem problematischen Begriff der Intention verpflichtet zu sein: Kunstwerke selbst sind Ausdruck von Intentionen – ohne sie freilich derart auszudrücken, dass sie selbst *über* entsprechende Intentionen in einem semantischen Sinne wären.²⁵ Im Sinne Wittgensteins kann man auch schlichtweg sagen: Das Innere ist prinzipiell das Äußere.²⁶

Was heißt es, dass jede gelingende Interpretation ein Werk neu hören lässt? Es heißt nicht allein, dass sich Interpretationen – ob sie wollen oder nicht, ob sie es wissen oder nicht – immer schon zu vorangehenden Interpretationen verhalten;²⁷ ‚neu' ist ein relationales Prädikat. Es heißt vor allem, dass eine gerade in Kreisen musikalischer Laien naheliegende Unterscheidung anders zu erläutern ist, als sie gemeinhin verstanden wird: Die Unterscheidung zwischen Eigenschaften, die eine Partitur eindeutig definieren, wie etwa Tonhöherelation, und solchen Eigenschaften wie Phrasierung und Tempo, die nicht eindeutig von der Partitur definiert werden. Eine problematische Erläuterung dieser Unterscheidung würde besagen, dass ein Werk zu interpretieren hieße, einerseits die von der Partitur angegebenen Bedingungen zu erfüllen, andererseits aber die vom Werk offen gelassenen Aspekte auf eigene und dabei vielleicht irgendwie interessante Weise zu gestalten. Ich möchte dabei nicht bestreiten, dass die Partitur zumindest im Sinne einer negativen Bedingung angibt, was man nicht machen darf, nämlich z. B. einen Ton anders spielen, als er notiert ist. Aber an der just gegebenen Deutung der Unterscheidung ist problematisch, dass sie suggeriert, dass das, was im Rahmen einer Interpretation passiert, sich ästhetisch in dieser Weise aufteilen ließe. Selbst wenn man diese Unter-

---

24 Das gilt selbst für Werke, die durch Computeralgorithmen generiert werden. Denn das Produzieren solcher Algorithmen ist nicht selbst wieder algorithmisch zu deuten. Zudem sind in den meisten Fällen solcher Werke wie auch der sogenannten Maschinenkunst die einzelnen produzierten Gegenstände mereologisch im Zusammenhang mit der produzierenden Maschinerie als Werke zu begreifen.
25 Diesen Unterschied verschleifen Positionen, die dem sogenannten intentionalen Fehlschluss anheimfallen. Vgl. als klassische Analyse dazu Wimsatt/Beardsley: Fallacy.
26 Vgl. in diesem Geiste McDowell: Mind; McDowell: Content.
27 Das erste Spielen eines neuen Werks kann sich natürlich nicht zu vorangehendem Spielen dieses Werks verhalten. Aber auch es steht immer schon im Kontext von Praktiken des Spielens anderer Werke.

scheidung als bloß analytische Unterscheidung verstehen würde, die nicht unbedingt am hörbaren Produkt thematisch ist, wäre sie damit nicht gerettet, da man sich damit in schiefer Weise auf diese Interpretation bezieht, nämlich nicht länger den ästhetischen Gegenstand als ästhetischen Gegenstand behandelt. Die Unterscheidung in diesem Sinne wäre nur dann möglich, wenn man eine atomistische Konstitution ästhetischer Gegenstände für verständlich halten würde. Eine solche Auffassung verpasst aber die Eigenlogik ästhetischer Gegenstände:[28] Überzeugender ist es demgegenüber, auf die Autonomie der Kunst gerade auch im Sinne einer – nicht temporal, sondern logisch gemeinten – gleichursprünglichen Konstitution ihrer Elemente zu pochen.[29] Denn auch wenn Klänge der Musik und Worte der Literatur ein Analogon in außerästhetischen Kontexten haben mögen, so sind sie als Elemente der Musik bzw. der Literatur Produkt künstlerischer Arbeit und nicht etwas, das einfach gegeben und bloß vorfindlich wäre.[30] Im Rahmen einer Interpretation eines Werks ist es eben nicht so, dass einige Elemente eines Werks in ihrem Sinn vorher feststehen würden, andere hingegen dem Gusto der Interpretierenden obliegen: Im Lichte des Tempos und des Mikrotimings einer Darbietung gewinnen auch die harmonischen Übergänge einen bestimmten Sinn, im Lichte der Phrasierung erscheint die Melodie in einem neuen Licht. Auch die unverhandelbaren Bedingungen des Werks sind damit keine gegebenen Elemente desselben in dem Sinne, dass ihr Sinn schon vor der Interpretation feststehen würde.

Von dieser Analyse aus wird verständlich, inwieweit die temporale Logik der Improvisation sich auch für die Interpretation von Werken fruchtbar machen lässt: Jede gelungene Interpretation erarbeitet ein Werk in jeweils neuer Weise im Kontrast zu früheren Erarbeitungen. Anders aber als im Fall von Improvisationen, in denen das jeweilige musikalische raumzeitliche Ereignis gewissermaßen schon die ganze Wahrheit ist, geht der ästhetische Sinn von Werken nicht in den einzelnen Interpretationen auf. Dennoch sind Werke, obzwar nicht identisch mit einzelnen Interpretationen oder der Klasse bisheriger Interpretationen, nicht unabhängig von ihren Interpretationen: Sie werden von diesen artikuliert und ihre Lebendigkeit im Sinne ihrer ästhetischen Relevanz zeigt sich durch sie. Gunnar Hindrichs hat in seinem Buch zur Philosophie der Musik das Werk ausgehend vom Paradigma des unverständlichen Namen Gottes in der jüdischen Mystik erläutert und von daher geltend gemacht, dass jede Interpretation

---

28 Vgl. dazu insgesamt Adorno: Theorie, v. a. S. 205 ff.
29 Vgl. weitergehend dazu auch Bertram: Kunst, Kap. 3.
30 Vgl. in diesem Sinne Hindrichs: Autonomie, Kap. 2.

gleich nah und gleich weit vom Werk entfernt ist.[31] Ich möchte demgegenüber einen engeren Zusammenhang von Werk und Interpretation behaupten: Es ist das Werk selbst, dass sich in und durch seine Interpretationen zeigt, wie es sich zugleich im Lichte zukünftiger Interpretationen so zeigt, dass es sich in einigen Aspekten verborgen hat. Ganz analog zu der handlungstheoretischen Pointe, dass der Sinn eines Gedankens sich in seinen verständlichen Formulierungen zeigen muss – lässt sich keine finden, war es noch nicht einmal ein Gedanke –, zeigt sich der ästhetische Sinn eines Werks durch seine Interpretationen. Im Lichte des Unterschieds verschiedener Interpretationen zeigt sich das Werk dabei immer auch als unbestimmt. Anders aber als Hindrichs behauptet, ist das keine bloß *negative* Unbestimmtheit, sondern vielmehr eine jeweils *bestimmte* Unbestimmtheit. Genauer geben dem Werk verschiedene Interpretationen nicht allein eine jeweils unterschiedliche Bestimmtheit, sondern im Spannungsfeld verschiedener Interpretationen zeigt sich auch die Unbestimmtheit des Werks in jeweils anderer Weise. Es handelt sich hier immer um eine unbestimmte Bestimmtheit, da sowohl die Bestimmtheit als auch die Unbestimmtheit im Lichte jeder neuen Interpretation, die gelingt, neuverhandelt wird. Musikalische Interpretationen verhandeln damit den Sinn musikalischer Werke neu und das heißt: Musikalische Werke verhandeln *die Werke selbst neu*. Das Werk wäre dann eine horizontale Reihe von Interpretationen und konstitutiv unabgeschlossen darin, dass die Reihe niemals abschließend zu schließen ist – schließlich kann auch eine vermeintlich ästhetisch irrelevante Komposition etwa des Barock sich im Lichte jüngerer Entwicklungen der Musik als relevant erweisen und neu entdeckt werden. Werke sind dahingehend Prozesse, dass sie weder selbstgenügsam in einem negativistisch erläuterten Jenseits verharrende Entitäten sind noch in einem Reich idealer Objekte angesiedelte Gegenstände und erst recht nicht nominalistisch bestimmbare Mengen von musikalischen Darbietungen. Es gibt sie – aber es gibt sie eben anders, als sie zumindest von Teilen der ästhetischen Theoriebildung erläutert worden sind: Sie sind keine Dinge an sich, sondern immer schon in Reichweite unserer Praxis musikalischer Interpretationen. Allerdings sind sie derart in ihrer Reichweite, dass sie sich zugleich, wenn sie lebendig im Sinne von ästhetisch relevant sind, immer zugleich als sich entziehende zeigen.

4. Vom musikalischen Werk zum literarischen Werk

Ich möchte abschließend zumindest kurz skizzieren, inwieweit sich der anhand der temporalen Logik der musikalischen Improvisation entwickelte

---

31 Vgl. ebd., § 240 ff.

Begriff des musikalischen Werks auch für eine Analyse der Kategorie des literarischen Werks eignet. Ohne mich damit auf die These kategorialer und ein für alle Mal feststehender Grenzen zwischen den Künsten zu verpflichten,[32] ist es offensichtlich so, dass der Begriff der musikalischen Interpretation zumindest mit Blick auf Werke der Epik und der Lyrik kein Analogon hat. Aber auch in der Aufführung von Texten des Dramas hat er kein vollständiges Analogon: Anders als im Fall der musikalischen Interpretation eines musikalischen Werks kommt im Theater neben dem Werk und dem jeweiligen raumzeitlichen Ereignis seiner Darbietung noch die Inszenierung hinzu; dass man beides unterscheiden muss, lässt sich daraus ersehen, dass man eine Inszenierung für prinzipiell gelungen halten kann, das Spiel des Ensembles an einem bestimmten Abend aber für eher schwach. Es wäre durchaus seltsam zu sagen, eine musikalische Interpretation eines musikalischen Werks sei in etwa so wie eine Inszenierung im Theater, weil im Fall der Musik anders als im Theater hier auch dann keine zwei voneinander getrennten Schritte vorliegen, wenn man sagen kann, dass die verschiedenen Darbietungen eines Werks an verschiedenen Abenden Ausdruck einer bestimmten Erarbeitung des Werks sind. Die Begriffe sind im Fall der Musik und des Theaters hier auch dann nicht ineinander übersetzbar, wenn es sich in beiden Fällen um performative Künste handelt. Die Differenz zu Texten der Epik und Lyrik ist demgegenüber anders gelagert: Einen Roman oder ein Gedicht zu lesen, heißt nicht, eine Interpretation im Sinne einer Aneignung des Textes zu produzieren, die dann Gegenstand einer eigenständigen künstlerischen Würdigung ist. Natürlich ist der Begriff der Interpretation auch hier unverzichtbar. Er erhält aber einen anderen Sinn: Er meint die je eigene Erarbeitung des jeweiligen Textes. Diese ist zwar so wenig wie eine musikalische Interpretation eines musikalischen Werks subjektiv, sondern vielmehr prinzipiell öffentlich und mitteilbar. Aber sie ist kein eigenständiger Gegenstand der ästhetischen Wertschätzung, keine eigenständige ästhetische Leistung in dem Sinne, dass es etwa ästhetische Preise für die je eigenen Interpretationen literarischer Werke geben würde.

Zeigt sich im Lichte dieser gravierenden Differenzen also, dass eine an der temporalen Logik der Improvisation orientierte Reformulierung des Begriffs des musikalischen Werks keine Relevanz für ein Verständnis des Begriffs des literarischen Werks hat? Mitnichten: Auch wenn ein literarisches Werk zu interpretieren etwas anderes ist, als eine musikalische Interpretation eines musikalischen Werks zu produzieren, so sind auch literarische Werke auf eine Geschichte ihrer Interpretierbarkeit bezogen. Diese

---

32 Vgl. systematisch gegen diesen Gedanken Feige: Computerspiele, Kap. 3.

These scheint mir im Lichte von Überlegungen aus dem Kontext der hermeneutischen Philosophie weder besonders provokant, noch prinzipiell ungewöhnlich zu sein.[33] Auch die Herausarbeitung des Sinns eines literarischen Werks ist von einer entsprechenden retroaktiven Zeitlichkeit geprägt. Entscheidend ist dabei, dass eine solche Geschichte der Interpretationen von Werken keineswegs als Geschichte der Projektionen in Werke gelesen werden darf. Im Geiste Wittgensteins und der jüngeren Debatten zum Realismus muss man sagen: Unsere Interpretationen machen nicht kurz vor den Werken selbst halt.[34] Anstatt dass sie Projektionen sind, sind sie Erschließungen. Das heißt natürlich nicht, dass wir Werke nicht in verschiedener Hinsicht falsch interpretieren können. Die entscheidende Pointe der hier vorgestellten Überlegungen besteht gleichwohl darin, dass wir nicht schon *vor* der Interpretation in einem gleichermaßen logischen wie temporalen Sinne und einem Streit genau um diese Frage inhaltlich wissen können, ob es sich um eine Erschließung des Werks oder um eine Projektion in das Werk handelt.

Bibliographie

Adorno, Theodor W.: Ästhetische Theorie. Frankfurt a. M. 1973.
Beardsley, Monroe C.: Aesthetics. Problems in the Philosophy of Criticism. New York 1958.
Bertinetto, Alessandro: Jazz als gelungene Performance. Ästhetische Normativität und Improvisation. In: Zeitschrift für Ästhetik und allgemeine Kunstwissenschaft 59.1 (2014), S. 105–140.
Bertram, Georg W.: Kunst als menschliche Praxis. Eine Ästhetik. Berlin 2014.
Bertram, Georg W./David Lauer/Jasper Liptow/Martin Seel: In der Welt der Sprache. Konsequenzen des semantischen Holismus. Frankfurt a. M. 2008.
Brown, Lee B.: „Feeling my Way". Jazz Improvisation and its Vicissitudes – A Plea for Imperfection. In: The Journal of Aesthetics and Art Criticism 58.2 (2000), S. 113–123.
Bubner, Rüdiger: Ästhetische Erfahrung. Frankfurt a. M. 1989.
Dodd, Julian: Works of Music: An Essay in Ontology. Oxford 2007.
Dodd, Julian: Upholding Standards: A Realist Ontology of Standard Form Jazz. In: The Journal of Aesthetics and Art Criticism 72.3 (2014), S. 277–290.
Feige, Daniel M.: Philosophie des Jazz. Berlin 2014.
Feige, Daniel M.: Ästhetische Objektivität. Eine hermeneutische Analyse. In: Deutsche Zeitschrift für Philosophie 63.6 (2015), S. 1048–1071.
Feige, Daniel M.: Computerspiele. Eine Ästhetik. Berlin 2015.
Gadamer, Hans-Georg: Wahrheit und Methode. Grundzüge einer philosophischen Hermeneutik. Tübingen 1990.

---

33 Vgl. v. a. Gadamer: Wahrheit, v. a. S. 270 ff.
34 Vgl. Wittgenstein: Untersuchungen, § 95.

Goehr, Lydia: The Imaginary Museum of Musical Works. An Essay in the Philosophy of Music. New York u. a. 1992.
Gracyk, Theodore/Andrew Kania (Hg.): The Routledge Companion to Philosophy and Music. London 2011.
Hegel, Georg W. F.: Enzyklopädie der philosophischen Wissenschaften. Bd. 1. Frankfurt a. M. 1982.
Hindrichs, Gunnar: Die Autonomie des Klangs. Eine Philosophie der Musik. Berlin 2013.
Kania, Andrew: All Play and No Work: An Ontology of Jazz. In: The Journal of Aesthetics and Art Criticism 69.4 (2011), S. 391–403.
Kant, Immanuel: Kritik der Urteilkraft. Frankfurt a. M. 1974.
Kivy, Peter: Platonism: A Kind of Defense. In: P. K.: The Fine Art of Repetition: Essays in the Philosophy of Music. Cambridge 1993, S. 35–38.
Levinson, Jerrold: What a Musical Work Is. In: J. L.: Music, Art, and Metaphysics. Ithaca, NY u. a. 1990, S. 63–88.
Margolis, Joseph: Die Identität eines Kunstwerks. In: Reinold Schmücker (Hg.): Identität und Existenz. Studien zur Ontologie der Kunst. Paderborn 2009, S. 28–46.
McDowell, John: Mind and World. Cambridge, MA u. a. 1996.
McDowell, John: Zwei Arten des Naturalismus. In: J. M.: Wert und Wirklichkeit. Frankfurt a. M. 2002, S. 30–73.
McDowell, John: What Is the Content of an Intention in Action? In: Ratio 23.4 (2010), S. 415–432.
Pinkard, Terry: Hegel's Phenomenology. The Sociality of Reason. Cambridge 1996.
Roholt, Tiger: Groove. A Phenomenology of Rhythmic Nuance. New York 2014.
Wellmer, Albrecht: Das musikalische Kunstwerk. In: Andrea Kern/Ruth Sonderegger (Hg.): Falsche Gegensätze. Zeitgenössische Positionen zur philosophischen Ästhetik, Frankfurt a. M. 2002, S. 133–175.
Wimsatt, William K./Monroe C. Beardsley: The Intentional Fallacy. In: Joseph Margolis (Hg.): Philosophy Looks at the Arts. Philadelphia 1987, S. 367–380.
Wittgenstein, Ludwig: Philosophische Untersuchungen. Frankfurt a. M. 1984.
Žižek, Slavoj: Less than Nothing. Hegel and the Shadow of Dialectical Materialism. London 2012.

II. Praktiken des Werks: Gebrauchsform und Funktionsweise

THOMAS KATER

Im Werkfokus: Grundlinien und Elemente eines pragmatischen Werkbegriffs

Spätestens seit den 1960er Jahren ist der Werkbegriff der Literaturwissenschaft zur problematischen Kategorie geworden. Die Diagnose vom „Schwinden" bzw. der „Krise des Werkbegriffs"[1] ist dafür nur ein – besonders eindrücklicher – Beleg. Diese Entwicklung lässt sich dadurch erklären, dass die Kategorie des Werks oft genug mit einem emphatischen Werkverständnis assoziiert und auf normativ-ästhetische Modelle des Werks verkürzt wurde. Dazu trugen auch Poststrukturalismus und Performanztheorie bei, die mit dem Begriff des Werks vor allem Statik und Sinnbegrenzung verbanden.[2]

Tatsächlich sind viele einflussreich gewordene Werkbegriffe normativ. Oftmals liegt ihnen ein *Organismusmodell* zugrunde, mit dessen Hilfe das literarische Werk als ein autarkes (geistiges) Objekt modelliert wird, das aus seinen kontextuellen Beziehungen herausgelöst ist.[3] Zwar rührt die Organismusmetapher aus der Naturbetrachtung her, doch wird mit dem Organismusmodell ganz im Gegenteil sowohl die Artifizialität als auch die Individualität des Werks hervorgehoben und – wie zum Beispiel bei Karl Philipp Moritz – an die Originalität des Genies zurückgebunden.[4] Der

---

1 Wehrli: Schwinden; Bubner: Bedingungen, insbes. S. 20–34. Einige der im Folgenden skizzierten Überlegungen führe ich in meiner zurzeit an der Universität Münster entstehenden Dissertation weiter aus.
2 Vgl. z. B. Barthes: Abenteuer, S. 10 f.; Barthes: Werk, S. 64 f.; Derrida: Grammatologie, S. 35, 154; Fischer-Lichte: Ästhetik, S. 30; Mersch: Ereignis, S. 214, 166 f.
3 Eine prägnante Formulierung des Organismusmodells findet sich bei Hegel (Ästhetik, Bd. 3, S. 270): „So ist denn jedes wahrhaft poetische Kunstwerk ein in sich unendlicher Organismus: […] im Einzelnen von derselben lebendigen Selbstständigkeit, in welcher sich das Ganze ohne scheinbare Absicht zu vollendeter Rundung in sich zusammenschließt; frei aus sich schaffend, um den Begriff der Dinge zu einer echten Erscheinung herauszugestalten und das äußerlich Existierende mit seinem innersten Wesen in versöhnenden Einklang zu bringen."
4 Vgl. Moritz: Nachahmung, S. 970; vgl. auch S. 972–974.

zentrale Aspekt im Organismusmodell ist die Ganzheit des Werks, welche nach Moritz auf die Einheit von Mittel und Zweck im Kunstwerk zurückgeht.[5] Die Wirkung des einflussreich gewordenen Organismusmodells des Werks reicht noch bis in die Literaturwissenschaft des 20. Jahrhunderts und die Arbeiten von Wolfgang Kayser und Emil Staiger hinein, die es vor allem in methodologischer Funktion gebrauchen und davon ausgehend ihre Methode der Interpretation entwickeln.[6]

Ein genauerer Blick auf das Organismusmodell zeigt jedoch, dass Statik und Sinnbegrenzung keineswegs als die zentralen Charakteristika derartiger emphatischer Werkbegriffe gelten können, als die sie von poststrukturalistischer und performanztheoretischer Seite immer wieder dargestellt wurden. Denn durch das Organismusmodell werden gerade der dynamische Zusammenhang zwischen Teil und Ganzem sowie eine daraus resultierende semantische Offenheit des Werks manifest.[7] Statische Werkmodelle finden sich eher in der Theorie der bildenden Kunst, wo das Werk oftmals enger an seine materielle Erscheinung geknüpft wurde als in der Literatur.[8]

Gegen diese Vorstellung vom statischen Werk opponieren jedoch – im Gefolge von James Harris – schon Gotthold Ephraim Lessing, Johann Gottfried Herder und Wilhelm von Humboldt, die dem zu ihrer Zeit vorherrschenden statischen Werkmodell der bildenden Kunst ein *Kraftmodell des literarischen Werks* entgegensetzen.[9] So bestimmt Herder die Poesie als „*Kraft*", welche die Teile der Dichtung (ihre Gegenstände und Inhalte) zu einer fortschreitenden Illusion verknüpft und dadurch eine andauernde

---

5 Vgl. Moritz: Versuch, S. 943, 944, 946.
6 Vgl. Staiger: Kunst, insbes. S. 11 f.; Kayser: Kunstwerk, insbes. S. 17. Auch Roman Ingarden (Kunstwerk, S. 25) verweist auf den „organischen Bau" des literarischen Werkes. Bei Ingarden könnte deshalb nicht nur von einem Schichtenmodell des literarischen Werks, sondern auch von einem ‚Skelettmodell' des Werkes gesprochen werden. Denn er bleibt zwar dem Organismusmodell verpflichtet, bindet das literarische Werk aber an die Rezipienten zurück: Diese würden das „Skelett" der Schichten des literarischen Werks erst durch ihre jeweiligen Konkretisationen, d. h. durch die Ausfüllung der schematisierten Ansichten im Prozess der Lektüre, mit einem „lebendigen Leib […] umkleide[n]" (ebd., S. 5, Anm. 1; zum Begriff der Konkretisation vgl. S. 353–381, insbes. S. 354). Vgl. zu Ingardens Werkbegriff den Beitrag von Jørgen Sneis in diesem Band.
7 Wie erwähnt wird das Kunstwerk bei Hegel als „ein in sich unendlicher Organismus" bestimmt (Hegel: Ästhetik, Bd. 3, S. 270; vgl. auch S. 231, 248) und auch Staiger (Kunst, S. 33) betont, „daß jedes echte, lebendige Kunstwerk in seinen festen Grenzen unendlich ist".
8 Auch in der Theorie der bildenden Kunst gibt es allerdings längst andere Auffassungen; vgl. z. B. Boehm: Werk.
9 Vgl. Harris: Treatises, S. 33; Lessing: Laokoon, S. 115 f.; Herder: Wälder, S. 215; Humboldt: Hermann, S. 224.

ästhetische Wirkung auf die Seele entfaltet.[10] Er grenzt sie damit von der Malerei und ihrem statischen Werk ab, das erst dann eine (zudem nur *momentane*) Wirkung entfalte, wenn es fertig sei und als Ganzes betrachtet werden könne.[11] Poesie sei daher „nie werkmäßig" im Sinne eines statischen Objekts.[12] Mit ihrem Kraftmodell des literarischen Werks und einem Werkbegriff für die Literatur, der im Unterschied zur bildenden Kunst ihre Sukzessivität und Performativität herausstellt und somit gerade die Dynamik des Werks betont, treten Herder und in ähnlicher Weise auch Harris, Lessing und Humboldt dem Horaz'schen Diktum *ut pictura poesis* entgegen und plädieren für eine Unterscheidung der Künste – und ihrer Werke.[13]

Der Blick allein auf emphatische Werkbegriffe sowie die Verkürzung auf statische Werkmodelle werden der Vielfalt an Werkbegriffen und Werkmodellen, welche die Theoriegeschichte hervorgebracht hat, daher nicht gerecht.[14] Vor allem die einflussreiche Kritik an der Verwendung des Werkbegriffs in der zweiten Hälfte des 20. Jahrhunderts hat nicht nur zum ‚Schwinden des Werkbegriffs' und zu seiner Ersetzung durch Text- oder Performanzbegriffe geführt, sondern auch neue Werkbegriffe und Werkmodelle hervorgebracht.

Umberto Eco legt schon in den 1960er Jahren mit seinem *Modell des offenen Kunstwerks* ein *analytisches* Werkmodell vor, mit dessen Hilfe er aus diachroner Perspektive verschiedene Poetiken zu beschreiben und eine ihnen gemeinsame Form zu bezeichnen sucht. Der Werkbegriff besitzt für ihn „keine axiologische Bedeutung", sondern stellt nunmehr eine „explikative Kategorie" dar.[15] In ähnlicher Stoßrichtung werden *Performanzmodelle*

---

10 Herder: Wälder, S. 215; vgl. auch S. 135, 138, 195, 207 f., 210, 214. Auch Humboldt spricht von der Poesie als einer „Kraft", durch die ein ästhetisches Ganzes seine Wirkung entfalten kann (Humboldt: Hermann, S. 224; vgl. auch S. 131–137).
11 Vgl. Herder: Wälder, S. 215.
12 Herder: Wälder, S. 61; vgl. auch S. 215. Man kann daher wie Ada B. Neschke der Auffassung sein, Herders Ausführungen seien eine „Poetiktheorie ohne ‚Werk'begriff" (Neschke: Vorgeschichte, S. 86; vgl. in ähnlicher Hinsicht auch Ostermann: Werk, Sp. 1357). Jedoch sprechen Herder wie auch Humboldt nicht nur in Bezug auf das statische Werkmodell von ‚Werk', sondern auch im Hinblick auf ihre Kraftmodelle der Poesie (vgl. z. B. Humboldt: Verschiedenheit, S. 201 f.; Herder: Wälder, S. 215). Vgl. zu Herders dynamischer Auffassung von ‚Werk' auch Kölbel: Werk, insbes. S. 34.
13 Vgl. Harris: Treatises, S. 33; Lessing: Laokoon, S. 115 f.; Herder: Wälder, S. 194, 61, 215; Humboldt: Hermann, S. 131–137; Humboldt: Begriff, S. 359. Zu verschiedenen Konzeptionalisierungen des Werks vgl. den Beitrag von Andrea Polaschegg in diesem Band.
14 Vgl. zur Geschichte des Werkbegriffs Thierse: Ganze; Martus: Werkpolitik, S. 31–47.
15 Eco: Kunstwerk, S. 11, 12; vgl. auch S. 12 f.

des Werks entworfen, mit deren Hilfe die Ereignishaftigkeit von Literatur zu erfassen versucht wird. So modelliert zum Beispiel David Davies das Werk als Ereignis der Gestaltung eines Trägermediums im Hinblick auf eine künstlerische Aussage, während Jonathan Culler das Werk ausgehend vom performativen Sprachmodell als einmaligen oder sich wiederholenden Sprechakt skizziert.[16] *Kontextmodelle* des Werks, wie sie etwa Gregory Currie oder Peter Lamarque entwerfen, begreifen Werke ebenfalls nicht länger als autonome statische Objekte. Sie werden hingegen als kulturelle Objekte aufgefasst, die auf spezifische Praktiken verschiedener Akteure zurückgehen und stets in einem bestimmten, sie konstituierenden Kontext situiert sind.[17] In der Editionsphilologie hingegen stand der Werkbegriff nicht in gleichem Maße in Frage wie in der (kontinentalen) Literaturtheorie.[18] Das hängt offenbar damit zusammen, dass die Editionsphilologie von Beginn an ihren Werkbegriff stark an ihrer Praxis, d. h. der Herstellung von Editionen, ausgerichtet und an Stelle von normativ-ästhetischen Modellen des Werks funktionale Werkmodelle für die konkrete editionsphilologische Arbeit konzipiert hat.[19] Ein Beispiel dafür stellt Gunter Martens' *Modell des Werks als Grenze* dar. Mit diesem Modell fasst er das Werk als Grenze auf, die aus dem Kontinuum von Texten einer Überlieferung Fixpunkte erzeugt, welche in der Folge – als Werke – zum Ausgangspunkt von literarischen und literaturwissenschaftlichen Praktiken werden.[20]

Auch jüngere literaturwissenschaftliche Arbeiten zum Werkbegriff sind *funktionalen Werkmodellen* verpflichtet. In ihren elaborierten Auseinandersetzungen mit dem Werkbegriff wird ‚Werk' nunmehr als eine produktive Kategorie für die literaturwissenschaftliche Forschung ausgewiesen.[21] Zentral für dieses neue Verständnis ist der Perspektivwechsel, ‚Werk' nicht länger als eine normativ-ästhetische, sondern als eine analytische Kategorie aufzufassen.[22] Einen wichtigen Beitrag zu diesem Perspektivwechsel hat

---

16 Vgl. Davies: Art, S. 151, 80 f. u. ö.; Culler: Literature, S. 516 f. Diese integrativen Modelle, die Performanz- und Werkbegriff vermitteln, unterscheiden sich von Modellen des Performativen, auf deren Grundlage der Performanzbegriff dem Werkbegriff programmatisch entgegengestellt wird; vgl. Mersch: Ereignis; Fischer-Lichte: Ästhetik.
17 Vgl. Lamarque: Work, S. 10, 187, 54; Currie: Work, S. 338.
18 Das heißt jedoch nicht, dass in der Editionsphilologie ein Konsens in Bezug auf die Bestimmung des Werkbegriffs herrscht (vgl. Scheibe: Vorbemerkung, insbes. S. 8).
19 Vgl. dazu Scheibe: Grundmodelle.
20 Vgl. Martens: Werk, S. 176. Martin Kölbel (Werk, S. 27 f., 31) modelliert das Werk ebenfalls als Grenze und plädiert davon ausgehend für einen deskriptiven Werkbegriff.
21 Vgl. grundlegend Spoerhase: Werk; Martus: Werkpolitik. Daran anknüpfend vgl. etwa Stockinger: Serie; Hißnauer/Scherer/Stockinger: Serie, darin vor allem: Griem: Gesellschaftsroman. Außerdem: Gilbert: Werkwerdung.
22 Entsprechend hält Eberhard Ostermann fest: „Angesichts dieser Resistenz gegen eine endgültige Verabschiedung erscheint es sinnvoll, den Begriff des W[erks] auch nach

Michel Foucault geleistet, indem er das Werk als eine Diskursfunktion beschrieb, die Homogenitätseffekte erzielt.[23] Seine Überlegungen ziehen sich als Grundlinie durch viele der neueren Arbeiten zum Werkbegriff. Aus dieser analytischen Perspektive rücken anstelle von bestimmten Texteigenschaften (wie der ästhetischen Ganzheit) spezifische Umgangsweisen mit Texten sowie der Gebrauch und Funktionen der Kategorie ‚Werk‘ in den Blick. Auf diese Weise ist der Bedarf an einem pragmatischen Werkbegriff angezeigt. Unter einem *pragmatischen* Werkbegriff verstehe ich zunächst im Sinne einer heuristischen Minimalbestimmung einen Werkbegriff, der ‚Werk‘ nicht normativ mit Bezug auf bestimmte ‚ästhetische‘ Texteigenschaften begreift, sondern aus deskriptiver Warte als Ergebnis spezifischer Tätigkeiten, als Resultat eines sozialen und historisch variablen Handlungszusammenhangs erfasst.[24] Insofern ist ein pragmatischer Werkbegriff eng an die literarische und literaturwissenschaftliche *Praxis* gekoppelt. Mit ‚Praxis‘ meine ich im Folgenden ein Ensemble von Tätigkeiten bezüglich literarischer Texte, die von konstitutiven Regeln oder Konventionen[25] geleitet werden – also eine spezifische institutionalisierte Praxis.[26] Dabei sind Tätigkeiten auf Produzenten-, Rezipienten- sowie Vermittlerseite gleichermaßen gemeint. Das Schreiben, Lesen, Interpretieren, Klassifizieren oder Verzeichnen stellt demnach ebenso einen Teil dieser Praxis dar wie das Betiteln, Publizieren und Vermarkten von literarischen Texten. Ein in dieser Hinsicht pragmatischer Werkbegriff ist von der Literaturwissenschaft ohnehin anzustreben, sofern sie sich selbst nicht als normative ästhetische Theorie, sondern als deskriptive Wissenschaft begreift.

---

seiner Entzauberung unter eingeschränkten Bedingungen als analytische Kategorie zuzulassen" (Ostermann: Werk, Sp. 1360).

23 Vgl. Foucault: Archäologie, insbes. S. 36–38; Foucault: Autor, S. 1009, 1014 f.; Müller: Notizen, S. 238 f.

24 Auf die ‚Pragmatik‘ des hier skizzierten Werkbegriffs und auch auf dessen Bezug zur Theoriegeschichte gehe ich in Abschnitt 5 („Zur Pragmatik des Werkbegriffs") genauer ein.

25 Vgl. zur Differenzierung von ‚Regeln‘ (*rules*) und ‚Konventionen‘ (*conventions*) in diesem Zusammenhang Olsen: Conventions, insbes. S. 39–41. In Bezug auf die literarische und literaturwissenschaftliche Praxis dürfte mit ‚Regel‘ ohnehin nicht eine eindeutige und kodifizierte Richtlinie gemeint sein. Vielmehr werden derartige ‚literarische‘ Regeln durch Beispiele erlernt und lassen sich aus den etablierten Praktiken ableiten (vgl. Lamarque: Wittgenstein, insbes. S. 385 f., 388, 378).

26 Vgl. für eine derartige Auffassung von ‚Praxis‘ (*practice*) im Zusammenhang mit Literatur die Arbeiten von Lamarque/Olsen: Truth, Kap. 10, S. 255–267; Lamarque: Philosophy, Kap. 4, S. 132–173; Lamarque: Wittgenstein, S. 376–378. Dabei beziehen sie sich auch auf John R. Searles Überlegungen zu konstitutiven Regeln (vgl. Searle: Acts, S. 33–42; Searle: Construction, S. 43–51). Searle begreift konstitutive Regeln auch als „practices" (ebd., S. 114).

Im Folgenden soll es um die Frage gehen, wie sich ausgehend von der neueren Forschung zur Kategorie des Werks ein solcher pragmatischer Werkbegriff konturieren lässt. Dazu werde ich zum einen die Ergebnisse der neueren Arbeiten zum Werkbegriff herausarbeiten und systematisieren. Zum anderen werde ich einige ‚blinde Flecken' ausfüllen, indem ich unexpliziert gebliebene Begriffe präzisiere und einige begriffliche Ergänzungen vornehme. Ziel ist es, zentrale Ergebnisse der neueren Forschung zum Werkbegriff so zu konsolidieren, zu flankieren und zuzuspitzen, dass sich einige Grundlinien und Elemente eines pragmatischen Werkbegriffs skizzieren lassen.

1. Vom Produkt zum Konstrukt

Die ästhetische Normativität vieler Werkbegriffe rührt daher, dass es erstens nicht nur der Begriff des Werks, sondern vor allem der Begriff des (literarischen) *Kunst*werks ist, der zweitens aus einer „Teilnehmerperspektive" des literarischen Diskurses bestimmt wird.[27] Entsprechend konstatiert Werner Strube: „Da die Auswahl und Rangfolge der betreffenden ‚wertbeladenen' charakteristischen Merkmale je nach sozialer und kultureller Gruppe eine andere ist, ist ‚literarisches Kunstwerk' [...] ein *wesentlich umstrittener Begriff* (‚essentially contested concept')."[28] Einen Quantensprung – der sich nicht zuletzt der Kritik am Werkbegriff verdankt – macht die Theorie des Werks, indem sie Werke heute vor allem aus einer literatur*wissenschaftlichen* „Beobachterperspektive" betrachtet.[29] Damit geht sowohl eine – heuristische – Entkoppelung von ‚Werk' und ‚Literatur' als auch eine Historisierung des Werkbegriffs einher. Die neuere Forschung zum Werkbegriff lässt sich insofern als Anknüpfung an Horst Thomés Feststellung im *Reallexikon der deutschen Literaturwissenschaft* lesen: „Angesichts der Schwierigkeiten der Werkästhetik das ‚Wesen' der Kunst zu bestimmen, ist eine Explikation von ‚Werk' als eine spezifische, wenn auch historisch variable Form des Produzierens und Gebrauchens von Texten zu erwägen."[30] Davon ausgehend stellt ein pragmatischer Werkbegriff eine *analytische Kategorie* dar und zeichnet sich durch Historizität und Wertfreiheit aus. ‚Werk' ist demnach ein Metakonzept, mit welchem konkrete Werkkonzeptionen

---

27 Müller: Notizen, S. 239.
28 Strube: Philosophie, S. 27. Strube zitiert hier „essentially contested concept" nach Gallie: Concepts, S. 167 ff.
29 Müller: Notizen, S. 239.
30 Thomé: Werk, S. 832.

als „Kristallisationspunkt[e] des ästhetischen Denkens" oder „Kristallisationsort[e] von Normen des Umgangs mit Literatur" in den Blick genommen werden können.[31]

Mit einem solchen Perspektivwechsel geht eine wichtige Umbesetzung einher: Der Werkbegriff dient nicht länger dazu, das ästhetische Produkt – oder wie in Performanzmodellen des Werks: das ästhetische Ereignis – zu begreifen, sondern lenkt nun den Blick auf die diskursive *Konstruktion* des Werks: „In der aktuellen literaturwissenschaftlichen Forschung zum Werkbegriff [...] besteht Konsens darüber, dass es sich bei der Kategorie ‚Werk' keinesfalls um eine ontische Größe handelt. ‚Werk' meint ein Konstrukt, das bestimmte Funktionen übernimmt".[32] Es geht im Rahmen eines pragmatischen Werkbegriffs nunmehr darum, sowohl die Textumgangsformen als auch die dazugehörigen, oft impliziten, Regeln und Normen zu analysieren, die mit der Behandlung eines Textes als Werk einhergehen. Damit ist die Kategorie ‚Werk' auch nicht länger für die ‚schöne Literatur' reserviert; vielmehr können Phänomene der sogenannten ‚U-Kultur' ebenso als werkförmig aufgefasst und analysiert werden wie traditionelle Werke ‚schöner' Literatur.[33]

2. Die soziale Konstruktion des Werks: Status und Funktionen

Auch als Konstrukt ist das Werk allerdings eine ‚ontische Größe'. Die Vorsicht bezüglich der Frage nach der Ontologie des Werks mag zum Teil von der in der Literaturwissenschaft verbreiteten (und falschen) Auffassung herrühren, mit der Annahme von Ontischem sei stets die Annahme eines Dinghaften verbunden.[34] Einigermaßen ungeklärt ist jedoch noch, *was* für ein Konstrukt das Werk ist. Nach Carlos Spoerhase stellt ein Werk eine „soziale Tatsache[ ]" dar, „die erst in einem ‚institutionellen' Rahmen in Erscheinung" tritt.[35] Aber was heißt das genau? Genauer lässt sich dies

---

31 Thierse: Ganze, S. 382; Martus: Werkpolitik, S. 21.
32 Stockinger: Serie, S. 211. Vgl. Martus: Werkpolitik, S. 21; grundlegend Foucault: Archäologie, S. 35–40.
33 Vgl. dazu den Aufsatz von Claudia Stockinger in diesem Band; ferner Stockinger: Serie, S. 200, 209.
34 Vgl. *pars pro toto* Mersch: Ereignis, S. 214: „Denn das Werk ist immer etwas Statisches, ein Objekt, es partizipiert an der Ontologie des Dings [...]."
35 Spoerhase: Werk, S. 326. Auf den institutionellen Rahmen von Werken machen auch institutionelle Theorien der Literatur wie jene von Lamarque und Olsen aufmerksam. Ihnen geht es aber vornehmlich um den Literaturbegriff; vgl. Lamarque/Olsen: Truth, S. 255 f., 261. Diese Engführung von Werk- und Literaturstatus scheint mir plausibel zu sein, daher habe ich oben in Abschnitt 1 von einer *heuristischen* Trennung von Werk-

mit John R. Searles Sozialontologie begreifen, mit deren Hilfe Werke als *institutionelle Tatsachen* analysiert werden können. Eine derartige ontologische Erwägung spricht keineswegs gegen eine pragmatische Auffassung des Werks – im Gegenteil: Die ontologische Bestimmung des Werks als institutionelle Tatsache plausibilisiert und fundiert gerade die Auffassung vom Werk als einem Konstrukt sowie den damit einhergehenden Fokus auf spezifischen Textumgangsweisen und diesen zugrunde liegenden Regeln oder Konventionen.

Institutionelle Tatsachen (*institutional facts*) sind nach Searle eine Unterkategorie von sozialen Tatsachen (*social facts*) und werden durch konstitutive Regeln der Form *X counts as Y in context C* hergestellt.[36] ‚X' kann für eine natürliche Tatsache (*brute fact*) oder auch für eine weitere institutionelle Tatsache stehen. Zentral ist der Y-Term: „The point is that the Y term must assign some new status that the entities named by the X term do not already have, and this new status must be such that human agreement, acceptance, and other forms of collective intentionality are necessary and sufficient to create it".[37] Das ‚Y' fungiert nach Searle als ein Status, an den eine Funktion gekoppelt ist, und diese Statusfunktion stellt eine institutionelle Tatsache dar.[38] Searles Standardbeispiel für institutionelle Tatsachen ist Geld. Ein bedrucktes Papier (X) gilt genau dann als Geld (Y), wenn es als solches ausgezeichnet, gebraucht und akzeptiert wird (C). Parallel dazu lässt sich ‚Werk' als Status (Y) von Texten (X) auffassen, der diesen im Rahmen der literarischen und literaturwissenschaftlichen Praxis (C) zugeschrieben und folglich *sozial konstruiert* wird.[39]

Wie aber findet die Statuszuweisung statt? Schon Foucault hat diesbezüglich die zentrale Frage gestellt: „Wie ist der *speech act* beschaffen, der zu sagen gestattet, dass ein Werk vorliegt?"[40] Mit Searle wäre zu antworten: Es muss ein deklarativer Sprechakt sein. Dabei ist nicht nur wichtig, dass der Werkstatus eines Textes deklariert wird, sondern auch, dass er akzeptiert wird. Denn eine institutionelle Tatsache existiert genau so lange, wie die Statusfunktion erkannt und anerkannt wird.[41] Repräsentiert wird eine

---

und Literaturbegriff gesprochen. In Abschnitt 4 gehe ich auch auf das *literarische* Werk ein.

36 Vgl. Searle: Construction, S. 27–29, 38, 121.
37 Ebd., S. 51.
38 Vgl. ebd., S. 41, 124.
39 In einer ausführlicheren ontologischen Rekonstruktion, die hier nicht geleistet werden kann, müsste für ‚X' genaugenommen ein abstrakter Text-*type* eingesetzt werden und nicht z. B. ein materieller Text. Vgl. zur Type-Token-Theorie Schmücker: Kunst, S. 237 f.; Lamarque: Philosophy, S. 72.
40 Foucault: Autor, S. 1004.
41 Vgl. Searle: Construction, S. 47.

institutionelle Tatsache durch einen Statusindikator (*status indicator*). Bei einem Zwanzig-Euro-Schein lassen sich als Statusindikator der Aufdruck ‚20 Euro' oder die Unterschrift des Präsidenten der Europäischen Zentralbank auffassen.[42] Als offensichtliche Statusindikatoren eines Werkes können zum Beispiel bestimmte Paratexte wie Autorname, Titel und Urheberrechtsvermerk betrachtet werden.

Aus sozialontologischer Perspektive lassen sich die sozialen Konstruktionen, die wir ‚Werke' nennen, also als institutionelle Tatsachen begreifen. Und als solche sind sie keineswegs Dinge oder Objekte (und auch keine ‚sozialen Objekte', wie Searle betont).[43] Vielmehr bestehe eine „priority of process over product" – der Status (Y) benennt *andauernde soziale Tätigkeiten*: „I hope it is clear that the whole operation of agentive functions and collective intentionality is a matter of ongoing activities and the creation of the possibility of more ongoing activities."[44] Es lassen sich hier offenbar *zwei Tätigkeiten* unterscheiden: zum einen die andauernde Deklaration und Affirmation des jeweiligen Status ‚Y' („ongoing activities"); zum anderen die Tätigkeiten, die an den Status gekoppelt sind und durch diesen zuallererst ermöglicht werden („more ongoing activities").[45] Im Falle von Geld gehören dazu die Möglichkeit, in einem Papier ein Medium des Handels zu erblicken und Praktiken wie Bezahlen oder Umtauschen auszuführen. Tätigkeiten, die (momentan) für die Zuschreibung eines Werkstatus sorgen, sind zum Beispiel das Versehen von Texten mit einem Titel und Autornamen, die Veröffentlichung oder das Verzeichnen von Texten in Werkregistern.

Als ‚weitere Tätigkeiten', die an den Werkstatus gekoppelt sind, könnten zum Beispiel die Lesung von Texten oder auch spezifische literaturwissenschaftliche Arbeitsweisen aufgefasst werden: Im Rahmen der Inter-

---

42 Vgl. ebd., S. 119 f., 85.
43 Vgl. ebd., S. 57.
44 Ebd.
45 In dieser Hinsicht unterscheiden sich soziale und institutionelle Tatsachen: Bezüglich Letzterer geht mit der Statuszuweisung eine neue Funktion einher (vgl. ebd., S. 88). Dass sich im Hinblick auf Literatur immer klar zwischen den Tätigkeiten, die den Werkstatus eines literarischen Textes bedingen, und solchen, die an den Werkstatus gekoppelt sind, unterscheiden lässt, scheint mir fraglich zu sein. Deshalb verstehe ich die hier vorgenommene Unterscheidung als eine heuristische. Vgl. dazu auch Gaiser (Literaturgeschichte, S. 139 f.), der in seiner pragmatischen Theorie literarischer Institutionen betont: „Wie jede Handlung in historisch je spezifische Kontexte eingebettet ist, stellen die literarischen Institutionen in ihren historisch konkreten Ausformungen den spezifischen Referenzrahmen literaturbezogener Handlungen dar, die ihrerseits – als Rückkopplungseffekt – eine Veränderung dieser Rahmenbedingungen bewirken können."

pretationspraxis kann der Werkstatus etwa eine hermeneutische Funktion übernehmen, insofern die Zugehörigkeit von zwei Texten zu demselben Gesamtwerk ihre wechselseitige Explikation legitimiert.[46] Ähnlich verhält es sich, wenn lyrische Texte einer spezifischen Werkpolitik folgend in einem Gesamtwerk so platziert werden, dass sie im Hinblick auf das Gesamtwerk spezifische Funktionen wie zum Beispiel eine ‚Ordnungsfunktion' übernehmen.[47] Auch derartige Funktionen sind an den (spezifischen) Werkstatus gekoppelt, in diesem Fall an die Zugehörigkeit zu dem entsprechenden Gesamtwerk. An den Werkstatus von Texten ist demnach die kontinuierliche Möglichkeit geknüpft, den jeweiligen Text auf bestimmte Weise zu funktionalisieren – und zwar sowohl aus der Produzentenperspektive, indem im Rahmen von Werkstrategien oder einer Werkpolitik das Anschlussverhalten über den Text zu regulieren versucht wird, als auch aus der Rezipientenperspektive, indem gerade dieser Text zum Ausgangspunkt für spezifische (z. B. vergleichende, interpretierende oder wertende) Handlungen genommen wird.[48] Das Werk als institutionelle Tatsache ist *„just the continuous possibility of the activity."*[49]

Diese Explikation des Werks als institutionelle Tatsache bietet sich als Element eines pragmatischen Werkbegriffs an, denn *erstens* plausibilisiert sie die Auffassung, dass das Werk kein Gegenstand eigener Art ist, der sich auf ominöse Weise von ‚normalen' Texten unterscheidet, sondern ein Ergebnis einer spezifischen sozialen Praxis darstellt. Sie bekräftigt *zweitens* die Tendenz, diese Praxis genauer in den Blick zu nehmen und die Werkwerdung sowie ihre weiteren Funktionen zu analysieren.[50] Wie Searle betont, ist der institutionelle Rahmen (*context* C), der für eine institutionelle Tatsache und mithin das Werk konstitutiv ist, nicht immer bekannt oder explizit.[51] Um diese *background conditions*, die in diesem Zusammenhang wohl als implizite Normen der literarischen und literaturwissenschaftlichen Praxis zu begreifen sind, transparent zu machen, mögen gerade ‚Grenzfälle

---

46 Vgl. zu dieser ‚Werkfunktion', die insbesondere von der werkkonstitutiven Autorfunktion oder dem Autornamen als Statusindikator abhängt, Spoerhase: Werk, S. 300 f.
47 Vgl. dazu Martus (Dichtung, S. 80–91, insbes. S. 91), der vier Werkfunktionen der Lyrik im Gesamtwerk von Goethe unterscheidet.
48 Zur Werkpolitik vgl. Martus: Werkpolitik; zu ‚Werkstrategien' vgl. Spoerhase: Werk, S. 320–325.
49 Searle: Construction, S. 36 [Herv. i. O.]. Auch Culler modelliert das literarische Werk u. a. als einen sich wiederholenden performativen Akt: „Its performativity, then, is less a singular act accomplished once and for all than a repetition that gives life to forms that it repeats" (Culler: Philosophy, S. 517).
50 Zum Phänomen der Werkwerdung vgl. Gilbert: Werkwerdung.
51 Vgl. Searle: Construction, S. 144, 127, 47 f.; und in Bezug auf die konstitutiven Regeln der literarischen Praxis auch Lamarque: Wittgenstein, S. 385 f., 388, 378.

des Werks' aufschlussreich sein, also Beispiele, in denen der Werkstatus in Frage steht.⁵² *Drittens* legt die Explikation von Werken als institutionellen Tatsachen nahe, dass die Praktiken zwar entscheidend für den Werkstatus sind, sie nichtsdestoweniger auf ein Objekt, den Text, gerichtet bleiben und von diesem und seinen literarischen Formen (mit-)*gesteuert* werden. Schließlich ist sie *viertens* vereinbar mit der Terminologie vieler neuerer Theorien, die im Hinblick auf das Werk von einem ‚Status' sprechen, und geeignet, diese (in der Regel unexplizierte) Redeweise zu fundieren, indem sie diesen Status als institutionelle Tatsache spezifiziert.⁵³

3. Vom Text zum Werk:
Veröffentlichung als Institutionalisierung von Texten

Ist das Werk als institutionelle Tatsache bestimmt, rücken also die sozialen Tätigkeiten, die in Bezug zu Objekten (Texten) stehen, in den Fokus. Im Anschluss an Searle habe ich zwischen Tätigkeiten unterschieden, die den Status herstellen und erhalten, sowie solchen, die durch den Status zuallererst ermöglicht werden. Auf Letztere bin ich mit Bezug auf die hermeneutische Funktion des Werkstatus schon kurz eingegangen. Noch grundlegender ist indes die Frage, *wie* eigentlich Texte zu Werken werden, *wie* also ihr Werkstatus deklariert wird. Spoerhase entnimmt der Forschung vier Kriterien: (1) das paratextuelle Kriterium (Titel), (2) das institutionelle Kriterium (Veröffentlichung), (3) das intentionale Kriterium (Autorabsicht) sowie (4) das ästhetische Kriterium (Geschlossenheitsgrad oder Vollendungsgrad).⁵⁴

In Bezug auf die Frage, welches dieser Kriterien notwendig oder sogar hinreichend für den Werkstatus ist, divergieren die Positionen in der Forschung.⁵⁵ Allerdings ist die Abgrenzung der vier Kriterien voneinander bis

---

52 Auf *Readymades* oder *Appropriation Literature* ist in der Debatte um den Werkbegriff vielfach verwiesen worden (vgl. z. B. Martínez: Autorschaft; Gilbert: Werkidentität). Es ließe sich darüber hinaus eine ganze Typologie von ‚Grenzfällen des Werks' entwerfen: ‚unvollendete Werke', ‚unveröffentlichte Werke', ‚Nachlasswerke', ‚verwaiste Werke', ‚verbotene Werke', ‚gesperrte Werke', ‚Werke in Werken', ‚Werkfiktionen' etc.

53 Vgl. z. B. Lamarque: Work, S. 20; Martens: Werk, S. 179; Kölbel: Werk, S. 32; Spoerhase: Werk, S. 289; Gilbert: Werkwerdung, S. 37.

54 Vgl. Spoerhase: Werk, S. 288. Spoerhase bezieht sich hier auf das Einzelwerk – zu untersuchen wäre, ob sie auch für die Konstitution eines Gesamtwerks gelten.

55 Während Vertreter von normativen Werkmodellen das ästhetische Kriterium als notwendig und hinreichend erachten, ist in editionsphilologischen Modellen oftmals die Veröffentlichung zentral. Auch werden Kriterien kombiniert: Für Martens (Werk, S. 179) etwa ist die Veröffentlichungsabsicht (institutionelles Kriterium) des Autors (intentionales Kriterium) entscheidend für den Werkstatus eines Textes.

zu einem gewissen Grad heuristischer Natur. Das wird deutlich, wenn man sich klar macht, dass – sofern man das Kriterium der Geschlossenheit (4) nicht als *ästhetische* Geschlossenheit oder Vollendung auffasst, sondern als *linguistische* Geschlossenheit eines Textes – alle vier Kriterien im *institutionellen Kriterium* der Veröffentlichung konvergieren.[56] Denn eine Veröffentlichung setzt *erstens* eine *Intention* voraus (die nicht auf den Autor oder die Autorin beschränkt sein muss), *zweitens* eine zumindest *relative linguistische Abgeschlossenheit* (relativ, weil Revisionen des Textes in Form von weiteren Auflagen oder Aktualisierungen bei digitalen Werken möglich sind), *drittens* – zumindest in einem ökonomisierten Literaturbetrieb wie dem gegenwärtigen – einen *Paratext*, wobei nicht nur der Autorname und Titel als Statusindikatoren fungieren, sondern auch der Urheberrechtsvermerk den Werkstatus deklariert.[57]

Doch ist das institutionelle Kriterium der ‚Veröffentlichung' als solches zunächst noch unterbestimmt. Wann genau ist ein Text veröffentlicht oder institutionalisiert und damit ein Werk? Was bedeutet ‚Veröffentlichung' in einer nichtökonomisierten Literaturkultur (etwa in der Antike oder dem Mittelalter)? Was ist mit *Privat*drucken und ‚grauer Literatur'? Wie sind ‚unveröffentlichte Werke' oder ‚zensierte Werke' zu behandeln? Im Hinblick auf solche Fragen bedürfen sowohl der Veröffentlichungsakt selbst als auch seine Folgen – gerade aus *theoretischer* Perspektive – noch weiterer Forschung.[58] Im Folgenden führe ich daher nur einige skizzenhafte und tentative Überlegungen an.

Wie erwähnt, versprechen gerade ‚Grenzfälle des Werks', Fälle, in denen der Werkstatus eines Textes in Frage steht, Aufschluss über den institutionellen Rahmen der Statuszuweisung. Im Hinblick auf das offenbar notwendige Kriterium der Veröffentlichung stellt natürlich ein Werktyp ‚unveröffentlichte Werke' nicht nur ein Problem, sondern eine *contradictio in adiecto* dar. Eine Lösung könnte darin bestehen, die Rede von ‚unveröffentlichten Werken' als eine Form von ungenauem Sprachgebrauch aufzufassen, ähnlich der Äußerung ‚Die Sonne geht unter'. So wie die Sonne nicht wirklich untergeht, sondern die Erde sich dreht, besitzen ‚unveröffentlichte Werke' nicht wirklich Werkstatus, sondern stellen genau genommen noch Entwürfe oder Druckvorlagen dar. Man könnte jedoch selbst ‚unveröffentlichte Werke' als einen speziellen Werktyp begreifen und von

---

56 Auf das ästhetische Kriterium komme ich in Abschnitt 4 noch einmal zurück.
57 Die Relevanz der Veröffentlichung bzw. Institutionalisierung bei der Werkkonstitution betonen z. B. auch Červenka: Textologie, S. 144 f.; Culler: Philosophy, S. 508; Klausnitzer: Literaturwissenschaft, S. 285.
58 Vgl. zum Phänomen der Veröffentlichung allerdings Gilbert: Publishing; Kater: Werk.

einem Werkstatus der Texte sprechen. Legitim schiene das jedenfalls dann, wenn die anderen Kriterien (relative linguistische Geschlossenheit, Intentionalität, Paratext) erfüllt sind und die entsprechenden Texte zudem in der literarischen oder literaturwissenschaftlichen Praxis (und damit in einer hinlänglichen Öffentlichkeit) zumindest eine gewisse Rolle spielen, d. h. erwähnt werden, in Bezug zu anderen Werken gesetzt werden etc. Als Beispiel für Werke dieser Art mag vielleicht Max Frischs *Aus dem Berliner Journal* (2014) dienen. Es kann genauer als ‚gesperrtes Werk' bezeichnet werden, weil es erst nach einer Sperrfrist von 20 Jahren (und selbst dann noch mit Auslassungen) publiziert wurde. Nichtsdestoweniger war es während dieser Sperrfrist bekannt und wurde in Bezug zu und als Teil von Frischs Gesamtwerks behandelt.[59] Eine Rolle wird dabei auch das Wissen um die Tatsache gespielt haben, dass das Werk zumindest potenziell oder mittelbar zugänglich war bzw. sein würde – die Tatsache also, dass es in einem Banksafe lag und mit großer Wahrscheinlichkeit nach der Sperrfrist veröffentlicht werden würde.[60] Um institutionalisiert und damit zu Werken zu werden, müssen Texte folglich *soziale* Texte werden: „[W]orks are not mere objects and it is precisely their embeddedness in cultural practices that gives them this peculiar status [...]."[61] ‚Unveröffentlichte Werke' haben sozusagen nur einen Fuß in der Tür: Sie werden zwar nicht interpretiert und bewertet, aber Titel, Autorname und eben auch die Behandlung in der literarischen oder literaturwissenschaftlichen Praxis sind offensichtlich in ausreichendem Maße werkkonstitutiv bzw. statusindizierend. Deshalb mag es genügen, dass ‚unveröffentlichte Werke' erwähnt oder Legenden über ihren Inhalt und ihre Form ausgetauscht werden.[62]

So verstanden wäre das institutionelle Kriterium und damit der Begriff ‚Veröffentlichung' sehr weit zu fassen: Ein Text würde dann als veröffent-

---

59 Vgl. z. B. Hage: Frisch, S. 108; Kilcher: Frisch, S. 80, 156, wo es auch im ‚Werkregister' gelistet ist; oder Letawe: Frisch, S. 110, 111, Anm. 25, 115. Vgl. zu diesem Beispiel ausführlich Kater: Werk.
60 Ein ähnliches Beispiel sind Werke, die als *Print-on-Demand* vertrieben werden. Solange ein Werk noch nicht gedruckt ist, sind lediglich die Ankündigung des Werkes, der Titel und gegebenenfalls der Klappentext öffentlich. Diese würden aber bereits ausreichen, damit das Werk Eingang in die literarische oder literaturwissenschaftliche Praxis erhält.
61 Lamarque: Work, S. 20; und vgl. dazu auch Spoerhase: Werk, S. 328. Aus grundsätzlich ähnlichen Gründen, die dafür sprechen, auch ‚unveröffentlichte Werke' als Texte mit Werkstatus aufzufassen, begreift Lamarque ‚unabgeschlossene Werke' als spezielle Art von Werken; vgl. Lamarque: Work, S. 36 f.
62 Derartige Werke stellen aufschlussreiche Beispiele für die Verhandlung ihres Werkstatus sowie Werkstrategien dar. Im Falle des *Berliner Journals* schreibt z. B. der Herausgeber entgegen zumindest einiger anderslautender Äußerungen Frischs nur Teilen des überlieferten Textes „Werkcharakter" zu; Strässle: Nachwort, S. 178; vgl. Frisch: Erfahrung, S. 222 f.

licht und mithin als ‚Werk' gelten, wenn er zumindest mittelbar zugänglich ist und zumindest ansatzweise Eingang in die literarische oder literaturwissenschaftliche Praxis gefunden hat.[63] In ähnlichem Sinne hält auch Lamarque (allerdings hinsichtlich der *gegenwärtigen* literarischen und literaturwissenschaftlichen Praxis) fest:

> What makes something a literary work, for example, rests on complex interactions between writers, readers, critics, libraries, publishers, booksellers. The varied modes of producing and responding to works of literature, appreciating, interpreting, and evaluating their content, or marketing, cataloguing, and collecting copies of them, derive from long and evolving traditions. But nothing could *be* a literary work if it were not for activities of this kind. The discriminations that practitioners make are integrally tied up with such activities.[64]

Die zentrale Rolle, die ich der Veröffentlichung zugeschrieben habe, plausibilisiert einmal mehr, warum es im Rahmen eines pragmatischen Werkbegriffs ergiebig ist, Textumgangsformen in den Blick zu nehmen sowie die dazugehörigen, oft impliziten Regeln und Normen zu eruieren, die mit der Behandlung eines Textes als Werk einhergehen und sie steuern. Die Untersuchung von Werkpolitiken, Werkstrategien oder der Werkförmigkeit ist eine Analyse von Umgangsweisen mit *veröffentlichten* Texten oder anderen veröffentlichten Artefakten – Objekten also, die als Kommunikate in einem spezifischen Kommunikationszusammenhang stehen. Zentral im Hinblick auf die Frage nach der ‚Veröffentlichung' ist vor allem der Übergang des jeweiligen Objekts in eine institutionalisierte Praxis. Dabei stellt sich unter anderem die Frage, wie Autorinnen und Autoren (oder Verlegerinnen und Verleger etc.) ihre kommunikative Rolle und Intentionen über den Kommunikationsakt und damit über die Veröffentlichung hinaus wahren und steuern können.

Ein pragmatischer Werkbegriff fokussiert also nicht nur einen Text, sondern immer auch die Einbettung des Textes in einen *Kontext* und die Strategien von Produzenten und Rezipienten, die sich auf ebendiese Einbettung und Institutionalisierung beziehen. Dabei geht es sowohl um die Funktionen der Statuszuschreibung ‚Werk' und der Konzeptionalisierung des Werks in der *literarischen* Praxis (z. B. die Werkpolitik von Autorinnen

---

63 Vgl. für eine ähnliche Bestimmung sowie für eine Differenzierung zwischen ‚Veröffentlichung' in einem engeren und einem weiteren Sinne Kater: Werk, S. 17 f. In der weiten Fassung ist das institutionelle Kriterium nicht auf eine z. B. ökonomisierte Literaturkultur beschränkt, sondern historisch variabel. Als in weiterem Sinne ‚veröffentlicht' kann demnach ein Text verstanden werden, der zu einem bestimmten Zeitpunkt Eingang in die zu diesem Zeitpunkt vorherrschende literarische und literaturwissenschaftliche Praxis gefunden hat.
64 Lamarque: Work, S. 10 [Herv. i. O.].

und Autoren) als auch um die Funktionen in der *literaturwissenschaftlichen* Praxis (z. B. die hermeneutische Funktion des Werkstatus in der Interpretation).

4. Im Werkfokus: Das *literarische* Werk

Wenn sich ein pragmatischer Werkbegriff dadurch auszeichnet, dass er das literarische Werk nicht mehr auf eine präskriptive Weise ästhetisch zu bestimmen sucht, sondern dass er aus einer Beobachterperspektive als analytische Kategorie gebraucht wird, um zum Beispiel Werkkonzeptionen und daran geknüpfte Literaturauffassungen in den Blick zu nehmen, stellt sich die Frage, wie die spezifischen *Formen* von literarischen Werken zugänglich und analysierbar gemacht werden können, an denen sich literarische Normen oder ästhetische Modelle manifestieren. In den Blick rückt insofern das *literarische* Werk.

Auf der Suche nach einem derartigen Analyseinstrument bietet es sich an, auf den Begriff des Werkfokus (*work-focus*) von David Davies zurückzugreifen.[65] In seiner Studie *Art as Performance* (2004) bestimmt Davies das (künstlerische) Werk – unter großem terminologischen Aufwand mit teils sich überschneidenden Begriffen – als eine Handlung (*performance*).[66] In Kurzform lautet seine Definition: „A work just is the performance whereby a work-focus is specified [...]."[67] Mit dem Begriff des Werkfokus werden diejenigen Eigenschaften oder Formen des Trägermediums (z. B. eines Textes) erfasst, welche die künstlerische Aussage oder Botschaft – oder allgemeiner noch: den künstlerischen Beitrag (*artistic statement*) – des Werkes in Bezug auf die gängige Kunstpraxis artikulieren.[68] Im Hinblick auf den Werkfokus gelte es daher zu fragen, „what kinds of properties of things are the focus of our appreciative attention to works, and [...] what kinds of properties of things enter into our assessments of artistic value."[69]

---

65 Neben ‚work-focus' gebraucht Davies – in synonymer Weise – auch den Ausdruck ‚focus of appreciation'; vgl. Davies: Art, z. B. S. 251, 210.
66 Vgl. ebd., z. B. S. x, 80, 199, 174 f.
67 Ebd., S. 147; vgl. auch S. 148, 149. Ein wenig ausführlicher und Davies' Ausführungen zusammenfassend lässt sich die *performance* präzisieren als die Gestaltung eines Trägermediums (*vehicle/vehicular medium*) auf der Basis von künstlerischen Konventionen (*shared understandings/artistic medium*) dergestalt, dass eine künstlerische Aussage (*content/artistic statement*) artikuliert wird; vgl. u. a. ebd., S. 151, 80 f.
68 Vgl. ebd., S. 210, 211.
69 Ebd., S. 22.

Nimmt man zum Beispiel Goethes *Wahlverwandtschaften* (1809), so liegt ein (Werk-)Fokus sicherlich auf der ästhetischen Ganzheit oder Einheit des Werkes. Dieses künstlerische Statement manifestiert sich etwa in der mit entsprechenden Paratexten indizierten Ordnung des Werks (zwei Teile, pro Teil je 18 Kapitel), in inhaltlichen Parallelen zwischen beiden Teilen und in Selbstaussagen des Autors Goethe, der immer wieder die Einheit, Ganzheit und Harmonie des Werks hervorhebt.[70] Mark Z. Danielewskis Roman *Only Revolutions* (2006) stellt hingegen ein Beispiel dar, in dem der Werkfokus vor allem auf der Materialität des Werkes liegt. Hier betrifft das künstlerische Statement das Werk als ästhetisches Artefakt, indem das Format (Typographie, Farbgebung etc.) in den Fokus gerückt wird und der Text als ‚Buchwerk' inszeniert wird.[71] Von dem Begriff des Werkfokus ausgehend wird auch ersichtlich, warum *Readymades* oder *Appropriation Literature* Sonderfälle des literarischen Werks darstellen: Hier stehen nicht typische ästhetische Merkmale im Werkfokus, sondern vor allem institutionelle Merkmale (insbesondere in Form vom ‚Beiwerk' des Buches, d. h. Autorname, Titel, Gattungsbezeichnung, aber auch in der Form des Umgangs mit dem jeweiligen Text selbst, z. B. dem Gebrauch eines Zeitungsartikels als Literatur).

Eine Bedingung für die Etablierung des Werkfokus ist nach Davies, dass er nicht nur bestimmt und spezifiziert, sondern vor allem auch intersubjektiv zugänglich gemacht wird. Denn nur so kann er die entsprechende Aufmerksamkeit erhalten und zum Gegenstand künstlerischer Praxis werden.[72] Für Davies ist der Werkfokus eine produktionsästhetische Kategorie; es sind die Autorinnen oder Autoren, die mit Hilfe des Werkfokus die Ästhetizität des Werks steuern. Die Rolle der Rezipienten beschränkt sich darauf, den Werkfokus zu erkennen und zum Ausgangspunkt ihrer Rezeptionspraxis (Interpretation, Wertung etc.) zu machen. Während der Werkstatus als ein Deklarativ aufgefasst werden kann, könnte die Spezifikation des Werkfokus demnach als Direktiv begriffen werden.

Im Hinblick auf die literarische und literaturwissenschaftliche Praxis wäre ‚Werkfokus' indes gleichermaßen als *rezeptionsästhetische* Kategorie zu erwägen. Denn in der Praxis erweist sich der Werkfokus als ‚verschiebbar'. Rezipienten (wie LeserInnen, KritikerInnen oder Literaturwissenschaftler-

---

70 In einem Brief an seinen Verleger Cotta heißt es z. B.: „[...] wobei ich jedoch inständig bitte, keine einzelnen Stellen aus diesem Werkchen abdrucken zu lassen. Es ist dergestalt ineinander gearbeitet, daß ich nichts davon abgelöst wünsche, auch selbst das nicht, was im zweiten Teil hie und da für sich zu bestehen scheint" (Goethe: Werke, S. 980; vgl. auch S. 979, 982, 984).
71 Vgl. den Aufsatz von Alexander Starre in diesem Band.
72 Vgl. Davies: Art, S. 151.

Innen) können ihren Fokus auch gegen die Intentionen der Produzenten (es wäre neben AutorInnen auch an VerlegerInnen, HerausgeberInnen oder GrafikerInnen zu denken) auf andere Formen und Eigenschaften des Werks legen und gegebenenfalls darin das künstlerische Statement sehen. Im Hinblick auf die *Wahlverwandtschaften* wäre es etwa möglich, den Fokus nicht auf die organische Ganzheit oder das Kunstwerk als Synthese zu legen, sondern auf die vielfältigen intertextuellen Bezüge oder auf narrative Diskontinuitäten, die zum Beispiel in Form der eingeschalteten Novelle ebenfalls zu finden sind.[73] Der Werkfokus ist offenbar jedoch auch in diachroner Hinsicht eine variable Kategorie. Insofern sich der Werkfokus auch in der Rezeptionsgeschichte verschieben kann, wäre er daher zudem als eine rezeptionsgeschichtliche Kategorie zu erwägen.

Die rezeptionsästhetische Erweiterung der Kategorie des Werkfokus besitzt überdies praxeologisches Potenzial.[74] Denn sie rückt nicht nur in den Blick, welche Eigenschaften eines Werks (zum Beispiel aus ästhetischer Perspektive) zentral für den Umgang mit demselben sind, sondern sie bietet gleichermaßen den Ausgangspunkt für die Frage, wie die Spezifizierung und Steuerung des Fokus auf bestimmte Eigenschaften des Werks selbst zum Gegenstand der Aushandlung in der literaturwissenschaftlichen Praxis werden. Im Hinblick auf den *Wahlverwandtschaften*-Kommentar des Deutschen Klassiker Verlages merkt Stefan Matuschek zum Beispiel kritisch an, dass dieser aus einer „apodiktischen dekonstruktivistischen Position" argumentiert und entsprechend den Werkfokus – wohl entgegen dem von Goethe spezifizierten Werkfokus – auf den jegliche Sinnfixierung destruierenden Charakter der Schrift justiere.[75] Während der Kommentar den Werkfokus also durch die Bezugnahme auf eine einflussreiche literaturtheoretische Position (nämlich die des Dekonstruktivismus) und die Anwendung ihres Begriffsarsenals steuert, macht Matuschek ebendiese Bezugnahme auf einer Metaebene transparent und konfrontiert sie mit der Position des Autors.[76]

---

73 Vgl. für eine solche Perspektive Wiethölter: Kommentar, z. B. S. 1012, 1004.
74 Eine ‚Praxeologie' der Literaturwissenschaft zielt auf die Reflexion der literaturwissenschaftlichen Praxis durch das Explizitmachen von routineförmigen Tätigkeiten (wie Textumgangs- oder Begriffsbildungsformen), die oft auf implizitem Wissen beruhen und durch Partizipation an der Praxis gelernt wurden. Vgl. dazu Albrecht u. a.: Einleitung, S. 2; grundlegend Martus/Spoerhase: Praxeologie.
75 Matuschek: Krise, S. 500 f.
76 Im Kommentar heißt es z. B., dass „der Text der Wahlverwandtschaften als [...] in die Breite und Tiefe des semantischen Netzes gleichermaßen wirkender Aktivposten, als allseitiger Komplexitätsmultiplikator betrachtet werden muß" (Wiethölter: Kommentar, S. 1004). Vgl. dazu auch die ‚dekonstruktivistischen' Zitate, die Matuschek (Krise, S. 500) anführt.

Die Kategorie ‚Werkfokus' wäre also weiter zu fassen als Davies' Begriff des Werkfokus. Mit ihrer Hilfe werden diejenigen Formen *erfasst*, auf die sich (1) aus der Perspektive von Produzenten und/oder Rezipienten der Fokus der Aufmerksamkeit richtet (oder richten soll) und die (2) als Bezugspunkt für die ‚Botschaften' des Werks, und zwar vor allem seine Literarizität, gelten. Der Werkfokus rückt also genau die Stellen (bzw. Formen) des Werkes in den Blick, an denen ästhetische (aber z. B. auch methodologische) Modelle und Normen sichtbar werden. Er ist daher in engem Zusammenhang mit und als Ergänzung zu den Konzepten der Werkpolitik und der Werkstrategien zu sehen. Denn im Werkfokus stehen diejenigen Formen, auf die sich Werkpolitik und Werkstrategien richten, um das Anschlussverhalten der Leserinnen und Leser zu steuern oder Homogenitätseffekte zu erzeugen.

Der Begriff des *Werkfokus* erlaubt es also, diejenigen Eigenschaften von Werken zu benennen, auf die sich literarische und literaturwissenschaftliche Praktiken (z. B. die Produktion, Lektüre, Wertung, Interpretation oder Klassifikation) vornehmlich richten. Er fungiert als Element eines pragmatischen Werkbegriffs, insofern er einerseits analysierbar macht, welche ästhetischen Modelle durch das jeweilige Werk ausgestellt werden, und damit andererseits einen Ausgangspunkt für die Untersuchung der Frage darstellt, welche Akteure auf welche Weise diese Modelle entwerfen und lancieren.

5. Zur Pragmatik des Werkbegriffs

Die vorangehenden Überlegungen zusammenfassend, lässt sich wie folgt ein pragmatischer Werkbegriff konturieren:

Ein pragmatischer Werkbegriff stellt (1) eine *analytische Kategorie* dar. Sie wird aus einer literaturwissenschaftlichen Beobachterperspektive angewendet, um die literarische und literaturwissenschaftliche Praxis zu untersuchen, insbesondere verschiedene Werkkonzeptionen und damit verbundene Literaturmodelle. Ein solcher Werkbegriff ist (2) *ästhetisch nicht festgelegt* und *historisch variabel*, insofern er den Werkstatus von Texten an ihre Institutionalisierung, d. h. an eine Veröffentlichung im weiten Sinne als Eingang in die literarische oder literaturwissenschaftliche Praxis bindet. Ein Werk ist (3) so verstanden kein ästhetisches Produkt, sondern ein soziales Konstrukt. Sein Werkcharakter stellt eine Statuszuschreibung an Texte dar und kann als *institutionelle Tatsache* begriffen werden. Als solche ist ‚Werk' einerseits das Resultat von spezifischen Praktiken, andererseits bedingt die Zuschreibung wiederum spezifische (z. B. hermeneutische) Textumgangsweisen. Es sind (4) demnach vor allem diese *auf literarische Texte gerichtete Praktiken*, die ein pragmatischer Werkbegriff erfasst. Als Ergänzung zu zentralen Begriffen der neueren Forschung zum Werkbegriff wie ‚Werkpolitik' oder ‚Werkstrategien' vermag (5) der Begriff des *Werkfokus* als weiteres Element eines solchen Werkbegriffs zum einen diejenigen literarischen Formen in den Blick zu rücken, auf die sich die Praktiken vor allem richten und anhand deren ästhetische Modelle ausgestellt, verhandelt und lanciert werden. Zum anderen macht er die Steuerung von diesem Fokus selbst zum Untersuchungsgegenstand und stellt den Ausgangspunkt für die Fragen dar, wie welche literarischen Formen zu welchem Zweck in den Werkfokus gerückt werden.

Vor allem aufgrund seiner Bezugnahme auf die literarische und literaturwissenschaftliche Praxis, d. h. auf spezifische institutionalisierte Handlungen, lässt sich der hier skizzierte Werkbegriff als ‚pragmatisch' auffassen und dem Bereich einer literaturwissenschaftlichen Pragmatik zuordnen. Deren theoretische Ursprünge gehen bis zum Pragmatismus von Charles S. Peirce und William James zurück, welche grundlegende philosophische Fragen nach Erkenntnis, Bedeutung und Wahrheit mit Bezug auf das soziale Handeln bzw. auf soziale Handlungsprozesse zu beantworten suchten.[77] Einen zentralen Bezugspunkt für eine literaturwissenschaftliche Pragmatik stellt die sogenannte pragmatische Wende der 1970er Jahre in der Linguistik und der Sprachphilosophie dar, wonach nunmehr der Handlungscharakter von Sprache in den Blick genommen wurde und sprachliche Äußerungen in ihrem kommunikativen Kontext sowie im Hinblick auf ihre kommunikativen Funktionen untersucht wurden, anstatt allein ihre systeminternen (d. h. ihre syntaktischen und semantischen) Eigenschaften zu analysieren.[78] Daran anknüpfend zeichnet sich eine literaturwissenschaftliche Pragmatik dadurch aus, dass sie in ihren Analysen nicht allein und vornehmlich intrinsische Textmerkmale fokussiert, sondern Literatur als sozialen und historisch variablen kommunikativen Handlungszusammenhang begreift.[79]

---

77 Vgl. z. B. Peirce: Pragmatismus.
78 Vgl. zur ‚pragmatischen Wende' in der Linguistik bereits Helbig: Entwicklung, Kap. 1.1, insbes. S. 13 f.
79 Simone Winko (Emotionskodes, S. 122) nennt entsprechend als Kennzeichen von pragmatischen Literaturtheorien (1) ihre Bezugnahme auf sprachphilosophische und linguistische Rahmentheorien, (2) die Konzeptionalisierung des Umgangs mit Literatur durch den Rückgriff auf ein Kommunikationsmodell sowie (3) die Fokussierung kommunikativer Strategien literarischer Interaktion. Vgl. ebd., S. 122, Anm. 1 auch die Beispiele für Studien, die einer literaturwissenschaftlichen Pragmatik verpflichtet sind. Als weitere Beispiele ließen sich darüber hinaus Lamarques und Olsens institutionelle Theorie der Literatur nennen (vgl. Lamarque/Olsen: Truth), ebenso der Sammelband von Olsen/Pettersson: Text; sowie aus interpretationstheoretischer Perspektive Zabka: Pragmatik. Vgl. für eine innerdisziplinäre Perspektive auf theoretisch-methodologische

Fotis Jannidis, Gerhard Lauer und Simone Winko haben aus dieser Perspektive bereits einen pragmatischen Literaturbegriff skizziert.[80] Dabei können einige der zentralen Merkmale und Bedingungen, die sie für einen solchen formulieren, verallgemeinert und zu einem Maßstab für einen pragmatischen Werkbegriff gemacht werden: *Erstens* sollte ihrer Ansicht nach ein pragmatischer Literaturbegriff nicht als ein Wertbegriff, sondern als ein deskriptiver „Beobachtungsbegriff auf einer Metaebene" fungieren.[81] Dieser Anforderung entspricht der hier skizzierte Werkbegriff, denn grundlegend für diesen ist gerade der beschriebene Perspektivwechsel von der Teilnehmer- zur Beobachterperspektive und die Auffassung von ‚Werk' als einer analytischen Kategorie.[82] Entsprechend wird ‚Werk' nicht aus ästhetischer oder poetologischer Perspektive bestimmt, sondern es wird erfasst, welche Texte wie und mit welchem Ziel als ‚Werk' aufgefasst und konzeptionalisiert werden. Als Bedingung für einen pragmatischen Literaturbegriff formulieren Jannidis, Lauer und Winko *zweitens*, dass er eine Begriffsstruktur besitzen sollte, die entsprechend offen ist für „historisch variable Merkmalskonstellationen", um seinem vordringlichen Ziel, der historischen Rekonstruktion von Literaturauffassungen, nachkommen zu können.[83] Sie konzipieren die begriffliche Variabilität dabei unter Rückgriff auf die Prototypentheorie und begreifen ‚Literatur' als „Set von Prototypen, die durch Familienähnlichkeiten miteinander verbunden sind".[84] Variabel ist auch der hier skizzierte Werkbegriff, insofern er die Werkstatuszuweisung an die jeweils vorherrschende Praxis und die ihr zugrunde liegenden Normen und Regeln und nicht an (ästhetische) Textmerkmale bindet. Mit seiner Hilfe wird ‚Werk' ja gerade als Resultat von sozialen Tätigkeiten, wie dem Veröffentlichen, der Nennung von Autor und Titel oder hermeneutischen Operationen begriffen. Damit entspricht er auch einem weiteren Merkmal, das Jannidis, Lauer und Winko im Hinblick auf einen pragmatischen Literaturbegriff nennen: Ein solcher sollte nämlich

---

Grundlagen und paradigmatische Anwendungsfelder einer literaturwissenschaftlichen Pragmatik auch den Tagungsbericht von Fine/Skupin/Willand: Pragmatik.

80 Vgl. Jannidis/Lauer/Winko: Literaturbegriff.
81 Ebd., S. 33.
82 Zugestanden ist dabei, dass die Beobachterperspektive ihrerseits vermittelt ist. Denn natürlich ist auch eine deskriptive Literaturwissenschaft historisch situiert und folgt bestimmten expliziten wie impliziten Normen oder Regeln. Nichtsdestoweniger kann sie diese Situiertheit, ihre Normen und Regeln, durch Methodenreflexion, Begriffsexplikationen oder praxeologische Untersuchungen explizit machen.
83 Jannidis/Lauer/Winko: Literaturbegriff, S. 33; vgl. ebd., S. 29.
84 Ebd., S. 29. Werner Wolf unterbreitet in diesem Band den Vorschlag, die Prototypentheorie auch für die Bestimmung des Werkbegriffs zu nutzen.

drittens nicht mehr in Bezug auf spezifische Texteigenschaften oder rein semiotische Operationen bestimmt werden, „sondern mit Bezug auf Funktionen, situative Kontexte oder Praktiken, in denen Texte verwendet werden."[85]

Im Zusammenhang mit der Frage nach der Rolle des Textbegriffs in Bezug auf einen pragmatischen Literaturbegriff verweisen sie auch auf den Werkbegriff und konstatieren: „Noch unklar ist unseres Erachtens, inwieweit der Werkbegriff eine fruchtbare Spezifizierung des Textbegriffs im Kontext von Literatur darstellt."[86] Die hier vorgelegte Skizze versteht sich als ein Beitrag zur Erfüllung dieses Desiderats.[87] Denn wenn der Werkbegriff einen ‚Kristallisationsort' von ästhetischen Modellen und von Normen des Umgangs mit Literatur darstellt, wie Wolfgang Thierse und Steffen Martus hervorgehoben haben, dann kann gerade ein pragmatischer Werkbegriff – über die Analyse der Gebrauchsweisen von Texten und den ihnen zugrundeliegenden Regeln und Normen – dazu beitragen, jenen ‚Kristallisationsort' zu kartieren.[88] Er kann Ansatzpunkte zur literaturwissenschaftlichen Analyse der Akteure, ihrer Praktiken und der literarischen Formen bereitstellen, die an diesem ‚Ort' folgenreich ineinandergreifen und damit die literarische und literaturwissenschaftliche Praxis überhaupt erst konstituieren.

---

85 Jannidis/Lauer/Winko: Literaturbegriff, S. 11. Eine weitere zentrale Bedingung des pragmatischen Literaturbegriffs besagt, dass ein solcher Anschlussstellen für Merkmale der Fiktionalität und Poetizität aufweisen sollte, ohne sich in der Nennung dieser zu erschöpfen; vgl. ebd., S. 29. Während die Anschlussfähigkeit für das Merkmal der Fiktionalität m. E. nicht einfach zu einer Bedingung für einen pragmatischen Werkbegriff gemacht werden kann, genügt der hier skizzierte Werkbegriff aber der Anforderung, verschiedene Merkmale der Poetizität zuzulassen. Als Begriff vom literarischen Werk erscheint er mir insofern als kompatibel mit einem pragmatischen Literaturbegriff.

86 Ebd., S. 32; vgl. auch S. 11.

87 Als weitere ‚pragmatische' Bestimmungsversuche des Werkbegriffs, die auf eines oder mehrere der genannten Merkmale Bezug nehmen, können z. B. gelten: Lamarque: Work; Kölbel: Werk; Martens: Werk; Davies: Art; Culler: Philosophy; und ebenso die Überlegungen von Thierse: Ganze, insbes. S. 379 f.

88 Dabei eignet einem solchen pragmatischen Werkbegriff wie erwähnt auch ein praxeologisches Potenzial, insofern er unreflektierte literaturwissenschaftliche Routinen in den Blick zu rücken vermag, wie Praktiken der Modellbildung (die in engem Zusammenhang mit der sozialen Konstruktion von Werken stehen) oder Steuerungsweisen des Werkfokus (die z. B. bei der Kommentierung und Interpretation von Werken zum Tragen kommen).

Bibliographie

Albrecht, Andrea/Lutz Danneberg/Olav Krämer/Carlos Spoerhase: Einleitung. In: A. A./ L. D./O. K./C. S. (Hg.): Theorien, Methoden und Praktiken des Interpretierens. Berlin u. a. 2015, S. 1–20.
Barthes, Roland: Das semiologische Abenteuer [1974]. In: R. B.: Das semiologische Abenteuer [1985]. Übers. von Dieter Hornig. Frankfurt a. M. 1988, S. 7–12.
Barthes, Roland: Vom Werk zum Text [1971]. In: R. B.: Das Rauschen der Sprache (Kritische Essays IV) [1984]. Übers. von Dieter Hornig. Frankfurt a. M. 2006, S. 64–72.
Boehm, Gottfried: Das Werk als Prozeß. In: Willi Oelmüller (Hg.): Das Kunstwerk. Paderborn u. a. 1983, S. 326–338.
Bubner, Rüdiger: Über einige Bedingungen gegenwärtiger Ästhetik [1973]. In: R. B.: Ästhetische Erfahrung. Frankfurt a. M. 1989, S. 9–51.
Červenka, Miroslav: Textologie und Semiotik. In: Gunter Martens/Hans Zeller (Hg.): Texte und Varianten. Probleme ihrer Edition und Interpretation. München 1971, S. 143–163.
Culler, Jonathan: Philosophy and Literature: The Fortunes of the Performative. In: Poetics Today 21.3 (2000), S. 503–519.
Currie, Gregory: Work and Text. In: Mind 100.3 (1991), S. 325–340.
Davies, David: Art as Performance. Malden, MA u. a. 2004.
Derrida, Jacques: Grammatologie [1967]. Übers. von Hans-Jörg Rheinberger und Hans Zischler. Frankfurt a. M. 1974.
Eco, Umberto: Das offene Kunstwerk [1962]. Übers. von Günter Memmert. 13. Aufl. Frankfurt a. M. 2016.
Fine, Jonathan/Sarah Skupin/Marcus Willand: Literaturwissenschaftliche Pragmatik: Geschichte, Gegenwart und Zukunft (sprach-)handlungs-theoretischer Textzugänge. (Conference Proceedings of: Heidelberger Meisterklasse: „Der Zweck der Werke". Theoretische Grundlagen und historische Anwendungsfelder der literaturwissenschaftlichen Pragmatik. Internationale Germanistische Meisterklasse, gefördert vom DAAD, 25. Juli bis 6. August 2010.) In: Journal of Literary Theory online. 08. 12. 2010. <http://www.jltonline.de/index.php/conferences/article/viewFile/265/816> (08. 11. 2018).
Fischer-Lichte, Erika: Ästhetik des Performativen. Frankfurt a. M. 2004.
Foucault, Michel: Was ist ein Autor? (Vortrag) [1969]. In: M. F.: Schriften in vier Bänden. Dits et Ecrits. Unter Mitarbeit von Jacques Lagrange hg. von Daniel Defert und François Ewald. Bd. 1: 1954–1969. Übers. von Michael Bischoff, Hans-Dieter Gondek und Hermann Kocyba. Frankfurt a. M. 2001, S. 1003–1041.
Foucault, Michel: Archäologie des Wissens [1969]. Übers. von Ulrich Köppen. 17. Aufl. Frankfurt a. M. 2015.
Frisch, Max: „Ich bin auf Erfahrung sehr angewiesen." Volker Hage im Gespräch mit Max Frisch. In: Volker Hage (Hg.): Max Frisch. Sein Leben in Bildern und Texten. Berlin 2011, Anhang.
Gaiser, Gottlieb: Literaturgeschichte und literarische Institutionen. Zu einer Pragmatik der Literatur. Meitingen 1993.
Gallie, Walter B.: Essentially Contested Concepts. In: Proceedings of the Aristotelian Society 56 (1955–1956), S. 167–198.
Gilbert, Annette: Unter ‚L' oder ‚F'? Überlegungen zur Frage der Werkidentität bei literarischen Werken. In: A. G. (Hg.): Wiederaufgelegt. Zur Appropriation von Texten und Büchern in Büchern. Bielefeld 2012, S. 67–85.
Gilbert, Annette (Hg.): Publishing as Artistic Practice. Berlin 2016.

Gilbert, Annette. Im toten Winkel der Literatur. Grenzfälle literarischer Werkwerdung seit den 1950er Jahren. Paderborn 2018.
Goethe, Johann Wolfgang: Sämtliche Werke. Briefe, Tagebücher und Gespräche. Bd. 8. Hg. von Waltraud Wiethölter. Frankfurt a. M. 1994.
Griem, Julika: Zwischen deutschem Gesellschaftsroman und „The Wire". Das Werk-Potential des „Tatort" im Kontext internationaler Referenzen. In: Christian Hißnauer/Stefan Scherer/Claudia Stockinger (Hg.): Zwischen Serie und Werk. Fernseh- und Gesellschaftsgeschichte im „Tatort". Bielefeld 2014, S. 385–406.
Hage, Volker: Biographie. Max Frisch mit Selbstzeugnissen und Bilddokumenten. 9. Aufl. Reinbek bei Hamburg 1993.
Harris, James: Three Treatises. The First Concerning Art, The Second Concerning Music, Painting and Poetry, The Third Concerning Happiness [1744]. London 1783.
Hegel, Georg Wilhelm Friedrich: Vorlesungen über die Ästhetik. Bd. 3. In: G. W. F. H.: Werke. Redaktion: Karl Markus Michel und Eva Moldenhauer. Bd. 15. Frankfurt a. M. 1990.
Helbig, Gerhard: Entwicklung der Sprachwissenschaft seit 1970. Lizenzausgabe der 2. unveränd. Aufl. [1988]. Opladen 1990.
Herder, Johann Gottfried: Kritische Wälder oder Betrachtungen, die Wissenschaft und Kunst betreffend nach Maßgabe neuerer Schriften [1769]. In: J. G. H.: Werke in zehn Bänden. Bd. 2: Schriften zur Ästhetik und Literatur 1767–1781. Hg. von Gunter E. Grimm. Frankfurt a. M. 1993, S. 11–442.
Hißnauer, Christian/Stefan Scherer/Claudia Stockinger (Hg.): Zwischen Serie und Werk. Fernseh- und Gesellschaftsgeschichte im „Tatort". Bielefeld 2014.
Humboldt, Wilhelm von: Ueber Göthes Hermann und Dorothea [1799]. In: W. v. H.: Werke. Bd. 2: 1796–1799. Hg. von Albert Leitzmann. Berlin 1904, S. 113–323.
Humboldt, Wilhelm von: Über die Verschiedenheit des menschlichen Sprachbaues und ihren Einfluß auf die geistige Entwicklung des Menschengeschlechts [1830–1835] In: W. v. H.: Werke. Bd. 7.1: Paralipomena. Hg. von Albert Leitzmann. Berlin 1907, S. 1–344.
Humboldt, Wilhelm von: Ueber den Begriff der Kunst [1785]. In: W. v. H.: Werke. Bd. 7.2: Paralipomena. Hg. von Albert Leitzmann. Berlin 1908, S. 355–360.
Ingarden, Roman: Das literarische Kunstwerk [1931]. Mit einem Anhang von den Funktionen der Sprache im Theaterschauspiel. 3., durchges. Aufl. Tübingen 1965.
Jannidis, Fotis/Gerhard Lauer/Simone Winko: Radikal historisiert: Für einen pragmatischen Literaturbegriff. In: S. W./F. J./G. L. (Hg.): Grenzen der Literatur. Zu Begriff und Phänomen des Literarischen. Berlin, New York 2009, S. 3–37.
Kater, Thomas: Das gesperrte ‚Werk'? Veröffentlichung und Werkwerdung am Beispiel von Max Frischs ‚Berliner Journal'. In: Svetlana Efimova (Hg.): Autor und Werk. Wechselwirkungen und Perspektiven. Sonderausgabe #3 von Textpraxis. Digitales Journal für Philologie 2 (2018). <https://www.textpraxis.net/thomas-kater-das-gesperrte-werk> (08. 11. 2018).
Kayser, Wolfgang: Das sprachliche Kunstwerk. Eine Einführung in die Literaturwissenschaft [1948]. 15. Aufl. Bern, München 1971.
Kilcher, Andreas B.: Max Frisch. Leben. Werk. Wirkung. Berlin 2011.
Klausnitzer, Ralf: Literaturwissenschaft. Begriffe – Verfahren – Arbeitstechniken [2004]. 2. Aufl. Berlin 2012.
Kölbel, Martin: Das literarische Werk. Zur Geschichte eines Grundbegriffs der Literaturtheorie. In: Text. Kritische Beiträge 10 (2005), S. 27–44.
Lamarque, Peter: The Philosophy of Literature. Malden, MA u. a. 2009.
Lamarque, Peter: Wittgenstein, Literature, and the Idea of a Practice. In: British Journal of Aesthetics 30.4 (2010), S. 375–388.

Lamarque, Peter: Work and Object. Explorations in the Metaphysics of Art. Oxford 2010.
Lamarque, Peter/Stein Haugom Olsen: Truth, Fiction and Literature. A Philosophical Perspective. Oxford 1994.
Lessing, Gotthold Ephraim: Laookon. Oder über die Grenzen der Malerei und Poesie. Erster Teil [1766]. In: G. E.L.: Laokoon, Briefe, antiquarischen Inhalts. Hg. von Wilfried Barner. Frankfurt a. M. 2007, S. 9–206.
Letawe, Céline: Max Frisch – Uwe Johnson. Eine literarische Wechselbeziehung. St. Ingbert 2009.
Matuschek, Stefan: Welche Krise? Allgemeine, spezifische und Verständigungs-Probleme der Literaturwissenschaft. In: Deutsche Vierteljahrsschrift für Literaturwissenschaft und Geistesgeschichte 89.4 (2015), S. 494–504.
Martens, Gunter: Das Werk als Grenze. Ein Versuch zur terminologischen Bestimmung eines editorischen Begriffs. In: editio 18 (2004), S. 175–186.
Martínez, Matías: Autorschaft und Intertextualität. In: Fotis Jannidis/Gerhard Lauer/M. M./Simone Winko (Hg.): Rückkehr des Autors. Zur Erneuerung eines umstrittenen Begriffs. Tübingen 1999, S. 465–479.
Martus, Steffen: Zwischen Dichtung und Wahrheit. Zur Werkfunktion von Lyrik im 19. Jahrhundert. In: S. M./Stefan Scherer/Claudia Stockinger (Hg.): Lyrik im 19. Jahrhundert. Gattungspoetik als Reflexionsmedium der Kultur. Bern 2005, S. 62–92.
Martus, Steffen: Werkpolitik. Zur Literaturgeschichte kritischer Kommunikation vom 17. bis ins 20. Jahrhundert mit Studien zu Klopstock, Tieck, Goethe und George. Berlin, New York 2007.
Martus, Steffen/Carlos Spoerhase: Praxeologie der Literaturwissenschaft. In: Geschichte der Germanistik 35/36 (2009), S. 89–96.
Mersch, Dieter: Ereignis und Aura. Untersuchungen zu einer Ästhetik des Performativen. Frankfurt a. M. 2002.
Moritz, Karl Philipp: Über die bildende Nachahmung des Schönen [1788]. In: K. P. M.: Werke in zwei Bänden. Bd. 2: Popularphilosophie, Reisen, ästhetische Theorie. Hg. von Heide Hollmer und Albert Meier. Frankfurt a. M. 1997, S. 958–991.
Moritz, Karl Philipp: Versuch einer Vereinigung aller schönen Künste und Wissenschaften unter dem Begriff des in sich selbst Vollendeten. An Herrn Moses Mendelssohn [1785]. In: K. P. M.: Werke in zwei Bänden. Bd. 2: Popularphilosophie, Reisen, ästhetische Theorie. Hg. von Heide Hollmer und Albert Meier. Frankfurt a. M. 1997, S. 943–949.
Müller, Harro: Einige Notizen zu Diskurstheorie und Werkbegriff. In: Jürgen Fohrmann/H. M. (Hg.): Diskurstheorien und Literaturwissenschaft. Frankfurt a. M. 1988, S. 235–243.
Neschke, Ada B.: Zur Vorgeschichte des sprachlichen Kunstwerkes. Das ‚Werk' Homers bei Lessing, Herder und Aristoteles. In: Willi Oelmüller (Hg.): Das Kunstwerk. Paderborn u. a. 1983, S. 80–93.
Olsen, Stein Haugom: Conventions and Rules in Literature. In: Metaphilosophy 31.1/2 (2000), S. 25–42.
Olsen, Stein Haugom/Anders Pettersson (Hg.): From Text to Literature: New Analytic and Pragmatic Approaches. Basingstoke 2005.
Ostermann, Eberhard: Werk. In: Gert Ueding (Hg.): Historisches Wörterbuch der Rhetorik. Bd. 9: St–Z. Tübingen 2009, Sp. 1352–1362.
Peirce, Charles S.: Was heißt Pragmatismus [1905]. In: C. S.P.: Schriften. Bd. 2: Vom Pragmatismus zum Pragmatizismus. Mit einer Einführung hg. von Karl-Otto Apel. Frankfurt a. M. 1970, S. 389–415.
Scheibe, Siegfried: Vorbemerkung. In: S. S. (Hg.)/Christel Laufer (Redaktion): Zu Werk und Text. Beiträge zur Textologie. Berlin 1991, S. 7–9.

Scheibe, Siegfried: Editorische Grundmodelle. In: S. S. (Hg.)/Christel Laufer (Redaktion): Zu Werk und Text. Beiträge zur Textologie. Berlin 1991, S. 23–48.
Schmücker, Reinold: Was ist Kunst? Eine Grundlegung [1998]. Neuausg. Frankfurt a. M. 2014.
Searle, John R.: The Construction of Social Reality. New York 1995.
Searle, John R.: Speech Acts. An Essay in the Philosophy of Language [1969]. Cambridge 2011.
Spoerhase, Carlos: Was ist ein Werk? Über philologische Werkfunktionen. In: Scientia Poetica 11 (2007), S. 276–344.
Staiger, Emil: Die Kunst der Interpretation. In: E. S.: Die Kunst der Interpretation. Studien zur deutschen Literaturgeschichte [1955]. 3. Aufl. Zürich 1961, S. 9–33.
Stockinger, Claudia: Serie und/oder Werk? In: Christian Hißnauer/Stefan Scherer/C. S. (Hg.): Föderalismus in Serie. Die Einheit der ARD-Reihe *Tatort* im historischen Verlauf. Paderborn 2014, S. 199–243.
Strässle, Thomas: Nachwort. In: Max Frisch: Aus dem Berliner Journal. Unter Mitarbeit von Margit Unser hg. von T. S. Berlin 2014, S. 173–190.
Strube, Werner: Analytische Philosophie der Literaturwissenschaft. Definition, Klassifikation, Interpretation, Bewertung. Paderborn u. a. 1993.
Thierse, Wolfgang: „Das Ganze aber ist das, was Anfang, Mitte und Ende hat." Problemgeschichtliche Beobachtungen zur Geschichte des Werkbegriffs. In: Karlheinz Barck/Martin Fontius/W. T. (Hg.): Ästhetische Grundbegriffe. Studien zu einem historischen Wörterbuch. Berlin 1990, S. 378–414.
Thomé, Horst: Werk. In: Jan-Dirk Müller in Gemeinschaft mit Georg Braungart/Harald Fricke/Klaus Grubmüller/Friedrich Vollhardt/Klaus Weimar (Hg.): Reallexikon der deutschen Literaturwissenschaft. Bd. 3: P–Z. Berlin, New York 2003, S. 832–834.
Wehrli, Max: Vom Schwinden des Werk-Begriffs. In: editio 5 (1991), S. 1–11.
Wiethölter, Waltraud: Kommentar zu Die Wahlverwandtschaften. In: Johann Wolfgang Goethe: Sämtliche Werke. Briefe, Tagebücher und Gespräche. Bd. 8. Hg. von W. W. Frankfurt a. M. 1994, S. 973–1053.
Winko, Simone: Emotionskodes und ihre Vermittlung. Zur pragmatischen Basis von Literatur und Film. In: montage/av 11.2 (2003), S. 122–128.
Zabka, Thomas: Pragmatik der Literaturinterpretation. Theoretische Grundlagen – kritische Analysen. Tübingen 2005.

Steffen Martus

Die Praxis des Werks

1. Einleitung

Seit den 1960er Jahren kursiert das literaturwissenschaftliche Gerücht, das Werk befinde sich in einer Krise.[1] Das „Opus"[2] avancierte zu einem strategisch günstigen Objekt für Polemik, weil damit stellvertretend eine historisch spezifische Auffassung von „Literatur" insgesamt attackiert werden konnte. „Auffassungen vom Werk und seine begriffliche Bestimmung", so bemerkt Wolfgang Thierse treffend, „sind immer mit dem Ganzen einer Kunstauffassung verbunden [...]".[3] Bis zur Modernisierung des literarischen Systems im 18. Jahrhundert wären die Krisendiagnosen daher ins Leere gelaufen. Erst im Kontext der Aufklärung etabliert sich eine kulturell mächtige Auffassung von ‚Literatur', die Autoren, Vermittler und Leser werkpolitisch[4] so koordiniert, dass sich jenes epistemische Ding ergibt,[5] auf das sich die Kritiker des Werks überhaupt richten können.

Im Folgenden steht die Frage im Zentrum, was ein so unwahrscheinliches Objekt wie das ‚Werk' gerade unter den medienhistorischen und ökonomischen Bedingungen eines sich etablierenden Buchmarktes mit der entsprechenden Rollenverteilung für unterschiedliche Akteure wie Autoren,

---

1 Ich danke Erika Thomalla und Daniel Zimmer für ihre kritische Redaktion.
2 Zu diesem Terminus vgl. Spoerhase: Werk, z. B. S. 286.
3 Thierse: Ganze, S. 381.
4 Die folgenden Ausführungen basieren auf Martus: Werkpolitik. „Werkpolitisch" verfahren Akteure der literarischen Kommunikation generell dann, wenn sie sich als Teil einer Auseinandersetzung um Macht in Situationen hoher Unsicherheit auffassen und daher Verfahren etablieren, mit denen die Leser dem Werk unter nicht selten antagonistischen Bedingungen möglichst positiv und aufmerksam, verständnisvoll und mit Rücksichtnahme begegnen. „Werkpolitik" verweist mithin darauf, dass es in der politischen wie in der literarischen Kommunikation nicht zuletzt um das „Bereithalten der Kapazität zu kollektiv bindendem Entscheiden" unter Bedingungen fragwürdiger Ordnung geht (Luhmann: Politik, S. 84).
5 Vgl. Martus: Dinge.

Verleger, Literaturkritiker, Philologen, Pädagogen oder verschiedene Lesertypen attraktiv gemacht hat. Es geht zum einen um das Aktivitätsgefüge, das sich in dieser historischen Situation mit dem Werk verbunden, bzw. um eine Werkpraxis, die sich über die Verkettung unterschiedlicher Praktiken, Akteure und Institutionen profiliert und stabilisiert hat – man sollte solche Zusammenhänge im Blick behalten, wenn man die Werk-Kategorie in einem historisch spezifischen Sinn verwenden will.[6] Zum anderen geht es mir um die Implikationen des Umgangs mit Werken, die theoretisch nicht immer eingeholt werden, insbesondere um jene eigentümlichen Entgrenzungen der Aufmerksamkeit, die das Werk *de facto* stimuliert, so dass es nicht allein von seiner Ganzheit aus konzipiert werden sollte. Die *programmatischen* Problematisierungen des Werks sollten mithin nicht einfach als Befunde über das tatsächliche Werkumgangsverhalten in der Krise aufgefasst werden.

Für die historische Rekonstruktion benötige ich vor allem vier Analysebegriffe, die in der Werkforschung mit teils unterschiedlichen Bedeutungen kursieren: Text, Werk, Ausgabe und Fassung. „Text" verstehe ich als syntaktische Kategorie, bei er es um die Reihenfolge von Zeichen geht.[7] Damit lässt sich beispielsweise ein Text „in modernisierter Rechtschreibung" qualifizieren und von einem Text in „alter Rechtschreibung" unterscheiden. Der „Werk"-Begriff (gegebenenfalls differenziert nach *Opus* und *Œuvre*)[8] fungiert als vornehmlich semantische Kategorie,[9] die sehr flexibel gehandhabt wird. Texte, die nicht zeichenidentisch sind, können als dasselbe Werk behandelt werden. Dies funktioniert auch dann, wenn – wie etwa bei der ersten und zweiten Fassung von Goethes *Leiden des jungen Werthers* – die Textunterschiede beträchtlich sind.[10] Ähnlich verhält es sich mit der materiellen Kategorie der „Ausgabe",[11] die wiederum aus „Exemplaren" besteht:[12] Derselbe Text und dasselbe Werk können in unterschiedlichen Ausgaben erscheinen. Manchmal macht es einen Unterschied, ob divergierende Ausgaben vorliegen, manchmal nicht.[13] Der Begriff der „Fassung"

---

6 Vgl. Thierses Plädoyer für die Beachtung der Werkpragmatik: Ganze, S. 378 f.
7 Vgl. Currie: Work, S. 325–340; Kondrup: Text, S. 1–14.
8 Spoerhase: Werk, S. 286.
9 Vgl. Currie: Work.
10 Zur syntaktischen Auffassung des Textes und der semantischen Auffassung des Werks vgl. auch Goodman/Elgin: Revisionen, S. 71 ff.
11 Martus: Ausgabe.
12 Vgl. Spoerhase: Werk, S. 289.
13 Vgl. zur Literaturgeschichte als Geschichte von Ausgaben den von Kurbjuhn/Martus/Spoerhase herausgegebenen Schwerpunktband der Zeitschrift für Germanistik NF 27.1 (2017).

vermittelt in der Regel unidirektional zwischen den drei anderen Begriffen: Texte und Ausgaben können Fassungen eines Werks sein; Ausgaben können Fassungen eines Texts präsentieren. Es gibt auch den Fall, dass Werke Fassungen eines Texts oder vielleicht sogar einer Ausgabe sind – literarische *Readymades* und andere Appropriationsformen sind kanonische Beispiele für dieses Phänomen.[14]

Wie Hans Zeller und Jelka Schilt aus editionsphilologischer Perspektive dargelegt haben, beruht die Einheit des Werks somit nicht auf syntaktischer oder materieller Identität;[15] es genügen partielle Übereinstimmungen in ‚tragenden Formulierungen' oder ‚wesentlichen Wörtern'. Dass es sich dabei um nur schwer zu objektivierende Kategorien handelt, liegt auf der Hand. Gleichwohl ist die Rede vom ‚Wesentlichen' (und verwandten Begriffsfeldern), die im Zentrum der Werkbestimmung von Zeller und Schilt steht,[16] analytisch aufschlussreich. Sie macht nicht zuletzt deutlich, wie voraussetzungsreich der Umgang mit dem Werk ist und dass es vor allem darum gehen muss, historisch gewordene Intuitionen zu untersuchen sowie die Bedingungen dafür, was für das Werk relevant erscheint und was zu ihm gehört. Zudem deutet sich an, dass es Werke nicht einfach ‚gibt', sondern dass möglicherweise der Umgang mit literarischen Dingen darüber entscheidet, ob ein Text, ein Werk oder eine Ausgabe vorliegt.

Ein Problem der vorgeschlagenen Terminologie besteht darin, dass damit die Termini „Werk" und „Text" verbraucht sind. Da es sich bei ihnen – wie bei „Literatur" – häufig um Kandidaten für gleichsam neutrale Bezeichnungen ohne geschärfte Bedeutung handelt, entsteht auf dieser (vor-)begrifflichen Ebene eine Lücke. Wie also kann man zum Ausdruck bringen, dass man sich mit etwas beschäftigt, dessen Status als Werk, Text oder Ausgabe (noch) nicht markiert sein soll? Und ‚worüber' sagt man dann überhaupt etwas aus? Ich werde im Folgenden von „literarischen Dingen" sprechen, um deutlich zu machen, dass es sich um Objekte handelt, von denen Akteure den Eindruck haben, diese gingen sie *in einer gewissen Weise* an.[17]

---

14 Vgl. Gilbert: Wiederaufgelegt.
15 Vgl. Zeller/Schilt: Werk, S. 61 f., 78, 84. Vgl. in diesem Zusammenhang auch Zellers Hinweis auf die interpretatorische Bedeutung der „editorischen Gliederung der Ausgabe" (Zeller: Befund, S. 48).
16 Zeller/Schilt: Werk, S. 76 ff., 83; vgl. diese Auffälligkeit in Verbindung mit einem medienreflektierten Werkbegriff bei Kanzog: Strukturierung, S. 87 ff.
17 So die Bestimmung eines „Dings" bei Latour, z. B.: Elend, S. 21.

2. Aspekte der Werkpraxis

Eine praxeologische Perspektive richtet den Blick darauf, wann, für wen, warum und mit welchen Folgen die Text-, Werk- oder Ausgaben-Dimension mehr oder weniger relevant ist und Fassungsverhältnisse behauptet oder negiert werden: Ich halte es analytisch für produktiv, einerseits von gradualistischen und gemischten Verhältnissen auszugehen und andererseits keine unidirektionalen Entwicklungsgeschichten „vom Werk zum Text" zu erzählen. Man sollte vielmehr historisch etwa danach fragen, wann und wie text-, ausgaben- oder werkfokussierte Aspekte zum Argument werden.[18]

Die literaturwissenschaftlichen Diskussionen rund um das Werk sind nicht zuletzt deswegen interessant, weil Theoriepraktiken, die die Kategorie in Frage stellen, Werkpraktiken möglicherweise wenig oder nur partiell beeinflussen.[19] Ähnliches könnte für medientechnische Innovationen gelten. Einige Indizien sprechen dafür, dass kulturell tief verankerte Routinen vielfach weitergeführt wurden: Die Literaturkritik hat Werke kritisiert; Verlage und Buchhandlungen haben Werke verkauft; Leser haben Werke gekauft, verschenkt und vielleicht auch gelesen; Bibliotheken haben Werke angeschafft, katalogisiert und archiviert; in Schulstunden und universitären Seminaren wurden Werke gedeutet; Philologen haben sie ediert und interpretiert etc.

So behauptet zwar Roland Barthes in *De l'œuvre au texte* (1971) auf der Seite der Werkkritiker, dass das Werk die gängige Währung für Texte sei und dass deren Textualität durch Entgrenzungen, Mobilisierungen, Dezentrierungen entfaltet werden könne.[20] Barthes unterstellt, der Text subvertiere gleichsam selbstläuferisch etablierte „Einteilungen", er „praktiziert das endlose Zurückweichen des Signifikats", er ‚streue', ‚spiele', ‚zitiere' und ‚collagiere', und entfalte eine „dämonische Textur", die ohne „Ursprung" auskomme. Wenn aber der Text dies wirklich ‚tun' würde: Könnte sich Barthes dann nicht den enormen polemischen Energieaufwand gegen das Werk sparen? Was bedeutet es, dass man dem „Werk" – obwohl es eine gegenläufige Texttheorie gibt – mit „Respekt" begegne, dass es natürliche Grenzen behaupte, sich dagegen zur Wehr setze, „zerschlagen" zu werden? Was ist umgekehrt gemeint, wenn der „Text" auf Seiten des Lesers „eine praktische Mitarbeit" „fordert"?[21] Wer hört diese Forderung

---

18 Vgl. dazu den Beitrag von Simone Winko in diesem Band.
19 Vgl. zur praxeologischen Wende von der „Theorie" zum „Theoretisieren" Martus: Praktiken, S. 189 f.
20 Vgl. Barthes: Werk, S. 42.
21 Zitate ebd., S. 42, 44, 46, 47, 49.

und wer gehorcht ihr? Wer geht mit Texten als Werken um und wer verweigert sich dieser Option und bringt die Textualität zur Geltung?

Bereits Umberto Eco hat in *Opera aperta* (1962/67) darauf hingewiesen, dass etwa die Überzeugung von der prinzipiellen (inter-)textuellen Entgrenztheit literarischer Dinge werkorientierte Textumgangsverfahren nicht zwingend verhindert, unabhängig davon wie unplausibel das von einer literaturtheoretischen Warte aus erscheint.[22] Man mag diese Theorieresistenz für fahrlässig halten, kann sie jedoch auch offensiv als Hinweis auf Spielräume der Praxis reflektieren. So bedenken einige Vertreter der Werkästhetik durchaus die Kontingenz ihres Vorgehens. Um nur ein Beispiel zu nennen: Wolfgang Kayser konzediert in seinen einflussreichen Ausführungen zum „sprachlichen Kunstwerk" eine Pluralität von Zugangsweisen zu literarischen Dingen und entscheidet sich dann dezidiert für eine bestimmte Fragestellung, „mit deren Hilfe sich eine Dichtung als sprachliches Kunstwerk erschließt".[23] Die ‚Erschließung' hätte also auch anders vorgenommen werden können.

Dass Werkkritiker nicht selten mit der Stabilität von Werkpraktiken hadern, rückt in erster Linie eine fragwürdige Seite der Werktheorie in den Blick. Ein zweiter Aspekt betrifft das programmatische und theoretische Verständnis der Werkästhetik selbst. Während es den Werkkritikern Probleme bereitet, dass die Werkpraxis so robust ist und die diskursiven Krisen des Werks erstaunlich gut übersteht, entgeht den Werkapologeten, dass sie selbst in bemerkenswerter Weise die Voraussetzungen dafür schaffen, die Ganzheit des Werks infrage zu stellen: Im Folgenden wird sich zeigen, dass gerade die Emphatisierung des Werks als einer Totalität, die in jedem Detail bedeutsam ist, die Aufmerksamkeit in verschiedenen Hinsichten entgrenzt.

Man kann dies am Beispiel von „Werkausgaben" sehen, deren Apparate Prätexte, Kontexte und Epitexte akkumulieren. Oftmals verbindet sich dabei die Faszinationsgeschichte des Werks mit der eines Autors, der so bedeutend ist, dass ihm ein hoher Editionsaufwand angemessen zu sein scheint. Der Blick in die „geheimste Gedankenwerkstatt" des Dichters bezieht dann gerade auch Notizen und Entwürfe mit ein[24] und richtet sich zudem auf die Materialität des Textes.[25] Diese Ausweitung der Aufmerk-

---

22 Vgl. dazu Kristeva: Bachtin, insbes. S. 337.
23 Kayser: Kunstwerk, S. 5.
24 Nutt-Kofoth: Dokumente, S. 30 f.
25 Zu Friedrich Schillers Schriften aus dem Nachlass, die in besonderem Maß auf den „Process seines Schaffens" verweisen, erklärt Karl Goedeke: „Nur eine photographische Wiedergabe könnte einen Begriff gewähren, was dem Dichter während der Arbeit der Aufzeichnung bedürftig erschien. Aber auch nur in der Photographie würde die

samkeit kann sogar zur textgenetischen Auflösung von Werkzusammenhängen führen, falls das Interesse am Autor die Entstehung der von ihm intendierten Einheiten wichtiger werden lässt als diese Einheiten selbst – ich werde unten ein Beispiel anführen (5.). Insofern unterschätzt die Polemik gegen das Werk aus Perspektive der „critique genetique"[26] womöglich ihre eigenen werkästhetischen Wurzeln.

Die Stabilität der Werkpraxis und die Fähigkeit des Werks, die Aufmerksamkeit zu be- und entgrenzen, entdramatisieren die (Theorie-)Krise des Werks. Betrachtet man etablierte Praktiken, bedarf es jedenfalls keiner „Wiederkehr des Werks". Ähnlich wie der Autor war das Werk auch zu Zeiten seiner (partiellen und programmatischen) Ächtung nie wirklich verschwunden. Es kann allenfalls in Teile der Theorie zurückkehren.[27] Die Entscheidungen für oder gegen das Werk oder den Text werden im Verlauf der Argumentation gern vergessen, so dass das Werk einen ontologischen Status erhält. Behält man die Werkpraxis im Blick, dann scheint mir Gregory Curries entspannte Haltung angemessen zu sein: Vielleicht, so meint er, sei nichts auf der Welt ‚werkartig' gegeben, mithin auch keine „literary works". Pragmatisch und in historischer Perspektive muss man sich davon nicht weiter stören lassen: „[...] if *we* become convinced that there are no such things as works, our interpretative practice can retain its value for us undiminished, so long as we reconstrue our talk of literary works as part of an elaborate game of make-believe".[28] Nur: Wie sehen die Regeln dieses Spiels aus?[29] Und was motiviert dazu, an diesem Spiel teilzunehmen?

Die positiven und negativen Reize des Werks könnten etwas damit zu tun haben, dass viele verschiedene Instanzen (also z. B. Literaturkritiker und Zeitungsleser, Verlage, Buchhandlungen, Bibliotheken und deren Klienten, Lehrer und Schüler, Wissenschaftler und Studierende, Editionsphilologen etc.) damit umgehen und dass in dieser konzertierten Aktion kulturelle, wissenschaftliche, ökonomische und andere Routinen aufeinander abgestimmt und miteinander verzahnt werden. So hat Heinrich Bosse in seiner einschlägigen Studie zur *Werkherrschaft* gezeigt, wie in der zweiten Hälfte des 18. Jahrhunderts aus einer zerstreuten Menge von Aussagen und Aktivitäten allmählich das urheberrechtlich relevante Werk als ‚Gegen-

---

Art seines eigentlichen Schaffens deutlich werden". Nutt-Kofoth: Dokumente, S. 31; vgl. dazu Martus: Werkpolitik.
26 Spoerhase: Werk, S. 279.
27 Im Blick auf den literaturwissenschaftlichen Diskurs vgl. ebd., S. 277.
28 Currie: Work, S. 338.
29 Antworten darauf gibt Pierre Bourdieu bei der Analyse der von ihm so genannten „illusio": Regeln, S. 360 ff.

stand' hervorging.³⁰ Diese juristische Verankerung von Urheberrechtsbewusstsein kann man nicht einfach auf Intentionen zurückrechnen. Die Pointe besteht vielmehr darin, dass sich über einen langen Zeitraum Praktiken koordiniert haben und eine geteilte Praxis institutionell divers situierter Akteure entstanden ist.³¹

In diesem Zusammenhang sind die Galionsfiguren des Poststrukturalismus interessant. Denn unabhängig davon, wie triftig man ihre Einsprüche gegen das Werk finden mag, fällt auf, dass sie das Werk als Teil einer dichten Konstellation von Praktiken, normativen Hierarchien, Medien oder Formen von Medienumgangsverhalten begreifen: So macht Jacques Derrida in *De la grammatologie* (1967) darauf aufmerksam, dass bestimmte Visionen von Werkeinheit und -geschlossenheit etwas mit der Buchform zu tun haben. In einer weit gefassten These behauptet er, die kulturelle Faszination für das Buch hänge mit der Faszination für Konzepte und Begriffe wie Präsenz, Wahrheit, Subjekt, Wissenschaft zusammen.³² Vorsichtig formuliert kann man sagen: Derrida fragt danach, inwiefern die Idee des Werks als buchförmiges Gebilde mit ganzheitlichem Anspruch in ein dichtes Netz tief sitzender kultureller Überzeugungen verstrickt ist.³³

Roland Barthes entwickelt in seinem programmatischen Aufsatz *De l'œuvre au texte* Thesen dazu, wie sich das Werk in soziale und kulturelle Strukturen einbettet, und macht unter anderem die Trennung von Lesern und Schreibern in einer nach-rhetorischen Kultur sowie die Verankerung dieser Trennung in der Schulpädagogik mit dafür verantwortlich, dass ‚Werke' durch eine ‚konsumierende' Rezeptionshaltung stabilisiert werden.³⁴ Wie in *La mort de l'auteur* unterwandert Barthes diese instruktive historische Fragerichtung durch sein systematisches Anliegen: Sollte dort der „Tod des Autors" immer schon durch die „Schrift" vollzogen worden sein und zugleich auf eine spezifisch (post-)moderne Entwicklung verweisen,³⁵ so lässt sich auch hier die Umwandlung des „Werks" in den „Text" gleichermaßen als kultur- und mediengeschichtliches Datum verstehen wie auch als Denkmodell, das sich gerade nicht „zeitlich veranschlagen" las-

---

30 Bosse: Autorschaft, S. 126 ff.
31 Vgl. zur „Praxis" als eines geteilten Ensembles von „Praktiken" Jaeggi: Kritik, z. B. S. 95–97.
32 Vgl. zum Folgenden Martus: Werkpolitik, S. 37 f.
33 Hierzu und zum Folgenden Derrida: Grammatologie, S. 11 ff., 16 ff. Vgl. hier auch Biti (Gesamtwerk, S. 304) zur Differenz zwischen der theoretischen Destabilisierung des Werkbegriffs bei Derrida und dessen faktischer Werkhörigkeit.
34 Barthes: Werk, S. 48. Dazu Martus: Werkpolitik, S. 41 f.
35 Barthes: Tod, S. 185 f.

se.³⁶ Zwar beschreibt Barthes zutreffend zentrale Merkmale der Werkästhetik: „Das Werk ist in einen Abstammungsprozeß eingespannt. Es wird postuliert, die Welt (das Geschlecht, die ‚Geschichte') *determiniere* das Werk, die Werke *folgten aufeinander* und das Werk sei *Eigentum* seines Autors".³⁷ Doch diese Werkkonzeption gilt nur für bestimmte historische Konstellationen.

Auch Michel Foucault weist auf ein dichtes konzeptionelles Netz hin, in das das Werk eingesponnen ist und von dem es getragen wird.³⁸ Dazu gehören beispielsweise die Ideen des ‚Menschen', der ‚Kontinuität' als obersten Orientierungswerts, des ‚Subjekts', des ‚Humanismus', der ‚Anthropologie' etc. Von besonderer Bedeutung sind für Foucault die Kategorien des ‚Autors' und des Autornamens, an die er das Werk bindet: Der Autor und das, was zu ihm ‚gehört', entscheidet demzufolge darüber, was ein Werk ausmacht. Dies geschieht in einer abgestuften Art und Weise: je höher die Attraktionskraft des Autors und seines Namens, desto gesicherter ist der Werkstatus eines Textes.³⁹

Viele dieser Thesen mögen zu ungenau ausfallen; vielleicht ist die Mischung aus deskriptiven und normativen Erwägungen letztlich nicht wirklich hilfreich; man darf die Verlaufslogiken und Zäsuren bezweifeln, die von der poststrukturalistischen Werkkritik behauptet werden. Dennoch scheint mir der Hinweis wichtig zu sein, dass viele Elemente einer Konzeption von Werkhaftigkeit zum traditionellen Bestand beispielsweise des literarischen und protoliterarischen Diskurses gehören. Einheits- und Ganzheitskonzeptionen etwa kann man selbstverständlich bis Aristoteles oder Horaz zurückverfolgen.⁴⁰ Ihren spezifischen Sinn und ihre besondere Funktion erhalten diese Elemente jedoch erst dann, wenn sie gemeinsam auftreten, sich wechselseitig absichern und ihre Ansprüche steigern. Mit einer Attacke auf das Werk sind in der Regel sehr viele Dinge auf einmal gemeint. Es ist ein lohnender polemischer Gegenstand, weil die Grenzen zwischen den Kategorien „Werk" und „Literatur" so fließend werden, dass

---

36 Barthes: Werk, S. 41.
37 Ebd., S. 46; Hervorh. im Orig.
38 Dazu Martus: Werkpolitik, S. 42 f.
39 Vgl. dazu die bündige Kurzfassung bei Müller: Notizen, S. 239: „Werke sind weder zeitlose Substanzen noch fixe Identitäten, sie enthalten keinen – wie auch immer – korrespondenztheoretisch abgesicherten Wahrheitsanspruch, der Objektivitätseffekte suggeriert, vielmehr sind sie machtimprägnierte, künstlich-kunstvoll hergestellte disperse Einheiten, die sich wesentlich aus Differenzen ergeben, Identitätseffekte erzeugen und stets in intertextuelle Zusammenhänge eingelagert sind". Zum Werkkonzept Foucaults vgl. Spoerhase: Autorschaft, S. 38–55.
40 Thierse: Ganze, S. 384–388.

das Werk geradezu zum Kristallisationsort von Umgangsformen mit literarischen Dingen wird, die „Literatur" in bestimmten historischen Phasen, Diskursen oder Institutionen generell auszeichnen. Die „Werk-Konvention" prägt elementar „unsere ästhetische Erfahrung, steuert die Selektion und Rezeption von Werken".[41]

Interessant ist daher, dass sich alle oben genannten personalen oder institutionellen Akteure und deren Werkpraktiken im Verlauf des 18. Jahrhunderts etablieren und miteinander vernetzen bzw. aufeinander einstellen und Handlungszusammenhänge ausbilden: Literaturkritik, Buchmarkt, konsumierende Leserschaft, ein öffentliches Bibliothekswesen, (Proto-)Philologie etc. Wenn verständlich wird, was diese Akteure verbindet und in welchen Wechselverhältnissen oder inferenziellen Beziehungen und Verpflichtungen ihre Praktiken stehen, wenn man also etwa versteht, inwiefern literarische Werke mit philologischer Werkpolitik korrelieren,[42] dann lässt sich die Komplexität der Werkkategorie rekonstruieren. Daraus ergibt sich in historischer Perspektive die Frage, ob und wann sich die Werkpraxis als Zusammenhang von Werkpraktiken und *damit* die Kategorie des Werks überlebt haben könnte. Die Theorieattacken auf das Werk seit den 1960er Jahren wären aus dieser Perspektive daraufhin zu untersuchen, inwiefern sie mit sehr weitreichenden strukturellen Umbrüchen zu tun haben: mit veränderten Bildungskonzeptionen, mit einer damit einhergehenden Ablehnung traditioneller Kanonisierungspraktiken, mit der Aufwertung von Erlebnisorientierung auch im Bereich der Kultur, selbstverständlich auch mit der Medialisierung und vor allem mit der zunehmenden Digitalisierung aller Lebensverhältnisse und vielem anderen mehr. Wenn also die Grundlagen für die Werkpraxis in Frage stehen sollten und *infolge dessen* auch der Werkbegriff, dann wäre die Tagung zur „Rückkehr des Werks" ebenso wie der vorliegende Sammelband als aufschlussreiches historisches Indiz zu werten.

3. Vor dem Werk

Seit der Antike kursierten werkaffine Kategorien, die die Einheit und Ganzheit von literarischen Texten betonten.[43] Der jahrhundertelang gülti-

---

41 Thierse: Thesen, S. 442.
42 Vgl. zu dieser Verbindung von Literatur- und Wissenschaftsgeschichte: Martus: Werkpolitik, S. 302–513; König: Philologie; Dehrmann: Dichter; Behrs: Dichter; Nebrig: Dichtung.
43 Scheidegger Lämmle: Werkpolitik.

ge rhetorische Zirkel von Lesen und Schreiben bot jedoch die Möglichkeit, die Grenzen des Werks in einer Weise zu vaporisieren, die modernen Vorstellungen von der unverbrüchlichen Totalität eines Werks genauso fremd ist wie der erst dadurch ermöglichten Polemik gegen dessen Geschlossenheit.[44] Ich will dies an Martin Opitz' *Teutschen Poemata* zeigen. Das Beispiel[45] macht verständlich, inwiefern sich im Umgang mit literarischen Dingen zwischen dem 17. und 18. Jahrhundert etwas wesentlich ändert. Anders gesagt: Es soll zeigen, welche enorme Leistung Autoren und Leser erbringen, wenn sie die spezifischen Möglichkeiten des Werks entfalten und zur Geltung bringen, ohne sich von den höchst unwahrscheinlichen, zum Teil in sich gegenläufigen Momenten seiner Konzeption stören zu lassen. Damit deutet sich auch die Virtuosität an, mit der Akteure werkhafte Qualitäten auch bei literarischen Dingen zur Geltung bringen können, bei denen dies unangemessen erscheint.

Bei Martin Opitz' *Teutschen Poemata* handelt es sich – so Jörg-Ulrich Fechner – um „das wirkungsvollste Buch deutscher Literatur im 17. Jahrhundert".[46] Daraus ergibt sich eine erste Frage: Ist dieses Buch ein Werk oder eher eine Sammlung von Werken? Sind die *Teutschen Poemata* als Ganzes ein Werk oder sind die Gedichte jeweils Werke für sich? Ich komme später auf dieses Problem zurück und werde die These vertreten, dass die Auffassung des Einzelwerks und des Werkzusammenhangs sich wechselseitig stabilisieren. Die *Poemata* jedenfalls erscheinen erstmals 1624 in Straßburg, und zwar in einem ganzen Konvolut von literarischen Artefakten unterschiedlicher Autoren: gemeinsam mit dem *Aristarchus*, also Opitz' Schrift *Wieder die verachtung Teutscher Sprach*, mit der Übersetzung von Daniel Heinsius' *Lobgesang Iesu Christi, vnd Hymni in Bachum* sowie mit einem „anhang Mehr auserleßener geticht anderer Teutscher Poeten". Die Ausgabe der *Auserlesenen Gedichte* wurde nicht vom Autor der *Teutschen Poemata* veranstaltet, sondern von Julius Wilhelm Zincgref.[47] Die Herausgeberwidmung an einen Gönner begründet die Edition mit der Nationalkonkurrenz und insgesamt mit der sprachpatriotischen Einheit von Dichtung und Politik.[48]

Im Rahmen dieser sprachpatriotischen Ausrichtung fungiert Dichtung als Repräsentationsmedium der Deutungs- und Entscheidungselite sowie als Vermittlungsinstrument staatsrelevanter Tugenden und Einstellun-

---

44 Ein drastisches Beispiel für die rhetorische Zerlegung und Rekombination eines Werks bei Rieger: Autorfunktion.
45 Martus: Werkpolitik, S. 23–31.
46 Fechner: Nachwort, S. 3*.
47 Hierzu und zum Folgenden ebd., S. 4*; und vor allem Opitz: Werke, S. 164 ff.
48 Opitz: Werke, S. 168 f.

gen.⁴⁹ Poesie orientiert sich an entsprechend objektiven Normen: Der Anhang von Gedichten, die nicht von Opitz stammen, wird als Exempelsammlung präsentiert, als „Muster und Fürbilde, wornach du dich in deiner Teutschen Poeterei hinfüro etlicher massen zu regulieren".⁵⁰ Opitz' *Poemata* avancieren auf diese Weise zum Medium der überindividuellen Bemühungen um eine deutsche Nationalliteratur. Die Grenzen des Werks werden nicht strikt durch den Autor markiert. Der vorbildliche Status von Opitz ergibt sich daraus, dass er sich normativen Gegebenheiten fügt und sein Werk in ‚äußere' Umstände einpasst. Mit anderen Worten: Opitz' *Poemata* zirkulieren im Rahmen einer rhetorischen Auffassung literarischer Dinge.

Im Mai 1624 schickt Zincgref ein Belegexemplar seiner Ausgabe an Opitz. Der Dichter antwortet darauf zunächst diplomatisch höflich, auch wenn er sich nicht für die Editorenarbeit bedankt, lehnt dann aber eine weitere Auflage der Straßburger Edition, also der von Zincgref verantworteten Ausgabe, ab – er selbst stelle eine verbesserte Fassung zusammen. Opitz orientiert sich dabei an karrierestrategischen Erwägungen und situiert die Sammlung in einem neuen Kontext. Die Neukonzeption stützt u. a. Opitz' Bewerbung um die Aufnahme in die *Fruchtbringende Gesellschaft*: Nach dem Sturz des ‚Winterkönigs' Friedrich V., als dessen Anhänger sich Opitz in Heidelberg dichterisch zu erkennen gegeben hatte, war eine konfessionspolitische Renovierung der Sammlung angebracht. Da in der neuen Ausgabe nicht nur die politisch oder konfessionell riskanten, sondern auch die moralisch bedenklichen Gedichte fehlen, darf man vermuten, dass weiterhin Skrupel angesichts der allzu offenherzigen Amatoria existierten. Und schließlich gab es nach dem Erscheinen der *Deutschen Poeterey* als Programmschrift auch poetologische Gründe dafür, die eigenen Gedichte den Maßgaben der Versreform und anderer Prinzipien der Dichtungstheorie anzupassen.⁵¹

Man sieht an den Veränderungen sehr gut, dass ein literarisches Ding von sozialer Situation zu Situation (von Gelegenheit zu Gelegenheit) neu konzipiert werden kann, ohne dass dies etwa als Authentizitätsdefizit problematisiert werden müsste. Die von Opitz veranstaltete Ausgabe demonstriert, dass Dichtkunst tugend- und hoftauglich ist und dass sie sich aufgrund ihrer sprachlichen Eleganz als Repräsentationsinstrument eignet.⁵²

---

49 Vgl. ebd., S. 170 f.
50 Zincgref: Auserlesene Gedichte, S. 3.
51 Vgl. Roloff: Opitz, S. 24.
52 Vgl. Opitz: Werke, S. 172 f., 176.

Und auch diese Fassung gehorcht ostentativ überindividuellen Normen.[53] Schon die auf die Vorreden folgende Serie von Widmungsgedichten anderer Autoren zeigt an, dass die *Poemata* ein Brennpunkt sozialer Konstellationen sind, ein Medium, mit dem Beziehungen in einem komplizierten Patronagesystem gebildet und markiert werden sollen. Diese Konstellationen können ständig wechseln und die Praktiken stellen sich darauf ein, ohne deswegen per se unter den Verdacht der bloß strategischen Simulation zu geraten.[54]

Auf Grundlage dieser wenigen Anhaltspunkte lassen sich zumindest negative Bestimmungen literarischer Dinge unter Bedingungen der Rhetorik festmachen und daran einige Thesen anschließen: Das Paratextzeremoniell aus Widmungen, Vorreden und Texten anderer Autoren deutet darauf hin, dass literarische Dinge nicht als selbstbestimmtes Ineinander von Teil und Ganzem aufgefasst werden; sie bilden keine stark integrierte Totalität, sondern präsentieren sich als Schnittstelle von allgemeinen literarischen, politischen und sozialen Fertigkeiten, von überindividuell verfügbaren Traditionen, Normen und Interessen. Die *Poemata* sind gerade aufgrund dieser Durchlässigkeit fürs *Allgemeine* in einen je *besonderen* Kommunikations- und Funktionszusammenhang bzw. in besondere Veröffentlichungsgelegenheiten eingeordnet, wobei Besonderheit nicht über Individualität, z. B. die Entwicklung einer Autorpersönlichkeit aus den unterschiedlichen Fassungen eines Werks, erzielt wird. Gerade in der auf Repräsentation und Exemplarität abonnierten rhetorischen Literaturkultur erweisen sich literarische Dinge in einem hohen Maß als singuläre Ausgaben-Kontext-Komplexe, weil sie auf situative Angemessenheit und Funktionstüchtigkeit angelegt sind.

Man könnte sagen, dass die *Teutschen Poemata* sehr viel mehr Ausgaben- und Text- als Werkqualität besitzen. Das impliziert auch, dass der Fassungsvergleich keine oder eine nur sehr nebensächliche Rolle spielt. In historisierender Perspektive erscheint es daher durchaus fragwürdig, ob in verschiedenen ‚Texten' und ‚Ausgaben' von Martin Opitz ein und dasselbe ‚Werk' eines ‚Autors' steckt.[55] Jedenfalls ergibt sich aufgrund des je neuen Einsatzes (der je neuen Ausgabe) eines bestimmten Textes in einer bestimmten Situation der Eindruck von werkgeschichtlicher Diskontinuität, so dass auch die Kategorie des Gesamt- oder des Lebenswerks problema-

---

53 Vgl. dazu die Personifikation der Sprache als Verkörperung dieser überindividuellen Norm: ebd., S. 177. Opitz veranschlagt allerdings den Stellenwert seiner individuellen Helferfunktion bei der Entbergung nationalsprachlicher Qualitäten höher als Zincgref.
54 Vgl. dazu auch die Vorrede, in der Opitz offensiv die Bedeutung der Poesie für „Regiment[ ]" und „Policey[ ]" hervorhebt (Werke, Bd. 2/2, S. 530 f., s. auch S. 543 f.).
55 Vgl. hierzu auch: Aurnhammer: Zincgref, S. 265.

tisch bzw. unnötig ist – tatsächlich setzt sich die Konzeption eines Lebenswerks aus der Perspektive der Akteure erst in der zweiten Hälfte des 18. Jahrhunderts durch.[56]

Aufgrund der Isolierung der je für sich stehenden Ausgabe, der eine prinzipielle Offenheit für äußere Umstände korrespondiert, sind auch die Rollen von Produzenten und Rezipienten nicht klar voneinander getrennt: Opitz' Werke sollen vorbildhaft für andere Dichter sein. Damit hängt zusammen, dass das Werk kein geeignetes Objekt für eine an Individualität orientierte Deutungsarbeit oder für ein kaufendes und konsumierendes Lesepublikum darstellt,[57] sondern zunächst als Instrument für rhetorische und repräsentative Gelegenheiten dient (wobei mehr oder weniger objektiv verfügbare Gelehrsamkeit für das angemessene Verständnis dieser Repräsentativität notwendig sein mag). Mithin fehlt das ganze Ensemble von Akteuren, Institutionen und Praktiken, die das Werk später theoretisch positiv und negativ relevant werden lassen.

4. Konstitution eines Werks

Mehr als ein Jahrhundert später verbinden sich konsumierende Leserinteressen, (proto-)philologische Bemühungen und literaturkritische Ambitionen auf eine neue Art und Weise mit den literarischen Dingen von Opitz, die in dieser Koppelung, also nicht durch diese oder jene Einzelaktion, zu Werken im engeren und emphatischeren Sinn werden. Es handelt sich um eine voraussetzungsreiche Verkettung, weswegen das Werkumgangsverhalten bei seiner Einführung im Verlauf des 18. Jahrhunderts für nicht weniger plausibel erklärt werden konnte als bei seiner programmatischen Verabschiedung in der zweiten Hälfte des 20. Jahrhunderts.

1746 gibt der Gottsched-Schüler Daniel Wilhelm Triller den ersten Band einer groß angelegten Opitz-Werkausgabe heraus. Interessant ist daran zunächst, wie stabil sich der rhetorische Zugang behauptet. Mit der Widmung an den Kaiser in Wien assoziiert Triller zeittypisch Politik und Dichtkunst und behandelt literarische Dinge als Medium der Herrschaftsrepräsentation in Patronagesystemen.[58] Erste Verschiebungen zeigen sich daran, dass Triller nicht mehr die sprachpatriotischen Interessen der Gelehrten oder der politischen Elite bedient, sondern sich an den zwar alpha-

---

56 Martus: Tiefsinn.
57 Vgl. zu gelehrten Kommentarverfahren, die ein überindividuelles Wissen im Werk entdecken: Häfner: Subjekt.
58 Vgl. Opitz: Teutsche Gedichte.

betisierten, aber eben auch „ungelehrten und unerfahrnen" Leser des 18. Jahrhunderts wendet. Folgerichtig werden die lateinischen Gedichte sowie andere auffallend „gelehrte" Stücke für einen gesonderten Band reserviert.[59] „Das Werck" soll „den ungelehrten und unerfahrnen lesern nicht ohne Noth verdrüßlich" werden.[60]

Dennoch wird die Edition insgesamt von dem Interesse organisiert, den gelehrt-rhetorischen Zirkel von Lesen und Schreiben aufrechtzuerhalten, wie bereits die Adressierung an „junge und angehende Poeten" deutlich macht.[61] Nicht anders als Zincgref oder Opitz vor ihm orientiert sich Triller daher an einer objektiven Sprachnorm, die ihm entsprechende Eingriffe in den Text an Stellen erlaubt, wo Opitz nicht auf der Höhe seiner Kunst arbeitet. Triller agiert also nicht allein als Leser, sondern zudem als Mitautor. Diese Rollen werden nur insoweit differenziert behandelt, als ‚erhebliche' Eingriffe nachvollziehbar bleiben sollen:

> Diesen kleinen Fehlern habe nun auf die gelindeste Art, theils durch Versetzung der Worte, oder durch Veränderung des Reimes, und dergleichen geschwinde Hülffs-mittel, nach meinen Vermögen abzuhelffen gesucht; Doch dieses mein Unternehmen, daferne es von einer Erheblichkeit gewesen, in den Noten jederzeit treulich angezeiget, auch jedesmal dem Leser selbst die Wahl überlassen, das beste zu ergreifen.

Trillers erklärte „Absicht" besteht darin, „Opitz mehr zu verbessern, als zu verschlimmern".[62] Dies genügt als editorische Legitimation für Eingriffe, weil für den Herausgeber die gleichen allgemeinen Normen gelten wie für den Autor. Man muss sich nicht um dessen Individualität bemühen. Im Gegenteil: Wer dies tut, entscheidet sich aus Perspektive Trillers für einen höchst unplausiblen Umgang mit literarischen Dingen. Genau an diesen Punkt gerät er allerdings in eine eigentümliche Verteidigungshaltung:

> [...] [A]us allen alten Auflagen die Druck= Schreibe= und Jugend=Fehler mühsam zusammen zu tragen, und den Leser zum Verdruß, Eckel und Gelächter, diese nichtswürdigen Schätze unter den Text zu setzen, wie heut zu Tage die grossen Critici in Engelland, Holland, und die kleinern anderswo, gewohnt sind, war kein Werck für einen Mann, der das kostbare Geschenck der unwiederbringlichen Zeit besser anzuwenden hat [...].[63]

Offenbar hat sich eine bestimmte editorische Praxis etabliert, gegenüber der Triller Rechtfertigungsbedarf sieht. Seine Polemik gegen eine tendenzi-

---

59 Ebd.
60 Ebd.
61 Ebd.
62 Ebd.
63 Ebd.

ell selektionslose Aufmerksamkeit fällt daher ebenso heftig wie voraussetzungsreich aus:

> Vielmehr gehöret solche unglückselige Arbeit für fleissige Müssiggänger und stumpf scharffsinnige Wort- und Sylben Anatomisten, welche alle Haare an den Raupen und alle Fäden in denen Spinnweben genau zehlen können, und mit einem Wort, in Kleinigkeiten groß seyn wollen.[64]

Der von Triller inkriminierte Werkumgang – und hier ist der Begriff im engeren Sinn zu verstehen – hält die Investition von Zeit in ein Werk, dessen Text sich verändert und das doch dasselbe bleibt, nicht für Zeitverschwendung. Verständlich wird diese Vorredendramaturgie, weil sich Triller mit seinem Desinteresse für die „Kleinigkeiten" auf einem Rückzugsgefecht und in Verteidigungsposition gegenüber einem Habitus befindet, der in vielen unterschiedlichen Feldern eine neue Aufmerksamkeitsform einführt. Nicht nur im Bereich der Edition, sondern auch in der naturwissenschaftlichen Forschung (etwa in der von Triller angesprochenen Insektenkunde) bildet sich eine neue Einstellung gegenüber dem Detail aus.[65]

Die Zukunft gehört dem Prinzip der zeitintensiven Beobachtung von Werken als komplexen und hoch integrierten Gefügen von Ganzem und Teilen, die als Produkte eines Individuums in einem historischen Kontext gedeutet werden. Diesen Typus einer Werkausgabe (im engeren Sinn) realisiert die konkurrierende Opitz-Ausgabe von Johann Jacob Bodmer und Johann Jacob Breitinger.[66] Der erste und letzte Band dieser Edition liegt ein Jahr vor Trillers Ausgabe auf dem Markt – Triller arbeitet schneller und erschöpft damit vermutlich die Nachfrage nach einer Werkausgabe. Man kann daraus den Schluss ziehen, dass nun der Buchmarkt (und weniger die spezifische Patronagesituation) über die Ausgaben von Werken entscheidet. Das ist deswegen wichtig, weil die marktförmige Zerstreuung von Werken und die Einbindung von Autoren in äußere Marktregularien in einem spannungsvollen Verhältnis zur gleichzeitig erfolgenden inneren Bindung von Urhebern und Werken stehen. Autoren behaupten die Werkherrschaft, weil sich die literarische Kommunikation marktförmig reorganisiert und weil sich konsumierende Leser mit der Rolle des Rezipienten zufriedengeben (6.).

Auch Bodmer und Breitinger edieren Opitz' Werke als Zeugnisse zeitloser Normen:

> Wir sind an unserm Orte nicht die letzten gewesen, welche durch diejenige Empfindung von Opitzens Schönheiten, die wir schon vor zwanzig Jahren in öffentlichen

---

64 Ebd.
65 Vgl. dazu: Daston: Geschichte.
66 Vgl. dazu grundsätzlich: Mahlmann-Bauer: Opitz-Edition.

> Schriften an den Tag geleget haben, angespornet, unsere Gedancken darauf gerichtet haben, daß wir durch eine wohleingerichtete Auflage für den Ruhm dieses verdienten Mannes und zugleich für das Aufnehmen des wahren Geschmackes sorgeten. Es dünckte uns, daß man dem Geschmacke nicht besser aufhelfen könnte, als wenn man die Opizische Poesie, in welcher der Geschmack der Griechen und Römer herrscht, dem Alter und der Jugend mehr bekannt machete, und sie in dem Lichte zeigete, welches ihr gröstentheils eigen ist.[67]

Die allgemeinen Geschmacksnormen orientieren sich jedoch nicht mehr an der Ausbildung von Autoren. Entsprechend platzieren Bodmer und Breitinger das Werk jenseits von Patronagekontexten oder der (rhetorisch organisierten) Gelehrtenkommunikation, wie die abgerüstete Paratextur ihrer Opitz-Ausgabe zeigt, die ohne Widmungszeremoniell auskommt. Den Schweizern geht es um Geschmacksbildung von ausschließlich rezipierenden Lesern (deren Produktivität sich allenfalls im editorischen Dienst am Autor äußert).[68] Diese Ausdifferenzierung der Leser-Rolle führt paradoxerweise dazu, dass allgemeine Verständlichkeit, die für Triller einen editorischen Leitwert darstellte, an Relevanz verliert. Bodmer und Breitinger fordern werkaffine Einstellungen wie „sensitivity, skill, and arcane knowledge";[69] also jene hermeneutischen Kompetenzen, die sich auf das Besondere richten. Das Werk wird nicht auf das Niveau der Leser abgesenkt, sondern der Leser soll sich auf das Niveau eines Werks hinaufbewegen, dessen Komplexität und Kompliziertheit keine ‚Gelehrsamkeit' ausdrückt, als legitime Herausforderung begriffen wird[70] und daher in allen Details relevant ist.

An diesem neuen Habitus arbeiteten Bodmer und Breitinger in vielen ihrer poetologischen Schriften, insbesondere in ihren Programmschriften zu John Miltons Bibelepen. So heißt es beispielsweise in Bodmers *Critischer Abhandlung von dem Wunderbaren in der Poesie*:

> Eh ich aber den Anfang zu dieser Arbeit mache, wünschete ich das Gemüthe meines Lesers in den gehörigen Zustand der Bedachtsamkeit und Bescheidenheit setzen zu können, womit die Erwegung solcher Arten Wercke, welche zu verfertigen unleugbar die höchste Kraft des menschlichen Geistes erfordert wird, billig sollte vorgenommen werden. Ie weiter die Verfertigung eines Werckes so wohl in Absicht auf die Materie als die Kunst, die Fähigkeit der menschlichen Natur übersteiget, je mehr Behutsamkeit und Bescheidenheit muß man in den Urtheilen darüber gebrauchen.[71]

Die ‚behutsame' und ‚bescheidene' Hermeneutik erzeugt ein Gefälle zwischen Autor und Leser. Die beiden Rollen, deren Einheit den Diskurs

---

67 Opitz: Gedichte, S. 2 f.
68 Koschorke: Körperströme, S. 292–302.
69 Currie: Work, S. 336, 338.
70 Opitz: Gedichte, S. 4.
71 Bodmer: Abhandlung, S. 5.

des gelehrten Standes bestimmt hatte, werden getrennt. Zugleich beziehen Bodmer und Breitinger das Werk konsequent auf den Autor: Prätexte für Opitz'sche Gedichte etwa werden in der Werkausgabe angemerkt – allerdings nicht, um die Gedichte intertextuell auf allgemeine Standards zu nivellieren, sondern um sie umgekehrt gerade in ihren Eigenheiten zu profilieren. Die beiden Herausgeber verzeichnen solche Referenzen nur dort, wo Opitz in einen poetischen Wettkampf eintritt und sein spezifisches Verständnis eines anderen Autors zum Ausdruck bringt. Die „Belesenheit" von Opitz ist für seine Werke nur insofern relevant, „als es nöthig war, damit wir das Naturell desselben bemerckten".[72]

Während Triller sich die Lizenz zur Verbesserung nimmt, weil Opitz aus seiner Sicht gegen allgemeine Normen verstößt, fühlen sich Bodmer und Breitinger dazu aufgerufen, gerade jene „absonderlichen Stellen" zu „retten", die von „Kunstrichter[n] von grosser Vermessenheit[,] aber kleinen Einsichten" getadelt werden. Anstelle des Urteils über die Dichtung geht es ihnen um das Verstehen eines Werks, das als Zeugnis eines autorschaftlichen, tendenziell individuellen Ausdrucksvermögens aufgefasst wird:

> Da die Umstände des Lebens, und die absonderliche Gemüthsverfassung, in welcher ein Poet zu der Zeit stehet, da er schreibet, nicht wenig beytragen, einem Gedichte eine besondere Art zu geben, also daß die Wissenschaft davon gewissermaßen einen Schlüssel dazu abgibt, so haben wir uns ferner um den Ort, wo der Poet bey der Verfertigung eines Gedichtes gewesen, um die Zeit und das Alter, da er es geschrieben, um seine Glückesbeschaffenheit, seinen körperlichen und Gemüthes-Zustand, so viel als es uns möglich war, erkundiget; und daher sind die historischen Nachrichten vor jedem Gedichte entstanden. [...] Es wird uns nicht schwer fallen, wenn wir auf diese Art mit den sämmtlichen Schriften des Dichters werden verfahren haben, am Ende unsers Werckes das Leben desselben in einer genauen und chronologischen Verknüpfung zu verfassen [...].[73]

Die auf „Kleinigkeiten" versessene Annotation und Kommentierung generiert aus dem Werk keine allgemeine Norm, deren Repräsentant es ist, sondern die Biographie des Autors, die dann wieder zum ersten und wichtigsten Kontext wird: Die Norm ist nun Opitzens Perfektion, nicht etwa die Perfektion der Sprache an sich. Anders als Triller, der aus der Perspektive Bodmers und Breitingers als Quasi-Autor Lesarten produziert, dürfen die Editoren selbst Fehler des Autors nicht mehr einfach ausmerzen, sondern registrieren sie als etwas Notierens- und Wissenswertes – ihnen geht es um die Varianten.[74] Diese editionsphilologische Verschiebung benötigt

---

72 Opitz: Gedichte, S. 6.
73 Ebd., S. 7 f.
74 Es geht um „würckliche Schreibarten des Verfassers, welche er aus besondern Ursachen von Zeit zu Zeit verändert hat" (ebd., S. 9).

das Werk, also eine Einheit, die unterschiedliche Texte miteinander verbindet. Die Aufmerksamkeit gilt nicht diesem oder jenem situationsadäquaten Text und seiner Ausgabe für eine relativ definite Gelegenheit, sondern jener Einheit, die den Fassungen in Form der Entwicklung eines Werks gemeinsam ist. Im Verbund mit der Individualisierung des Werks entsteht so ein einheitlicher ‚Geist', der unterschiedliche Texte als ein Werk zusammenhält.

Im Hintergrund dieser hermeneutischen Normierung steht bei Bodmer und Breitinger vermutlich eine theologisch konservative Absicht, die bislang nur ansatzweise rekonstruiert worden ist.[75] Es geht vor dem Hintergrund der ausufernden Diskussionen[76] um die *Wertheimer Bibel* und der Adaptation der Offenbarung an die Wolffianistische Philosophie durch den ‚Übersetzer' Johann Lorenz Schmidt darum, die Bibel vor Eingriffen zu bewahren. Dieser theologische Kontext verliert im Lauf der Zeit an Bedeutung. Übrig bleibt dann noch das Ideal eines Lesers, der Genauigkeit aufbietet, zur Versenkung in Kleinigkeiten bereit ist sowie dem Werk als einer gleichsam sakrosankten Einheit und als Zeugnis eines Autors sein Verständnis widmet. Man kann dies am besten an Christoph Martin Wieland sehen, der seine hermeneutischen Prinzipien im Dienst Bodmers und Breitingers entwickelt und dann eine säkularisierende Wende vollzieht, für die er selbst wiederum Verständnis fordert. Immer wieder geht es ihm um den Erweis,

> mit welcher Behutsamkeit und Zartheit man im Urtheilen über die Triebfedern, Absichten und innere Moralität einzelner Personen und Handlungen verfahren müsse, und welche feine Instrumente, welch eine leichte Hand erfordert werde, um bey Zerlegung des menschlichen Herzens die zarten, oft kaum sichtbaren Fasern nicht zu zerreissen, die man entdecken will, und von deren oft sehr fein verwickeltem Zusammenhange die Erklärung der schwersten psychologischen Aufgaben abhängt.[77]

Eben diese Aufmerksamkeit für ‚feine' Zusammenhänge projiziert Wieland dann auch auf das Werk.[78]

Der rhetorische Umgang mit literarischen Dingen geht also von einem gleichsam situativ orientierten Gedicht aus und behandelt es zugleich als Durchgangsstation allgemeiner Normen, Werte, Traditionen und Regeln. Das emphatische Werkverständnis, das sich dagegen herausbildet, richtet sich an Individualität aus und verleiht ihm dadurch eine situationsneutrale Identität und Stabilität, die eine dauerhafte Auseinandersetzung mit dem

---

75 Martus: Aufklärung, S. 504–520.
76 Sorgfältig wurden diese Diskussionen rekonstruiert von Goldenbaum: Skandal.
77 So in Wieland: Nachtrag, S. 251.
78 Martus: Zeit.

Werk plausibilisiert. Gleichzeitig werden jedoch historische Kontexte auf eine neue Art und Weise in Betracht gezogen: als Lebensumstände. Während das rhetorische Werk als Regulator und Katalysator von Beziehungen und repräsentativen Verhältnissen dient, die außerhalb seiner selbst liegen und gleichsam an der Oberfläche des Werks markiert werden, determiniert das emphatische Werk Innerlichkeiten und öffnet der hermeneutischen Tiefsinnigkeit weite, vielleicht sogar unauslotbare Räume. Wenn man es in der Frühen Neuzeit mit einem traditionalen, an historischen Kontinuitäten und Autoritäten orientierten Umgang mit literarischen Dingen zu tun hat, dann ergeben sich zugleich deutliche Diskontinuitäten. Neben der je neuen Ausrichtung an spezifischen Konstellationen politischer, gesellschaftlicher oder geselliger Art sind in diesem Zusammenhang vor allem auch generische Differenzierungen zu nennen. Das emphatische Werkmodell setzt demgegenüber zwar singuläre Werke mit je eigenen Normen und Maßstäben, konstituiert aber zugleich neue Kontinuitäten und Homogenitäten etwa über die Differenz von Formen und Gattungen hinweg.

Für die Frage nach der Praxis des Werks ist am Umgang mit den *Poemata* von Opitz zweierlei interessant: Zum einen lässt sich erahnen, wie vielfältig die Praktiken sind, die das Werk konstituieren, wie komplex die Normen sind, die dabei arrangiert werden, und wie unwahrscheinlich ein werkförmiger Umgang mit literarischen Dingen daher zunächst erscheinen muss. Zum zweiten verdeutlicht der Umgang mit literarischen Dingen, den Bodmer und Breitinger allenfalls anbahnen, wie das Werk als „boundary object"[79] fungiert: Es koordiniert – ohne dies zu beabsichtigen – die Interessen der Literaturkritik und der Philologie mit den Rollenmustern, die für den sich etablierenden Buchmarkt charakteristisch sind. Wenn diesem institutionellen Gefüge noch der Anschluss an den pädagogischen Betrieb gelingt, wird die werkhafte Auffassung literarischer Dinge von einer überaus mächtigen und stabilen Konstellation getragen, die werkpolitische Emphase ebenso plausibel macht wie das polemische Interesse an der implikationsreichen Infragestellung des Werks.

5. Entgrenzungen des Werks

Zu den vielfältigen Aktivitäten und Einstellungen, die mit der Trennung der Rollen von Autor und Leser zusammenhängen, zählt die Etablierung einer bestimmten Form der Sensibilität, die dem Werk angemessen sein soll: eine tendenziell selektionslose Aufmerksamkeit. Dies betrifft zunächst

---

79 Star/Griesemer: Ecology, S. 393.

die Unterstellung, ein Werk verlange nach einer besonders „feinen" Beobachtungsgabe, die sich konzentriert allen Details und allen Elementen widmet. Dabei kann es um die „Totalität des Werks"[80] oder die „Einheit des Werkes" gehen,[81] wie sie etwa Friedrich Schleiermacher behauptet. Von hier aus führt der Weg zu einer wirkmächtigen Form der Werkästhetik, die das Ineinander von Teil und Ganzem fasziniert und das „in sich vollendete" Kunstwerk (Karl Philipp Moritz) zum Grund für eine unendliche Auslegungsarbeit erklärt, die auf der Eigentümlichkeit und Individualität des Werks als Ausdruck eines Individuums gründet. Kurz: In der zweiten Hälfte des 18. Jahrhunderts bildet sich konzeptionell und begrifflich die Vorstellung von „Texten als Ganzheiten hoher (oder höchster) innerer Bestimmung" aus.[82]

Bodmer und Breitinger stimulieren diese Aufmerksamkeitshaltung bereits: Wer bei einem Werk, das emphatisch aufgefasst werden sollte, auszumerzende ‚Fehler' statuiert, hat nicht genau genug hingesehen. Die Wahrnehmung von ‚Schönheiten' verweist auf Aufmerksamkeitskompetenzen. Dass solche normativen Auszeichnungen das Problem der Werkbestimmung nicht lösen, liegt auf der Hand. Denn um die Qualität der Beobachtung an der Qualität des Artefakts angemessen orientieren zu können, muss man bereits wissen, ob man es mit einem Werk zu tun hat. Entscheidend ist, dass das Werk potenziell zu einem geheimnisvollen Gegenstand wird, der besonders empfängliche Leser fordert, die die Fehler eher bei sich als beim Objekt vermuten.

(Ästhetische) Werkganzheit ist seit der Mitte des 18. Jahrhunderts eine intensiv umstrittene Eigenschaft von literarischen Artefakten. Wenn sich der Eindruck mangelnder Geschlossenheit einstellt, wenn die Handlung sprunghaft wirkt, lückenhafte Motivationen oder andere Ungereimtheiten vorzuliegen scheinen, dann lässt sich nun sagen, dass dies an der zu geringen Aufmerksamkeitsinvestition auf Seiten des Lesers liegt.[83] Klopstock, dessen *Messias* im Zentrum der Diskussion um den ganzheitlichen „Plan" eines Kunstwerks steht, benennt diese Umschuldung in einem Epigramm wünschenswert deutlich:

---

80 Schleiermacher: Hermeneutik, S. 185.
81 Ebd., S. 167.
82 Danneberg: Ganzheitsvorstellungen, S. 254.
83 Vgl. Martus: Werkpolitik, S. 157–168, 171–186, 192 f., 216–218, 225–244.

Der Unschuldige
Viel der Beziehungen sind im Gedichte, wodurch es die Theile,
Wie in dem süssen Bund' inniger Liebe, vereint.
Jene dürfen auf sich mit dem Finger auch weisen; doch geben
Öfter (Des Schönen Gesez will es so) Winke sie nur.
Schlummert bey den Beziehungen dir dein Auge; so tappest
Du im Dunkeln umher, ohne des Dichtenden Schuld.
Zürne du dann nicht mit dem Liede, daß du es nicht fassest;
Laß die Unschuld in Ruh, Gähnender, zürne mit dir.[84]

Klopstock gelingt es dann auch, Leser wie Carl Friedrich Cramer anzuziehen, die ihn „ganz bis auf das kleinste […] verstehen" wollen[85] und die von der hermeneutischen „Mikrologie" schwärmen.[86] Cramer versucht dem Autor in zwei mehrbändigen Projekten auf die Spur zu kommen. Für die Werkpraxis ist sein Vorgehen deswegen so aufschlussreich, weil die ‚mikrologische' Konzentration auf Details und Feinheiten dazu führt, dass Cramer sich für Klopstock „ganz" interessiert, ihn „ganz" verstehen möchte und „überhaupt an Klopstock nichts unwichtig" findet, so dass er seine Aufmerksamkeit durch die Versenkung in Klopstocks Werke zugleich dezentriert.[87] Man kann dies, wie gesagt, generalisieren: Theoretisch und programmatisch mag die Geschlossenheit des Werks oftmals im Vordergrund stehen, aber pragmatisch führt die damit zusammenhängende Detaillierung des Wissens zur Integration von immer mehr Texten ins Werk und zur Anlagerung von Kontexten.

Michel Foucault hat diese Tendenz zur Ausweitung der Aufmerksamkeit polemisch ins Zentrum seiner Frage nach dem Werk gestellt:

‚Was ist ein Werk? Worin besteht diese merkwürdige Einheit, die man als Werk bezeichnet? Aus welchen Elementen besteht es? Ist ein Werk nicht das, was derjenige geschrieben hat, der der Autor ist?' Man sieht gleich die Schwierigkeiten, die sich ergeben: Wenn jemand kein Autor ist, könnte man dann sagen, dass das, was er geschrieben oder gesagt hat, das, was er in seinen Papieren hinterlassen hat, das, was man von seinen Äußerungen berichten kann, ‚Werk' genannt werden könnte? […] [I]st dann alles, was er geschrieben hat, alles, was er hinterlassen hat, Teil seines Werks? Ein zugleich theoretisches und praktisches Problem. Wenn man zum Beispiel daran geht, die Werke Nietzsches zu veröffentlichen, wo soll man haltmachen? Man soll alles veröffentlichen, gewiss, was aber heißt dieses ‚alles'? Alles, was Nietzsche selbst veröffentlicht hat, einverstanden. Die Entwürfe seiner Werke? Zweifellos. Die geplanten Aphorismen? Ja. Ebenso die Streichungen, die Randbemerkungen in den Notizbüchern? Ja. Aber wenn man in einem Notizbuch voller Aphorismen einen bibliographi-

---

84 Klopstock: Werke, Abt. Werke, Bd. 2, S. 59.
85 So Cramer am 13. November 1782 (Klopstock: Briefe 1776–1782, S. 254). Umfassend zu Cramers Klopstock-Projekten: Martus: Werkpolitik, S. 338–370.
86 Etwa [Cramer:] Klopstock, S. 113.
87 Ebd., S. 4, 8, 84.

schen Nachweis, einen Hinweis auf eine Verabredung, eine Adresse oder einen Wäschereizettel findet: Werk oder nicht Werk? Aber warum nicht? Und so weiter ad infinitum. Wie lässt sich aus den Millionen von Spuren, die jemand nach seinem Tod hinterlässt, ein Werk definieren?[88]

Foucault weist auf einen wichtigen Punkt hin: Zwar wird das Werk von seiner Einheit und seinen Grenzen her konzipiert, aber die Aktivitäten, die damit stimuliert werden, wirken nicht allein be-, sondern auch entgrenzend. Cramers zweiter Klopstock-Kommentar liefert mit seinen mehr als 2300 Seiten ein treffendes Exempel für dieses Phänomen. Er bietet Biographisches sowie Werkerläuterungen in inhaltlicher, grammatischer, metrischer oder intertextueller Hinsicht. Durchgehend folgt er einem klar definierten Aufbau: Zunächst liefert er eine in je kleine Abschnitte (oftmals nur ein Jahr) unterteilte biographische Einleitung, an die dann die Werke mit Kommentar und Variantenverzeichnis in chronologischer Reihenfolge anschließen.[89] Dabei weitet er den literaturgeschichtlichen Horizont kursorisch bis zu Martin Opitz aus. Die chronologische Perspektive wird von Cramer so strikt durchgehalten, dass die einzelnen Gesänge des *Messias* in ihrem jeweiligen Entstehungszeitraum untergebracht werden und der Zusammenhang des Einzelwerks durch den biographischen Zusammenhang bzw. den Zusammenhang des Lebenswerks abgelöst wird. Es geht Cramer, wie er in einer Selbstanzeige formuliert, darum, Klopstock und seine Werke „gleichsam genetisch im Entstehen" zu zeigen.[90] Man sollte

---

88 Foucault: Autor, S. 1009 f.
89 Dazu schreibt er an Klopstock: „Besonders würden Sie vielleicht erwarten, daß ich noch mehr über die veränderten Stellen der neuen Ausgabe hätte sagen sollen u allein Sie wissen auch daß ich noch einen Ort mir aufbewahrt habe, der ganz eigentlich diesen Vergleichungen gewidmet seyn soll" (Klopstock: Werke, Abt. Briefe, Bd. 8, S. 17) – dieser ‚Ort' ist nicht wiederaufgetaucht.
90 Cramer: Klopstok, S. 183 f.: „Die schiklichste Form habe ich die zu sein geglaubt, wenn ich ihn gleichsam genetisch im Entstehen zeigte. Anfang und Fortschritt, manchmal auch Abnahme in der Volkommenheit, findet sich beim Schriftsteller sowol als beim Menschen. Überdem erläutert nichts mehr spätere Schriften eines Verfassers, als wenn man immer Rücksicht auf seine früheren nimt, sieht, wie sich eine seiner Ideen aus der anderen entspronnen, eine die andre gezeugt, bestimt, eingeschränkt, in Nebenäste verbreitet hat; wie nach Maasgabe verschiedener Alter, selbst verschiedne Seelenkräfte in veränderten Verhältnissen mit einander gerungen, [...] wie Lebensumstände, Umgang mit solchen oder solchen Menschen Einwirkungen gewisser Leidenschaften, Urtheile Anderer, Vertrautheit mit neuen Vorstellungsarten, unvermerkt auf das Werk selbst influiert haben. Demnach gehe ich bei diesem Strome hier bis zu seiner Quelle. Die Werke folgen je, nachdem sie dem Publiko aufgestellt worden sind, also nicht nach dem Inhalte nach, nicht einmal ihrem Ganzen nach. Ganze Werke, die theilweise entstanden, werden theilweise gegeben. Und alle werden gegeben, auch die, die der Verfasser selbst verworfen, nicht allemals aus der Ursache verworfen, weil er sie seiner unwerth hielt; gegeben werden sie, weil sie wichtig sind, verhältnisweise wichtig, in die

das Einzelwerk mithin aus Perspektive etablierter Werkpraktiken nicht nur von seiner Totalität her konzipieren, weil die Fokussierung auf ein Werk zugleich dazu anregt, Kontexte in die Beobachtung mit einzubeziehen sowie die Einheit des Werks zu lockern oder sogar aufzulösen.

Dies gilt gerade auch für das Verhältnis von Einzel- und Gesamtwerk: Mit Jerrold Levinson könnte man nun fragen, inwiefern die Sensibilität für das wertvolle Einzelwerk („Work") durch das Gesamtwerk eines Autors („Œuvre") stimuliert wird. Er plädiert für einen „Œuvre-restricted retroactivism", weil in bestimmten Fällen von kontinuierlicher Werkentwicklung das spätere Werk die Beobachtung früherer Werke zu inspirieren vermag.[91] Das Gesamtwerk ist mithin eine vom Einzelwerk aktivierbare größere Bezugseinheit, die gegebenenfalls das „Verstandenwerden" des einbezogenen Textes begünstigt.[92] Die Rede vom ‚Werk' im Singular bleibt insofern legitim, als Einzel- und Gesamtwerk sich wechselseitig bestimmen. Das Interesse für ein Gesamtwerk entwickelt sich über den besonderen Wert einzelner Werke; umgekehrt vermag das Gesamtwerk dann diesen Wert zu bestimmen. Auf diese Weise werden die Grenzen des Werks, das insbesondere als Gesamtwerk seine Gravitationskraft entfaltet, durchlässig. Denn das Interesse am Einzelwerk, das über seinen Kontext im Gesamtwerk gestiftet wird, kann seinerseits auf das Gesamtwerk und dessen Verhältnis zu weiteren literaturgeschichtlichen Kontexten erweitert werden.

Ein gutes – wenngleich satirisch gemeintes – Beispiel für solche fokussierenden und dezentrierenden Werkpraktiken bietet die Rezension einer „Wäschelisten"-Edition, die am 10. Mai 1969 im *New Yorker* erschien.[93] Foucault hatte gerade einmal drei Monate zuvor in seinem Vortrag über den Autor gefragt, ob auch die „Wäschereizettel" als „Werk" aufgefasst werden könnten. Woody Allen gibt darauf eine Antwort: „The long-awaited first volume of Metterling's Laundry Lists", so der Rezensent, werde begleitet von dem „erudit commentary by the noted Metterlings scholar Gunther Eisenbud". Der Band hat Erstaunliches zu bieten. Denn bereits die erste Wäscheliste Hans Metterlings „serves as a perfect, near-total introduction to this troubled genius [...]."[94]

Kette des Ganzen eingreifen, und oft zur näheren Bekantschaft mit dem Geiste desselben dienen".
91 Levinson: Work, S. 250. Zur Kritik an der Einschränkung, dass dieser Anachronismus nur im Kontext des Œuvres legitim sei, Spoerhase: Werk, S. 307–313.
92 So Biti im Anschluss an Jurij M. Lotman in: Gesamtwerk, S. 303.
93 Dazu Martus: Werkpolitik, S. 1–5.
94 Allen: Lists, S. 34.

List No. 1
6 prs. shorts
4 undershirts
6 prs. blue socks
4 blue shirts
2 white shirts
6 handkerchiefs
No Starch

Der Rezensent entdeckt in dieser Liste den Autor ‚Metterling' mittels einer Reihe geläufiger Operationen, die charakteristisch sind für den Umgang mit einem Werk und für die Legitimation dieses Umgangs: Zunächst verweist er die Leser auf Metterlings historische Bedeutung (seinen „contemporaries" war der „troubled genius" bekannt als „the ‚Prague Weirdo'"). In diesem Kontext hat das Verhalten des Autors symptomatische Qualität: „Metterling's dislike of starch is typical of the period, and when this particular bundle came back too stiff Metterling became moody and depressed".[95]

Zu dieser historischen Bedeutung des Autors in seiner Zeit kommt die werkhistorische Bedeutung der ersten Wäscheliste hinzu:

> The list was dashed off while Metterling was writing ‚Confessions of a Monstrous Cheese', the work of stunning philosophical import in which he proved not only that Kant was wrong about the universe but that he never picked up a check.[96]

Texte, die man intuitiv zunächst für unbedeutend halten könnte, avancieren im Zusammenhang mit historischen und werkkontextuellen Beobachtungen zu höchst aufschlussreichen Dokumenten einer gleichermaßen individuellen wie zeithistorisch bedeutsamen Konstellation. Sie werden zu literarischen Dingen, denen die tendenziell selektionslose Aufmerksamkeit von Werken gilt.[97] Die Beschäftigung mit Wäschelisten erscheint zudem deswegen normal, weil sie an die etablierte Metterling-Forschung, also nicht an einen literarischen, sondern wissenschaftlichen Kommunikationszusammenhang anschließen kann: „Of course Breuer has already pointed out the relation between stiff underwear and Metterling's constant feeling that he was being whispered about by men with jowls (*Metterling: Paranoid-Depressive Psychosis and the Early Lists*, Zeiss Press)".[98]

---

95 Ebd.
96 Ebd.
97 Zur Differenz von ‚Text' und ‚Werk' als Differenz des Umgangs mit Zeichenketten vgl. Currie: Work, insbes. S. 325, 332, 336, 338 f.
98 Allen: Lists, S. 34.

Nach der Interpretation von vier weiteren Texten gelangt der Rezensent schließlich zur sechsten und damit letzten Aufstellung im ersten Band von Hans Metterlings kommentierten Wäschelisten:

> Obviously, Metterling's personality had begun to fragment by 1894, if we can deduce anything from the sixth list:
> List No. 6
> 25 handkerchiefs
> 1 undershirt
> 5 shorts
> 1 sock
> and its not surprising to learn that it was at this time he entered analysis with Freud. [...] In Volume II, it has been announced, Eisenbud will take up Lists 7–25, including the years of Metterling's ‚private laundress' and the pathetic misunderstanding with the Chinese on the corner."[99]

Neben der Verbindung von mehrfach gestuften historischen Konstellationen, die im Kontext eines wissenschaftlichen Diskurses kultur-, literatur-, autor- und werkgeschichtliche Bezüge herstellen, ist die Haltung des Editors und Kommentators sowie des Rezensenten charakteristisch. Es handelt sich um eine Form tendenziell selektionsloser Aufmerksamkeit, die sich auch für das Nebensächliche, für das zunächst abstruse Detail interessiert.

Die Faszinationsgeschichte der Wäschelisten ist für die Analyse der Geschichte und Funktion von Werkkonzepten ein günstiger Ausgangspunkt, denn sie reicht weit über Woody Allen und Michel Foucault hinaus. Bereits Christian Dietrich Grabbe echauffierte sich über die Publikation unbedeutender Werke oder Werkteile im Allgemeinen und über die „Trivialitäten" des Goethe-Schiller-Briefwechsels im Besonderen: „Wer diesen Briefwechsel in das Publicum gegeben hat, ist auch im Stande, seine und Schillers abgetragene Hosen lithographiren zu lassen".[100] Der mikrologisch gestimmte Philologe Karl Goedeke reagiert 1876 ganz anders auf schmutzige Wäsche: Er hält Schillers Aufzeichnungen über „Kosten für Holz, Kleider, Licht und Küche" für durchaus bemerkenswert.[101] Dieses Aufmerksamkeitsverhalten wurde bald satirefähig. Rudolf Hildebrand reflektiert 1885 in den *Grenzboten* über die Ausprägung eines „neuen und lehrreichen Zweiges der vaterländischen oder europäischen Wissenschaft, der doch früher oder später einmal eingereiht werden muß in die Gesamtforschung über das Menschliche in seinem Werden und Wandeln"[102] –

---

99 Ebd., S. 35.
100 Grabbe: Briefwechsel, S. 99. Zu „Shakespeare's Laundry List" vgl. Schalkwyk: Resources, S. 75.
101 Nutt-Kofoth: Dokumente, S. 31.
102 Hildebrand: Ein Knopf von Goethe, S. 13. Für diesen Hinweis danke ich Stefan Born.

diese Forschung würde sich dann auch einem „Knopf von Goethe" mit höchster Aufmerksamkeit widmen. Und auf einer Karikatur aus dem Jahr 1909 mit dem Titel „Der Germanist" verkündet der abgebildete Gelehrte:

> Aus der von mir entdeckten Handschrift erhellt jetzt ohne Zweifel, daß Goethe am 17. Juli 1793 seine Wäschereirechnung nicht mit 2 Talern, 5 Silbergroschen und 4 Pfennigen, sondern, wie ich diese Ansicht schon längst vertrat, mit 2 Talern, 4 Silbergroschen und 14 Pfennigen bezahlte.[103]

Entsprechend mutmaßt Peter Hamecher 1930 in der *Unterhaltungs-Beilage der Berliner Börsen-Zeitung*: „Wahrscheinlich würde [...] Goethe recht entsetzt sein, wenn er sehen könnte, wie die Philologen seinen Nachlaß durchstöbern und noch das letzte Zettelchen an die Wäscherin sorgsam edieren".[104] Vielleicht aber irrt sich Hamecher, denn gerade Goethes Werkpolitik und sein darin inkludiertes Nachlassbewusstsein haben für die Entgrenzung interpretatorischer Relevanz gesorgt.[105]

6. Werkausgabe?

Für die ambivalente Funktion des Werks, das gleichermaßen be- wie entgrenzend wirken kann, ist noch ein letzter Aspekt aufschlussreich: So hält etwa Wolfgang Thierse fest, dass das Werk durch die „Selbstständigkeit seiner Gestalt" für die Abkapselung der Aufmerksamkeit sorgt und dass das künstlerische „Gebilde" zugleich als Werk in historischen Kontexten platziert wird.[106] Dies lässt sich mit Umberto Eco so verstehen, dass das Kunstwerk als Teil der literarischen Kommunikation nie wirklich ‚geschlossen' sein kann.[107] Dies gilt insbesondere für Werkpolitik unter Marktbedingungen. Darauf hat bereits Ernst E. Hirsch hingewiesen, als er 1948 mit dem Begriff der „Werkherrschaft" über die urheberrechtliche Bindung von literarischen Dingen an Autoren reflektiert hat, denn der kapitalisierte Buchverkehr macht das Werk für potenziell mehr Leser als jemals zuvor verfügbar.[108] Da Literatur im Kontext derselben Entwicklung zudem vornehmlich „verlegte Literatur" und Autorschaft zu einem

---

103 Zit. nach Ufertinger: Germanist, S. 47.
104 So anlässlich der Rezension von Friedrich Wolters' *Stefan George und die Blätter für die Kunst*: Hamecher: Biographie.
105 Martus: Werkpolitik, S. 467–496.
106 So im Anschluss an Niklas Luhmanns Bestimmung des Kunstwerks: Thierse: Ganze, S. 379.
107 Eco: Kunstwerk, S. 8, 14 f., 121, 134 ff.
108 Hirsch: Werkherrschaft.

beträchtlichen Teil „Verlagsautorschaft" wird,[109] sind zahlreiche Hände an der Konstitution und Kommunikation von Ausgaben beteiligt. Literarische Dinge, die auf der Grundlage der privilegierten Ausgabenform des Buchs den Status von Werken zur Geltung bringen, sind de facto das Werk vieler. Sobald das Werk unter Marktbedingungen einen neuen Verkehrswert erhält und durch zerstreute Aktivitäten zur Geltung gebracht wird, entwickelt sich paradoxerweise zugleich der Gedanke, dass es sich gerade nicht von seinem allein verantwortlichen Urheber löse, also prinzipiell verkehrsuntüchtig sei. Obwohl das Werk in einem zuvor ungekannten Maß entäußert und marktgängig wird, soll es an den Autor gebunden bleiben.[110]

Die werkkonstitutive Funktion des Buchmarkts, die damit einhergehende Ambivalenz des Werks zwischen Be- und Entgrenzung sowie An- und Enteignung und die Abstimmung des Werkumgangsverhaltens diverser Akteure zu einer Werkpraxis lassen sich exemplarisch an Goethes Werkpolitik demonstrieren.[111] So sieht man an Goethes Produktions-, Überarbeitungs- und Sammelaktivitäten, die er für angekündigte Bände von „Gesammelten" und „Sämtlichen" Werken entwickelt, wie die Absicht auf einen gleichmäßigen Umfang von Büchern die Entstehung von Werken begünstigt oder verhindert.[112] Hier ist der Begriff der „Werkausgabe" treffend, denn Goethe hatte eine genaue Vorstellung vom Buchcharakter eines Werks[113] und bisweilen den Eindruck, als erhebe ein „Buch" gegen ihn „Ansprüche".[114] So verhinderte etwa der Buchraum der Werkausgabe letzter Hand schlicht bestimmte Einzelwerke, weil konkurrierende *Opera* mehr Seiten als geplant einnahmen und damit den Platz im *Œuvre* besetzten.[115]

Umgekehrt wirkt die Buchform etwa auf die Überarbeitung der *Wanderjahre*: Goethe hatte eine Ausgabe in drei Bänden geplant. Im Druck stellte sich allerdings heraus, dass „besonders die beyden letzten Bände zu klein ausfielen" – Goethe war von der „weitläufige[n] Hand des Abschreibers

---

109 Amslinger: Verlagsautorschaft.
110 Dazu umfassend Bosse: Autorschaft.
111 Dazu Martus: Werkpolitik, insbes. S. 462–476.
112 An Schiller schreibt Goethe am 3. August 1799: „Meine Einsamkeit im Garten wende ich vor allen Dingen dazu an, daß ich meine kleinen Gedichte, die Unger nunmehr zum siebenten Band [der Neuen Schriften, S. M.] verlangt hat, noch näher zusammenstelle und abschreiben lasse. [...] Wenn ich noch ein paar Dutzend neue Gedichte dazu tun könnte, um gewisse Lücken auszufüllen und gewisse Rubriken, die sehr mager ausfallen, zu bereichern so könnte es ein recht interessantes Ganze geben" (Goethe: Sämtliche Werke, Bd. 8.1, S. 732 f.).
113 Martus: Werkpolitik, S. 462. Dazu nun ausführlicher Spoerhase: Format.
114 Goethe an Schiller, 25. Juni 1796 (Goethe: Sämtliche Werke, Bd. 8.1, S. 181).
115 Vgl. Hagen: Schriften, S. 182 f.

getäuscht" worden.[116] Er fand einen Ausweg aus dieser „Verlegenheit", indem er Eckermann zwei „starke Manuscript-Bündel" mit dem Auftrag in die Hand drückte, „sechs bis acht gedruckte Bogen" aus dieser Sammlung von „bisher ungedruckten Schriften [...] zusammen[zu]redigiren, um damit vorläufig die Lücken der Wanderjahre zu füllen". Daraufhin entstand der Werkteil „Aus Makariens Archiv", dem dann auch noch die Gedichte auf Schillers Totenschädel und *Vermächtnis* angehängt wurden, weil Goethe den „Wunsch" hegte, „diese Gedichte sogleich in die Welt zu bringen". Die Leser reagierten verwirrt, das Publikum erkannte keinen Zusammenhang zwischen Roman und Anhang, und auch „die beyden Gedichte" wurden „so wenig verstanden, als es geahnt werden konnte, wie sie nur möchten an solche Stelle gekommen seyn". Der Autor aber zeigte sich amüsiert: „Goethe lachte dazu", berichtet Eckermann. Der Adlatus erhielt den Folgeauftrag, bei der Nachlassausgabe die „Sachen" dorthin zu verteilen, „wohin sie gehören".[117] Nachfolgende Editionen sind dieser Anweisung nicht immer gefolgt.[118] Sie sehen wohl auch dort Zusammenhänge, wo der Autor sie allenfalls pragmatisch und mit einem Augenzwinkern gestiftet hat.

Das ist nur ein etwas absonderliches Beispiel dafür, wie der Umfang des Werks der Selbststimulation dient und wie Einzelwerk und Gesamtwerk nicht nur für den Leser wechselseitig relevante Kontexte bilden, sondern auch produktionsästhetisch aufeinander wirken: Durch die künstlerische Qualität und durch den homogenen Umfang von Ausgaben erhebt der Autor „Forderungen gegen [s]ich selbst".[119] Es muss dabei nicht nur um das Verhältnis einzelner Werke in Bänden der Gesamtausgabe oder um das Verhältnis einzelner Bände innerhalb der Gesamtausgabe gehen, sondern das Homogenitätsideal kann auch kleinere Einheiten bis hin zum Verhältnis einzelner Blätter zueinander betreffen.[120] So baut Goethe etwa leere Stellen in Werke ein, damit „das Fertige anlocket und reizet, um das zu vollenden was noch zu thun ist".[121] Ein Werk vermag für ein anderes Werk den Standard vorzugeben, wenn beide in einem Band der Gesamtausgabe veröffentlicht werden sollen. Dies führt – etwa im Verhältnis des *Egmont* zu *Erwin und Elmire* und zu *Claudine von Villa bella* – nicht allein zu

---

116 Goethe an Reichel, 4. März 1829 (Goethe: Werke, Abt. IV, Bd. 45, S. 191).
117 So nach Goethes Gespräch mit Eckermann am 15. Mai 1831 (Quellen, Bd. 2, S. 708 f.).
118 Etwa Goethe: Gedenkausgabe.
119 So die Formulierung in der *Italienischen Reise* (Goethe: Sämtliche Werke, Bd. 15, S. 520).
120 Ebd., S. 482; Unger an Goethe, 14. Februar 1795 (Quellen, Bd. 1, S. 261).
121 So Goethe im Gespräch mit Eckermann am 13. Februar 1831 (Quellen, Bd. 2, S. 696; vgl. auch ebd., S. 562).

der Frage, wie die einzelnen Werke auf einem abstrakten Niveau poetischer Perfektion eine Einheit bilden, sondern auch zu der Frage, wie sich unterschiedliche Gattungen unter der gegenläufigen Perspektive eines gemeinsamen Werks verknüpfen lassen.[122]

Dies verdeutlicht zumindest ansatzweise, wie der Umfang einer Ausgabe (u. a. als Buch) einen Reflexionshorizont von Autoren bildet, auf den sie ihre Werkarbeit hin entwerfen, der zur Organisation von Aufmerksamkeit und damit als kommunikative Schnittstelle zu diversen Publikumskreisen gedacht wird (Alltagslesern, Kritikern, Philologen etc.). Wieder zeitigt das Werk nicht allein Totalitätseffekte, sondern die Aktivitäten, die durch die Absicht auf Homogenität und Ganzheit stimuliert werden, transzendieren die Grenzen des Werks: Bereits während der Entstehung der ersten Werkausgabe, die Goethe in seiner Selbstbeschreibung in zunehmendem Maß auf Einflüsse von außen zurückführt, versteht er die Korrektur dieser Ausgabe als „gute Vorarbeit zu einer künftigen Ausgabe"[123] und hält sich „bereit", „wenn eine neue Ausgabe für nöthig oder räthlich gehalten würde".[124] Goethe fasst den inneren Zusammenhang des Werks als Vorbild für den kontinuierlichen Prozess autorschaftlicher Handlungen auf. Er stellt eine Homologie zwischen *Opus* und das *Œuvre* als „large-scale artistic action" her.[125]

Ein zweites Moment, durch das der Markt neben den Totalitätseffekten von (Buch-)Ausgaben zur Triebfeder der Produktion des Werks wird, ist die Konkurrenz zwischen Verlegern sowie zwischen Verlegern und Nachdruckern.[126] Die Entäußerung seiner Werke durch Nachdrucke motiviert Goethe überhaupt dazu, sich an eine Werkausgabe zu machen. Am 5. Juni 1786 schreibt Friedrich Justin Bertuch an Georg Joachim Göschen:

> Ich erfuhr von Himburg in der Meße, daß er eine neue Auflage von Göthens Schriften vorhabe, machte ihm die Hölle darüber ein bißgen heiß, so daß er mir sagte, er wolle Göthe, der, wie ich wußte, schon seit etlichen Jahren an der ersten eigenhändigen Ausgabe seiner Wercke arbeitet, und dazu noch wenigstens 3 Bände ungedruckte liegen hat; und er ärgerte sich so darüber, daß er schwur, Himburg solle sie nicht haben, und er wolle seine Ausgabe jetzt ohne Zeitverlust veranstalten.[127]

Das Projekt einer Werkausgabe wird also auch über die Konkurrenz auf dem Buchmarkt zur Produktionsinstanz. In der *Allgemeinen Litteratur-Zeitung* war entsprechend am 31. Mai 1786 zu lesen, Goethe arbeite an einer

---
122 Goethe: Sämtliche Werke, Bd. 15, S. 520, 565.
123 Goethe an Göschen, 9. Februar 1788 (Goethe: Werke, Abt. IV, Bd. 8, S. 342).
124 Goethe an Göschen, 4. Juli 1791 (Goethe: Werke, Abt. IV, Bd. 9, S. 277).
125 Levinson: Work, S. 251.
126 Zu Goethes Marktstrategien vgl. Werber: Markt.
127 Quellen, Bd. 1, S. 4.

> neuen Ausgabe seiner sämmtlichen Werke, welche nicht allein seine schon bekannten, obgleich ohne sein Wissen und seinen Willen gesammleten und zusammengedruckten Arbeiten, sondern auch seine noch ungedruckten enthalten, und wahrscheinlich bald erscheinen wird.[128]

Die Werkhaftigkeit der eigenen Arbeit stimuliert nicht allein die Überarbeitung, Vollendung oder Neuproduktion von Texten, sondern auch die Sammlung bzw. den Einbezug bereits vorliegender Werke in den Kontext des Gesamtwerks. Die Komplettierung und Erweiterung einer Neuausgabe gilt als entscheidender Kaufanreiz gegenüber anderen Ausgaben auf dem Markt. Der Mechanismus war einfach: Konnte ein Nachdrucker eine größere Anzahl an Einzelwerken liefern als der Autor, dann hatte dieser in der Konkurrenz um den Kunden das Nachsehen. An Cotta schreibt Goethe am 16. November 1810 beispielsweise im Blick auf einen Wiener Nachdruck (1806–1810):

> Hauptsächlich wünschte ich zu sehen, was sie noch abgedruckt haben, das in unserer Ausgabe nicht steht; und ich hätte große Lust, einen Supplementband, besonders Gedichte, an den Tag treten zu lassen. Es ist manches darunter aus meinen ersten Zeiten, das wegen verschiedener Ursachen bisher zurückblieb, jetzt aber wohl das Tageslicht wird anblicken dürfen.[129]

Ungefähr einen Monat später, am 17. Dezember, legt Cotta nach: „[...] die Idee eines Suplembandes der Gedichte, wozu ich den Wiener Nachdruck sogleich beschriben habe, wird nothwendig und erhält fürs Publikum ein erhöhetes Interesse".[130]

Dass die Arbeit an der Werkausgabe zugleich die Zeit des Arbeitsbeginns an *Dichtung und Wahrheit* ist, passt ins Bild, denn die Ausweitung der Aufmerksamkeit auf Werke, die bislang nicht dem Gesamtwerk inkorporiert worden waren, verlangt nach neuen Formen der Einheitsbildung. Die Autobiographie soll die den Lesern verweigerte chronologische Ordnung der Werke ersetzen[131] und übernimmt die Aufgabe, das werkpolitische Ideal der Ganzheit zu stiften: Seine Gedichte seien „Bruchstücke einer großen Confession", heißt es in einer berühmten Sequenz, „welche vollständig zu machen dieses Büchlein [*Dichtung und Wahrheit*, S. M.] ein gewagter Versuch ist"[132] – die „Confession" erscheint mir dabei weniger ‚be-

---

128 Ebd., S. 3.
129 Goethe/Cotta: Briefwechsel, Bd. 1, S. 215 f.
130 Ebd., S. 220.
131 Goethe: Sämtliche Werke, Bd. 16, S. 10 f.; Müller: Autobiographie, S. 249 ff. Wichtig sind hier vor allem auch die Hinweise auf die Erfahrung des Scheiterns und auf die Sorge um ein Missverstanden-Werden, das im Hintergrund des autobiographischen Projekts bei Goethe steht (ebd., z. B. S. 258).
132 Goethe: Sämtliche Werke, Bd. 16, S. 306.

deutsam' zu sein als das Telos der Selektionslosigkeit („vollständig") und das damit einhergehende Versprechen der Defragmentierung von „Bruchstücke[n]". Während also im Kampf gegen den Nachdruck die Vervollständigung der Werke ein probates Mittel war,[133] übernimmt *Dichtung und Wahrheit* die Funktion, diese Erweiterung zu plausibilisieren und für die Einheit des Werks zu sensibilisieren, deren Teil sie ist: „Sollte es nicht besser, wircksamer und vortheilhafter seyn", schreibt Goethe am 28. September 1811 an Cotta, „gleich jetzt zu einer correckten, und completen Auflage zu schreiten, die um so vollständiger seyn könnte, als meine Confessionen den Weg bahnen, manches was für sich nicht bestünde als einen Theil des Ganzen aufzustellen"?[134]

Die Leitorientierungen der werkförmigen Aufmerksamkeit wie ,Vollständigkeit' oder ,Ganzheit' gelten nicht nur für historisch weit zurückliegende Werke, sondern sie avancieren zum Reflexionshorizont von Autoren selbst, sie werden zum Teil eines Werkkalküls, das sich auf die Aktivitäten von Produzenten, Vermittlern und Rezipienten zeitgemäß einrichtet. Als Goethe 1826 seine „sämmtlichen Werke" in einer „vollständige[n] Ausgabe letzter Hand" anzeigt, vermerkt er bei der Ankündigung der Ausgabe über seine „Werke" im *Morgenblatt für gebildete Stände* eine historische Transformation der Aufmerksamkeitsformen:

> Vollständig nennen wir sie in dem Sinne, daß wir dabey den Wünschen der neuesten Zeit entgegen zu kommen getrachtet haben. Die deutsche Cultur steht bereits auf einem sehr hohen Punkte, wo man fast mehr als auf den Genuß eines Werkes, auf die Art, wie es entstanden, begierig scheint und die eigentlichen Anlässe, woraus ich jenes entwickelt, zu erfahren wünscht; so ward dieser Zweck besonders in's Auge gefaßt, und die Bezeichnung vollständig will sagen, daß theils in der Auswahl der noch unbekannten Arbeiten, theils in Stellung und Anordnung überhaupt vorzüglich darauf gesehen worden, des Verfassers Naturell, Bildung, Fortschreiten und vielfaches Versuchen nach allen Seiten hin klar vor's Auge zu bringen, weil außerdem der Betrachter nur in unbequeme Verwirrung gerathen würde.[135]

Die Entfremdung durch den Buchmarkt erzeugt konzeptionell das Lebenswerk und regt darüber hinaus dazu an, selbst Kontexte in das Werk einzubeziehen, die dem Autor des Werks nicht mehr direkt als Urheber zugesprochen werden können. So überlegt Goethe, eine Rubrik „Auf mich und meine Werke Bezügliches" in die Ausgabe letzter Hand einzubauen.[136]

---

133 Vgl. dazu auch Quellen, Bd. 1, S. 451, 454 f., 491.
134 Goethe/Cotta: Briefwechsel, Bd. 1, S. 229.
135 Quellen, Bd. 2, S. 361.
136 Ebd., S. 34 f.; vgl. zur zentrierenden Macht des Autornamens auch die Fallstudie von Holger Dainat zu *Die Natur*, einem Fragment, das nachweislich nicht von Goethe stammt, aber bis heute seinem Werk beigeordnet wird; Dainat: Natur.

Spätere Ausgaben haben diese Idee realisiert, wenn sie etwa Dokumente zur Wirkungsgeschichte edieren.

Bei Goethe treten mithin die beiden Momente deutlich in Erscheinung, die ich als Aspekte der Werkpraxis herausarbeiten wollte: Aufschlussreich ist – erstens –, dass er die ‚Vollständigkeit' des Gesamtwerks auf der Grundlage einer „Auswahl" von Einzelwerken postuliert. Dies verweist auf tendenziell konfligierende und gleichwohl einander stimulierende Werkkonzepte: Das Konzept des interessanten Werks zielt auf die Integration aller zurechenbaren Werkelemente (einschließlich der Wäschereirechnung) und tendiert zur Anlagerung von Kontexten; das Konzept des bedeutenden Werks stellt eine Auswahl bereit, die sich an künstlerischer Perfektion und ästhetischer Abgeschlossenheit orientiert. Diese Unsicherheit belegt, wie sehr die Ambivalenzen der Werkpolitik poetische Produktion organisieren und in welcher Weise sich der Autor durch sein Werk bei aller Ambivalenz zwischen Ent- und Begrenzung selbst verpflichtet.

Goethes Diagnose einer Aufmerksamkeitsverschiebung des Publikums und einer entsprechenden Legitimierung des Gesamtwerks weist zudem – zweitens – darauf hin, dass die Werkpraxis einer komplexen Umstellung literarischer Kommunikation und der damit verbundenen Rollen entspricht. Diverse Akteure beziehen sich in ausdifferenzierten Sozialsystemen in einer ähnlichen Weise werkhaft auf literarische Dinge und machen das Werk dadurch zu einer robusten Größe. Wenn das Publikum im Allgemeinen, wie Goethe meint, „fast mehr als auf den Genuß eines Werkes, auf die Art, wie es entstanden, begierig scheint", dann erweisen sich etwa philologische Aufmerksamkeitsmuster als anschlussfähig an allgemeinere Lektürepraktiken. Die Ausdifferenzierung der Philologie als eines exklusiven Leseverhaltens mit einer bestimmten Ökonomie der Aufmerksamkeit gehört damit zu einer größeren Verschiebung des Selektionsverhaltens, die im 18. Jahrhundert beginnt und im 19. Jahrhundert zu einem dominierenden Selbstdeutungsmuster führt.[137] Mit dem Werk steht also sehr viel zugleich auf dem Spiel.

---

[137] Der Streit zwischen Heinrich Düntzer und seinem Kritiker, der 1851 die Textrevision der von Düntzer überwachten Ausgabe von Goethes sämtlichen Werken in 30 Bänden bei Cotta im *Literarischen Centralblatt für Deutschland* einer akribischen Kritik unterzogen hatte, zeigt exemplarisch, welches Interesse philologischen Problemen damals entgegengebracht wurde. Vgl. Sippell-Amon: Auswirkung, Sp. 364.

Bibliographie

Allen, Woody: The Metterling Lists. In: The New Yorker vom 10. 05. 1969, S. 34–35.
Amslinger, Tobias: Verlagsautorschaft. Enzensberger und Suhrkamp. Göttingen 2018.
Aurnhammer, Achim: Zincgref, Opitz und die sogenannte Zincgref'sche Gedichtsammlung. In: Hermann Wiegand/Wilhelm Kühlmann (Hg.): Julius Wilhelm Zincgref und der Heidelberger Späthumanismus. Zur Blüte- und Kampfzeit der calvinistischen Kurpfalz. Heidelberg u. a. 2011, S. 263–283.
Barthes, Roland: Der Tod des Autors. In: Texte zur Theorie der Autorschaft. Hg. und komment. von Fotis Jannidis/Gerhard Lauer/Matías Martínez/Simone Winko. Stuttgart 2000, S. 185–193.
Barthes, Roland: Vom Werk zum Text. In: Texte zur Theorie des Textes. Hg. und komment. von Stephan Kammer und Roger Lüdeke. Stuttgart 2005, S. 40–51.
Behrs, Jan: Der Dichter und sein Denker. Wechselwirkungen zwischen Literatur und Literaturwissenschaft in Realismus und Expressionismus. Stuttgart 2013.
Biti, Vladimir: Gesamtwerk. In: V. B.: Literatur- und Kulturtheorie. Ein Handbuch gegenwärtiger Begriffe. Reinbek bei Hamburg 2001, S. 302–304.
Bodmer, Johann Jacob: Critische Abhandlung von dem Wunderbaren in der Poesie. Faksimiledruck nach der Ausg. von 1740. Mit einem Nachwort von Wolfgang Bender. Stuttgart 1966.
Bosse, Heinrich: Autorschaft ist Werkherrschaft. Über die Entstehung des Urheberrechts aus dem Geist der Goethezeit. Paderborn u. a. 1981.
Bourdieu, Pierre: Die Regeln der Kunst. Genese und Struktur des literarischen Feldes. Frankfurt a. M. 1999.
Cramer, Carl Friedrich: Klopstok. Er und über ihn. In: Deutsches Museum 1781, Bd. 2, S. 182–185.
[Cramer, Carl Friedrich:] Klopstock. In Fragmenten aus Briefen von Tellow an Elisa. Bern 1969 (Repr.).
Currie, Gregory: Work and Text. In: Mind N. S. 100 (1991), S. 325–340.
Dainat, Holger: Goethes „Natur" oder: „Was ist ein Autor?" In: Klaus Kreimeier/Georg Stanitzek/Natalie Binczek (Hg.): Paratexte in Literatur, Film, Fernsehen. Berlin 2004, S. 101–116.
Danneberg, Lutz: Ganzheitsvorstellungen und Zerstückelungsphantasien. Zum Hintergrund und zur Entwicklung der Wahrnehmung ästhetischer Eigenschaften in der zweiten Hälfte des 18. und zu Beginn des 19. Jahrhunderts. In: Jörg Schönert/Ulrike Zeuch (Hg.): Mimesis – Repräsentation – Imagination. Literaturtheoretische Positionen von Aristoteles bis zum Ende des 18. Jahrhunderts. Berlin, New York 2004, S. 241–282.
Daston, Lorraine: Eine kurze Geschichte der wissenschaftlichen Aufmerksamkeit. München 2001.
Dehrmann, Mark-Georg: Studierte Dichter. Zum Spannungsverhältnis von Dichtung und philologisch-historischen Wissenschaften im 19. Jahrhundert. Berlin, Boston 2015.
Derrida, Jacques: Grammatologie. Frankfurt a. M. 1983.
Eco, Umberto: Das offene Kunstwerk. Frankfurt a. M. 1977.
Fechner, Jörg-Ulrich: Nachwort. In: Martin Opitz: Jugendschriften vor 1619. Faksimileausg. des Janus Gruter gewidmeten Sammelbandes mit den handschriftlichen Ergänzungen und Berichtigungen des Verfassers [1618]. Hg. von J.-U. F. Stuttgart 1970, S. 3*–20*.
Foucault, Michel: Was ist ein Autor? (Vortrag). In: M. F.: Schriften in vier Bänden. Dits et Ecrits. Bd. 1. 1954–1969. Hg. von Daniel Defert und François Ewald unter Mitarbeit von Jacques Lagrange. Frankfurt a. M. 2001, S. 1003–1041.

Gilbert, Annette (Hg.): Wiederaufgelegt. Zur Appropriation von Texten und Büchern in Büchern. Bielefeld 2012.
Goethe, Johann Wolfgang: Werke. Hg. im Auftrage der Großherzogin Sophie von Sachsen. Abt. IV. Bd. 45. Weimar 1908.
Goethe, Johann Wolfgang: Gedenkausgabe der Werke, Briefe und Gespräche. Hg. von Ernst Beutler. Zürich 1949.
Goethe, Johann Wolfgang: Sämtliche Werke nach Epochen seines Schaffens. Münchner Ausgabe. Hg. von Karl Richter u. a. München 1990.
Goethe, Johann Wolfgang/Johann Friedrich Cotta: Briefwechsel 1797–1832. Textkritische und kommentierte Ausg. in drei Bänden. Hg. von Dorothea Kuhn. Bd. 1. Stuttgart 1979.
Goldenbaum, Ursula: Der Skandal der „Wertheimer Bibel". Die philosophisch-theologische Entscheidungsschlacht zwischen Pietisten und Wolffianern. In: U. G.: Appell an das Publikum. Die öffentliche Debatte in der deutschen Aufklärung 1697–1796. Mit Beiträgen von Frank Grunert u. a. Teil 1. Berlin 2004, S. 175–508.
Goodman, Nelson/Catherine Z. Elgin: Revisionen. Philosophie und andere Künste und Wissenschaften. Frankfurt a. M. 1989.
Grabbe, Christian Dietrich: Etwas über den Briefwechsel zwischen Schiller und Goethe. In: C. D. G.: Werke und Briefe. Historisch-kritische Gesamtausg. in sechs Bänden. Hg. von der Akademie der Wissenschaften in Göttingen. Bearb. von Alfred Bergmann. Darmstadt 1966, S. 91–110.
Häfner, Ralph: Das Subjekt der Interpretation. Probleme des Dichtungskommentars bei Martin Opitz. In: Jörg Schönert/Friedrich Vollhardt (Hg.): Geschichte der Hermeneutik und die Methode der textinterpretierenden Disziplinen. Berlin, New York 2005, S. 97–118.
Hagen, Waltraud: Goethes autobiographische Schriften in der Inhaltsplanung der Ausgabe letzter Hand. In: Goethe-Jahrbuch 49 (1973), S. 168–185.
Hamecher, Peter: Eine Biographie Stefan Georges. In: Kunst Welt Wissen. Unterhaltungs-Beilage der Berliner Börsen-Zeitung, Nr. 72 vom 26. März 1930.
Hildebrand, Rudolf: Ein Knopf von Goethe. In: R. H.: Tagebuchblätter eines Sonntagsphilosophen. Gesammelte Grenzbotenaufsätze. Leipzig 1896, S. 9–19.
Hirsch, Ernst E.: Die Werkherrschaft. Ein Beitrag zur Lehre von der Natur der Rechte an Geisteswerken. In: Georg Roeber (Hg.): Persönlichkeit und Technik im Lichte des Urheber-, Film-, Funk- und Fernsehrechts. Ehrengabe für Ernst E. Hirsch. Baden-Baden 1963, S. 19–54.
Jaeggi, Rahel: Kritik von Lebensformen. Berlin 2014.
Kanzog, Klaus: Strukturierung und Umstrukturierung in der Textgenese. Versuche, Regeln für die Konstituierung eines Werkes zu finden. In: Siegfried Scheibe/Christel Laufer (Hg.): Zu Werk und Text. Beiträge zur Textologie. Berlin 1991, S. 87–97.
Kayser, Wolfgang: Das sprachliche Kunstwerk. Eine Einführung in die Literaturwissenschaft. 12. Aufl. mit nachgeführter Bibliographie. Bern, München 1967.
Klopstock, Friedrich Gottlieb: Werke und Briefe. Historisch-kritische Ausgabe. Begründet von Adolf Beck u. a., hg. von Horst Gronemeyer u. a. Abteilung Werke. Bd. 2. Berlin, New York 1982.
Klopstock, Friedrich Gottlieb: Briefe 1776–1782. Hg. von Helmut Riege. Bd. 1: Text. Berlin, New York 1982.
Kondrup, Johnny: Text und Werk – zwei Begriffe auf dem Prüfstand. In: editio 27 (2013), S. 1–14.
König, Christoph: Philologie der Poesie. Von Goethe bis Peter Szondi. Berlin, Boston 2014.

Koschorke, Albrecht: Körperströme und Schriftverkehr. Mediologie des 18. Jahrhunderts. München 1999.
Kristeva, Julia: Bachtin, das Wort, der Dialog und der Roman. In: Texte zur Literaturtheorie der Gegenwart. Hg. und kommentiert von Dorothee Kimmich, Rolf Günter Renner und Bernd Stiegler. Stuttgart 1997, S. 334–348.
Kurbjuhn, Charlotte/Steffen Martus/Carlos Spoerhase (Hg.): Editoriale Aneignung literarischer Werke im 18. Jahrhundert (= Zeitschrift für Germanistik NF 27.1 [2017]).
Latour, Bruno: Elend der Kritik. Vom Krieg um Fakten zu Dingen von Belang. Zürich, Berlin 2007.
Levinson, Jerrold: Work and Œuvre. In: J. L.: The Pleasures of Aesthetics. Philosophical Essays. Ithaca, NY, London 1996, S. 242–273.
Luhmann, Niklas: Die Politik der Gesellschaft. Hg. von André Kieserling. Frankfurt a. M. 2002.
Mahlmann-Bauer, Barbara: Die Opitz-Edition Bodmers und Breitingers (1745). In: Zeitschrift für Germanistik N. F. 27.1 (2017), S. 53–68.
Martus, Steffen: Die Entstehung von Tiefsinn im 18. Jahrhundert. Zur Temporalisierung der Poesie in der Verbesserungsästhetik bei Hagedorn, Gellert und Wieland. In: Deutsche Vierteljahrsschrift für Literaturwissenschaft und Geistesgeschichte 74 (2000), S. 27–43.
Martus, Steffen: Ausgabe. In: Erhard Schütz/Silke Bittkow/David Oels/Stephan Porombka/Thomas Wegmann (Hg.): Das BuchMarktBuch. Der Literaturbetrieb in Grundbegriffen. Reinbek bei Hamburg 2005, S. 19–25.
Martus, Steffen: Werkpolitik. Zur Literaturgeschichte kritischer Kommunikation vom 17. bis ins 20. Jahrhundert mit Studien zu Klopstock, Tieck, Goethe und George. Berlin, New York 2007.
Martus, Steffen: Zeit und Wissen: Christoph Martin Wieland im Kontext der kritischen Kommunikation des 18. Jahrhunderts. In: Walter Erhart/Lothar van Laak (Hg.): Wissen – Erzählen – Tradition. Wielands Spätwerk. Berlin, New York 2010, S. 53–68.
Martus, Steffen: Schillers Werkpolitik. In: Jahrbuch der deutschen Schillergesellschaft 55 (2011), S. 169–188.
Martus, Steffen: Aufklärung. Das deutsche 18. Jahrhundert – ein Epochenbild. Berlin 2015.
Martus, Steffen: Wandernde Praktiken „after theory"? In: Internationales Archiv für Sozialgeschichte der deutschen Literatur 40 (2015), S. 177–195.
Martus, Steffen: Epistemische Dinge der Literaturwissenschaft? In: Andrea Albrecht/Lutz Danneberg/Olav Krämer/Carlos Spoerhase (Hg.): Theorien, Methoden und Praktiken des Interpretierens. Berlin u. a. 2015, S. 23–51.
Müller, Harro: Einige Notizen zu Diskurstheorie und Werkbegriff. In: Jürgen Fohrmann/H. M. (Hg.): Diskurstheorien und Literaturwissenschaft. Frankfurt a. M. 1988, S. 235–243.
Müller, Klaus-Detlef: Autobiographie und Roman. Studien zur literarischen Autobiographie der Goethezeit. Tübingen 1976.
Nebrig, Alexander: Disziplinäre Dichtung. Philologische Bildung und deutsche Literatur in der ersten Hälfte des 20. Jahrhunderts. Berlin, Boston 2013.
Nutt-Kofoth, Rüdiger (Hg.): Dokumente zur Geschichte der neugermanistischen Edition. Tübingen 2005.
Opitz, Martin: Gedichte. Von J. J. B. und J. J. B. besorget. Erster Theil. Zürich 1745.
Opitz, Martin: Teutsche Gedichte, in vier Bände abgetheilet, Von neuem sorgfältig übersehen, allenthalben fleißig ausgebessert, mit nöthigen Anmerckungen erläutert, von Daniel Wilhelm Triller, Und mit Kupfern gezieret durch Martin Tyroff. Erster Band, enthaltend Weltliche Gedichte. Frankfurt a. M. 1746, unpag.

Opitz, Martin: Gesammelte Werke. Kritische Ausgabe. Hg. von George Schulz-Behrend. Stuttgart 1978.
Quellen und Zeugnisse zur Druckgeschichte von Goethes Werken. Bd. 1. Gesamtausgabe bis 1822. Bearb. von Waltraud Hagen unter Mitarbeit von Edith Nahler. Berlin 1966.
Quellen und Zeugnisse zur Druckgeschichte von Goethes Werken. Bd. 2. Die Ausgabe letzter Hand. Bearb. von Waltraud Hagen. Berlin 1982.
Rieger, Stefan: Autorfunktion und Buchmarkt. In: Miltos Pechlivanos/S. R./Wolfgang Struck/Michael Weitz (Hg.): Einführung in die Literaturwissenschaft. Stuttgart, Weimar 1995, S. 147–163.
Roloff, Hans-Gert: Martin Opitz – 400 Jahre! Ein Festvortrag. In: Thomas Borgstedt/Walter Schmitz (Hg.): Martin Opitz (1597–1639). Nachahmungspoetik und Lebenswelt. Tübingen 2002, S. 7–30.
Schalkwyk, David: Cricital Resources. Historicism in Purgatory. In: Pretexts: Literary and Cultural Studies 11 (2002), S. 75–92.
Scheidegger Lämmle, Cédric: Werkpolitik in der Antike. Studien zu Cicero, Vergil, Horaz und Ovid. München 2016.
Schleiermacher, Friedrich Daniel Ernst: Hermeneutik und Kritik. Mit einem Anhang sprachphilosophischer Texte Schleiermachers. Hg. und eingeleitet von Manfred Frank. 5. Aufl. Frankfurt a. M. 1993.
Sippell-Amon, Birgitt: Die Auswirkung der Beendigung des sogenannten ewigen Verlagsrechts am 9. 11. 1867 auf die Edition deutscher „Klassiker". In: Archiv für Geschichte des Buchwesens 14 (1974), Sp. 349–416.
Spoerhase, Carlos: Autorschaft und Interpretation. Methodische Grundlagen einer philologischen Hermeneutik. Berlin, New York 2007.
Spoerhase, Carlos: Was ist ein Werk? Über philologische Werkfunktionen. In: Scientia poetica 11 (2007), S. 276–344.
Spoerhase, Carlos: Das Format der Literatur. Praktiken materieller Textualität zwischen 1740 und 1830. Göttingen 2018.
Star, Susan Leigh/James R. Griesemer: Institutional Ecology, ‚Translations' and Boundary Objects: Amateurs and Professionals in Berkeley's Museum of Vertebrate Zoology, 1907–39. In: Social Studies of Science 19 (1989), S. 387–420.
Thierse, Wolfgang: Thesen zur Problemgeschichte des Werk-Begriffs. In: Zeitschrift für Germanistik 6 (1985), S. 441–449.
Thierse, Wolfgang: „Das Ganze aber ist das, was Anfang, Mitte und Ende hat." Problemgeschichtliche Beobachtungen zur Geschichte des Werkbegriffs. In: Karlheinz Barck/Martin Fontius/W. T. (Hg.): Ästhetische Grundbegriffe. Studien zu einem historischen Wörterbuch. Berlin 1990, S. 378–414.
Ufertinger, Volker: Der Germanist Erich Schmidt – Philologie und Repräsentation im Kaiserreich. In: Gesine Bey (Hg.): Berliner Universität und deutsche Literaturgeschichte. Studien im Dreiländereck von Wissenschaft, Literatur und Publizistik. Frankfurt a. M. 1998, S. 39–52.
Werber, Niels: Der Markt der Musen. Die Wirtschaft als Umwelt der Literatur. In: Gerhard Plumpe/N. W. (Hg.): Beobachtungen der Literatur. Aspekte einer polykontexturalen Literaturwissenschaft. Opladen 1995, S. 183–216.
Wieland, Christoph Martin: Nachtrag zu den vorstehenden Briefen über eine Anekdote J. J. Rousseaus. 1782. In: C. M. W.: Sämmtliche Werke. Bd. 5.15. Hg. von der Hamburger Stiftung zur Förderung von Wissenschaft und Kultur in Zusammenarbeit mit dem „Wieland-Archiv", Biberach/Riß und Hans Radspieler. Neu-Ulm, Hamburg 1984 (Repr.), S. 232–251.
Zeller, Hans: Befund und Deutung. In: Gunter Martens/H. Z. (Hg.): Texte und Varianten. Probleme ihrer Edition und Interpretation. München 1971, S. 45–89.

Zeller, Hans/Jelka Schilt: Werk oder Fassung eines Werks? Zum Problem der Werkdefinition nach Fassungen am Beispiel von Conrad Ferdinand Meyers Gedichten. In: Siegfried Scheibe/Christel Laufer (Hg.): Zu Werk und Text. Beiträge zur Textologie. Berlin 1991, S. 61–86.

Zincgref, Julius Wilhelm (Hg.): Auserlesene Gedichte Deutscher Poeten gesammelt von Julius Wilhelm Zinkgref [1624]. Halle (Saale) 1879.

SIMONE WINKO

Zum Werkbegriff in der gegenwärtigen Interpretationspraxis: Exemplarische Untersuchungen

1. Ausgangshypothesen und Leitfragen

Was wird eigentlich in der literaturwissenschaftlichen Interpretationspraxis untersucht? Literarische Werke, literarische Texte, Schnittpunkte von Diskursen, Phantasmen von Autorinnen und Autoren? Werke sind es eher nicht, so zu Beginn der vorliegenden Studie meine Einschätzung, die auf der Erfahrung im Fach, der Begriffsverwendung in der eigenen Interpretationspraxis und der Kenntnis der Theoriedebatte zum Werkbegriff beruhte. Dass „der Werkbegriff kaum eine Rolle mehr in der wissenschaftlichen Terminologie" spielt, hat Oliver Jahraus 2004 mit Bezug auf die literaturtheoretische Diskussion festgestellt –[1] eine vermutlich konsensfähige Behauptung. In der Literaturtheorie wurde der Werk- allmählich durch den Textbegriff abgelöst, als Folge massiver strukturalistischer und poststrukturalistischer Kritik an den Voraussetzungen und Folgen des Werkbegriffs. Die emphatische Auffassung vom literarischen Kunstwerk, das sich unter anderem durch Ganzheit und überzeitliche Wahrheit auszeichne, verlor seit den 1970er Jahren immer mehr an theoretischer Relevanz. Ein entsprechender Befund gilt nicht für alle literaturwissenschaftlichen Arbeitsfelder gleichermaßen. Anders stellt sich die Lage bekanntlich in der Editionswissenschaft dar, in der ‚Werk' ein – wenn auch umstrittener – Grundbegriff ist,[2] und zur Rekonstruktion poetologischer und poesiologischer Positionen lässt sich der Werkbegriff mit Gewinn einsetzen.[3] Wie sieht es aber in der heutigen Interpretationspraxis aus? Die literaturwissenschaftlichen Auseinandersetzungen um den Werkbegriff werden in aller Regel mit Bezug auf programmatische Texte oder den Objektbereich, die Literatur, ge-

---

1 Jahraus: Literaturtheorie, S. 113.
2 Vgl. z. B. Martens: Werk.
3 Vgl. Martus: Werkpolitik.

führt; zur Bedeutung des Werkbegriffs in Interpretationen liegt aber meines Wissens bislang keine Studie vor. Ziel des vorliegenden Beitrags ist eine exemplarische Untersuchung der gegenwärtigen Interpretationspraxis unter der Frage, welche Bedeutung der Werkbegriff für sie hat.

Ausgehend von der Theoriedebatte war erwartbar, dass auch in literaturwissenschaftlichen Interpretationen der Werkbegriff heute keine große Rolle mehr spielt, im Gegensatz zum Textbegriff. Die entsprechenden Ausgangshypothesen lauten:

(1)   Der Werkbegriff kommt in Interpretationen kaum noch vor.

(2)   Der Textbegriff wird erheblich häufiger verwendet als der Werkbegriff.

Mit diesen Hypothesen wäre nur ein Teil des programmatischen Anliegens erfasst, das der vorliegende Band verfolgt, richten sie sich doch auf das Verschwinden des Werkbegriffs, nicht aber auf sein eventuelles Fortwirken. Auch dieses sollte aber im Folgenden als Möglichkeit ins Auge gefasst werden:

(3)   Der Werkbegriff wirkt in aktuellen Interpretationen weiter.

Um die Ausgangshypothesen präzisieren, mit Leitfragen verbinden und damit die methodische Anlage dieses Beitrags erläutern zu können, ist an die Tatsache zu erinnern, dass Begriffe aus zwei Einheiten bestehen: aus einem sprachlichen Ausdruck, der Begriffsbezeichnung bzw. -benennung, und einer semantischen oder mentalen Größe.[4] Mit der Bezeichnung ‚Werk' können unterschiedliche Auffassungen davon verbunden sein, welche Merkmale einem Werk zukommen. Diese Überlegung hat zwei Konsequenzen: Zum einen macht sie deutlich, dass die Ausgangshypothesen (1) und (2) eine quantitative und eine qualitative Komponente haben, die zu unterscheiden sind. Quantitativ erheben lässt sich das Vorkommen der Ausdrücke ‚Werk' und ‚Text', qualitativ untersucht werden kann die Verwendung dieser Ausdrücke und damit ihre Bedeutungsvarianten. Von den Vorkommen der Ausdrücke im einzelnen Interpretationstext interessieren hier vor allem solche, in denen mit ‚Werk' und ‚Text' der untersuchte Gegenstand bezeichnet und etwas über ihn ausgesagt wird. Allgemeiner soll gefragt werden, mit welchen Ausdrücken in literaturwissenschaftlichen Interpretationen überhaupt auf den Untersuchungsgegenstand Bezug genommen wird. Vor dieser Folie lässt sich dann der Stellenwert der Bezeichnungen ‚Werk' und ‚Text' besser einschätzen. Zum anderen folgt aus der Überlegung, dass die Hypothesen (1) und (3) in einer differenzierenden

---

4 Vgl. z. B. Haller/Mittelstraß: Begriff; auch Stegmüller: Begriff, S. 61.

Sicht einander nicht widersprechen müssen: Es ist möglich, dass der Ausdruck ‚Werk' vermieden wird, während weiterhin mit Annahmen des traditionellen, kritisierten Werkkonzepts gearbeitet wird. Dass genau dies der Fall ist – dass dies aber auch nicht wirklich überrascht –, wird sich im Folgenden zeigen.

Damit liegen drei Leitfragen nahe. Sie sollen auf der Basis eines Korpus von Interpretationen exemplarisch beantwortet werden.
1. Wie beziehen sich Literaturwissenschaftler in Interpretationen auf ihren Gegenstand? Diese Frage führt zu einer quantitativen Erhebung der Ausdrücke, die in den Beiträgen verwendet werden, um das jeweilige Untersuchungsobjekt zu bezeichnen. Erhoben werden die Ausdrücke und ihre Häufigkeit (Kap. 3.1).
2. Mit welchen Bedeutungsvarianten und in welchen Funktionen werden die am häufigsten vorkommenden Ausdrücke verwendet? Unter dieser Frage werden die Passagen, in denen die im ersten Durchgang identifizierten Ausdrücke vorkommen, qualitativ analysiert (Kap. 3.2).
3. Wird in den Interpretationen explizit oder implizit mit Merkmalen eines traditionellen Werkbegriffs gearbeitet? In der Erläuterung und Rechtfertigung ihrer Interpretationshypothesen setzen Interpreten Annahmen zur Beschaffenheit ihres Gegenstandes ein, die mit den Merkmalen des kritisierten Werkbegriffs verglichen werden können. Dieser Frage lässt sich im Rahmen von Argumentationsanalysen nachgehen (Kap. 3.3).

2. Untersuchungskorpus

Grundlage der quantitativen und der qualitativen Analysen ist ein Untersuchungskorpus aus Interpretationen, die zwischen 2000 und 2015 veröffentlicht worden sind. Unter ‚Interpretationen' verstehe ich im Folgenden solche literaturwissenschaftlichen Beiträge, in denen ein einzelner literarischer Gegenstand – sei er ‚Werk', ‚Text' oder anders genannt – oder auch mehrere literarische Gegenstände in Hinsicht auf seine bzw. ihre Machart, Bedeutungen, intertextuellen Beziehungen, Beziehungen zu anderen Künsten, zu Diskursen, Institutionen oder anderen meist als Kontext bezeichneten Einheiten untersucht werden. Beiträge dieser Art bilden noch immer die größte Gruppe literaturwissenschaftlicher Publikationen. Für meine Fragestellung lag es nahe, Interpretationen zu Texten solcher Autoren zu untersuchen, die einen unterschiedlichen Status im Fach haben. Der Schwerpunkt sollte auf Arbeiten zu einem kanonischen Beispiel liegen, weil diese Bedingung gewährleistet, dass es hinreichend viele Interpretationen im Untersuchungszeitraum gibt, so dass zum einen verschiedene Publikationstypen, zum anderen Beiträge mit unterschiedlichen theoretischen Positionen berücksichtigt werden konnten. Die Interpretationen von Texten eines nichtkanonischen Autors dagegen können Aufschluss über die Verwendung des Werkbegriffs bei ‚prekären' Gegenständen liefern und damit Einsichten in Aspekte des Werkbegriffs bringen, die bei kanonischen Gegenständen entfallen. Als Beispiel für einen kanonischen Gegenstand wurde Heinrich von Kleists Erzählung *Michael Kohlhaas* gewählt, als Beispiel für eine nicht-kanonische Autorin Eugenie Marlitt, deren Romane und Erzählungen in den letzten Jahren verstärkt, wenn auch in erheblich geringerem Umfang als Kleists kanonische Erzählung, in der Literaturwissenschaft untersucht worden sind.

Mithilfe der *Bibliographie der deutschen Sprach- und Literaturwissenschaft* (BDSL) wurden die Titel identifiziert, die zwischen 2000 und 2015 zu *Michael Kohlhaas* erschienen sind: Für die Erzählung, die bekanntlich bereits vor dem Untersuchungszeitraum oft interpretiert worden ist, sind immerhin 118 Titel verzeichnet.[5] Dabei muss von einer Dunkelziffer ausgegangen werden, da die BDSL das „behandelte[ ] Werk" (so die Suchkategorie) nicht immer zuverlässig verschlagwortet[6] und beispielsweise *Kohlhaas*-Kapitel in Monographien nicht systematisch aufgenommen werden. Da nur Interpretationen im oben ausgeführten Sinne untersucht werden sollten, wurden neben *Kohlhaas*-Ausgaben und -Illustrationen sowie bibliographischen Publikationen auch die Beiträge zur Rezeption herausgenommen, die keine interpretierenden Passagen enthalten; da es um Interpretationen mit literaturwissenschaftlichem Anspruch geht, wurde auch auf die Handreichungen zu Schul- oder Studiumszwecken verzichtet. Zudem wurden, um Vergleichbarkeit zu gewährleisten, nur deutschsprachige Beiträge einbezogen. Nach Anwendung der Auswahlkriterien ergab sich eine Liste von 62 Titeln. Diese wurde aus Gründen der Machbarkeit für diesen Beitrag nach dem Zufallsprinzip auf 24 Titel reduziert. Im Korpus enthalten sind nun Beiträge aus Zeitschriften, vor allem aus dem *Kleist-Jahrbuch*, zudem aus der *Zeitschrift für deutsche Philologie* und der *Deutschen Vierteljahrsschrift für Literaturwissenschaft und Geistesgeschichte*, und aus Sammelbänden sowie Kapitel zu *Michael Kohlhaas* aus Kleist-Monographien. Ganz anders sieht die Situation für Eugenie Marlitt aus. Hier gibt es kein kanonisches ‚Werk', dem sich zahlreiche Arbeiten intensiv widmen, vielmehr werden meist mehrere oder gleich alle ihre Romane und Erzählungen behandelt, und oft geht es um das ‚Phänomen Marlitt', also nicht oder nur am Rande um

---

5 Letzter Prüftag: 27. 02. 2017.
6 Für nicht-kanonische Literatur gilt das in verstärktem Maße, wie die Suche nach Titeln von Romanen der Autorinnen Hedwig Courths-Mahler und Eugenie Marlitt gezeigt hat.

Interpretationen ihrer Werke. Insgesamt verzeichnet die BDSL im Untersuchungszeitraum nur 34 Beiträge zu Marlitt (zu Kleist 2481); darunter fallen auch Ausgaben, Biographisches und zwei Hinweise auf das *Jahrbuch der Interessengemeinschaft Marlitt*. Von der Liste passen neun deutschsprachige Beiträge ins Korpus, da sie als Interpretationstexte eingestuft werden können bzw. sich in ihnen aussagekräftige interpretierende Passagen finden. Dieses Teilkorpus ist damit kleiner und setzt sich auch anders zusammen als das Kleist-Korpus: Es enthält drei Qualifikationsschriften mit ‚werkerschließendem' Charakter, und nur vier der Verfasser zählen zu den etablierten[7] Vertreterinnen und Vertretern des Faches. Aus den Qualifikationsschriften wurden zufällig ausgewählte interpretierende Passagen von Aufsatzlänge in die Auswertung einbezogen.

Da es hier nicht um eine Auseinandersetzung mit den Verfassern der Beiträge geht und Personalisierungen vermieden werden sollen, werden die Texte in beiden Teilkorpora im Folgenden nach ihrem Erscheinungsjahr chronologisch durchnummeriert und mit der Sigle ‚K' für ‚Kleist' bzw. ‚M' für ‚Marlitt' versehen. Einschränkend ist zu betonen, dass das Korpus mit seinen insgesamt 33 Texten angesichts der lebhaften literaturwissenschaftlichen Publikationspraxis in Zeitschriften, Sammelbänden und Monographien klein ist und die Ergebnisse nicht repräsentativ sein können. Mit der folgenden Untersuchung kann ich nur beanspruchen, mögliche Tendenzen aufzuzeigen, die in umfangreicher angelegten Untersuchungen der Interpretationspraxis überprüft werden müssten. Zudem garantiert der Zeitraum 2000–2015 zwar Aktualität, lässt aber keine Aussagen über Entwicklungen zu.

Die Korpustexte wurden nach den in Abschnitt 1 entwickelten Leitfragen analysiert, die Ergebnisse seien im Folgenden knapp zusammengefasst und ausgewertet.

3. Untersuchungsergebnisse

3.1 Gegenstandsbezeichnungen

Um auf den Untersuchungsgegenstand Bezug zu nehmen, kommen fünf Typen von Bezeichnungen in Frage, die im Korpus realisiert worden sind:

---

7 ‚Etabliert' verwende ich hier als eine unscharfe Kategorie, um Forscherinnen und Forscher in (1) einem institutionellen, karrieretechnischen und (2) einem forschungsfeldbezogenen Sinne zu bezeichnen: (1) Sie haben die Qualifikationsstufe der Habilitation oder ein Äquivalent absolviert; (2) sie haben zu dem Gegenstand bereits mindestens eine anerkannte Arbeit, in der Regel eine Monographie, publiziert.

1. Titel: Der Titel bezeichnet den behandelten Gegenstand am spezifischsten, z. B. *Michael Kohlhaas* oder *Im Schillingshof.*
2. Gattungsbezeichnung: Mit der Bezeichnung ‚Erzählung', ‚Roman', ‚Novelle' und anderem wird der Untersuchungsgegenstand generisch markiert.
3. Kategorialbezeichnung/*Genus proximum*:[8] Mit Ausdrücken wie ‚Werk' und ‚Text' wird der behandelte Gegenstand noch allgemeiner klassifiziert.
4. Editorische Bezeichnung: Zum Teil wird über die verwendete ‚Ausgabe', ‚Fassung', ‚Edition' oder ‚Version' gesprochen.
5. Autorname: Der Autorname steht in einigen Fällen metonymisch für das Untersuchungsobjekt[9] und dient seiner Bezeichnung, z. B. ‚bei Kleist' für ‚in Kleists *Michael Kohlhaas*', ‚bei Marlitt' für ‚in Marlitts Roman *Das Geheimnis der alten Mamsell*'.

Wie erwartet kommt der Ausdruck ‚Werk' zur Bezeichnung des Untersuchungsgegenstandes nur selten vor (s. Tab. 1). Anders als die Hypothese (2) vermuten lässt, ist es aber in beiden Teilkorpora nicht der Ausdruck ‚Text', der ‚Werk' die stärkste Konkurrenz macht, sondern es sind mit klarem Abstand die Gattungsbezeichnungen. Es liegt daher nahe, bei der inhaltlichen Untersuchung der Trefferstellen in den folgenden Abschnitten neben ‚Werk' und ‚Text' auch die Ausdrücke ‚Erzählung', ‚Novelle' und ‚Roman' mit einzubeziehen.

Vergleicht man die Ergebnisse, so ist interessant, dass die Gattungs- und auch die Kategorialbezeichnungen in beiden Teilkorpora ähnlich oft vorkommen. Bei letzteren liegen aber deutliche Unterschiede darin, welche Ausdrücke jeweils für den Untersuchungsgegenstand gewählt werden: Der Ausdruck ‚Werk' findet sich in den untersuchten *Kohlhaas*-Beiträgen noch erheblich seltener als im Marlitt-Korpus. Dort müsste es, wenn man das Ergebnis des *Kohlhaas*-Korpus anlegt, relativ zur Seitenzahl zehn Vorkommen von ‚Werk' geben, tatsächlich beträgt die Zahl mit 58 aber fast das

---

[8] Mit Begriffen der klassischen Definitionslehre können diese Kategorialbezeichnungen als *Genus proximum* verstanden werden: Sie stellen Abstraktionen von den Merkmalen der ihnen untergeordneten Begriffe wie ‚Gattung' oder ‚Genre' dar. Konkretisiert werden sie durch den Ko- oder Kontext, in dem sie verwendet werden. Im Rahmen der semantischen Substantivklassifikation könnte man diese Bezeichnungen auch zu den Nomina Appellativa rechnen, die „primär für Kategorien, d. h. für qualitativ bestimmbare kognitive Größen" stehen (Bär: Linguistik, S. 494). Für diesen Hinweis danke ich Albert Busch.

[9] Zu den Möglichkeiten der metonymischen Verwendung des Autornamens für das Œuvre vgl. Spoerhase: Werk, S. 297–300; in den untersuchten Interpretationstexten kann der Autorname auch für das Einzelwerk stehen.

Bezeichnung	Kleist-Korpus: 439 S.[10]		Marlitt-Korpus: 186 S.	
	absolut	relativ[11]	absolut	relativ
Titel	171	0,3895	211	1,1344
Gattungsbezeichnung	464	1,0569	194	1,0430
Kategorialbezeichnung	201	0,4578	78	0,4193
„Text"	172	0,3917	19	0,1021
„Werk"	**24**	**0,0546**	**58**	**0,3118**
„Schrift"	3	0,0068	–	–
„Dichtung"	2	0,0045	–	–
„Buch"	–	–	1	0,0053
Editorische Bezeichnung	25	0,0569	1	0,0053
Autorname	39	0,0888	19	0,1021

Tab. 1: Vorkommen der Gegenstandsbezeichnungen in den beiden Korpora

Sechsfache. Gerade umgekehrt verhält es sich mit dem Ausdruck ‚Text', der in den Beiträgen zu Marlitt deutlich seltener vorkommt. Statt der erwartbaren 72 finden sich nur 19 Beispiele. Auf die Verwendungsweisen der Ausdrücke und mögliche Erklärungen für die Zahlen wird in Kapitel 3.2 genauer eingegangen.

Dass es absolut und noch auffälliger relativ zur Seitenzahl so viele Bezeichnungen mithilfe des Titels im Marlitt-Korpus gibt, ist damit zu erklären, dass die meisten der einbezogenen Beiträge sich mit mehreren Romanen der Autorin befassen und die Referenz via Titel die schnellste und präziseste ist. Die Unterschiede in der Häufigkeit der editorischen Bezeichnungen liegen darin, dass für Marlitts Romane kaum Vergleiche zwischen der Fassung in der *Gartenlaube* und der Buchfassung vorgenommen werden.[12] In der metonymischen Verwendung des Autornamens unterschei-

---

10 In einer genaueren Studie müsste mit der Zeichenzahl der Beiträge gerechnet werden. Wenn ich hier die weniger genaue Seitenzahl heranziehe, dann weil sie sich mit weniger Aufwand erheben lässt und die Ergebnisse dieser quantitativen Untersuchung wegen des zu kleinen Korpus ohnehin nur ungefähre Tendenzen anzeigen können. Aus den Beiträgen zu mehreren Autoren wurden nur die Abschnitte zu *Kohlhaas* bzw. zu Marlitts Romanen oder Erzählungen in die Auswertung einbezogen.
11 Um die Unterschiede im Seitenumfang auszugleichen und die Ergebnisse vergleichbar zu machen, wurden die absoluten Zahlen normalisiert.
12 Hinweise auf Unterschiede zwischen der kürzeren Zeitschriften- und der Buchausgabe finden sich z. B. in M8, 2012, S. 59.

den sich die beiden Korpora dagegen kaum. Sie wird in der Regel in vergleichenden Beiträgen eingesetzt, die sich in beiden Korpora finden.

3.2 Bedeutungsvarianten

Untersucht man die Stellen, an denen die Ausdrücke ‚Werk', ‚Text' und ‚Erzählung' oder ‚Roman' verwendet werden, so fällt zunächst deren Austauschbarkeit auf. Manche Entscheidung für den einen Ausdruck und gegen andere wird schlicht vom Prinzip *„variatio delectat'* geleitet sein. Ein Beispiel:

> Um die Analyse des *Textes* einmal nicht mit dem berühmten Anfang der *Erzählung* einzuleiten: Am Ende von „*Michael Kohlhaas*" treffen zwei distinkte Manifestationen der Gerechtigkeit aufeinander. Das Gesetz, nach dem Kohlhaas am Ende der *Novelle* gerichtet wird, ist eine Rechtsnorm des Kaisers. (K3, 2001, S. 124; Hervorh. S. W.)[13]

Hier will der Verfasser wohl vermeiden, innerhalb von wenigen Zeilen viermal denselben Ausdruck zu verwenden. Die Ausdrücke bzw. Bezeichnungstypen sind allesamt durch die jeweils anderen ersetzbar, was hier exemplarisch illustriert werden soll. So ließe sich ohne Bedeutungsveränderung formulieren:

> Um die Analyse des „*Michael Kohlhaas*" einmal nicht mit dem berühmten Anfang der *Novelle* einzuleiten: Am Ende der *Erzählung* treffen zwei distinkte Manifestationen der Gerechtigkeit aufeinander. Das Gesetz, nach dem Kohlhaas am Ende des *Textes* gerichtet wird, ist eine Rechtsnorm des Kaisers.

Ähnlich austauschbar können auch die Ausdrücke ‚Werke' und ‚Texte' sein:

> Die gewonnenen Erkenntnisse geben hoffentlich Anlass, die raumbezogene Lesart nicht nur auf Kleists „*Michael Kohlhaas*" und seine weiteren *Werke*, sondern auch in der literaturwissenschaftlichen Auseinandersetzung mit anderen literarischen *Texten* einzusetzen. (K20, 2014, S. 63; Hervorh. S. W.)

Zumindest „Texten" könnte ohne Änderung der Aussage durch ‚Werken' ersetzt werden. Zahlreiche solcher Beispiele finden sich in den ausgewerteten Interpretationstexten.[14] Sie sprechen dafür, dass es auch stilistische

---

13 Die Nachweise für Zitate aus den Korpusbeiträgen werden im Folgenden im Text in Klammern gesetzt; sie enthalten Sigle, Jahres- und Seitenzahl. Aufgelöst werden die Siglen im Literaturverzeichnis.

14 Ein Beispiel aus dem Marlitt-Korpus: „Die starke symbolische Beziehung zwischen Frau und Heimat in diesen Texten mag den Umstand, dass der Besitz von Heimat dennoch Sache des Mannes ist, tendenziell verschleiern; in anderen Werken der Autorin wird die Heimatlosigkeit der Frau […] ungleich stärker betont." (M8, 2012, S. 313; Hervorh. S. W.)

Erwägungen sein können, die die Wahl der Ausdrücke leiten. Wenn das immer so wäre, dann ließen sich keine Schlüsse auf ein unterschiedliches semantisches Profil der verwendeten Ausdrücke ziehen.

Bei genauerer Betrachtung zeigt sich aber, dass die Benennungen vor allem in den Fällen austauschbar sind, in denen sie allein dazu eingesetzt werden, sich auf den Gegenstand der Interpretation zu beziehen. Es gibt jedoch in den Beiträgen auch viele Passagen, die aussagekräftiger sind und aus denen sich folgern lässt, mit welchen Bedeutungsvarianten und in welchen Funktionen die Ausdrücke eingesetzt werden. Dies ist immer dann der Fall, wenn der Ausdruck für den Untersuchungsgegenstand in Subjektposition steht und als Akteur eingesetzt wird. Wenn z. B. die These aufgestellt wird, „Kleists Erzählung inszeniert einen moralischen Versuch" (K8, 2007, S. 220), wird damit nicht allein die Bezeichnungsfunktion des Ausdrucks ‚Erzählung' genutzt, sondern etwas über die Beschaffenheit des bezeichneten Gegenstandes impliziert, nämlich unter anderem, semantische Eigenschaften zu besitzen, die erkannt werden können, und Strategien einzusetzen, um die Rezeption in eine bestimmte Richtung zu lenken. Noch deutlicher ausgeprägt ist der letzte Punkt in Thesen wie der folgenden: „Auffällig verweigert so der Text auch eine äsopische Lesart" (K1, 2000, S. 176). Hier wird dem Text eine die Interpretation leitende Funktion zugeschrieben. Aber auch wenn die Kategorialbezeichnung im Satz an Objektstelle verwendet wird oder wenn eine Passivkonstruktion vorliegt, kann etwas über die Beschaffenheit des bezeichneten Gegenstandes ausgesagt werden, etwa in „Kleists Texte werden vielfach als philosophisch gesättigte Kommentare zum biblischen Sündenfall gelesen" (K1, 2000, S. 163). Wenn literarische Texte als Kommentare zu etwas gelesen werden, wird ihnen eine Bedeutung und die Funktion zugeschrieben, auf etwas Bezug zu nehmen. Diese Annahme scheint mir problemlos aus dem Zitat ableitbar zu sein. Nicht impliziert ist aber z. B. eine Antwort auf die Frage, inwieweit Texte diese Zuschreibungen bestimmen; denn im Beispiel wird nur etwas über Rezeptionsergebnisse behauptet. Die drei Zitate sollen hier exemplarisch zeigen, dass die Beiträge Textpassagen enthalten, in denen sich aus der Verwendung der Gegenstandsbezeichnungen – zum Teil schlichte, zum Teil auch unvollständige – Schlüsse auf die Bedeutungen ziehen lassen, mit denen die Ausdrücke verwendet werden, also auf die Konzepte, die hinter ihnen stehen. Zugleich wird deutlich, dass die entsprechenden Passagen in den Beiträgen oft ihrerseits interpretiert werden müssen, was stets Raum für Diskussionen gibt.

3.2.1 ,Werk'

Zum Werkbegriff

Um eine Grundlage zu erhalten, mit der die Verwendungsweisen von ,Werk' in den Interpretationstexten verglichen werden können, werden hier zunächst Merkmale zusammengetragen, die mit einem Begriff des literarischen Werks verbunden sein können. Von den vier Varianten, die Horst Thomé in seinem Artikel im *Reallexikon* anführt – Werk als „das fertige und abgeschlossene Ergebnis der literarischen Produktion", als „poetisches Kunstwerk", als juristische und als editionswissenschaftliche Größe –[15] sind für Interpretationstexte vor allem die ersten beiden wichtig. Während für die erste Variante des Werkbegriffs die zentralen Merkmale in der Abgeschlossenheit des Werks (im Unterschied zum Fragment), seiner Zugehörigkeit zu einem Autor und seiner Fixiertheit liegen, die Überlieferung garantiert,[16] ist die zweite Variante um einiges voraussetzungsreicher und komplexer, insofern sie die Merkmale der ersten enthält, aber weiter spezifiziert. Bevor auf die Bestimmungen dieses „emphatisch[ ]"[17] genannten Konzepts von ,Werk' eingegangen wird, sei eine weitere nützliche Differenzierung aufgenommen, die Carlos Spoerhase eingeführt hat. Er weist darauf hin, dass im Werkbegriff oft mehrere Dimensionen vermischt werden, so unter anderem die Auffassung des Werks als Opus, also als Einzelwerk, und als Œuvre im Sinne des editionswürdigen Gesamtwerks aller Opera eines Autors.[18] Beide Aspekte sind zu beachten, wenn man emphatische Werkbegriffe rekonstruieren will; denn die unterschiedlichen Eigenschaften, die literarischen Kunstwerken im Rahmen von Poetiken, philosophischen Ästhetiken und Literaturtheorien zugeschrieben worden sind, konnten vom Opus ausgehen und auf das Œuvre übertragen werden oder umgekehrt das Œuvre als Bezugspunkt wählen und dessen ästhetische Qualitäten auch im Opus festmachen.[19] Da es mir im Folgenden nur um

---

15 Thomé: Werk, S. 832
16 Vgl. ebd.
17 Ebd.
18 Vgl. Spoerhase: Werk, S. 286: „(a) Das Gesamtwerk im Sinne der Gesamtheit aller textuellen Überbleibsel eines bestimmten Autors bezeichnet man als ,Überlieferung' (oder, wenn man möchte, als ,Patrimonium'); (b) die Teile der textuellen ,Überlieferung', denen aufgrund bestimmter Kriterien der Charakter eines Einzelwerks zugesprochen werden kann, bezeichnet man als ,Opus'; (c) die Werkausgaben als Editionstypen, die tendenziell alle ,Opera' eines Autors inkorporieren, bezeichnet man als ,Œuvre'." Vgl. auch die Erweiterung dieses Differenzierungsvorschlags ebd., S. 289.
19 Vgl. dazu genauer Martus: Werkpolitik, z. B. S. 18 f.

eine grobe Merkmalsliste geht, brauchen jedoch die Wechselbeziehungen zwischen Einzel- und Gesamtwerk im Einzelnen und die Frage, welcher Einheit jeweils das Primat bei der Prägung der Begriffe zukommt, für die Fragestellung meines Beitrags nicht berücksichtigt zu werden. Für die Analyse der Korpustexte aber war es wichtig, zwischen Opus und Œuvre zu unterscheiden: Auch wenn sich die Interpreten schwerpunktmäßig mit literarischen Einzelwerken auseinandersetzen, können sie sich doch auch auf das Gesamtwerk beziehen, das einen relevanten Kontext bilden kann.[20]

Ich konzentriere mich im Folgenden auf die Merkmale des Werks als Kunstwerk in einem speziellen Sinne, gegen die sich die Kritik am Werkbegriff vor allem richtete, und stütze mich zu diesem Zweck auf vorliegende, rekonstruierende Forschungsbeiträge. Über die Annahme (1) der *Abgeschlossenheit und Einheit* hinaus, die das Werk gegenüber dem nicht zum Werk Dazugehörigen[21] abgrenzt, wird dem Werk (2) *Ganzheit*, auch: Ganzheitlichkeit, zugeschrieben. In der These, alle Teile eines Werks seien in essenzieller Weise aufeinander bezogen, wird dieses Merkmal manifest,[22] ebenso wie in der Auffassung, dass in einem literarischen Kunstwerk jedes Wort genau so und nicht anders platziert sein müsse. Beide Merkmale qualifizieren das Werk in formaler Weise. Eng verbunden mit dem Merkmal der Ganzheit ist (3) der Gedanke der *Autonomie* des Kunstwerks,[23] der in unterschiedlichen ästhetischen Theorien unterschiedlich ausbuchstabiert worden ist, stets aber von der Eigengesetzlichkeit des Kunstwerks ausgeht. Neben dem Merkmal der Autonomie zählen bestimmte Annahmen zur Genese und zum ‚Gehalt' eines Werks zu den Spezifika des emphatischen Werkbegriffs: die Annahme eines (4) *schöpferisch wirkenden*, seine Individualität ausdrückenden *Subjekts*, das (5) den *Sinn* des Werks verbürgt[24] und (6) seinerseits für die *einzigartige Individualität* des Werks sorgt. Diese Annahmen müssen nicht, können aber zusammenhängen. (4) kann unterschied-

---

20 Zum intertextuellen Kontext, zu dem auch das Gesamtwerk zählt, vgl. Borkowski: Literatur, S. 48, 200.
21 Dazu z. B. Thomé: Werk, S. 832; Martus: Werkpolitik, S. 20.
22 Vgl. dazu z. B. Jahraus: Literaturtheorie, S. 113; Spree: Kritik, S. 162; Martus: Dichtung, S. 61. Thierse hält die Ganzheit für die „elementare Mindestforderung" des Werkbegriffs, weist aber zu Recht darauf hin, dass sie „nicht an das Paradigma des organischen, geschlossenen Werks gebunden bleiben muß" (Thierse: Ganze, S. 410).
23 Vgl. z. B. Müller: Notizen, S. 239; Thomé: Werk, S. 832.
24 So z. B. Müller: Notizen, S. 237: „Vorausgesetzt ist dabei eine bestimmte organologische, repräsentative Sprachkonzeption, eine Subjekttheorie, die das Subjekt als schöpferisch tätiges, unter keinerlei Form von Subsumtionslogik verrechenbares Individuum begreift und nicht zuletzt – und das ist entscheidend – sinngarantierende Rahmenannahmen, die die schöne Ordnung verbürgen und den Gedanken an Kontingenz als Startbedingung systematisch verunmöglichen."

lich starke Konzepte von Autorschaft voraussetzen, muss aber mindestens von der Existenz eines „konzeptuellen Schöpfer[s]" ausgehen.[25] Die Annahmen (5) zur Sinnhaftigkeit des Werks und (6) zu seiner Individualität ziehen ein weiteres, normatives Merkmal des Werkbegriffs nach sich: (7) die Forderung nach *besonderen interpretatorischen Leistungen*, die aufzubringen sind, um das Werk angemessen zu verstehen.[26] Auch diese Forderung wurde unterschiedlich gefasst. Eine Variante ist das werkimmanente Postulat, der Interpret habe sich auf die ästhetischen Eigenschaften zu konzentrieren, um ein Werk in seiner Besonderheit zu erfassen, während die Kontextualisierung als zweitrangige, die Erkenntnis des Werks wenig fördernde Interpretationsoperation eingestuft wurde; eine andere Variante stellen die in verschiedenen hermeneutischen Theorien zu findenden Thesen von der unendlichen Deutbarkeit des Werks und entsprechend der nie zum Abschluss kommenden Deutungsanstrengung durch die Interpretation dar.[27] Wenn (5) in einer starken Variante formuliert wird als ‚Das Werk ist Träger von Sinn und Wahrheit',[28] dann kann daraus (8) seine *überzeitliche Geltung* abgeleitet werden[29] und zugleich (9) die *hohe Werthaftigkeit* des Werks und der zugehörigen Operation, die allein das Werk erfassen kann: der Interpretation. Neben seiner klassifikatorischen Funktion – ein Gegenstand wird als der Menge der literarischen Werke zugehörig identifiziert – hat ein solcher Werkbegriff die evaluative Funktion, diesen Gegenstand zugleich als wertvollen auszuweisen.[30]

Diese hier nur skizzenhaft zusammengetragene Merkmals- und Funktionssammlung mag für die Zwecke, eine Folie für die Auswertung zu bilden, ausreichen. Dass ein emphatischer Werkbegriff tatsächlich alle genannten Merkmale aufweisen muss, sei damit nicht behauptet. Vielmehr scheint ein modular aufgebautes Konzept vorzuliegen. Wie es zusammengesetzt ist und wie die Merkmale im Einzelnen bestimmt werden, hängt von der vorausgesetzten Ästhetik oder Literaturtheorie ab. Damit wird

---

25 Martínez: Autorschaft, S. 474.
26 Vgl. Martus: Dichtung, S. 61.
27 Vgl. dazu genauer Martus: Werkpolitik, S. 15–18.
28 Nach Harro Müller bleibt ein Anspruch auf Wahrheit unabhängig davon erhalten, ob eine symbolisch bestimmte oder eine (neuere) allegorisch verstandene Auffassung von ‚Werk' vertreten werde (vgl. Müller: Notizen, S. 238). Wolfgang Thierse dagegen sieht nur die „Unausweichlichkeit von – vielleicht nur relativer – Sinnkonsistenz" als gegeben an; ein Anspruch auf Wahrheit ist für ihn nicht notwendigerweise mit dem Werkbegriff verbunden (Thierse: Ganze, S. 410).
29 Vgl. Martus: Werkpolitik, S. 20.
30 Vgl. dazu z. B. Thierse: Ganze, S. 382 und S. 410; Martus: Werkpolitik, S. 21; Thomé: Werk, S. 832.

aber auch konzeptionell deutlich, was schon ein Blick auf die oben zusammengetragenen Merkmale zeigt: Sie sind identisch mit Antworten, die auf die Frage ‚Was ist Literatur?' gegeben werden können. Wenn es aber der Literaturbegriff ist, der gewissermaßen die prägende Kraft für den Werkbegriff darstellt und damit auch bestimmt, was den Gegenstand einer Interpretation ausmacht, dann ist es erstens nicht wahrscheinlich, dass sich aus den Interpretationen trennscharf Erkenntnisse nur über den Werkbegriff ziehen lassen, und zweitens wird die Ausgangshypothese (3) plausibler, denn es ist nicht anzunehmen, dass heute flächendeckend mit einem neuen Konzept von Literatur gearbeitet wird, das keine Gemeinsamkeiten mit Auffassungen von Literatur vor der Kritik am Werkbegriff aufweist. Es gibt mindestens funktionale Gemeinsamkeiten. Wenn etwa die aufwertende Funktion des emphatischen Werkbegriffs unter anderem damit begründet werden konnte, das Werk als Träger von Wahrheit zu bestimmen, dann liegt in dieser Begründung nur eine Strategie von vielen, *Literatur* einen Status zuzuerkennen, der anderen Produkten der sprachlichen Überlieferung übergeordnet ist.[31] Dieser Status kann in formaler Hinsicht (besonders wertvolle Verwendung sprachlicher und formaler Mittel), in inhaltlicher (besonders wertvolle, z. B. überzeitlich gütige oder weitsichtige, spätere Entwicklungen vorwegnehmende Gestaltung von Themen) oder funktionaler Hinsicht (besonders wertvolle Leistungen für die Rezipienten) zugeschrieben werden. Da solche emphatischen Literaturbegriffe keineswegs verschwunden sind, ist anzunehmen, dass sie Spuren in Interpretationen hinterlassen.

Abschließend sei ein Beispiel dafür angeführt, dass ein Werkbegriff wie der oben skizzierte nicht allein für vergangene ästhetische oder literaturtheoretische Positionen charakteristisch ist, sondern auch in neueren Abhandlungen noch eine Rolle spielen kann. Wenn Karlheinz Stierle im Werk „die höchste Form ästhetischer Rationalität" realisiert sieht und vom „Ganze[n] des Werks" spricht, das „in seiner Einheit und Identität mehr und Anderes als die Summe seiner einzelnen, in die Bestimmtheit des Jetzt tretenden Momente" sei,[32] dann bezieht er sich unter anderem auf die Werkeinheit, -ganzheit und -autonomie und kann als Vertreter eines emphatischen Werkbegriffs gelten:

> In dem Maß, wie das Werk sich vom hic et nunc seiner Hervorbringung ablöst, gewinnt es eine Selbstbezüglichkeit, die es zu seinem eigenen Kontext werden läßt. In dieser Hinsicht ist ein jedes Werk, und nicht zuletzt das Zeit bindende Werk, autonom.[33]

---

31 Zu emphatischen Literaturbegriffen vgl. genauer Jannidis/Lauer/Winko: Geschichte, insbes. S. 127–134.
32 Stierle: Text, S. 12.
33 Ebd., S. 14.

Zu prüfen war, ob sich solche oder ähnliche Auffassungen von ‚Werk' auch in den Korpustexten nachweisen lassen.

Ergebnisse

In den Interpretationen zu Kleists *Kohlhaas* findet sich zunächst einmal explizit so gut wie keines der oben zusammengestellten Merkmale des Werkbegriffs. Von den ohnehin nur 24 Fällen im Kleist-Korpus wird der Ausdruck an 20 Stellen als Sammelbezeichnung eingesetzt, um etwas über das Früh-, Spät- oder Gesamtwerk Kleists oder seine erzählerischen Werke auszusagen. Die Bezeichnung ‚Werk' hat hier eine vornehmlich bündelnde Funktion. Wenn sich aus den Passagen überhaupt etwas über die Beschaffenheit von Werken erschließen lässt, dann nur, dass es semantische Einheiten sind. In nur drei Beiträgen des *Kohlhaas*-Korpus wird mit ‚Werk' auf das Einzelwerk Bezug genommen: Im ersten Beispiel wird in einer Fußnote über die „Grund-Intention des Werkes" (K10, 2011, S. 222) gesprochen, im zweiten Beispiel äußert sich der Interpret an einer Stelle über das „Nachleben des Werkes" (K23, 2014, S. 310) und schreibt ihm an einer anderen eine Gesamtaussage zu (ebd., S. 313). Dabei verwendet er den Ausdruck bezeichnenderweise genau so wie am Anfang desselben Satzes den Ausdruck „Erzählung" und im Satz danach „Novelle". Nur im dritten Beitrag wird explizit der Kunstwerkstatus markiert: „Es hieße, den Charakter der Erzählung als deutungsoffenes Kunstwerk zu verfehlen, würde man sie mit Verbindlichkeitsanspruch auf die Entfaltung eines bestimmten Gedankens festlegen wollen." (K22, 2014, S. 238) Diesen Beitrag hat allerdings ein fachfremdes Forscherteam geschrieben, zwei Juristen.

Betrachtet man die 58 Fundstellen für den Ausdruck ‚Werk' in den Beiträgen zu Marlitts Romanen und Erzählungen genauer, so fällt auf, dass sich neben den Bezeichnungen, in denen ‚Werk' eindeutig im Sinne von ‚Opus' (z. B. Marlitts „Erstlingswerk ‚Goldelse'"; M6, 2009, S. 144) oder von ‚Œuvre' (z. B. Marlitts „Gesamtwerk"; M4, 2006, S. 124) verwendet wird, mehrere Beispiele finden, die sich dieser Alternative nicht klar zuordnen lassen. Es sind die Sammelbezeichnungen in der Pluralform, die eine weitere Differenzierung erfordern. So ist es nicht sinnvoll, Fälle wie die folgenden alle gleichermaßen der Kategorie ‚Œuvre' zuzuordnen: (a) die These, dass „die rassische Abstammung keine große Rolle in den Werken E. Marlitts" spiele (M2, 2000, S. 419), (b) eine Aussage über die „überregionale Verbreitung der Werke E. Marlitts" (M8, 2012, S. 306), (c) die Feststellung, dass „einige der Marlittschen Werke in katholischen Gegenden verkürzt [...] wurden" (M4, 2006, S. 119), und (d) die These, dass „in anderen Werken [...] die *Heimatlosigkeit* der Frau [...] ungleich stärker be-

Bezeichnung	Kleist-Korpus: 439 S.		Marlitt-Korpus: 186 S.	
	absolut	relativ	absolut	relativ
„Werk"	24	0,0546	58	0,3118
Opus	4	0,0091	10	0,0537
mehrere Opera	3	0,0068	12	0,0645
Œuvre	17	0,0387	36	0,1935

Tab. 2: Vorkommen des Ausdrucks ‚Werk' in den beiden Korpora

tont" werde (M8, 2012, S. 313; Hervorh. im Orig.). Während in den ersten beiden Beispielen zumindest implizit über ‚alle Werke' Marlitts gesprochen wird, werden in den Beispielen (c) und (d) die ‚Werke' weder als Gesamtwerk noch als Einzelwerke, sondern als Gruppe von Einzelwerken adressiert, die unter einem bestimmten Aspekt gebündelt werden. Beispiele wie (a) und (b) lassen sich als Fälle einer Œuvre-Perspektive auffassen, weil sie sich in einem quantitativen Sinne auf das ‚gesamte Werk' Marlitts beziehen, auch wenn sie, qualitativ betrachtet, keine Ganzheitsvorstellung oder die Editionswürdigkeit der Werke thematisieren. Bei Formulierungen wie (c) und (d) dagegen scheint mir eine eigene Kategorie angebracht, denn mit ihnen beziehen sich die Interpreten generisch auf mehrere Einzelwerke und sagen etwas über deren Beschaffenheit oder Funktion aus, das über das einzelne Werk hinausgeht.

Die 58 Vorkommnisse von ‚Werk' im Marlitt-Korpus unterteilen sich in zehn Beispiele für ‚Werk' im Sinne von ‚Opus', zwölf im Sinne von ‚mehrere Opera' und 36 im Sinne von ‚Œuvre' oder, genauer gesagt, ‚alle Werke' Marlitts (s. Tab. 2). Es dominieren also auch hier klar die Sammelbezeichnungen gegenüber den Einzelwerk-Bezeichnungen. Untersucht man die zehn Beispiele für ‚Werk als Opus' genauer, so lässt sich tendenziell nicht erschließen, welche Merkmale des Werkbegriffs sie voraussetzen, was daran liegt, dass sie in neun Fällen allein der Bezeichnung des Gegenstandes dienen, z. B. Marlitts „Erstlingswerk *Goldelse*" (M6, 2009, S. 144) oder „*Schulmeisters Marie* ist das einzige Werk der Marlitt [...]" (M8, 2012, S. 318). Was das spezifisch ‚Werkhafte' des untersuchten Romans ist, bleibt ungenannt. Deutlicher werden Vorstellungen eines Opus vorausgesetzt, wenn Marlitt gegen den verbreiteten Trivialitätsvorwurf verteidigt und provokativ gefragt wird, „ob ein literarisches Werk erst dann zum ‚Kunstwerk' avancieren darf, wenn es kritisch mit der Vergangenheit oder der Gegenwart umgeht" (M4, 2006, S. 103). Hierfür gibt es aber nur dieses eine Beispiel, das zudem noch ein Merkmal anführt, das nicht zu den oben rekonstruierten zählt: Mit einer Variante von ‚Subversion' wird in dem

Beispiel vielmehr eine Qualität genannt, die auch Kritiker eines traditionellen Werkbegriffs akzeptieren können. Aber auch die zwölf Beispiele für ‚mehrere Opera' bleiben unspezifisch. In keinem Fall wird auf diese so bezeichneten Werke näher eingegangen, so dass nicht klar ist, ob ihnen Merkmale eines emphatischen Werkbegriffs zugeschrieben werden. Da sich solche Merkmale aber auch in den Passagen, in denen es klar um das Opus geht, mit Ausnahme des genannten Beispiels nicht finden, ist es wenig plausibel zu vermuten, dass in diesen Bezeichnungen Merkmale eines emphatischen Werkbegriffs versteckt seien. Genutzt wird aber gegebenenfalls die aufwertende Funktion des Werkbegriffs. Aufschlussreich für diese Vermutung ist die Verteilung der Fundstellen im Marlitt-Korpus: Der Ausdruck ‚Werk' wird besonders häufig in zwei der drei Dissertationen verwendet, in M4 21 Mal und in M8 19 Mal. In der Dissertation M6 finden sich in dem ausgewerteten Interpretationskapitel keine solchen Häufigkeiten; wenn man jedoch das Kapitel untersucht, in dem die traditionsreiche Auffassung von der Harmlosigkeit und Trivialität der Marlitt-Romane kritisiert wird,[34] steigt die Zahl der Werk-Bezeichnungen deutlich an: Auf 24 Seiten finden sich 21, davon 20 Sammelbezeichnungen und ein – unspezifisches – ‚Opus'-Beispiel.

Auswertung

Unter der Voraussetzung der Hypothese (1) war anzunehmen, dass in Interpretationen der Ausdruck ‚Werk' nur selten verwendet wird. Das ist, relativ zur Gesamtanzahl aller vorkommenden Bezeichnungen, in beiden Teilkorpora tatsächlich der Fall und betrifft in erster Linie die Verwendung von ‚Werk' im Sinne von ‚Opus'. Wenn in den Interpretationen vom ‚Werk' gesprochen wird, dann ist damit in aller Regel ein Sammelbegriff gemeint, über dessen Semantik die Textstellen keine Auskunft geben. Über diese Gemeinsamkeit hinaus gibt es jedoch, wie gesehen, deutliche quantitative Unterschiede zwischen dem *Kohlhaas-* und dem Marlitt-Korpus.

Wie lassen sich diese Unterschiede interpretieren und erklären? Hier ist aus zwei Gründen Vorsicht angebracht: Da der Ausdruck ‚Werk' in den Interpretationstexten verwendet, aber nicht erläutert oder gar gerechtfertigt wird und damit die Bedeutung des Begriffs, wie gesagt, fast immer implizit bleibt, kann hier nur eine Interpretation der Interpretationen vorgenommen werden, was Folgen für die Reichweite meiner Vermutungen hat: Sie ist gering. Zudem reicht, wie schon betont, die Korpusgröße nicht für

---

34 Vgl. Kap. 3.4 „Stil und Auswirkungen der Romane" in M6, 2009, S. 183–207.

starke Verallgemeinerungen aus.[35] Mit diesen Einschränkungen lassen sich aus den Befunden mögliche Bedingungen der Verwendung von ‚Werk' folgern, wenn man zum einen den Status des behandelten Gegenstandes im Fach und zum anderen die Publikationsform bzw. die Etabliertheit[36] der Interpreten berücksichtigt.

Der unterschiedliche Stellenwert des behandelten Gegenstandes war ein Kriterium der Korpuszusammenstellung: Dass Kleists Erzählung *Michael Kohlhaas* als kanonisch gelten kann, besagt, dass sie bis in die kleinsten Feinheiten untersucht worden ist und immer wieder unter neuen Perspektiven kontextualisiert und mit zum Teil nur leicht modifizierten Hypothesen interpretiert wird. Marlitts Romane dagegen galten lange als literaturwissenschaftlich nicht satisfaktionsfähig. Es liegt daher nur wenig Forschung vor, auf die sich die Interpretationsbeiträge im Untersuchungszeitraum beziehen können, so dass sie die Romane und Erzählungen weitgehend erst erschließen müssen. Eine typische erschließende Operation besteht darin, den behandelten Roman zum Gesamtwerk der Autorin in Beziehung zu setzen. Ein solcher Werkkontext ist ein hermeneutisch privilegierter Kontext und für Kleist schon lange abgearbeitet. Er wird nur noch in wenigen Beiträgen zum *Kohlhaas* herangezogen, was sich im geringen Vorkommen des Ausdrucks ‚Werk' selbst im Sinne von ‚Œuvre' manifestiert. Neben diesem sachlichen, durch die abweichende Forschungssituation bedingten, könnte aber auch ein strategischer Unterschied angenommen werden: Während für *Michael Kohlhaas* der Werk-Status in einem emphatischen Sinn ohnehin gesichert ist und daher auf den Werkbegriff verzichtet werden kann, muss in den Beiträgen zu Marlitt durch die Bezeichnung des Untersuchungsgegenstandes signalisiert werden, dass er einer Interpretation wert ist. Dass es gerade Qualifikationsschriften sind, in denen der Ausdruck ‚Werk' besonders oft genutzt wird, und dass sich die Fundstellen in Kapiteln häufen, in denen gegen die vermeintliche Trivialität der Autorin argumentiert wird, könnte diese These stützen: Die Verfasser markieren terminologisch die Relevanz ihrer Gegenstände. In den Marlitt-Beiträgen der etablierten Literaturwissenschaftler kommt der Werkbegriff dagegen ähnlich selten vor wie im *Kohlhaas*-Korpus, und sie verwenden den Textbegriff häufiger. Etablierte Forscher, die Marlitts Romane und Erzählungen behandeln, so könnte man schließen, können auf die Strategie der Nach-

---

35 Dennoch sind die Überlegungen wegen ihres Korpusbezugs fundierter als Behauptungen, die in der Debatte über den Werkbegriff geäußert, aber nicht geprüft worden sind, etwa die – durchaus plausible – Annahme, dass „die Werk-Konvention" die Rezeption von Interpreten „steuert"; vgl. Thierse: Thesen, S. 442.
36 Zur Einschätzung als ‚etabliert' siehe oben, Anm. 7.

wuchswissenschaftler verzichten, weil bereits ihre eigene Aufmerksamkeit den Gegenstand zu einem untersuchungswürdigen macht. Sie brauchen die aufwertende Funktion der Bezeichnung ‚Werk' nicht zu nutzen. Andererseits könnte es aber auch sein, dass sie mit der theoretischen Debatte in Sachen ‚Werk' vertraut sind und/oder terminologische Gepflogenheiten der kanonorientierten Literaturwissenschaft reproduzieren. In diesem Fall hätte die Verwendung des Ausdrucks ‚Werk' nichts mit dem behandelten Gegenstand, sondern allein mit Konventionen des Faches zu tun. Für welchen Erklärungsansatz mehr spricht, kann auf der schmalen Basis des Untersuchungskorpus nicht entschieden werden.

3.2.2 ‚Text'

Zum Textbegriff

Welche Merkmale weist der Begriff auf, der in der Theoriedebatte den Werkbegriff ablöste? Von den verschiedenen Strategien, den Begriff ‚Text' als Alternative zu propagieren, waren zwei besonders folgenreich: die poststrukturalistische Kritik, wie sie Roland Barthes in seinem Beitrag *Vom Werk zum Text* (1971) formuliert, und die strukturalistische Kritik mit dem Ziel der Verwissenschaftlichung der Literaturwissenschaft, die ebenfalls in den 1970er Jahren einflussreich wurde. Barthes geht es darum, der Auffassung von der Geschlossenheit und Interpretationsbedürftigkeit des Werks einen Begriff entgegenzusetzen, der für Offenheit und Verweisungspluralität stehen kann. Während sich für ihn das Werk „über einem Signifikat" „schließt", ist der Text den Signifikanten zugeordnet und „praktiziert das endlose Zurückweichen des Signifikats".[37] Es ist ein solcher Textbegriff, mit dem die poststrukturalistische Bedeutungstheorie arbeiten kann, nicht der Werkbegriff. Anders im russischen und deutschsprachigen Strukturalismus. Hier wird der Textbegriff gegen den hermeneutisch konnotierten Werkbegriff unter anderem mit den Zielen ins Feld geführt, das begriffliche Instrumentarium der Literaturwissenschaft zu präzisieren und sich stärker auf die sprachliche Basis der Literatur zu konzentrieren. So grenzte Jurij M. Lotman 1972 den Textbegriff dezidiert von Auffassungen „der Ganzheitlichkeit des Kunstwerks" ab und bestimmte ‚Text' mit Bezug auf die sprachlichen Zeichen und deren Organisation anhand der drei Merkmale „Explizität", „Begrenztheit" und „Strukturiertheit".[38] Michael Titz-

---

37 Barthes: Werk, S. 43 f.
38 Lotman: Struktur, S. 81, 83–86. – Wenn Terry Eagleton in seiner verbreiteten Einführung in die Literaturtheorie mit Barthes den Begriff ‚Werk' dem Strukturalismus, den

mann legte 1977 in seiner *Strukturalen Textanalyse* fest: „*Text* benenne ich jede Äußerung, die sich einer natürlichen oder künstlichen Sprache bedient, ‚Text' jede zeichenhafte und bedeutungstragende Äußerung, sei sie sprachlich oder nicht sprachlich."[39]

Nicht nur im Sprachgestus, auch in der inhaltlichen Bestimmung von ‚Text' weichen die poststrukturalistische und die strukturalistische Position so stark voneinander ab, dass der identische Ausdruck ‚Text' in beiden Traditionen der Kritik am Werkbegriff mit mindestens zwei Konzepten verbunden war. Gemeinsam ist ihnen, dass sie den Text als *semiotische*, insbesondere *sprachliche* und als *strukturierte Einheit* auffassen; als *semantische Größe* bestimmen sie ihn aber abweichend, auf der Basis unterschiedlicher Zeichen- und Bedeutungstheorien. Entsprechend richten sie sich nur zum Teil gegen dieselben Merkmale des kritisierten Werkbegriffs.[40] Ihre Textbegriffe treffen sich in der Ablehnung des Ganzheitspostulats[41] und einer hermeneutischen Auffassung der dem Werk angemessenen Interpretation. Darüber hinaus argumentiert aber die poststrukturalistische Kritik gegen die Merkmale der Autonomie und Geschlossenheit des Opus –[42] Merkmale, die in einer bestimmten Version für strukturalistische Textbegriffe wichtig sind. Die strukturalistische Kritik richtet sich vor allem gegen die fehlende terminologische Schärfe und Operationalisierbarkeit des Werkbegriffs sowie gegen seine emphatische Aufladung und setzt dem einen formaler bestimmten, ‚*technischen*' *Textbegriff* entgegen – wohingegen die frühen Vertreter poststrukturalistischer Positionen mit der Emphase weniger Probleme hatten und terminologische Präzision gerade kein wissenschaftlicher Wert für sie sein konnte. Diese kurze und schematische Übersicht deutet an, dass die Motivationen, dezidiert von ‚Texten' anstatt von ‚Werken' zu sprechen, recht unterschiedlich waren und gegebenenfalls noch immer sind. Zu bedenken ist zudem, dass es in den Interpretationen immer um den literarischen Text geht, d. h. wie beim Werkbegriff gilt auch hier, dass der Literaturbegriff als prägendes Konzept zu berücksichtigen ist.[43]

Textbegriff dagegen dem Poststrukturalismus zuordnet, ist das irreführend; vgl. Eagleton: Einführung, S. 123.
39 Titzmann: Textanalyse, S. 10.
40 Siehe dazu oben, Unterkapitel ‚Werk' in Abschnitt 3.2.
41 Ohne diesen Punkt ausführlich behandeln zu können, sei hier nur betont, dass ‚Ganzheit' und ‚Abgeschlossenheit' bzw. ‚Einheit' noch genauer unterschieden werden müssten. In strukturalistischen Analysen ist die primär zu untersuchende Größe ‚der ganze' im Sinne von ‚der gesamte' Text und dessen Struktur im Unterschied zu Teilen des Texts.
42 Vgl. dazu genauer Spree: Kritik, S. 162–168.
43 Vgl. dazu auch Jahraus: Literaturtheorie, S. 116 f., der zu Recht betont, dass dem Textbegriff ästhetische Eigenschaften über eine Spezifizierung durch das Attribut ‚literarisch' (in unterschiedlichen Bestimmungen) hinzugefügt werden.

Ergebnisse

In den Korpustexten finden sich die drei strukturalistischen Auffassungen des Textbegriffs – der Text als sprachliche, als organisierte bzw. strukturierte und als bedeutungstragende Einheit –, und darüber hinaus zwei weitere. Im Folgenden erläutere ich diese fünf Verwendungsweisen von ‚Text' und illustriere sie mit wenigen Beispielen. In der hier gewählten Reihenfolge werden sie zunehmend komplex bzw. immer voraussetzungsvoller. Unter den voraussetzungsvolleren Auffassungen von ‚Text' lässt sich vereinzelt auch die poststrukturalistische Variante feststellen, z. B. in Formulierungen wie „eine Warnung des Textes vor einer vorschnellen Identifizierung des Zeichens mit einer Bedeutung" (K3, 2001, S. 137).

(1) *Text als sprachliche Einheit*: ‚Text' bezeichnet in dieser Verwendungsweise den Untersuchungsgegenstand in einem materialen Sinne, wie es z. B. in den Formulierungen zum Ausdruck kommt: „hat Kleist also am Text der Kohlhaas-Erzählung gearbeitet" (K16, 2013, S. 102), „man sucht den Ausdruck im Text der Erzählung vergeblich" (K9, 2007, S. 220 f.), „im Text heißt es schlichtweg" (K3, 2001, S. 131), „der Text spricht eindeutig von ‚Groschen'" und „der Text verwendet dieselben Worte" (K15, 2012, S. 144 und S. 153) sowie „Textmaterial" (K20, 2014, S. 62). Auch wenn vom „expliziten Text" als Oberflächen-Phänomen, z. B. im Unterschied zum „Subtext" (K20, 2014, S. 62) oder zum „verdeckt psychologischen Text[ ]" (K21, 2014, S. 260), die Rede ist, geht es um den Text als sprachliche Einheit, obwohl die Beiträge insgesamt mit einem weiter gefassten Textbegriff arbeiten.

(2) Auf den *Text als publiziertes Objekt* beziehen sich Passagen, in denen die beiden Fassungen des *Kohlhaas* verglichen werden, wenn etwa „[d]ie grundlegende Differenz der Texte von 1808 und 1810" thematisiert (K15, 2012, S. 139; ähnlich S. 141; auch K12, 2011, S. 296 und S. 299) oder die Frage, „ob wir es mit zwei eigenständigen Texten oder mit Vorstufe und Bearbeitung zu tun haben" (K17, 2013, S. 131), dezidiert nicht gestellt wird. Auch die Formulierung von den „beiden Texten des ‚Michael Kohlhaas'" zählt zu dieser Verwendungsweise (K11, 2011, S. 534), ebenso wie die Aussage „der Text" „erschien [...] erst im Herbst 1810" (K16, 2013, S. 102).

(3) Der *Text als strukturierte Größe* kann unter zwei Aspekten thematisiert werden: als organisierte und als organisierende Einheit.

(3.1) Als *organisierte Einheit* wird ‚Text' in den zahlreichen Passagen verwendet, in denen es um eine lokale Platzierung, eine Entwicklung oder die Gewichtung von Figuren, Themen, Motiven, formalen Elementen und anderem geht, etwa „am Anfang des Textes" (K16, 2013, S. 105), „der weitere Verlauf des Textes" (K12, 2011, S. 297) und „eine zentrale Szene" „in Kleists Text" (K16, 2013, S. 102). Es werden aber auch dezidiert „einzelne Strukturmerkmale und Aspekte des Textes" (K24, 2015, S. 303) angesprochen.

(3.2) Dem Text können darüber hinaus *organisierende Qualitäten* zugeschrieben werden, wenn z. B. behauptet wird, der „Text" parallelisiere Figurenäußerung und Handlung (K15, 2012, S. 139) oder „der Text konzipiert sie [Kohlhaas' Karriere, S. W.] als Durchgang zur Re-Integration der Familie in die ständische Gesellschaft" (K24, 2015, S. 311). Auch wenn festgestellt wird, „der Text" sei weniger an einer und mehr an einer anderen Figureneigenschaft „interessiert" (vgl. M7, 2008, S. 113), wird auf eine strukturierende Leistung des Texts Bezug genommen. Zwar ließen sich Beispiele wie die angeführten auch als metonymische Verwendungen des Ausdrucks ‚Text' verstehen, mit denen eine direkte Bezugnahme auf den Autor vermieden wird;[44] in jedem Fall wird aber der Untersuchungsgegenstand zu einer intentionalen Instanz gemacht.

(4) Zahlreiche Vorkommen von ‚Text' machen von der Bedeutung als *semantische Größe* Gebrauch. Auch hier gibt es zwei Varianten: Text als Einheit, der entweder Bedeutung zugeschrieben wird oder die selbst die Bedeutung erzeugt.

(4.1) Als *bedeutungstragende Größe* wird Text angesprochen, wenn von „Widersprüche[n] im Text" (K17, 2013, S. 133), „Ambivalenzen des Textes" (K17, 2013, S. 137) oder symbolischen Beziehungen im Text (M8, 2012, S. 313) die Rede ist. Auch die Unterscheidung „der ‚eigentlichen' und der stellvertretenden Ebene des Textes" (K14, 2011, S. 546) geht zwar von einer Strukturierung aus, zielt aber doch vor allem auf ein semantisches Phänomen. Dasselbe gilt für Thesen wie die, der „Text" werde durch ein „Zusammenspiel bewusster und unbewusster Szenen" (K21, 2014, S. 258) geprägt oder ‚setze' ein „Gewaltmonopol" ‚voraus' (K9, 2007, S. 221), sowie für die Behauptungen, die Leser können sich mit „den Texten" Marlitts identifizieren (M8, 2012, S. 306), *Michael Kohlhaas* werde

---

44 Vgl. dazu Winko: Autor-Funktionen, S. 341 f.

„als Text über das Recht" gelesen (K15, 2012, S. 154) oder „Den Fluchtpunkt des Textes bildet eine in das moderne Zeitalter weisende Entwicklung" (K12, 2011, S. 291).

(4.2) Daneben finden sich Passagen, in denen der Text die Instanz zu sein scheint, die *Bedeutung herstellt*. Das Spektrum reicht von stilistisch bedingten Aussagen wie der, dass „der Text Vieldeutigkeit zum Prinzip macht" (K24, 2015, S. 329), dass „der Text über die Souveränität und die Wahrheit [...] spricht" (K23, 2014, S. 325), „dass der Text eine Paradoxie [...] auslotet" (K15, 2012, S. 155) oder dass die Zigeunerin „vom Text als Stellvertreterin von Kohlhaas' Frau Lisbeth suggeriert" wird (K14, 2011, S. 564), bis hin zu voraussetzungsvolleren Thesen, z. B. man könne „vermuten, dass Kleists Text in solchen Grauzonen [...] einen geheimen ‚Kreuzpunkt' zwischen klassischer Souveränität und Biopolitik anpeilt" (K12, 2011, S. 293), „Der Text verortet diesen problematischen inneren Konflikt in jeder Ordnung auch in der Ordnung symbolischer Repräsentation" (K3, 2001, S. 139) oder „Immer wieder betont der Text die affektive Geladenheit de[r] Rache" (K17, 2013, S. 137). Beispiele für diese wie auch für die nächste, nicht immer trennscharf zu unterscheidende Verwendung finden sich nur im *Kohlhaas*-Korpus.

(5) In einigen Interpretationstexten scheint impliziert zu werden, der Text mache eine Deutungsvorgabe, die der Interpret erkennen und erfüllen müsse. Damit wird der Text zu einer *interpretationsleitenden Instanz*. Zwei Beispiele: „Auffällig verweigert so der Text auch eine äsopische Lesart" (K1, 2000, S. 176); der „Text" „riskiert eine Deutung", ‚warnt' „vor einer vorschnellen Identifizierung des Zeichens mit einer Bedeutung" und „verwahrte sich [...] gegen eine solche Einheit im Begriff der Gerechtigkeit" (K3, 2001, S. 137).

Bevor ich auf die Befunde eingehe, seien die Ergebnisse zu den Gattungsbezeichnungen angeführt, da sie denen zum Textbegriff weitgehend entsprechen.

3.2.3 Gattungsbezeichnungen

Ergebnisse

‚Erzählung', ‚Roman' wie auch ‚Novelle' sind Begriffe, die dazu dienen, das Untersuchungsobjekt als Exemplar einer bestimmten Gattung zu klassifizieren bzw. zu typologisieren.⁴⁵ Die entsprechenden Ausdrücke werden, wie gesehen, im gesamten Korpus besonders häufig verwendet. Allerdings geht es nur selten darum, das spezifisch ‚Erzählerische' oder sogar ‚Novellistische' von *Michael Kohlhaas* herauszustellen oder das ‚Romanhafte' der behandelten Texte Marlitts zu markieren. Vielmehr dient auch diese Bezeichnung oftmals schlicht der Bezugnahme und kann durch andere Bezeichnungen ausgetauscht werden. Darüber hinaus wird sie aber auch erkennbar in vier der Bedeutungsvarianten verwendet, die der Textbegriff aufweist.⁴⁶ Es ergibt sich also ein ähnliches Spektrum wie für ‚Text'; wieder seien einige illustrierende Beispiele angeführt.

Kein Beispiel habe ich für die mögliche Variante *Erzählung/Roman als sprachliche Einheit* gefunden; in Fällen, in denen es um den materialen Aspekt des Untersuchungsgegenstandes geht, wird vermutlich ‚Text' bevorzugt.

(1) Für die dezidiert gattungstypologische Verwendung, in der auf die Erzählung oder den Roman *als Exemplar ihrer bzw. seiner Gattung* verwiesen wird, gibt es, wie gesagt, wenige Beispiele. In diesen Beiträgen wird etwa für den Status von Kleists *Kohlhaas* als Novelle argumentiert (vgl. K14, 2011), es wird der Unterschied von Marlitts Erzählungen zu Märchen thematisiert (M9, 2013, S. 66) oder herausgestellt, dass und in welchem Sinne Marlitts *Blaubart* eine Rückkehr zur „Form der kurzen Erzählung" darstellt (M8, 2012, S. 63).

(2) Auch die Variante ‚*Erzählung als publizierte Größe*' wird im Korpus realisiert, etwa „in der Zeit der Niederschrift des *Phöbus*-‚Fragments' und der Erzählung *Michael Kohlhaas*" (K11, 2011, S. 540) und „Kleists größte Erzählung erschien vollständig erst im Jahre 1810" (K10, 2011, S. 207; ähnlich S. 218). Hierfür finden sich aber ebenfalls nur wenige Beispiele, viele dagegen für die anderen drei Bedeutungsvarianten.

(3) Zur Verwendung *Text als strukturierte Größe* finden sich wieder beide Aspekte.

---

45 Zur Verwendung von Gattungskategorien vgl. Müller: Kategorisieren, S. 21.
46 Es kommen auch Verwendungen vor, die mir nicht verständlich sind und die ich daher nicht zuordnen kann, z. B. die These, die Erzählung ‚speise' sich aus einem Phänomen in der erzählten Welt und ‚konstituiere' sich ebenso: „Bis zum Gerichtsverfahren in Berlin speist sich die Erzählung aus der Prozesshaftigkeit der Querulanz, wenn Kohlhaas' Verfahren immer noch nicht eröffnet wurde, er jedoch die Gewissheit in sich trägt, dass das Wesentliche noch nicht stattgefunden hat. Aus dieser Leerstelle und diesem offenen Ereignis konstituiert sich die Erzählung, indem Kohlhaas seinen Prozess *vorhersieht*." K11, 2011, S. 538; Hervorh. im Orig.

(3.1) Als *organisierte Einheit* wird die Erzählung in Formulierungen adressiert wie „am Ende der Erzählung" (K3, 2001, S. 127; ähnlich S. 128), „diese fundamentale Wende der Erzählung" (K16, 2013, S. 107; ähnlich S. 109), der „Angelpunkt der Erzählung" (K18, 2013, S. 118, 121) und „im Laufe der Erzählung" (K17, 2013, S. 138; ähnlich K20, 2014, S. 52 und S. 55; K24, 2015, S. 309). Auch Zuschreibungen wie „[d]ie radikale Dramatik der Erzählung" (K8, 2007, S. 219) und die „Topographie der Erzählung" (K20, 2014, S. 57) weisen auf ihre Organisation hin.

(3.2) In einer aktiven Rolle als *organisierend* wird über den Gegenstand gesprochen in Formulierungen wie: die Erzählung „verschlingt" zwei „Formen der Gerechtigkeit […] ineinander" (K3, 2001, S. 128), sie „verbindet" ein Motiv mit einer Handlungsabfolge (K3, 2001, S. 127), sie „führt ihn [den Protagonisten, S. W.] zunächst in Situationen wachsender Beschämung" (K21, 2014, S. 263) und „inszeniert" sein „Verhalten" (ebd., S. 266).

(4) Zahlreich sind die Fälle, in denen die Erzählung oder der Roman als *semantische Größe* ins Spiel kommt:

(4.1) als *bedeutungstragende Größe* etwa in „die Erzählung [ist] in sich konsequent wie ein phantasmatischer Heilungsversuch strukturiert" (K21, 2014, S. 276) oder in Fällen, in denen der Erzählung Wahrheit zugeschrieben oder abgesprochen wird, etwa „Wahrheit der Erzählung" (K3, 2001, S. 140; auch K1, 2000, S. 178).

(4.2) Auch ein *bedeutungsherstellendes Potenzial* wird an vielen Stellen impliziert: „Kleists Erzählung inszeniert einen moralischen Versuch" (K8, 2007, S. 220), sie „entwickelt die Bedingungen, unter denen diese [die moralische Empfindung, S. W.] ihre individuelle Legitimität erst objektiv gewinnen könnte" (K8, 2007, S. 222), sie „setzt […] eine historische Problematik in Szene" (K10, 2011, S. 216), „verhandelt" (K11, 2011, S. 531, S. 533), „erspart […] Kohlhaas weitere Scham und verlagert sie auf seine Gegenspieler" (K21, 2014, S. 268), scheint „das Gleichgewicht gerechten Handelns wiederherzustellen" (K3, 2001, S. 125), „verändert radikal [ihre, S. W.] Position" (K16, 2013, S. 109), ‚spielt' „ein untergründige[s] Szenario" ‚durch' (K21, 2014, S. 263) und „scheint […] doch ja zu sagen zu der Grandiosität des Kohlhaas" (K17, 2013, S. 141). Im Marlitt-Korpus kommen solche Verwendungen kaum vor; als ein Beispiel von wenigen kann die These dienen, die Erzählung „kodier[e] die Hinwendung zur Geschichte mit ihren (rätselhaften) Artefakten als ein männliches Begehren" (M9, 2013, S. 72).

(5) Schließlich kann ‚Erzählung' auch als *interpretationsleitende Instanz* verwendet werden. Wenn etwa angenommen wird, die „Erzählung" stellt eine zentrale „Frage", die ein Interpret identifizieren muss, die auch übersehen werden kann und die in der Forschung offenbar auch unzureichend identifiziert worden ist (K8, 2007, S. 220), so wird der Maßstab für die Interpretation der Erzählung zugeschrieben. Ähnlich scheint mir ein von der Erzählung aktiv gesetzter ‚Standard' vorausgesetzt zu sein, wenn darauf hingewiesen wird, die Erzählung „durchkreuz[e] [...] diese Unterscheidung [von Zeichen und Bedeutung, S. W.] in der Figur eines Chiasmus" (K3, 2001, S. 142). Die Figur und die Bewegung muss ein Interpret richtig erkennen und deuten.

Auswertung

Die weiten Spielräume, mit denen der Textbegriff und die Gattungsbegriffe verwendet werden können, sind überraschend; denn sie passen weder zur Technizität des strukturalistischen Textbegriffs, wie sie dezidiert gegen den emphatischen Werkbegriff ins Feld geführt worden ist, noch zur Neutralität von gattungsklassifikatorischen Bezeichnungen wie ‚Erzählung' und ‚Roman'. In den beiden voraussetzungsvollsten Varianten (4) und (5) werden die Begriffe im Korpus in einer Weise verwendet, die einigen der kritisierten Merkmale des Werkbegriffs doch recht nahe kommt.[47] Das gilt vor allem für die ‚agentivierenden' Formulierungen (4.2), die hier nicht allein als stilistischer Befund verstanden werden. Auch wenn es sich bei der Praxis, Texte zu Akteuren zu machen, bekanntlich um eine im Fach verbreitete *façon de parler* handelt, finden sich im Korpus doch diverse Fälle, in denen es um mehr als z. B. die bloße Vermeidung einer Passiv-Konstruktion geht und die etwas über die Beschaffenheit des bezeichneten Gegenstands implizieren. Werden Texte bzw. Erzählungen als Instanzen aufgefasst, die Bedeutung herstellen oder den Maßstab vorgeben, an dem sich

---

47 Dieser Befund stützt zum Teil Peter Bürgers Hinweis, der 1983 an linguistischen, semiotischen und anderen mit „neueren wissenschaftlichen Methoden" arbeitenden Ansätzen eine „Verknüpfung von unaufgehellter Bindung an die idealistische Ästhetik und positivistischem Wissenschaftsbegriff" (Oelmüller: Werkbegriff, S. 202) kritisierte: Der Ausdruck ‚Text' kann ästhetische Aspekte durchaus ‚mitmeinen' und kann auch normativ verwendet werden. Auch Wolfgang Thierses Vermutung, dass trotz angestrebter Konzentration auf den Text „die tragenden Vorstellungen und Gehalte des Werk-Begriffs" in der wissenschaftlichen Arbeit am Text durchschlagen (Thierse: Thesen, S. 442), kann damit gestützt werden.

die Interpretation bewähren muss, dann scheinen damit die oben erläuterten Merkmale des traditionellen Werkbegriffs wieder im Spiel zu sein: die Sinnhaftigkeit, die Bestimmung des Werks durch seine eigenen Regeln, gegebenenfalls die Individualität und auf jeden Fall die besondere, dem Werk angemessene Deutungsleistung durch die literaturwissenschaftliche Interpretation, selbst wenn sie dezidiert nicht ‚hermeneutisch' angelegt ist. Die Erzählung kann sogar, wie gesehen, als Träger von Wahrheit bezeichnet werden. Man könnte in diesen Fällen von einer emphatischen Verwendung des Textbegriffs und der Gattungsbegriffe sprechen. Vergleicht man die beiden Teilkorpora unter diesem qualitativen Aspekt, relativiert sich ein quantitativer Befund: Zwar wird im *Kohlhaas*-Korpus sechsmal häufiger die scheinbar neutrale Bezeichnung ‚Text' verwendet als im Marlitt-Korpus, zugleich finden sich im *Kohlhaas*-Korpus aber auch fast alle der emphatischen Verwendungen von ‚Text' und ‚Erzählung'.

3.3 Argumentative Zusammenhänge

Wird in Interpretationen implizit mit kritisierten Merkmalen des Werkbegriffs gearbeitet? Diese Frage ist wohl schon mit Bezug auf die Ergebnisse des letzten Kapitels zu bejahen. Untersucht man aber die Interpretationen genauer, verstärkt sich der Befund. Die Interpreten argumentieren für die eigenen Deutungshypothesen oder gegen die Deutungen anderer und setzen dabei normative Annahmen über die Beschaffenheit ihres Gegenstandes ein, die dessen ‚Werkförmigkeit' nahelegen: Sie attestieren ihm die Merkmale der Ganzheit, Eigengesetzlichkeit, Prägung durch ein schöpferisches Subjekt und Werthaltigkeit. Normativ sind diese Annahmen, weil sie Interpretationsoperationen rechtfertigen, mit denen die eigenen Thesen plausibilisiert werden. Dies sei an zwei Beispielen kurz illustriert.

Im Korpus finden sich Stellen, an denen Interpreten z. B. „das Ganze des Textes" (K23, 2014, S. 312) als Bezugsgröße nennen oder die These aufstellen, der Luther-Brief habe eine wichtige „Funktion im Ganzen der Kohlhaas-Erzählung" (K10, 2011, S. 237). Hier kann erst eine Analyse des Zusammenhangs erweisen, um welche Variante von Ganzheitsvorstellung es sich handelt. Einschlägiger sind oft weniger explizite Passagen, in denen Auffassungen von der Ganzheit des Untersuchungsgegenstandes herangezogen werden, um vorliegende Interpretationen zu bewerten und die eigene Interpretation anzuleiten. So stellt ein Interpret in Frage, ob eine „rigoros philosophische Auslegung des Kleistschen Textes dessen Eigenart als Literatur gerecht wird" (K3, 2001, S. 132), und führt als Beleg für die Reduktivität einer vorliegenden *Kohlhaas*-Interpretation an, sie habe die Zigeunerinnen-Episode als „nebensächlich[ ]" weglassen. Nahegelegt wird hier der Vorwurf, die Episode sei nicht berücksichtigt worden, weil sie nicht in das Auslegungsschema der Interpretation passe. Seine eigene Deutung dagegen will der Interpret auf das ausrichten, „was sich im Text nicht in ein philosophisches Schema fügen läßt" (ebd.). Hier scheint von einem Kriterium zur Bewertung von Interpretationen Gebrauch gemacht zu werden, das mit einer bestimmten Auffassung von ‚Ganzheit' arbeitet: Interpretationen, die nur einen Teil ihres Gegenstandes berücksichtigen und andere Teile weglassen, sind denjenigen unterlegen, die auch widerständige Passagen integrieren können. In der Fassung, möglichst ‚den ganzen Text' zu interpretieren, dürfte die Bezugnahme auf ‚Ganzheit' als Textmerkmal relativ weit verbreitet sein und kann selbst in symptomatischen Interpretationen als Maßstab herangezogen werden, wie in K3 der Fall. Intertextuell findet sich eine ähnliche Argumentationsfigur mit Bezug auf das Œuvre der behandelten Autoren: Hier dient der Hinweis, das behauptete Schema, die behauptete Konstellation, das Motiv usw. sei typisch für das Gesamtwerk, dazu, den Befund zu stützen und den Geltungsanspruch der These zu stärken.

An einem anderen Beispiel lassen sich einzelne Merkmale des Werkbegriffs aufzeigen, wenn man untersucht, auf welche Weise die zentrale Interpretationshypothese plausibilisiert wird. Der Interpret etabliert ein neues Auslegungsschema, indem er dafür argumentiert, Kohlhaas als Amokläufer aufzufassen (K17, 2013, z. B. S. 142). Dabei ist klar, dass es sich um ein anachronistisches Schema handelt, da der Interpret betont, das Konzept ‚Amok' werde erst viele Jahre nach Kleists Erzählung „kodifiziert" (K17, 2013, S. 145). Er setzt das Schema ein, um Interpretationsprobleme zu lösen, vor denen vorliegende *Kohlhaas*-Deutungen stehen, die in dem Protagonisten einen Rächer, einen Rebellen, einen gewalttätigen Verbrecher usw. sehen (vgl. K17, 2013, z. B. S. 137, 141, 145). Um zu belegen, dass das Schema passt, trägt der Interpret Figuren- und Handlungsmerkmale zusammen, die dem Schema entsprechen, kommt hier aber schnell an ein Ende, weil es nur wenige passende gibt (vgl. ebd., S. 144), und weist explizit auf die „Differenzen" zu den erwartbaren Figureneigenschaften hin (ebd.). Um das Schema über die einzelnen Textbelege hinaus zu legitimieren, geht der Interpret in drei Schritten vor. Zunächst führt er den hermeneutischen Topos der Angemessenheit ins Feld:

> Aber will man den Extremismus dieses Charakters, seine Mordlust und seine Unversöhnlichkeit ernst nehmen, bietet sich der Begriff des Amok zur Charakterisierung eines soziales Exzesses an, dem gegenüber eine konventionelle Analyse der Genese der Gewalt defizitär bleibt. (K17, 2013, S. 144 f.)

Mithilfe des Deutungsschemas ‚Amokläufer', so ließe sich zusammenfassen, können Ambivalenzen der Erzählung besser erfasst werden als in herkömmlichen Deutungen. Da mit dieser Behauptung der größeren Leistungsfähigkeit aber noch nicht die Passung des Schemas verbessert worden ist, wählt der Interpret in seiner Beweisführung zwei weitere Strategien. Zum einen wird das Schema mit dem Hinweis auf Kleists Einzigartigkeit gestützt:

> Kleist ist wohl der einzige Autor um 1800, der das Vakuum der bürgerlichen Gesellschaft und die anthropologische Brisanz eines sich selbst entwerfenden und zugleich seiner selbst gewissen Subjekts zu denken wagte [...]. (K17, 2013, S. 145)

Damit ist das Anachronistische des Schemas kein Problem mehr – im Gegenteil: Die Deutung erfüllt die Vorgabe der „Erzählung" (dies ist die häufigste Gegenstandsbezeichnung in dem Beitrag), nach der es angemessen ist, sie eben nicht auf eine historische Lesart festzulegen, sondern nach ihren eigenen Regeln bzw. den Regeln des Autors zu verstehen. Zum anderen wechselt der Interpret zu einer höherstufigen, voraussetzungsvolleren These über seinen Gegenstand. Ausgehend von einem weiteren Hinweis auf ambivalente Figurenmerkmale (vgl. S. 146) formuliert er eine These zu einer Gesamtaussage, nämlich dass „Kleists Erzählung [...] mangelnde Informationen und das Fehlen einer klaren Ursache-Wirkungs-Relation" zwischen dem Charakter des Protagonisten und seiner Tat „beklage[ ]" (ebd.). Diese These wird ihrerseits am Text plausibilisiert, indem Sachverhalte der erzählten Welt in Begriffen des Deutungsschemas ‚Amokläufer' reformuliert werden (ebd., S. 146 f.). Aus seiner Deutung der Erzählung folgert der Interpret dann eine Annahme über ihre besondere Leistung:

> *Avant la lettre* nimmt Kleists Erzählung die Ratlosigkeit, aber auch das abgebrühte Wissen der Psychiatrie um anamnestische Leerstellen vorweg [...]. (ebd., S. 147)

Welche Merkmale des Werkbegriffs sind in dieser Interpretation impliziert? Zum einen die Ganzheit: Gesucht und erprobt wird ein Deutungsschema, das die Ambivalenzen, mit denen die vorliegenden Deutungen nicht zurechtkommen, für den ganzen Text und nicht nur für einzelne Passagen integriert. Zum anderen eine Variante des Autonomiegedankens: Wenn es hier auch nicht um die ästhetische Eigengesetzlichkeit der untersuchten Erzählung geht, so doch um deren eigene Regeln, die auch eine anachronistische Kontextualisierung legitimieren. Dies ist verbunden mit der Annahme eines starken Autors, die im Hinweis auf Kleists besondere Modernität und die Tatsache impliziert zu sein scheint, dass der Autor nicht nur literarisch seiner Zeit voraus war. Eine Rechtfertigungsfunktion im oben skizzierten Argumentationsgang kann der Hinweis auf die Einzigartigkeit des Autors nur erfüllen, wenn diese sich in seiner Erzählung manifestiert – und damit ist der Schritt zur Annahme, das Werk sei Ausdruck eines schöpferischen Subjekts, nicht weit, auch wenn sie vermutlich anders formuliert und begründet werden würde. Schließlich scheint die Interpretation der Erzählung einen besonderen Wert zuzuschreiben, der darin liegt, einen erst später wissenschaftlich erkannten Problemzusammenhang vorwegzunehmen.

Die Beispiele zeigen exemplarisch, dass einzelne Merkmale, die dem Werkbegriff zugeschrieben werden, auch in Interpretationen zu finden sind, die auf den Ausdruck ‚Werk' verzichten. Damit soll hier nicht mit entlarvendem Gestus auf implizite Annahmen hingewiesen werden; vielmehr scheinen mir die Beispiele zu zeigen, dass die Kritik am Werkbegriff das Kind mit dem Bade ausgeschüttet hat, indem sie Annahmen über die Beschaffenheit von Literatur kritisiert hat, auf die manche Positionen nicht verzichten können – unabhängig davon, wie sie den Gegenstand bezeichnen, den sie untersuchen.

4. Fazit

In der literaturwissenschaftlichen Interpretationspraxis der 2000er Jahre geht es, was die Bezeichnungen der Untersuchungsobjekte betrifft, entspannt zu: Alle möglichen Bezeichnungstypen kommen vor. Mit aller Vorsicht, die mein kleines Untersuchungskorpus erforderlich macht, versuche ich abschließend drei allgemeinere Tendenzen herauszustellen.

1. *‚Verschwinden' der Bezeichnung ‚Werk'*. Die erste Ausgangshypothese gilt für das untersuchte Korpus tatsächlich: Der Ausdruck ‚Werk' kommt in der exemplarisch ausgewerteten Interpretationspraxis nur selten vor, und besonders selten genutzt wird der Begriff in der Bedeutung von ‚Opus'. Dies trifft vor allem auf die Interpretationen des kanonischen *Michael Kohlhaas* zu, in abgeschwächter Form aber auch auf die Interpretationen der Romane und Erzählungen Eugenie Marlitts. Dass diese zweite Gruppe den Ausdruck in seinen drei Varianten häufiger nutzt, deutet meines Erachtens darauf hin, dass ‚Werk' immer noch als evaluativer Begriff verwendet werden und der Aufwertung des Untersuchungsgegenstandes dienen kann. In beiden Teilkorpora kommt ‚Werk' als Sammelbezeichnung deutlich häufiger vor als im Sinne von ‚Opus'. In der Variante ‚Œuvre' scheint der Begriff weniger diskreditiert zu sein. ‚Werk' als Bezeichnung für eine ästhetische Einheit, als sprachliches Kunstwerk, spielt dagegen eine nur noch verschwindend geringe Rolle. Dem entspricht, dass sich die oben nachgewiesenen überdauernden Merkmale des Werkbegriffs gerade nicht aus den Werkbezeichnungen im Korpus erschließen ließen, sondern aus den Passagen mit den ‚neutralen' Bezeichnungen. Womit hängt das zusammen? Stärker als die Autordebatte scheint die Kritik am Werkbegriff Folgen für die Sprache der Interpretationspraxis gehabt zu haben: Der Ausdruck ‚Werk' gilt als belastet und wird daher weitgehend vermieden. Immer vorausgesetzt, dass der Werkbegriff in der älteren Interpretationspraxis tatsächlich

flächendeckend häufiger und in der Weise verwendet wurde, wie die Theoriedebatte nahelegt. Neben der Grundsatzkritik der 1970er-Jahre – und mit ihr zusammenhängend – kann ein Grund für den weitgehenden Verzicht auf den Ausdruck ‚Werk' auch darin liegen, dass die philosophische Ästhetik, die zur Prägung des emphatischen Werkbegriffs beigetragen hat, für die Literaturwissenschaft schon lange keine so wichtige Bezugsdisziplin mehr darstellt wie z. B. noch in den 1960ern. Tatsächlich stehen in den Interpretationen auch kaum die ästhetischen Qualitäten des *Michael Kohlhaas* im Zentrum; würden sich Literaturwissenschaftler vor allem auf sie konzentrieren, dann könnten wohl keine 62 Interpretationen innerhalb von 15 Jahren erscheinen. Ohne die begrenzenden Vorgaben eines ästhetisch bestimmten Autonomiepostulats sind den Kontextualisierungen und damit den immer neuen Sichtweisen auf Kleists Erzählung so viele Möglichkeiten eröffnet, wie sich Kontexte etablieren lassen.[48] Im Untersuchungskorpus illustriert dies die Abfolge vorhersehbarer Themen, z. B. Schrift, Raum, Ökonomie und Tiere, deren Relevanz wiederum durch die ‚Bewährungsprobe' am kanonischen Gegenstand erwiesen wird. Der Verzicht auf (autonomie-)ästhetische Reglementierung sorgt so für zahlreiche neue Interpretationsperspektiven und damit zugleich für eine andere Variante des Postulats von der Unabschließbarkeit der Interpretation, die zwar abweichend begründet wird, aber ebenfalls der Rechtfertigung immer weiterer Interpretationen desselben ‚Texts' dient.

2. *Weite Verbreitung unmarkierter Bedeutungsvarianten.* Die zweite Ausgangshypothese von der Dominanz der Textbegriffs ist zu revidieren: Zum einen trifft nur für das *Kohlhaas*-Korpus zu, dass öfter von ‚Texten' anstatt von ‚Werken' gesprochen wird; und zum anderen werden in beiden Teilkorpora erheblich häufiger als beide Begriffe die Gattungsbezeichnungen eingesetzt, um den Gegenstand zu benennen. ‚Text' und ‚Erzählung' bzw. ‚Roman', können allerdings so unspezifisch verwendet werden, dass sie nicht nur einander, sondern auch den Werkbegriff ersetzen können. Dies scheint eine erklärungsbedürftige Praktik zu sein. Zwei Ansätze: (a) Wenn ‚Werk' und ‚Text' austauschbar eingesetzt werden können, dann ist das Bewusstsein für die Differenz der Begriffe offenbar nicht weit verbreitet. Es läge damit ein weiteres Beispiel für die Einsicht vor, dass sich eine

---

48 Harro Müller hatte noch als schädliche Wirkung des Werkbegriffs betont, er setze sich „[g]egenüber Diskurs-Umwelten […] ab, indem er – strenge Nichtableitbarkeit postulierend – den Autonomieanspruch des Kunstdiskurses gegenüber externen Zumutungen betont" (Müller: Notizen, S. 239); in der Umkehrung dieser Verhältnisse scheint es nun eher so zu sein, dass eine dominant ästhetische Perspektive auf literarische Untersuchungsgegenstände als ‚Zumutung' erscheint – oder einfach als weniger interessant.

präzise Terminologie, wie sie etwa Titzmann in den 1970er Jahren vorgeschlagen hat, im Fach nicht durchsetzen lässt: Der Textbegriff, der damals hinreichend voraussetzungsarm und unbelastet erschien und dessen beiden Bedeutungsvarianten sich leicht unterscheiden ließen, kann heute alles andere als präzise verwendet werden. Das Gleiche gilt für den eben nicht gattungsklassifizierend eingesetzten Begriff ‚Erzählung': Die Begriffe differenzieren nicht, sondern sind in vielen Interpretationen zu den so beliebten integrativen Konzepten geworden, deren Bedeutungsvarianten gerade nicht markiert werden. Dies führt auf die alte Streitfrage vom Nutzen und Nachteil präziser Begriffe in der Literaturwissenschaft. (b) Dem könnte aber entgegengehalten werden, dass es in den untersuchten Passagen auf eine Differenzierung gar nicht ankommt: Es geht in ihnen jeweils um andere Dinge, z. B. um Aussagen über Merkmale oder Funktionen des untersuchten Gegenstandes, nicht um dessen Klassifikation als Werk oder Text. In solchen Aussagen, so ließe sich verallgemeinern, haben die verwendeten Ausdrücke eben nur die eine Funktion, den Gegenstand zu benennen, und sind damit nicht als kontroverse Begriffe im Fokus der Interpreten – von denen die meisten die Frage, ob es Unterschiede zwischen den Ausdrücken ‚Werk' und ‚Text' gebe, mit Sicherheit bejahen würden. Dieser Ansatz würde einmal mehr darauf hinweisen, wie wichtig in der Literaturwissenschaft ästhetische Kriterien des sprachlichen Ausdrucks sind, und könnte die Variabilität der Bezeichnungen als stilistisches Phänomen plausibilisieren, ohne zwingend mit einer Schelte auf die terminologische Laxheit der Literaturwissenschaft einhergehen zu müssen.

3. *Übertragung von ‚Werk'-Merkmalen auf die Begriffe ‚Text' und ‚Erzählung'.* Wie gesehen können ‚Text' und ‚Erzählung' im Beispielkorpus nicht nur unmarkiert verwendet, sondern auch mit einer großen Spannbreite an Bedeutungen versehen werden. Werden in den voraussetzungsvollen Varianten (4) und (5) Texten und Erzählungen Schöpfungsintentionen oder Wahrheit zugeschrieben oder gelten sie als Instanzen, die der Interpretation ihre Maßstäbe vorgeben, dann werden Merkmale impliziert, die am Werkbegriff kritisiert worden sind. Neben normativen Qualitäten wird dann in manchen Fällen auch die Emphase des Werkbegriffs auf die scheinbar neutralen Begriffe übertragen. Damit muss die dritte Ausgangshypothese differenziert werden: Nicht ‚der' kritisierte Werkbegriff kommt in aktuellen Interpretationstexten noch zum Tragen, sondern es sind einige Annahmen über die Beschaffenheit literarischer Untersuchungsgegenstände, die traditionellerweise mit dem Werkbegriff verbunden waren. Eine mögliche Erklärung dafür habe ich im Beitrag schon an mehreren Stellen angesprochen. Sie liegt in der gewissermaßen kontaminierenden Wirkung des Literaturbegriffs: Was dem Textbegriff hinzugefügt worden ist und was auch der Begriff ‚Erzählung' alles umfassen kann, hat seinen Grund

in der gemeinsamen Voraussetzung aller Korpusbeiträge, *Literatur* zu interpretieren. Es scheint diese Voraussetzung zu sein, die dafür sorgt, dass die Bezeichnungen für die einzelnen Objekte in vielen Fällen nicht neutral verwendet werden – im Fall von Kleist mit mehr Emphase als bei Marlitt. Die Emphase ergibt sich nicht mehr aus dem Postulat, das Kunstwerk sei autonom, sondern z. B. aus der Annahme, Literatur sei gegenüber anderen Produkten der sprachlichen Überlieferung höherwertig und für manche Exemplare gelte das in verstärktem Maße. Schon die Kritik am traditionellen Werkbegriff zielte im Wesentlichen auf die allgemeinen Annahmen dessen, was Literatur ausmacht und wie angemessen mit ihr umzugehen sei, die sich in diesem Begriff – aber nicht nur in ihm – manifestieren. So gesehen kann der Befund von der Konstanz bestimmter Merkmale des kritisierten Werkbegriffs nicht überraschen. Damit lässt sich die Einstiegsfrage noch einmal aufnehmen und anders beantworten: Was wird in Interpretationen untersucht? Literatur – und das prägt alle ihre Bezeichnungen, ‚Werk', ‚Text' oder ‚Erzählung'.

Bibliographie

Korpus

K1: Christians, Heiko: Misshandlungen der Fabel. Eine kommunikologische Lektüre von Heinrich von Kleists „Michael Kohlhaas" (1810). In: Kleist-Jahrbuch 2000, S. 161–179.

K2: Pircher, Wolfgang: Geld, Pfand und Rache. Versuch über ein Motiv bei Kleists „Kohlhaas". In: Kleist-Jahrbuch 2000, S. 104–117.

K3: Maurer, Karl-Heinz: Gerechtigkeit zwischen Differenz und Identität in Heinrich von Kleists „Michael Kohlhaas". In: Deutsche Vierteljahrsschrift für Literaturwissenschaft und Geistesgeschichte 75.1 (2001), S. 123–144.

K4: Müller-Salget, Klaus: Michael Kohlhaas. In: K.M.-S.: Heinrich von Kleist. Stuttgart 2002, S. 199–210.

K5: Frey, Christiane: Spiegelfechtereien mit dem Leser. Trügerische Ökonomien der Schrift in Kleists „Michael Kohlhaas". In: Beiträge zur Kleist-Forschung 17 (2003), S. 296–317.

K6: Karcher, Sascha: (Un-)berechenbare Räume. Topographien in Kleists Novelle „Michael Kohlhaas". In: Kleist-Jahrbuch 2005, S. 111–127.

K7: Hamacher, Bernd: Geschichte und Psychologie der Moderne um 1800 (Schiller, Kleist, Goethe). „Gegensätzische" Überlegungen zum „Verbrecher aus Infamie" und zu „Michael Kohlhaas". In: Kleist-Jahrbuch 2006, S. 60–74; ausgewertet S. 66–72.

K8: Dehrmann, Mark-Georg: Die problematische Bestimmung des Menschen. Kleists Auseinandersetzung mit einer Denkfigur der Aufklärung im „Aufsatz, den sichern Weg des Glücks zu finden", im „Michael Kohlhaas" und der „Herrmannsschlacht". In: Deutsche Vierteljahrsschrift für Literaturwissenschaft und Geistesgeschichte 81.2 (2007), S. 193–227; ausgewertet S. 193–195 und S. 219–222.

K9: Lüdemann, Susanne: Literarische Fallgeschichten: Schillers „Verbrecher aus verlorener Ehre" und Kleists „Michael Kohlhaas". In: Jens Ruchatz u. a. (Hg.): Das Beispiel. Epistemologie des Exemplarischen. Berlin 2007, S. 208–223; ausgewertet S. 208–212 und S. 217–223.

K10: Schmidt, Jochen: „Michael Kohlhaas" in der Ära der Preußischen Reformen. In: J. S.: Heinrich von Kleist. Die Dramen und Erzählungen in ihrer Epoche [2003]. 3., durchges. Aufl. Darmstadt 2011, S. 207–244.

K11: Gaderer, Rupert: Michael Kohlhaas (1808/10). Schriftverkehr – Bürokratie – Querulanz. In: Zeitschrift für deutsche Philologie 130.4 (2011), S. 531–544.

K12: Giuriato, Davide: „Wolf der Wüste". „Michael Kohlhaas" und die Rettung des Lebens. In: Nicolas Pethes (Hg.): Ausnahmezustand der Literatur. Neue Lektüren zu Heinrich von Kleist. Göttingen 2011, S. 290–306.

K13: Pröll, Thomas: Deutungsversuch eines Gewaltausbruchs. Die kleistsche Figur „Michael Kohlhaas" als Symbol für die Ambivalenz des Gerechtigkeitsbegriffes. In: Gianluca Crepaldi u. a. (Hg.): Kleist zur Gewalt. Transdisziplinäre Perspektiven. Innsbruck 2011, S. 19–43.

K14: Trüstedt, Katrin: Novelle der Stellvertretung. Kleists „Michael Kohlhaas". In: Zeitschrift für deutsche Philologie 130.4 (2011), S. 545–568.

K15: Ott, Michael: Privilegien. Recht, Ehre und Adel in „Michael Kohlhaas". In: Kleist-Jahrbuch 2012, S. 135–155.

K16: Lehmann, Johannes F.: „Michael Kohlhaas" oder: Recht und Macht. In: J. F. L.: Einführung in das Werk Heinrich von Kleists. Darmstadt 2013, S. 101–110.

K17: Brittnacher, Hans Richard: Das „Rechtsgefühl einer Goldwaage" oder: Kohlhaas läuft Amok. In: H. R. B./Irmela von der Lühe (Hg.): Risiko – Experiment – Selbstentwurf. Kleists radikale Poetik. Göttingen 2013, S. 131–149.

K18: Osthövener, Claus-Dieter: „Die Kraft beschwichtigender Worte". Luther, Kohlhaas und Kleist. In: Hans Richard Brittnacher/Irmela von der Lühe (Hg.): Risiko – Experiment – Selbstentwurf. Kleists radikale Poetik. Göttingen 2013, S. 110–130.

K19: Ellerbrock, Karl Philipp: Wasser und Eloquenz. Über eine Geste in „Michael Kohlhaas". In: Hans Ulrich Gumbrecht/Friederike Knüpling (Hg.): Kleist revisited. Paderborn 2014, S. 197–202.

K20: Fricke, Sarah: Kämpfen in Metaphern: Raum und Bewegung in Kleists „Michael Kohlhaas". In: Kleist-Jahrbuch 2014, S. 45–63.

K21: Pietzcker, Carl: „Michael Kohlhaas" und „Die Marquise von O...." Kleists Versuche mit Scham und Beschämung. Eine psychoanalytische Annäherung. In: Werner Frick (Hg.): Heinrich von Kleist. Neue Ansichten eines rebellischen Klassikers. Freiburg i. Br. 2014, S. 257–276.

K22: Voßkuhle, Andreas/Johannes Gerberding: „Michael Kohlhaas" und der Kampf ums Recht. In: Werner Frick (Hg.): Heinrich von Kleist. Neue Ansichten eines rebellischen Klassikers. Freiburg i. Br. 2014, S. 231–255.

K23: Török, Ervin: Grenzen der Gewalt. Heinrich von Kleist: „Michael Kohlhaas". In: Zoltán Kulcsár-Szabó (Hg.): Signaturen des Geschehens. Ereignisse zwischen Öffentlichkeit und Latenz. Bielefeld 2014, S. 309–334.

K24: Linder, Joachim: Mobilisierung und Diabolisierung der Zeichen. Zu Heinrich von Kleists Erzählung „Michael Kohlhaas" [2000]. In: Hans-Edwin Friedrich/Claus-Michael Ort (Hg.): Recht und Moral. Zur gesellschaftlichen Selbstverständigung über ‚Verbrechen' vom 17. bis zum 21. Jahrhundert. Berlin 2015, S. 303–329.

M1: Battafarano, Italo Michele/Hildegard Eilert: Italiener als Spitzbuben in Eugenie Marlitts ‚Die zwölf Apostel', Friedrich Spielhagens ‚Sturmflut' und Julius Stindes ‚Buchholzens in Italien'. In: Manfred Durzak (Hg.): Literatur im interkulturellen Dialog. Bern u. a. 2000, S. 269–313; ausgewertet S. 270–282.

M2: Barsch, Achim: Massenmediale Unterhaltungsliteratur und soziale Wirklichkeitskonstruktion: Zum Menschenbild in der Gartenlaube am Beispiel der Romane von E. Marlitt. In: A. B./Peter M. Hejl (Hg.): Menschenbilder. Zur Pluralisierung der Vorstellung von der menschlichen Natur (1850–1914). Frankfurt a. M. 2000, S. 376–422; ausgewertet Kap. 4, S. 394–421.

M3: Liebs, Elke: Wer hat Angst vor „Trivialliteratur"? Eugenie Marlitts ruhige Revolution. In: Feministische Studien 22.2 (2004), S. 167–179.

M4: Brauer, Cornelia: Eugenie Marlitt. Bürgerliche, Christin, Liberale, Autorin. Eine Analyse ihres Werkes im Kontext der „Gartenlaube" und der Entwicklung des bürgerlichen Realismus. Leipzig 2006; ausgewertet S. 102–127.

M5: Dingeldey, Erika: Luftzug hinter Samtportieren. Versuch über E. Marlitt. Bielefeld 2007; ausgewertet S. 28–57.

M6: Haas, Caroline: Eugenie Marlitt. Eine Erfolgsautorin des 19. Jahrhunderts. Leipzig 2009; ausgewertet S. 140–168.

M7: Tatlock, Lynne: Eine amerikanische Baumwollprinzessin in Thüringen. Transnationale Liebe, Familie und die deutsche Nation in E. Marlitts „Im Schillingshof". In: Christof Hamann u. a. (Hg.): Amerika und die deutschsprachige Literatur nach 1848. Migration, kultureller Austausch, frühe Globalisierung. Bielefeld 2009, S. 105–125.

M8: Klein, Tobias: Von deutschen Herzen. Familie, Heimat und Nation in den Romanen und Erzählungen E. Marlitts. Hamburg 2012; ausgewertet S. 305–328.

M9: Keck, Annette: Blaubart und Pygmalion? Zur Refiguration des mörderischen Märchens im deutschsprachigen Realismus. In: Fabula 54.1–2 (2013), S. 61–79; ausgewertet S. 71–79.

Forschungsliteratur

Bär, Jochen: Hermeneutische Linguistik. Theorie und Praxis grammatisch-semantischer Interpretation. Grundzüge einer Systematik des Verstehens. Berlin u. a. 2015.

Barthes, Roland: Vom Werk zum Text [1971]. In: Texte zur Theorie des Textes. Hg. und komment. von Stephan Kammer und Roger Lüdeke. Stuttgart 2005, S. 40–51.

Borkowski, Jan: Literatur und Kontext. Untersuchungen zum Text-Kontext-Problem aus textwissenschaftlicher Sicht. Münster 2015.

Eagleton, Terry: Einführung in die Literaturtheorie. Stuttgart 1992.

Haller, Rudolf/Jürgen Mittelstraß: Begriff. In: Joachim Ritter u. a. (Hg.): Historisches Wörterbuch der Philosophie. Bd. 1. Basel, Stuttgart 1971, S. 779–787.

Jahraus, Oliver: Literaturtheorie. Theoretische und methodische Grundlagen der Literaturwissenschaft. Tübingen, Basel 2004.

Jannidis, Fotis/Gerhard Lauer/Simone Winko: Geschichte und Emphase. Zur Theorie und Praxis des erweiterten Literaturbegriffs. In: Jürn Gottschalk/Tilmann Köppe (Hg.): Was ist Literatur? Basistexte Literaturtheorie. Paderborn 2006, S. 122–154.

Lotman, Jurij M.: Die Struktur literarischer Texte. München 1972.

Martens, Gunter: Das Werk als Grenze. Ein Versuch zur terminologischen Bestimmung eines editorischen Begriffs. In: Editio 18 (2004), S. 175–186.

Martínez, Matías: Autorschaft und Intertextualität. In: Fotis Jannidis/Gerhard Lauer/M. M./Simone Winko (Hg.): Rückkehr des Autors. Zur Erneuerung eines umstrittenen Begriffs. Tübingen 1999, S. 465–479.

Martus, Steffen: Werkpolitik. Zur Literaturgeschichte kritischer Kommunikation vom 17. bis ins 20. Jahrhundert mit Studien zu Klopstock, Tieck, Goethe und George. Berlin, New York 2007.

Martus, Steffen: Zwischen Dichtung und Wahrheit. Zur Werkfunktion von Lyrik im 19. Jahrhundert. In: S. M./Stefan Scherer/Claudia Stockinger (Hg.): Lyrik im 19. Jahrhundert. Gattungspoetik als Reflexionsmedium der Kultur. Bern u. a. 2005, S. 61–92.
Müller, Harro: Einige Notizen zu Diskurstheorie und Werkbegriff. In: Jürgen Fohrmann/ H. M. (Hg.): Diskurstheorien und Literaturwissenschaft. Frankfurt a. M. 1988, S. 235–243.
Müller, Ralph: Kategorisieren. In: Rüdiger Zymner (Hg.): Handbuch Gattungstheorie. Stuttgart, Weimar 2010, S. 21–23.
Oelmüller, Willi: Zu einem nicht nur ästhetischen Werkbegriff. In: Willi Oelmüller (Hg.): Das Kunstwerk. München, Wien, Zürich 1983, S. 185–201; Diskussion S. 201–230.
Stegmüller, Wolfgang: Begriff. In: Josef Speck (Hg.): Handbuch wissenschaftstheoretischer Begriffe. Bd. 1. Göttingen 1980, S. 61.
Spoerhase, Carlos: Was ist ein Werk? Über philologische Werkfunktionen. In: Scientia poetica 11 (2007), S. 276–344.
Spree, Axel: Kritik der Interpretation. Analytische Untersuchungen zu interpretationskritischen Literaturtheorien. Paderborn 1995.
Stierle, Karlheinz: Der Text als Werk und als Vollzug. In: Helga de La Motte-Haber/ Reinhard Kopiez (Hg.): Der Hörer als Interpret. Frankfurt a. M. 1995, S. 11–28.
Thierse, Wolfgang: Thesen zur Problemgeschichte des Werk-Begriffs. In: Zeitschrift für Germanistik 6.4 (1985), S. 441–449.
Thierse, Wolfgang: „Das Ganze aber ist das, was Anfang, Mitte und Ende hat." Problemgeschichtliche Beobachtungen zur Geschichte des Werkbegriffs. In: Karlheinz Barck/ Martin Fontius/W. T. (Hg.): Ästhetische Grundbegriffe. Studien zu einem historischen Wörterbuch. Berlin 1990, S. 378–414.
Thomé, Horst: Werk. In: Jan-Dirk Müller u. a. (Hg.): Reallexikon der deutschen Literaturwissenschaft. Bd. 3. Berlin, New York 2003, S. 832–834.
Titzmann, Michael: Strukturale Textanalyse. Theorie und Praxis der Interpretation. München 1977.
Winko, Simone: Autor-Funktionen. Zur argumentativen Verwendung von Autorkonzepten in der gegenwärtigen literaturwissenschaftlichen Interpretationspraxis. In: Heinrich Detering (Hg.): Autorschaft. Positionen und Revisionen. Akten des DFG-Symposions Salzau, September 2001. Stuttgart 2002, S. 334–354.

III. Materialitäten des Werks: Buchformat und Druckwerk

ALEXANDER STARRE

Buchwerke: Paratext und post-digitale Materialität in der amerikanischen Gegenwartsliteratur

1. Die neuen Büchermacher

In ihrem poetologischen Essay *Wie ich Bücher mache*, gesetzt in gestalterisch auffälliger Frakturschrift und erschienen in der Jubiläumsausgabe der Literaturzeitschrift *Bella Triste* (2011), kritisiert die Autorin und Grafikdesignerin Judith Schalansky mit Blick auf ihr literarisches Schaffen die verbreitete hierarchische Unterordnung der materiellen Buchform unter den sprachlichen Inhalt: „Vielmehr sind Form und Inhalt auf der Suche nacheinander. Und nicht selten ist es die Form, die im Arbeitsproceß den Inhalt bezwingt und das Buch überhaupt erst möglich macht."[1] Das ideale Buch ist für sie gekennzeichnet durch formale Geschlossenheit und absolute organische Einheit: „Ein Buch, in dem alle Teile so ineinander aufgehen, daß sie nicht mehr voneinander zu trennen sind, und in dem das Ergebnis mehr als die Summe seiner einzelnen Teile ist."[2] Grundlegende Prämissen einer idealistischen Autonomieästhetik klingen hier zwar durchaus an, allerdings wird hier der organische Status des Kunstwerks vor allem als materielles, nicht als sprachliches Ideal gesehen. Für Schalansky erschöpft sich der kreative Prozess also nicht im Schreiben; sie hält vielmehr die Verschmelzung von Text und Medium in den Händen der Autorin für den zentralen Aspekt ihres Arbeitens: „Das beginnt bei der Entscheidung für Gattung und Buchformat, für die Erzählperspektive, eine Sprache, eine Schrift, und hört erst bei dem Vorsatzpapier, dem Einbandmaterial und der Titelgestaltung auf. Keinem Autor kann egal sein, in welcher Form sein Text den Lesern begegnet."[3] In diesen Zeilen werden in loser Reihung Aspekte miteinander vermischt, die einerseits die Kerndimensionen traditioneller

---

1 Schalansky: Bücher [o. Pag.].
2 Ebd.
3 Ebd.

literaturwissenschaftlicher Arbeit betreffen (Gattung, Erzählperspektive, Sprache) und andererseits den externen Formvarianten des Mediums zuzuschreiben sind, wie sie üblicherweise unter dem Begriff „Ausstattung" firmieren (Buchformat, Schrift, Einbandmaterial).

Innerhalb der von Schalansky skizzierten Theorie des literarischen Werks wäre der Terminus „Ausstattung" allerdings deplatziert. Postuliert er doch die Existenz eines letztlich immateriellen Sprachkunstwerks, das zur öffentlichen Präsentation einer wie immer gearteten Aufmachung bedarf. Eine weitere Implikation des Ausstattungsbegriffs ist die grundsätzliche Vielgestaltigkeit der materiellen Ausformungen für einen gleichbleibenden Ursprungstext. In Schalanskys Idealtypus des organischen Buchs hat ein literarischer Text dagegen genau eine materielle Erscheinungsform: Text und Medium fallen zusammen im Buchwerk. Die zentrale kommunikative Operation dieses Buchwerks ist die Schließung; Schalansky spricht nicht zufällig vom Buch als „geschlossenem System".[4] Auf den hier in Stellung gebrachten Werkbegriff werde ich im Folgenden ausführlicher eingehen. Aber schon anhand ihrer manifestartigen Prosa können wir diagnostizieren, dass Schalanskys poetologisches Programm für ein starkes Autorschaftskonzept eintritt. Schließlich ist es die Autorin selbst, die die Kontrolle über die gesamte Gestaltung ihres Werks beansprucht und damit auch sämtliche ästhetische Schließungsoperationen eigenhändig vornehmen will. Den literaturwissenschaftlichen Beschreibungsroutinen nach der poststrukturalistischen Wende steht Schalansky damit diametral entgegen. Starke Autorschaft, geschlossener Werkcharakter und Autonomieästhetik sind innerhalb des jüngeren akademischen Diskurses oft rote Tücher geblieben.

Was nun passiert, wenn eine derart ‚starke' Autorin ihr Werk einem Verlagshaus zur Veröffentlichung übergibt, zeigt sich beispielhaft in der Auseinandersetzung zwischen Katharina Hacker und dem Suhrkamp Verlag.[5] Die von Hacker vorgeschlagene Kolumnenstruktur des Romans *Alix, Anton und die anderen* (2009) wurde von Suhrkamp im Layoutprozess gegen den Willen der Autorin vermeintlich sinnentstellend verändert. Judith Schalansky hingegen ließ derselbe Verlag nur wenig später freie Hand. Der 2011 erschienene Roman *Der Hals der Giraffe* wurde vollständig von Schalansky selbst gestaltet und nach ihren Vorstellungen hergestellt. Neben mehreren Literaturpreisen brachte das Buch der Autorin auch die Auszeichnung „Schönstes Buch des Jahres" der Stiftung Buchkunst ein.

---

4 Ebd.
5 Vgl. Gilbert: Überlegungen, S. 82 f.

Die Publikationshistorie von *Der Hals der Giraffe* stützt also noch eindringlicher als der Fall Hacker die Forderung von Annette Gilbert, die „zunehmende (Verantwortungs-)Übernahme der Text- und Buchgestaltung durch die Autoren und die wachsende Ausdifferenzierung paratextueller Strategien" stärker in der philologischen und der bibliothekarisch-archivarischen Arbeit zu berücksichtigen.[6] Im Gegensatz zu Hacker, die ihre gestalterischen Ideen dem Verlag lediglich zur Umsetzung vorschlug, ist Schalansky neben ihrem belletristischen Schaffen auch professionelle Buchmacherin. So ediert, setzt und gestaltet sie unter anderem die Bände der Reihe „Naturkunden" im Verlag Matthes & Seitz. Mit dieser doppelten Ausrichtung ist Schalansky sicherlich ein besonderer Fall. Dennoch ist ihre Idee vom Buchwerk nicht bloß ein Aufguss bewährter Avantgarde-Ästhetiken innerhalb einer kleinen Nische hochkultureller Literatur.

Für einen signifikanten Teil der amerikanischen Gegenwartsliteratur lässt sich eine derartige Verantwortungsübernahme nicht nur beobachten, sondern auch mit einer emergenten Ästhetik des materiellen Textes unter den Vorzeichen digitaler Kultur zusammendenken.[7] Für den oben beschriebenen, international zunehmend verbreiteten Autorentypus schlage ich den Begriff des *bibliographischen Autors* vor, und zwar im wörtlichen Sinne des Bücher-Schreibenden. Nun ist der bibliographische Autor literaturhistorisch sicherlich keine Novität. Immerhin steht bereits am Beginn der Hochphase des angelsächsischen Romans mit Samuel Richardson ein Autor, der sowohl Drucker als auch Literat war.[8] In der Lyrik ist das gedruckte Buch ohnehin meist wichtiger Bedeutungsträger, wie Jerome McGann beispielhaft anhand von Ezra Pound gezeigt hat.[9] Daneben existiert aber auch eine lange Reihe von Romanciers, die bis in die jüngste Vergangenheit hinein mehr oder minder erfolgreich mit ihren Verlegern über die Gestaltung ihrer Bücher verhandelten.

Eine wachsende Zahl von Vertretern dieses Autorentypus hat nun in den letzten zwei Jahrzehnten begonnen, die Literarizität und den Werkcharakter ihres Schaffens strategisch mit dem Medium des gedruckten Buchs zu verknüpfen. Neben einer theoriegeleiteten Debatte über den Nutzen von Werkbegriffen innerhalb der heutigen Literaturwissenschaft findet also parallel eine Suchbewegung innerhalb des literarischen Systems selbst statt, die teilweise überraschende Ausformungen produziert. Basierend auf der

---

6 Ebd., S. 83.
7 Siehe grundlegend zur „aesthetic of bookishness" Pressman: Aesthetic.
8 Richardson konnte in seinen erfolgreichen Briefromanen dementsprechend einige sinntragende typographische Modifikationen des Textes vornehmen. Vgl. Price: Autograph.
9 McGann: Condition, S. 101–152.

Analyse eines umfangreichen Korpus amerikanischer Erzählliteratur von den 1990er Jahren bis in die Gegenwart lässt sich sagen: Gegenwärtige Autoren können mithilfe digitaler kompositorischer und gestalterischer Verfahren erhöhte Kontrolle über die veröffentlichte Form ihrer Werke ausüben.[10] Dieser Prozess betrifft nicht nur kontextuelle bzw. epitextuelle Rahmungen, sondern dringt in Form von metamedialen Verfahren in den Kern des jeweiligen fiktionalen Signifikationsgefüges ein.[11] Wie im Folgenden anhand der zwei vielgelesenen Romane *Only Revolutions* von Mark Z. Danielewski und *S.* von J. J. Abrams und Doug Dorst veranschaulicht werden soll, reklamieren metamediale Fiktionen die gestalterische und materielle Form des Druckbuchs – also Schrifttype, -größe und -farbe, Seitenlayout, Umschlag, Titelei etc. – als sinntragende Bestandteile des Erzählwerks.

Die Wiederkehr des (Buch-)Werks unter den Vorzeichen der Digitalisierung mag auf den ersten Blick eine überraschende Entwicklung sein. Nun bieten aber gerade elektronische Gestaltungs- und Satztechniken sowie die neuverhandelte Position des gedruckten Buchs in der heutigen Medienökologie bisher unerreichte Möglichkeiten der ästhetischen Verschmelzung von Texten und materiellen Trägermedien. Für eine literaturwissenschaftliche Theorie des literarischen Werks sind die hier besprochenen Bücher und Autoren insofern bedeutend, als sie unter den verschiedenen Dimensionen der Werkwerdung jene der Werkmaterialität besonders beto-

---

10 Vgl. Starre: Metamedia, für eine umfassende Diskussion einer Reihe von nordamerikanischen Autoren (darunter Bestseller-Autoren wie Mark Danielewski, Jonathan Safran Foer und Reif Larsen), die allesamt medial selbstreferentielle Erzähltexte kreiert haben und dabei starke Affinitäten mit der von Judith Schalansky skizzierten Ästhetik des Buchwerks zeigen. Neben den Kategorien des Autors und des Werks, die im Zentrum des vorliegenden Aufsatzes stehen, ist in jedem Fall die Instanz des Verlags aus literaturwissenschaftlicher Sicht stärker zu berücksichtigen. Gegenwärtige Buchwerke entstammen häufig entweder kleinen, selbstständigen Verlagen oder aber den großen Medienkonzernen, die aufgrund ihrer Finanzkraft den finanziellen Mehraufwand aufwändiger Buchgestaltung für besonders erfolgversprechende Projekte in Kauf nehmen. Siehe weiterführend zur künstlerisch-experimentellen Verlagspraxis die Beiträge in Gilbert: Publishing.

11 Metamedialität sei hier verstanden als „form of artistic self-reference that systematically mirrors, addresses, or interrogates the material properties of its medium. Literary metamediality draws attention to the status of texts as material artifacts and examines the relationship between the text and its carrier medium, such as the printed book. In linking discourse and medium, metamediality reduces complexity by stabilizing a specific sensory experience of a literary work. Simultaneously, it fosters an increasingly complex, embodied mode of reading, which appreciates the entire artifact as an integrated work of art" (Starre: Metamedia, S. 63–64). Vgl. theoretisch weiterführend ebd., S. 28–66.

nen und damit andere werkkonstitutive Elemente implizit problematisieren.[12]

2. Die post-digitale Materialität des Werks

Die bereits besprochenen Anzeichen eines Wandels der Buchästhetik zeigen, dass die Frage nach dem Status der Literatur im Zeitalter der Digitalisierung nicht nur eine Ausweitung der Literaturwissenschaft hin zu neuartigen digitalen Formaten und Plattformen nötig macht. Zweifelsohne sind soziale Medien im Allgemeinen sowie interaktive Schreib-, Kommentar- und Leseplattformen im Besonderen wichtige Innovationen im Bereich literaturbezogener Soziabilität. Aus einem (medien-)ökologischen Blickwinkel sind wir aber nicht einfach Zeugen der Konfrontation einer stabilen Buchkultur mit einer dynamischen Welt der Digitalisierung. Stattdessen vollziehen sich unweigerlich Rückkopplungsprozesse, die das gedruckte Buch bereits heute elementar verändert haben. So wichtig digitale Anschlusskommunikationen für die Werkwerdung der Gegenwart sind, so stark sind sie doch weiterhin verwoben mit der materiellen Beschaffenheit und den ästhetischen Selbstbeschreibungen von Einzelwerken. Welches Bild ergibt sich also, wenn wir die Frage nach der Aktualität des Werkbegriffs strikt aus der Perspektive des gedruckten Buches stellen – und zwar unter den Bedingungen post-digitalen Publizierens?[13] Betrachtet man die jüngere Geschichte der Buchproduktion und -distribution, so kann mit

---

12 Damit ist auch eine zentrale theoretische Prämisse dieses Beitrags markiert, denn die Werkmaterialität ist nach der Systematisierung von Carlos Spoerhase nur eine Dimension unter vielen innerhalb der Theoriediskussion – und noch dazu eine bis heute relativ wenig erforschte (Spoerhase: Werk, S. 313–320). Die von Spoerhase akzentuierte Frage, „inwiefern die materielle Gestaltung schriftlicher Artefakte den Umgang mit diesen Artefakten [...] in einer *semantisch* relevanten Weise transformiert", hat die einschlägige Forschung bis jetzt kaum berührt; für Buchwerke ist diese Frage schlichtweg konstitutiv.

13 Die Rede vom vermeintlichen „Post-Digitalen" hat mittlerweile in den publizistischen wie akademischen Diskurs Einzug gehalten, mit den erwartbaren normativen und polemischen Implikationen. Vgl. die Essays und programmatischen Schriften Kreuzmair: Revolution; Ludovico: Print; Cramer: Writing. Im Rahmen einer Betrachtung der medienökologischen Positionierungen von Literatur ist der Begriff „post-digital" dennoch hilfreich, rekurriert er doch auf einen anderen Zeitlichkeitsbegriff als der übliche Gebrauch von „Digitalisierung". Während dieser einen voranschreitenden Prozess beschreibt, lässt die hier angedachte Periodisierung in eine prä- und post-digitale Epoche das Digitale eher als Moment, als Ereignis oder als Schwelle erscheinen. Vgl. mit ähnlicher Schwerpunktsetzung auf diese medienhistorische Schwelle Bajohr: Writing.

relativer Genauigkeit ein Moment ausgemacht werden, ab dem sich das gedruckte Buch in einer post-digitalen Medienökologie wiederfindet.

Anhand der in der angloamerikanischen Buchwissenschaft vielgenutzten Schematik von Robert Darnton lässt sich dieser Entwicklungsschritt veranschaulichen. Darntons „communications circuit" ordnet die handelnden Instanzen im Entstehungs- und Verbreitungskontext von Büchern in einem akteurzentrierten Kreislauf an: Ausgehend vom Autor und Verleger nimmt das Buch hier den Weg über den Drucker und diverse (Zwischen-)Händler bis zu den Lesern, die wiederum verschiedene Möglichkeiten des direkten und indirekten Feedbacks an den Autor haben.[14] Für weite Teile der westlichen Buchgeschichte nach Gutenberg lässt sich die soziale Buchzirkulation nach diesem Schema ordnen. Die ab den 1970er und 80er Jahren umfassend einsetzende Digitalisierung der Buchproduktion erfasste nun zunächst die Produktionsseite von Darntons Modell. Während also das gedruckte Buch schon länger digital produziert wird, ist die Ausformung eines zweiten, vollständig digitalen Kommunikationskreislaufs erst Ende der 1990er Jahre abgeschlossen.[15]

All dies macht aber nicht nur in institutioneller und ökonomischer Hinsicht einen Unterschied. Die bloße Existenz eines komplett eigenständigen und in sich geschlossenen digitalen Kommunikationskreislaufs transponiert das gedruckte Buch vom Standardmedium in den Status eines Wahlmediums. Hierbei ist es sowohl aus der Sicht der Literatursoziologie als auch aus einer rezipientenorientierten Ästhetik letztlich zweitrangig, ob die beiden Wahlmöglichkeiten im konkreten Lektürekontext tatsächlich zur Verfügung stehen oder standen. Zumindest für die Zeit um die Jahrtausendwende ist festzustellen, dass E-Books für die meisten Leser weder eine erschwingliche noch eine formal konkurrenzfähige Alternative zum Buch darstellten. Die Verfügbarkeit eines Alternativmediums ist aber weniger als empirisches Kriterium zu verstehen; sie operiert vielmehr auf der Ebene einer diskursiven Präsenz. Mit Blick auf die USA markiert diese diskursive Präsenz des E-Books den Eintritt in ein post-digitales Stadium um das Jahr 1998. Zu diesem Zeitpunkt kamen die ersten kommerziellen E-Book-Reader zur Marktreife und erfuhren ein breites Medienecho.[16]

---

14 Schematisch aufbereitet in Darnton: History, S. 12.
15 Erste Ansätze zu einem alternativen Schema eines digitalen „communications circuit" finden sich bei Murray/Squires: Publishing.
16 Nebenbei sei bemerkt, dass im allgemeinen englischen Sprachgebrauch der 1990er Jahre zunächst noch das Gerät selbst – und nicht der darauf zu lesende Text – als „E-Book" bezeichnet wurde. Beispielhaft zeigt die Bedeutungsverschiebung dieses Neologismus die verbreitete Tendenz zu intermedialen Analogien mit ihren ganz eigenen Widersprüchen und Diskontinuitäten.

Innerhalb literarischer Kommunikation führt die simultane Existenz beider medialer Erscheinungsformen zu einer phänomenologischen Differenz, die in sich schon einen Informationsgehalt besitzt. Es handelt sich hier, mit Gregory Bateson gesprochen, um einen Unterschied, der einen Unterschied macht. Im post-digitalen Stadium kann das einzelne Buch nicht mehr schlicht Buch sein. Es ist entweder E-Book oder Druckbuch.[17]

Aus der hier skizzierten, buchwissenschaftlich akzentuierten Perspektive ist zumindest zu bezweifeln, ob die medienhistorischen Axiome, die sich in Begriffen wie „Medienkonvergenz", „Medienrevolution" oder auch in den vielgestaltigen Argumentationen zum „Übergang" von analog zu digital artikulieren, wirklich dem Untersuchungsgegenstand der Literaturwissenschaft gerecht werden. Lothar Müller hat mit seiner Studie *Weiße Magie* kürzlich eine alternative Mediengeschichte der Literatur vorgelegt, die sich anstatt an technisch-apparativen Umbrüchen an der langsamen Evolution der Trägermedien orientiert. Die Epoche des Papiers, so Müller, ist zwar eng verbandelt mit Gutenbergs Druckerpresse, geht aber, was Zirkulation und soziale Einbettung von literarischen Texten betrifft, weit über deren Einflusssphäre hinaus.[18] Gegenüber der stets postulierten Wirkmächtigkeit von Produktionstechnologien ist die Signifikanz der literarischen Trägermedien Buch und Papier bis jetzt stark vernachlässigt worden.[19] Hier kann eine Medientheorie Abhilfe schaffen, die die materielle Differenz von Medientechnologien und Trägermedien in den Fokus rückt. Vielversprechende Ansätze hierzu finden sich in der Medientypologie von Harry Pross, die zwischen sensorisch direkt fassbaren Sekundärmedien und apparativ zu dekodierenden Tertiärmedien unterscheidet, sowie in ähnlich konturierten neueren Medientheorien von Bernard Stiegler und Katherine Hayles.[20]

---

17 Auch wenn diese simple Formel der Vielfalt und Hybridität der heutigen Medienökologie nicht gerecht zu werden scheint, so bleibt doch die Werkwerdung innerhalb des literarischen Systems fast ausschließlich diesen beiden Überkategorien verschrieben. Aus institutioneller und sozialer Sicht wird ein Werkeffekt (im Sinne des Einzelwerks bzw. Opus) durch ein fixiertes, durch Paratexte sowie auktoriale und verlegerische Validierung gerahmtes Medienobjekt erzielt. Dies gilt freilich nicht für Textgebilde, die sich selbst in ihrem ästhetischen Erscheinen dezidiert als „Nicht-Buch" definieren (bspw. Hypertexte oder abspielbare film- bzw. spielähnliche Textkonstellationen). Die Form des Hörbuchs ist daneben sicherlich zu beachten, wird aber von Autoren, Verlegern und Lesern kaum als originäres Opus, sondern eher als autorisierte Interpretation genutzt.
18 Vgl. Müller: Magie, S. 121–125 et passim.
19 Vgl. hierzu neben Müller auch die detaillierte medientheoretische Diskussion in Grampp: Universum; sowie den historisch-programmatischen Essay Spoerhase: Linie.
20 Pross' recht simple Typologie von Primär-, Sekundär- und Tertiärmedien ist gerade vor dem Hintergrund der literaturwissenschaftlichen Werkdiskussion weiterhin relevant

In den paratextuellen Inszenierungen der amerikanischen Gegenwartsliteratur geht es tatsächlich zentral um die Medialität von Zeichenträgern bzw. um die „Semantizität" des Materials.[21] Die metamedialen Verkettungsoperationen von Buch und Text lassen sich weder mit dem semiotischen Paradigma der Intermedialitätsforschung richtig fassen, noch sind sie adäquat in einem Kittler'schen Modell der Technologiedeterminiertheit repräsentiert. Man bekommt dagegen einen sehr guten Einblick in emergente Werkbegriffe, wenn man die behandelten Objekte selbst bei ihrer Arbeit an einer literarischen Medientheorie beobachtet. In Bezug auf die hier behandelte gedruckte Gegenwartsliteratur sei also zu fragen: Was weiß ein literarischer Text vom Buch, das ihn enthält?

3. Auktoriale Aneignungen des Peritexts

Der eingangs von Judith Schalansky personifizierte Typus des bibliographischen Autors wird im amerikanischen Literatursystem wohl am eindrücklichsten vertreten vom Bestseller-Autor Mark Z. Danielewski. Zur Jahrtausendwende erlangte Danielewski mit seinem Debütroman *House of Leaves* Kultstatus. Danielewski nutzte für diese mehrfach verschachtelte Herausgeberfiktion zahlreiche paratextuelle Inszenierungsformen, darunter ein fiktives Vorwort, einen von drei Figuren kompilierten Fußnotenapparat sowie mehrere Anhänge und ein Register. Während sich diese Aspekte recht akkurat in den Beispielkatalog aus Genettes klassischer Paratext-Studie einfügen lassen, ist der Roman darüber hinaus noch auf eine Weise geschrieben und gestaltet, die permanente Rückkopplungseffekte zwischen Sprache, Typographie und gedruckter Seite befördert.

Danielewskis Folgewerk *Only Revolutions* (2006) entwickelt die visuelle und typographische Form des Vorgängers weiter, stellt sich aber noch

---

(vgl. Pross: Medienforschung). So fallen im gedruckten Sekundärmedium des Buchs Werkinhalt und materielle Werkform unmittelbar zusammen. Das E-Book dagegen kann (und soll) nie eine komplette Einheit mit der jeweiligen Wiedergabeapparatur eingehen. Die digitalen Korrelate zu materiellen Einheiten wie Seitenformat, Schriftgröße und räumlicher Anordnung sind dementsprechend relativ zur eingesetzten Technik operierende Kategorien. Hayles spricht von „storage and delivery vehicles", die in Druckerzeugnissen vereint sind, aber in elektronischen Texten getrennt vorliegen: „With electronic texts, the data files may be on one server and the machine creating the display may be in another location entirely, which means that electronic text exists as a distributed phenomenon. [...] For this reason, it would be more accurate to call an electronic text a *process* rather than an object" (Hayles: Mother, S. 101). Vgl. auch Stiegler: Memory; sowie die weitergehende Diskussion in Starre: Metamedia, S. 12–23.
21 Rockenberger/Röcken: Text, S. 26.

dezidierter der formalen Frage der Werkhaftigkeit. *Only Revolutions* nutzt alle verfügbaren digitalen Produktionsmittel, um die Illusion eines hyperstabilen Werks zu kreieren. Gleichzeitig inszeniert der Roman während der und durch die Lektüre die Paradoxien eines solchen Werks und die formale Unmöglichkeit einer geschlossenen fiktional-materiellen Welt. Danielewski schickt seine beiden Protagonisten Sam und Hailey – unverkennbare Adaptionen von Bonnie und Clyde – auf eine wahnwitzige Fahrt durch die Vereinigten Staaten. Dass bereits die Route dieser Fahrt vom antimimetischen Charakter der Handlung zeugt, veranschaulicht die detaillierte Landkarte, die Katherine Hayles auf Basis der im Text benannten Orte erstellt hat.[22] Zirkularität ist das Leitmotiv der Handlung, die sich nicht wie klassische Romanprosa, sondern eher wie ein Langgedicht im *vers libre* liest. Sam und Hailey verlieben sich, reisen miteinander, leiden aneinander und sterben am Ende, das aber zugleich auf die Wiederauferstehung am erneuten Beginn verweist.

Ganz wie in *House of Leaves* wird auch hier der komplette Peritext in den Dienst der Herausgeberfiktion gestellt. Der Autorenname ist auf dem Innentitel mit dem Genitiv-s versehen, welches die Autorschaft negiert und an Sam und Hailey überschreibt. Im Impressum wird *Only Revolutions* beschrieben als „The Democracy of Two – Set Out & Chronologically Arranged", wobei hier stillschweigend der Name Danielewski als vermeintlicher Editor eingesetzt werden kann. Die angesprochene „Demokratie" des Buchs bezeichnet vor allem die Gleichwertigkeit beider Narrative – sowohl in semantischer wie in materieller Hinsicht. Danielewski übersetzt die zirkuläre Metaphorik in verschiedene Kreis- und Unendlichkeitssymbole sowie in die Form des Buches: 360 Seiten zuzüglich Titeleien werden exakt hälftig auf Sam und Hailey verteilt, und das in ineinandergeschobener Form. Im Gegensatz zum – vor allem auf dem Kinderbuchmarkt – recht verbreiteten Format des Wendebuchs, in dem zwei getrennte Buchbestandteile in einem Kodex zusammengefasst werden, sind die Erzählungen Sams und Haileys jeweils gegeneinander gespiegelt oben und unten auf jeder Buchseite angeordnet.[23] Jede dieser im Bewusstseinsstrom verfassten Ich-Erzähler-Passagen wird am Seitenrand ergänzt durch eine recht um-

---

22 Während der Verlauf des Roadtrips von der Ostküste in die Südstaaten und den Mittleren Westen noch plausibel erscheint, zeigt der sprunghafte Wechsel von der Westküste nach Hawaii und Alaska (angeblich im Auto zurückgelegt) die eher konzeptionell-symbolische Nutzung des imaginären Raums von *Only Revolutions*. Vgl. die auf Google Maps basierende „Map of locations Sam and Hailey pass" in Hayles: Companion.

23 Das experimentelle Buchformat ist nicht zuletzt auch eine bibliothekarische Herausforderung. So listet der Verbundkatalog GVK *Only Revolutions* als zweibändige Ausgabe, versehen mit der Anmerkung: „Die Vorlage enth. insgesamt 2 Werke".

fangreiche Marginalien-Kolumne. Im Gegensatz zu klassischen Marginalien, die sich im westlichen Buchdruck typischerweise am rechten und linken Außenrand einer Doppelseite befinden, sind diese Annotationen in der Mitte des Buchs angeordnet.[24] Mit zahlreichen Schrifttypen und -größen, exakt berechneten Größenrelationen und einem Dreifarbschema, das bis auf die Buchstabenebene zur Markierung von Sprecher- und Figurenrollen genutzt wird, lässt *Only Revolutions* den Eindruck einer konzeptionell vollkommen durchgeplanten Buchskulptur entstehen.

Bei aller Nähe zur Buchkunst bleibt *Only Revolutions* aber doch hochinteressant für die Literaturwissenschaft. Ein besonderer Aspekt, der im Zuge der theoretischen Diskussion zum Werkbegriff hervorzuheben ist, betrifft die Selbstbeschreibungen und die Reflexivität des Romans in Bezug auf die Kategorien des Opus und des Œuvres. Carlos Spoerhase hat in seiner Überblicksdarstellung zum Thema darauf hingewiesen, dass die Dimension des Œuvres, neben der der „Überlieferung", in der literaturwissenschaftlichen Debatte bis jetzt stark vernachlässigt wurde. Als zentrale Bezugskategorie für den Begriff des Œuvres fungiert der Autor. Spoerhase spricht in diesem Zusammenhang von der „werkkonstitutiven Autorfunktion", die im Fall von *Only Revolutions* bei aller Fiktionalisierung natürlich doch von Danielewskis Namen auf dem Titelblatt ausgeübt wird.[25] Mehr noch, das typographische Erscheinungsbild des Autorennamens bleibt über alle Einzeltexte unverändert. Danielewski nutzt für seinen Namen die Schrifttype Dante, die von Buchhistorikern als größte Errungenschaft des deutsch-italienischen Typographen Giovanni Mardersteig gewürdigt wird. Alle autorisierten Erscheinungsformen des Autorennamens, sowohl im Netz als auch in zahlreichen Drucksachen, sind in dieser charakteristischen Type gesetzt. Besonders der Initial „Z." mit seinen ausgeprägten Serifen prägt sich beim Leser ein; Danielewskis Autorfunktion zeigt also schon durch die typographische Gestalt des Namens auf ein Œuvre, das bereits während seiner Entstehung eine endgültige materielle Form gefunden hat. Eine zukünftige Werkausgabe, die die gesammelten Romane in ein anderes, einheitliches Format brächte, ließe sich vor diesem Hintergrund weder rechtfertigen noch praktisch umsetzen.

---

24 Die Marginalien des Romans, von Danielewski als „Chronomosaics" bezeichnet, enthalten eine zweihundertjährige Zeitleiste, die für einzelne Daten zwischen 1863 und 2063 jeweils kurze, oft kryptische Verweise auf historische Ereignisse enthält. Gelungene Feinanalysen zur komplexen Struktur von *Only Revolutions* sind Hayles: Media, S. 221–248; Pressman: Modernism, S. 158–174. Beide Lektüren betonen allerdings stark die digitalen Produktionstechniken und die Datenbank-Ästhetik dieses Werks und vernachlässigen dabei die materialen Besonderheiten des Romans.

25 Vgl. Spoerhase: Werk, S. 298–300.

Ein Blick auf die materiellen Peritexte des Buchs – also Einband, Vorsatzpapier und Titelei – zeigt: *Only Revolutions* inszeniert sich auch als gedrucktes Objekt gezielt als Bestandteil dieses Œuvres. Zum einen ist dies im Impressum ersichtlich, wo ganz ähnlich wie in *House of Leaves* reale mit fiktionalen Angaben, beispielsweise zur Verfügbarkeit weiterer Editionen, vermischt werden. Besonderes Augenmerk verdienen aber die Vorsatzblätter, also die materiellen Teile des Buches, die bei konventioneller Handhabe meist leer bleiben oder lediglich ornamentale Zwecke erfüllen. In *Only Revolutions* ist das Vorsatzpapier mit einer spiegelverkehrten Textcollage bedruckt, die sich als Konkordanz ausgibt.[26] Konkret handelt es sich hier allerdings um eine Negativkonkordanz, also eine Liste aller Termini, die im eigentlichen Werk nicht vorkommen. Die aus mehr als einem Dutzend ineinander verflochtenen Wortfeldern bestehende Liste lässt sich als formale *contrainte* im Sinne des Oulipo verstehen. Die größten auktorialen Selbstbeschränkungen liegen dabei in der Auslassung von äußerst häufig genutzten Worten wie „or", „in" oder „they", deren Fehlen sich auch während der Lektüre fortwährend bemerkbar macht.

In Bezug auf die Kategorie des Œuvres ist ein spezielles thematisches Cluster von besonderem Interesse. Die alphabetische Listung dieses Wortfeldes beginnt mit dem Begriff *abode* (Behausung) und endet mit *window*. Dazwischen finden sich ein umfangreiches Inventar von Synonymen für das Wort *house* sowie die Namen der wichtigsten Bauteile von Gebäuden. All diese Wörter sind also für die Narrative von Sam und Hailey verboten. Weiterhin fällt hier die blaue Färbung der Schrift auf, die für alle Instanzen des Begriffs *house* verwendet wird. Dieser Kunstgriff entstammt dem Vorgängerwerk *House of Leaves*, in dem ebenfalls *house* durchgehend blau eingefärbt war. *Only Revolutions* entwickelt demgegenüber eine eigenständige visuelle Semantik, die mit den Farben Gold und Grün den jeweils sprechenden Protagonisten untermalt.

In einem umfangreichen, wabernden Wortfeld finden sich darüber hinaus zahlreiche Streichbegriffe, deren Fehlen *Only Revolutions* strikt vom Feld der akademischen Literaturkritik abgrenzen sollen, so z. B. *literary*, *deconstruction*, *simulacrum*, *semiotic*, *structuralism* und auch *philology*. Das amerikanische Literatursystem ist durch die *creative writing*-Programme seit der Nachkriegszeit strukturell an die Hochschulen gekoppelt, so dass Gegenwartsautoren recht häufig eine poetologische Position einnehmen, die die poststrukturalistische Kritik am Werkbegriff implizit mit einbezieht und

---

26 Ein hochauflösender und in die korrekte Ausrichtung gedrehter Scan ist abrufbar unter „Endpapers *Only Revolutions* (flipped)" in Hayles: Companion.

ihrerseits einer Revision unterzieht.[27] So war bereits das vielschichtige *House of Leaves* immer zugleich eine Reverenz an und eine Persiflage von geisteswissenschaftlicher Forschung. Der Folgeroman blendet die gesamte gesellschaftliche Struktur des literarischen Systems sowie den eigenen Status als literarischer Text dagegen radikal aus. Sams und Haileys Flucht in die vermeintliche Freiheit ist somit auch eine Flucht vor der Form. Der Autor hat bereits in Interviews zu verstehen gegeben, dass ihn während des Schreibprozesses starke intermediale Affinitäten seines Stoffes zum Film und zur Musik inspiriert haben.

Gleichzeitig ist *Only Revolutions* aber ein noch stärker kontrolliertes Buchwerk als Danielewskis Erstling. Sämtliche Dimensionen, die Genette noch dem verlegerischen Peritext zugeordnet hat, werden vom bibliographischen Autor Danielewski als sinnhaltige Bestandteile des Textes reklamiert. Die außerordentlich strukturierte, multimodale Komposition ist bereits durch aufmerksame Lektüre zu erahnen. In gezielt lancierten Epitexten gibt der Autor darüber hinaus aber noch einen tieferen Einblick in die Entstehung und in die formalästhetische Architektonik seines Buchwerks. Der Literaturzeitschrift *Gulf Coast* stellte Danielewski im Jahr 2007 einige Entwürfe von *Only Revolutions* zum Abdruck zur Verfügung. Zusammen zeigen diese einen ca. vierjährigen Prozess, in dem langsam die finale Form des Textes aufscheint. In der Zusammenschau zeigen diese Entwürfe den Schreibprozess als graduelle Koevolution von Form und Inhalt, die aber schließlich auf ein Endstadium der Fixierung und Schließung zuläuft.[28]

---

27 In Jeffrey Eugenides' Roman *The Marriage Plot* (2011), dessen Handlung an der Brown University in den 1980er Jahren einsetzt, zeigt sich die Protagonistin Madeleine wenig beeindruckt vom poststrukturalistischen Konsens ihrer Literaturprofessoren und formuliert ihre Kritik mit Bezug auf die Differenz zwischen Buch und Text: „Madeleine had a feeling that most semiotic theorists had been unpopular as children, often bullied or overlooked, and so had directed their lingering rage onto literature. They wanted to demote the author. They wanted a *book*, that hard-won, transcendent thing, to be a *text*, contingent, indeterminate, and open for suggestions" (S. 42). Weiterführend zum Verhältnis von *creative writing* und dem amerikanischen Literatursystem vgl. McGurl: Program.

28 Der Begleittext zum finalen Drucklayout lautet: „Final Print Submission – January 21, 2006: 90 words (Chronomosaic + Date) + 90 Words (Sam) + 93 words (Hailey + Date). Fonts: Spectrum MT (Sam & Hailey); Myriad Pro (Chronomosaic); Tempo (Date); Univers 57 (Folio). Green: Pantone 355 U. Gold: Pantone 146 U. Violet: Pantone 2602 U. Trim Size: 5.475 x 9.125. Software: InDesign & Illustrator" (Danielewski: Evolutions, S. 184). Da dieser Begleittext, wie die gesamte Bildstrecke in *Gulf Coast*, mit dem Namen des Autors und nicht etwa eines Gestalters versehen ist, zeigt sich hier besonders eindrücklich der auktoriale Wille zur kompletten Kontrolle der textlichen Erscheinungsform. Im persönlichen Gespräch im Rahmen einer Lesung von *Only Revo-*

Ein weiterer epitextueller Zusatz erschien ebenfalls 2007 als Beilage in der französischen Zeitschrift *Revue inculte*. Als „Spoiler" deklariert, zeigt dieses großformatige Poster die semantischen Felder, die verschachtelte Chronologie sowie die mathematischen Kalkulationen der Buch- und Seitenerscheinung. Neben den semantischen Beschränkungen nutzt Danielewski also auch die materiellen Einheiten des gedruckten Buchs als kreativitätsfördernde *contraintes*. Die Sprache hat sich hier im Zweifelsfall den streng kalkulierten Design-Vorgaben zu beugen.[29] Möchte man in Folgeauflagen und vor allem in Übersetzungen auch nur annähernde Werktreue erreichen, kommt man nur sehr schwer am auktorialen Formenkorsett vorbei.[30]

Eine vertiefte Lektüre der Romanhandlung muss an dieser Stelle unterbleiben. Es ist aber festzuhalten, dass *Only Revolutions* durch eine strikte Überschreitung der Trennlinie zwischen auktorialem und verlegerischem Peritext ein außerordentlich geschlossenes Werkerlebnis vermittelt. Dagegen konterkariert der Roman aber gleichzeitig die Figurationen der Schließung mit einer radikalen Rhetorik und Metaphorik der Offenheit. Danielewskis Werkästhetik vermittelt somit gekonnt zwischen gegenläufigen Figurationen des literarischen Texts und nutzt die externe Fixierung der Buchform zur internen Komplexitätssteigerung.

4. Auratisierung und Fiktionalisierung im digitalen Epitext

Wie im Vorangehenden bereits anhand der gedruckten epitextuellen Beigaben zu *Only Revolutions* beschrieben, werden gegenwärtige Buchwerke von einer starken auktorialen Präsenz gerahmt. Physische, gedruckte Beiwerke sind dabei allerdings Ausnahmeerscheinungen. Viel umfassendere epitextuelle Begleitung erfahren Buchpublikationen auf offiziellen autorisierten In-

---

lutions im Jahr 2012 betonte Danielewski, dass sein amerikanischer Verlag Pantheon keine weiteren gestalterischen Veränderungen an seinen Werken vornimmt.

29 So ist ein Nebeneffekt der Kreismetaphorik, dass *Only Revolutions* auf S. 180 einen exakt kalkulierten Mittelpunkt hat, der sich sogar bis auf ein einziges Wort eingrenzen lässt. Dass Danielewski an diesen materiell signifikanten Ort das Wort „choose" setzt, ist sicher nicht nur ein Zufall – spielt doch das Wort „auswählen" bzw. „entscheiden" sowohl auf das Schicksal der Figuren Sam und Hailey an als auch auf den Lektüreprozess des Lesers, der im Verlauf des Buches immer wieder entscheiden muss, in welcher Reihenfolge und auf welcher Ebene er dem Werk folgen möchte.

30 Die deutsche Ausgabe, in der Übersetzung von Gerhard Falkner und Nora Matocza 2012 bei Tropen erschienen, stellt ebenfalls konsequent die materielle Erscheinungsform der Texttreue voran und nimmt dafür recht umfangreiche Kürzungen in Kauf.

ternetseiten sowie auf Diskussionsplattformen für Leser und Fans. Für das Gesamtgefüge solcher analogen und digitalen Textwelten hat Katherine Hayles ein grundlegendes Werkkonzept skizziert. In ihrer Studie *My Mother Was a Computer* entwirft Hayles eine Theorie des „Work as Assemblage", bestehend aus einem „cluster of related texts that quote, comment upon, amplify, and otherwise intermediate one another".[31] Ihr Hauptanliegen, das sich über ihre zahlreichen neueren Schriften erstreckt, ist die Profilierung der Kategorie Materialität innerhalb der hermeneutischen Praxis. Dazu ein etwas längeres Zitat:

> Perhaps the most important consequence to emerge from this new framework would be preventing the text from being thinned out of existence as a physical object. Texts would be routinely discussed in terms of *both* their conceptual content and their physical embodiments. In some instances, a text would remain relatively constant over many documents, assuming that debate agreed that the physical differences between the documents were not important as signifying components. In other instances, there could be as many texts as there are documents. Neither document, text, nor work would be considered immaterial; all would be invested with nuanced senses of their materialities, a viewpoint that would further energize and foreground discussions of how physical characteristics, verbal content, and nonverbal signifying strategies work together to produce the object called „text".[32]

Hayles' Sichtweise ist eng verwoben mit dem *assemblage*-Begriff von Gilles Deleuze und Félix Guattari. Gleichsam verwendet sie deren metaphorisches Leitkonzept des Rhizoms, um das intermediale Geflecht des so konturierten literarischen Werks zu veranschaulichen. Im Hinblick auf Texte wie *House of Leaves, Only Revolutions* oder auch auf die Werke Judith Schalanskys ist allerdings fraglich, ob diese rhizomatische Metaphorik tatsächlich eine adäquate Veranschaulichung der ästhetischen Wirkung darstellt.[33]

---

31 Hayles: Mother, S. 105.
32 Ebd.
33 Während die topographisch-räumliche Metaphorik des Rhizoms zwar vielfach als Modell für Hypertext *avant la lettre* diskutiert wurde, so liest sich doch aus den einführenden Passagen von *Tausend Plateaus* ebenfalls eine gegenläufige Argumentationslinie heraus, die auf den Ordnungsrahmen und die Kompaktheit des gedruckten Buches absetzt: „A book has neither object nor subject; it is made of variously formed matters, and very different dates and speeds. To attribute the book to a subject is to overlook this working of matters, and the exteriority of their relations. It is to fabricate a beneficent God to explain geological movements. In a book, as in all things, there are lines of articulation or segmentarity, strata and territories; but also lines of flight, movements of deterritorialization and destratification. Comparative rates of flow on these lines produce phenomena of relative slowness and viscosity, or, on the contrary, of acceleration and rupture. All this, lines and measurable speeds, constitutes an *assemblage*. A book is an assemblage of this kind, and as such is unattributable" (Deleuze/Guattari: Plateaus, S. 3–4 [Herv. i.O.]). Ähnlich wie bei Barthes wird hier zwar die Subjektgebundenheit des Werks zu seinem Autor negiert, gleichzeitig erheben Deleuze und Guattari

Der Werkcharakter dieser Artefakte beruht vielmehr auf einer paratextuellen Arbeitsteilung, die konträr zur Idee des rhizomatischen Intermediationsgeflechts (à la Hayles) operiert. Während metamediale Buchwerke die komplette Vereinnahmung des Peritextes betreiben, fungiert der digitale Epitext – also eigens kreierte Buchwebsites, Fan-Foren und Social-Media-Kanäle – dagegen äußerst explizit als Sekundärtext. Das Flüchtigkeitsmedium verstärkt somit die Aura des Konservierungsmediums; das gedruckte Buch wiederum wird zum letztgültigen Anker für die wuchernden Kommentierungs- und Annotationsakte im digitalen Raum. Konkret heißt das am Beispiel von Danielewski: Die Leserschaft kann sicher sein, dass Aspekte wie Schrifttypen, Farbdruck, Seitenlayout und Paginierung als elementare Bestandteile des Werks für eigene Interpretationen zur Verfügung stehen. Diese Aspekte werden sowohl verlagsseitig durch mehrere Auflagen exakt beibehalten als auch von der in den Text fest eingeschriebenen Autorfunktion als bedeutungstragend markiert. Dass diese Strategie tatsächlich zu massenhaftem Informations- und Interpretationsaustausch im Netz geführt hat, lässt sich in zahlreichen Onlineforen nachverfolgen.

In welcher Form digitale Kanäle von verschiedenen Verlagen gezielt zur Hervorhebung der materiellen Dimension von Literatur genutzt werden, sei abschließend anhand der Internetpräsentation des Romans *S.* (2013) von Doug Dorst und J. J. Abrams veranschaulicht. Mit *S.* erschafft der Regisseur, Drehbuchautor und Produzent J. J. Abrams gemeinsam mit dem Romanautor Dorst die Inkarnation des fiktiven Romans *Ship of Theseus*, der als Bibliotheksexemplar von einem Doktoranden und einer Studentin mit handschriftlichen Marginalien annotiert wurde. Sowohl für den amerikanischen als auch für den deutschen Markt wurden dezidierte Websites geschaltet, die Infomaterialien, Links zu Leserforen sowie Bilder- und Videogalerien umfassen.

Auf besonders aufwändige Weise setzten parallel zur Veröffentlichung zwei Trailer-Videos das Buchwerk *S.* in Szene. J. J. Abrams' Produktionsfirma Bad Robot stellte im August 2013 zunächst ein einminütiges Video mit dem Titel S*tranger* auf ihrem YouTube-Kanal bereit.[34] Den Konventionen des viralen Marketings folgend kündigt der Trailer zunächst nur die Veröffentlichung einer neuen Produktion an, ohne dabei detaillierte Einblicke in deren Inhalt zu gewähren. In S*tranger* wird darüber hinaus konsequent das Medium der neuen J.J.-Abrams-Erzählung verschleiert. Auf Ba-

---

das Buch selbst aber in den Status einer in sich geschlossenen *assemblage*, welche zwar mit anderen Ensembles in Austausch steht, aber dennoch die Komplexität eines multiskalaren Systems *in sich selbst* erreicht.

34 Bad Robot Productions: Stranger.

sis des audiovisuellen Materials in diesem Video musste das Publikum annehmen, dass hier ein Film oder eine Fernsehserie beworben wird.[35] Mit über zwei Millionen Aufrufen weit verbreitet, generierte der Trailer Diskussionen und Spekulationen zur Beschaffenheit des angekündigten Formats. Einige Wochen später folgte ein zweites Video auf demselben Kanal, das nun eindeutiger betitelt war (*S. From J. J. Abrams and Doug Dorst*). Gegen Ende enthüllt dieser Clip das Buchobjekt von *S.* bzw. *Ship of Theseus* und zeigt auch eindeutig die Namen der beiden Autoren auf dessen Cover.[36]

Der Hauptteil des Schwarzweiß-Filmclips bebildert Szenen aus der Haupterzählung von *Ship of Theseus* – man sieht wacklige Einstellungen einer bedrohlichen Gestalt mit zugenähtem Mund sowie einer verirrten Person an einer Meeresküste. Im Anschluss folgt eine kurze Montage-Sequenz, in der ein Mann im weißen Oberhemd hektisch auf einer Schreibmaschine tippt. Der Zuschauer sieht diesen Mann nur von hinten, sitzend an einem Schreibtisch in einem Hotelzimmer im südländischen Stil. Ein abrupter Schnitt verwandelt den Raum in einen Tatort, mit Blutspuren an den Wänden und der auf den Boden geworfenen Schreibmaschine. Mehrere Nahaufnahmen zeigen die Anschläge der Buchstaben auf dem Papier, untermalt vom charakteristischen Klicken einer Schreibmaschine. Der begleitende Voice-Over-Erzähler spricht dazu: „It's all true. Everything he wrote. Every sentence. Every word. Everything we read, it's real. We found him, and they're coming. Oh, please don't go back. No matter what you do, please don't go back. They're going to find you".[37] Das Buch selbst liefert das komplette Szenario zu diesen Andeutungen: In einem Hotelzimmer in Havanna soll der Autor V. M. Straka – aus dessen Feder *Ship of Theseus* angeblich stammt – im Jahre 1946 am Schlusskapitel seines Romans gearbeitet haben. Bevor er das Typoskript seiner Übersetzerin F. X. Caldeira übergeben konnte, wurde er dort aber überfallen und ermordet. Caldeira findet im leeren Zimmer nur noch Fragmente des Manuskripts vor, gibt in der Folge aber als inoffizielle Nachlassverwalterin *Ship of Theseus* mit eigenen Annotationen heraus. In der Anlage dieses fiktionalen Universums

---

35 Als Produktionsfirma der Fernsehserien *Lost* und *Alias* sowie von Kinofilmen wie *Super 8* und der neu aufgelegten *Star-Trek*-Reihe hatte Bad Robot zu diesem Zeitpunkt bereits ein beachtliches Portfolio und damit auch einen Wiedererkennungswert als Marke des *auteur* J. J. Abrams.

36 Die – für viele Fans sicherlich überraschende – Enthüllung, dass es hier um ein Buch geht, wirkte sich anscheinend negativ auf die Klickzahlen aus: Das zweite Video, das den eigentlichen Buchtrailer enthält, wurde bis heute von weniger als 200.000 Nutzern gesehen.

37 Bad Robot Productions: S.

mit all seinen narrativen Verschachtelungen und Rätseln ist J. J. Abrams' Handschrift deutlich erkennbar.

In Bezug auf den Buchtrailer lässt sich also festhalten: Als epitextuelle Beigabe unterstreicht der Kurzfilm das Realitätspostulat nicht nur der Narration, sondern auch der materiellen Beschaffenheit des textlichen Archivs. In der Geschichte des europäischen Romans ist das zufällig aufgefundene Manuskript ein klassisches Motiv – in äußerst komplexer (und sehr spielerischer) Form bereits durchexerziert in Cervantes' *Don Quixote*.[38] Bei J. J. Abrams und Dorst wird dieses Motiv nun bibliographisch erweitert: Nicht nur wird die Existenz eines verschwundenen Typoskripts behauptet, der physische Text in der Hand des Lesers wird ebenfalls als einzigartiges, von fiktionalen Figuren beschriebenes Artefakt inszeniert. Im eigentlichen Buch sind – mit ähnlichen visuellen und typographischen Verfahren wie bei Danielewski – verschiedene Erzählstimmen neben- und übereinander angeordnet. Daneben befinden sich fast zwei Dutzend lose Dokumente (Zeitungsausschnitte, Grußkarten, Fotografien, eine Kodierungsscheibe) zwischen den Buchseiten.[39] Teil des auktorialen und verlegerischen Anspruchs an diesen Roman ist die Erschaffung einer erweiterten materiellen Diegese. Der Leser wird angeregt, die literarische Illusion nicht *im* Buch zu finden, sondern vielmehr das sensorische Erleben des Buchs selbst als fiktionale Operation zu verstehen.

Während der amerikanische Trailer den angeblichen Fundort des *Ship of Theseus*-Manuskripts visualisiert und damit auch die Buchform fiktionalisiert, betont das deutsche Pendant ausschließlich die gestalterische Raffinesse des Bandes.[40] Ebenfalls auf YouTube veröffentlicht, zeigt das Video des Verlags Kiepenheuer und Witsch die haptische Interaktion einer Leserin – oder vielmehr ihrer Hände – mit den Seiten des Kodex. Zu Beginn schneidet diese Leserin das aufgeklebte Siegel am Schuber mit einem Messer auf. Anschließend blättert sie durch die Seiten des Buches, betrachtet

---

38 Vgl. Müller: Magie, S. 138–145.
39 Auch *S.* durchbricht somit bibliothekarische Archivierungroutinen. Der internationale Katalog WorldCat beschreibt die physische Beschaffenheit des Buchs ausführlich, und inventarisiert damit auch den Werkumfang inklusive aller Beigaben: „Altered book. Issued in slipcase. [...] Title page and cover title of volume inside slipcase: Ship of Theseus/V. M. Straka. Imprint on title page: Winged Shoes Press, New York, 1949. Title page and page [3] of cover printed with ‚stamps' of Laguna Verde High School Library; spine includes a Dewey call number label. Includes 23 items purporting to be documents concerning the ‚author,' V. M. Straka, and his ‚translator,' F. X. Caldeira from the Straka Arkiv; decoding wheel, letters, postcards and notes by the ‚readers,' Jennifer and Eric; and other related materials. Marginalia printed in various colors."
40 Kiepenheuer & Witsch: Buchtrailer.

einige der beigelegten Zettel und Karten und testet die Kodierscheibe. Das lediglich musikalisch untermalte Video blendet einige kurze Zitate aus amerikanischen Rezensionen ein, die allesamt auf die gestalterische Pracht des Buchs verweisen.[41]

Derartige Inszenierungspraktiken stehen im direkten Bezug zu bibliophilen Publika. Das epitextuelle Beharren auf Wertigkeit, die sorgfältige Materialauswahl und achtsame Typographie entsprechen den Kriterien, die die Bibliophilie für das schöne Buch ansetzt. Es ist aber zu beachten, dass die Bibliophilie eine Kultur der Ausgabe pflegt, deren primäre Nutzungsstrategie das Sammeln ist. Bibliophile Ausgaben sind meist einem bereits etablierten Lektürekanon gewidmet. Insofern sie kreative gestalterische und typographische Merkmale aufweisen, präsentieren sie sich häufig nicht als *Reproduktion*, sondern als *Interpretation* des Originals.[42] Der zugrundeliegende Werkbegriff ist also ein anderer als bei den besprochenen metamedialen Buchwerken. Letztere minimieren den Raum für gestalterische Neuinterpretationen. Eine Ausgabe von *S.* oder von *Only Revolutions* mit verändertem Layout käme einer Verfälschung des Werks gleich. Die autorisierten Epitexte eines bibliographischen Autors fungieren also im Kern als Anschlusskommunikationen, die das materielle Werk mit narrativer Bedeutung aufladen.

5. Ausblick

Verallgemeinernde Aussagen zur Aktualität des Werkbegriffs in der amerikanischen Gegenwartsliteratur sind an dieser Stelle nur schwer zu treffen. Aufgrund der Pluralität der Autorschafts- und Werkkonzepte in den verschiedenen literarischen Gattungen erscheint es aber generell kaum als ertragreich, die Relevanz der Werkkategorie für ein vollständiges literarisches Kommunikationssystem zu affirmieren oder zu negieren. Im Typus des bibliographischen Autors und in der Form des Buchwerks offenbart sich

---

41 Eine weitere Spielart digitaler Epitexte ist das – ebenfalls dem Filmgeschäft entlehnte – „Making Of". So präsentierte bspw. die eingangs erwähnte Judith Schalansky ihre Zusammenarbeit mit Clemens Setz am Design für dessen Roman *Indigo* umfangreich auf einer speziellen Website des Suhrkamp Verlags. Man sieht Schalansky dort auf mehreren Fotos und in Videos unter anderem bei der Durchsicht erster Andrucke und beim Hantieren mit Bezugsmaterial.

42 „Klassiker"-Ausgaben mit bibliophilem und gestalterischem Anspruch werden beispielsweise von der Büchergilde Gutenberg, den Verlagen Steidl und Wallstein (in der Reihe „Typographische Bibliothek") oder auch der britischen Folio Society herausgegeben.

allerdings tatsächlich eine überraschende Wiederkehr des Werks, die durch die strategische Nutzung des Buchmediums gezielt die Leerstellen vermeintlich offener, immaterieller Textualitätskonzepte adressiert. Im aktuellen post-digitalen Stadium ist der materielle Paratext (genauer: Peritext) schon aus praxeologischer Sicht kein bloßer „Rahmen" mehr, der das Werk lediglich umgibt oder in Szene setzt. Das sensorische Erleben eines Bildschirms – in welcher Form auch immer – ist ein anderes als das des gedruckten Papiers. Aus der Sicht der Medientheorie wäre es sicherlich verlockend, grundsätzliche mediale Eigenleistungen als gewichtiger gegenüber der Signifikanz einzelner literarischer Werke zu beschreiben. Die vielseitigen und äußerst heterogenen narrativen und ästhetischen Operationen von Buchwerken in der Gegenwart deuten aber kaum auf eine Determinanz-Relation zwischen Text und Buch, sondern eher auf das Entstehen neuer materieller Kommunikationspotenziale. Ein Zusammenschalten der Paratext-Theorie mit dem relationalen, koevolutionären Medienbegriff der Luhmann'schen Systemtheorie, wie jüngst von Georg Stanitzek skizziert, erscheint daher als sehr vielversprechender Ansatz zur Beschreibung von „Buchmedialität".[43] Setzt man Luhmanns Begriff der „Kompaktkommunikation" für den Status des literarischen Werks an, so lässt sich keine grundsätzliche hierarchische Anordnung von Werkbestandteilen wie Buchgestaltung, Bebilderung, Schrifttype und Text halten.[44] Stattdessen muss jeweils im Einzelfall unterschieden werden, welche Aspekte der medialen Erscheinungsform im Kommunikationsprozess vom literarischen Werk aktiv genutzt werden und welche nicht.[45] Dass dies bei aller (Medien-)Theoretisierung eine genuin hermeneutische Aufgabe ist, sollte für die Literaturwis-

---

43 Stanitzek: Buch, S. 185 et passim.
44 Stanitzek kritisiert die literaturwissenschaftliche Tendenz, Paratextualität immer und ausschließlich als Rahmung des Eigentlichen zu verstehen: „Die Unterscheidung von Text und Paratext ist keineswegs so einfach zu treffen, wie es für viele Literaturwissenschaftler offenbar wünschenswert scheint. Hier liegt ein Anlass für erhebliche Beunruhigung. Und dies resultiert in literaturwissenschaftlichen Versuchen, den Begriff des Paratextuellen tatsächlich auf Randstücke zu verkürzen, ihn also in Form ‚handgreiflicher' Randphänomene zu verdinglichen" (ebd., S. 162). Zum Begriff der Kompaktkommunikation vgl. Luhmann: Kunst, S. 63; sowie konkret mit Bezug zum literarischen Werkbegriff Starre: Metamedia, S. 39–41.
45 Dieses Verfahren entspräche Luhmanns funktionaler Bestimmung von Materialitätseffekten in Kunstwerken: „Anders als bei Naturdingen wird das Material, aus dem das Kunstwerk besteht, zur Mitwirkung am Formenspiel aufgerufen und so selbst als Form anerkannt. Es darf selbst erscheinen, ist also nicht nur Widerstand beim Aufprägen der Form. Was immer als Medium dient, wird Form, sobald es einen Unterschied macht, sobald es einen Informationswert gewinnt, den es nur dem Kunstwerk verdankt" (Luhmann: Kunst, S. 176).

senschaft ein Ansporn sein, den Schulterschluss mit der Medien- und der Buchwissenschaft zu suchen und damit auch die vorherrschende Abgrenzung zwischen Materialitäts- und Textualitätsforschung zu überwinden.

Die gegenwärtige Ästhetik des Buchwerks benötigt ein Lesepublikum, das sich trotz oder gerade wegen der Diversifizierung der heutigen Medienlandschaft verstärkt mit der Literarizität des gedruckten Buchs identifiziert. Andrew Piper sieht das Aufkommen einer solchen „bibliographischen Imagination" bereits in der romantischen Werkästhetik. Während aber Piper das vermeintlich singuläre Autorengenie der Romantik durch ein Produktionsnetzwerk aus Verlegern, Lektoren, Zensoren und aktiven Lesern ersetzt,[46] bietet anscheinend gerade die digitale Kultur, deren Selbstbeschreibungen stets Vernetzung und multiple Autorschaft postulieren, ein passendes Umfeld für eine nahezu komplett auktoriale Steuerung des Lektüreerlebnisses. Vieles spricht also dafür, die theoretische Arbeit am Werkbegriff nicht strikt von der hermeneutischen Lektürepraxis zu trennen. Erste Versatzstücke einer medienhistorisch und buchwissenschaftlich informierten Hermeneutik des materialen literarischen Werks finden sich beispielsweise in den Arbeiten von Donald McKenzie zur „sociology of text", von Jerome McGann zu den „bibliographical codes" und von Katherine Hayles zur „media-specific analysis".[47] Wer aber eine Textsoziologie mit dem Wiederaufleben der bibliographischen Imagination zusammendenken will, muss die Semantizität des Materials auch in Bezug zu kulturellen Rezeptionspraktiken setzen. Dabei wird man nicht umhinkommen, neben Leser und Autor den materialen Text selbst als sinnstiftenden Akteur ernst zu nehmen.

Bibliographie

Abrams, J. J./Doug Dorst: S. London 2013.
Bad Robot Productions: S. (From J. J. Abrams and Doug Dorst). YouTube. 09. 09. 2013. <www.youtube.com/watch?v=OuZfpt8nxtk> (08. 05. 2018).
Bad Robot Productions: Stranger. YouTube. 19. 08. 2013. <www.youtube.com/watch?v=FWaAZCaQXdo> (08. 05. 2018).
Bajohr, Hannes: Experimental Writing in Its Moment of Digital Technization. Post-Digital Literature and Print-on-Demand Publishing. In: Annette Gilbert (Hg.): Publishing as Artistic Practice. Berlin 2016, S. 100–117.
Cramer, Florian: Post-Digital Writing. Electronic Book Review. 12. 12. 2012. <electronicbookreview.com/thread/electropoetics/postal> (08. 05. 2018).
Danielewski, Mark Z.: House of Leaves. New York 2000.

---

46 Piper: Dreaming, S. 10.
47 McKenzie: Bibliography; McGann: Condition, S. 13–16; Hayles: Writing, S. 29–33.

Danielewski, Mark Z.: Only Revolutions. New York 2006.
Danielewski, Mark Z.: A Spoiler. Route & Legend & Other Unfinished Manners of Direction & Boundary. In: Revue inculte 14 (2007), Suppl.
Danielewski, Mark Z.: Only Evolutions. In: Gulf Coast 19.2 (2007), S. 176–184.
Danielewski, Mark Z.: Only Revolutions. Übers. von Gerhard Falkner und Nora Matocza. Stuttgart 2012.
Darnton, Robert: What Is the History of Books? In: David Finkelstein/Alistair McCleery (Hg.): The Book History Reader. 2. Aufl. London 2006, S. 9–26.
Deleuze, Gilles/Félix Guattari: A Thousand Plateaus. Capitalism and Schizophrenia. Übers. von Brian Massumi. Minneapolis 1987.
Eugenides, Jeffrey: The Marriage Plot. New York 2011.
Gilbert, Annette: Unter ‚L‘ oder ‚F‘? Überlegungen zur Frage der Werkidentität bei literarischen Werken. In: A. G. (Hg.): Wiederaufgelegt. Zur Appropriation von Texten und Büchern in Büchern. Bielefeld 2012, S. 67–85.
Gilbert, Annette (Hg.): Publishing as Artistic Practice. Berlin 2016.
Grampp, Sven: Ins Universum technischer Reproduzierbarkeit. Der Buchdruck als historiographische Referenzfigur in der Medientheorie. Konstanz 2009.
Hayles, N. Katherine: Writing Machines. Cambridge, MA 2002.
Hayles, N. Katherine: My Mother Was a Computer. Digital Subjects and Literary Texts. Chicago 2005.
Hayles, N. Katherine: How We Think. Digital Media and Contemporary Technogenesis. Chicago 2012.
Hayles, N. Katherine: How We Think. A Digital Companion. <howwethink.nkhayles.com> (08. 05. 2018).
Kiepenheuer & Witsch: Buchtrailer ‚S. – Das Schiff des Theseus‘ von J.J. Abrams und Doug Dorst. YouTube. 24. 09. 2015. <www.youtube.com/watch?v=Pub60PUM7N0> (08. 05. 2018).
Kreuzmair, Elias: The Digital Revolution is Over. In: Logbuch Suhrkamp. 31. 08. 2016. <www.logbuch-suhrkamp.de/elias-kreuzmair/the-digital-revolution-is-over> (08. 05. 2018).
Ludovico, Alessandro: Post-Digital Print: The Mutation of Publishing Since 1894. 2. Aufl. Eindhoven 2013.
Luhmann, Niklas: Die Kunst der Gesellschaft. Frankfurt a. M. 1997.
McGann, Jerome J.: The Textual Condition. Princeton 1991.
McGurl, Mark: The Program Era. Postwar Fiction and the Rise of Creative Writing. Cambridge, MA 2009.
McKenzie, D.F: Bibliography and the Sociology of Texts. Cambridge 1999.
Müller, Lothar: Weiße Magie. Die Epoche des Papiers. München 2012.
Murray, Padmini Ray/Claire Squires: The Digital Publishing Communications Circuit. In: Book 2.0 3.1 (2013), S. 3–24.
Piper, Andrew: Dreaming in Books. The Making of the Bibliographic Imagination in the Romantic Age. Chicago 2009.
Pressman, Jessica: The Aesthetic of Bookishness in Twenty-First Century Literature. In: Michigan Quarterly Review 48.4 (2009), S. 465–482.
Pressman, Jessica: Digital Modernism. Making It New in New Media. New York 2014.
Price, Steven R.: The Autograph Manuscript in Print: Samuel Richardson's Type Font Manipulation in Clarissa. In: Paul C. Gutjahr/Megan L. Benton (Hg.): Illuminating Letters. Typography and Literary Interpretation. Amherst, MA 2001, S. 117–135.
Pross, Harry: Medienforschung. Film, Funk, Presse, Fernsehen. Darmstadt 1972.
Rockenberger, Annika/Per Röcken: Wie ‚bedeutet‘ ein ‚material text‘? In: Wolfgang Lukas/Rüdiger Nutt-Kofoth/Madleen Podewski (Hg.): Text, Material, Medium: Zur Relevanz

editorischer Dokumentationen für die literaturwissenschaftliche Interpretation. Berlin 2014, S. 1–27.

Schalansky, Judith: Der Hals der Giraffe. Berlin 2011.

Schalansky, Judith: Wie ich Bücher mache. In: Bella Triste 30 (2011), Suppl.

Spoerhase, Carlos: Was ist ein Werk? In Scientia poetica 11 (2007), S. 276–344.

Spoerhase, Carlos: Linie, Fläche, Raum. Die drei Dimensionen des Buches in der Diskussion der Gegenwart und der Moderne (Valéry, Benjamin, Moholy-Nagy). Göttingen 2016.

Stanitzek, Georg: Buch: Medium und Form – in paratexttheoretischer Perspektive. In: Ursula Rautenberg (Hg.): Buchwissenschaft in Deutschland. Bd. 1. Berlin 2010, S. 157–200.

Starre, Alexander: Metamedia. American Book Fictions and Literary Print Culture after Digitization. Iowa City 2015.

Stiegler, Bernard: Memory. In: W. J. T. Mitchell/Mark B. N. Hansen (Hg.): Critical Terms for Media Studies. Chicago 2010, S. 66–87.

DIRK NIEFANGER

Drama als Werk

Johann Wolfgang Goethe trennt ausgesprochen strikt zwischen dem literarischen Drama und seiner Aufführung. Im Gespräch mit Johann Peter Eckermann verweist er einerseits auf die unterschiedlichen Wirkungen von Lesetext und Theaterinszenierung, andererseits auf die Gefahren, beides zu eng aufeinander zu beziehen:

> „Es ist freilich eine verführerische Sache", sagte er. „Wenn ein Stück im Lesen auf uns große Wirkung macht, so denken wir, es müßte auch von der Bühne herunter so tun, und wir bilden uns ein, wir könnten mit weniger Mühe dazu gelangen. Allein es ist ein eigenes Ding. Ein Stück, das nicht ursprünglich mit Absicht und Geschick des Dichters für die Bretter geschrieben ist, geht nicht hinauf, und wie man auch damit verfährt, es wird immer etwas Ungehöriges und Widerstrebendes behalten."[1]

Als Beispiel führt Goethe seinen *Götz von Berlichingen* an, den schon Johann Jacob Bodmer in Johann Georg Sulzers *Allgemeiner Theorie der schönen Künste* (1771–1774) als Paradigma des Lesedramas angeführt hatte.[2]

1. Drama vs. Aufführung

Die folgenden Ausführungen setzen bei einer systematischen Unterscheidung von Dramen, die üblicherweise gelesen werden, und Theaterereignissen an, die in der Regel auf eine „leibliche Ko-Präsenz von Schauspielern und Zuschauern" während der präsentisch erlebten Aufführung setzen.[3] Als eine Untergruppe der Dramen im erläuterten Sinn wären jene Dramen zu fassen, die – wie bei Goethe oder Sulzer – emphatisch als ausdrückliche Lesedramen gefasst oder rezipiert werden.

---

1 Eckermann: Gespräche, S. 160 (26. Juli 1826).
2 Vgl. [Bodmer:] Trauerspiel, S. 592–597. Hierzu vgl. u. a. Niefanger: Geschichtsdrama, insbes. S. 283–287.
3 Fischer-Lichte: Ästhetik, S. 162, vgl. ebd., S. 160–175.

Verwendet man den seit Langem in den Literaturwissenschaften eingeführten Begriff ‚Drama' in dieser systematischen, aber nicht normativen Weise[4] und reduziert ihn nicht auf ein historisches Paradigma seit dem 18. Jahrhundert, ist der in jüngster Zeit stark gemachte kulturtheoretische Ersatzbegriff ‚Theatertext' obsolet. Seine theaterwissenschaftliche Einführung durch Poschmann und Lehmann erschien Ende der 1990er Jahre notwendig, um systematisch dramatische genauso wie prä- und postdramatische Phänomene unter einem gemeinsamen Begriff und damit als Gegenstand des eigenen Faches rubrizieren zu können.[5] Zudem wollte man ganz offensichtlich eine „Theaterkunst" stärken, die sich die „Verbannung des Textes aus dem Theater" auf die Fahnen geschrieben hatte. Dies sollte zur Überwindung der als veraltet empfundenen „repräsentationalen Ästhetik" beitragen;[6] Gegenstand des grundsätzliches Vorbehalts war dabei keineswegs das Regieskript oder vorgefundenes Textmaterial (Werbetexte, politische Statements, autobiographische Texte usw.), die durchaus auch weiterhin die postdramatische Performanz steuerten, sondern das (von fremder Hand für das Theater verfasste) literarische Drama.

Der Zuschnitt des neuen, theaterwissenschaftlich geprägten Begriffs legt offenbar eine stärkere Bindung an die Bühne nahe als der literaturwissenschaftliche Begriff ‚Drama', wenn Poschmann unter Theatertext solche verbalsprachlichen Texte begreift, „welche allein ihre Bestimmung oder – auch jenseits der ‚Autorintention' – ihre Eignung für die Bühne vereint."[7] Zwar wird man auch für das Drama einen Bühnenbezug als notwendig ansehen, doch kann dieser – wie etwa bei Goethes *Götz* – mehr oder minder ausdrücklich im Imaginären bleiben, so dass sich der Text eben gerade nicht für die Bühne eignet; dies gilt auch, wenn er später – wie Goethes *Götz* – für eine Aufführung entsprechend bühnentauglich bearbeitet wird. Der Unterschied zwischen beiden Begriffsfassungen ist also nicht nur graduell, sondern prinzipiell zu sehen: Theatertext referiert auf die tatsächliche Kulturinstitution ‚Theater', während ‚Drama' im hier explizierten Sinn primär eine Bühnensituation als eigene Diegese mitdenkt.[8] Ein Medienwechsel[9] des Dramas zur Theateraufführung ist möglich und liegt auch nahe, ist aber nicht in jedem Fall notwendig.

Ein gewichtiges Argument für den hier stark gemachten und seit dem 19. Jahrhundert in die Philologie eingeführten systematischen Begriff ‚Dra-

---

4 Anders: Hauthal: Theatertext, S. 749; vgl. schon dies.: Metadrama.
5 Vgl. Poschmann: Theatertext; Lehmann: Theater.
6 Poschmann: Theatertext, S. 29.
7 Ebd., S. 42.
8 Vgl. ausführlich: Weber: Episierung.
9 Im Sinne von Rajewsky: Intermedialität, S. 19, 23, 180 und 201.

ma' und gegen eine Verwendung des neuen – im Übrigen auch in der Theaterwissenschaft keineswegs unumstrittenen[10] – Terms ‚Theatertext' sehe ich in einem alten Prinzip terminologischer Verfahrensweisen in der Germanistik; es wurde auf dem IX. DFG-Symposion unzweideutig postuliert. Gefordert werden dort, wenn es eben geht, „keine Neu- oder Umdefinitionen, sondern explizite Klarstellung im möglichst engen Anschluß an bisherige Wortverwendungsweisen."[11]

Folgt man meiner – insofern bewusst konservativen – Diktion, ergibt sich folgendes einfaches Schema, an dem sich die Begriffsverwendung des Beitrags orientiert; das Lesedrama[12] wird dabei als Spezialfall des Dramas gesehen, bei dem eine „Autonomie des dramatischen Textes gegenüber den Anforderungen der Theaterbühne"[13] emphatisch behauptet wird:

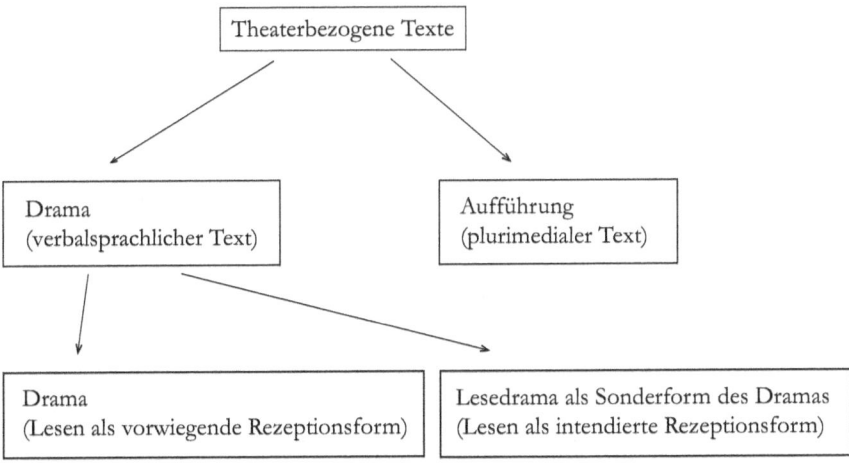

Abb. 1: Schema zur Begriffsverwendung von ‚Drama'.

Der Beitrag befasst sich im Folgenden – mithilfe werktheoretischer Überlegungen – kritisch mit der in der Theaterwissenschaft, aber zunehmend auch in den kulturwissenschaftlich interpretierten Philologien gängigen Behauptung, nur die Aufführung vervollständige einen Dramentext; und die-

---

10 Vgl. Bayerdörfer: Drama/Dramentheorie, S. 72–80. Im angegebenen *Metzler Lexikon Theatertheorie* gibt es keinen Artikel zum Lemma ‚Theatertext'.
11 Wagenknecht: Terminologie, S. 419 („Erträge der Schlußdikussion").
12 Vgl. Marx: Lesedrama, S. 293–295.
13 Ottmers: Lesedrama, S. 404.

se zeige sich als instabiles und nicht bewahrbares Werk, dessen vorgängige Schriftform sei hingegen defizitär oder fragmentarisch. Eine solche Einschätzung geht davon aus, dass ein Theaterstück auf einer schriftlichen Vorlage beruht, die auf der Bühne inszeniert wird. Das entspricht zwar nicht unbedingt mehr der gängigen Theaterpraxis, wie ein Blick in die Spielpläne unserer Bühnen zeigt. Dort werden inzwischen – mehr oder minder am Paradigma der Postdramatik orientiert – längst auch Romane, Erzählungen, historische Dokumente oder gar keine Vorlagen inszeniert.[14] Doch dient diese im Grunde veraltete Vorstellung von der Theaterpraxis dazu, der Philologie einen legitimen Zugriff auf das Drama in seiner Schriftform als wissenschaftlichem Gegenstand und als interpretierbare Entität zu verwehren.

Prominent vertritt eine solche Ansicht etwa Oliver Jahraus in seinem *Grundkurs Literaturwissenschaft*, wenn er konstatiert, das Drama sei „durch die Inszenierung im Theater" gekennzeichnet. Es bezeichne „den Zusammenhang von auf der Bühne gesprochener Sprache und auf der Bühne gezeigter Handlung im Kontext einer Aufführung bzw. Inszenierung".[15] Zu finden ist diese Ansicht aber auch bei Manfred Pfister in seinem Standardwerk *Das Drama*, wenn er feststellt, ein Schauspiel müsse „als ein ‚aufgeführter' Text" verstanden werden, der sich „nicht nur sprachlicher, sondern auch außersprachlich-akustischer und optischer Codes bediene." Er sei durch „Plurimedialität" gekennzeichnet.[16] Und diese kann medienlogisch nur als Aufführung gedacht werden, kaum aber als Buch, Schriftkunstwerk oder bloßer Text. Das Drama als ‚Schwundstufe' der Inszenierung bzw. seiner „szenischen Verwirklichung"[17] sehen etwa Ivan Nagel oder Andreas Höfele.[18]

Verbreitet ist die Vorstellung des Dramas als unvollständiges Werk, das erst in der Aufführung einen vollständigen Kunstcharakter bekommt, naturgemäß in der Theaterwissenschaft. Die Verschiebung des Werkprimats vom Drama zur Aufführung geht dabei auf den Gründervater der deutschen Theaterwissenschaft, Max Herrmann, zurück. Schon 1914 formuliert er den inzwischen oft zitierten Satz, „die Aufführung" sei „das Wichtigste".[19] Dieses Diktum, „daß es nicht die Literatur sei, welche Thea-

---

14 Vgl. u. a. Tigges: Transformationen; Primavesi/Schmitt: AufBrüche und Leifeld: Performances.
15 Jahraus: Literaturwissenschaft, S. 132 f. Zur Diskussion im Hinblick auf das postdramatische Theater vgl. u. a. Lehmann: Theater sowie Bayerdörfer: Theatertext.
16 Pfister: Drama, S. 24 f.
17 Nagel: Drama, Klappentext.
18 Vgl. Höfele: Drama, S. 11.
19 Herrmann: Theatergeschichte, Teil 2, S. 118.

ter als eine Kunst konstituiere, sondern die Aufführung",[20] sieht Erika Fischer-Lichte als Basissatz der Theatersemiotik, die in den letzten Jahren wesentlich die Theorie der performativen Künste geprägt und dadurch zur Verbreitung des Paradigmas einer Ereignisästhetik beigetragen hat.

Überrascht es nicht, dass die Theaterwissenschaft dem Drama, verstanden als maßgeblich schriftliche Kunstform, seinen Werkcharakter streitig macht, verwundert eine vergleichbare Position bei der neueren Fiktionstheorie. Denn selbst hier scheint das Drama gattungslogisch an die Bühnenrealisierung gebunden zu sein. Das Drama gehöre, so argumentiert etwa Andreas Kablitz, „der Fiktion" zu, „weil die Vermittlungsstruktur des Dargestellten selbst schon eine unhintergehbar fiktive" sei. Denn die Schauspieler würden „je schon Gestalten" repräsentieren, „die sie selbst nicht sind."[21] Und etwas später heißt es eindringlich: „Die strukturellen Voraussetzungen des Dramas" lassen „keine andere Möglichkeit" zu „als diejenige, die Vermittlungsinstanz des Schauspielers als eine fiktive Rolle zu identifizieren."[22] Das heißt, ein Drama erscheint hier nur dann als vollständiges, wenn es von Schauspielern auf der Bühne realisiert wird; ein gelesenes Drama hat aber keine Schauspieler, sondern antizipiert allenfalls eine mögliche Realisierung durch diese. Dass das Drama als Lesetext insofern möglicherweise doch einer zentralen Vermittlungsinstanz bedarf, hat in dieser Argumentation offenbar keinen Ort. Doch dazu später.

Man sieht, wenn der Werkcharakter des Dramas zweifach, nämlich als Buchobjekt, als Artefakt also, und als primäres Schriftkunstwerk behauptet werden soll,[23] hat man eine ganze Menge Gegner, die es mit unterschiedlichen Argumenten zu überzeugen gilt. Deshalb werde ich sowohl historisch als auch systematisch – und zwar poetologisch, fiktionstheoretisch und narratologisch – argumentieren müssen.

2. Lektüre als Rezeptionsform des Dramas

Ausgangspunkt der folgenden Überlegungen ist die kaum bestreitbare historische Beobachtung, dass es neben der Aufführung schon immer die

---

20 Fischer-Lichte: Ästhetik, S. 43. Vgl. auch dies.: Theaterwissenschaft, S. 93–100.
21 Kablitz: Literatur, S. 13–44, hier S. 27.
22 Ebd., S. 38.
23 Zum Folgenden vgl. mein DFG-Projekt *Lesedrama der Frühen Neuzeit* (1500–1730). Das Forschungsprojekt befasst sich mit einer medienhistorischen Konstellation in einer kulturgeschichtlichen Umbruchsphase: Es untersucht die Entstehung und frühe Entwicklung des Lesedramas in seiner Beziehung zum sich gleichzeitig professionalisierenden Theater der Frühen Neuzeit. Gezeigt werden soll, dass gedruckte Dramentexte schon seit der Renaissance als selbstständige Medien, nämlich als Lesedramen mit

Lektüre als gleichberechtigte Form der Dramenrezeption gegeben und demzufolge die literarische Gattung ‚Drama' im explizierten systematischen Sinn als Parallelerscheinung zum Theaterspiel existiert hat, auch wenn sie nicht immer so bezeichnet wurde[24] und heute gerne vernachlässigt wird. Mit gewissem Recht kann man im deutschen Sprachgebiet – wenn man die lateinischen *Comediae* (um 960) der Hrotsvit (Roswitha) von Gandersheim[25] als erste Exempel dieser Gattung seit der Antike annimmt[26] – das Lesen sogar als die ältere Rezeptionsform von Dramen ansehen.

Weil ich mich auf die schon immer existierenden zwei medialen Rezeptionsmöglichkeiten von Schauspielen beziehe, gebrauche ich den Begriff ‚Drama', wie oben ausgeführt, für Lesetexte. Er bezeichnet hier nicht nur jene Dramen, die aus unterschiedlichen Gründen vom Autor ausdrücklich zum Lesen, also als Lesedramen, gedacht waren (wie Klopstocks *Der Tod Adams* oder Bodmers *Wilhelm Tell*).[27] Denn ich gehe keineswegs von der Intention des Autors oder Gattungsangaben in den Paratexten aus, sondern von der faktischen Rezeptionsgeschichte auf der einen Seite und klar analysierbaren Textmerkmalen auf der anderen.

Zudem zeigt die Aufführungsgeschichte, dass als Lesedramen konzipierte Stücke – etwa Goethes *Götz* oder Lessings *Nathan* – später sehr wohl und mit Erfolg aufgeführt wurden. Auch erscheint es wenig zielführend, nur solche Dramen als Lesetexte zu sehen, die offenbar nicht oder nur sinnreduzierend inszeniert werden können (wie vielleicht Goethes *Faust II* oder *Die letzten Tage der Menschheit* von Karl Kraus), da bei entsprechender Bearbeitung jedes Drama auf die Bühne gebracht werden kann.[28] Ein Drama in diesem philologischen Sinn ist also ein Werk, das Merkmale

---

spezifischen Dispositiven anzusehen sind. Meinem wissenschaftlichen Mitarbeiter im Projekt, Alexander Weber, verdanke ich manchen Hinweis zum hier Ausgeführten.

24 Der deutsche Begriff ‚Drama' setzt sich in der heutigen Bedeutung wohl erst im 18. Jahrhundert durch, während aber seit der Antike (griechisch: δρᾶμα, *dráma*) ein deckungsgleicher Begriff gebräuchlich ist (etwa bei Aristoteles), der dann von der ästhetischen Theorie ins Deutsche übernommen wird (Ramler, Eschenburg, Sulzer) und sich dort, insbesondere seit dem 19. Jahrhundert etabliert (Hegel, Freytag, Raumer, Dilthey) etabliert. Vgl. Ottmers: Drama, S. 392–396.

25 Vgl. den Erstdruck der Stücke in: Opera Hrosvite, etwa *Comedia prima Gallicanvs* [o. Pag]. Von den Dramen liegen mehrere Handschriften (vor allem eine aus dem 10./11. Jahrhundert, Bayerische Staatsbibliothek München, Clm 14485) vor.

26 Vgl. Jahn: Drama, S. 10.

27 Vgl. Klopstock: Werke, S. 774 f. („Vorbericht" [zu *Der Tod Adams. Ein Trauerspiel*]) und Bodmer: Schauspiele, S. 9 f. („Von den Drey Dramen, Wilhelm Tell; Geßler; Heinrich von Melchthal") und [Bodmer:] Trauerspiel, S. 592–597.

28 Vgl. Marx: Lesedrama, insbes. S. 293, linke Spalte.

eines Lesetextes aufweist und tatsächlich gelesen wurde oder noch heute gelesen wird.

Denn das Lesen von Dramen wurde zumindest seit Erfindung des Buchdrucks als eine adäquate Rezeptionsform neben der Inszenierung empfunden und nicht als bloßer Ersatz. „GVnstiger Leser", beginnt deshalb die programmatische Vorrede „An den Leser" in Martin Opitz' Muster-Übersetzung der *Trojannerinnen*.[29] Barthold Feind berichtet um 1700, dass die Zuhörer, „wenn sie des renommierten Englischen *Tragici* Shakespear Trauer=Spiele verlesen hören/efft lautes Halses an zu schreyen gefangen/und häufige Thränen vergossen" hätten.[30] Meta Klopstock empfiehlt 1755 Elisabeth Schmidt in einem Brief, sie solle „*Miß Sara Sampson*" zur Hand nehmen, „das übrige brauchst du nicht lesen".[31] Der späte Goethe beklagt sich bei Cotta, für seinen *Faust* „wünsche" er sich „viel solche deutsche Leser" mit dem Verständnis eines Lemarquand.[32] Und der Literaturnobelpreisträger Paul Heyse hegte die Hoffnung, dass sein auf der Bühne nicht sonderlich erfolgreiches Geschichtsdrama *Ludwig der Baier* (1862)[33] wenigstens „in bayerischen Schulen" als Pflichtlektüre eingeführt werde.[34]

Neben solchen Zeugnissen historischer Dramenlektüre spricht allein die Anzahl, die Auflage und die Verbreitung von gedruckten Dramen in Relation zu Aufführungen dafür, das Lesen und nicht das Schauen von Dramen als primäre Rezeptionsform seit der Frühen Neuzeit anzusehen. Dass die meisten Dramendrucke wegen ihrer Aufmachung und der damit verbundenen Kosten zumindest bis Mitte des 19. Jahrhunderts als bloße Spielvorlagen ungeeignet waren, muss kaum eigens erwähnt werden. Anders gesagt, wenn nur die Spielvorlagen zu Bühneninszenierungen aufbewahrt worden wären, hätten wir vermutlich keine Texte antiker Dramen, keine Plautus- und Terenz-Neuedition in der Renaissance und keine Folio-Ausgabe der Werke Shakespeares.[35] Wir hätten keinen *Faust II*, keinen *Nathan* und keine *Wallenstein*-Trilogie.

Dieser schlichte historische Befund gilt, auch wenn man aus kunsttheoretischen Passagen von Aristoteles, Horaz, Goethe, Hegel oder Richard Wagner ableiten kann, dass erst die Aufführung das mimetische Programm

---

29 Opitz: Poeterey, S. 113–115, hier S. 112 („Leservorrede zu: *Trojannerinnen; Deutsch Übersetzt*").
30 Feind: Gedichte, S. 109.
31 Lessing: Werke 3, S. 1221.
32 Brief Goethes an Cotta, 2. Dezember 1808, in: Goethe: Briefe, S. 97 f.
33 Vgl. Heyse: Ludwig der Baier.
34 Heyse: Briefwechsel, S. 108.
35 Buchrückenhöhe 40 cm.

des Schauspiels vollende und dass die dramatische Kunst erst hier ihr eigentliches Metier finde.[36] Der ästhetische Wert einer Aufführung soll mit der Behauptung einer parallelen Kunstform Drama, die primär das Lesen vorsieht, auch nicht in Frage gestellt werden. Aber das Lesen von Dramen ist gegenüber seiner Aufführung historisch gesehen nun mal die häufigere, für die Verbreitung eines Stücks ergiebigere und für die Überlieferung entscheidendere Rezeptionsform. Und vor allem funktioniert ein gelesenes Drama als Werk ganz anders als eine Aufführung. Man kann die Rezeption unterbrechen, sie im privaten Raum vollziehen, sich zwischenzeitlich mit anderen austauschen und muss sich insgesamt weniger an Verhaltensnormen halten, die den Kunstgenuss im öffentlichen Raum unweigerlich begleiten. Denn das Drama hat schlicht andere Mediendispositive als ein in Relation zu seiner Inszenierung aufgeführtes Theaterstück mit Publikumspräsenz.

Wichtig erscheint mir in diesem Zusammenhang, dass nicht nur die Aufführung gegenüber der Lektüre einen ästhetischen Mehrwert erzeugt – etwa indem mehr Sinne gleichzeitig angesprochen werden –, sondern auch anders herum die Dramen als Lesetexte eindeutig Elemente aufweisen, die bei einer Aufführung verloren gehen. Insofern bietet auch das Drama als literarisches Werk in fast allen Fällen gegenüber der Aufführung einen ästhetischen und/oder semantischen Mehrwert. Dazu kurze, aber ganz unterschiedliche Nachweise aus fünf Jahrhunderten deutscher Dramengeschichte:

1. Das protestantische Schuldrama *Auff die Hochzeit zu Cana* (1538) von Paul Rebhun enthält im Druck von 1572 eine schematische Präsentation der Sitzordnung beim Hochzeitsfest, die übrigens nicht der Abbildung auf dem Titelblatt des Dramas entspricht. Sie wird als eine Art graphischer Nebentext eingefügt, wobei bei einer Inszenierung vom angegebenen Schema ausdrücklich abgewichen werden kann.[37]
2. Als nicht inszenierbare Teile des Märtyrerdramas *Papinian* (1659) von Andreas Gryphius[38] kann man unter anderem die Widmungen, die ausführlichen Anmerkungen oder die Abbildungen der Hauptpersonen in Kupferstichen nennen. Zudem macht die Länge des Barockdramas eine vollständige Inszenierung so gut wie unmöglich.
3. In Lessings bürgerlichem Trauerspiel *Miß Sara Sampson* (1755) unterscheidet sich die Bezeichnung der Unterkunft von Sara und Mellefont

---

36 Vgl. Goethe: Werke, S. 67–73 („Über Wahrheit und Wahrscheinlichkeit der Kunstwerke"); Wagner: Schriften, S. 138–151 („Grundzüge des Kunstwerks der Zukunft"); Aristoteles: Poetik, Kap. 4, 5 und 6; Hegel: Ästhetik, S. 259–359, insbes. S. 291 ff.
37 Vgl. Rebhun: Hochzeitspil, Szene IV/2 [o. Pag].
38 Gryphius: Papinianus.

in der neutralen Regieanweisung (Gasthof) von der pejorativen Figurenrede (elendes Wirtshause).[39] Seine Einstellung zur Mesalliance der beiden überträgt Sampson also gleich in der ersten Szene auf den Ort der Handlung. Da die Regiebemerkungen in der Aufführung gewissermaßen stumm bleiben, geht die Nuancenverschiebung in der Benennung des Ortes natürlich verloren.

4. Viele Regiebemerkungen in *Faust II* von Goethe (1831 bzw. 1833) scheinen damals wie heute kaum aufführbar, etwa wenn Gestalten plötzlich verschwinden wie Euphorion oder Helena.[40] Sie enthalten zudem interpretierende Hinweise der dramatischen Instanz wie „Man glaubt in dem Toten eine bekannte Gestalt zu erblicken",[41] die als Bühnenanweisung kaum Sinn ergeben.

5. *Kalldewey, Farce*, ein Stück von Botho Strauß, das 1981 im Deutschen Schauspielhaus Hamburg unter der Regie von Niels-Peter Rudolph uraufgeführt wurde, verzeichnet – wie viele Stücke des Autors – in der Druckfassung Überschriften für jeden Akt. „Der Schlaf der Liebe gebiert Ungeheuer"[42] formiert das Lesen des ersten Aktes, kann aber nur in übertragener Weise, weil Aktüberschriften auf der Bühne unüblich sind, zum Beispiel als Schrift-Projektion inszeniert werden.

3. Drama als Buchartefakt

Natürlich gibt es Dramendrucke, die als Buchkunstwerke illustrative Beigaben, typographische Besonderheiten, einen kostbaren Einband oder besonderes Papier verwenden. All das gibt es und all diese Elemente eines dramatischen Buchkunstwerks können seinen Werkcharakter ausmachen, wenn man ihn denn (auch) auf das Buch als Artefakt bezieht. Übrigens sind solche Zimelien natürlich kein Phänomen der Gegenwart; kostbare Sammlerausgaben von gedruckten Dramen hat es schon so lange gegeben wie den Buchdruck selbst.

Im erwähnten Brief Goethes an Cotta bedankt sich der Dichter etwa für spezielle Velin-Exemplare seiner Werke.[43] Velinpapier, das in Deutschland seit 1783 verwendet wurde, galt als besonders kostbar, weil es mit sehr

---

39 Lessing: Werke 3, S. 433; und Leßing: Schrifften, S. [3]. Zur hier verhandelten Thematik vgl. Dörr: Wirtshäuser, insbes. S. 167; Niefanger: Schrifften, S. 31–39.
40 Goethe: Werke, Bd. 5, nach Vers 9902 und 9944.
41 Ebd., nach Vers 9902.
42 Strauß: Kalldewey, Farce, S. 9.
43 Vgl. Brief Goethes an Cotta, 2. Dezember 1808, in: Goethe: Briefe, S. 97 f.

feinmaschigen Kupferdraht-Siebeinsätzen geschöpft wurde. Aber nicht nur Goethes Werke wurden auf unterschiedlich teurem Papier gedruckt, sondern sogar Lessings frühe *Schrifften* (mit dem Erstdruck von *Miß Sara Sampson*). Vermutlich waren dies Spezialwünsche, die der Buchliebhaber mit seinem Händler aushandelte. Dass zusätzlich unterschiedlich kostbare Einbände die Bücher als Artefakte verändern, muss hier nicht eigens erwähnt werden. Eine Prachtausgabe liest man anders als ein Reclam-Heft.

Im Bereich der druckgraphischen Herstellung und Buchkunst gibt es eine Menge Beispiele von Dramen, die wohl kaum als Aufführungsvorlagen, sondern als Kunstwerke gedacht waren. Ein bekanntes Beispiel sei zumindest erwähnt:

Das 1897 verfertigte, im Januar-Heft 1900 in der Zeitschrift *Die Insel* erstmals erschienene Drama *Der Kaiser und die Hexe* des Wiener Dichters Hugo von Hofmannsthal gestaltete im Herbst 1900 der Worpsweder Künstler Heinrich Vogeler für die Insel-Bücherei. Das Bändchen 996 gehört heute zu den klassischen Jugendstilausgaben dieser preiswerten Liebhaberreihe. Nicht nur der Titel erscheint reich verziert. Die *dramatis personae* sind mit unterschiedlichen Symbolen gekennzeichnet und Redeweisen (Regiebemerkung, Rollen, Figurenrede usw.) farblich abgesetzt; zu Beginn des Haupttextes sehen wir eine auffällige Zierinitiale. Eine besonders kostbar ausgestattete Auflage, die im Auftrag von Alfred Walter Heymel bei Otto Holten in Berlin gedruckt wurde, betrug 200 nummerierte Exemplare; sie war auf Insel-Bütten gefertigt und der Kopfschnitt vergoldet worden.

Doch nicht nur für die ambitionierte Buchkunst, wie sie etwa von den Handpressen und kleinen Kunstverlagen gepflegt wird, spielt die Gestaltung der Dramen als les- und anschaubare Werke eine Rolle. Selbst bei modernen Schauspielen stößt man auf buchgestalterische Besonderheiten, die bei der Analyse der Dramen als Werke nicht unberücksichtigt bleiben sollten.

Ein Beispiel wäre hier Robert Gernhardts *Toscana-Therapie*, ein *Schauspiel in 19 Bildern*, das 1986 bei Haffmans herausgekommen ist. Für das Umschlagbild wurde ein Gemälde des Autors verwendet. Als Schatten sind Gerhard, ein „Akademischer Rat, Mitte vierzig", und Karin, „Graphikerin, Ende dreißig", zu sehen. Sie befinden sich auf der „Terrasse" des Feriendomizils ihres Therapeuten Dieter, „Ende Vierzig". Der auf dem Umschlag abgebildete Spielort des Dramas befindet sich vor dem „ehemaligen toscanischen Bauernhaus, das sehr schonend zu einem Sommerhaus umgebaut worden ist".[44] Die ironische, absichtlich ins Klischee verfallende Sprache der Regiebemerkungen kann im Bühnenbild kaum nachgebildet

---

44 Gernhardt: Toscana-Therapie, S. 7.

werden; sie ist offensichtlich fürs Lesen geschaffen. Robert Gernhardt hat als Graphiker, Maler, Cartoonist und Schriftsteller einen ähnlich guten Ruf, so dass man die bildliche Gestaltung seines Dramas vermutlich gerne mit rezipiert. Selbstverständlich orientieren sich auch die Bühnenbilder einiger Inszenierungen an Gernhardts Umschlaggestaltung.[45] Sie bei der Analyse des Dramas außer Acht zu lassen, verbietet sich sowieso.

4. Drei Dimensionen des Dramas – Beispiel: Handkes *Kaspar*

Rekapitulieren wir: Ein Drama muss, wenn man es nicht auf eine Aufführung reduzieren will, als Ensemble unterschiedlicher Texte, Bilder und gestalterischer Elemente verstanden werden, bei dem gerade verschiedene Komponenten, freilich mit differenter Intensität, die Rezeption steuern und unterstützen. Dabei beansprucht das Ensemble als Ganzes und nicht nur der Spieltext im engeren Sinne Werkcharakter. Es wird in seiner Komplexität primär durch die Lektüre sowie durch die damit einhergehende Wahrnehmung seiner Form erfasst.

Die Aneignung eines Dramas birgt also drei Dimensionen, die jede für sich Bedeutung erzeugen und ästhetisch wirken kann: die Handlung (Diegese), die implizite oder antizipierte Aufführung (Bühnendiegese)[46] und das Drama als Buchartefakt. Jede dieser Dimensionen arbeitet mit eigenen Rahmungen, die die Grenzen des Werks bestimmen: Anfang und Ende der Handlung, Aufgehen und Schließen des imaginierten Theatervorhangs oder andere Zeichen zur Aufhebung der Theatersituation und schließlich Buchdeckel bzw. Schutzumschlag oder Deckblätter innerhalb eines Sammelbandes.

Naturgemäß ist nicht auszuschließen, dass die drei Dimensionen gegenläufig wirken und schließlich zu einer ambiguen, jedenfalls aber komplexen Lektüre führen. Hierzu ein Beispiel, das sich auf Archivmaterialien stützen kann: In Peter Handkes Stück *Kaspar* soll etwa die Bühnendiegese – auch bei einer Inszenierung des Stückes – ständig präsent bleiben, damit der Zuschauer sich nicht der Illusion einer Handlung hingibt. Anders als in Brechts Konzept des Epischen Theaters geht es Handke also nicht um Verfremdungseffekte, die ein zeitweises Abtauchen in die Handlung

---

45 Vgl. etwa die Inszenierung des ‚Theaters im e. novum', Lüneburg, Frühjahr 2004, Regie: Thomas Ney; Bühne: Matthias Riske.
46 Vgl. hierzu Weber: Episierung, S. 131–134.

voraussetzen, sondern um das Erlebnis des Theaters als pures Theater. In einer nicht betitelten Vorrede[47] heißt es:

> Ebensowenig können sich die Zuschauer vorstellen, daß die Gegenstände auf der Bühne die Gegenstände einer Geschichte sein werden, die vorgibt, irgendwoanders vor sich zu gehen als auf der Bühne: sie erkennen sofort, daß sie einem Vorgang zusehen werden, der nicht in irgendeiner Wirklichkeit, sondern auf der Bühne spielt. Sie werden keine Geschichte miterleben, sondern einen theatralischen Vorgang.[48]

Trotz dieser eindeutigen Vorgabe verweist das Stück natürlich auf eine Geschichte, sogar auf eine historische: Auch wenn „das Stück ‚Kaspar' […] nicht" zeigt, „wie ES WIRKLICH IST oder WIRKLICH WAR mit Kaspar Hauser", wissen wir natürlich von seiner historischen Gestalt und seiner Geschichte; ja, wir denken sie beim Lesen unweigerlich mit. Die Aufführung soll zwar stets an die Fiktionalität des Gezeigten erinnern, damit wir – eine Anspielung auf Aristoteles – sehen, „was MÖGLICH IST mit jemandem."[49] Doch bleibt das Exemplum ein erkennbar faktisches, ohne dass das Drama freilich dadurch ein faktualer Text würde. Der zitierte erste Satz der Vorrede erinnert uns aber nachdrücklich an jenen Namen, der den historischen Vorfall evoziert. Dass selbst bei der Uraufführung im Frankfurter Theater am Turm (TAT) am 11. Mai 1968 die historische Geschichte als Handlung mitgedacht wurde, zeigt nachdrücklich die Bebilderung einer einschlägigen *Spiegel*-Besprechung.[50]

Dass es Handke bei seinem *Kaspar* nicht nur um ein aufführbares Stück ging, sondern auch – und vielleicht sogar in erster Linie – um ein lesbares Buch, zeigt ein Brief an den Leiter des Theaterverlags Suhrkamp und Handkes Lektor Karlheinz Braun vom 4. September 1967. Dort heißt es:

> Der Druck wird vielleicht schwierig werden. Aber wenn man es so ähnlich wie ein Filmdrehbuch macht – Vielleicht wäre ein Textbuch im Längstformat auch besser.
>
> Laß mich auf jeden Fall wissen, was Du damit machen willst, halt den Text möglichst geheim.[51]

---

47 Peter Handke nennt sie in einem Brief an Karlheinz Braun vom 4. September 1967 eine „kurze Vorbemerkung" (Deutsches Literaturarchiv Marbach [DLA], Archiv Suhrkamp Verlag [SUA]: Handke, Peter, 1967–1968, SU. 2010.0002). Vgl. Handke/Unseld: Briefwechsel, S. 76, Anm. 1. Dazu auch: Peter Handke: Kaspar [Originalmanuskript, 1967], DLA Marbach, SU 2010.002. Die ‚Vorbemerkung' beginnt dort unmittelbar. Ein handschriftlicher Hinweis auf der ersten Seite des Typoskripts verlangt, den Text als „eine Art Vorwort" zu sehen [D 201 20703–61]. Der Abdruck der Briefzitate hier und im Folgenden erfolgt mit ausdrücklicher Genehmigung von Braun und Handke.
48 Handke: Kaspar, S. 8.
49 Ebd., S. 7. Vgl. Aristoteles: Poetik, Kap. 9.
50 Vgl. [Anon.:] Handke, S. 139.
51 Brief Peter Handkes an Karlheinz Braun, 4. September 1967 (DLA Marbach, SUA: Handke, Peter, 1967–1968); vgl. Handke/Unseld: Briefwechsel, S. 76, Anm. 1.

Handschriftlich vermerkte Handke unten auf der Briefseite: „das Stück kann in der normalen Orthographie gedruckt werden."[52] Im selben Brief notierte Handke notwendige Änderungen bei einer Bühnenrealisierung:

> Bei den Proben zu irgendeiner sogenannten Uraufführung möchte ich wenigstens am Anfang dabei sein, zum Ändern. Die Szene 40a und 4la müssen umgeschrieben werden als 42 und 43, wodurch alle folgenden Szenen mit 2 addiert werden.[53]

Handke hatte offenbar Angst, eine Aufführung könnte seiner Vorstellung des Stückes nicht entsprechen. Die gewünschte Begleitung der Proben sollte der Anpassung des Lesetextes an die (jeweilige) Bühne dienen, wobei einige Änderungsoptionen schon fest zu liegen schienen. Eindeutig geht der Autor also von einer Eigenständigkeit des Dramas gegenüber der Aufführung aus; in Bezug auf beides beansprucht er ästhetische Autorität, die gegen den erwarteten Widerstand der Realisierungsinstanzen – Verlag und Theater – durchgesetzt werden muss.

In seinem Brief vom 20. September 1967 an Karlheinz Braun vermerkte Handke, er würde bei einer für ihn notwendigen Texteinfügung in sein Buchdrama *Kaspar* sogar „Einlegeblätter" akzeptieren.[54] Handkes Typoskript von *Kaspar* verwendet übrigens unterschiedliche Farben (rot/schwarz) und eine zweispaltige Seitenbeschriftung, ist also selbst auch als Lesetext konzipiert.[55] Die Farben wurden im Buchdruck durch Schriftauszeichnungen (kursiv/recte) ersetzt.

Handkes Lektor Braun sah bis zum Schluss große Probleme bei der typographischen Gestaltung des Stückes. Deshalb bat er Handke um ein Treffen, da „noch eine ganze Menge mehr technischer Probeleme [sic]" zu lösen seien, „die wir besprechen müßten." Er nannte zum Beispiel „Vorstellungen, die, was die Realisierung eines solchen Stückes angeht, wohl vom Theater kaum zu erfüllen sind. Auch gibt es noch eine Menge typografischer Probleme".[56] Wie wichtig Handke die Buchausgabe war, zeigt der weitere Briefwechsel mit dem Suhrkamp Verlag. Im Brief vom 20. Mai 1968 heißt es: „Hoffentlich wird das Buch richtig verkauft", da er über den Erfolg eine Wette abgeschlossen habe.[57] Unseld antwortete, die

---

52 Brief Peter Handkes an Karlheinz Braun, 4. September 1967 (DLA Marbach, SUA: Handke, Peter, 1967–1968).
53 Ebd.
54 Brief Peter Handkes an Karlheinz Braun, 20. September 1967 (DLA Marbach, SUA: Handke, Peter, 1967–1968).
55 Vgl. Gfrereis/Raulff: Die Seele, S. 314 (Abb. 200), 319 f. (zu Abb. 200).
56 Brief Karlheinz Brauns an Peter Handke, 27. September 1967 (DLA Marbach, SUA, A). Vgl. Pektor: Kaspar.
57 Brief Peter Handkes an Siegfried Unseld, 20. Mai 1968 (DLA Marbach, SUA: Handke, Peter, 1967–1968).

Wette sei zwar „leichtsinnig" gewesen, man könne aber „mit einer großen Kaspar-Figurine, die wir an allen Buchhandlungen aufstellen", für das Werk werben.[58] Auch schlug er vor, bei Theateraufführungen exklusiv signierte Exemplare des Buches zu verkaufen. Das wäre zweifellos ein Vorgehen, dass das buchförmige Drama gegenüber der Aufführung als ‚Original' aufwerten würde. Selbst über den Produktionsprozess des Buches wurde Handke recht eingehend informiert:

> Dann war alles fertig in der Buchbinderei und die Bücher verladen, dann hatte der Lastwagen eine Panne und die Ablieferung verzögerte sich wiederum um zwei Tage. Aber wir haben es trotzdem geschafft. Der „Kaspar" ist in der Form der edition suhrkamp da [...].[59]

Die komplex gesetzte Erstausgabe des *Kaspar*-Stückes enthielt übrigens eine Collage von Wim Wenders auf dem Schutzumschlag des Buches.[60] Dieser Erstdruck des Dramas ist als Artefakt heute unter Sammlern eine gesuchte Rarität.

5. Das Drama und seine Komponenten

Die drei Rezeptionsdimensionen eines Dramas machen deutlich, dass zum Werk ‚Drama' viele Komponenten gehören können, aber nicht alle notwendig sind: Zuerst findet sich in fast jedem Drama ein sogenannter Haupttext (a), womit in der Forschung die sprachlich fixierte Figurenrede gemeint ist.[61] Natürlich gibt es ausnahmsweise auch Stücke ohne Haupttext wie Peter Handkes *Das Mündel will Vormund sein* (1968) oder *Die Stunde da wir nichts voneinander wußten* (1992). Auch bei Wassily Kandinskys Bühnenkomposition *Der gelbe Klang* (1912) mag man nicht Haupt- und Nebentext unterscheiden wollen.[62]

Man sollte übrigens nicht von der eingeführten wissenschaftlichen Begrifflichkeit auf eine Hierarchie von Haupt- und Nebentext schließen,[63]

---

58 Brief Siegfried Unselds an Peter Handke, 21. Mai 1968 (DLA Marbach, SUA: Handke, Peter, 1967–1968).
59 Brief [Siegfried Unselds] an Peter Handke, 3. September 1968 (DLA Marbach, SUA: Handke, Peter, 1967–1968).
60 Zur Zusammenarbeit vgl. Brady/Leal: Wenders, insbes. S. 77 f.
61 Vgl. etwa Schößler: Dramenanalyse, S. 2–7.
62 Kandinsky: Klang, S. 115–131. Dem Werk war ursprünglich keine spezifische Musik zugeordnet, obwohl in den Regiebemerkungen Musik erwähnt und beschrieben wird. 2014 wurde sogar eine Version mit Musik von Frank Zappa in der Bayerischen Staatsoper aufgeführt.
63 Vgl. etwa Jahn: Drama, S. 9: „Der Haupttext ist die Hauptsache, gegenüber der der Nebentext nebensächlich erscheint." Anders argumentiert hier Scherer: Dramen-Analy-

denn beide Textsorten tragen gleichermaßen zur Semiose des Dramas bei. Ich darf in diesem Zusammenhang daran erinnern, dass Caesar bei Shakespeare,[64] Lessings Emilia[65] oder Gessler in Schillers *Tell*[66] in den Nebentexten und nicht im Haupttext ermordet werden.

Zum Nebentext (b) zählen alle Angaben, die für die Bühnendiegese konstitutiv sind, also die Regiebemerkungen, Angaben zu den *dramatis personae*, das Argumentum oder die Hinweise zu Ort und Zeit der Handlung. Dass diese für den Werkcharakter eines Dramas nicht ganz unproblematisch sind, zeigt schon ein Blick in gängige Einführungen. Franziska Schößler weist etwa darauf hin, dass neben dem Handlungsraum des Dramas auch ein Bühnenbild und ein konkreter Theaterraum mitzudenken seien, die alle in Relation zur tatsächlichen Welt stünden.[67] Beim literarischen Drama wird in manchen Fällen nicht nur ein Bühnenraum über die Bühnendiegese imaginiert, sondern auch ein konkreter Theaterraum, wenn durch den Druck an eine bestimmte Theateraufführung erinnert werden soll, etwa auf dem Titelblatt von Christian Gryphius' Schuldrama *Der deutschen Sprache unterschiedliche Alter*[68] oder auf der Titelrückseite (dem ‚Impressum') von Max Frischs *Andorra*.[69]

Zum Ensemble Drama, so wie es hier verstanden wird, zählen auch die Paratexte (c), die in der Regel[70] die Rezeptionsweise des Dramas steuern wie Titelblatt, Frontispiz, Widmungen, Anhänge, Anmerkungen, Marginalien, Vorreden und Nachworte, dann die Illustrationen (d) wie Abbildungen von Figuren oder Handlungsorten, und schließlich auch die buchgestalterische Ausstattung (e) wie Format, Bindung, Typographie oder Zierelemente.

Weil alle diese Teile des Dramas sinnentfaltend sein und/oder einen ästhetischen Mehrwert für die Rezipienten haben können, konstituieren sie gemeinsam – poetologisch gesehen – seinen Werkstatus. Das Augenmerk nur auf jene Teile eines Dramas zu richten, die für eine Aufführung rele-

---

se, S. 24: Er betont ausdrücklich, der Begriff „Nebentext" werde „ohne abwertende Bedeutung" verstanden. Scherer wie Schößler (Dramenanalyse, S. 2) unterscheiden allerdings nicht zwischen Neben- und Paratexten.
64 Vgl. Shakespeare: Julius Caesar, S. 80 (III, 1): „*They stab Caesar.* [...] *Dies.*"
65 Vgl. Lessing: Werke 7, S. 370 (V/8): „*indem er sie durchsticht:* [...] *sie stirbt*".
66 Vgl. Schiller: Werke, Bd. 2, S. 913–1029, hier S. 1010–13 (IV/3, Vers 2779–2786).
67 Schößler: Dramenanalyse, S. 145.
68 Gryphius: Sprache, Titelblatt.
69 Vgl. Frisch: Andorra, S. [4].
70 Nur in Ausnahmefällen tragen die Paratexte zur Diegese des Lesedramas, nicht aber der Aufführung bei (vgl. etwa die Vorrede zu Gryphius' *Horribilicribrifax*). Vgl. dazu Niefanger: Dramentitel; ders.: Anfänge.

vant werden, verkennt die Komplexität eines solchen literarischen Werks. Die einzelnen Teile des Dramas festigen im Idealfall durch Kohärenz und Kohäsion[71] den Werkcharakter (im Sinne von ‚Opus', nicht ‚Œuvre').[72]

Schwieriger ist die Frage, ob auch alle diese Teile zur Fiktionalität des Dramas beitragen oder zumindest beitragen können. Dabei gilt es natürlich zu bedenken, dass Fiktionalität ganz bestimmt keine notwendige Voraussetzung für den Werkstatus ist; sie festigt aber zweifellos die Kohärenz eines Werkes. Für die ersten drei Punkte (a–c) versteht sich von selbst, dass sie zur Fiktionalität des Dramas beitragen. Bei den Paratexten reicht es, auf jene Dramen zu verweisen, die Vorreden, Anhänge oder Anmerkungen mit in die Gestaltung der Geschichte einbeziehen. Als Teil der erzählten Welt gehören diese Paratexte auch zur Fiktion. Man denke etwa an die Widmungsvorrede eines Protagonisten an die Titelfigur im *Horribilicribrifax* von Andreas Gryphius. Die anderen kann man mit Genette zumindest als eine Art Vestibül zur dramatischen Fiktion lesen.[73]

Vergleichbare metaleptische Bezüge zwischen Ausstattung und erzählter Geschichte wird man kaum finden, aber auch durch diese Rahmung wird man zur Geschichte geführt. Und dass etwa schmückende Abbildungen auf dem Buchdeckel in Form einer „Medienkombination"[74] Einfluss auf das Verständnis der Diegese haben können, wird man kaum bestreiten wollen. Zumindest wenn man der neueren transgenerischen und transmedialen Narratologie folgt,[75] muss man die buchgestalterische Präsentation von Dramen und ihre in der Aufführung nicht hör- und sehbaren Steuerungselemente, wie sie in Illustrationen, Para- und Nebentexten unzweifelhaft vorkommen, als ein Mittel zur Erzeugung der Diegese verstehen. Analoges lässt sich zur Ebene der Bühnendiegese und zum Buch als Artefakt sagen. Sie sind daher zweifellos werkkonstitutive Bestandteile eines Dramas.

---

71 Stimmige Verknüpfung der Ausdrucksmittel (Kohäsion) und Sinnerzeugung des Ensembles (Kohärenz) konstituieren gewöhnlich einen (geschlossenen) Text: vgl. Beaugrande/Dressler: Textlinguistik; Vater: Textlinguistik.
72 Vgl. zum hier verwendeten Werkbegriff: Spoerhase: Werk.
73 Genette: Paratexte, S. 10.
74 Rajewsky: Intermedialität, S. 201.
75 Vgl. vor allem Nünning/Nünning: Erzähltheorie. Zur transmedialen Analyse von Dramentexten vgl. auch Rajewsky: Narratologie.

Bibliographie

[Anon.:] Handke. Zeit der Anpassung. In: Der Spiegel 21 (1968), S. 139.
Aristoteles: Poetik. Griechisch/Deutsch. Übers. und hg. von Manfred Fuhrmann. Stuttgart 1982.
Bayerdörfer, Hans-Peter: Drama/Dramentheorie. In: Erika Fischer-Lichte/Doris Kolesch/Matthias Warstatt (Hg.): Metzler Lexikon Theatertheorie. Stuttgart, Weimar 2005, S. 72–80.
Bayerdörfer, Hans-Peter: Vom Drama zum Theatertext? Zur Situation der Dramatik in Ländern Mitteleuropas. Tübingen 2007.
Beaugrande, Robert-Alain de/Wolfgang Ulrich Dressler: Einführung in die Textlinguistik. Tübingen 1981.
[Bodmer, Johann Jacob:] Politisches Trauerspiel [1771]. In: Johann Georg Sulzer: Allgemeine Theorie der schönen Künste. Leipzig 1771–1774, Bd. 3, S. 592–597.
Bodmer, Johann Jacob: Schweizerische Schauspiele. Hg. von Albert M. Debrunner. St. Ingbert 1998.
Brady Martin/Joanne Leal: Wim Wenders and Peter Handke. Collaboration, Adaptation, Recomposition. Amsterdam 2011.
Dörr, Volker C.: Elende Wirtshäuser? Zu Lessings „Miß Sara Sampson" und Lillos „The London Merchant". In: Sigrid Nieberle/Claudia Nitschke (Hg.): Gastlichkeit und Ökonomie. Wirtschaften im deutschen und englischen Drama des 18. Jahrhunderts. Berlin, Boston 2014, S. 163–176.
Eckermann, Johann Peter: Gespräche mit Goethe in den letzten Jahren seines Lebens. Wiesbaden 1955.
Feind, Barthold: Deutsche Gedichte. Faksimiledruck der Ausg. von 1708. Hg. von W. Gordon Marigold. Bern, Frankfurt a. M. 1989.
Fischer-Lichte, Erika: Ästhetik des Performativen. Frankfurt a. M. 2004.
Fischer-Lichte, Erika: Theaterwissenschaft. Eine Einführung in die Grundlagen des Fachs. Tübingen 2010.
Frisch, Max: Andorra. Stück in zwölf Bildern [1961]. Frankfurt a. M. 1975.
Genette, Gérard: Paratexte. Übers. von Dieter Hornig. Frankfurt a. M., New York 1989.
Gernhardt, Robert: Die Toscana-Therapie. Schauspiel in 19 Bildern [1986]. Zürich 1988 [TB-Ausg.].
Gfrereis, Heike/Raulff, Ulrich (Hg.): Die Seele. Die Dauerausstellung im Literaturmuseum der Moderne (= marbacherkatalog 68). Marbach a.N. 2015.
Goethe, Johann Wolfgang von: Werke. Hg. von Erich Trunz. 13. Aufl. München 1982.
Goethe, Johann Wolfgang von: Briefe. Hg. von Karl Robert Mandelow. 3. Aufl. München 1988.
Gryphius, Andreas: Großmüttiger Rechts-Gelehrter/Oder Sterbender Aemilius Paulus Papinianus. Trauer-Spil. Breslau 1659.
Gryphius, Christian: Der deutschen Sprache unterschiedliche Alter. Breslau 1708.
Handke, Peter: Kaspar [1967]. 17. Aufl. Frankfurt a. M. 1981.
Handke, Peter/Siegfried Unseld: Der Briefwechsel. Hg. von Raimund Fellinger und Katharina Pektor. Berlin 2012.
Hauthal, Janine: Metadrama und Theatralität. Gattungs- und Medienreflexion in zeitgenössischen englischen Theatertexten. Trier 2009.
Hauthal, Janine: Theatertext. In: Ansgar Nünning (Hg.): Metzler Lexikon Literatur- und Kulturtheorie. Ansätze – Personen – Grundbegriffe. 5., erw. Aufl. Stuttgart, Weimar 2013, S. 749.

Hegel, Georg Wilhelm Friedrich: Vorlesungen über die Ästhetik. Dritter Teil: Die Poesie. Hg. von Rüdiger Bubner. Stuttgart 1971.
Herrmann, Max: Forschungen zur deutschen Theatergeschichte des Mittelalters und der Renaissance. Berlin 1914.
Heyse, Paul: Ludwig der Baier. Berlin 1862.
[Heyse, Paul:] Der Briefwechsel von Jakob Burckhardt und Paul Heyse. Hg. von Erich Petzet. München 1916.
Höfele, Andreas: Drama und Theater. Einige Anmerkungen zur Geschichte und gegenwärtigen Diskussion eines umstrittenen Verhältnisses. Tübingen 1991.
[Hrotsvit [Roswitha] von Gandersheim:] Opera Hrosvite Illustris Virginis Et Monialis Germane Gente Saxonica Orte Nuper A Conrado Celte Inventa. Nürnberg 1501.
Jahn, Bernhard: Grundkurs Drama. Stuttgart 2009.
Jahraus, Oliver: Grundkurs Literaturwissenschaft. Stuttgart 2008.
Kablitz, Andreas: Literatur, Fiktion und Erzählung – nebst einem Nachruf auf den Erzähler. In: Irina O. Rajewsky/Ulrike Schneider (Hg.): Im Zeichen der Fiktion. Aspekte fiktionaler Rede aus historischer und systematischer Sicht. Festschrift für Klaus W. Hempfer zum 65. Geburtstag. Stuttgart 2008, S. 13–44.
Kandinsky, Wassily: Der gelbe Klang. Eine Bühnenkomposition. In: Der Blaue Reiter. Hg. von Wassily Kandinsky/Franz Marc. München 1912, S. 115–131.
Klopstock, Friedrich Gottlieb: Ausgewählte Werke. Hg. von Karl August Schleiden. 4. Aufl. München, Wien 1981.
Lehmann, Hans-Thies: Postdramatisches Theater. Frankfurt a. M. 1999.
Leifeld, Denis: Performances zur Sprache bringen. Zur Aufführungsanalyse von Performern in Theater und Kunst. Bielefeld 2015.
Leßing, G[otthold] E[phraim]: Schrifften. Fünfter Theil. Berlin 1755.
Lessing, Gotthold Ephraim: Werke und Briefe. Hg. von Wilfried Barner u. a. Bd. 7. Hg. von Klaus Bohnen. Frankfurt a. M. 2000.
Lessing, Gotthold Ephraim: Werke und Briefe. Hg. von Wilfried Barner u. a. Bd. 3. Hg. von Conrad Wiedemann u. a. Frankfurt a. M. 2003.
Marx, Peter W.: Lesedrama. In: P. W. M. (Hg.): Handbuch Drama. Theorie, Analyse, Geschichte. Stuttgart 2012, S. 293–295.
Nagel, Ivan: Drama und Theater. Von Shakespeare bis Jelinek. München, Wien 2006.
Niefanger, Dirk: Geschichtsdrama der Frühen Neuzeit. 1495–1773. Tübingen 2005.
Niefanger, Dirk: Dramentitel im 17. Jahrhundert. Zur Nutzung des VD 17 zur literaturwissenschaftlichen Feldforschung. Eine Projektskizze zum Barockdrama als Lesetext. In: Claudia Fabian (Hg.): Schmelze des barocken Eisbergs? Das VD 17 – Bilanz und Ausblick. Wiesbaden 2010, S. 73–92.
Niefanger, Dirk: Metadramatische Anfänge im Lesedrama des 18. Jahrhunderts. In: Claude Haas/Andrea Polaschegg (Hg.): Der Einsatz des Dramas. Dramenanfänge, Wissenschaftspoetik und Gattungspolitik. Freiburg i. Br. 2012, S. 233–250.
Niefanger, Dirk: Lessings „Schrifften" (1753–55). Wolfenbüttel 2015.
Nünning, Ansgar/Vera Nünning: Erzähltheorie transgenerisch, intermedial, interdisziplinär. Trier 2002.
Opitz, Martin: Buch von der Deutschen Poeterey. Studienausg. hg. von Herbert Jaumann. Stuttgart 2002.
Ottmers, Martin: Drama. In: Harald Fricke u. a. (Hg.): Reallexikon der deutschen Literaturwissenschaft. Bd. 1. Berlin, New York 2007, S. 392–396.
Ottmers, Martin: Lesedrama. In: Harald Fricke u. a. (Hg.): Reallexikon der deutschen Literaturwissenschaft. Bd. 2. Berlin, New York 2007, S. 404–406.
Pektor, Katharina: Kaspar. Entstehungskontext. In: Handke online. <http://handkeonline.onb.ac.at/node/385> (08. 05. 2018).

Pfister, Manfred: Das Drama. Theorie und Analyse. 11. Aufl. München 2001.
Poschmann, Gerda: Der nicht mehr dramatische Theatertext. Aktuelle Bühnenstücke und ihre dramaturgische Analyse. Tübingen 1997.
Primavesi, Patrick/Olaf A. Schmitt (Hg.): AufBrüche. Theaterarbeit zwischen Text und Situation. Hans-Thies Lehmann zum 60. Geburtstag. Berlin 2004.
Rajewsky, Irina O.: Intermedialität. Tübingen, Basel 2002.
Rajewsky, Irina O.: Von Erzählern, die (nichts) vermitteln. Überlegungen zu grundlegenden Annahmen der Dramentheorie im Kontext einer transmedialen Narratologie. In: Zeitschrift für Französische Sprache und Literatur 117.1 (2007), S. 25–68.
Rebhun, Paul: Ein schön New Hochzeitspil auff die hochzeit zu Cana. Nürnberg 1572.
Scherer, Stefan: Einführung in Dramen-Analyse. Darmstadt 2010.
Schiller, Friedrich: Sämtliche Werke. Hg. von Gerhard Fricke und Herbert G. Göpfert. 7. Aufl. München 1984.
Schößler, Franziska: Einführung in die Dramenanalyse. Stuttgart, Weimar 2012.
Shakespeare, William: Julius Caesar. Englisch/Deutsch. Hg. von Dietrich Klose. Stuttgart 1976.
Spoerhase, Carlos: Was ist ein Werk? Über philologische Werkfunktionen. In: Scientia poetica 11 (2007), S. 276–344.
Strauß, Botho: Theaterstücke II. München 1993.
Strauß, Botho: Kalldeweg, Farce, 4. Aufl. München 1992.
Sulzer, Johann Georg: Allgemeine Theorie der schönen Künste. Leipzig 1771–1774.
Tigges, Stefan (Hg.): Dramatische Transformationen. Zu gegenwärtigen Schreib- und Aufführungsstrategien im deutschsprachigen Theater. Bielefeld 2008.
Vater, Heinz: Einführung in die Textlinguistik. Struktur und Verstehen von Texten. 3. Aufl. München 2001.
Wagenknecht, Christian (Hg.): Zur Terminologie der Literaturwissenschaft. Akten des IX. Germanistischen Symposiums der Deutschen Forschungsgemeinschaft. Würzburg 1986, Stuttgart 1988.
Wagner, Richard: Ausgewählte Schriften und Briefe. Hg. von Philipp Werner. Frankfurt a. M. 2013.
Weber, Alexander: Episierung im Drama. Ein Beitrag zur transgenerischen Narratologie. Berlin, Boston 2017.

IV. Institutionen des Werks: Archiv und Bibliothek

Magnus Wieland

Werkgenesen: Anfang und Ende des Werks im Archiv

Bekanntlich stellt Michel Foucault in seinem epochalen Vortrag *Was ist ein Autor?* auch die entscheidende und für den vorliegenden Problemhorizont virulente Frage nach dem Werk.[1] In diesem Zusammenhang kommt er erstaunlich rasch auch auf die Problematik literarischer Nachlässe zu sprechen. Mehr noch erörtert er den Werkbegriff fast ausschließlich nur in Bezug auf die Nachlassthematik. Im Unterschied zum eindeutig diskursiv geprägten Autorschaftsbegriff scheint Foucault also von einem durchaus materiellen Verständnis des Werks auszugehen,[2] wenn er es von der Fragestellung abhängig macht: „Wie kann man aus den Millionen Spuren, die jemand nach seinem Tod hinterläßt, ein Werk bestimmen?" Das ist insofern bemerkenswert, als man in Kenntnis von Foucaults Terminologie eher eine Art ‚Werkfunktion' vermuten würde, welche auf symbolischer Ebene die Konstitution von Werkeinheiten reguliert. Stattdessen geht der Diskursanalytiker für einmal von einem sehr realen Grundproblem aus:

> Aber nehmen wir an, daß man es mit einem Autor zu tun hat: ist alles, was er geschrieben hat, alles, war er hinterlassen hat, Teil seines Werks? Ein zugleich theoretisches und technisches Problem. Wenn man zum Beispiel an die Veröffentlichung der Werke Nietzsches geht, wo soll man Halt machen? Man soll alles veröffentlichen, ganz sicher, aber was heißt denn dieses ‚alles'? Alles, was Nietzsche selbst veröffentlicht hat, einverstanden. Seine Werkentwürfe? zweifellos. Aphorismusprojekte? ja. Aber wenn man in einem Notizbuch voller Aphorismen einen Bezug, einen Hinweis auf ein Rendez-vous oder eine Adresse oder eine Wäschereirechnung findet: Werk oder nicht Werk?[3]

Wo fängt ein Werk an? Und wo endet es? Die Frage stellt sich offenbar verschärft, sobald der Bereich des Publizierten verlassen und in die unver-

---

1 Foucault: Autor, hier S. 205: „Was ist ein Werk?"
2 Dass Foucault „energisch" fordere, „den Werkbegriff als *Funktion* des Diskurses" zu verstehen, wie es Müller: Notizen, S. 238, postuliert, ohne diese Aussage auch nur mit einem Nachweis zu stützen, kann ich deshalb nicht nachvollziehen.
3 Foucault: Autor, S. 205.

öffentlichten Tiefen von Nachlässen vorgedrungen wird, denn gemeinhin gilt – was auch in Foucaults Problemstellung implizit mitschwingt – das Imprimatur als verbürgte Grenze des Werks.[4] Mit der Drucklegung wird der Werkprozess zumindest gegen außen hin abgeschlossen und gleichsam versiegelt, auch wenn die Literaturgeschichte genügend Beispiele von Autoren wie beispielsweise Balzac oder Proust kennt, die nach erfolgtem Druck unaufhörlich weiter an ihrem Werk schreiben, es ergänzen, kürzen oder gänzlich umarbeiten. Davon nimmt die literarische Öffentlichkeit meistens aber erst Kenntnis, wenn der Nachlass des Autors ins Archiv gelangt ist und so den Blick auf die Papiere und Materialien hinter dem publizierten Werk freigibt.

Im Archiv, worunter im Folgenden die spezifische Institution des Literaturarchivs gemeint ist, werden demnach gerade keine Werke aufbewahrt, sondern allerlei Schriftstücke – Fassungen, Entwürfe, Vorstufen, Avant-Texte, Briefe, Tagebücher und Notizzettel –, die außerhalb des publizierten Werks liegen, aber einen mehr oder weniger erkennbaren Bezug zum Werk unterhalten. Indes liegt die Frage nach dem Verhältnis zwischen Werk und Archiv nicht so einfach, wie es Foucaults Erbsenzählerei „Werk oder nicht Werk?" suggerieren möchte. Die (philologische) Dezision über die Werkzugehörigkeit einzelner Papier-Schnipsel scheint an der zentralen Problematik vorbei zu zielen, die vielmehr darin zu sehen ist, inwiefern die Existenz oder Inexistenz eines Nachlasses überhaupt an Werkbildungs- und Werkwahrnehmungsprozessen mitwirkt. Es stellt sich also die Frage, welche Effekte vom Archiv und den darin aufbewahrten Dokumenten auf das Werk und dessen öffentliche Wahrnehmung ausgehen, und ebenso stellt sich die Frage nach dem Einfluss von Archiv- und Nachlasspolitik auf Werkkonzept bzw. Werkverständnis. Allein der Umstand, dass Foucault die Frage ‚Werk oder Nicht-Werk' am Beispiel einzelner Archivschnipsel kollidieren lässt, deutet darauf hin, dass diese Komponente an Werkbildungsprozessen nicht ganz unerheblich sein kann, unabhängig davon, ob diese affirmativ oder ablehnend zum Archiv verlaufen. Als gleichsam diffuse Gegenmasse können sich Nachlässe hinter- oder vielmehr un-

---

4 Vgl. Martens: Grenze, S. 179: „Die Entscheidung zur Veröffentlichung. Erst durch den Entschluß des Autors, einen von ihm verfaßten Text zu veröffentlichen, wird dieser Text zum Werk, d.h. zu einer Einheit und Ganzheit, die in dieser Form von einer Öffentlichkeit wahrgenommen werden soll." Siehe auch Shillingsburg: Texts, S. 168: „whenever an author publishes a new revision, we get a new work, but, as long as the revisions remain unpublished by the author, we have only a private document, which is not yet a work". Ebenso Petit: Typologie, S. 191: Die Publikation markiere ein Stadium „en donnant à un certain état du texte, le caractère d'une œuvre", weshalb Petit Werkmanuskripte auch eine „préparation à l'œuvre" nennt.

tergründig sowohl verstärkend als auch bedrohlich zum etablierten Werk verhalten, abhängig auch davon, welche Werkästhetik vorherrschend ist. In einer heuristischen Vorannahme dürfte ein geschlossener und enger Werkbegriff stärker mit Archiv und Nachlass konfligieren als ein offener oder emphatischer, der elastisch genug ist, um auch Parerga und Paralipomena zu umfassen.

Anhand eines einfachen Schemas sollen im Folgenden die möglichen Bezugslogiken im Spannungsfeld zwischen Nachlass und Werk näher aufgezeigt und andiskutiert werden. Die leitende These hinter diesem Schema geht im Prinzip schon aus dem Untertitel dieses Beitrags hervor, hinter dem sich allerdings kein plumper Aristotelismus verbirgt.[5] Vielmehr sind ‚Anfang' und ‚Ende' je in doppelter Lesart zu verstehen, so dass sich insgesamt eine vierfache Matrix ergibt:

Anfang I (Ursprung): Nachlass als Zeugnis der Werkentstehung
Ende I (Auflösung): Nachlass als Gefährdung des Werkideals
Anfang II (Beginn): Nachlass als Basis der Werkbildung
Ende II (Abschluss): Nachlass als Werkvollendung

Bevor diese Punkte unten näher ausgeführt werden, gilt es jedoch – knapp fünfzig Jahre nach Foucaults epochaler Frage „Was ist ein Autor?" und ziemlich genau zehn Jahre nach Carlo Spoerhases Anschlussfrage „Was ist ein Werk?"[6] – eine weitere Frage wenigstens kurz aufzuwerfen: „Was ist ein Nachlass?" Im Sinne des vorliegenden Tagungsbandes, dem es weniger um eine ontologische Bestimmung des Werks, sondern um die konzeptuelle Leistung des Werkbegriffs geht,[7] soll hier auch der Nachlassbegriff nicht empirisch erfasst, sondern funktional bzw. institutionell definiert werden: und zwar spezifisch mit Hinblick auf die Institution Archiv und ihrer werkkonstitutiven Funktion. Das Archiv in seiner heutigen Ausrichtung ist alles andere als ein neutraler Aufbewahrungsort; vielmehr definiert und konsti-

---

5 In seiner *Poetik* definiert Aristoteles als Einheitskriterium dramatischer Werke: „Ein Ganzes ist, was Anfang, Mitte und Ende hat." Poetik 7, 1450b.
6 Spoerhase: Werk, dort S. 280 ff. zum Anschluss an Foucault. In der Folge differenziert Spoerhase den Werkbegriff in Gesamtwerk (Überlieferung), Opus (Einzelwerk) und Œuvre (Werkausgabe als Gesamtheit der Opera), siehe ebd., S. 286. Im Archiv sedimentiert sich das Gesamtwerk in Gestalt seiner materiellen Überlieferung, das neben den Quellen zu den einzelnen Werken auch zahlreiche Lebensdokumente (wie Briefe, Tagebücher, Verträge, Ausweise, Zeugnisse etc.) enthält. Zieht man alle diese überlieferten Unterlagen in Betracht, so müsste man in Bezug auf die archivalische Überlieferung als vierte Kategorie neben Gesamtwerk, Opus und Œuvre am besten vom *Lebenswerk* sprechen.
7 Vgl. die Einleitung zu diesem Band.

tuiert das Archiv den „Nachlass als finanzielles, kulturelles, symbolisches Kapital"[8] und verleiht ihm dadurch abgesehen vom historischen Quellen- auch einen nicht zu unterschätzenden Symbolwert.[9]

1. Nachlass und Archiv

Eine empirische Bestimmung verbietet sich allein deshalb schon, weil der Begriff ‚Nachlass' materiell höchst unterschiedlich gedeckt sein kann, das heißt, es gibt äußerst spärliche Nachlässe mit nur wenigen fragmentarischen Dokumenten, aber auch sehr umfangreiche, die das publizierte Werk um ein Vielfaches übersteigen.[10] Zudem sind in einem Nachlass nicht ausschließlich nur Materialien *zum* Werk vorhanden, sondern auch sogenannte Lebensdokumente, die nur einen partiellen bis gar keinen Werkbezug aufweisen, abhängig davon, was überhaupt nach einem (mehr oder weniger wechselreichen) literarischen Leben erhalten geblieben ist. Abhängig aber auch davon, wie akribisch ein Schriftsteller sein eigenes Leben und Werk dokumentiert hat.[11] Denn im Unterschied zum publizierten Werk als fixierbare Einheit befinden sich die einen Autor zu Lebzeiten umgebenden Dinge und Papiere verschiedentlich in Fluktuation. Was einst als Nachlass nach dem Tod des Autors zurückbleibt, ist deshalb bloß der letzte (und in dieser Hinsicht gesamthaft auch keinesfalls repräsentative) Aggregatzustand eines einstmals dynamisch organisierten Aufschreibesystems.

So sehr auf materieller Ebene das publizierte Werk und der überlieferte Nachlass divergieren können, so eng sind sie terminologisch miteinander verknüpft. ‚Nachlass' und ‚Werk' sind zwei korrelative Begriffe, das heißt, sie stehen – gerade auch in begriffsgeschichtlicher Perspektive – in wechselseitiger Beziehung zueinander. So taucht die Rede vom literarischen Nachlass ungefähr zeitgleich auf, als sich im Verlauf des 18. Jahrhunderts –

---

8 Vedder: Testament, S. 162.
9 Für eine allgemeine Unterscheidung zwischen dem dokumentarischen und dem symbolischen Wert von Archiven siehe O'Toole: Significance, S. 238: „When does true significance and meaning of a record drive less from what appears in its surface text and more from its symbolic standing-in for something else? Are there cases in which records contain practical information, but in which the real significance is larger and more symbolic?"
10 Dieselbe Beobachtung gilt auch für den Einzelnachlass, auch hier lässt sich feststellen, dass „die Überlieferungsintensität ungleich verteilt ist; bestimmte Perioden sind besonders dicht, andere spärlich oder gar nicht dokumentiert" (Bülow: Nachlässe, S. 148).
11 Dazu Meyer: Pedanten.

im Zuge der „Entdeckung und de[s] Kult[s] des schöpferischen Individuums"[12] – auch die Emergenz des Werks als emphatische ästhetische Kategorie ausbildet.[13] Das heißt: Das Werk nicht mehr einfach nur verstanden als Produkt und *Geschaffenes* – in dieser Hinsicht gab es immer schon Werke –, sondern als diskursiver Inbegriff einer *geistigen Schöpfung*.[14] Ähnlich verhält es sich auch mit dem Konzept des Nachlasses, das über die gewöhnliche Tatsache hinausweist, dass Dinge nach dem Tode hinterlassen werden (denn auch solche Hinterlassenschaften gab es freilich seit jeher). Vielmehr impliziert der Ausdruck eine strategische Zweckgerichtetheit auf die Tradierung des literarischen Werks. So ging Johann Wolfgang von Goethe, der gerne als Kronzeuge des um 1800 allmählich erwachten „Nachlassbewusstseins"[15] angeführt wird, bereits zu Lebzeiten an die Ordnung und Sichtung seiner literarischen Papiere und zwar dezidiert im Hinblick auf die Planung einer Werkausgabe letzter Hand.[16] Mit Pierre Nora kann diesbezüglich zwischen direkten und indirekten Quellen unterschieden werden. Als direkte Quelle versteht Nora alle bewusst für die Überlieferung an die Nachwelt aufbewahrten Dokumente; als indirekte Quelle hingegen mehr oder weniger kontingent hinterlassene Zeugnisse und Überreste.[17] Ein ‚Nachlass' nach der heute geläufigen Definition, der als auktoriales Vermächtnis der Nachwelt übergeben wird, ist entsprechend dieser Unterscheidung eine eminent direkte Quelle und in dieser Ausrichtung überdies stark an die Institution Archiv gebunden. Denn erst die Sicherung und Erschließung des Nachlasses in einer öffentlichen Aufbewahrungsstätte garantiert langfristig auch eine dauerhafte Überlieferung. Das Archiv schafft demnach eine nennenswerte Voraussetzung, damit sich eine Hinterlassenschaft überhaupt in ein relativ stabiles Gebilde wie einen Nachlass transformieren kann.[18]

---

12 Stolzenberg: Autographen, S. 55.
13 Bülow: Nachlässe, S. 147: „Die Bezeichnung ‚Nachlass' ist allerdings erst seit dem 18. Jahrhundert gebräuchlich." Ebenfalls in diesem Zeitraum verortet Christian Benne die Emergenz der Handschrift als literarischen Gegenstand, der für sich Werkcharakter beanspruchen kann (s. Benne: Erfindung, hier z. B. S. 167 f.).
14 Es ist deshalb kein Zufall, dass auch die Herausbildung des Urheberrechts als juristische Regelung des geistigen Eigentums am Kunstwerk in die Sattelzeit um 1800 fällt. Dazu ausführlich Bosse: Werkherrschaft.
15 Sina/Spoerhase: Nachlassbewusstsein, zu Goethe speziell S. 613.
16 Goethe: Archiv; siehe dort auch den Herausgeberkommentar, S. 778 f.
17 Nora: Geschichte, S. 26 f.
18 Vgl. dazu Spoerhase: Papiere, S. 502: „In der uns bekannten Form ist mit der Institution ‚Nachlass' viel mehr gemeint als die für sich genommen banale Tatsache, dass Schriftsteller und Gelehrte der Welt, die sie verlassen, auch große (gebundene und ungebundene) Papierberge hinterlassen."

Allerdings stellte dieses neue Gebilde die klassische Archivwissenschaft vor einige Schwierigkeiten, insofern nämlich Nachlässe als „Dokumentation privaten Lebens"[19] nicht zum herkömmlichen Archivgut zählen, das per definitionem durch seinen „geschäftlich-verwaltungsmäßig-rechtliche[n] Endzweck"[20] bestimmt ist. Aus diesem Grund zählt Johannes Papritz in seinem Standardwerk zur Archivwissenschaft literarisches „Material und Schriftgut" expressis verbis *nicht* „zum potentiellen Archivgut", weil es lediglich „zur Vorbereitung der endgültigen Werke dienende[s] Material" sei.[21] Mit anderen Worten: der Endzweck des Materials liegt im Werk, was literarische Nachlässe *more theoretico* gleich doppelt als Archivgut disqualifiziert: einerseits weil es sich bloß um Vorstufen zum eigentlichen Endzweck der Publikation handelt, der andererseits erst noch ein *literarischer* (und kein administrativer) Endzweck ist. Während behördliche und politische Akten als pragmatisches Schrifttum ihren Endzweck in sich selbst tragen, verliert dieser Logik gemäß ein Nachlass im Hinblick auf das fertige Werk seine archivarische Relevanz. Gerade die subsidiäre Werkbezogenheit des Materials und damit auch dessen prinzipielle Unselbstständigkeit stellte aus streng archivarischer Sicht ein Problem dar. Die hauptsächlich auf Druckwerke ausgerichteten Bibliotheken wiederum waren oft nur ungenügend auf die Betreuung von handschriftlichen Nachlässen eingerichtet, weshalb diese oft ein parergonales Nischendasein im Winkel einer Spezialabteilung fristeten. Lange Zeit, bis weit ins 19. Jahrhundert, gab es deshalb keine spezifisch institutionelle Zuständigkeit für literarische Nachlässe, was die Gründung von Literaturarchiven ebenso dringlich wie umstritten machte.

Die dauerhaft ungesicherte Überlieferungslage literarischer Handschriften war jedenfalls für Wilhelm Dilthey ein entscheidender Beweggrund, sich für die „hülflosen Papiermassen" einzusetzen.[22] In einem engagierten Plädoyer, das er am 16. Januar 1899 vor der Gesellschaft für deutsche Literatur hielt, forderte er neben den bestehenden Staatsarchiven und Bibliotheken quasi als dritte hybride Instanz spezielle „Archive für Literatur", die auch mit entsprechenden Ressourcen und Kompetenzen ausgestattet

---

19 Bülow: Nachlässe, S. 144.
20 Teigte: Nachlässe, S. 135.
21 Papritz: Archivwissenschaft, Bd. 4, S. 194 f.; siehe auch Brenneke: Archivkunde, S. 35: „Im übrigen wird der Name ‚Archiv' häufig auf Sammlungen angewandt, die nicht nur keinen Archivcharakter tragen, sondern überhaupt kein Archivgut enthalten. Das Goethe- und Schiller- und das Nietzsche-Archiv in Weimar stellen nur Handschriftensammlungen dar und sind als Teile von Bibliotheken anzusehen."
22 Dilthey: Archive, hier S. 368.

sein sollten.²³ Diltheys (übrigens sehr kenntnisreiche) Argumentation ist dabei stark vom Nationalgedanken geleitet, weshalb er die Organisation von Literaturarchiven in naher Analogie zu Staats- und politischen Archiven denkt. So sehr diese „Verknüpfung von Kulturnationalismus und literarischer Manuskriptkultur" auch als Fernwirkung der deutschen Reichsgründung zu verstehen ist,²⁴ lag dieser nationalen Gewichtung wohl auch eine strategische Überlegung zugrunde, um die Problematik des archivarischen ‚Endzwecks' und damit der institutionellen Zuständigkeit zu lösen. Indem Dilthey literarische Nachlässe gleichsam zur Staatssache (und die Literatur selbst zur „dauernd werthvollen Lebensäußerung eines Volkes")²⁵ erklärt, führt er ein starkes Argument ins Feld, das mögliche Einwände gegen eine staatliche Aufbewahrungspflicht vorweg pariert. Diltheys Appell, der zunächst eine längere Debatte unter den zünftigen Archivaren auslöste,²⁶ blieb auf lange Sicht nicht wirkungslos. Das nationale Deutsche Literaturarchiv in Marbach wurde zwar erst 1955 eröffnet, im Vor- und Umfeld dieser Gründung berief man sich jedoch mehrfach auf ihn und seine Vision.²⁷

Gerade auch im Hinblick auf die Wahrnehmung literarischer Werke ist diese institutionelle Entwicklung nicht irrelevant, zumal ein diametraler Unterschied zwischen dem bibliothekarischen und dem archivarischen Werkbegriff besteht. Die bibliothekarische Praxis geht vom Werk als einem übergeordneten Konzept aus, es wird gewissermaßen als ideelle Größe begriffen, die sich empirisch in verschiedenen medialen Aggregatszuständen manifestieren kann. Die *Regeln für die alphabetische Katalogisierung* (abgekürzt: RAK) beruhen auf dieser Definition des Werks als „geistige Schöpfung", weshalb sie Uwe Jochum zurecht „ein Stück Metaphysik" nennt, zumal sich das so definierte Werk „einer unmittelbaren Betrachtung entzieht und nur ‚in einer oder mehreren Ausgaben erscheint'".²⁸ Diese Feststellung trifft noch auf die bibliothekarisch aktuell gültigen *Functional Requirements for Bibliographic Records* (kurz: FRBR) zu. Auch sie gehen von einer übergeordneten Entität ‚work' aus, die sich als bestimmte ‚expression'

---

23 Ebd., hier S. 366: „Diesen Aufgaben genügen die gegenwärtigen Einrichtungen nicht. Nur Archive ermöglichen die Erhaltung der Handschriften, ihre angemessene Vereinigung und ihre richtige Bewerthung."
24 Spoerhase: Papiere, S. 508. Dilthey beginnt seine Rede mit Hinweis auf das neue ‚Deutsche Kaiserreich' (1871–1918): „Nachdem die deutsche Nation zur politischen Einheit gelangt ist, [...]" (Dilthey: Archive, S. 360).
25 Dilthey: Archive, S. 367.
26 Dazu Thaler: Geschichte.
27 Stolzenberg: Autographen, S. 74.
28 Jochum: Werk, S. 56, 57.

(z. B. im Original oder in Übersetzung) und in einer gewissen ‚manifestation' (z. B. als Taschenbuch) materialisiert, die als greifbares Einzelexemplar (‚copy') allein Relevanz für die Bibliothek besitzt.[29] Das Werk im bibliothekarischen Kontext ist also eine rein konzeptuelle oder (mit Derrida gesprochen) logozentrische Größe, die sich durch eine Verknüpfung von Metaphysik und Buchkultur auszeichnet.[30] Gegenüber diesem Verständnis des Werks als symbolisch-abstrakte Ordnungseinheit vertritt nun das literarische Archiv einen dezidiert materiellen Werkbegriff. In den *Regeln zur Erschließung von Nachlässen und Autographen* (RNA) steht zu lesen:

> So bezeichnet nach den FRBR die Entität „Werk" eine „individuelle intellektuelle bzw. künstlerische Schöpfung", also eine abstrakte Entität. In den RNA hingegen wird unter „Werk" konkret verstanden: „Alle privat oder beruflich verfassten [...] Aufzeichnungen, Skizzen, Entwürfe und Ausarbeitungen, seien sie z. B. künstlerischen, wissenschaftlichen, journalistischen und politischen Inhalts, unabhängig von der Form, in der sie überliefert sind und davon, ob sie abgeschlossen oder unvollendet sind."[31]

Diese Bestimmung bezieht sich nicht nur konkreter, sondern gleichsam auch umfassender auf die gesamte Überlieferungslage. Es scheint fast so, als wolle man sich im bibliothekarischen Bereich das Werk in abstrakter Ferne vom Hals halten, während man es im Literaturarchiv in seiner Positivität nachgerade euphorisch begrüßt.[32] Eine merkwürdige und eigentlich kontraintuitive Verkehrung der von Foucault mitimplizierten Auffassung einer Begrenzung des Werks durch den Akt der Drucklegung. Die Bestimmung der RNA umgeht sogar die von Foucault angesprochene Entscheidungsschwierigkeit, indem pauschal alle Aufzeichnungen, egal in welchem Vollständigkeitsgrad, zum Werk erklärt werden. – Damit wäre die Sache eigentlich erledigt und man könnte diesen Beitrag hiermit beschließen. Stattdessen sei aber nochmals versucht, die Problematik des Verhältnisses

---

29 Shillingsburg: Texts, S. 74: Das Werk an sich bleibt dem Zugriff entzogen, es kann nur über den jeweiligen „material text" konsultiert werden.
30 Martus: Werkpolitik, S. 37.
31 Regeln zur Erschließung von Nachlässen und Autographen (RNA), betreut von der Staatsbibliothek zu Berlin – Preußischer Kulturbesitz und der Österreichischen Nationalbibliothek in Wien (Stand: 04. 02. 2010), S. 7. Vgl. ebd., S. 11: „Als Werke gelten alle privat oder beruflich verfassten oder geschaffenen Aufzeichnungen, Skizzen, Entwürfe und Ausarbeitungen, seien sie z. B. künstlerischen, wissenschaftlichen, journalistischen und politischen Inhalts, unabhängig von der Form, in der sie überliefert sind und davon, ob sie abgeschlossen oder unvollendet sind."
32 Das mag damit zusammenhängen, dass sich die Diskussion „über Grundsätze und Methoden der Erschließung von Nachlässen [...] weitgehend auf die Probleme der Überlieferung des literarischen Werks" bezieht (Schmid: Erschließungsverfahren, S. 207).

zwischen Archiv und Werk entlang der vier genannten Facetten aufzurollen und entsprechend differenzierter zu betrachten.

2. Anfang I (Ursprung): Nachlass als Zeugnis der Werkentstehung

Beginnen wir also nochmals von vorne und halten vorläufig fest: Als historischer Bestand zeichnet sich ein Nachlass zunächst *nicht* durch „Werkförmigkeit" aus.[33] Im Archiv werden im konventionellen Sinne keine Werke aufbewahrt, nicht einmal Texte, sondern Textträger, Autographen und schriftliche Erzeugnisse aller Art, die möglicherweise einem Werkprozess entstammen und als solche auf den materiellen Ursprung einer Werkgenese verweisen. Stefan Zweig nennt Autographen leicht pathetisch „Schöpfungsdokumente"[34], führt mit dem zweiten Teil des Kompositums aber einen archivarischen „Schlüsselbegriff"[35] an, der auf die Hauptfunktion des Archivs hindeutet. Das Wort Dokument leitet sich ab vom lateinischen Verb *docere* für ‚lehren, beweisen'. Tatsächlich dient die Aufbewahrung von Dokumenten generell dem Zweck des historischen und juristischen Nachweises. Das ist im speziellen Falle von Literaturarchiven nicht anders. Auch sie besitzen den gesetzlichen Auftrag, von Leben und Werk eines Autors historische Rechenschaft abzulegen, weshalb die archivierten Dokumente im Fachjargon auch als „Werk-Zeugen" bezeichnet werden.[36] Heute besteht diese Nachweisfunktion literarischer Quellen vornehmlich im Moment der Autopsie, um sich gegenüber Druckfehlern abzusichern und Lesarten zu verifizieren oder um schlimmstenfalls auch Fälschungen aufzudecken.[37] Ferner belegen Briefe und Lebensdokumente biographische Daten und ermöglichen zum Beispiel die Rekonstruktion von werkgenetischen Entstehungszusammenhängen. Das Archiv erlaubt somit, gegen die

---

33 Sina/Spoerhase: Nachlassbewusstsein, S. 622.
34 Zweig: Autographensammlung, S. 33. Siehe ebd.: „Wo ich das Dasein und Vorhandensein eines literarischen oder musikalischen Werkes liebe, da interessiert mich seine Entstehung. Diese aber spüre ich immer am sinnlichsten im Schriftbild des Manuskripts und da wieder mehr noch im ersten Entwurf als in der eigentlichen Reinschrift."
35 Sprecher: Archive, S. 26.
36 König: Verwaltung, S. 52, verwendet den Begriff des „Werk-Zeugen" für „jene physischen Einheiten, auf denen sich ungeachtet deren Materialart in der Hauptsache künstlerische und gelehrte Schöpfungen in Form von Paralipomena, Fassung und/oder Ausgaben überliefert sind".
37 Vgl. das Beispiel zu Kafka bei Reuß: Text, S. 5. Bis in die 1990er Jahre wurde – aufgrund „eines konjekturalen Eingriffs mit Sinnzumutung" oder schlicht aus „Schlamperei" – in der Erzählung *Der neue Advokat* das erklärungsbedürftige Wort *Barreau* mit dem geläufigeren (aber vom Autor nicht gemeinten) Begriff *Bureau* ersetzt.

Irrtümer der Publikations- und Rezeptionsgeschichte, in gewisser Weise die Kontrolle und auch die Wahrung der auktorialen Werkintention.

Diese legitimatorische Komponente hatten literarische Handschriften bereits vor der institutionellen Gründung von Literaturarchiven. Wie Roger Chartier darlegt, begann man seit der Mitte des 18. Jahrhunderts die vormals in den Druckereien unbekümmert entsorgten Autorenmanuskripte als „Garantie der Echtheit" und auch als Leistungsausweis aufzubewahren, um dem Autor dadurch das geistige Eigentum an seinem Werk zu sichern.[38] Paradoxerweise wurde damit ein immaterielles Recht an einen materiellen Beleg gebunden, und zwar aus der Überzeugung, dass „die von der Hand des Autors hinterlassene Spur" dem als Geistesprodukt verstandenen Werk noch am nächsten käme: „So wurde das eigenhändige Manuskript des Autors zum äußeren, sichtbaren Zeichen seines inneren, unsichtbaren Genies."[39] In dieser Konsequenz wurden Autographen insbesondere von privaten Sammlern weniger als philologisches denn als „sinnliches Zeugnis" einer schöpferischen Tätigkeit behandelt und in die Nähe profaner „Reliquien und Heiligtümer" gerückt.[40] Spätestens hier wird eine zweite semantische Komponente der Zeugenschaft aktiviert, nämlich seine prokreative. Die Entwürfe und Manuskripte *bezeugen* nicht nur einen vergangenen Schöpfungsprozess, vielmehr haben sie im Laufe dieses Prozess das Werk nachgerade *erzeugt*: Denn aus ihnen ist die Genese des nunmehr vollendeten Werks hervorgegangen.

Diese implizierte Ursprungsnähe literarischer Quellen ist noch den pathosvollen Worten Wilhelm Diltheys anzuhören, wenn er in seinem Gründungsappell für Literaturarchive vom „Leben" spricht, „das von den Handschriften ausströmt", und deshalb in Sonderheit auch fordert, dass für das Studium der literarischen Werke „der intimste Einblick in das Leben des Dichters gestattet" sein muss, wobei unweigerlich auch eine „Zer-

---

[38] Zentrales Kriterium für die Herausbildung des Urheberrechts war der Begriff der Arbeit. John Locke definiert in *Two Treatises of Government* (1689) das Eigentum als dasjenige, was jemand durch Arbeit erschuf, was auch auf geistige Arbeit übertragen wurde: Dieser Begriff der Arbeit „verbindet den Schöpfer der Renaissance, der Werke schafft, mit dem modernen Autor, dessen Schriften zu einem schützenswerten Eigentum werden. Nur aus der Vereinigung von invention und labour entsteht ein Rechtsanspruch." Vgl. Benne: Erfindung, S. 243.

[39] Chartier: Hand, S. 505. Rousseau gilt dabei als einer der ersten Schriftsteller, welcher seine Manuskripte als Beweismittel seiner Schriftstellertätigkeit sorgsam aufbewahrte und sie in Abschriften auch an Freunde verteilte, um durch diese dislokale Archivierung sicherzustellen, dass wenigstens eine Kopie seiner Werke bewahrt bleibe; vgl. Moureau: Usage, S. 203.

[40] Mecklenburg: Autographensammeln, S. 13.

gliederung der Werke mit der Benutzung der Handschrift" einhergehen wird.[41] Auch wenn diese „Zergliederung der Werke" im analytischen und nicht in einem physisch-destruktiven Sinn gemeint ist, kehrt die Formulierung dennoch unfreiwillig den gefährdeten Status des Werks durch das neuphilologische Interesse an Einblicken in die ‚Dichter-Werkstatt' hervor. Die be- oder sogar überzeugende Funktion, die auch eine kultische Verehrung nicht ausschließt, weicht einer kritisch-analysierenden Begutachtung des Quellenmaterials. Tatsächlich bestätigen und stabilisieren literarische Handschriften ein Werk nicht bloß, sondern können es mitunter auch unterminieren und in Frage stellen, da sich die geschlossene Werkeinheit gespiegelt am Nachlass in ihre oft auch divergierenden Entwürfe, Fassungen und Vorstufen aufzulösen droht.[42] In diesem Fall tritt das literarische Archiv in Konkurrenz zum Ideal einer Perfektibilität des Werks.

3. Ende I (Auflösung): Nachlass als Gefährdung des Werkideals

Die berühmten Verse aus Gottfried Kellers Ballade *Poetentod* (1888) sind Ausdruck eines solchen gesteigerten Werkideals, das neben dem vollendeten Œuvre keinerlei Spuren seiner Entstehung duldet, da sie es in seiner Integrität kontaminieren könnten:

> Werft jenen Wust verblichner Schrift ins Feuer,
> Der Staub der Werkstatt mag zugrunde gehn!
> Im Reich der Kunst, wo Raum und Licht so teuer,
> Soll nicht der Schutt dem Werk im Wege stehn![43]

Der Blick in die Werkstatt ist deshalb verpönt, weil er das literarische Kunstwerk als reines Handwerk ausweisen und damit zugleich seinen ästhetischen Rang mindern könnte. Gültigkeit besitzt allein der autorisierte Druck, das vollendete Werk als hermetisch geschlossenes Gebilde, nicht aber die zahlreichen Arbeitsspuren seiner Entstehung. Paradoxerweise hat dieselbe Entwicklung, die im 18. Jahrhundert zur Zeugenschaft der Handschrift für die Autorität des Werks führte, auf der Kehrseite auch eine Werkästhetik bzw. ein Werkideal der organischen Einheit und Formvollendung ausgebildet, für das die Inhomogenität der Werkentstehung tendenzi-

---

41 Dilthey: Archive, S. 365.
42 Thaler: Archiv, S. 10: „Der Nachlass erweitert, korrigiert, bestätigt, überhöht oder untergräbt das Werk. Das literarische Archiv stellt das veröffentlichte, ausgestellte Werk in Frage."
43 Keller: Poetentod, S. 395.

ell eine Gefährdung darstellt.[44] Die nachgelassenen Papiere untergraben die Autonomie des gedruckten Werks durch abweichende Versionen, Zusätze oder gestrichene Passagen, die unterhalb der Publikationsschwelle im Archiv ihr Recht behaupten.[45] Gerade massive Streichungen und Revisionen können an diesem Ideal gemessen die schriftstellerische Leistung wieder relativieren, wenn sie nicht als Spuren eines Perfektionswillens, sondern als Zeichen von Unsicherheit und Schreibschwierigkeiten gelesen werden. Jedenfalls stehen sie dem Konzept des genialen Wurfs sichtlich entgegen. Jean Paul notierte einmal: „Die Leser glauben immer, das, was sie in einem Athem lesen, habe man in einem gemacht".[46] Das Archivmaterial zeigt jedoch, dass oft das Gegenteil der Fall ist, und birgt deshalb für die abstrakte Vorstellung vom Genie auch tendenziell Enttäuschungen. Je nach „Werkbewußtsein"[47] eines Autors kann die Nachlassverweigerung oder gar -vernichtung demnach eine werkpolitische Option darstellen, um für die Nachwelt die Hermetik des eigenen Werkideals zu sichern.

Ein im deutschsprachigen Bereich berühmtes Beispiel dafür ist die schriftliche Verfügung Franz Kafkas, seinen sämtlichen Nachlass zu verbrennen. Berühmt ist das Beispiel auch deshalb, weil sich Max Brod bekanntlich nicht an den letzten Willen seines Freundes gehalten hat.[48] Es ist viel darüber spekuliert worden, inwiefern Kafka mit dieser Missachtung kokettiert oder sie sogar konditioniert haben könnte. Kai Sina hat aber unlängst gezeigt, dass Kafkas Entscheid aus dem kulturhistorischen Kontext des sich – nicht zuletzt durch Diltheys Initiative – professionalisierten Nachlassbetriebs verstanden werden muss. Kafka hatte durch einen Be-

---

44 Siehe Zons: Kunstwerk.
45 Vgl. Felka: Vorläufig, S. 11: „Wie kann man das ‚Nicht-Werk' aufwerten, ohne das Werk geringzuschätzen? Welche Aufschlüsse gibt uns das, was nicht in die Werkfigur eingegangen ist, und wie verhält es sich dazu? Liegt die Wahrheit des Werks in der Zusammenschau von Hauptwerk und Nachlaßtexten? Inwiefern ist das Werk die Umschrift dessen, was sich aus den Resten entziffern läßt? Die Paralipomena durchkreuzen die Tendenz, einen Text in erster Linie formal und ästhetisch, auf eine Sinnfigur hin, zu lesen. Sie halten das Problem der Repräsentation offen und nähern sich Bereichen, denen etwas Unanschauliches, Undarstellbares anhaftet. Sie sind Bestandteile einer Schrift, die sich bis zu einem gewissen Grad selbst verborgen ist."
46 Jean Paul: Ideen-Gewimmel, S. 50.
47 Hurlebusch: Klopstock, S. 19.
48 Allerdings ist dieses Beispiel nicht so singulär, wie es mitunter den Anschein macht. Ähnliche Anweisungen treten viel häufiger auf, als man schlechterdings meint; und ebenso häufig werden sie von den Nachlassverwaltern nicht befolgt. So hat etwa auch Carl Seelig, der Vormund von Robert Walser, in einer „Letztwilligen Verfügung" vom 10. Dezember 1958 festgehalten: „Alle Handschriften von Robert Walser sollen auf dessen Wunsch verbrannt werden", was aber nachweislich „nicht umgesetzt" wurde. Vgl. Gisi: Namen, S. 140–146.

such im Schiller-Archiv in Marbach (im Juni/Juli 1912) sowohl Kenntnis über die aktuelle Archiv- und Editionspraxis als auch über Diltheys hermeneutisches Verfahren, das Werk ausgehend von seinen Lebenszeugnissen zu ‚zergliedern'.[49] Die Lektüre von Diltheys grundlegender Studie *Das Erlebnis und die Dichtung*, worin er sein hermeneutisches Modell entwickelt, löste bei Kafka jedenfalls bereits erste Vernichtungsphantasien aus, die schließlich auch zum Entscheid geführt haben dürften, den eigenen Nachlass der Nachwelt zu entziehen, „um eine archivarische Vereinnahmung und hermeneutische Fremdentblößung zu hintergehen".[50] Kafkas Werkpolitik sollte also das Werk, und darunter verstand Kafka ausschließlich die veröffentlichten Texte, von jeglicher Beeinträchtigung durch nachgelassene Dokumente freihalten.[51]

Bekanntlich ist es anders gekommen, und bekanntlich hat dies Kafkas Werk keineswegs geschadet. Im Gegenteil muss festgehalten werden, dass Kafkas posthumer Aufstieg zu einem der bedeutendsten Autoren der Moderne nicht zuletzt auch ein Nachlass-Effekt ist und sich der Pflege seines literarischen Erbes verdankt, die eine Vielzahl heute bedeutender ‚Werke', darunter auch die drei großen Romanfragmente (*Der Process, Das Schloss, Amerika*), zu Tage förderte und erst recht eine Kafka-Philologie einleitete, die ironischerweise aber ihr Interesse – auch im Zuge eines postmodern offenen Werkverständnisses – just auf die Prozessualität des Schreibens und seine potenzielle Unabschließbarkeit gerichtet hat.[52] Das Fehlen einer abgeschlossenen Werkeinheit wurde in diesem Zug zu einer positiv konnotierten Fragmentarizität, konform zum neuen ästhetischen Verständnis des offenen Kunstwerks, uminterpretiert, während Kafka zeitlebens darauf in-

---

49 Sina: Autorschaft, S. 218–235.
50 Ebd., S. 234. Vgl. den Tagebuch-Eintrag vom 11. Februar 1914 über die Lektüre des Goethe-Kapitels: „Dilthey, flüchtig durchgelesen, wilder Eindruck, nimmt mich fort, warum könnte man sich nicht anzünden und im Feuer zugrundegehn." Kafka: Tagebücher, S. 622.
51 Ein häufig vorgebrachtes Argument, das Kafkas Anweisung an Max Brod als ambivalente oder gar inverse Botschaft ausweisen soll, besteht darin, dass Kafka seine Papiere eigenhändig hätte vernichten können. Dieses Argument geht von der falschen Annahme aus, dass ein Autor um sein exaktes Todesdatum weiß und deshalb rechtzeitig solche Vorkehrungen selber treffen kann. Kafka befand sich damals nicht einmal in erreichbarer Nähe seiner Papiere, sondern längst im Sanatorium Hoffmann, wo ihm jede Handlungsmöglichkeit fehlte. Außerdem gilt es in Betracht zu ziehen, dass einem Autor seine privaten Aufzeichnungen, auch wenn er sie nie veröffentlicht sehen will, zu Lebzeiten doch (als Arbeitsmaterial z. B.) so viel bedeuten, dass er sie nicht einfach vorzeitig vernichten kann.
52 Hier bloß stellvertretend für viele Studien der wegweisende Aufsatz von Neumann: Prozeß.

sistierte, nur End-Gültiges als Teil seines Œuvres zu akzeptieren: „Von allem, was ich geschrieben habe, gelten nur die Bücher: Urteil, Heizer, Verwandlung, Strafkolonie, Landarzt und die Erzählung: Hungerkünstler."[53] Das Gesamtwerk Kafkas sähe heute wesentlich anders aus und würde wohl auch anders bewertet, ohne die – vom Autor allen Anzeichen nach nicht intendierte – Überlieferungssituation.

4. Anfang II (Beginn): Nachlass als Basis der Werkbildung

Das Beispiel Kafkas zeigt in gegenläufiger Perspektive aber auch, inwiefern der Nachlass eines Schriftstellers immer auch das Versprechen von unbekannten Texten birgt, selbst wenn sie nur in fragmentarischer Form vorliegen. Solche gleichermaßen unveröffentlichten wie unvollendeten ‚Werke' dienen dann als Ausgangslage, um aus dem Archiv posthume Werkbildungsprozesse einzuleiten, indem das disparat Vorgefundene durch einen „emphatische[n] Werkbegriff" homogenisiert wird, der selbst mit „fragmentarischen oder kollektiven Formen des Werks" applikabel ist.[54] So gelten heute Lichtenbergs *Sudelbücher*, oft unter der Genrezuweisung ‚Aphorismen', als Hauptwerk des Autors, obwohl sie zu Lebzeiten vom Autor weder als solches konzipiert noch zur Publikation vorgesehen waren, sondern ganz einfach ein persönliches Aufschreibesystem darstellen, das mit Exzerpten, Notizen und wissenschaftlichen Aufzeichnungen auch weit mehr als bloß die prägnante Form des witzigen Aphorismus enthielt.[55] Ähnlich liegt der Fall auch bei Walter Benjamin und seinem posthum publizierten *Passagen-Werk,* das bereits im – von editorischer Seite verliehenen – Titel die designierte Werkhaltigkeit zum Ausdruck bringen soll, obwohl es sich auch in diesem Fall um eine lose Materialsammlung von sekundären Aufzeichnungen handelt; weshalb angesichts der Manuskriptlage, wenn überhaupt, höchstens von einem *work in progress* die Rede sein kann,[56] das aber vor Vollendung gleichsam mit dem Tod des Autors

---

53 Zit. nach Brod: Nachlaß, S. 106–109.
54 Martus: Werkpolitik, S. 23.
55 Joost: Schmierbuchmethode.
56 Vgl. Giuriato: Benjamin, S. 197 f.: „Was heute als Texte Benjamins gelesen werden kann, ist das Resultat von jahrzehntelanger Werkpolitik. Sie unterliegen einer editorisch hergestellten Suggestion von Abgeschlossenheit, die sie aber in der Logik von Benjamins Produktion häufig nicht besitzen. Alles, was aus dem Nachlass an Aufzeichnungen, Notizen, Entwürfen, Arbeitshandschriften überliefert ist und in den Archiven schlummert, ist vielmehr Zeuge eines infiniten *work in progress*, der sich nicht in ein werkästhetisches Korsett zwingen lässt."

erstarrte und – um Benjamin selbst zu paraphrasieren – nur mehr als Totenmaske Werkgestalt annehmen konnte.[57] Mit Lichtenberg und Benjamin liegen somit zwei typische Beispiele für die (editorische) Tendenz vor, Nachgelassenes – selbst wo es sich bloß um verzettelte Arbeitsmaterialien handelt – nachträglich zum Werk umzudeuten und damit das Gesamtwerk des Autors posthum nicht nur signifikant zu erweitern, sondern mitunter auch dessen Relationen erheblich zu verschieben.[58]

Dieser Hang zur Homogenisierung des Verstreuten ist nicht zuletzt auch ein Archiv-Effekt, zumal die mehr oder weniger verstreuten Papiere an einem sicheren und zentralen Ort versammelt werden und mittels Inventaren und kollationierender Ordnungsverfahren zu einem überschaubaren und hierarchisch auf das Werk ausgerichteten Korpus gefestigt werden.[59] Was ein Autor über die Jahre hinweg geschaffen hat, wird im Archiv erst als Lebenswerk sichtbar. „Werkhaftigkeit" stellt sich in dieser Hinsicht „als eine Frage der Archivierbarkeit dar", insofern sie sich in „musealdokumentarischen" Präsentationsformen niederschlägt, welche kraft ihrer synoptischen Leistung „Hinterlassenschaften zum ‚Lebenswerk' vereinen".[60] Dazu dient die Kollation an einem singulären Ort, welche die disparaten Teile zu einer kohärenten (Werk-)Einheit formiert, ebenso wie die Vergabe einer globalen Bestandssignatur, welche die Papiere individuell kennzeichnen und daher auch als homogene Einheit erkennbar machen. Denn wie die Unterschrift des Autors sind auch archivarische Signaturen „Medien der Autorisierung und der Authentifizierung".[61] Jacques Derrida, der auf die Funktion der Signatur zwischen Ursprungsbezug und Iterierbar- bzw. Tradierbarkeit als authentisch-verbindliches Zeichen (frz. *signe*) hinge-

---

57 Gemäß Schöttker: Fragmentarismus, S. 20, war oder ist gerade die Fragmentarizität von Benjamins Schriften und ihrer zersplitterten Überlieferung ausschlaggebend für eine besonders wirksame posthume Herausbildung des Werks.
58 Als radikales Beispiel einer solchen Umdeutung des Nachlasses zum Werk, die vornehmlich bei Schriftstellern mit einem schmalen oder disparaten Druckwerk versucht wird, diene hier Niehoff: Wense, S. 7: „Statt der Frage also: Welche Werke hat Wense hinterlassen?, drängt sich bei näherem Hinsehen eine ganz andere Frage auf: Was, wenn Wenses nie veröffentlichtes, aber vielfach beschworenes ‚Werk' sich nicht *im Nachlass* befände, sondern *der Nachlass selber* wäre?"
59 Zum Sammeln und Ordnen als einer werkbildenden Kraft siehe Sommer: Sammeln, S. 195 f. Niehoff nennt das Archiv entsprechend ein „kategoriales und pyramidales System. Denn das Archiv lebt vom Begriff des Werkes [...]. Auf diese Pyramidenspitze kapriziert sich die Ordnung des Archivs" (Niehoff: Wense, S. 13 f.).
60 Pudelek: Werk, S. 521.
61 Macho: Handschrift, S. 111. Weiter gedacht könnte die archivarische Signatur auch so verstanden werden wie in der Architektur die *signature buildings*, worunter man Gebäude namhafter Architekten versteht, die eine hohe Signalwirkung besitzen.

wiesen hat,[62] spricht andernorts auch von der „Konsignationsmacht"[63] des Archivs, was zugleich die Macht zur physischen Versammlung der Zeichen an einem bestimmten Ort (und unter einer bestimmten Signatur) meint wie auch die Deutungshoheit über diese versammelten Zeichen.

Mit anderen Worten ließe sich auch von der „werkbildenden Kraft"[64] des Archivs sprechen, denn über das Zeugnis und die Sicherung von Einzelwerken hinaus verschafft das Archiv in seiner konsignativen Funktion auch den Eindruck einer werkbiographischen Ganzheit: „Das Werk ist nicht länger vornehmlich das einzelne Werk, sondern der Gesamtzusammenhang."[65] Insofern Leben und Werk des Autors im Archiv als integrales Lebenswerk sichtbar werden, ist der Nachlass auch mehr als bloß die Dokumentation des publizierten Werks, sondern er schafft überhaupt erst den (biographischen) Kontext, von dem aus das Werk in seiner Gesamtheit wahrgenommen werden kann. Nicht von ungefähr gilt die „Werkbiographie" traditionell als „Königsdisziplin des Archivs".[66] Entsprechend ist die Übergabe eines Nachlasses in ein Archiv auch mit der Erwartung der Werkpflege verbunden. Das Material soll nicht einfach im Magazin verstaut und ruhig gestellt werden, sondern als Basis für die posthume Überlieferung des Werks im Sinne der Nachwirkung bzw. des literarischen Nachruhms dienen.[67] Es waren mitunter solche Überlegungen, die Wilhelm Dilthey zur Gründung von Literaturarchiven bewogen haben. Ein zentrales Argument in seinem Plädoyer besteht gerade darin, dass es bislang an Einrichtungen mit der nötigen Kompetenz gefehlt habe, um die verstreuten Nachlässe fachgerecht zu erschließen und auszuwerten. In Diltheys Vision sollen Literaturarchive mehr als bloße Aufbewahrungsstätten sein, nämlich Kompetenzzentren, die der ebenso fachkundigen wie umsichtigen Werkpflege dienen.[68] Das Archiv besitzt somit bis zu einem gewissen Grad die Macht wenn nicht zwingend der Werk-, so doch der Aufmerksamkeitssteuerung, indem es als Drehscheibe zwischen Forschung

---

62 Derrida: Signatur, S. 312.
63 Derrida: Archiv, S. 13.
64 Sina/Spoerhase: Nachlassbewusstsein, S. 621.
65 Benne: Erfindung, S. 220.
66 Raulff: Nachlass, S. 26.
67 Der Nachlass kann also Anlass zu einer Werkkonstitution im Sinne auch der Wirkungsgeschichte werden, insofern die Erforschung und Rezeption durch den Nachlass initiiert wird. Werk wäre dann mit Roland Reuß verstanden als „dasjenige Produkt der literar-ästhetischen Wirklichkeit, in das hinein sich die Produktion und Rezeption der Texte und Entwürfe *wirkend* auslegen" (Reuß: Text, S. 10).
68 Dilthey: Archive, S. 367: „Ein eigener Geist muß in den Räumen wehen, die das vertrauliche und intime Leben der ersten Schriftsteller unseres Volkes umschließen; eine eigene Art von Beamten muß sich für solche Archive ausbilden."

und Vermittlung im Literaturbetrieb verschiedentlich Impulse setzen kann.[69] Während früher einzelne Personen (wie Max Brod im Falle Kafkas oder Carl Seelig im Falle Robert Walsers) sich für das Werk eines Autors auch über seinen Tod hinaus einsetzten, ist diese Aufgabe des literarischen Vermittlers und Förderers bis zu einem gewissen Grad auf das Archiv und dessen institutionellen Auftrag übergegangen.[70]

5. Ende II (Abschluss): Nachlass als Werkvollendung

Seither ist das „Nachlasswesen" eine „kulturelle Praxis verschiedener Akteure und zunehmend auch des Autors selbst".[71] Seit der Gründung von eigens für Literatur eingerichteten Archiven drängt der Nachlass immer stärker ins Bewusstsein und in die Lebenswelt eines Autors, was Robert Musil bereits 1936 erkennt und mit seiner Wendung vom „Nachlaß zu Lebzeiten" (1936) pointiert, allerdings nicht ohne eine vernehmbare Spur von Skepsis zur Sprache brachte:

> Was immer sich von der Frage vermuten ließe, wann ein Nachlaß von Wert sei, und wann bloß einer vom Werte: ich habe jedenfalls beschlossen, die Herausgabe des meinen zu verhindern, ehe es soweit kommt, daß ich das nicht mehr tun kann. Und das verläßlichste Mittel dazu ist es, daß man ihn selbst bei Lebzeiten herausgibt.[72]

Musil benennt einerseits klar die Tendenz eines (auch finanziell) gesteigerten Interesses an literarischen Nachlässen, sieht darin aber andererseits auch eine Autonomie-Einbuße (wenn nicht sogar eine Kompromittierung) des Autors. Dieser Gefahr einer posthum entzogenen Werkherrschaft will er entgegentreten, indem er sich selbst um die Verwertung seines Nachlasses noch bei Lebzeiten kümmert. Musil kann deshalb als Vorreiter einer im 20. Jahrhundert zunehmenden auktorialen Werkantizipation oder Präzeptionssteuerung gelten. In der Regel sind die Autoren heute bereits zu Lebzeiten um Nachlassverhandlungen und die Übergabe ihrer Papiere an eine öffentliche Institution bemüht, weshalb sich dort (anstelle von Musils Formel „Nachlaß zu Lebzeiten") der Neologismus ‚Vorlass' eingebürgert hat, der unterstreichen soll, dass es sich um keine zufällig hinter- oder

---

69 Literaturarchive sind „das literarische, literaturwissenschaftliche und verlegerische Leben [...] prägende Einrichtungen" (Kölbl: Ort, S. 372).
70 Schöttker: Präsenz, S. 241: „An die Stelle der Selbstarchivierung trat nun die Übergabe an Fachleute, an die Stelle von Privatpersonen eine öffentliche Institution als Verwalter".
71 Sina/Spoerhase: Nachlassbewusstsein, S. 619.
72 Musil: Nachlass, S. 473.

nachgelassenen Dokumente mehr handelt, sondern um ein wohldurchdachtes Vermächtnis, das im Übrigen von nicht unlukrativen Übernahmeverhandlungen begleitet wird.[73] Vor allem aber bleibt dieses neue Vorlassgeschäft nicht ohne Einfluss auf die Beschaffenheit literarischer Nachlässe. Was früher mehr oder weniger der Arbitrarität der Überlieferung geschuldet war, ist heute ein vom Autor zu Lebzeiten bis zu einem gewissen Grad intentional geformte Masse. Diese neue Situation hat auch Auswirkungen auf den Werkbegriff, zieht man zudem in Betracht, dass die Übergabe eines Vorlasses aus der privaten Sphäre in die öffentliche Hand des Archivs als starkes Indiz eines Veröffentlichungswunsches gewertet werden kann. Gemessen am Kriterium der Publikation als Werkgrenze bedeutet dies in der logischen Konsequenz, dass Vorlässe als öffentlich zugängliche Archivbestände an Werkcharakter gewinnen, zumal auch davon auszugehen ist, dass sie von ihren Urhebern selbst als solche bestimmt, ausgewählt, vorstrukturiert und vielleicht sogar zweckarrangiert wurden: „Neben dem *autorisierten* Werk, der *autorisierten* Ausgabe steht neu der *autorisierte* Nachlaß."[74] Was als Nachlass gilt, darüber entscheidet heutzutage der Autor und nicht mehr die unkontrollierbare Überlieferung: „In der Regel geht die Arbeit am eigenen künftigen Nachlass mit Werkbildungsstrategien Hand in Hand."[75] An drei Momenten lässt sich diese Entwicklung konkret ablesen:

Erstens wird quantitativ deutlich mehr aufbewahrt als früher. Das gilt nicht nur in onto-, sondern auch phylogenetischer Hinsicht: Bereits arrivierte Autoren archivieren sich selbst stärker als Debütanden. Die Nachlassdichte steigt in der Regel mit dem Alter eines Autors. Je näher das Archiv in den Wahrnehmungshorizont eines Schriftstellers dringt, desto ausgeprägter wird dessen Aufbewahrungssinn. Von Hugo Loetscher ist das Bonmot überliefert, die Eröffnung des Schweizerischen Literaturarchivs habe sein „Verhältnis zum Papierkorb" komplett verändert: „Da habe ich in den Vitrinen Notizhefte gesehen, und ich habe wehmütig an das gedacht, was ich während Jahrzehnten weggeworfen habe".[76]

Zweitens ermöglicht die provisorische Pflege des eigenen Nachlasses auch eine Verlängerung der Werkkontrolle oder Werkherrschaft über den Tod hinaus, insofern nämlich durch Sperrfristen oder Zugangsbeschränkungen die „Offenheit des ‚Œuvre'"[77] zeitlich hinausgezögert und damit

---

73 Vgl. dazu *pars pro toto* die Debatte über den Verkauf von Ted Hughes' Nachlass bei Enniss: Paper.
74 Wirtz: Eigensinn, S. 83.
75 Raulff: Nachlass, S. 22.
76 Loetscher: Was hinterlasse ich?, S. 7.
77 Spoerhase: Werk, S. 339.

ein weiterhin anhaltendes Interesse der Nachwelt an den noch ungehobenen Schätzen gesichert werden kann. Die gestaffelte Herausgabe aus dem Nachlass wird vom Autor wirksam in den Werkbildungsprozess einkalkuliert. Max Frisch zum Beispiel bediente sich erfolgreich dieser Strategie, indem er durch festgesetzte Sperrfristen für seine unveröffentlichten Tagebücher längerfristig eine werkfördernde Aufmerksamkeitsökonomie in Gang setzte, und mit der Gründung einer Stiftung außerdem dafür sorgte, dass die Pflege seines Werks auch nach dem Ableben nach seinem Willen gesichert bleibt.[78]

Drittens ist aufgrund des erstarkten Nachlassbewusstseins vermehrt mit Nachlass-Inszenierungen zu rechnen, das heißt, mit abnehmendem Quellenwert, dafür zunehmender Werkförmigkeit oder auch Artifizialität von Nachlässen. Eine Tendenz, die auch darin bemerkbar wird, dass Autoren – wie beispielsweise Peter Handke – schon zu Lebzeiten ihre Nachlass-Materialien in opulenten Internet-Auftritten präsentieren.[79] Der Nachlass steht dann nicht mehr zwingend im Dienst der Dokumentation oder der Bildung des Werks, sondern er mutiert als Artefakt nachgerade selber zum Werk als literarischem Gegenstand, so dass im Extremfall „Werk und Nachlass gar nicht mehr zu trennen sind".[80] Ein in dieser Hinsicht sicher außergewöhnliches Beispiel bietet diesbezüglich der Nachlass von W. G. Sebald im Deutschen Literaturarchiv in Marbach. Als Philologe und Schriftsteller doppelt sensibilisiert für die Bedeutung literarischer Nachlässe, hat er seinen eigenen Nachlass mit Bedacht organisiert oder, so müsste man vielleicht sagen: mystifiziert. Persönliche Dokumente bleiben weitgehend ausgespart, stattdessen ist der Nachlass stark werkzentriert ausgerichtet.[81] Somit gewinnen die dem Archiv überlassenen Materialien ihre Bedeutung weniger aus einer authentischen Überlieferungslage, vielmehr sind sie ästhetisches Konstrukt, das die Poetik des publizierten Werks, das verschiedentlich auch auf Archivfiktionen beruht, mit anderen Mitteln (re-)in-

---

78 So forderte Max Frisch noch zu Lebzeiten „die Schaffung eines Max Frisch-Archives, das sich in der Schweiz befinden soll, als Arbeitsstätte für die Forschung". Zit. nach <http://www.mfa.ethz.ch/ueber-uns.html> (08. 05. 2018). Zur Sperrfristregelung siehe das Nachwort von Thomas Strässle in Frisch: Journal, S. 173, sowie zur Einschätzung dieser auktorialen Bestimmungen, S. 178: „All diese Äußerungen, im Journal und über das Journal, belegen ebenso wie der Akt seiner bewussten Archivierung: Das *Berliner Journal* besaß für Frisch den Charakter eines Werks."
79 Vgl. <https://handkeonline.onb.ac.at> (08. 05. 2018).
80 Benne: Erfindung, S. 231.
81 Bülow: Disappearance, S. 259 f.: „If one assumes that Sebald made a consious choice about what he wanted to preserve for posterity, it is very striking how little in the way of private and personal material is to be found in the Nachlass."

szeniert und fortschreibt.[82] Ein solcher Nachlass aber ist keine Dokumentation mehr, sondern bereits Teil des Werks, das im und durch das Literaturarchiv zum Abschluss gelangt. Hier scheint sich die These Derridas zu bestätigen: „Die Archivierung bringt das Ereignis in gleichem Maße hervor, wie sie es aufzeichnet."[83] In diesem Sinn ist der Nachlass *als* Werk auch eine Konsequenz seiner Archivierung.

Damit wäre durch die Präsenz des Archivs im literarischen Leben eine Werkfunktion erreicht, die in dieser Dimension vor der Gründung von Literaturarchiven jedenfalls noch undenkbar gewesen ist. Zumindest führte die Vorstellung, dass Autoren wie Behörden ihre Papiere dem Archiv abliefern, zu erheblichen Irritationen auf Seiten der Archivare, die sich in einer längeren Debatte Anfang der 1970er Jahre niederschlug, in der Sinn und Unsinn dieses Vorschlags diskutiert wurde. Eine der vielen Stimmen in dieser intensiv geführten Diskussion gelangte dabei gedanklich nahe an die eben besprochene Konsequenz einer kategorialen Verwischung zwischen Werk und Nachlass, welche die Einrichtung von Literaturarchiven nach sich ziehen würde. Ausgehend vom archivarischen Grundsatz des ‚Endzwecks' verhielte es sich bei literarischen Manuskripten nicht anders als bei amtlichen Schriftstücken, die von Anbeginn als Archivgut bestimmt sind – eine Absurdität nach damaligem Ermessen: „Die Wissenschaftler und Schriftsteller schreiben doch nicht für ihren Nachlaß."[84] Was damals noch als undenkbar angesehen wurde, muss mittlerweile zusehends als Realität anerkannt werden. Tatsächlich schreiben Autoren bisweilen für den Nachlass im Wissen und im Vertrauen darauf, dass im Archiv das Werk zur Vollendung gelangt. Die Signifikanz des Nachlasses verschiebt sich dadurch aber, tendenziell zumindest, vom Werk*zeugnis* zum Werker*zeugnis*.[85] Oder mit Blick auf die Überschrift dieses Beitrags nochmals

---

82 Ebd., S. 260: „He reinvented himself anew in each book; the aesthetic configurations were always also a means of self-representation. This was, ultimately, the only way in which he wanted to be remembered by posterity. Seen in this light, W. G. Sebald's *Nachlass* is an expression of his aesthetic existence."

83 Derrida: Archiv, S. 35.

84 Teigte: Nachlässe, S. 138. Vgl. die darüber keineswegs mehr erstaunte Bemerkung von Wirtz: Eigensinn, S. 83: „In Einzelfällen, so geht zumindest das Gerücht um, sortieren und schreiben Autoren eigens für ihr Archiv".

85 Diese historische Entwicklung wird, dies darf hier am Rande wenigstens nicht unerwähnt bleiben, bis zu einem gewissen Grad jedenfalls, durchkreuzt durch die Individualität eines jeden Nachlassers (siehe Meyer: Pedanten). Auch im Zeitalter des Vorlasses gibt es immer wieder Autoren, die sich dieser Option aus Überzeugung oder Gleichgültigkeit verschließen. Und schon vor der Gründung von spezifischen Literaturarchiven gab es Autoren mit einem hohen Nachlassbewusstsein, allen voran Goethe, die werkbildend auf ihre Papiere einwirkten. Mit öffentlichen Archiven wird dieses Nachlassbe-

anders formuliert: Im Archiv dokumentieren sich nicht mehr nur Werkgenesen, mitunter vollziehen sie sich auch dort – vom Anfang bis zum Ende.

Bibliographie

Aristoteles: Poetik. Griechisch/Deutsch. Übers. und hg. von Manfred Fuhrmann. Bibliogr. erg. Ausg. Stuttgart 1994.
Benne, Christian: Die Erfindung des Manuskripts. Zur Theorie und Geschichte literarischer Gegenständlichkeit. Berlin 2015.
Bosse, Heinrich: Autorschaft ist Werkherrschaft. Über die Entstehung des Urheberrechts aus dem Geist der Goethezeit. Paderborn 1981.
Brenneke, Adolf: Archivkunde. Ein Beitrag zur Theorie und Geschichte des europäischen Archivwesens. Bearb. von Wolfgang Leesch. Leipzig 1953.
Brod, Max: Kafkas Nachlaß. In: Die Weltbühne. Wochenschrift für Politik, Kunst, Wissenschaft 20 (1924), S. 106–109.
Bülow, Ulrich von: The Disappearance of the Author in the Work. Some Reflections on W. G. Sebald's *Nachlass* in the Deutsches Literaturarchiv Marbach. In: Jo Catling/Richard Hibbitt (Hg.): Saturn's Moons. W. G. Sebald – A Handbook. London 2011, S. 247–263.
Bülow, Ulrich von: Nachlässe. In: Marcel Lepper/Ulrich Raulff (Hg.): Handbuch Archiv. Geschichte, Aufgaben, Perspektiven. Stuttgart 2016, S. 143–152.
Chartier, Roger: Die Hand des Autors. Literaturarchive, Kritik und Edition. In: Jahrbuch der deutschen Schillergesellschaft. Internationales Organ für neue deutsche Literatur 54 (2010), S. 496–511.
Derrida, Jacques: Signatur Ereignis Kontext. In: J. D.: Randgänge der Philosophie. Hg. von Peter Engelmann. Wien 1988, S. 291–314.
Derrida, Jacques: Dem Archiv verschrieben. Eine Freudsche Impression. Übers. von Hans-Dieter Gondek und Hans Naumann. Berlin 1997.
Dilthey, Wilhelm: Archive für Literatur. In: Deutsche Rundschau 58 (1889), S. 360–375.
Enniss, Stephen: Paper Money. Ted Hughes, Archives and Alligators. In: The Times Literary Supplement vom 27. 04. 2011.
Felka, Rike: Vorläufig Beiseitegelegtes. 4 Studien zu Texten aus dem Nachlaß. Berlin 2000.
Foucault, Michel: Was ist ein Autor? In: Texte zur Theorie der Autorschaft. Hg. und komment. von Fotis Jannidis/Gerhard Lauer/Matías Martínez/Simone Winko. Stuttgart 2000, S. 198–229.
Frisch, Max: Aus dem Berliner Journal. Hg. von Thomas Strässle unter Mitarbeit von Margit Unser. Berlin 2014.
Gisi, Lucas Marco: Im Namen des Autors. Carl Seelig als Herausgeber und Biograf von Robert Walser. In: L. M. G./Urs Meyer/Reto Sorg (Hg.): Medien der Autorschaft. Formen literarischer (Selbst-)Inszenierung von Brief und Tagebuch bis Fotografie und Interview. München 2013, S. 139–151.
Giuriato, Davide: Benjamin, der Schreiber. Überlieferungskritische Überlegungen am Beispiel von „Ausgraben und Erinnern". In: Daniel Weidner/Sigrid Weigel (Hg.): Benjamin-Studien 1. München 2008, S. 195–208.

---

wusstsein also nicht eigens geschaffen, aber doch geschärft und auf eine institutionell abgestützte und damit auch gesellschaftlich höhere Akzeptanz gehoben.

Goethe, Johann Wolfgang von: Archiv des Dichters und Schriftstellers. In: J. W. G.: Werke. Hamburger Ausgabe. Hg. von Erich Trunz. Bd. 10. München 1998, S. 532–534.

Hurlebusch, Klaus: Klopstock, Hamann und Herder als Wegbereiter autorzentrischen Schreibens. Ein philologischer Beitrag zur Charakterisierung der literarischen Moderne. Tübingen 2001.

Jean Paul: Ideen-Gewimmel. Texte & Aufzeichnungen aus dem unveröffentlichten Nachlaß. Hg. von Thomas Wirtz und Kurt Wölfel. Frankfurt a. M. 1996.

Jochum, Uwe: Das Werk. In: U. J.: Die Idole der Bibliothekare. Würzburg 1995, S. 55–88.

Joost, Ulrich: „Schmierbuchmethode bestens zu empfehlen". Lichtenbergs Sudelbücher-Aphorismen. In: Jean Mondot (Hg.): Lectures d'une œuvre. Les Aphorismes de Lichtenberg. Paris 2001, S. 24–35.

Kafka, Franz: Tagebücher. Hg. von Hans-Gerd Koch, Michael Müller und Malcolm Pasley. Frankfurt a. M. 1990.

Keller, Gottfried: Poetentod [1888]. In: G. K.: Gedichte in einem Band. Frankfurt a. M., Leipzig 1998, S. 394–396.

Kölbl, Andrea Pia: Der Ort der Literaturarchive in Deutschland zwischen Bibliotheken und Archiven. In: Archivalische Zeitschrift 91.1 (2009), S. 351–376.

König, Christoph: Verwaltung und wissenschaftliche Erschließung von Nachlässen in Literaturarchiven. Österreichische Richtlinien als Modell. München u. a. 1988.

Loetscher, Hugo: Was hinterlasse ich? In: Quarto. Zeitschrift des Schweizerischen Literaturarchivs 8 (1997), S. 7.

Macho, Thomas: Handschrift – Schriftbild. Anmerkungen zu einer Geschichte der Unterschrift. In: Paragrana. Internationale Zeitschrift für Historische Anthropologie. Beiheft 1: Hand – Schrift – Bild (2005), S. 111–120.

Martens, Gunter: Das Werk als Grenze. Ein Versuch zur terminologischen Bestimmung eines editorischen Begriffs. In: Editio. Internationales Jahrbuch für Editionswissenschaft 18 (2004), S. 175–186.

Martus, Steffen: Werkpolitik. Zur Literaturgeschichte kritischer Kommunikation vom 17. bis ins 20. Jahrhundert mit Studien zu Klopstock, Tieck, Goethe und George. Berlin 2007.

Mecklenburg, Günther: Vom Autographensammeln. Versuch einer Darstellung seines Wesens und seiner Geschichte im deutschen Sprachgebiet. Marburg 1963.

Meyer, Jochen: Pedanten und Chaoten. Notizen zu einer Nachlass- und Nachlasser-Typologie. In: Zeitschrift für Bibliothekswesen und Bibliographie 2 (2002), S. 52–58.

Moureau, François: Du bon usage des manuscrits et des autographes littéraires. Le cas du XVIIIe siècle. In: Luc Fraisse (Hg.): Le manuscrit littéraire, son statut, son histoire, du Moyen Âge à nos jours. Paris 1998, S. 195–211.

Müller, Harro: Einige Notizen zu Diskurstheorie und Werkbegriff. In: Jürgen Fohrmann/ H. M. (Hg.): Diskurstheorien und Literaturwissenschaft. Frankfurt a. M. 1988, S. 235–243.

Musil, Robert: Nachlaß zu Lebzeiten. In: R. M.: Gesammelte Werke in neun Bänden. Hg. von Adolf Frisé. Reinbek bei Hamburg 1978, Bd. 7, S. 471–562.

Neumann, Gerhard: Der verschleppte Prozeß. Literarisches Schaffen zwischen Schreibstrom und Werkidol. In: Poetica 14 (1982), S. 92–112.

Niehoff, Reiner: „aber berührt verdunstet alles im nu". Das Phänomen Hans Jürgen von der Wense. In: Text und Kritik. Zeitschrift für Literatur 185 (2010), S. 4–15.

Nora, Pierre: Zwischen Geschichte und Gedächtnis [1984]. Berlin 1990.

O'Toole, James M.: The Symbolic Significance of Archives. In: American Archivist 56 (1993), S. 234–255.

Papritz, Johannes: Archivwissenschaft. 2., durchges. Aufl. Marburg 1983.

Petit, Jacques: Pour une typologie des manuscrits littéraires. In: Louis Hay/Péter Nagy (Hg.): Avant-Texte, Texte, Après-Texte. Paris 1982, S. 191–194.
Pudelek, Jan-Peter: Werk. In: Karlheinz Barck/Martin Fontius/Friedrich Wolfzettel/Burkhart Steinwachs (Hg.): Ästhetische Grundbegriffe. Historisches Wörterbuch in sieben Bänden. Bd. 6. Stuttgart, Weimar 2005, S. 520–588.
Raulff, Ulrich: Nachlass und Nachleben. Literatur aus dem Archiv. In: Stéphanie Cudré-Mauroux/Irmgard M. Wirtz (Hg.): Literaturarchiv – literarisches Archiv. Göttingen, Zürich 2013, S. 17–34.
Reuß, Roland: Text, Entwurf, Werk. In: Text. Kritische Beiträge 10 (2005), S. 1–12.
Schmid, Gerhard: Erschließungsverfahren im Literaturarchiv aus archivarischer Sicht. Ordnung und Inventarisierung im Weimarer Goethe- und Schiller-Archiv. In: Christoph König/Siegfried Seifert (Hg.): Literaturarchiv und Literaturforschung. Aspekte neuer Zusammenarbeit. München u. a. 1996, S. 207–220.
Schöttker, Detlev: Konstruktiver Fragmentarismus. Form und Rezeption der Schriften Walter Benjamins. Frankfurt a. M. 1999.
Schöttker, Detlev: Posthume Präsenz. Zur Ideengeschichte des literarischen Archivs. In: Marcel Lepper/Ulrich Raulff (Hg.): Handbuch Archiv. Geschichte, Aufgaben, Perspektiven. Stuttgart 2016, S. 237–246.
Shillingsburg, Peter L.: Resisting Texts. Authority and Submission in Constructions of Meaning. Ann Arbor, MI 1997.
Sina, Kai: Kafkas Nachlassbewusstsein. Über Autorschaft im Zeitalter des Literaturarchivs. In: KulturPoetik. Journal for Cultural Poetics 13.2 (2013), S. 218–235.
Sina, Kai/Carlos Spoerhase: Nachlassbewusstsein. Zur literaturwissenschaftlichen Erforschung seiner Entstehung und Entwicklung. In: Zeitschrift für Germanistik NF 23.3 (2013), S. 607–623.
Sommer, Manfred: Sammeln. Ein philosophischer Versuch. Frankfurt a. M. 1999.
Spoerhase, Carlos: Was ist ein Werk? Über philologische Werkfunktionen. In: Scientia poetica 11 (2007), S. 276–344.
Spoerhase, Carlos: Postume Papiere. Nachlass und Vorlass in der Moderne. In: Merkur. Zeitschrift für europäisches Denken 68.6 (2014), S. 502–511.
Sprecher, Thomas: Literarische Archive. In: T. S. (Hg.): Im Geiste der Genauigkeit. Das Thomas-Mann-Archiv der ETH Zürich 1956–2006. Frankfurt a. M. 2006, S. 19–41.
Stolzenberg, Ingeborg: Autographen und Nachlässe. In: Werner Arnold/Wolfgang Dittrich/Bernhard Zeller (Hg.): Die Erforschung der Buch- und Bibliotheksgeschichte in Deutschland. Wiesbaden 1987, S. 55–89.
Teigte, Hans-Erich: Literarische Nachlässe. In: Zentralblatt für Bibliothekswesen 86 (1972), S. 131–152.
Thaler, Jürgen: Zur Geschichte des Literaturarchivs. Wilhelm Diltheys „Archive für Literatur" im Kontext. In: Jahrbuch der deutschen Schillergesellschaft 55 (2011), S. 361–374.
Thaler, Jürgen: Das Archiv als Gattung. In: Harald Jele/Elmar Lenhart (Hg.): Literatur – Politik – Kritik. Beiträge zur österreichischen Literatur des 20. Jahrhunderts. Göttingen 2014, S. 214–225.
Vedder, Ulrike: Das Testament als literarisches Dispositiv. Kulturelle Praktiken des Erbes in der Literatur des 19. Jahrhunderts. München 2011.
Wirtz, Irmgard: Der Eigensinn der Nachlässe. Zur Poetik des Archivs. In: Philipp Theisohn/Christine Weder (Hg.): Literaturbetrieb. Zur Poetik einer Produktionsgemeinschaft. München 2013, S. 77–88.
Zons, Raimar S.: Kunstwerk. Über den Ursprung des literarischen Werks aus dem Geist der Autorschaft. In: R. S. Z.: Randgänge der Poetik. Würzburg 1985, S. 24–46.
Zweig, Stefan: Meine Autographensammlung [1930]. In: Martin Bircher (Hg.): Stefan Zweigs Welt der Autographen. Zürich 1996, S. 33–40.

Eric W. Steinhauer

Regelwerke: Normative Werkkonzepte in Bibliotheks- und Rechtswissenschaft

1. Hinführung

Was man unter einem Werk versteht und wie man es definiert, ist Gegenstand einer Fülle theoretischer Überlegungen in den verschiedenen Literatur- und Kulturwissenschaften.[1] Sicher ist bei diesen Überlegungen nur, dass sie bislang zu keinem einheitlichen, allseits anerkannten Werkbegriff geführt haben. Angesichts dieser theoretischen Unübersichtlichkeit mag es reizvoll erscheinen, die Frage nach dem Werk mehr oder weniger klar durch eine autoritäre Setzung, also normativ zu entscheiden. Eine solche Forderung wirkt in einem lebendigen geisteswissenschaftlichen Diskurs auf den ersten Blick absurd. Tatsächlich aber könnte genau so eine, an den Bedürfnissen der Praxis orientierte normative Setzung eben diesem Diskurs in seiner bibliographischen und publizistischen Basis zugrunde liegen. Da wären zunächst die Bibliothekskataloge, die ganz unaufgeregt die schriftlich fixierten Ergebnisse der einzelnen Werkdiskurse auf Grundlage bibliographischer Regeln als Werke be- und verzeichnen. Weiterhin gehört das Urheberrecht hierher, das mit einem normativen Werkbegriff eine den Autoren zuzuordnende Rechtspositionen garantiert mit der Konsequenz, dass Verlage oder andere Intermediäre diese Werke verbreiten und damit überhaupt erst den für jede Werkdiskussion unverzichtbaren publizistischen Resonanzraum aufspannen können.[2]

Was das Urheberecht und was die Kataloge für ihren Zweck als Werk ansehen, wird weniger in komplizierten Diskussionen ausgehandelt, sondern mit Blick auf die Funktion von Recht und Katalog einfach normativ gesetzt und in verbindlichen Regelwerken ausformuliert. Der Begriff „Re-

---

[1] Ostermann: Werk, Sp. 1352–1362; Pudelek: Werk, S. 520–588; Thomé: Werk, S. 832–834.
[2] Rehbinder/Peukert: Urheberrecht, Rn. 127.

gelwerk" kann dabei nicht nur als eine Gesamtheit von Vorschriften verstanden werden, sondern doppeldeutig auch den aufgrund dieser Vorschriften, dieser Regeln, als Werk geltenden Inhalt bezeichnen.

Nachfolgend soll es in dem zuletzt genannten Sinn um Werke gehen, die diese Bezeichnung aufgrund der in einem Regelwerk formulierten Kriterien im Wege einer normativen Zuschreibung durch die Regelwerksanwender erhalten. Dabei werden zunächst der bibliographische Ansatz der Bibliothekskataloge und das Werkkonzept des Urheberrechts vorgestellt. Anschließend soll mit dem Pflichtexemplarrecht ein dritter Bereich normativer Werkumschreibung behandelt werden, der bibliothekarische und urheberrechtliche Aspekte gleichermaßen umfasst und integriert. Hier wird sich zeigen, dass neue mediale Erscheinungen den traditionellen Werkbegriff der Regelwerke herausfordern und infrage stellen. Dies wird schließlich am Beispiel des neu eingeführten bibliothekarischen Regelwerkes RDA näher aufgezeigt. Am Ende wird sich zeigen, ob angesichts der Herausforderungen des durch die Digitalisierung bewirkten Medienwandels bloß normative Regelwerke noch eine sinnvolle Perspektive haben.

2. Katalogregeln und bibliothekarische Titelaufnahme

Vielleicht nicht ihren absoluten Beginn, jedoch eine wichtige frühe und prägende Phase erlebte die abendländische Philologie als Wissenschaft in der berühmten Bibliothek von Alexandria.[3] Im dortigen Museion wurden die Werke der damals bekannten Literatur umfassend gesammelt und nach Möglichkeit textkritisch verbessert, um für die Herstellung künftiger Exemplare eine textlich saubere Vorlage zu haben.[4] Durch die Tätigkeit der „Philologenbibliothekare" entstanden so Musterwerke, die anschließend in irgendeiner Form als Bestand verzeichnet werden mussten, sollte die textkritische Arbeit durch die fehlende Auffindbarkeit der Texte in einer großen Sammlung nicht sinnlos gewesen sein.

Im Gegensatz zu einer Bibliographie, die unter einer bestimmten Fragestellung und Thematik das erschienene Schrifttum vollständig nachweist, enthält ein Katalog bloß den tatsächlich vorhandenen Bestand einer Büchersammlung.[5] Seinem Charakter als Inventar entsprechend sieht der Katalog zudem von einer tiefergehenden inhaltlichen Erschließung weitgehend ab und begnügt sich in der Regel damit, einzelne Bindeeinheiten als

---

3 Alt: Verheißungen, S. 9.
4 Umstätter/Wagner-Döbler: Katalogkunde, S. 24–26.
5 Roloff: Katalogisierung, S. 244.

konkrete, auffindbare Gegenstände hinreichend genau und unterscheidbar zu verzeichnen.[6] Das geht insbesondere bei Zeitschriften so weit, dass im Katalog bloß noch der Titel angegeben wird und die einzelnen, zu Bänden gebundenen Jahrgänge lediglich kurz vermerkt werden. In keinem Fall aber werden die einzelnen in den Zeitschriften enthaltenen Aufsätze, die für sich genommen durchaus literarische Werke sind, im Bibliothekskatalog erfasst.[7] Dieser relativ grobe und oberflächliche Zugriff auf den im Katalog verzeichneten Bestand prägt natürlich den Werkbegriff, der den bei der Verzeichnung anzuwendenden Katalogregeln zugrunde liegt.

Bibliothekskataloge als Bestandsverzeichnisse sind erheblich älter als die zu ihrer fachgerechten Erstellung formulierten Katalogregeln. Während wir schon antike und viele mittelalterliche Bibliothekskataloge kennen, finden sich schriftlich fixierte Katalogregeln erst an der Wende zum 19. Jahrhundert.[8] Die Anlage der alten Kataloge ist meist sehr schlicht und beschränkt sich auf eine Nennung von Autor und/oder Titel. Da im Handschriftenzeitalter und in der Frühzeit des Buchdrucks die zu verzeichnenden Büchersammlungen meist nicht sehr groß waren und einige hundert Bände schon als große Bibliothek galten, genügten einfache listenartige Verzeichnisse in der Praxis vollkommen.[9] Die Notwendigkeit, sich über die Verwaltung wirklich großer Büchersammlungen professionelle Gedanken zu machen, ergab sich erst mit dem Anwachsen regelmäßiger Neuerscheinungen als Folge der Ausweitung des Buchdrucks. Spätestens mit der Entstehung sehr großer Bibliotheken im Zuge der Säkularisierung der Klöster musste auch die Verzeichnung in einem Katalog einheitlichen Regeln folgen, um sicherzustellen, dass die im Bestand befindlichen Bücher tatsächlich gefunden und genutzt werden können.[10] Erste Hausregeln entstanden zu Beginn des 19. Jahrhundert, etwa 1820 für die damalige Münchener Hofbibliothek.[11] Mit der Erstreckung der Hausregeln der Königlichen Bibliothek zu Berlin und der Universitätsbibliothek Breslau in einer überarbeiteten Fassung als *Preußische Instruktionen* (PI) auf alle Universitätsbibliotheken Preußens im Jahre 1899 wurde erstmals ein überregionales Katalogwerk etabliert.[12] Die einheitliche Verzeichnung in Preußen hatte auch den Zweck, die überregionale Kooperation der Bibliotheken etwa bei der Fernleihe zu befördern, ermöglichte doch eine einheitliche Verzeich-

---

6 Haller: Katalogkunde, S. 18.
7 Zum Problem der Aufsatzkatalogisierung Roloff: Katalogisierung, S. 252.
8 Jung: Katalogisierungsregeln, S. 183; Roloff: Katalogisierung, S. 269–271.
9 Roloff: Katalogisierung, S. 249.
10 Kleinschmidt: Umgang, S. 458.
11 Gantert: Grundwissen, S. 180.
12 Haller: Katalogkunde, S. 201 f. Textausgabe: Instruktionen, 1975.

nung des Bestandes auch eine nach gleichen Grundsätzen mögliche Auffindbarkeit in allen beteiligten Bibliotheken und die Führung eines zentralen Kataloges. Entsprechend der Inventarfunktion der Kataloge bezieht sich die Auffindbarkeit im Wesentlichen darauf, den Standort konkreter Bände im Regal anzugeben.[13] Diese Bände gilt es eindeutig und mit Blick auf die Katalogregeln normgerecht zu beschreiben, um sie zu finden, aber auch um über das Nichtvorhandensein eines Buches, dessen Verzeichnung aus den Regeln eindeutig ableitbar ist, zuverlässig Auskunft geben zu können.

Die PI waren konzeptionell sehr erfolgreich, so dass sie alsbald von nahezu allen deutschen Bibliotheken übernommen wurden. Erst Ende der 1970er Jahre wurden sie durch die *Regeln für die alphabetische Katalogisierung* (RAK) abgelöst, die in einer leicht modifizierten Fassung als *Regeln für die Katalogisierung an wissenschaftlichen Bibliotheken* (RAK-WB) bis 2015 verbindlich waren und danach durch die RDA als neues internationales Regelwerk ersetzt wurden, auf das am Ende dieses Beitrages näher eingegangen wird.[14]

In den PI kommt der Begriff des Werkes, sieht man von der vereinzelten Verwendung der Ausdrücke „Sammelwerk" und „Serienwerk" einmal ab, nicht vor. Grundlage für die Verzeichnung ist der „Titel", der einer vorliegenden (Druck)Schrift entnommen wird.[15] § 1 Nr. 1 PI bestimmt, dass außer der Vorlage für die Titelaufnahme grundsätzlich keine weiteren Quellen heranzuziehen sind. Der so aufgenommene Titel ist damit die Beschreibung einer bestimmten, konkret vorliegenden Sache (Buch, Zeitschrift, etc.) nach Maßgabe des Regelwerks. Ihr Ziel ist, wie sich aus § 28 PI ergibt, verschiedene Druckschriften eindeutig unterscheiden zu können.[16] Für die Frage nach dem Werkbegriff der PI bedeutet dies, dass die PI schlicht und einfach das als Werk im Sinne des Kataloges verstehen, was sich als beschreibbares Druckerzeugnis auf einem Titelblatt als Werk präsentiert. Inhaltliche Fragen der Autorschaft oder der Abgrenzung zu vergleichbaren Titeln stellen sich für die Titelaufnahme nicht.[17] Ähnliche

---

13 Buck: Katalog, S. 181.
14 Hauke: Regeln, S. 760 f.; Wiesenmüller/Horny: Basiswissen, S. 4–6.
15 Fuchs: Kommentar, S. 37.
16 Ebd., S. 116 f.
17 Hier sei freilich darauf hingewiesen, dass die Frage der Gestaltung von Titelblättern und die Rolle, die gerade dem Verfasser als Bezugspunkt der Einordnung der bibliographischen Titelaufnahme in den (Zettel-)Katalog zukommt, auf eine tiefer liegende Idee von „Werk" und „Autorschaft" hinweist, die von den bibliothekarischen Regelwerken nicht nur einfach rezipiert, sondern vor dem Hintergrund der bibliothekarischen Aufstellungssystematik durchaus auch mitgestaltet wurde. Diese Bezüge zwischen Katalog, Urheberrecht und Verfasserschaft thematisiert Kleinschmidt: Umgang, S. 474 et pas-

Ausgaben von Druckschriften werden nicht durch inhaltliche, sondern durch weitere formale Merkmale unterschieden, zu denen etwa die verwendete Schriftart oder die Zeilenumbrüche auf der Titelseite gehören. Allerdings halten die PI das Prinzip einer bloßen Vorlagebeschreibung nicht vollständig durch. Da sie den Anspruch haben, alle Ausgaben eines Titels im Katalog an einer Stelle nachzuweisen, müssen sie insbesondere bei Übersetzungen ein für alle Ausgaben einer Schrift gleichermaßen passendes Ordnungswort für die Eintragung bzw. Einreihung im Katalog festlegen. Dieses Ordnungswort ist bei den PI im Falle der Übersetzung der fremdsprachige „Originaltitel" (vgl. § 220 PI), der auch dann anzugeben ist, wenn eine Bibliothek nur eine Übersetzung in ihrem Bestand hat.[18]

Im Gegensatz zu den PI ist in den RAK-WB an mehr als über 350 Stellen von „Werken" die Rede.[19] Bereits § 1 RAK-WB stellt fest: „Als Vorlage wird das zu katalogisierende und im Katalog nachzuweisende Exemplar einer Ausgabe eines Werkes bezeichnet." Ein Werk ist nach § 3 Nr. 1 RAK-WB „eine geistige Schöpfung, die als Veröffentlichung in einer oder mehreren Ausgaben erschienen ist." Grundlage für die Verzeichnung in den RAK-WB ist im Gegensatz zu den PI also weniger ein konkreter Gegenstand, sondern eine „geistige Schöpfung", freilich in der Form, wie sie in einer bestimmten Ausgabe vorliegt. Wie schon die PI so halten auch die RAK-WB den Grundsatz bei, dass die bibliographische Beschreibung sich am vorliegenden Objekt orientiert und die für die Katalogisierung notwendigen Angaben grundsätzlich auch nur diesem Objekt selbst zu entnehmen sind.[20] Genau wie die PI sind die RAK-WB bestrebt, einzelne Werke, die in verschiedenen Ausgaben vorliegen, zusammen nachzuweisen. Dies geschieht durch den so genannten „Einheitssachtitel", mit dessen Hilfe Übersetzungen oder Bearbeitungen sowie unter verschiedenen Titelfassungen publizierte ältere Werke unter einer einzigen Bezeichnung gefunden werden können.[21] Der Einheitssachtitel, der im Zettelkatalog zu einer Nebeneintragung – ein bedeutender Unterschied zu den PI, wo die Haupteintragung unter dem Originaltitel erfolgte – und damit zu einem weiteren Sucheinstieg führt, kann nicht mehr ohne weiteres der Vorlage entnommen werden, sondern ist das Ergebnis einer zuordnenden Entscheidung, die ihrerseits einen festen Begriff eines Werkes voraussetzt.

---

sim. Siehe auch Jochum: Idole, S. 83: Zuschreibung von Autorschaft durch Katalogisierung.
18 Fuchs: Kommentar, S. 177.
19 Textausgabe der RAK-WB: Regeln, Stand: 2002.
20 Haller/Popst: Katalogisierung, S. 12.
21 Haller: Katalogkunde, S. 160–167.

Katalogisierung und bibliographische Beschreibung freilich sind pragmatische Tätigkeiten. Subtile philologische Überlegungen zur genauen Fassung und Begrenzung eines Werkes können hier allein schon aus Zeitgründen, aber auch um des einheitlichen, in allen Bibliotheken gleichen Ergebnisses willen nicht angestellt werden. Daher wird der Einheitssachtitel im Allgemeinen einfach nach dem Sachtitel der ersten vollständigen Ausgabe in der Originalsprache bestimmt (§ 505 Abs. 1 RAK-WB). Bei älteren Werken werden traditionelle, meist der mittelalterlichen Verzeichnungspraxis von Handschriften entlehnte, in der Regel lateinische Bezeichnungen verwendet, etwa „Biblia" oder „Psalmi".[22]

Trotz der Ermittlung von Originaltiteln oder Einheitssachtiteln bleibt es für die klassische Katalogisierung dabei, dass im Wesentlichen das als Werk erscheint, was als Werk publiziert wurde. Fragen der Autorschaft und der „wahren" Gestalt einer geistigen Schöpfung spielen keine Rolle. Selbst bei den Originaltiteln bzw. den Einheitssachtiteln kann man sich auf konkret publizierte Textfassungen, wenigstens aber auf eine lange Tradition berufen. In der Praxis ist das Werk im Kontext bibliographischer Regelwerke also ein gewissermaßen quantitativer Begriff, der einzig und allein durch seine Verkörperung in konkreten Druckwerken bestimmt wird.[23]

Trotz der Bestimmung in § 3 fragt beispielsweise niemand, ob tatsächlich eine geistige Schöpfung oder nicht bloß ein Telefonbuch vorliegt. Eine eigene qualitative Werksbestimmung, die also nach inhaltlichen Kriterien einen gegebenen Inhalt als „Werk" auszeichnet und einem bestimmten Autor bzw. Urheber zuschreibt, kennt der Katalog nicht.[24] Er übernimmt vielmehr die anderenorts getroffene und in einer konkreten Publikation greifbare Entscheidung, in welcher Gestalt und mit welcher Autorschaft ein bestimmtes Werk vorliegt. Die RAK-WB verstärken dieses Prinzip sogar noch, indem sie auf die durchgängige Haupteintragung unter dem Originaltitel verzichten und nur in bestimmten Fällen den Einheitssachtitel lediglich als Verweisung vorsehen.[25]

---

22 Haller/Popst: Katalogisierung, S. 100.
23 Vgl. auch Jochum: Idole, S. 55, der ebenfalls quantitative und qualitative Begriffe in der Katalogtheorie unterscheidet, das „Werk" jedoch als qualitativen Begriff versteht. Dem kann jedenfalls für die RAK-WB gerade nicht gefolgt werden.
24 Insoweit ist die Übernahme des Konzepts der „geistigen Schöpfung" fraglich.
25 Haller: Katalogkunde, S. 165, sieht hier eine Abkehr vom Prinzip der „literarischen Einheit" zugunsten eines bloß „bibliographischen Prinzip[s]".

3. Urheberrecht

Für das Urheberrecht bildet das „Werk" den alles überragenden Bezugspunkt aller juristischen Überlegungen, denn das Vorliegen eines Werkes ist die unverzichtbare und überdies auch einzige Voraussetzung für das Entstehen urheberrechtlichen Schutzes.[26] Gleich zu Beginn statuiert das *Urheberrechtsgesetz* (UrhG) in seinem § 1, dass die Urheber von „Werken" den Schutz des Gesetzes genießen. Was unter einem Werk zu verstehen ist, ergibt sich aus § 2 Abs. 2 UrhG, wonach Werke „persönliche geistige Schöpfungen" sind. Sobald eine geistige Leistung die sogenannte Schöpfungshöhe erreicht, steht dem Urheber als dessen Schöpfer automatisch der Schutz des Gesetzes zu, der bis 70 Jahre nach seinem Tod auch noch seinen Rechtsnachfolgern zugutekommt. Im Gegensatz zu anderen Immaterialgüterrechten, die eine kostenpflichtige und mitunter recht aufwändige Registeranmeldung voraussetzen, herrscht im Urheberrecht völlige Formfreiheit für die Entstehung des urheberrechtlichen Schutzes. Es ist daher nicht verwunderlich, dass das Urheberrecht weit über seinen traditionellen künstlerisch-ästhetischen Anwendungsbereich hinaus als gewerbliches Schutzrecht für alle möglichen Arten von Geistesprodukten sehr interessant ist. Daher hat die Frage, wann ein geistiger Inhalt die urheberrechtliche Schöpfungshöhe erreicht, zu sehr breiten Diskussionen in Urheberrechtswissenschaft und Rechtsprechung geführt.[27]

Ohne auf die vielen Einzelheiten hier näher eingehen zu können, lassen sich zwei wesentliche Kriterien für das Vorhandensein eines Werkes im Sinne des Urheberrechts anführen.[28] Zunächst kann nur ein Mensch als natürliche Person ein Werk schaffen. Zudem muss das Werk eine schöpferische Leistung darstellen, die ein Mindestmaß an Individualität verkörpert, sich also über das Handwerklich-Alltägliche vergleichbarer Inhalte erhebt, ohne dabei freilich zwingend neu sein zu müssen.[29]

Erfüllt ein geistiger Inhalt diese Voraussetzungen, ist er als Werk urheberrechtlich geschützt. Das Urheberrecht schützt dabei die eigenschöpferische Gestaltung eines Inhaltes. Der Inhalt selbst, die der schöpferischen Gestaltung zugrundeliegende Information oder Idee also, genießt als solche aber keinen urheberrechtlichen Schutz.[30] An dieser Stelle wirkt der Werkbegriff des Urheberrechts merkwürdig ausgehöhlt, da er eine einheit-

---

26 Loewenheim, in: Loewenheim: Handbuch, § 1, Rn. 3.
27 Dazu König: Werkbegriff, S. 40–69, 261–276.
28 Vgl. zum Folgenden nur Raue in: Raue/Hegemann: Anwaltshandbuch, § 1, Rn. 17, 24.
29 Loewenheim, in: Loewenheim: Handbuch, § 6, Rn. 23.
30 Ebd., § 7, Rn. 7–13.

liche ästhetische Gestaltung, als die beispielsweise ein Roman als Werk der Literatur wahrgenommen wird, in Form und Inhalt zerlegt und den Schutz im Wesentlichen nur auf die Form erstreckt.[31] An dieser Stelle bekommt der Werkbegriff einen qualitativen Charakter.

Dieser qualitative Charakter des urheberrechtlichen Werkbegriffs zeigt sich auch bei der Anwendung der urheberrechtlichen Schrankenbestimmungen. So erlaubt § 53 UrhG Vervielfältigungen eines Werkes. Erst aus der Zusammenschau mit § 53 Abs. 4 Buchstabe b) UrhG wird deutlich, dass damit in der Regel nur die Vervielfältigungen von Teilen eines bestimmten Inhalts gemeint sind. Bemerkenswert ist, dass das Gesetz hier nicht von Werken, sondern von „Büchern und Zeitschriften" spricht, was unterstreicht, dass es das Werk im Sinne der Schrankenbestimmung gerade nicht als eine ästhetisch-konzeptionell abgeschlossene Schöpfung versteht, wie etwa eine Monographie oder ein Roman sie darstellt. Vor dem Hintergrund der urheberrechtlichen Werkkonzeption ist es jedoch konsequent, auch dann von der Vervielfältigung eines Werkes zu sprechen, wenn nur Teile eines abgeschlossenen Ganzen (einzelne Buchseiten etc.) betroffen sind. Denkt man nämlich den Werkbegriff konsequent qualitativ, so bedeutet dies, dass die Notwendigkeit, die Vervielfältigung eines fremden Inhalts durch eine gesetzliche Schrankenbestimmung zu erlauben, sich nur dann ergibt, wenn der vervielfältigte Inhalt selbst Werkcharakter, also eine notwendige Schöpfungshöhe besitzt. Vorher fehlt es an einer urheberrechtlich relevanten Handlung.[32] Erreicht der vervielfältigte Inhalt für sich genommen jedoch die Schöpfungshöhe, besitzt er also Werkqualität,[33] so reproduziert er genau die schöpferische Leistung, die das Urheberrecht dem Urheber der benutzten Vorlage als exklusive Rechtsposition zuordnet, mit der Folge, dass diese Entnahme erlaubnispflichtig wird und das Vorhandensein einer entsprechenden Schrankenbestimmung als Erlaubnisnorm erfordert.

Dass unter einem Werk im Urheberrecht gerade nicht die abgeschlossene Schöpfung mit klar umrissenem Inhalt verstanden wird, zeigt sich aber nicht nur bei den Schrankenbestimmungen, sondern bereits bei der Schaffung des urheberrechtlichen Werkes selbst. Der Urheberrechtsschutz entsteht kraft Gesetzes mit der Hervorbringung des Werkes.[34] Sobald ein

---

31 Zur Frage, inwieweit die bloße Fabel eines literarischen Textes schutzwürdig ist, vgl. ebd. Rn. 8–9.
32 Diese Frage wurde etwa bei der Google-Buchsuche angesprochen, vgl. Ott: Buchsuche, S. 564.
33 Vgl. Rehbinder/Peukert: Urheberrecht, Rn. 207.
34 Schack: Urheber- und Urhebervertragsrecht, S. 135.

geistiger Inhalt in schöpferisch gestalteter Weise sinnlich wahrnehmbar wird, sind alle Voraussetzungen von § 2 Abs. 2 UrhG gegeben; damit liegt ein urheberrechtlich geschütztes Werk vor. Ob der Urheber dieses Werk dann noch weiter ausarbeitet, ob er aus einer halben Seite einen tausendseitigen Roman entwickelt, ist für die urheberrechtliche Betrachtung ganz gleichgültig. Das Urheberrecht bindet das Werk zurück an seinen Schöpfer, es differenziert dessen Schaffen aber nicht in verschiedene Werke aus. Diese Ausdifferenzierung mag die Literaturwissenschaft vornehmen, die Aussagen zur inhaltlichen Kohärenz des Geschaffenen macht, sie mag durch die Publikation von Inhalten in konkret beschreibbaren bibliographischen Einheiten erfolgen, die sogar Bezugspunkt für urheberrechtliche Vereinbarungen zur Einräumung von Nutzungsrechten sein können, für das Vorliegen eines Werkes im urheberrechtlichen Sinn sind diese Ausdifferenzierungen jedoch ohne Bedeutung.

Dass eine aus Sicht des Autors erst fragmentarische Schöpfung bereits den urheberrechtlichen Werkschutz genießt, ist durchaus sinnvoll. Der in § 12 UrhG dem Urheber zustehende auch inhaltliche (!) Mitteilungsvorbehalt für ein noch unveröffentlichtes Werk kommt dem kreativen Schaffensprozess besonders entgegen.[35] Auch die wohl herrschende Ansicht, dass der Urheber seinen Mitteilungsvorbehalt nicht schon dadurch verliert, dass er über sein noch unpubliziertes Werk mit anderen, ihm nicht notwendigerweise nahestehenden Personen, mit Mitgliedern der Öffentlichkeit also, spricht,[36] zeigt sehr schön, dass der Mitteilungsvorbehalt auch und gerade den Schaffensprozess und die damit typischerweise verbundenen Kommunikationssituationen, mithin noch nicht Vollendetes absichern soll.

Wird ein Werk qualitativ bestimmt, so fallen alle Inhalte, die die erforderliche Schöpfungshöhe nicht aufweisen, aus dem Urheberrechtsschutz heraus. Anders als bei den Katalogregeln schafft die bloße Publikation allein noch kein Werk. Soweit im Urheberrecht das Bedürfnis besteht, Publikationen ohne Werkqualität rechtlich zu erfassen, ist eine andere Terminologie erforderlich. Tatsächlich findet sich in § 70 Abs. 1 UrhG eine Regelung zum Leistungsschutz für wissenschaftliche Ausgaben von Werken (im Sinne des Urheberrechts) oder „Texten". Texte sind in diesem Zusammenhang solche Inhalte, die zwar Informationen enthalten, aber die für ein Werk erforderliche Schöpfungshöhe verfehlen.[37] Man denke etwa an Namenslisten oder dergleichen. Soweit solches Material in einer wissen-

---

35 Ebd., S. 192.
36 Dietz/Peukert, in: Schricker/Loewenheim: Urheberrecht, § 12, Rn. 8.
37 Loewenheim, in: Schricker/Loewenheim: Urheberrecht, § 70, Rn. 5.

schaftlichen Ausgabe publiziert wird, steht dem Ersteller dieser Ausgabe ein Leistungsschutzrecht zu. Hier steht erkennbar die Honorierung der wissenschaftlichen Editionsarbeit im Vordergrund. Bei dem strukturell ähnlichen Leistungsschutzrecht für nachgelassene Werke in § 71 UrhG muss der Inhalt, dessen Urheberrechtsschutz abgelaufen ist, bevor er veröffentlicht werden konnte, im Gegensatz zu § 70 UrhG aber wieder in jedem Fall Werkqualität haben.[38]

Das Beispiel von § 71 UrhG zeigt sehr schön den Unterschied zwischen dem urheberrechtlichen und dem katalogtechnischen Werkbegriff. Obwohl die RAK-WB ein Werk genauso wie das Urheberrecht auch als geistige Schöpfung definieren, wird es in der Praxis mit der konkret zu beschreibenden Vorlage gleichgesetzt und damit quantitativ verstanden, ohne dass es qualitativ auf das Vorliegen einer wirklichen kreativen Leistung ankäme. Das Urheberrecht hingegen hält seine qualitative Definition durch und markiert Abweichungen davon, wie es der Sprachgebrauch in § 70 UrhG zeigt, auch terminologisch.

Doch auch das eigentlich sehr formale Urheberrecht rückt an mehreren Stellen von einer konsequent qualitativen Betrachtungsweise ab. So findet sich in der Schrankenbestimmung des § 53 Abs. 2 Satz 1 Nr. 4a UrhG die Wendung „kleine Teile eines erschienenen Werkes oder einzelne Beiträge, die in Zeitungen oder Zeitschriften erschienen sind", um den Umfang einer zulässigen Schrankennutzung auszudrücken. Offenbar vollzieht die Rede von den Werkteilen hier einen Schwenk zum bibliographischen Sprachgebrauch der Kataloge. Den Grund dafür kann man in der Funktion der genannten Schrankenregelung finden, die letztlich ein Substitutionsproblem lösen muss: Wieviel Kopie ist erlaubt, ohne dass der Erwerb der Vorlage überflüssig wird? Die Antwort auf diese Frage ist notwendigerweise am Umfang der Nutzung und nicht an ihrer Qualität orientiert. So wird unter der Hand ein zweiter, nämlich quantitativer Werkbegriff in das Urheberrecht eingeführt, dem freilich nach wie vor ein qualitativer Begriff zugrunde liegt, denn die Kopie eines Zeitungsbeitrages, der selbst keine Schöpfungshöhe aufweist, also die Werkqualität vermissen lässt, ist mangels Eingriff in urheberrechtliche Verwertungsrechte stets zulässig und bedarf keiner Schrankenbestimmung, mit anderen Worten: Auch der Teil eines Werkes muss ein „Werk" sein.[39]

Die Substitutionsproblematik, die in den Schrankenbestimmungen mit Blick auf die besonders geschützten Verwertungsinteressen der Urheber verhandelt und austariert wird, verweist auf zu erwerbende Informations-

---

38 Ebd., § 71, Rn. 6.
39 Loewenheim, in: Loewenheim: Handbuch, § 7, Rn. 14.

objekte, mithin quantitativ zu bestimmende Werke im Sinne der Katalogregeln. Das Recht spiegelt diese Katalogbegrifflichkeit im Verlagsrecht. Dort wird geregelt, wer zu welchen Konditionen einen geistigen Inhalt vervielfältigen und kommerziell verbreiten darf. Das Werk als quantitativ abgeschlossene und bestimmbare, mithin auch im Sinne der Katalogregeln verzeichenbare Einheit wird gleich zu Beginn in § 1 *Verlagsgesetz* (VerlG) ausdrücklich genannt, thematisch umschrieben, aber nicht definiert:

> Durch den Verlagsvertrag über ein Werk der Literatur oder der Tonkunst wird der Verfasser verpflichtet, dem Verleger das Werk zur Vervielfältigung und Verbreitung für eigene Rechnung zu überlassen. Der Verleger ist verpflichtet, das Werk zu vervielfältigen und zu verbreiten.

Der im Verlagsgesetz als Werk bezeichnete Inhalt wird in § 11 VerlG in seiner quantitativen Geschlossenheit noch einmal besonders hervorgehoben, wenn er dort als „vollendetes Werk" bezeichnet wird. In gleicher Weise nennt § 15 VerlG das „vollständige Werk". Allerdings darf hier nicht übersehen werden, dass die Vollendung letztlich eine willkürliche ist. Es geht nicht darum, nach literaturwissenschaftlichen Methoden die Geschlossenheit eines Textes oder seine Autorschaft zu bestimmen. Werk im Sinne des Verlagsgesetzes ist das, was die Vertragspartner als Werk vereinbaren. Auch wenn hier wie schon in einigen Schrankenbestimmungen der quantitative Werkbegriff der Kataloge vorliegt, so besteht doch ein gewisser Unterschied. Im Urheberrechtsgesetz ist das Werk stets ein kreativer Inhalt. Ist dies wie in § 70 UrhG ausnahmsweise nicht der Fall, so wird ein anderer Begriff gewählt. Das Verlagsgesetz hingegen verwendet auch für solche Inhalte, die die urheberrechtlich erforderliche Schöpfungshöhe nicht erreichen, mithin keine Werke im Sinne von § 2 UrhG sind, den Ausdruck „Werk", wie sich aus § 39 VerlG ergibt, wonach verlagsfähig auch Werke sind, an denen ein Urheberrecht nicht besteht.[40]

Für das Urheberrecht kann an dieser Stelle zusammenfassend festgestellt werden, dass für die Frage, ob ein Urheberschutz besteht, ausnahmslos ein qualitativer Werkbegriff zugrunde gelegt wird. Nicht die Geschlossenheit und Kohärenz einer Darstellung machen ein Werk aus, sondern die Qualität seines Ausdrucks. In dieser Perspektive besteht zunächst kein Bedürfnis, mehrere abgeschlossene Schöpfungen eines Autors als verschiedene Werke zu unterscheiden. Soweit es um die Nutzung von Werken geht, kommen quantitative Elemente ins Spiel, die im Verlagsrecht am Ende vollkommen dominierend werden und in Ausnahmefällen sogar nichtschöpferische Inhalte zu verlagsfähigen „Werken" machen.

---

40 Schricker: Verlagsrecht, §§ 39/40, Rn. 1.

Das Verlagsrecht dient der Herstellung konkreter Informationsobjekte, die in Bibliotheken auf Grundlage der Katalogregeln verzeichnet und auch hinreichend unterscheidungsstark beschrieben werden müssen. Logische Voraussetzung der Verzeichnung ist die vorherige Sammlung. Für einige bestimmte Bibliotheken ist diese Sammlung gesetzlich in der Weise normiert, dass alle in einem bestimmten Gebiet erscheinenden Publikationen als sogenannte Pflichtexemplare an besondere Archivbibliotheken abgeliefert werden müssen. Im Pflichtexemplarrecht ist diese Ablieferungspflicht näher ausgestaltet.[41] Es bildet eine Art Brücke zwischen der kreativen Zone des Urheberrechts auf der einen und den Katalogregeln auf der anderen Seite.

4. Pflichtexemplarrecht

Historisch gewachsen ist das Pflichtexemplarrecht aus dem Zensur- und dem Privilegienwesen.[42] In beiden Fällen mussten Drucker staatlichen Stellen ihre Erzeugnisse vorlegen, sei es zur Prüfung, sei es zur Sicherung von Rechten. Die so eingesammelten Stücke wurden am Ende in landesherrlichen Bibliotheken verwahrt, die heutigen Vorläufer der Pflichtexemplarbibliotheken. Die Ablieferung war verpflichtend und kostenfrei. Im Laufe der Zeit hat das Pflichtexemplarrecht einen Funktionswandel erfahren. Heute dient es kulturpolitischen Zielsetzungen. Zugleich ergeben sich mit Blick auf das in Art. 14 GG verfassungsrechtlich geschützte Recht auf Eigentum rechtliche Vorgaben für die Rechtmäßigkeit von Ablieferungsverpflichtungen. So muss die geschuldete Leistung rechtlich eindeutig bestimmt und in Härtefällen auch finanziell entschädigt werden.[43] Beides geschieht in gesetzlichen Bestimmungen, die ursprünglich fast ausschließlich im Presserecht zu finden waren.[44] Heute stellt sich das Pflichtexemplarrecht, das als Materie des Kulturverwaltungsrechts Ländersache ist, sehr unterschiedlich dar. Pflichtexemplarbestimmungen finden sich zwar immer noch in vielen Pressegesetzen (Brandenburg, Bremen, Mecklenburg-Vorpommern, Niedersachen, Saarland, Sachsen, Sachsen-Anhalt und Thüringen), teilweise aber in eigenen Pflichtablieferungsgesetzen (Baden-Württemberg, Bayern, Berlin, Hamburg und Nordrhein-Westfalen) oder neuerdings auch in Bibliotheksgesetzen (Hessen, Rheinland-Pfalz, Schles-

---

41 Steinhauer: Pflichtexemplarrecht, S. 947–957.
42 Lohse: Pflichtexemplar, S. 623 f.
43 Fechner: Medienrecht, S. 61 f.
44 Lohse: Pflichtexemplar, S. 623 f.

wig-Holstein).[45] Einen Sonderfall stellt die Deutsche Nationalbibliothek dar, die als bundesweit sammelnde Einrichtung mit ihren Befugnissen in einem eigenen Gesetz geregelt wird.

Insgesamt gibt es in Deutschland 17 verschiedene Pflichtexemplargesetze, die den Gegenstand der Ablieferungspflicht mitunter sehr unterschiedlich bezeichnen. Der traditionelle Begriff für die abzuliefernde Publikation ist das Druckwerk. Er wurde auch im Zuge der Ausweitung des Pflichtexemplarrechts auf audiovisuelle Medien beibehalten, wobei die neu in die Ablieferungspflicht einbezogenen Medienarten in besonderen Bestimmungen den Druckwerken gleichgestellt wurden. Mit dem Erlass des *Gesetzes über die Deutsche Nationalbibliothek* (DNBG) im Jahre 2006 wurde der Kreis der abzuliefernden Veröffentlichungen abermals erweitert. Jetzt sammelt die Deutsche Nationalbibliothek auch Internetpublikationen. Dieser Wandel im Sammelauftrag wird auch terminologisch mit der Ablösung des alten Begriffs des „Druckwerks" durch den formatneutralen Begriff des „Medienwerks" markiert.

Dabei differenziert das Gesetz zwischen körperlichen und unkörperlichen Medienwerken, wobei die ersteren im Wesentlichen den alten Druckschriften entsprechen und sich nach § 3 Abs. 2 DNBG dadurch auszeichnen, dass sie einen Träger haben. Konzeptionell neu ist das in § 3 Abs. 3 DNBG als „Darstellung in öffentlichen Netzen" definierte unkörperliche Medienwerk. Als bloße Darstellung ist es nicht mehr mit einem konkreten Gegenstand identisch, der hergestellt wird und den es abzuliefern gilt. Das unkörperliche Medienwerk muss im Gegensatz dazu also anders abgegrenzt und in seinem ablieferungspflichtigen Umfang bestimmt werden. Wie diese Bestimmung aussieht, ergibt sich indirekt aus § 15 DNBG. Dort ist geregelt, wer ablieferungspflichtig ist. Bei einem unkörperlichen Medienwerk ist das derjenige, der berechtigt ist, das fragliche Medienwerk öffentlich zugänglich zu machen. Damit wird die konkret abzuliefernde „Ausfertigung" (vgl. § 14 Abs. 3 DNBG) des unkörperlichen Medienwerkes an urheberrechtliche Befugnisse, nämlich das in § 19a UrhG geregelte Recht der öffentlichen Zugänglichmachung, zurückgekoppelt.

Allerdings ist der Werkbegriff des Urheberrechts, wie gezeigt, nicht auf eine quantitative Abgrenzung hin ausgerichtet. Die wenigen Ausnahmen im Gesetz beziehen sich, um die Sprache des DNBG zu gebrauchen, auf körperliche Medienwerke. Das ergibt sich aus dem Attribut „erschienen" in § 53 Abs. 2 Nr. 4 UrhG, das nach § 6 UrhG im Sinne von § 17 UrhG verbreitungsfähige und damit körperliche Werkstücke umschreibt sowie

---

45 Einen aktuellen Überblick zu den geltenden Pflichtexemplarbestimmungen bieten Lansky/Kesper: Vorschriften, Nr. 500–599.

aus dem Vervielfältigungsverbot von § 53 Abs. 4 Buchstabe b) UrhG für ganze Bücher, sofern sie nicht seit mindestens zwei Jahren „vergriffen" sind, was ebenfalls nur bei Druckschriften denkbar ist. Immerhin eröffnet der Rückgriff auf den urheberrechtlichen Werkbegriff eine erste Abgrenzungsmöglichkeit, nämlich auf die Berechtigung abzustellen, die am Ende auf den Urheber und damit auf Autorschaft verweist. Als unkörperliches Medienwerk abzuliefern ist danach dasjenige, was durch einheitliche Autorschaft bestimmbar ist. An dieser Stelle freilich bricht in den Bereich normativ bestimmter Werkbegriffe in Recht und Bibliothekswesen die ganze Problematik der literaturwissenschaftlichen Werkdiskussion ein. Verstärkt wird dies noch dadurch, dass auch die Autorschaft selbst kein entscheidendes Kriterium sein kann, jedenfalls soweit man sie urheberrechtlich versteht. Zwar bestimmt das Gesetz die Ablieferungspflicht nach der Berechtigung zur öffentlichen Zugänglichmachung und scheint damit unmittelbar und deckungsgleich an eine urheberrechtliche Befugnis anzuknüpfen. Doch hätte dies zur Konsequenz, dass gemeinfreie Inhalte oder solche Internetseiten, die nicht die erforderliche Schöpfungshöhe aufweisen, aus der Ablieferungspflicht herausfielen. Das wird wohl kaum intendiert sein, zumal bei den traditionellen Druckschriften selbstverständlich auch Ausgaben und Neuauflagen gemeinfreier Werke, an denen weder ein Urheber- noch ein Leistungsschutzrecht besteht, abgeliefert und gesammelt werden.

Richtigerweise und präziser als das DNBG verzichten die Pflichtexemplarbestimmungen in Baden-Württemberg und Nordrhein-Westfalen auf eine solche Umschreibung und verweisen einfach auf eine entsprechende Anwendung der Bestimmungen für körperliche Medienwerke. Am Ende ist das unkörperliche Medienwerk ein sich als kohärent darstellender Inhalt, der einem konkreten Verursacher zugerechnet werden kann. Was aber bedeutet diese Begriffsbestimmung etwa für ein Weblog? Wird hier, gerade bei wechselnden Autorschaften, auf der Artikelebene gesammelt oder ist die gesamte Domain abzuliefern? Was ist in diesem Zusammenhang nun das unkörperliche Medienwerk? Aus dem Gesetz kann man dies nicht mehr ableiten. Aus den Sammelrichtlinien der DNB kann man immerhin entnehmen, dass Weblogs als Journals, also in ihrer Gesamtheit als Medienwerk angesehen, allerdings nur sehr zurückhaltend gesammelt werden.[46]

Das Pflichtexemplarrecht wird aber nicht erst seit seiner Ausweitung auf Netzpublikationen mit Blick auf die Bestimmung des abzuliefernden

---

46 Konkretisierung in den Sammelrichtlinien der DNB (Frankfurt a. M., Leipzig 2014): <http://d-nb.info/1051940788/34> (08. 05. 2018).

Werks vor Abgrenzungsprobleme gestellt. Auch in der rein analogen Welt war die Frage, ob die Ablieferung sich tatsächlich auf alle Ausgaben und vor allem Auflagen eines Werkes erstreckt, problematisch. So enthalten die Pflichtexemplarbestimmungen regelmäßig Aussagen darüber, welche von mehreren Ausgaben abzuliefern sind. So bestimmt § 4 Abs. 2 Pflichtexemplargesetz NRW, dass grundsätzlich auch dann alle verschiedenen Ausgaben abgeliefert werden müssen, wenn sie inhaltlich identisch sind. Allerdings kann (und soll wohl auch) sich die Bibliothek auf eine Ausgabeart beschränken.

Die Sammlung von Pflichtstücken zieht freilich ihre bibliographische Verzeichnung in Katalogen nach sich. Hier stellt sich die Frage, inwieweit inhaltlich identische Ausgaben überhaupt im Katalog unterschieden werden können. Und was ist, wenn eine solche Unterscheidung auf der Ebene des Kataloges gar nicht möglich ist? In diesem Fall würden die unterschiedlichen Ausgaben zwar tatsächlich, nicht aber bibliographisch existieren, weil man sie wegen der vollkommen identischen Katalogisierung in der Bibliothek einfach nicht finden könnte. Eine Lösung dieses Problems deutet § 1 Abs. 4 Satz 1 der baden-württembergischen Pflichtexemplarverordnung an.[47] Danach sind nicht nur unveränderte, sondern auch veränderte (!) Neuauflagen nur dann abzuliefern, wenn sie als solche im Druckwerk unverschlüsselt gekennzeichnet, also für jedermann wahrnehmbar und damit auch katalogisierbar sind. Diese Regelung ist also ganz vom traditionell formalen Werkbegriff des Katalogs bestimmt. Ob hier bei – gerade inhaltlicher – Verschiedenheit tatsächlich unterschiedliche Werke vorliegen, spielt keine Rolle. Solange diese Verschiedenheit bibliographisch nicht sichtbar wird, wird von einem identischen Werk ausgegangen.

Zweifel über die Identität von Werken werden im Pflichtexemplarrecht der Druckschriften also formal gelöst. Im Bereich der unkörperlichen Medienwerke hingegen ist dies, wie oben gezeigt, nicht mehr möglich.

5. Regelwerke im Medienwandel

Man könnte nun meinen, dass die Unsicherheiten im Pflichtexemplarrecht mit Blick auf das abzuliefernde unkörperliche Medienwerk auch auf die Katalogisierung durchschlagen. Dagegen spricht allerdings, dass die Vorlage für die Titelaufnahme ja als konkret abgelieferte Ausführung des Medienwerkes klar definiert und insoweit auch nur noch formal nach den Vorgaben des Regelwerks zu erfassen ist. Hier freilich macht die Vielfalt der

---

47 Verordnung vom 26. März 1976.

in Bibliotheken mittlerweile zu findenden Medien, die weit über den Bereich der Druckschriften hinausgehen, zusammen mit den gestiegenen Informationsansprüchen der Nutzerinnen und Nutzer einen Strich durch die Rechnung. Die Konvergenz unterschiedlicher Medienarten als Folge der Digitalisierung und damit auch ihre institutionelle Kuratierung lässt alte Unterscheidungen hinfällig werden. Soweit nämlich Sammlungsgegenstände digital vorliegen, ist ihre Erfassung in Bibliotheken, Archiven oder Museen vergleichbar und auch austauschbar.

Vor diesem Hintergrund wurde mit den RDA (*Resource Description and Access*) ein neues Regelwerk eingeführt, dass alle Medienarten und Sammlungsgegenstände erfassen und in allen Gedächtnisinstitutionen eingesetzt werden kann.[48] Ziel dieses Regelwerkes ist es auch, einen im Vergleich zu den traditionellen Katalogregeln viel umfassenderen Zugriff auf Sammlungen zu ermöglichen. Dieses Ziel bringt es mit sich, dass in viel größerem Maße als früher medien- und einrichtungsübergreifende Recherchen möglich sind. Um hier konsistente Ergebnisse zu erzielen, müssen bei der Katalogisierung künftig mehr Beziehungen und Querverweise angegeben werden. Um dieses Ziel zu erreichen, wurde ein aus vier Ebenen bestehendes Beschreibungssystem eingeführt, an dessen Spitze das „Werk" als bloß geistige Schöpfung steht.[49] Die nächste Stufe bildet die „Expression", die eine bestimmte Realisierung dieses Werkes darstellt (z. B. Buch, Hörbuch, Übersetzung). Dem als Vorlage zu erfassenden Werk entspricht in den RDA im Wesentlichen die dritte Stufe, nämlich die „Manifestation" (z. B. die Ausgabe eines Werkes als Übersetzung in einem bestimmten Verlag). Auf der Stufe der Manifestation materialisiert sich gewissermaßen das Werk in der Form einer bestimmten Expression. Unterhalb der Manifestation wird noch das Exemplar unterschieden als konkreter Gegenstand, der bestimmte individuelle Eigenschaften haben kann, etwa Beschädigungen, eine handschriftliche Widmung oder dergleichen mehr.

Durch dieses Mehrebenensystem können Werke in der ganzen Vielfalt ihrer Ausdrucks- und Erscheinungsformen erfasst werden, was früher etwa durch die Verwendung von Originaltiteln oder Einheitssachtiteln bei Übersetzungen nur in Ansätzen möglich war.[50]

Von zentraler Bedeutung für die Katalogisierung ist die Manifestation, die in Gestalt konkreter Exemplare vorliegt und der die wesentlichen An-

---

48 Gantert: Grundwissen, S. 187; Hauke: Description, S. 771. Textausgabe: RDA 2013.
49 Diese Ebenen haben ihren Ursprung in den *Functional Requirements for Bibliographic Records* (FRBR) von 1998, vgl. Gantert: Grundwissen, S. 182–187.
50 Ein instruktives Beispiel, wie die Einordnung und Zusammenfassung verschiedener Ausgaben von Goethe-Werken nach den RAK-WB möglich war und welche Perspektiven die FRBR bieten, gibt Hohoff: Werke, S. 41–56.

gaben für die Titelaufnahme entnommen werden. Dabei gilt im Grundsatz das auch aus den RAK-WB bekannte Autopsie- und Vorlagenprinzip. Neu ist hingegen die Verbindung mit zwei gewissermaßen geistigen Ebenen der Expression und des Werkes. Während sich die Expressionen eines Werkes noch relativ leicht auf Grundlage formaler Merkmale wie Übersetzer und Sprecher unterscheiden lassen, wird es beim Werk selbst schon schwieriger. Hier muss bei der Katalogisierung eine wertende Entscheidung getroffen werden, inwieweit zwei verschiedene Manifestationen tatsächlich einem Werk zuzuordnen sind. Unproblematisch sind hier Fälle der Inhaltsgleichheit. Was aber ist mit einer gekürzten Ausgabe im Verhältnis zu einer Zusammenfassung? Sind Hörbücher und Hörspiele lediglich unterschiedliche Expressionen eines Werkes oder führt die Hörspiel-Bearbeitung zu einem neuen Werk, wie dies bei Verfilmungen regelmäßig der Fall ist?

Aufgefangen wird diese Überlegung immerhin dadurch, dass das, was als Werk gelten soll, immer in wenigstens einer Manifestation existiert und so gewissermaßen das „Normalmaß" für die Zuordnung künftiger Expressionen bildet. Sobald aber ein Werk einmal festgestellt ist, setzt in der Katalogisierung jetzt eine wertende und zuordnende Tätigkeit ein, die es in dieser Form in früheren Katalogregeln so nicht gegeben hat. Komplexer wird der ganze Vorgang noch dadurch, dass zwischen verschiedenen Werken Beziehungen hergestellt werden können (vgl. 25.1 RDA), so dass bei einem bestimmten Werk nicht nur die jeweiligen Bearbeitungen nachgewiesen werden, sondern auch Kommentare, Lesehilfen, Rezensionen und dergleichen mehr.[51]

Insbesondere bei der Ermittlung der Werkgrenzen und der Werkbeziehungen erfordert die Katalogisierung nach dem neuen Regelwerk mehr Überlegungen zur konkreten Gestalt von Werken auch in inhaltlicher Hinsicht, was in dieser Form neu ist.[52] Der normative Ansatz, ein Werk allein auf Grundlage einer Vorlage zu bestimmen, wird zwar nicht aufgehoben, aber durch immer mehr wertende Elemente ergänzt. Die Situation ist hier vergleichbar mit dem Pflichtexemplarrecht bei den unkörperlichen Medienwerken. Auch dort ist kein normativ klar umrissener Werkbegriff mehr gegeben, der den genauen Umfang des Abzuliefernden und zu Sammelnden hinreichend bestimmt. Allerdings wird man mit Blick auf die spätere Katalogisierung auch der Netzpublikationen sagen müssen, dass die für den Katalog wesentlichen Elemente und Unterscheidungsmerkmale immerhin jedenfalls im Bibliothekswesen allgemein anerkannte Kriterien bereitstellen, um ein bestimmtes unkörperliches Medienwerk als ein solches

---

51 Wiesenmüller/Horny: Basiswissen, S. 160.
52 Hauke: Description, S. 771.

identifizieren zu können. Insoweit sind diese Werke am Ende auch regelwerksbestimmt.

6. Schluss

Die Suche nach einem normativen Werkbegriff in Bibliotheks- und Rechtswissenschaft endet in einer gewissen Ernüchterung. Zwar erlauben Gesetze und Regelwerke die Bestimmung dessen, was ein Werk ist, nach relativ klaren Kriterien vorzunehmen. Vor allem die Katalogisierung von Druckschriften bereitet mit ihrem beschreibenden Objektbezug hier die wenigsten Schwierigkeiten. Durch die Einführung eines neuen, einzelne Ausgaben stärker verknüpfenden Regelwerkes und die Berücksichtigung von Netzpublikationen wird diese Sicherheit jedoch zunehmend brüchig.

In der Rechtswissenschaft kann man insbesondere für die Frage, ob ein bestimmter Ausdruck urheberrechtlich geschützt ist oder nicht, auf die klare Abgrenzung dessen, was ein Werk ausmacht, zwar verzichten, muss dafür aber qualitative Fragen nach der Schöpfungshöhe des Vorliegenden beantworten. Immer wieder also wird der Anwender von Regelwerken bei der Bestimmung von Werken Überlegungen anstellen müssen, die über den eigentlichen Bereich seines Faches hinausweisen. Im Ergebnis wird man trotz vorhandener Regelwerke auch in der Bibliotheks- und der Rechtswissenschaft nicht auf einen fachlichen Austausch mit den Kultur- und Literaturwissenschaften verzichten können, um zu bestimmen, wann und in welchem Umfang ein Werk vorliegt.[53] Dieser Austausch wird, das hat die Entwicklung der letzten Jahre gezeigt, mit dem Fortschreiten des digitalen Medienwandels immer wichtiger.

Der eingangs angezielte und zunächst auch entdeckte normative Werkbegriff erweist sich damit mehr und mehr als Fiktion. Bestenfalls werden Rechts- und Bibliothekswissenschaft zu einem pragmatischen Werkbegriff gelangen, der sich aus der Rationalität ihrer Regelwerke ableitet. Ein sich selbst genügendes normatives Werkkonzept ist dies jedoch nicht.

Bibliographie

Alt, Peter-André: Die Verheißungen der Philologie. Göttingen 2007.
Barudi, Malek: Autor und Werk – eine prägende Beziehung. Die urheberrechtliche Prägetheorie im Spiegel der Literaturwissenschaft. Tübingen 2013.

---

53 Zum vergleichbaren Problem einer philologisierenden Rechtswissenschaft im Bereich der Feststellung von Plagiaten Reulecke: Täuschend, S. 103 f. Zu den Parallelen von Rechtswissenschaft und Literaturästhetik siehe auch Barudi: Autor, S. 126–130.

Buck, Herbert: Katalog. In: Severin Corsten/Günther Pflug (Hg.): Lexikon des gesamten Buchwesens. 2., völlig neu bearb. Aufl. Bd. 4. Stuttgart 1995, S. 180–181.
Fechner, Frank: Medienrecht. 18., überarb. und erg. Aufl. Tübingen 2017.
Fuchs, Hermann: Kommentar zu den Instruktionen für die alphabetischen Kataloge der Preußischen Bibliotheken. 5., unveränd. Aufl. Wiesbaden 1973.
Gantert, Klaus: Bibliothekarisches Grundwissen. 9., vollst. neu bearb. und erw. Aufl. Berlin, Boston 2016.
Haller, Klaus: Katalogkunde. Eine Einführung in die Formal- und Sacherschließung. 3., erw. Aufl. München 1998.
Haller, Klaus/Hans Popst: Katalogisierung nach den RAK-WB. 5., überarb. Aufl. München u. a. 1996.
Hauke, Petra: Regeln für die Alphabetische Katalogisierung. In: Konrad Umlauf/Stefan Gradmann (Hg.): Lexikon der Bibliotheks- und Informationswissenschaft. Bd. 2. Stuttgart 2014, S. 760–761.
Hauke, Petra: Resource Description and Access. In: Konrad Umlauf/Stefan Gradmann (Hg.): Lexikon der Bibliotheks- und Informationswissenschaft. Bd. 2. Stuttgart 2014, S. 771.
Hohoff, Ulrich: Goethes Werke im Alphabetischen Katalog. Wie Bibliothekare und Philologen den Alphabetischen Katalog und die RAK-WB weiterentwickeln können. In: Bernd Lorenz (Hg.): Bibliothek und Philologie. Festschrift für Hans-Jürgen Schubert. Wiesbaden 2005, S. 41–56.
Instruktionen für die Alphabetischen Kataloge der Preußischen Bibliotheken vom 10. Mai 1899. Zweite Ausgabe in der Fassung vom 10. August 1908. Unveränd. Nachdr. Wiesbaden 1975.
Jochum, Uwe: Die Idole der Bibliothekare. Würzburg 1995.
Jung, Rudolf.: Katalogisierungsregeln. In: Severin Corsten/Günther Pflug (Hg.): Lexikon des gesamten Buchwesens. 2., völlig neu bearb. Aufl. Bd. 4. Stuttgart 1995, S. 182–183.
Kleinschmidt, Harald: Über den Umgang mit Büchern. Hilfsgeschichtliche Prolegomena zur Geschichte der Katalogregeln. In: Archiv für Kulturgeschichte 64 (1982), S. 453–480.
König, Eva-Marie: Der Werkbegriff in Europa. Eine rechtsvergleichende Untersuchung des britischen, französischen und deutschen Urheberrechts. Tübingen 2015.
Lansky, Ralph/Carl Erich Kesper: Bibliotheksrechtliche Vorschriften. 4., Aufl. Frankfurt a. M. 2007. Loseblattsammlung.
Loewenheim, Ulrich (Hg.): Handbuch des Urheberrechts. 2. Aufl. München 2010.
Lohse, Hartwig: Pflichtexemplar. In: Severin Corsten/Günther Pflug (Hg.): Lexikon des gesamten Buchwesens. 2., völlig neu bearb. Aufl. Bd. 5. Stuttgart 1999, S. 623–624.
Ostermann, Eberhard: Werk. In: Gert Ueding (Hg.): Historisches Wörterbuch der Rhetorik. Bd. 9. Darmstadt 2009, Sp. 1352–1362.
Ott, Stephan: Die Google Buchsuche – Eine massive Urheberrechtsverletzung? In: Gewerblicher Rechtsschutz und Urheberrecht. Internationaler Teil 56 (2007), S. 562–569.
Pudelek, Jan-Peter: Werk. In: Karlheinz Barck/Martin Fontius/Friedrich Wolfzettel/Burkhart Steinwachs (Hg.): Ästhetische Grundbegriffe. Historisches Wörterbuch in sieben Bänden. Bd. 6. Stuttgart, Weimar 2005, S. 520–588.
Raue, Peter/Jan Hegemann (Hg.): Münchener Anwaltshandbuch Urheber- und Medienrecht. 2., überarb. und erw. Aufl. München 2016.
RDA. Resource Description & Access. Deutsche Übersetzung. Berlin, Boston 2013.
Regeln für die alphabetische Katalogisierung in wissenschaftlichen Bibliotheken. Hg. von der Konferenz für Regelwerksfragen beim Deutschen Bibliotheksinstitut. 2., überarb. Ausgabe. Stand: 4. Ergänzungslieferung. Berlin 2002.

Rehbinder, Manfred/Alexander Peukert: Urheberrecht. Ein Studienbuch. 17. neu bearb. Aufl. München 2015.
Reulecke, Anne-Kathrin: Täuschend, ähnlich. Fälschung und Plagiat als Figuren des Wissens in Literatur und Wissenschaften. Eine philologisch-kulturwissenschaftliche Studie. Paderborn 2016.
Roloff, Heinrich: Die Katalogisierung. In: Georg Leyh (Hg.): Handbuch der Bibliothekswissenschaft. 2., verm. und verb. Aufl. Bd. 2. Wiesbaden 1961, S. 242–356.
Schack, Haimo: Urheber- und Urhebervertragsrecht. 8., neu bearb. Auflage. Tübingen 2017.
Schricker, Gerhard/Ulrich Loewenheim (Hg.): Urheberrecht. Kommentar. 5., neu bearb. Aufl. München 2017.
Schricker, Gerhard: Verlagsrecht. Kommentar. 3., neu bearb. Aufl. München 2001.
Steinhauer, Eric W.: Das Pflichtexemplarrecht. In: Rolf Griebel/Hildegard Schäffler/Konstanze Söllner (Hg.): Praxishandbuch Bibliotheksmanagement. Bd. 2. Berlin, Boston 2014, S. 947–957.
Thomé, Horst: Werk. In: Jan-Dirk Müller (Hg.): Reallexikon der deutschen Literaturwissenschaft. Neubearbeitung des Reallexikons der deutschen Literaturgeschichte. Bd. 3. Berlin, New York 2007, S. 832–834.
Umstätter, Walther/Roland Wagner-Döbler: Einführung in die Katalogkunde. Vom Zettelkatalog zur Suchmaschine. 3. Aufl. d. Werks von Karl Löffler. Stuttgart 2005.
Verordnung des Wissenschaftsministeriums zur Durchführung des Gesetzes über die Ablieferung von Pflichtexemplaren an die Badische Landesbibliothek in Karlsruhe und die Württembergische Landesbibliothek in Stuttgart vom 26. März 1976. In: Gesetzblatt für Baden-Württemberg 1976, S. 447–449.
Wiesenmüller, Heidrun/Silke Horny: Basiswissen RDA. Eine Einführung für deutschsprachige Anwender. 2., überarb. und erw. Aufl. Berlin, Boston 2017.

V. Grenzen des Werks: Serie und Fortsetzung

CLAUDIA STOCKINGER

Werk in Serie? Werkförmigkeit unter den Bedingungen von Populärkultur

Populäre Serien sind bewegliche, immer weiter anwachsende Erzählungen. Im Prozess ihres Entstehens entwickeln sie eine „Gesamtvorstellung",[1] an der viele Akteure beteiligt sind, inklusive die Rezeption; ihr kommerzielles Interesse verhehlen sie ebenso wenig wie ihre massenadressierte Ausrichtung; sie sind flexibel genug (oder können dies zumindest sein), um einzelne Handlungsstränge im weiteren Verlauf neu zu gewichten oder ganz auszublenden; und sie machen, als rekursive, selbstbezügliche Fortsetzungen angelegt, die eigene Beweglichkeit immer zugleich auch explizit – soweit der Konsens der Forschung.[2] Was also hätte eine Serie mit einem (geschlossen konzipierten Einzel-)Werk zu tun? Ganz klar: Sie wird seit einiger Zeit permanent damit in Verbindung gebracht.

Dem Nachweis dieser Behauptung vorausschicken möchte ich zunächst die Beobachtung, dass die überkommene Grenzziehung zwischen E- und U-Kultur, zwischen *High* und *Low* im Hinblick auf artifizielle Artefakte scheinbar nicht mehr existiert – jedenfalls dann nicht, wenn man sich den aktuellen Umgang mit Produkten populärseriellen Erzählens ansieht. Sowohl die Forschung als auch das Feuilleton beschäftigen sich mit Produkten der Populärkultur *als* werkförmig angelegter Hochkultur, bringen also beiden Bereichen dieselbe feinsinnig-wissenschaftliche Aufmerksamkeit entgegen. Dennoch lässt sich beobachten, dass das Differenzkriterium der „feinen Unterschiede" (P. Bourdieu) nach wie vor greift: Seitdem Umberto Eco populär-seriellen Artefakten in den 1980er Jahren Innovationspotenzial attestiert hat, gilt der Experte, der kompetente ‚Leser', als deren eigentlicher Adressat;[3] zur ‚Relektüre' ist er bereit und in der Lage.[4] Be-

---

1 Hickethier: Fernsehserie, S. 10.
2 Müller-Sievers: Kinematik, S. 22; Kelleter: Ways; Scherer/Stockinger: Archive, insbes. S. 260–262.
3 Eco: Innovation, S. 168, 171.
4 Vgl. ebd., S. 172.

zeichnenderweise hat die US-amerikanische Serienforschung nach der Jahrtausendwende die *rewatchability* zu einem zentralen Kriterium der neueren Fernsehserie erklärt.⁵ Damit ist nun aber die entscheidende Hürde von der Serie zum Werk genommen. Was noch zeitgleich als der „wesentliche Unterschied zwischen populärer und ‚wahrer' Literatur" bezeichnet wurde, „dass letztere mehrmals gelesen wird" nämlich,⁶ ist aus dieser Perspektive gegenstandslos geworden.

Konsequenterweise klagt deshalb Hans-Otto Hügel, der Doyen der deutschsprachigen Populärliteraturforschung, eine veränderte Haltung etwa gegenüber dem bis dato wenig angesehenen Genre des Groschenromans ein. Weil es ihm darum geht, die darin „erzählte Geschichte als Literatur [ernst] zu nehmen",⁷ um sowohl den Texten als auch den Rezipienteninteressen gerecht zu werden, fordert er, „die ästhetische Verfasstheit des Romans" zu würdigen und „das Romanheft als Literatur" zu lesen.⁸ Am Beispiel der Groschenromanforschung kann man sehen: Die Feststellung von Werkförmigkeit geht immer auch mit Wertungsprozessen einher. Um etwas nicht nur zu konsumieren, sondern zu ‚lesen', muss es offensichtlich ‚mehr' sein als ein bloßes Unterhaltungsprodukt. Als man den Groschenroman in den 1970er Jahren erstmals als wissenschaftsfähigen Gegenstand entdeckte, beschäftigte man sich damit im Rahmen der sogenannten Trivialliteraturforschung.⁹ Zwar suchte dieser Ansatz das ‚Triviale' von bildungskulturellen Missverständnissen und Vorbehalten zu befreien. Weil er aber etwa auf der ‚Bipolarität' des für das ‚Triviale' typischen Figurenarsenals oder auf der ‚formelhaften Erstarrung' von dessen Sprache beharrte,¹⁰ wertete er seinen Gegenstand letztlich doch ebenfalls ab. Für eine Neuorientierung bedurfte es eines weiteren Schritts: Das ‚Triviale' musste als ‚Populäres' zur Leitvorstellung der Philologie erklärt werden.

2004 entdeckte Thomas Steinfeld die „Philologie" als „Lebensform". In seiner Studie *Der leidenschaftliche Buchhalter* erklärte er den ‚Fan' zum Philologen der Gegenwart:

> [I]m Herzen eines jeden ‚Fans' wohnt ein Philologe [...] – und zwar kein moderner, sondern einer noch im Sinne des neunzehnten Jahrhunderts, ein bescheidener Diener am höheren Wesen, einer, der suchen und sammeln, unterscheiden, sortieren und bewahren will. Und auch einer, der liebt.¹¹

---

5 Mittell: Complexity, S. 31.
6 Türschmann: Spannung, S. 206, unter Berufung auf William F. Brewer, 1996.
7 Hügel: Durchsichtigkeit, S. 255.
8 Ebd., S. 265.
9 Schlaglichter zur Geschichte der Trivialliteratur bietet Nusser: Trivialliteratur, S. 21–118.
10 Ebd., S. 127.
11 Steinfeld: Buchhalter, S. 12. Vgl. zu diesem Komplex ausführlich Stockinger: Logik.

Demnach setzt populärkulturelles Erzählen auf Askese und Detailgenauigkeit, Aufmerksamkeit und historische Präzision, Interesse an Vollständigkeit und Leidenschaft. Dazu passt, dass seit den 1990er Jahren die US-amerikanische Serienproduktion mit einem probaten Publikum rechnen kann, mit einem Publikum also, das seit den 1950er Jahren in den Prozess der Ausdifferenzierung narrativer Komplexität eingebunden und entsprechend sozialisiert ist.[12] Auf großangelegte Serienerzählungen wie *The Wire* (HBO, 2002–2008) war dieses Publikum deshalb bestens vorbereitet. Es rezipiert solche seriellen Artefakte seitdem *als* Werk.

1. Serie sei Werk

Dass die Serie ein Werk sei, ist eine mittlerweile weit verbreitete Haltung zum filmischen Text. Allerdings bezieht sich diese Haltung nicht auf alle Serienformate, sondern in erster Linie auf sogenannte *serials*, also Serien mit fortlaufenden Handlungssträngen,[13] auch ‚Fortsetzungsserie' genannt.[14] Sie lässt sich gerade an Beispielen wie etwa der Erfolgsserie *The Wire* vorführen und nachweisen. In akademischen Vorträgen, publizistischen Essays, Feuilletons und wissenschaftlichen Arbeiten häufen sich Beschreibungsmuster, die auf die Feststellung der Werkförmigkeit der Serie *The Wire* zielen, auf deren „identity as a *cryptoliterary work*, a ‚televised novel'".[15] Die Rede ist wiederholt erstens von einem geschlossenen Gebilde, dessen Teile aufeinander bezogen seien, das also einen kompletten Spannungsbogen bilde und deshalb auch nicht nur teilweise rezipiert werden könne;[16] das zweitens ein nachhaltiges und in sich stimmiges Angebot zur Weltdeutung mache,[17] verallgemeinerbar und von überzeitlichem Interes-

---

12 Vgl. dazu z. B. Kupper: Narration.
13 Im Unterschied zu den sogenannten *series* (Serien mit abgeschlossenen Folgehandlungen). Zur angloamerikanischen Forschung vgl. Allrath/Gymnich: Strategies; zum Begriffsgebrauch in der internationalen gegenüber der deutschen Diskussion Liebnitz: Fernsehserien, S. 148–150, 160–166.
14 Im Unterschied zur ‚Episodenserie', vgl. Weber/Junklewitz: Gesetz, S. 21.
15 Kelleter: Agencies, S. 14; Hervorh. C. S.
16 Moyers: Simon: „[I]f you don't manage it in some way that you incorporate all of society, maybe not to the same degree, but if everybody's not benefiting on some level and if you don't have a sense of shared purpose, national purpose, then all it is a *pyramid scheme*" (Hervorh. C. S.). Vgl. auch Sheehan/Sweeney: Wire: „*The Wire* is a Greek tragedy in which the postmodern institutions are the Olympian forces."
17 *The Wire* möchte wahrgenommen werden als „driven by a *coherent* worldview" (Sheehan/Sweeney: Wire; Hervorh. C. S.).

se; und das drittens als „*great art*",[18] als „ein Roman. Einer der besten" zu gelten habe und „wie ein Buch" zu „‚lesen'" sei,[19] angelegt auf „*closure*", ohne notwendig einen Ausweg aus dem vorgeführten Dilemma zu bieten.[20] Explizit bestehen demnach Sendungen wie *The Wire* den „test of time *as classic works of literature*, of theater, of film".[21]

Ein wichtiges werkkonstituierendes Merkmal ist diesen Beschreibungen zufolge die Kohärenz. Wodurch wird sie gestiftet? Die Artikel sind hier eindeutig. Ihre Befunde überraschen aus der Perspektive der Literaturwissenschaftsforschung nicht: zum einen durch den Autor – die Werkdebatte in der Literaturwissenschaft ist eng verbunden mit der Autorschaftsdebatte, die seit Ende der 1960er Jahre relevant wurde und seit Ende der 1990er Jahre wieder neu aufgerollt wurde –;[22] zum anderen durch dramaturgische ‚rote Fäden' (wie Leitmotive, Figuren, Musik) – textnahe Beobachtungen liegen dafür offensichtlich nahe. Die FAZ-Rezensentin Nina Rehfeld etwa nennt David Simon, den „main writer" des (im Artikel explizit so genannten) „Fernseh-Epos" *The Wire*, „Amerikas renommierteste[n] Fernsehautor". Diese Position adelt demnach auch Simons (seinerzeit) neueste Produktion, *Treme*, angesiedelt in New Orleans nach den Verwüstungen durch Hurrikan Katrina, in der die „Musik" „den roten Faden" „spinnt".[23]

Für die Frage nach dem Verhältnis von Werk und Serie liefert Rehfelds Rezension eine Art Schlüsselartikel. Sie bemüht Kategorien, die in der Kritik des klassischen Werks seit über 200 Jahren ausgebildet worden sind und die jetzt für die Fernsehserie aktualisiert werden: Demnach bietet die Serie Widerständiges, Anspruchsvolles, Kleinteiliges; sie stellt eine Zumutung an den Rezipienten dar, weil sie diesem viel abverlangt; sie wertet den

---

18 Alasdair McMillan (2008), zit. nach Kelleter: Agencies, S. 53.
19 Kämmerlings: Balzac.
20 Kelleter: Agencies, S. 72: „In the end, we get closure without exit".
21 Zit. nach Kelleter: Populärkultur, S. 63; Hervorh. C. S.
22 Neuere Tendenzen in der Editionsphilologie (*critique génétique*) haben den Autor zwischenzeitlich ebenso verabschiedet wie vor allem theaterwissenschaftlich fundierte Richtungen der Performanztheorie, denen zufolge das ästhetische Ereignis, genauer dessen „Prozessualität", „Unwiederholbarkeit" und „Interaktionscharakter" (Spoerhase: Werk, S. 279) das ästhetische Werk ablöst – und auch traditionelle Autorschaftsvorstellungen auflöst. Zugleich bleiben in der Editionsphilologie Autor- und Werkbegriff eng aneinander gekoppelt, vgl. etwa Gunter Martens u. a. (ebd., S. 287). Den Zusammenhang von Autor und Werk behaupten ebenfalls noch Foucault und Barthes; vgl. dazu Martus: Werkpolitik, S. 41–43; Spoerhase: Werk, S. 279–285.
23 Rehfeld: Melodie. – Ein seriell anders erzähltes, aber ähnlich beurteiltes Beispiel: „Die Serie *True Detective* ist angelegt wie ein Sammelband mit Erzählungen, jede Staffel steht für sich selbst, Figuren oder Schauspieler kehren nicht wieder, nur die Handschrift des Autors Nic Pizzolatto verbindet die einzelnen Teile miteinander" (Weisbrod: Stadt).

Rezipienten zugleich auf, weil er sich genau dadurch eine (Lektüre-)Kompetenz aneignet, die ihn vom bloßen Konsumenten ‚fein' unterscheidet; sie weist eine komplexe und doch klar durchdachte Komposition auf, die jede Erwartung an einfache Wertzuschreibungen und Beurteilungsraster unterläuft; und sie behält dabei doch ein übergeordnetes Ganzes im Blick, das nicht nur für den dargestellten Einzelfall, sondern für die gesamte Menschheit und ihre Geschichte relevant zu sein beansprucht – im Fall von *Treme* gehe es „um die Zukunft der Zivilisation", so Rehfeld. Über den ‚Werkerzeuger' Simon heißt es:

> Der Neunundvierzigjährige macht schwieriges Fernsehen. „Fernsehen zum Vorbeugen, nicht zum Zurücklehnen", wie er sagt. Er setzt auf quasidokumentarische Stoffe, die in der sozialen Wirklichkeit wurzeln. Im Vergleich zum reinen Unterhaltungsfernsehen wirken sie sperrig. Es gibt keine klare Demarkationslinie zwischen Helden und Bösewichtern, stattdessen erzählt Simon kleine, persönliche Geschichten, die sich zu großen Zusammenhängen fügen.[24]

Schon im Fall von *The Wire* hat Simon selbst diese und ähnliche Einschätzungen paratextuell begleitet (oder sie vorbereitet),[25] und auch die Beschreibungen der Serie *als Werk* sind bereits in *The Wire* angelegt. Sie werden seitdem vielfach zitiert, etwa Drogenhändler Omars Einsicht „[It's] all in the game, yo, all in the game" (Staffel 1/Folge 13: *Sentencing*; 01:04:07–01:04:12) oder Ermittler Lester Freamons berühmte Auskunft, die den Spannungsbogen des geschlossenen Dramas aufruft: „all the pieces matter" (Staffel 1/Folge 6: *The Wire*; 00:23:15–00:23:18).[26] Und selbst wenn einzelne Artikel berücksichtigen, dass moderne US-Fernsehserien von (gut organisierten) Schreibwerkstätten hervorgebracht werden, wird doch immer wieder gern betont, der „Ton von David Simons journalistischen Arbeiten" sei „hinter der Vielstimmigkeit der Serie (und der des Autoren-

---

24 Rehfeld: Melodie.
25 *The Wire* als Beispiel für multi-perspektivisches Erzählen, „where you get the whole world" (David Simon in: RTE Radio 1 am 24. Januar 2008, zit. nach Sheehan/Sweeney: Wire).
26 Nach Kelleter: Agencies, S. 85: „one of the most frequently cited pieces of dialogue from the series in the scholarly literature and hence one of its most influential self-descriptions". – Dieses bei Simon bereits perfektionierte „We are all connected" ist Leitsatz einer Serie, die das erzählerische Prinzip der *short cuts* ins Globale wendet: *Sense8* (Andy und Lana Wachowski/J. Michael Straczynski/Tom Tykwer; Netflix, seit 2015), eine nochmals gesteigerte Umsetzung des Versuchs, den „Ausschnitt als Ganzes" zu präsentieren, das geschlossene Drama in Serie zu setzen, „eine Fernsehserie über alles", „über die ganze Welt und alles, was man sich auf der Welt vorstellen kann", eine Serie über „acht Leute" weltweit, „deren Leben so rasant ineinander verschnitten sind, als wären sie eines, zu einer Art globalen Totale" (Mayer: Global normal).

stabs)" auszumachen.[27] Akteure der Produktion und der Rezeption von *The Wire* arbeiten demnach gemeinsam an der Erzeugung des „Kunstwerk[s], das *The Wire* ist",[28] an der Erzeugung jenes „effect of unity" also,[29] der das Versprechen auf „ultimate closure" enthält.[30]

Das Finale einer Serie *als* Werk führt diesen Beschreibungen zufolge alle Fäden zusammen, macht das sukzessiv-unübersehbar Dargestellte in einem großangelegten Mosaik simultan sichtbar, spielt mit genau diesen Sehinteressen[31] und unterläuft auf alle möglichen Weisen die herkömmlichen Erwartungen an ein populärkulturelles, seriell erzähltes Artefakt, in endlosen Variationen immer Dasselbe in Form von austauschbaren Kettengliedern aneinanderzureihen.

Interessanterweise kapituliert die Rede von der Werkförmigkeit des Seriellen nicht einmal dann, wenn der Erzählzusammenhang im Rahmen von intermedialen Adaptationen nochmals geöffnet und erweitert wird. Georg Seeßlen etwa zeigt am Beispiel der Comicserie *The Walking Dead* (2003), „wie und warum Comics eine Kunstform sind". Die gleichnamige Fernsehadaptation (Frank Darabont; AMC, seit 2010) mache daraus erneut „Kunst", genauer ein „hoch stilisierte[s] und zugleich realistische[s] Werk".[32] Und wenn der Marvel-Verlag die Superhelden-Comics seines Programms seit 2008 in ein „megalomanische[s] Kinoprogramm" überführt, das für sich beansprucht, vermittels unterschiedlicher Verknüpfungsstrategien der Filme und Serien ein in sich „geschlossenes" „Marvel Cinematic Universe" zu erzeugen, dann wird in der Besprechung daraus „ein Verknüpfungs*kunstwerk*" von „Multiversen".[33]

Es fällt auf, dass die meisten Darstellungen die Kategorie der Hochkultur einerseits (nicht selten sogar explizit) verabschieden, diese andererseits aber genau dadurch – im Sinne einer Art *re-entry* – wieder in die Debatte einfügen. Indem die Serie zu einem satisfaktionsfähigen Beobachtungsobjekt des meinungsbildenden Feuilletons wurde und sich zugleich als wissenschaftsfähig erwies (die Übergänge zwischen beiden Bereichen sind flie-

---

27 Eschkötter: Wire, S. 10.
28 Böttcher: Eschkötter.
29 Kelleter: Agencies, S. 25.
30 Ebd., S. 30.
31 Wie dies etwa das Finale der HBO-Serie *The Sopranos* tut, vgl. Kelleter: Populärkultur.
32 Seeßlen: Zombies.
33 Weisbrod: Universum; aus Anlass des Films *Avengers – Age of Ultron* (2015); Hervorh. C. S. – Die „Kunst der Verknotung zwischen zwei Erzählwelten" beherrscht die populäre Serienkultur insgesamt, nicht nur die Comicwelt (Weisbrod erinnert in diesem Zusammenhang an das Prequel zu *Breaking Bad*, *Better Call Saul*, oder an das Sequel *Fargo*).

ßend), bleiben überkommene Beschreibungsmuster im Diskurs, die sich – bei aller Heterogenität – auf die Werkförmigkeit eines Produkts hin beziehen lassen. Die Werkförmigkeit steht in der Praxis des Umgangs mit populär-seriellen Elaboraten eben nicht zur Debatte. Sie steht vielmehr fest.

Wir haben uns, so Frank Kelleter, inzwischen daran gewöhnt, „to speak of television series *as singular works of art*";[34] die allgegenwärtige Rede von der Komplexität aktueller Serien auf vielerlei Ebenen mag dafür verantwortlich zeichnen. Bezogen auf etwa *Breaking Bad* oder *Homeland* schreibt Kelleter 2012 in der *Frankfurter Allgemeinen Zeitung*: „Feuilleton und Wissenschaft widmen sich diesen Werken mit einer Leidenschaft, die ehemals großer Literatur vorbehalten war"; er konstatiert, „viele gegenwärtige Serien […] betonen Werkhaftigkeit, Abgeschlossenheit und Autorschaft für Erzählkomplexe, deren reale Produktions- und Konsumbedingungen seriell, vernetzungsoffen und arbeitsteilig sind"; und er verweist auf die Permeabilität einer ehemals als undurchlässig angesehenen Grenze: „Hohes und Niedriges werden durcheinandergewirbelt".[35] Dass die Rezeption solcher Serien mit „entspanntem Fernsehgucken" „nichts zu tun" hat, wurde zwischenzeitlich bereits mit Mitteln der Hirnforschung nachgewiesen.[36] Bestätigt wird dieser Sachverhalt in einem *Zeit*-Artikel mit dem bezeichnenden Titel „Bügeln geht nicht mehr":

> Nebentätigkeiten sind bei den Serien unserer Zeit nicht mehr drin, denn wir haben es hier mit dem erzählerischen Erbe von Dickens und Balzac zu tun, wenn nicht gar mit dem Äquivalent zur griechischen Tragödie, jedenfalls aber mit den Visionen von *auteurs*, die entweder vom Kino kommen oder mit ihm in Konkurrenz treten.[37]

Was also sieht man, wenn man bei der Serienrezeption auf Werkförmigkeit achtet? Die in geringfügigen Variationen immer wieder genannten Kriterien zusammenfassend lässt sich sagen: Man liest die Serie als „Erzählung eines Zusammenhangs"[38] auf vielerlei Ebenen (sprachlich, textuell, intermedial, kulturell) und leitet daraus nicht zuletzt „die Schönheit der Serie selbst" ab.[39] Das ‚ästhetische Kriterium' der Werkerzeugung, das auf den Geschlossenheitsgrad (Anfang und Ende) bzw. Vollendungsgrad des Gebildes zielt,[40] ist also sicherlich an erster Stelle zu nennen. Auffällig ist dabei, dass der in den Beiträgen bemühte Begriff von Geschlossenheit

---

34 Kelleter: Agencies, S. 23; Hervorh. C. S.
35 Kelleter: Serien.
36 Blawat: Kabelfernsehen.
37 Horst: Bügeln.
38 Eschkötter: Wire, S. 23–43.
39 Ebd., S. 39.
40 Vgl. Spoerhase: Werk, S. 288.

oder Ganzheit den Überlegungen der literaturwissenschaftlichen Werktheorie – eine film- und fernsehwissenschaftliche existiert erst in Ansätzen –[41] seit den Diskussionen der 1960er Jahre durchaus entspricht.[42] Mit Rückbezug auf Konzepte der literarischen Frühromantik korrespondiert demnach die dem Werk eigene Idee einer ästhetischen ‚Ganzheit' oder ‚Geschlossenheit' der (auch strukturell erzeugten) ‚Offenheit' seiner Bedeutung(en). Das Kriterium der ‚Geschlossenheit' und die Forderung nach (serieller) ‚Unabschließbarkeit' lassen sich so als miteinander vereinbar betrachten. Dass etwa die spezifische Einheit eines Gebildes wie *The Wire* als „Einheit in der ‚Mannigfaltigkeit'" beschrieben wird,[43] verwundert von daher nicht.

Weitere Kriterien der Werkerzeugung – wie das ‚paratextuelle', das ‚institutionelle' und das ‚intentionale Kriterium' –[44] spielen ebenfalls in die Beurteilungen der Serie hinein, sind aber nicht isoliert voneinander zu betrachten: Die Erzeugung der Serie *als* Werk geschieht in der multimedialen Interaktion von Produktlogik, Produktions- und Rezeptionszusammenhang, und zwar stets auf der Grundlage einer wechselseitigen Bereitschaft zur Werkförmigkeit der Serie. Damit zeigt sich an den zitierten Beispielen auf der Metaebene der Beobachtung, was ebenfalls längst Konsens der aktuellen Werkforschung ist: Bei der Kategorie Werk handelt es sich keinesfalls um eine ontische Größe. Was ein Werk ist, ergibt sich vielmehr aus seinen Funktionen: „Es ist gleichsam der Kristallisationsort von Normen des Umgangs mit Literatur".[45]

2. Serie ist Werk!

Die hier nur skizzierte, allseits praktizierte Haltung zur populären Serie *als* Werk hat viele Vorteile: Die Erhöhung der Visibilität und die Sensibilisierung für die spezifischen Produktionslogiken serieller Produkte sind wohl die augenscheinlichsten. An den Gegenständen wird etwas sichtbar gemacht, was sonst nicht gesehen würde, und den Gegenständen wird – auf der Ebene des Erzählens, des filmischen Darstellens, der Dramaturgie, der Personenkonstellationen u. a. – eine Komplexität entbunden, die ihnen sonst nicht zuzumuten wäre. Flächendeckende Untersuchungen fehlen

---

41 Vgl. dazu Stockinger: Serie, S. 211–219 („Exkurs: Was ist [eigentlich] ein Werk?").
42 Initiiert maßgeblich durch Eco: Opera.
43 Eschkötter: Wire, S. 82.
44 Spoerhase: Werk, S. 288.
45 Martus: Werkpolitik, S. 22.

hierzu naturgemäß; am Beispiel der Kulturzeitschrift *Die Gartenlaube*[46] und an der ARD-Reihe *Tatort*[47] habe ich diese Zusammenhänge bereits genauer beobachtet, bezogen explizit auf die Werkförmigkeit der Gebilde.

Das Beispiel *Tatort* ist für die Frage nach dem Verhältnis von Serie und Werk schon deshalb aufschlussreich, weil die Reihe weder ‚nur' eine Fortsetzungs-, noch ‚nur' eine Episodenserie ist. Vielmehr besteht sie aus unterschiedlichen Serien, die sich wiederum aus zumeist abgeschlossen erzählten Folgen zusammensetzen. Dennoch weisen diese Folgen enge serielle Verflechtungen zur je eigenen Serie, zu anderen Serien der Reihe und zur gesamten Reihe auf, sind also Teil einer umfassenden Einheit. Gerade das Beispiel *Tatort* macht deutlich, dass sich die Werkförmigkeit des Gebildes ‚Serie' insgesamt graduell bemisst, und zwar bezogen auf den jeweiligen Grad der „intraseriellen Kohärenz" der Folgen zur Serie (sowie, im Fall des *Tatort*, der Serien zur Reihe). Diese spezifisch serielle Kohärenz wird üblicherweise durch die „Fortsetzungsreichweite" und die „Fortsetzungsdichte" einer Serie erzeugt:[48] Serien mit abgeschlossenen Folgehandlungen haben eine niedrige Fortsetzungsdichte, bei fortgesetzten Handlungen ist auch die Fortsetzungsreichweite hoch. Mit anderen Worten: Je höher sowohl Fortsetzungsdichte als auch Fortsetzungsreichweite sind, desto deutlicher weisen Serien werkförmige Strukturen auf.

Im Fall des *Tatort* kann man den jeweiligen Grad der Kohärenz immer nur in Hinsicht auf die einzelne Folge bzw. die einzelne Serie messen. Tut man dies aber,[49] wird deutlich, dass zum einen einzelnen *Tatort*-Folgen (*die Folge als Werk*), zweitens den Serien der Reihe (*die Serie als Werk*) und drittens der Reihe im Ganzen (*die Reihe als Werk*) in jeweils signifikanten Fällen Werkcharakter zukommt. Mittel der Werkerzeugung sind hier der Reihentitel, der feste Sendeplatz, die „Gesamtvorstellung",[50] die die spezifische ‚Geschlossenheit' des *Tatort* als konzeptuelle oder sogar virtuelle Größe realisiert;[51] außerdem die Ausstellung des Autors (Drehbuchschreibers)

---

46 Stockinger: Ursprüngen. Periodisches Erzählen entwickelt ganz eigene Formen von Werkförmigkeit, schon die berühmte „Einbanddecke zur Gartenlaube" (*Die Gartenlaube* 1872, S. VI) ist für periodisch organisierte Kommunikationsverhältnisse signifikant: Die materiale Geschlossenheit eines ‚Buchs' und die materiale Offenheit wöchentlich gelieferter Einzelhefte kommen im Jahrgangskonvolut der Zeitschrift zusammen; schon früh wurde das periodisch erscheinende Organ deshalb als ‚Buch' rezipiert. Vgl. dazu auch Stockinger: Kookkurrenz.
47 Stockinger: Serie.
48 Vgl. dazu die Graphik bei Weber/Junklewitz: Gesetz, S. 27.
49 Vgl. dazu ausführlich Stockinger: Serie.
50 Hickethier: Fernsehserie, S. 10.
51 Martus: Werk, S. 354.

oder/und Regisseurs in den *credits*; auf Folgen-Ebene Abweichungen vom Konzept der Reihe; sowie auf Serien- und Reihen-Ebene Mechanismen der Einheitsstiftung durch intraserielle Vernetzungen (i.e. Vernetzungen zwischen Folgen einer Serie), die es erlauben, den Serien Werkcharakter zuzugestehen, und interserielle Vernetzungen (i.e. Vernetzungen der Serien untereinander), die es erlauben, der Reihe Werkcharakter zu attestieren. Metaserielle Vernetzungen finden sich auf beiden Ebenen (intra- wie interseriell). Der Umgang mit dem Format in Beiträgen und Rezensionen entspricht diesen Befunden auf Ebene der Texte: Bis heute wird etwa die gesamte Reihe als „Gesamtkunstwerk" rezipiert.[52]

Eine jüngere Entwicklung[53] im Umgang mit der Reihe *Tatort* und ihren Serien wirft ein bezeichnendes Licht auf die spezifische Werkförmigkeit populär-serieller Artefakte: Neuerdings verpflichten die *Tatort*-Zuschauer die Programmverantwortlichen auf die „Gesamtvorstellung" des Formats. Die Reihe *Tatort* als Werk entsteht so – im Wechselspiel mit der Ebene der Produktion und nachweisbar in den Produkten – im Serien-Gedächtnis auf Ebene der Rezeption. Das Finale der BR-Folge *Am Ende des Flurs* (4. Mai 2014, Regie: Max Färberböck) markierte keinen Cliffhanger, als Kommissar Leitmayr mit einem Messer im Rücken auf den Boden liegend das Schlussbild bestimmte – obgleich genau diese Konstellationen zu den klassischen Cliffhanger-Formaten gehört.[54] Das Publikum wusste das offensichtlich besser als die *Tatort*-Redaktion des Bayerischen Rundfunks: Obwohl im Vorfeld der Folge in den üblichen Medien – wie *Spiegel Online*, der *Hannoverschen Allgemeinen Zeitung*, der *Süddeutschen Zeitung* oder der *Frankfurter Allgemeinen Zeitung* –[55] keinerlei Hinweise auf ein mögliches ‚Aus' der BR-Serie oder auf personelle Änderungen kursierten und obwohl der Film

---

52 Bei Aust: Morde, heißt es: „Der *Tatort* will zurzeit alles auf einmal. Ein bisschen Kunst mit Ulrich Tukur, ein bisschen Erotik mit der neuen Frankfurter Kommissarin Nina Kunzendorf. Anspruch mit Axel Milberg in Kiel und Massenbelustigung in Münster. Und dazu regelmäßig ein sozialkritisches ‚Günther-Jauch'-Warm-up, in dem Themen von Mobbing bis Menschenhandel durch den Krimi-Fleischwolf gedreht werden. Gefallen und auffallen wollen zugleich – das ist der Widerspruch, an dem sich das Gesamtkunstwerk Tatort gerade abarbeitet."

53 Im Beitrag Stockinger: Serie, konnte diese deshalb noch nicht berücksichtigt werden. – Zu ersten Ansätzen einer Interaktion zwischen Produktions- und Rezeptionszusammenhang (in Form von Fan-Sites, Internet-Spielen oder Twitter-Kommunikation) vgl. aber den Hinweis ebd., S. 208.

54 Es handelte sich um einen physischen Cliffhanger, der den Helden in einer lebensbedrohlichen Situation zeigt, die nicht aufgelöst wird (im Sinne der Urform des Cliffhangers in Stummfilm-Serials der 1920er Jahre, vgl. Jurga: Cliffhanger, S. 475). Vgl. dazu auch auch Weber/Junklewitz: Funktion, S. 111–131.

55 Buß: Prostitutions-„Tatort"; Corinth: Liebe; Gertz: Leidmayr; Platthaus: Freunde.

genau genommen mit Erste-Hilfe-Maßnahmen durch den noch rechtzeitig am Tatort eintreffenden Kollegen Batic endet und zugleich ein Rettungswagen naht, reagierten die auf den Social-Media-Plattformen aktiven Zuschauer schockiert. Getwittert wurde zeitgleich zur Sendung um 21:40 Uhr: „Die kann ihn doch nicht einfach so abstechen... Leitmayr, bist Du noch da?",[56] auf Facebook heißt es um 21:43 Uhr: „OMG..Franz, tot?",[57] und die Wertungen auf der Fan-Site tatort-fundus.de hielten den Ausgang des Films ebenfalls für ungewiss (was sie mehrheitlich beklagten) –[58] auch wenn man, wie eine Teilnehmerin des Facebook-Austauschs schon um 21:49 Uhr mitteilte,[59] zu diesem Zeitpunkt schon wissen konnte, dass Leitmayrs Mitwirkung an der nächsten BR-Folge bereits sicher sei. Auf der Plattform der *Tatort*-‚Fans', die sich am wenigstens von allen Online-Beteiligten an den Erstausstrahlungsprogrammplatz des Formats gebunden zu fühlen scheinen, zeigte sich noch Monate später eine Beiträgerin ‚wider besseres Wissen' von der finalen Dramaturgie der Folge beeindruckt: „[...] Ich dachte wirklich, daß es mit Leitmayr vorbei ist, auch wenn ich wußte, daß schon eine weitere Folge abgedreht war."[60] Der Film ist – mit Blick auf diese Reaktion – offensichtlich schlichtweg gut gemacht.

Das Publikum also reflektierte im Unterschied zu den Programmverantwortlichen den Cliffhanger-Mechanismus genau, knüpfte Erwartungen daran und forderte deren Einlösung. Die nächste Folge *Der Wüstensohn* (14. September 2014, Regie: Rainer Kaufmann) war allerdings zum Zeitpunkt der Ausstrahlung von *Am Ende des Flurs* bereits fertig; ein Hinweis auf das Finale der vorherigen Folge fehlte darin. Eine Begründung lieferte der Sender immerhin nach, indem man

---

56 Twitter-Kommentar von „@neuhamburger", #tatort, 04. 05. 2014, 21:40 Uhr. <https://twitter.com/neuhamburger/status/463040524598149120> (08. 05. 2018).
57 Facebook-Kommentar von „Doris Wieshaider", 04. 05. 2014, 21:43 Uhr. <https://www.facebook.com/Tatort/photos/a.10150211776826693.310468.33214866692/10152100621046693/?type=3&comment_id=10152104668391693&comment_tracking=%7B%22tn%22%3A%22R9%22%7D> (08. 05. 2018).
58 Vgl. Wertungen für die Tatort-Folge *Am Ende des Flurs* auf <http://www.tatort-fundus.de/web/rangliste/folgen-wertungen/rangliste-auswertung/nach-usern.html?folge=910&Nr=9> (07. 06. 2016; zuletzt 08. 05. 2018).
59 Vgl. Facebook-Kommentare von „Silke Grothey", 04. 05. 2014, 21:49 Uhr: „Er ist beim nächsten Tatort wieder dabei"; sowie „Silke Grothey", 04. 05. 2014, 21:49 Uhr: „Habe eben gegoogelt, er überlebt". Beide auf <https://www.facebook.com/Tatort/photos/a.10150211776826693.310468.33214866692/10152100621046693/?type=3&comment_id=10152104680036693&comment_tracking={%22tn%22%3A%22R9%22}> (08. 05. 2018).
60 Kommentar von „Julika", 23. 08. 2014, 22:38 Uhr. <http://tatort-fans.de/tatort-folge-910-ende-des-flurs/> (08. 05. 2018).

[...] schon kurz nach Ausstrahlung erklärte [...], Leitmayr und Batic würden auch in Zukunft gemeinsam ermitteln. Zur Begründung des ungewohnt dramatischen Endes sagte die BR-Sprecherin: „Wir wollten die Zuschauer mit einer brennenden Neugier entlassen und sie noch mal am eigenen Leibe spüren lassen, wie lieb ihnen Leitmayr und Batic über die vielen Jahre geworden sind".[61]

Zur Anwältin des beunruhigten Publikums erklärte sich in diesem Fall (wie in anderen Fällen) die *Bild*-Zeitung, die wenige Stunden vor Ausstrahlung, nämlich am 4. Mai um 14:40 Uhr, titelte: „,Tatort' München: Leitmayr in Lebensgefahr. Stirbt hier ein Ermittler-Team?"[62] und den Druck auf Sendeanstalt und Redaktion dadurch mindestens mit vorbereitete. Zwei Wochen nach Erstausstrahlung sendete das Erste dann eine vom Bayerischen Rundfunk zwischenzeitlich produzierte Brückensequenz unter dem Titel *Das Bangen hat ein Ende. Leitmayr lebt*, in der der Kommissar, gerade aus der Klinik entlassen, ins Polizeipräsidium zurückkehrt und seiner vollständigen Genesung vielfach (allerdings lediglich bemüht witzig) Ausdruck verleiht.[63]

Für das Konzept des *Tatort* bedeutet eine solche Reaktion ein Novum. Offene Folgenenden kommen selten vor – und wenn doch, dann nicht, um daraus serielles Kapital zu schlagen, sondern in den schlechteren Fällen aus Versehen (z. B. *Rabenherz*, 25. Januar 2009, WDR, Regie: Torsten C. Fischer), in den besseren, um auf die Defizite seriellen Erzählens im *Tatort* explizit aufmerksam zu machen (z. B. *Borowski und der stille Gast*, 9. September 2012, NDR, Regie: Christian Alvart). Nicht einmal bei den wenigen Miniserien der Reihe, mit denen 2012 in Form von Doppelfolgen experimentiert wurde, wagte man eine folgenübergreifende Fallerzählung;[64] und

---

61 Vgl. Buß: Messerattacke.
62 Schacht: Leitmayr: „,Am Ende des Flurs' (ARD, 20.15 Uhr), der 67. Fall von Batic und Leitmayr, zeigt erneut, dass die Münchner Kommissare alles andere als altersmüde sind. Oder doch? Am Ende erwartet den Zuschauer ein Knalleffekt, der offen lässt, wie und ob es weitergeht: Leitmayr wird niedergestochen ..."
63 Das Erste, 15. 05. 2014, 22:00 Uhr: „Am Ende des Flurs. Zwei Wochen später ..." <http://www.br.de/mediathek/video/sendungen/tatort/tatort-leitmayr-lebt-video-100.html> (08. 05. 2018).
64 Die einzelnen Folgen konnten jeweils eigenständig rezipiert werden: *Kinderland*, 8. April 2012 (MDR/WDR, Regie: Thomas Jauch)/*Ihr Kinderlein kommet*, 9. April 2012 (WDR/MDR, Regie: Thomas Jauch); *Wegwerfmädchen*, 9. Dezember 2012 (NDR, Regie: Franziska Meletzky)/*Das goldene Band*, 16. Dezember 2012 (NDR, Regie Franziska Meletzky). – Die ARD-Reihe *Polizeiruf* versuchte Vergleichbares: In Form von Cross-over-Ermittlungen der Teams aus Rostock und Magdeburg in *Wendemanöver 1* (27. September 2015, Regie: Eoin Moore) und *Wendemanöver 2* (4. Oktober 2015, Regie: Eoin Moore). Hierbei handelt es sich (für die Reihe erstmals) um eine echte Fortsetzungsserie: Im Verlauf von Folge 2 wird das Verbrechen aufgeklärt; Teambesprechungen zu Beginn von Folge 2 übernehmen Funktionen des *previously on*; ein Cliffhanger verbindet beide Folgen. –

wenn offene Enden strukturell naheliegen, dann wird dem Finale auf Ebene der Ermittlungshandlung eher ein Epilog angefügt als die Auflösung in die nächste Folge zu verlagern.⁶⁵ Das Publikum störte sich die längste Zeit nicht daran: Noch in den 2000er Jahren konnte Ermittler Max Ballauf in der Folge *Rabenherz* mit furchtbaren Magenschmerzen und Verdacht auf eine schlimmere Erkrankung in den Folgen-Feierabend geschickt werden, ohne dass sich daraus eine Debatte ergeben hätte. Auch der Sender zog keine Konsequenzen, jedenfalls sah er sich durch keinerlei Hinweise dazu aufgefordert, eine Brücke zwischen den Folgen zu bauen. Selbst im diskussionsfreudigen Internet-Forum tatort-fundus.de findet sich nur eine einzige Andeutung, die sich aber ebenfalls nicht auf die sequenzielle Ordnung im Ganzen bezieht, sondern allein auf die Geschichte der Figur.⁶⁶

Neuerdings aber fordert das Publikum diese spezifische *closure*-Strategie seriellen Erzählens, die zugleich eine Eigenschaft der Werkförmigkeit von Serien ist, auch von der ARD-Reihe. Anders gesagt akzeptierte das Publikum offene Folgenenden dann, wenn dabei zugleich die serielle *closure*-Strategie eingelöst würde – wenigstens gilt das für jene mitteilungsfreudigen Teile des Publikums, die sich an US-amerikanische sowie skandinavische TV-Serien mit großen Fortsetzungsreichweiten gewöhnt haben. Das genannte Beispiel der BR-Folge *Am Ende des Flurs* bleibt deshalb auch kein Einzelfall. Die letzte Folge der Berlin-Serie mit Kommissar Felix Stark endet ebenfalls offen: Der Kommissar liegt, niedergeschossen, im Krankenhaus. Er werde „vielleicht" überleben, so der Arzt – und so auch der Titel der Folge (*Vielleicht*, rbb/ARD-Degeto, 26. November 2014, Regie: Klaus Krämer). Kontextuell unterscheidet sich diese Folge vom Münchner Fall, weil ihr finaler Charakter von vornherein feststand. Die Serie mit dem Team ‚Till Ritter und Felix Stark' war längst abgesetzt, der Ritter-Darsteller Dominic Raacke hatte bereits das Handtuch geworfen, und die erste Folge der neuen Serie mit den Kommissaren Nina Rubin und Robert Karow wurde schon gedreht. Nicht zuletzt deshalb mögen sich die Besprechungen

---

Experimente mit längeren Handlungsbögen gibt es in der Reihe *Tatort* vereinzelt schon seit ihrem Beginn, vgl. dazu Hißnauer: Fernsehlandschaft, S. 145.

65 In der Folge *Roter Tod* (28. Januar 2007, SWR, Regie: Christoph Stark) muss Ermittlerin Lena Odenthal befürchten, sich mit dem HI-Virus angesteckt zu haben. Die Entwarnung erfolgt noch innerhalb der Sendung, im Rahmen eines zweiten Finales bzw. Epilogs „12 Wochen später".

66 In der Rubrik ‚Rangliste' bemerkt der User „uwe 1971" zur Folge: „Schwach, enttäuschent [!]. Die einzige gute Szene Freddy in der Totenkammer. Über die Magenschmerzen von Ballauf muß man reden, will er in Rente gehen?", Kommentar o. D. <https://www.tatort-fundus.de/web/rangliste/folgen-wertungen/rangliste-auswertung/nachusern.html?folge=719&Nr=9> (08. 05. 2018).

in *Spiegel Online*, der *Berliner Zeitung*, der *Stuttgarter Zeitung*, der *Zeit*, der *Welt*, der *Frankfurter Allgemeinen Zeitung*, der *taz*, im *Göttinger Tageblatt*, im *Stern*, in der *Frankfurter Rundschau*, der *Berliner Morgenpost* u. a. für das offene Ende nur nebenbei interessiert haben,[67] kommentiert wurde es aber doch: „Stirbt Felix Stark? ‚Vielleicht'" – so der Tenor. Mit diesem Zitat aus dem Film und dem Titelverweis begnügten sich die Beiträge in der Regel; eine Forderung an die Redaktion wurde daraus nicht abgeleitet. Die für einen *Tatort* ohnehin ungewöhnliche parapsychologische Thematik (eine Studentin sieht Gewalttaten voraus) und das Ende der Serie schon ohne Starks langjährigen Partner Till Ritter okkupierten die Aufmerksamkeit der Rezensenten.[68]

Anders die Reaktionen des internetaffinen Publikums, das einen zweiten Teil bzw. eine Auflösung forderte,[69] und anders (u. a.) auch die *Kölnische Rundschau*, die sich zum Sprachrohr des *Tatort*-Publikums allgemein machte:

> Stirbt er nun oder stirbt er nicht? *9,86 Millionen Fernsehzuschauer haben sich am Sonntagabend gefragt*, ob der 13 Jahre von Boris Aljinovic gespielte ‚Tatort'-Ermittler Felix Stark überlebt. Die Antwort lautete „Vielleicht" – wie auch der Krimi-Titel. […] Bei den Zuschauern löste Starks Solo gespaltene Reaktionen aus. Tausende schrieben am Sonntagabend in sozialen Netzwerken wie Twitter ihre Meinung zu dem ARD-Krimi.[70]

In den Twitter-Reaktionen überwogen die positiven Kritiken zwar grundsätzlich, das offene Ende sorgte aber für einigen Unmut im Netz.[71] Aller-

---

67 Buß: Aljinovic-Abschied; Burgmer: Kommissar; fme: Berlin-Tatort; Freitag: „Tatort" Berlin; Hollstein: Kommissar; Jungen: Sie sieht etwas; Klöpper: Berlin-„Tatort"; Corinth: Gefühl; Stendel: „Tatort"-Kritik; Sternburg: Träume; Zander: Solo.

68 Kritisch auf den Punkt gebracht von Holger Gertz: „Ewig reiten sie auf dem titelgebenden Begriff herum, ständig raunt jemand ‚vielleicht'. Vielleicht mal später treffen, vielleicht ein neues Zimmer beziehen, vielleicht mal auf ein Bier gehen, vielleicht ein andermal. Alles schwebt, nichts ist sicher: irgendwann hat man es dann auch begriffen" (Gertz: Tintenfische).

69 Vgl. den Kommentar auf tatort-fans.de von „Stefanie", 16. 11. 2014, 21:50 Uhr: „Weiß man denn schon wann die Fortsetzung kommt?????" (<http://tatort-fans.de/tatort-folge-922-vielleicht/> [08. 05. 2018]); auf tatort-fundus.de von „sintostyle", o. D.: „Unter meinen persönlichen Top3 … Denkwürdiger Abgang für Stark. Das offene Ende quält mich noch Jahre" (<http://www.tatort-fundus.de/web/rangliste/folgen-wertungen/rangliste-auswertung/nach-usern.html?folge=922&Nr=9> [08. 05. 2018]).

70 Berlin-„Tatort" mit Boris Aljinovic: Ist Kommissar Stark nun tot – oder vielleicht doch nicht?, in: Kölnische Rundschau online, 17. 11. 2014. <http://www.rundschau-online.de/kultur/berlin--tatort--mit-boris-aljinovic-ist-kommissarstark-nun-tot----oder-vielleicht-doch-nicht-,15184894,29065528.html> (08. 05. 2018); Hervorh. C. S.

71 Vgl. die dpa-Meldung: Twitter-Reaktionen auf den „Tatort": Gemischte Gefühle nach Boris Aljinovics Abgang, in: Berliner Zeitung online, 17. 11. 2014. <http://www.berliner-zeitung.de/medien/twitter-reaktionen-auf-den--tatort--gemischte-gefuehlenach-boris-aljinovics-abgang,10809188,29064370.html> (08. 05. 2018).

dings musste in diesem Fall auf die Produzentenseite keinerlei Druck ausgeübt werden. Die Reaktionen vorwegnehmend wurde das Finale in einer paratextuellen Erweiterung des Films geschlossen. Ein auf der Abschlussfeier zu den Dreharbeiten angefertigtes Video spielt mit der Fiktion, der Kommissar habe überlebt und angle gemeinsam mit seiner Fall-Kollegin der letzten Folge, Lise Risom Olsen, „an einem Fjord in Norwegen". Laut Pressemeldung der *Berliner Zeitung* handelt es sich dabei um ein „im Spaß gedrehtes Video";[72] mit Blick auf Reaktionen auf tatort-fundus.de würde ich eher sagen:[73] um ein vorauseilend gedrehtes Video, das die Publikumserwartungen an einen werkförmigen Abschluss und damit endgültiges Ende der Serie vorwegnimmt. Veröffentlicht wurde es auf YouTube,[74] hatte also das internetaffine Publikum und damit ein bestimmtes Teilpublikum der Reihe *Tatort* im Blick.

Die bereits kurz erwähnte NDR-Folge *Borowski und der stille Gast* endet ebenfalls offen, ohne von vornherein als Fortsetzungsfolge angelegt zu sein. Sie liefert einen zwar singulären, aber spektakulären Nachweis für die These, dass die ARD-Reihe *Tatort* neuerdings über das horizontale Serienerzählen zum Werk drängt und dass daran viele Akteure beteiligt sind. Genauer bereitet gerade diese Folge auf allen Akteursebenen – Darsteller, Text, Rezeption: Forschung, Online-Rezeption – ihre Weiterführung vor. So zeigt sich im Vorfeld der Ausstrahlung Borowski-Darsteller Axel Milberg dezidiert an Kontinuitäten interessiert und weiß sich jeden-

---

[72] „Tatort"-Fans, bitte aufatmen: Kommissar Stark lebt, in: Berliner Zeitung, Nr. 273 vom 22./23. 11. 2014, S. 27.

[73] Es dominieren Wertungen wie „würdiger" und „starker Abgang", sie beziehen sich aber weniger auf die Struktur der Folge als vielmehr auf die Figur des Ermittlers und die schauspielerischen Leistungen seines Darstellers (Boris Aljinovic); allgemein wird bedauert, dass die Berliner Serie mit dieser Besetzung gestrichen wird. Für das Folge- und Serienfinale betreffende Wertungen sind Urteile wie „Bitter nur, dass man jetzt natürlich nie erfahren wird, was mit Stark ist" (User „Cluedo"), „schade daß Stark geht, und hoffentlich erfährt man, daß er überlebt hat" („Hummel") oder „Ende ist sehr offen und für mich nicht zufriedenstellend. Ich hätte mir ein ‚rundes' Ende gewünscht" („Raziel") die Regel, vgl. die allesamt undatierten Kommentare auf <https://www.tatort-fundus.de/web/rangliste/folgen-wertungen/rangliste-auswertung/nachusern.html?folge=922&Nr=9> (08. 05. 2018).

[74] Vgl. den Clip „Tatort Vielleicht … inoffizielles Ende", veröffentlicht am 19. 11. 2014 vom Account von Boris Aljinovic; dazu der Kommentar vom Aljinovic-Account: „Für alle die wissen wollen, wie der ‚Tatort-Vielleicht' ausging wurde dieser Clip auf dem Abschlussfest der Dreharbeiten gedreht: Ein Jahr später, in einem Fjord in Norwegen". <https://www.youtube.com/watch?v=3wH0Diu4kUU> (08. 05. 2018); Kommasetzung im Orig.

falls in dieser Hinsicht einig mit der von ihm dargestellten Kunstfigur.[75] In *Borowski und der stille Gast* beklagt Borowski in einer dysfunktionalen Szene die Lücken in der seriellen Narration des Kieler *Tatort*: „Ich hab' seit Jahren mit meiner Tochter nicht gesprochen. Frau Jung ist verschollen", etc.[76] Dass die Figur der Polizeipsychologin Frieda Jung, die auf Wunsch ihrer Darstellerin Maren Eggert nach der Folge *Tango für Borowski* (2010) ausgeschieden war, in der Fortsetzungsfolge *Borowski und die Rückkehr des stillen Gastes* (29. November 2015, Regie: Claudia Garde) wieder eingesetzt wurde, ist von daher nur konsequent. Wen ihre Rückkehr überrascht oder wer sie gar für unplausibel hält – wie viele Kommentatoren auf Social-Network-Plattformen –,[77] hat die metaserielle Logik von *Borowski und der stille Gast* nicht verstanden oder erinnert sich nicht mehr an sie. Die Formatlogik des *Tatort* baut neuerdings auf ein ausgeprägtes Sehgedächtnis der Zuschauer oder darauf, dass das Publikum zur zeitnahen Relektüre bereit ist.

Auf der Akteursebene ‚Text' von *Borowski und der stille Gast* wurde der zweite Teil vor allem dadurch vorbereitet, dass die Flucht des schwer verletzten Serienmörders aus dem Krankenwagen[78] dem fallbezogenen *closure*-Konzept des hergebrachten *Tatort*-Formats zuwiderläuft. Das offene Ende des Films verweigert sich dem Bedürfnis nach ausgleichender Gerechtigkeit. Auf der Akteursebene Rezensionen/Publizistik interessierten sich *Frankfurter Allgemeine Zeitung, Süddeutsche Zeitung, Tagespiegel, Hannoversche Allgemeine Zeitung* und *Spiegel online* nicht für die Struktur und mögliche Serialität des Films;[79] sie konzentrierten sich in ihren Überlegungen auf den Plot

---

75 Siehe insgesamt die ausführliche Darlegung (zugleich Beleg für die Akteursebene ‚Forschung') in Stockinger: Serie, insbes. S. 238–241 („‚Ich hab' seit Jahren mit meiner Tochter nicht gesprochen': *Borowski und der stille Gast*"), hier S. 240.
76 Zur gesamten Szene vgl. *Borowski und der stille Gast*, 00:31:29–00:31:49.
77 Vgl. die repräsentativen User-Kommentare, etwa auf Facebook von „Jörg Stielau", 30. 11. 2015, 20:08 Uhr: „Wo kam denn Frau Dr. Jung auf einmal her … und dann so vertraut mit dem Klaus … habe ich da eine Folge verpasst?" (<https://www.facebook.com/Tatort/photos/a.10150211776826693.310468.33214866692/1015330695 9806693/?type=3&comment_id=10153306974256693&comment_tracking={%22tn% 22%3A%22R9%22}> [08. 05. 2018]); auf tatort-fans.de von „Lani", 30. 11. 2015, 19:10 Uhr: „Ich hätte gerne gewusst, woher zum Teufel Frieda Jung auf einmal kam und warum sich niemand, nicht mal Schladitz, gewundert hat, dass sie und Borowski wieder zusammen sind" (<http://tatort-fans.de/tatort-folge-964-borowski-und-die-rueckkehr-des-stillen-gastes/> [08. 05. 2018]); oder auf tatort-fundus.de von von „Brick007", o. D.: „Frieda Jung kehrt ebenfalls zurück, aus dem Nichts" (<http://www.tatort-fundus.de/web/rangliste/folgen-wertungen/rangliste-auswertung/nach-usern.html?folge=964& Nr=9> [06. 06. 2016; nicht mehr online]).
78 *Borowski und der stille Gast*, 01:28:11–01:28:15.
79 Hupertz: Wand; Gertz: Stille; Sagatz: Postmann; Schrader: Wand; Buß: Voyeurismus.

Werk in Serie? Werkförmigkeit unter den Bedingungen von Populärkultur   275

und die Figurenkonstellationen der Folge. Dagegen reagierte die *Bild*-Zeitung mit einiger Verve, indem sie mit Schlagzeilen wie „Mörder entkommt zum 1. Mal in der Seriengeschichte: Hat Sie das Ende des Kieler ‚Tatorts' enttäuscht? Fortsetzung muss aufklären, finden Krimi-Fans" die Perspektive des Publikums unterstützte. Sie bezog sich dabei insbesondere auf Reaktionen in sozialen Netzwerken.[80]

In der Tat war man sich zeitnah zur Ausstrahlung bei Facebook sowie auf den Plattformen tatort-fans.de sowie tatort-fundus.de darüber einig, es müsse eine Fortsetzung geben, und zwar baldmöglichst. Mit hellsichtigem Blick auf die *Tatort*-Produktionsweise wird hier sogar gefordert: „2013 der zweite Teil! Bitte wink emoticon".[81] Zu verstehen ist das wohl so: ‚2012 ist ohnehin nicht mehr möglich, aber bitte nicht noch später als 2013'. Auch in den tatort-fundus.de-Kommentaren steht das Finale im Mittelpunkt. Die Meinungen reichen von „einfach nur hervorragend" (User „yellow-mellow") bis zu „überzogen und wenig überzeugend" (User „floreck").[82] Und die „Fans" bleiben sogar über lange Zeit hinweg am Ball: Offensichtlich hält der Film einer Zweitlektüre stand. Jedenfalls forderte man noch im Oktober 2014, zwei Jahre nach der Erstausstrahlung, einen zweiten Teil: „Hatte den Tatort aufgenommen und erst vor kurzem gesehen (zum zweiten Mal) und fand ihn – wie schon beim 1. Mal super spannend. [...] Ich warte gespannt auf die geplante Fortsetzung des Tatortes".[83]

Wenn in der sich zeitnah anschließenden Folge der *Borowski*-Serie (*Borowski und der freie Fall*, 14. Oktober 2012; Drehbuch und Regie: Eoin Moore) der mit dem offenen Ende gelegte Erzählfaden nicht wieder aufgegriffen wird, wird das serielle Grundversprechen auf ein ‚Fortsetzung folgt' damit hart unterlaufen. Aus dem Versprechen eines Cliffhangers wird zu-

---

80   So heißt es hier weiter: „Doch ein weiterer ‚Tatort' muss aufklären, wie Facebook-Nutzer finden. ‚Also wenn es wirklich noch eine Folge mit ihm gibt, dann ist es voll ok so. Aber man sollte nicht zulange damit warten', schreibt Ina F. – auch Stefan M. pocht eine Nachdrehe: ‚Sehr gute Folge. Fortsetzung sollte zeitnah kommen'"; Hat Sie das Ende des Kieler „Tatorts" enttäuscht?, in: Bild online, 10. 09. 2012. <http://www.bild.de/unterhaltung/tv/tatort/moerder-entkommt-reaktion-zuschauer-26118344.bild.html> (08. 05. 2018).
81   Facebook-Kommentar von „Cin Schlegl", 09. 09. 2012, 21:48 Uhr. <https://www.facebook.com/Tatort/posts/150072368466205?comment_id=329125&comment_tracking={%22tn%22%3A%22R%22}> (08. 05. 2018).
82   Kommentare auf tatort-fundus.de, o. D. <http://www.tatort-fundus.de/web/rangliste/folgen-wertungen/rangliste-auswertung/nach-usern.html?folge=842&Nr=9>   (08. 05. 2018).
83   Kommentar auf tatort-fans.de von „Jumi", 08. 10. 2104, 20:11 Uhr. <http://tatort-fans.de/tatort-folge-842-borowski-und-der-stille-gast/> (08. 05. 2018).

nächst ein Sprung ins Leere – den die Folge *Borowski und die Rückkehr des stillen Gastes* erst drei Jahre später (dann aber konsequent und mit Steigerungslogiken) auffängt. Es ist bemerkenswert, dass nicht nur Redaktions- und Produktionsseite mit diesem Bruch in der Serienlogik von *Borowski und der stille Gast* zu *Borowski und der freie Fall* kein Problem hat, auch die Seite der Rezeption hat das offene Ende der vorhergehenden Folge entweder bereits wieder vergessen oder erwartet eben von einer *Tatort*-Serie (noch) keine Fortsetzungsfolgen. Gegen Letzteres spricht, dass *Spiegel Online*, *Süddeutsche Zeitung*, *Frankfurter Allgemeine Zeitung*, *Der Tagespiegel*, *Stern* oder *taz* das Finale der letzten Kiel-Episode nicht einmal mehr erwähnen;[84] dem seit einigen Jahren aufs horizontale Erzählen abonnierten Feuilleton der Medien-Redaktionen müsste diese Lücke doch eigentlich aufgefallen sein.[85]

Das in den sozialen Netzwerken aktive *Tatort*-Publikum ging nur im Vorfeld der Ausstrahlung – explizit oder implizit – davon aus, eine Fortsetzungsfolge präsentiert zu bekommen;[86] während der Filmlektüre rückte diese Frage völlig in den Hintergrund. Auch wenn man sich an die relative Zeitnähe der Vorgängerfolge erinnerte,[87] stellten allein Kommentare zu Borowskis Auto eine Kontinuität dazu her: Er hatte in *Borowski und der stille Gast* sein langjähriges Gefährt, einen braunen VW-Passat, ‚erschossen' und fährt jetzt einen Volvo.[88] Die Lücke zwischen den Folgen bemerkte

---

84 Buß: Barschel; Gertz: „Merde!"; Hieber: Ehrenwort; Ehrenberg: Versprechen; Kruse: Kritik; Tenberg: Sterben.
85 Holger Gertz erinnert zwar an die Folge *Borowski und der stille Gast*, aber lediglich mit Blick auf den Drehbuchautor, der für Kontinuitäten in der Kieler Serie bürge. Eoin Moore könne damit – Gertz zufolge – nicht mithalten. (Dem stimme ich schon deshalb nicht zu, weil gerade Moore für den horizontal erzählten *Polizeiruf* aus Rostock verantwortlich zeichnet.) Den Bruch mit der Fortsetzungslogik einer Serie bemerkt oder bemängelt Gertz ebenfalls nicht: „Wenn der Autor Sascha Arango für die Kieler Ermittler schreibt, entstehen in der Regel bemerkenswerte Episoden. *Die Frau am Fenster*. Zuletzt *Der stille Gast* mit dem Postboten, der sich in die Leben seiner Opfer schleicht: Fans werden sich erinnern" (Gertz: „Merde!").
86 Vgl. den Facebook-Kommentar von „Stefan Koch", 14. 10. 2012, 19:01 Uhr („ah, die Fortsetzung …"), und von „Susa Kalinowski", 14. 10. 2012, 19:06 Uhr (Der letzte Kieler Tatort war ja schon super! Ich bin auf den heutigen Tatort gespannt!"). <https://www.facebook.com/Tatort/posts/467492256629118?comment_id=5222993&comment_tracking={%22tn%22%3A%22R9%22}> (08. 05. 2018).
87 Vgl. den Facebook-Kommentar von „Daniela Di Nardo", 14. 10. 2012, 21:43 Uhr: „so genial der borowski vor ein paar wochen war, so albern kam die geschichte heute daher …" <https://www.facebook.com/Tatort/posts/467492256629118?comment_id=5223896&comment_tracking={%22tn%22%3A%22R9%22}> (08. 05. 2018).
88 Vgl. z. B. den Facebook-Kommentar von „Ulrich Zwißler", 14. 10. 2012, 20:20 Uhr: „ein Volvo" (<https://www.facebook.com/Tatort/posts/467492256629118?comment_id=5223338&comment_tracking={%22tn%22%3A%22R9%22}> [08. 05. 2018]); oder auf

und kritisierte explizit nur ein einziger User: "*Eigentlich hatte ich ja gedacht, die letzte Folge würde fortgeführt werden wegen des offenen Endes.* Aber dieser Versuch mit dem Barschel Fall eine ansprechende Story zu stricken ging mächtig nach hinten los. Gähnende Langeweile über 90 Minuten".[89] In einem weiteren Kommentar findet sich wenigstens eine indirekte Anspielung: "Eigentlich nicht schlecht, aber wird das jetzt zur Mode: Tatorte ohne wirkliches Ende??"[90]

Für diese (Nicht-)Reaktionen gibt es meines Erachtens verschiedene Erklärungen. Zum einen eine Erklärung in inhaltlich-thematischer Hinsicht: Das Sujet von *Borowski und der freie Fall* mit seinen Verbindungen zur Kieler Staatsaffäre um den ‚Fall Barschel' zog das Publikum von dem in *Borowski und der stille Gast* gegebenen Fortsetzungsversprechen ab. Das gilt für die Rezensionen ebenso wie für die Reaktionen der Akteure in den sozialen Netzwerken, die sich von der Quasi-Aktualität und der Wirklichkeitsreferenz des behandelten Stoffs auch schon einmal als Zeitzeugen angesprochen fühlten.[91] Zum anderen eine Erklärung in Hinsicht auf die Formatlogik des *Tatort*: Dass Fortsetzungsserien von der Reihe eigentlich immer noch nicht – trotz gelegentlicher Defizitdiagnosen mit Seitenblicken auf die US- oder skandinavische Serienlandschaft – erwartet werden, zeigt, wie stabil das hergebrachte Konzept des *Tatort* als ‚Reihe aus Episodenserien' nach wie vor ist. Oder mit "‚Tatort'-Erfinder Gunther Witte zu BILD: ‚Ein Mörder darf nicht entkommen. Das verärgert sicher viele Zuschauer. Vom ‚Tatort' wird eine klare Aussage erwartet'".[92] Üblicherweise verhindern ja die ausgedehnten Sendepausen zwischen den Folgen der einzelnen

---

tatort-fundus.de den Kommentar von "Blutgrätsche", o. D.: "Die Szenen im Genfer Hotel vielleicht einen Tick überzogen – aber der ‚neue' Wagen von Borowski ist allemal paar Extrapunkte wert: ein Volvo, die perfekte Entscheidung nach dem ‚abgeschossenen' Passat" (<http://www.tatort-fundus.de/web/rangliste/folgen-wertungen/rangliste-aus wertung/nach-usern.html?folge=846&Nr=9> [02. 06. 2016; Kommentar nicht mehr online]).

89 Kommentar auf tatort-fundus.de von "wollesb2000", o. D. <http://www.tatort-fundus.de/web/rangliste/folgen-wertungen/rangliste-auswertung/nach-usern.html?fol ge=846&Nr=9> (02. 06. 2016; Kommentar nicht mehr online); Hervorh. C. S.

90 Kommentar auf tatort-fans.de von "Diethelm Glaser", 14. 10. 2012, 20:54. <http://tatort-fans.de/tatort-folge-846-borowski-und-der-freie-fall/> (08. 05. 2018).

91 Vgl. den Kommentar auf tatort-fans.de von "alter fan", 15. 10. 2012, 21:37 Uhr: "An das, was seinerzeit nachrichtentechnisch im Fall Uwe Barschel abgelaufen ist, kann ich mich auch noch sehr gut erinnern." <http://tatort-fans.de/tatort-folge-846-borowski-und-der-freie-fall/> (08. 05. 2018).

92 *Bild* aus Anlass von *Borowski und der stille Gast*: Hat Sie das Ende des Kieler "Tatorts" enttäuscht?, in: Bild online, 10. 09. 2012. <http://www.bild.de/unterhaltung/tv/tatort/moerder-entkommt-reaktion-zuschauer-26118344.bild.html> (08. 05. 2018).

Tatort-Serien, dass sich die Stärken des horizontalen Erzählens entfalten können. Im vorliegenden Fall liegen die Folgen zeitlich zwar relativ nah beieinander; die Vorlaufzeiten der Produktion einer Folge machen es aber geradezu unmöglich, dass sich beide Teile aufeinander beziehen – Problematiken wie die skizzierte um Leitmayrs mögliches Ende (siehe oben zu *Am Ende des Flurs*) ergeben sich genau daraus.

Erst 2015 also wurde Borowski in *Borowski und die Rückkehr des stillen Gastes* von der Vorlagen-Folge wie von „alten Gespenstern" wieder eingeholt –[93] und zwar in vielerlei Hinsicht: von einzelnen Personen, einem alten Fall oder der spezifischen Serialität des *Tatort*-Formats im Ganzen (die sich aus dessen Produktions- und Programmlogik ergibt). Bei allen Experimenten mit horizontalem Erzählen in den letzten Jahren handelte es sich dabei nicht eigentlich um die „erste[ ] Fortsetzungsgeschichte der Reihe", wie Oliver Jungen meint.[94] Zwar liegt die besondere Qualität dieser Fortsetzung darin, unmittelbar an das offene Ende einer zurückliegenden Folge anzuknüpfen, während es inzwischen lediglich nicht mehr ausgeschlossen ist, auf der Ermittlerebene eine oder mehrere Handlungsstränge über die Folgen hinweg zu entwickeln – so, wie noch zu zeigen ist, im Fall der Rostocker *Polizeiruf*-Serie, des Dortmunder oder des Berliner *Tatort*. Aber bereits die *Action*-Serie aus Hamburg um Kommissar Nick Tschiller bezieht die Fallebene ‚haupthandlungstragend' in die Fortsetzungslogik der Folgen ein: Im Fokus steht die Auseinandersetzung Tschillers mit seinem Gegenspieler Firat Astan.[95]

Dass Fortsetzungserwartungen und Programmzwänge gerade im Fall des *Tatort*-Formats kollidieren (müssen), wird ebenfalls bereits innerhalb der Hamburger Serie selbst kommentiert. Der filmische Text übernimmt an solchen Stellen die Funktion einer das Reihenganze anspielenden Metareferenz: „Warum war der Kiez ein Jahr lang so ruhig? – Weil Astan Power sammelt. – Für seinen Masterplan". Das *Tatort*-Publikum weiß: weil die vorhergehende Tschiller-Folge (Nr. 2) sogar mehr als ein Jahr zurückliegt.[96] Als Kontinuitätsgarant fungiert in diesem Fall Christian Alvart als Regisseur aller bisherigen Tschiller-TV-Folgen –[97] ein Regisseur mit be-

---

93 Jungen: Angstgegner.
94 Ebd.
95 Im Sinne eines Sonderfalls vorbereitet in den 1970er Jahren, in der *Tatort*-Serie mit ‚Zollfahnder Kressin'; der Gegenspieler heißt hier Sievers; vgl. dazu Hißnauer: Fernsehlandschaft, S. 145.
96 Der zitierte Dialog (Tschiller im Gespräch mit einem Kollegen) entstammt Folge Nr. 3, *Der große Schmerz* (NDR, 1. Januar 2016, Regie: Christian Alvart); 00:06:54–00:06:59. Folge Nr. 2, *Kopfgeld*, ist bereits am 9. März 2014 ausgestrahlt worden.
97 Nr. 1: *Willkommen in Hamburg*, 10. März 2013; Nr. 4: *Fegefeuer*, 3. Januar 2016. – Auch beim Kino-Film *Tschiller: Off Duty* (Erstausstrahlung 3. Februar 2016), der sich darauf

sonderer Sensibilität für die serielle Problematik des *Tatort*-Formats, verantwortet er doch auch den ersten Teil der hier behandelten Borowski-Folge *Borowski und der stille Gast* in dieser Funktion.

Für die kontinuierliche Fortentwicklung des Plots sorgt allerdings im Borowski-Fall Sascha Arango, der die Drehbücher zu beiden Teilen der Miniserie innerhalb der Kieler Serie verfasst hat, und dem es so problemlos gelingt, in der Fortsetzungsfolge Figurenkonstellationen und Handlungsfäden aufzugreifen, zu steigern und zu Ende zu erzählen.[98] War Teil 1 mit der Kritik konfrontiert, der Mörder sei entkommen, macht sich das Drehbuch jetzt (und sicherlich in Reaktion darauf) die Freude, den Krimibestandteil ‚Mord' in Teil 2 gleich ganz auszusparen – ohne dass dies in der Rezeption dann überhaupt thematisiert worden wäre. (Die Herausforderung, die Fäden zwischen den Folgen zu knüpfen bzw. beide Teile miteinander zu vergleichen und gegeneinander abzuwägen, steht an erster Stelle der Kommentare.)

Für die Ebene der Produktion ist außerdem zu bemerken, dass Teil 2 keineswegs von vornherein zum Plan des Senders oder der Kieler Serie im Ganzen gehörte. Dies ergibt sich nicht nur aus dem großen zeitlichen Abstand zwischen den Teilen, sondern wird auch paratextuell bestätigt, in Hinweisen der entsprechenden Akteure auf dieser Ebene. Etwa lässt es sich aus einer Bemerkung der Regisseurin erschließen: „Als beschlossen wurde, einen Teil 2 zu machen, lag die Last erst mal auf Saschas Schultern".[99]

Wie wirkmächtig der Akteur ‚Rezeption' für diesen Entschluss gewesen ist, macht NDR-Spielfilmchef Christian Granderath deutlich,[100] bestätigt in einem Interview mit dem Darsteller des Mörders Kai Korthals, Lars Eidinger:

> Wobei man dazu sagen muss, dass weder Christian Alvart noch Sascha Arango damals mit dem offenen Ende von ‚Borowski und der stille Gast' auf eine Fortsetzung spekuliert haben. Vielmehr reizte sie der Schockeffekt, die Folge mit der überraschenden

---

beziehen kann, dass Tschiller am Ende von Fegefeuer für ein Jahr vom Dienst suspendiert wurde, führte Alvart Regie.

98 „Beim ‚Tatort. Borowski und die Rückkehr des stillen Gastes' handelt es sich also mitnichten um eine schlichte Fortsetzung. Drei Jahre sind vergangen, alle Figuren haben sich weiterentwickelt: ‚Auch Unmenschen ändern sich'" (Jungen: Angstgegner).

99 Gespräch mit Claudia Garde, Das Erste, o. D. <http://www.daserste.de/unterhaltung/krimi/tatort/specials/tatort-borowski-interview-claudia-garde-100.html> (08. 05. 2018).

100 So sagte Granderath gegnüber der dpa: „Auch über Facebook und Anrufe haben wir die Frage bekommen: Wie geht es denn nun weiter?". Zit. nach: Serienkiller-Rückkehr stellt Ermittler vor Zerreißprobe, Handelsblatt online, 29. 11. 2015. <http://www.handelsblatt.com/panorama/tv-film/kieler-tatort-das-offene-ende-war-eher-ein-gag/12638654-2.html> (08. 05. 2018).

Flucht des Mörders enden zu lassen. *Erst als der Fall so viel Aufmerksamkeit bekam, nahm die Idee einer Fortsetzung Gestalt an.*[101]

An der Umsetzung des Vorhabens ‚Tatort, horizontal' sind viele beteiligt, in diesem Fall auch Schauspieler Axel Milberg.[102] Nicht zuletzt entscheidend dafür ist allerdings, dass das *Tatort*-Format als flexibel genug für ein solches Vorgehen angesehen wird –[103] selbst wenn man sich damit vom ursprünglichen Konzept der Reihe relativ weit entfernt.

Auf der Akteursebene ‚Rezeption' wurden diese Bemühungen sowohl in den zeitnahen Rezensionen als auch in den sozialen Netzwerken durchaus goutiert. Alle gesichteten Rezensionen (in der *Hannoverschen Allgemeinen Zeitung,* der *Süddeutschen Zeitung,* der *Morgenpost,* der *Frankfurter Allgemeinen Zeitung,* der *Welt,* der *taz,* den *Kieler Nachrichten,* der *Frankfurter Rundschau* u. a.)[104] thematisieren die spezifische Serialität der beiden Folgen und deren Fortsetzungslogik gerade mit Blick darauf, „zu welchen Verwandlungen die beiden Dinosaurier des TV-Krimis fähig sind" (hier bezogen auf horizontale Neuerungen in jüngeren Ausgaben von *Polizeiruf* und *Tatort*).[105]

Die Social-Network-Debatten zeugen darüber hinaus von etwas, was man eine ‚spezifische Serialitätssensibilität des *Tatort*-Publikums' nennen könnte: Den Austausch dominiert die Frage bzw. Forderung nach einem dritten Teil und damit endgültigen Abschluss der Miniserie innerhalb der Serie: „mehr Folgen würde ich auch nicht draus machen Aber drei wären okay …", so ein wenig nüchtern „Peter Flesch" auf Facebook;[106] „high-

---

101 Gespräch mit Lars Eidinger, Das Erste, o. D. <http://www.daserste.de/unterhaltung/krimi/tatort/specials/tatort-borowski-interview-lars-eidinger100.html> (08. 05. 2018); Hervorh. C. S.
102 Der *Neuen Osnabrücker Zeitung* gegenüber erklärte der Borowski-Darsteller über das Zusammenwirken der Akteure: „Anderthalb Jahren [!] später haben wir uns dann zusammengesetzt, die Redaktion, der Autor Sascha Arango und ich, und haben über eine Fortsetzung gesprochen. Das war also kein kalkulierter Cliffhanger." Zit. nach Benedict: Borowski.
103 Vgl. dazu die Bemerkung von Drehbuchautor Arango: „*Das Format erlaubt es ja glücklicherweise* und die NDR Redaktion sowie Studio Hamburg haben mich mit Enthusiasmus unterstützt." Gespräch mit Sascha Arango, Das Erste, o. D. <http://www.daserste.de/unterhaltung/krimi/tatort/specials/tatort-borowski-und-der-engel-gespraech-sascha-arango-102.html> (08. 05. 2018); Hervorh. C. S.
104 Corinth: Mörder; Gertz: Lebensdiebe; Jaquemain: Kommissar; Jungen: Angstgegner; Krekeler: Grauen; Kruse: Kiel; Modrow: „Tatort"; Staude: Alptraum.
105 Hanselmann: Herzklopfen.
106 Facebook-Kommentar von „Peter Flesch", 30. 11. 2015, 23:17 Uhr. <https://www.facebook.com/Tatort/photos/a.10150211776826693.310468.33214866692/10153306959806693/?type=3&comment_id=10153306961271693&reply_comment_id=10153307225031693&comment_tracking={%22tn%22%3A%22R9%22}> (08. 05. 2018).

bayer" auf der Plattform tatort-fundus.de begründet sein Interesse an einer Fortsetzung mit der Qualität von Teil 2 („Ganz starke Nummer aus Kiel. Warum nicht einen abschließenden dritten Fall mit Korthals?");[107] und „Alexandra" von tatort-fans.de äußert sich geradezu euphorisch „Was für ein fantastischer Tatort, hoffentlich eine gute Voraussetzung für einen dritten Teil!"[108] Weniger euphorisierte Teilnehmer auf dieser Plattform malen sich dagegen (kritisch-polemisch) mögliche Fortsetzungsfolgen aus.

Ob nun zustimmend, skeptisch oder ablehnend – das Serienerzählen im *Tatort* ist nicht nur (jedenfalls in diesen Fällen) Fakt, sondern bestimmt auch das Sehverhalten des Publikums. Die Lücke von drei Jahren, die das Sehgedächtnis überfordern könnte, also die formatspezifische Behäbigkeit der Reihe und ihrer Serien, wird nur in wenigen Fällen benannt und zum Problem erklärt.[109] Zugleich wirken die Akteure zusammen: Ein tatort-fans.de-Teilnehmer beruft sich auf Medienberichte, die Fortsetzungspläne des Senders kolportieren,[110] und ein tatort-fundus.de-Kommentator verweist auf ein Interview mit Borowski-Darsteller Milberg.[111] Da die Überlegungen von Produktionsseite ebenfalls in diese Richtung gehen – Dreh-

---

107 Kommentar auf tatort-fundus.de von „highbayer", o. D. <http://www.tatort-fundus.de/web/rangliste/folgen-wertungen/rangliste-auswertung/nach-usern.html?folge=964&Nr=9> (08. 05. 2018).
108 Kommentar auf tatort-fans.de von „Alexandra", 29. 11. 2015, 22:21 Uhr. <http://tatort-fans.de/tatort-folge-964-borowski-und-die-rueckkehr-des-stillen-gastes/> (08. 05. 2018).
109 Vgl. den Kommentar auf tatort-fundus.de von „Ticolino", o. D.: „Was für ein Unfug! Neulich in Berlin gab es die Fortsetzung nach acht Monten [!], nun gar erst nach drei Jahren, so langsam fühle ich mich von den Machern auf den Arm genommen." <http://www.tatort-fundus.de/web/rangliste/folgen-wertungen/rangliste-auswertung/nach-usern.html?folge=964&Nr=9> (08. 05. 2018).
110 Kommentar auf tatort-fans.de von „arte-Versteher", 01. 12. 2015, 8:35 Uhr: „Noch lachen hier einige. Aber bereits gestern wurde durch das Zentralorgan des deutschen Boulevards bekanntgegeben, dass man sich beim NDR eine Fortsetzung vorstellen kann. Evtl. sogar eine komplette K-Reihe als Spin-off für unsere Psycho-Fans. Da kommen dann die Freunde des horizontalen Erzählens auf ihre Kosten, wenn K. K. in zig Fortsetzungen eine erstaunliche Entwicklung als Charakter nimmt …" [mit „K-Reihe" bzw. „K. K" ist hier die Figur des Mörders Kai Korthals gemeint; C. S.]. <http://tatort-fans.de/tatort-folge-964-borowski-und-die-rueckkehr-des-stillen-gastes/> (08. 05. 2018). – Vgl. dazu etwa Fortsetzungsspekulationen in Bohde: Kiel-Tatort; Buß: „Tatort"-Sequel.
111 Vgl. hier mit Blick auf die erste Fortsetzung den Kommentar auf tatort-fundus.de von „steffenxyz", o. D.: „steffenxyz": „Zwiespältige Nummer. Milbergs Interview, dass wegen der moralischen Unzufriedenheit des Publikums die Folge fortgesetzt werden müsse und dass er als Schauspieler selbst an der neuen Story mitgewirkt habe, ließ schon Böses ahnen." <http://www.tatort-fundus.de/web/rangliste/folgen-wertungen/rangliste-auswertung/nach-usern.html?folge=964&Nr=9> (02. 06. 2016; Kommentar nicht mehr online).

buchautor Sascha Arango auf die Frage „Was wünschen Sie Kai Korthals?": „Ganz ehrlich? Dass er lernt und versteht – und wiederkommt. Als Abschluss in einer Trilogie" –,[112] dürfte einer erneuten Fortsetzung eigentlich nichts mehr im Wege stehen.

Der späte ‚zweite Teil' der Borowski-Miniserie über den ‚stillen Gast' lässt sich demnach als Rückkopplungseffekt beschreiben. Die Akteure auf der Ebene der Produktion reagieren damit auf die Akteure der Rezeption, wie diese in Rezensionen, Social-Network-Debatten und Wissenschaft abrufbar sind. Angelegt ist er freilich in Teil 1, also auf Ebene des filmischen Texts. Die Fortsetzungsfolge *Borowski und die Rückkehr des stillen Gastes* ist demnach ein Versuch, konstruktiv jenem „Unmut" zu begegnen, den das offene Ende von *Borowski und der stille Gast* provoziert hatte: „Ein unaufgeräumter ‚Tatort', das ist schlimmer als Maulwürfe im Vorgarten".[113]

Verallgemeinert gesagt: Werk und Werkförmigkeit sind in diesem Sinne zwar zum einen als Produkt von Umgangsformen *mit* bzw. Erwartungen *an* Werk und Werkförmigkeit zu verstehen, insofern deren Merkmale das Ergebnis historischer und kultureller Konventionalisierungs- und Aushandlungsprozesse darstellen. Zum anderen aber müssen diese Merkmale längst nicht mehr als kulturell und historisch beliebig, sondern als verfestigt angesehen werden: Im Umgang damit zeigt sich ihre Irreversibilität; erwartet wird etwa das Merkmal der Geschlossenheit (hier die Absage an ein offenes Folgen- und Serien-Ende, bei dem keine serienspezifische Verarbeitung stattfindet).[114] Ich möchte vorschlagen, in dieser Weise ‚verfestigte' Merkmale des Werkförmigen als ‚starke' Merkmale zu bezeichnen. Die Zwischenüberschrift „Serie ist Werk!" abschwächend ist festzuhalten: Die

---

112 Gespräch mit Sascha Arango, Das Erste, o. D. <http://www.daserste.de/unterhaltung/krimi/tatort/specials/tatort-borowski-und-der-engel-gespraech-sascha-arango-102.html> (08. 05. 2018). – An anderer Stelle betont Arango sogar: „Wir haben die Fortsetzung expressis verbis reingeschrieben. Die Rechte habe ich mit dem Vertrag abgegeben, aber trotzdem vermute ich doch sehr, dass man auf mich zukommen wird." Zit. nach Benedict: „Tatort"-Mörder.
113 Jungen: Angstgegner.
114 Dass sich im Zuge der Proteste und Entwicklung die Tatort-Programmverantwortlichen zu weitreichenderen Konzept-Veränderungen entschließen werden, ist allerdings nicht zu erwarten. Die Erfolgsgeschichte der Reihe folgt eigenen Gesetzen (vgl. dazu Hißnauer/Scherer/Stockinger: Föderalismus, S. 9–22). Man wird sie – jenseits einzelner Versuche wie der aktuellen Serie aus Dortmund, die mit längeren Handlungsbögen auf Ermittler-Ebene operiert, und jenseits einzelner Korrekturen im Detail (wie etwa im genannten BR-Fall) – nicht aufs Spiel setzen. – Diese Einschätzung wird durch jüngste Programm-Direktiven untermauert, denen zufolge die ARD künftig wieder verstärkt auf das Format des klassischen Ermittlerkrimis in abgeschlossenen Folgehandlungen setzt (vgl. z. B. miha: Experimente).

Serie kann Werk sein, wenn sie Werk sein will, also Strukturen hervorbringt, die werkförmige Effekte erzeugen – das geht auf Konzepte der Programmverantwortlichen zurück (inkl. der Redakteure, Drehbuchschreiber, Regisseure) und reagiert auf Sehbedürfnisse des Publikums (inkl. der professionellen – publizistischen und wissenschaftlichen – Rezeption).[115] Nachweisen lassen muss es sich nicht zuletzt an den Texten selbst.

Für den Punkt ‚Nachweis an den Texten selbst' bietet sich ein aktuelles Beispiel aus dem deutschen Fernsehen an: die NDR-*Polizeiruf*-Serie aus Rostock (seit 2010), an der sich zeigen lässt, dass sich auch die erfolgreichsten Formate des deutschen Fernsehens, die ‚Klassiker' sozusagen, dem Druck nicht entziehen können, sich an der „Kunst des Weitererzählens" zu erproben.[116] Eine Kurzbetrachtung des Rostocker *Polizeirufs* muss dabei – soll es um Elemente zur Erzeugung von Eindrücken des Werkförmigen gehen – auf die beiden maßgeblichen Ermittlerfiguren fokussieren: Seit Profilerin Katrin König in der ersten Folge der Serie, *Einer von uns* (18. April 2010, Buch und Regie: Eoin Moore), als interne Ermittlerin des LKA nach Rostock abgeordnet worden ist, um Hauptkommissar Alexander Bukows etwaigen Verstrickungen mit der Russenmafia nachzugehen, arbeiten sich die beiden aneinander ab und aufeinander zu. Eine solche Konstellation ist keinesfalls außergewöhnlich; man kennt sie aus zahlreichen Krimiserien-Konzepten, insbesondere aus der ARD-Parallel-Reihe *Tatort*. Neu ist hingegen, mit welcher Konsequenz die Serie den Handlungsstrang ‚Bukows Kontakte in die kriminelle Szene' erstens über mehrere Folgen hinweg durchhält und zweitens immer enger mit der jeweils eigentlichen Krimihandlung verwebt, so dass von einer „Nebenhandlung" im engeren Sinn gar nicht mehr gesprochen werden kann.[117] Drittens werden mit den Handlungssträngen ‚Königs Kindheitsgeschichte' und ‚Bukows Ehekrise' – die wiederum auf die Ermittlerarbeit bezogen bleibt, weil Vivian Bukow ein Verhältnis mit einem Teamkollegen ihres Mannes, Kriminaloberkommissar Volker Thiesler, beginnt – weitere Horizontalen

---

115 Die einzelnen Instanzen im Zusammenspiel von Produktion, Rezeption und Text sind in Anlehnung an Bruno Latour als „Akteure" zu verstehen. Zur Akteur-Netzwerk-Theorie als einer Methode der Beschreibung vgl. Latour: Soziologie, S. 26 f., S. 212–223, S. 253. In anderem Zusammenhang literaturwissenschaftlich erprobt in Böttcher/Stockinger: Politik, S. 151–190.
116 Denk: Wenn möglich. Denk bezieht sich hier auf die Serie *Weissensee* (ARD, seit 2010, Regie: Friedemann Fromm). Sie gelte „vielen als Beweis, dass nicht nur die Amerikaner gutes Fernsehen können" (ebd.) – ein beliebiges Beispiel dafür, dass deutsches Serienerzählen im Fernsehen immer wieder explizit an den Vorlagen aus den USA gemessen wird.
117 Hißnauer: Fernsehlandschaft, S. 131.

in die Folgenerzählungen integriert. Auch diese Horizontalen werden eng an die jeweiligen Folgehandlungen geknüpft.

Dabei stehen Ermittler- und Krimihandlung nicht nur in einem spiegelbildlichen Verhältnis zueinander, insofern Erstere Letztere an einem vergleichbaren Beispiel durchspielt, bricht oder/und erläutert (auch dies wäre für das Format keine Besonderheit). Vielmehr sind beide Ebenen auf eine Weise ineinander verschränkt, dass mit der Aufklärung des Kriminalfalls auch ein Problem auf der Ermittlerebene – hier Kommissarin Königs Kindheitstrauma – bewältigt wird (so in Folge 8, *Zwischen den Welten*, 25. August 2013, Regie: René Heisig).[118] Das Verhältnis von Fall- und Nebenhandlung wird verkehrt: Die Fälle dienen der Profilierung der privaten bzw. der Ermittler-Ebene (die deshalb nicht mehr als Nebenschauplatz gelten kann), nicht umgekehrt. Die *continuity*, genauer die „Fortsetzungsdichte" sowie „Fortsetzungsreichweite" der Serie,[119] bestimmt sich über diese Ebene.

Wie gelingt dem *Polizeiruf* aus Rostock ein Erzählen, das sich vom üblichen Serienerzählen bundesdeutschen Fernsehens unterscheidet? Christian Buß findet dafür eine Erklärung, die (wie oben bereits angedeutet) ein weiteres Mal Autorschaft und Werkförmigkeit aufeinander bezieht und das Vorbild dafür in US-amerikanischen Produktionsbedingungen neuerer Serienerzählungen findet: „Der Rostocker *Polizeiruf* ist einer der wenigen deutschen Krimis, der mit Eoin Moore einen Head-Autor hat, der konstant die Entwicklung der Figuren im Blick hat".[120] Dem ‚starken', alles übersehenden Autor korrespondiert ein Rezeptionsverhalten, das, mit Eco gesprochen, dem ‚Experten' vorbehalten ist.[121] Mit Blick auf das in der Serie realisierte Ganzheitskonzept bietet sich hierfür außerdem (wie eben-

---

118 Mit einem kleinen Mädchen, das sich die Schuld am Tod seiner Mutter gibt, ‚absolutiert' und entlastet König sich zugleich selbst (vgl. 01:03:50–01:04:21; ihre eigene Mutter war auf der Flucht aus der DDR über die Ostsee ums Leben gekommen, und sie hatte sich dafür verantwortlich gemacht). – Noch eine Vernetzungsschraube weiter als der Rostocker *Polizeiruf* dreht die *Tatort*-Serie aus Dortmund das Konzept einer ‚geschlossenen' Serienerzählung, wenn hier beide Ebenen gar nicht mehr getrennt sind, sondern die Lösung des Kriminalfalls und die Lösung des privaten Falls zur Deckung kommen (der aktuelle Mörder der Folge *Auf ewig Dein*, 2. Februar 2014, Regie: Dror Zahavi, hatte seinerzeit auch Fabers Familie getötet; der aktuelle Fall ist ein weiterer Baustein im ‚Rachefeldzug' des Täters gegen den Ermittler, dessen Vorgeschichte die Serie von Beginn an bestimmt und auch im weiteren Serienverlauf eine wichtige Rolle spielt, vgl. *Tollwut*, 4. Februar 2018, Regie: Dror Zahavi).
119 Kategorien nach Weber/Junklewitz: Gesetz, S. 24.
120 Vgl. Buß: Rostock; aus Anlass von Folge 8 (*Zwischen den Welten*, 25. August 2013; auch die Credits der Folge listen Eoin Moore als „Headautor", vgl. 00:01:32).
121 Vgl. Anm. 3.

falls bereits angedeutet) der Rekurs auf die frühromantische Rezeptionstheorie an: Wie sich die romantische Ästhetik in Aushandlungen mit der sogenannten klassischen ‚um 1800' profiliert, so arbeitet auch das neuere TV-Serienerzählen mit veränderten Formen von ‚Ganzheit', ‚Geschlossenheit', ‚Totalität'. Die medienspezifischen Ganzheitsvorstellungen einer Kriminalserie, die aus Einzelfolgen mit abgeschlossenen Kriminalhandlungen besteht, werden periodisch nicht über das Genre, sondern über die Figuren erzeugt. Sie setzen auf einen Zuschauer, der eben diesen spezifischen Vorstellungen von Ganzheit gewachsen ist, der sich also (wieder im Rückgriff auf die Romantik formuliert) durch ‚panoramatische Kompetenzen' auszeichnet.[122]

Die im Fall des Rostocker *Polizeirufs* über die Ermittler-Ebene gelingende ästhetische Integration der Teile legt damit eine im Wortsinn ‚erhabene' Position des Betrachters zugrunde, der sich einen (wenngleich vielfach gesteuerten) Überblick über die Zusammenhänge verschaffen und sich so wie der Besucher eines Panoramas in der filmischen Handlung zu bewegen hat, die „gleichsam stille zu stehen" scheint.[123] Ein zeitlich möglichst lückenloses Sehen der Filme, wie es von der ARD-Programmlogik gerade nicht vorgesehen, auf der Basis eines eigenen Archivs oder via YouTube-Angeboten aber gleichwohl möglich ist, ist dafür die Voraussetzung. Die Programmlogiken des öffentlich-rechtlichen Rundfunks hinken den Produktions- (und gegebenenfalls auch Rezeptions-)Interessen in dieser Hinsicht hinterher.

Aufschlussreich für die genannten Zusammenhänge sind etwa die jeweiligen Folgenschlüsse, die Fallhandlungen nur oberflächlich abschließen, die eigentlichen Drahtzieher in enger Verbindung zu den Kommissaren aber mit in die nächsten Folgen nehmen. Dass darin auch die Pointe der Serie liegt, deutet bereits das Finale der ersten Folge an, die das ‚Fortsetzung folgt' der Serie in Königs Abschiedsgruß „Wir sehn uns" (ob als Selbstverständlichkeit, Verheißung oder gar Drohung gemeint, bleibt unklar) explizit werden lässt. Bestätigt wird es durch Bukows genervtes, schon im Weggehen eher in sich hinein gemurmeltes als verstehbar geäußertes „Ja ja" (*Einer von uns*, 01:27:47–01:27:50). Ebenso offen – und gerade dadurch mit der sich anschließenden Serienepisode verbunden – gestaltet sich auch der Schluss der in vergleichsweise enger zeitlicher Nähe auf Nr. 1 (18. April 2010) ausgestrahlten Folge 2 (*Aquarius*, 2. Mai 2010, Regie: Edward Berger). Er macht deutlich, dass Bukows Kontrolleurin König selbst Objekt der Beobachtung ist, und zwar von Bukows Kontakt in die

---

122 Vgl. dazu ausführlich Stockinger: Fouqués, S. 16–77.
123 Schiller an Goethe, 26. Dezember 1797, in: Schiller/Goethe: Briefwechsel, S. 524.

‚Unterwelt' der Russen-Mafia, Zoran Subocek (01:25:38–01:26:31); ein Umstand, an den Folge 3 unmittelbar anknüpft, wenn sich König in einer offiziellen Befragung zu Beginn Bukow gegenüber erstmals explizit als LKA-Ermittlerin zu erkennen gibt und auf die Observierungen hinweist (*Feindbild*, 6. Februar 2011, Regie: Eoin Moore; 00:02:38–00:03:31, 00:03:50–00:05:10). Das spannungsreiche gemeinsame Ermitteln, das stets die Grenzen des Vertrauens (arbeitet Bukow doch noch mit Subocek zusammen?) und der wechselseitigen Anti- als Sympathie auslotet, wird auch auf Ebene der synchron eingesetzten, sogenannten aktuellen Musik im Film ausagiert,[124] indem der Song *Sperr mich ein* der deutschen Band Element of Crime mit der bezeichnenden Refrainzeile „Ich will von Dir verhaftet sein" mit der Situation spielt, diese kommentiert und karikiert (z. B. *Feindbild*, 00:15:01–00:15:09).

Am Ende der Folge ist der Subocek-Fall mit dessen Verhaftung zwar abgeschlossen, die Ermittlungen gegen Bukow aber laufen weiter, wie zu Beginn von Folge 4 deutlich wird: „Wie viel Wochen hab ich noch? Frau König, ich steh auf einem Scheiterhaufen, Sie haben das Streichholz in der Hand" (*… und raus bist du!*, 22. Mai 2011, Regie: Christian von Castelberg; 00:03:44–00:03:50). Dass sich Bukow stets in einer beruflichen Damokles-Schwert-Situation befindet, zieht sich bis in Folge 5 (*Einer trage des anderen Last*, 19. Februar 2012, Regie: Christian von Castelberg). Hier entdeckt er auf der Suche nach Hinweisen auf Angehörige der im Koma liegenden Kollegin seine Akte und erkennt so, dass König ihn (wider besseres Wissen) entlastet hat (00:10:47–00:11:33; 00:21:19–00:21:29). Der Handlungsstrang ist damit – mit Ausnahme von Andeutungen, die es immer wieder gibt – beendet. Zugleich beginnt Folge 4 mit einer weiteren Horizontalen, die die Handlungsebene der Serie bis Folge 8 begleiten wird: Königs Kindheitsgeschichte.

Sie hat bei der Flucht aus der DDR nicht nur ihre Eltern, sondern auch die Erinnerung an die Herkunft und die Vorgänge überhaupt verloren; es geht dabei demnach zugleich um die Verarbeitung eines Traumas. Dass sie selbst adoptiert wurde, ist hilfreich für die Ermittlungen in den Folgen 4 (sie hilft einer obdachlosen Frau, die mit allen Mitteln um das Sorgerecht für ihre Tochter kämpft, weil sie selbst adoptiert wurde; 01:05:48–01:07:14) und 6 (*Stillschweigen*, 30. September 2012, Regie: Eoin Moore – auf die Auskunft des Kronzeugen, er sei ehemaliges Heimkind, reagiert sie sichtlich betroffen; 00:18:22–00:18:25), in denen sie – gelegentlich mit Bukows Hilfe – dem Rätsel ihrer Herkunft näherkommt. Folge 7 (*Fischerkrieg*, 20. Januar 2013, Regie: Alexander Dierbach) knüpft daran gleich zu Beginn

---

124 Zur Kategorie vgl. Hickethier: Fernsehanalyse, S. 98.

thematisch nahtlos an: Bilder eines Mädchens an einer Steilküste, ein im Meer schwimmender roter Koffer, die Leiche einer Frau im grünen Kleid u. a. leiten nicht etwa einen neuen Fall ein, sondern stellen sich als Traumbilder Königs heraus (00:00:25–00:01:39). Die Fallhandlung, bei der es um Fluchthelferproblematik und Menschenschmuggel geht (zeitweise fällt der Verdacht auf Bukows Vater), wird so unmittelbar auf Königs Vorgeschichte abgebildet.[125]

Noch präziser gelingt dies in der Fortsetzungsfolge 8 (*Zwischen den Welten*, 25. August 2013, Regie: René Heisig), die wieder nahtlos an die vorherige Folge anknüpft und dabei Ermittler- und Fallebene auf Bildebene miteinander verschränkt: In der ersten, intern fokalisierten Einstellung folgt der Betrachter einer Figur durch einen Wald. Die Untersicht weist auf ein Kind hin, die heftige Atmung auf eine Flucht; die nächste Szene zeigt König im Gespräch mit einer Psychiaterin über einen wiederkehrenden Traum, den die Zuschauer kennen, weil er ihnen bereits zu Beginn der vorherigen Folge (7) vor Augen geführt worden war: Ein kleines Mädchen flieht durch einen Wald, steht dann im Wasser, sieht „unter" sich auf eine „tote Frau"; die nächste Einstellung zeigt erneut die intern fokalisierte Flucht durch einen Wald; wenig später läuft ein kleines Mädchen vor Bukows Auto und führt diesen zu seiner toten Mutter im Wald (bis 00:05:34). In dieser Folge trifft König, vermittelt durch Bukows Vater (der sich, wie wir seit Folge sieben wissen, in diesem Feld bestens auskennt), auf den ehemaligen Fluchthelfer Hannes Stein und erhält erstmals Auskunft über ihre Eltern (00:39:46–00:42:49). Der Handlungsstrang läuft damit aus; in Folge 9 (*Liebeswahn*, 12. Januar 2014, Regie: Thomas Stiller) findet sich lediglich eine letzte Andeutung – die der Zuschauer wiederum nur versteht, wenn er die vorhergehenden Teile der Serie gesehen hat.[126]

Folge 9 wird dann von der seit vielen Folgen vorbereiteten Affäre zwischen Bukows Ehefrau Vivien und seinem Kollegen Volker Thiesler dominiert: Parallelschnitte des Liebesakts in einem Hotelzimmer zu Szenen mit Sohn Samuel, der beinahe erstickt und mit Blaulicht ins Krankenhaus gefahren wird, dramatisieren Viviens Vernachlässigung ihrer Aufsichtspflichten (00:09:28–00:18:01). Zugleich stellt sich auf der Fallhandlungsebene die den Jungen behandelnde Ärztin als Mörderin he-

---

125 Vgl. z. B. 00:10:55–00:12:12 (Engführung Ermittler- und Fallhandlung über Auseinandersetzung mit dem Thema ‚Fluchthilfe'); oder final 01:26:23–01:26:49 („König. ‚Sie ham vielleicht Recht, Bukow. [...] Ich glaub, ich bin geflohen. Ich weiß nur nicht, wie ich von dort in den Westen gekommen bin. Ich such meine Eltern'").
126 König ist immer noch in psychiatrischer Behandlung: „Bukow ‚Ich dachte, Sie sind damit durch.' König. ‚Nicht ganz. Lässt sich nicht so einfach abschütteln. Zäher Hund, die Vergangenheit'" (00:51:39–00:51.50).

raus. Der Titel *Liebeswahn* bezieht sich sowohl auf den Fall als auch auf das Privatleben der Bukows, das sich in den Vordergrund schiebt und die Krimihandlung marginalisiert. Fortgesetzt wird diese Konstellation mit entsprechender Gewichtung in Folge 10 (die den wiederum bezeichnenden Titel *Familiensache* trägt, 2. November 2014, Buch und Regie: Eoin Moore). In dieser Folge wirkt die Fallhandlung wie ein Kommentar zur Handlung auf Ermittlerebene (und nicht etwa umgekehrt). Das gleich zu Beginn der Folge integrierte leitende Thema „Das ist meine letzte Chance. Es geht um meine Familie" (00:02:21–00:02:25) konturiert in erster Linie weniger die laufenden Ermittlungen als vielmehr die Situation des leitenden Kommissars.

Allerdings wird eine Verbindung dazu nicht explizit hergestellt. Sie setzt den Zuschauerexperten nach Eco stillschweigend voraus, der dann auch die *Suspense*-Spannung goutieren kann, mit der die Folge im privaten Bereich operiert: Während Bukow noch den gemeinsamen Familienurlaub plant (00:13:20–00:13:59), rieten ihm die Zuschauer davon am liebsten ab. Zur Ermittlerebene läuft die Fallgeschichte in Parallelschnitten weiter. Auf dieser Ebene begegnen sich die Eheleute ein letztes Mal; die Versöhnungspläne des Mannes sind endgültig gescheitert; er tötet sie; parallel dazu küssen sich Volker und Vivien im Umfeld einer Party zum 30-jährigen Dienstjubiläum des Chefs (00:14:10–00:20:01); Kollegin König deckt die beiden (sie weiß seit Folge 9 von der Affäre, vgl. *Liebeswahn*, 00:53:36). Während Bukow allmählich Gewissheit erhält (*Familiensache*, 00:49:33–00:51:20), gehen die Ermittlungen weiter, schieben sich gleichsam immer wieder dazwischen und stören die ‚eigentliche' (nämlich die Ermittler-) Handlung. Dass sich bald nach der Enthüllung der Schriftzug „Dieser Polizeiruf ist auch gleich Thema bei Günther Jauch" (00:57:29–00:57:36) ins Bild schiebt, legt eine Umsetzung des Tathandlungsmotivs (erweiterter Suizid eines Familienvaters aus Eifersucht) von der Fall- auf die Ermittlerebene wenigstens nahe. Wenn Bukow also sehr genau wissen will, wie der Täter „tickt", was ihn antreibt, möchte er zugleich auch etwas über sich selbst erfahren (01:12:36–01:13:52). Ob er während der finalen Verfolgung des Täters auf seinen Kollegen und Konkurrenten Volker geschossen hat, bleibt offen:

> König. ‚Ehre gerettet?' Bukow. ‚Er wird's überleben.' König. ‚War das Absicht?' Bukow. ‚War das Glück?' König. ‚Bißchen mehr Klarheit Ihrerseits wär jetzt echt hilfreich, Bukow.' Bukow [steigt ins Auto] ‚Ja, ja.' [Fährt ab.]. (01:25:21–01:25:42)

Die Auseinandersetzung zwischen Bukow und Volker in der nächsten Folge *Sturm im Kopf* (1. März 2015, Regie: Christian von Castelberg) setzt entsprechendes Serienwissen voraus: „Bukow. ‚Es wird Dir nich gelingen, mir ausm Weg zu gehen.' Volker. ‚Das hab ich nich vor. Da musst Du schon besser zielen'" (00:13:49–00:13:54).[127]

Insgesamt tragen zur werkförmigen Struktur neuerer Serien des *Polizeiruf*- wie des *Tatort*-Formats viele Faktoren bei: eine möglichst einheitliche Autorschaft (im Fall des Rostocker *Polizeirufs* Eoin Moore, der Kieler *Tatort*-Miniserie Sascha Arango, der *Tatort*-Serie aus Dortmund Jürgen Werner); eine ausgedehnte horizontale Erzählweise, in der durch wiederkehrende Figuren und durch die Engführung (und dadurch Neugewichtung) von Ermittler- und Fallebene je Folge Geschlossenheitseffekte erzeugt werden; sowie die stete Rückkopplung mit dem Akteur ‚Rezeption', der zeitnah zu den Sendeterminen und kontinuierlich den jeweiligen Serienverlauf kommentiert. Die Möglichkeiten sowie Grenzen horizontalen Erzählens in relativ behäbigen, wenig flexiblen Formaten werden so permanent reflektiert. „Einfach anzusehen" sind Filme wie die erwähnte Rostocker Folge *Sturm im Kopf* nämlich nicht.[128] Fernsehreihen wie *Tatort* bzw. *Polizeiruf* mit ihren „allenfalls leicht biegsamen Gesetzmäßigkeiten"[129] eignen sich programmgemäß in nur eingeschränktem Maß für Fortsetzungserzählungen. Sie bestehen aus unterschiedlichen Serien, die jeweils maximal drei Sendetermine im Jahr erhalten.[130] Die Lücken zwischen den einzelnen Folgen sind deshalb groß. Damit das Publikum „selbst nach sechs oder neun Monaten wieder ohne Anstrengung in die Geschichte einsteigt und sich an Vergangenes erinnert",[131] müssen alle Seiten zu Zugeständnissen bereit sein.

---

127 Auch in den beiden derzeit jüngsten Folgen der Serie (Stand: August 2016) bleiben die Vernetzungen auf Ebene der wiederkehrenden Nebenfiguren präsent, ohne explizit aufgelöst zu werden. Es wird mit einem Experten-Zuschauer gerechnet (Beispiele u. a.: Bukow ist zu Beginn suspendiert; Bukows Vater ist Teil des Milieus, das in die Verbrechen verwickelt ist). Weil es sich um ein für die Reihe neuartiges Experiment handelt, nämlich um eine Miniserie, die die *Polizeiruf*-Serie aus Rostock mit derjenigen aus Magdeburg verbindet (vgl. dazu Anm. 64) und die gegen Ende von Folge 2 auch die Nachbarreihe *Tatort* einbindet („ein Herr Tschiller in Hamburg" schaltet sich leider ein wenig ‚nuschelnd' – die Akteursebene der Produktion wird so mit einbezogen, indem auf den Tschiller-Darsteller Til Schweiger angespielt wird – telefonisch in die Ermittlungen ein; *Wendemanöver* 2, 01:17:35–01:17:50), stehen eigene Elemente der Erzeugung eines geschlossenen Handlungszusammenhangs über zwei Folgen hinweg im Vordergrund. Sie wären eigens zu analysieren.
128 Gasteiger: Polizeiruf.
129 Jungen: Theater; aus Anlass der BR-Produktion *Einmal wirklich sterben.*
130 Für das Jahr 2015 etwa vgl. den Überblick auf tatort-fundus.de: <http://www.tatort-fundus.de/web/folgen/chrono/ab-2010/2015.html> (08. 05. 2018). – Die Reihe *Polizeiruf* erhält insgesamt nicht mehr als sechs bis neun Sendetermine im Jahr; vgl. die Auflistung der „Fälle" auf der *Polizeiruf*-Seite von Das Erste: <http://www.daserste.de/unterhaltung/krimi/polizeiruf-110/sendung/index.html> (08. 05. 2018).
131 Buß: Beziehungswracks.

Zuschauer sehen alte Folgen (etwa auf YouTube) ein zweites Mal nach, Zeitungsredakteure erinnern in Ankündigungen an die vorherige Folge, Fernsehredaktionen und Autoren machen sowohl auf Text- als auch auf Kontextebene Zugeständnisse an Publikumsforderungen nach Rezeptionshilfen. Die aktuelle *Tatort*-Serie aus Berlin etwa, die in den ersten vier Folgen ebenfalls mit einer „horizontale[n] Erzählweise mit übergreifendem Handlungsbogen" experimentiert,[132] erzeugt ein werkförmiges Ganzes, indem sie wie die Rostocker Serie auf Ebene der Handlung Ermittler- und Kriminalfall-Strang aufeinander zuschreibt. Die Probleme, die sich daraus für die Zuschauer ergeben, werden umgehend auf der Plattform tatort-fundus.de zur zweiten Folge der Serie (*Ätzend*; 15. November 2015, Regie: Dror Zahavi) kommentiert. Für die dort hinterlegten Positionen repräsentativ[133] ist die Einlassung „Landos", der/die eine Frage mit einem auch von anderen Beiträgern formulierten Vorschlag an die Redaktion verbindet: „Soll der Tatort jetzt zur Serie werden? Wenn wir das den Amis abgucken wollen, dann bitte auch alles hintereinander versenden. Bis der nächste Berliner Tatort kommt, hab ich doch die Hälfte wieder vergessen", und „groucho" fordert: „Da dieser Handlungsstrang auf vier Episoden ausgelegt ist, empfiehlt es sich, den nächsten beiden Folgen Zusammenfassungen der vorangehenden Folgen vorzuschalten; das würde den Wiedereinstieg in die Handlung erheblich erleichtern".[134] Die Fortsetzungsfolge *Wir – Ihr – Sie* (rbb, 5. Juni 2016, Regie: Torsten C. Fischer) beginnt dann mit einer kurzen *recap sequence*. Sie blendet eine finale Szene der letzten Folge, *Ätzend*, nochmals ein (die Verhaftung von Kommissar Karow) und integriert diese mit *Spotlight*-Sequenzen in die fortlaufende Ermittlerhand-

---

132 Diener: TV-Kritik. – Die Rezeption ist sich darin einig, vgl. auch Schmidt: Meisterstück: „Mit dieser fallübergreifenden Geschichte hat man beim Berliner ‚Tatort' eine Erzählweise geschaffen, wie man sie etwa aus dem Dortmunder ‚Tatort' oder dem Rostocker ‚Polizeiruf' kennt […]."
133 Wie in den Rezensionen überwiegen auch auf tatort-fundus.de negative, skeptische Urteile, etwa von „Tobi Tobsen": „Naja … die Nebenhandlung wird langsam zur Haupthandlung … nix gegen Cliff Hanger, aber die TO dieses Ermittlerduos entwickeln sich langsam zu ner Fernsehserie. Nervt ein wenig"; oder von „SteierFan": „Boah, das nervt. Wenn man nicht horizontal erzählen kann, soll man es lassen." Eine Ausnahme stellt z. B. die Bemerkung von „Ambler" dar: „Die Story geht weiter – ich bin gespannt. Durchgehende und folgenübergreifende Handlungen finde ich persönlich interessant." Alle Kommentare o. D. <http://www.tatort-fundus.de/web/rangliste/folgen-wertungen/rangliste-auswertung/nach-usern.html?folge=962&Nr=9> (08. 05. 2018).
134 Kommentar auf tatort-fundus.de von „Lando" und „groucho", beide o. D. <http://www.tatort-fundus.de/web/rangliste/folgen-wertungen/rangliste-auswertung/nach-usern.html?folge=962&Nr=9> (16. 11. 2015; beide Kommentare nicht mehr online).

lung, ebenfalls mit *recap*-Funktion. Durch ihre Farbgebung (schwarzweiß) sind diese Szenen von der im Anschluss beginnenden Fallhandlung deutlich unterschieden (Textebene).[135] *Recap*-Leistungen, die insbesondere die durchgehende Handlung auf Ermittlerebene betreffen, bietet der Sender außerdem auf der Internetseite zur Folge an: „Was bisher geschah ...'' (Paratextebene).[136] Die von Seiten des Publikums artikulierten Bedürfnisse nach mnemotechnischen Hilfestellungen wirken sich so unmittelbar auf die Text- und die Paratextebene der Filme aus. In der zeitgenössischen Populärkultur setzt Werkerzeugung auf viele Akteure, genauer: auf einen engen Zusammenhang zwischen dem filmischen Text und dem diesen umgebenden Kontext, der Darsteller, Redakteure, Drehbuchschreiber, Regisseure (als die Ebene der Re-/Produzenten) und professionelle Publizistik, Laienkritiker, Fans und Zuschauer (als die Ebene der Rezipienten) gleichermaßen umfasst.

3. Serie ist Werk?

Wenn sich die Werkförmigkeit von Serien einer Haltung auf Seiten von Produktion und Rezeption verdankt, die von den populärkulturellen Artefakten bestätigt und gesteigert wird, wenn also so viele Ebenen mit hineinspielen müssen, um von der Werkförmigkeit einer Serie sprechen zu können – dann ist abschließend danach zu fragen, welche blinden Flecken diese literatur- und medienkulturwissenschaftlichen Versuche einer Visibilisierung und Sensibilisierung von Werkförmigkeit hervorbringen. Was wird übersehen? Ist es in erster Linie doch ‚nur' der (sei es unbewusste)

---

135 *Wir – Ihr – Sie*, 00:00:32–00:01:32. Die Festnahme Karows in der Vorgängerfolge *Ätzend* erfolgte in 01:22:15–01:23:09.
136 Vgl. Was bisher geschah ..., Das Erste, o. D. <http://www.daserste.de/unterhaltung/krimi/tatort/specials/berlin-wir-ihr-sie-was-bisher-geschah-100.html> (08. 05. 2018). Außerdem finden sich im Online-Lexikon *Wikipedia* ausführliche Inhaltsangaben zu den Vorgängerfolgen 1 und 2, vgl. dazu <https://de.wikipedia.org/wiki/Tatort:_Das_Muli> und <https://de.wikipedia.org/wiki/Tatort:_Ätzend> (08. 05. 2018). – Das Publikum goutiert diese Bemühungen, wie es aussieht, nicht: Die Folge *Wir – Ihr – Sie* fällt (jedenfalls nach den Kommentaren auf der Plattform tatort-fundus.de) größtenteils durch, mit dem User „GuteUnterhaltung", o. D.: „Die Hintergrundstory nervt total. Ich hab' irgendwie überhaupt nicht mehr auf dem Schirm worum es da überhaupt geht". <http://www.tatort-fundus.de/web/rangliste/folgen-wertungen/rangliste-auswertung/nach-usern.html?folge=989&Nr=9> (06. 06. 2016, Kommentar nicht mehr online). – In den jüngeren Folgen zeigt sich, dass der Sender solche Kritiken ernst nimmt: Das Konzept einer Fortsetzungsserialität im *Tatort* wurde deutlich modifiziert, d. h. auf das ursprüngliche Format der Reihe reduziert.

Wunsch, den eigenen Forschungsgegenstand aufzuwerten, der das Werk erzeugt? Wer die Serie als Werk operationalisiert, weiß zwar, dass deren interne Logik diejenige der Fortsetzung ist, er begibt sich allerdings in die Gefahr, diesen spezifischen Mechanismus hintanzustellen, die „Kontinuität der Bewegung" zugunsten von Merkmalen einer – wenngleich serienlogischen – Kohärenzstiftung auszublenden.[137] Helmut Müller-Sievers wirbt in einem *Merkur*-Essay mit einigen guten Gründen dafür, die derzeit vielfach bemühte Rückführung ambitionierter TV- oder Streaming-Serien auf Erzählwerke des 19. Jahrhunderts nicht dadurch überzustrapazieren, dass man den „technischen Kern[ ] des Realismus" ignoriert.[138] Der realistische Roman[139] klinke „sich in die industrielle Bewegtheit seiner Leser" ein, deren „Leben" er in einem wichtigen Punkt entspreche: „Jeder weiß, dass, aber niemand, wie es weitergeht".[140] Darin liege dann auch begründet, dass die Protagonisten dieser Texte keine ungebrochenen Heldenfiguren mehr sind, dass sie nicht kausallogisch-stringent, sondern unmotiviert-widersprüchlich handeln und nur bedingt zur Identifikation taugen (es sei denn, man identifiziert sich mit der ihnen eigenen Diffusität). Den entscheidenden Punkt macht Müller-Sievers mit Blick auf die Konsequenzen für den wissenschaftlichen Umgang mit den Artefakten: Herkömmliche Intuitionen von deren auktorial erzeugter Werkförmigkeit würden nachhaltig irritiert. Oder, mit Müller-Sievers gesprochen:

> Mechanische Serialität ist die erste Erscheinungsform erzählender Literatur, die nicht mehr vom [...] Phantasma des einen Buchs und des einen Autors zehrt und die darum auch nicht von Hermeneutiken verstanden werden kann, die ihren Erfolg in der Aufschlüsselung von Autorintentionen und Werktotalitäten suchen.[141]

Als (analoge) Beispiele im amerikanischen Fernsehen des ausgehenden 20. und beginnenden 21. Jahrhunderts dienen Müller-Sievers *The Sopranos* (HBO, 1999–2007) oder *The Wire* (HBO, 2002–2008), genannt werden noch *Mad Men* (AMC, 2007–2015), *Breaking Bad* (AMC, 2008–2013) und *House of Cards* (Netflix, seit 2013). Was er dazu bemerkt, ist weder falsch noch neu: Unheldische Helden, lange Erzählbögen, Rezeptionsweisen ‚totaler' Konsumption u. a. zeichnen diese Serien aus. Sie lassen sich viel Zeit und okkupieren die unsere, sei es als „Erwartung und Verzehr der nächsten Folge, sei als Fressorgie im Fall der neueren Netflix-Serien".[142]

---

137 Müller-Sievers: Kinematik, S. 22.
138 Ebd., S. 20.
139 Müller-Sievers fokussiert auf Dickens, mit Ausblicken auf Henry James.
140 Ebd., S. 23.
141 Ebd., S. 25.
142 Ebd., S. 29.

Interessanter für meine Fragestellung ist dagegen jene zentrale Aussage des Beitrags, die ich bereits zitiert habe und jetzt einmal so zusammenfassen möchte:[143] ‚kein Werk, nirgends'. Dabei wird der Gegenstand selbst, die Romane oder Filme, durchaus in die Überlegungen einbezogen, fokussiert etwa auf die Charaktere (‚gebrochen') oder den ‚Realismus' des Plots. Besonderes Augenmerk gilt allerdings den Produktionsbedingungen (Mechanisierung der Herstellung als Voraussetzung der Popularisierung) und der Rezeption (Parallelisierung von Produktlogik und Lebensrhythmus der Leser). Kein Werk, nirgends?

Eine dazu in vielerlei Hinsicht querstehende Position der letzten Jahre argumentiert genauer von den Texten – und zwar *als* Werken – her, ohne dabei die von Müller-Sievers genannten Rahmenbedingungen populären Erzählens (wie beschleunigte Produktion, massenhafte Verbreitung u. a.) zu vernachlässigen: In seinen Überlegungen zur Frage „Wie(so) erinnern wir uns an Tony Soprano?" geht Frank Kelleter dem Anteil der Artefakte an Kanonisierungsprozessen nach – ausdrücklich ist dabei die Rede von „Kunstwerken",[144] die sich etwa von anderen Artefakten dadurch unterscheiden, dass diese eben *nicht* in einen Kanon für sich zur nachhaltigen Erinnerung eignender und auch selbst empfehlender Produkte aufgenommen werden. Kelleter lehnt einen ‚textessentialistischen' Zugang explizit ab, ‚konstruktivistische' Zugänge vermögen ihn aber ebenfalls nur bedingt zu überzeugen.[145] Stattdessen denkt er von der ‚Praxis der Texte' her, in seiner Argumentation ganz im subjektiven Sinne der Genitivverwendung zu verstehen. Es geht ihm also nicht (oder weniger) um den Umgang mit den Artefakten (die dadurch zu Kunstwerken kanonisiert werden) als vielmehr um den aktiven Part, den die Artefakte selbst im Kanonisierungsprozess spielen, es geht ihm, kurz gesagt, um die Frage, „was der Text selbst *tut*",[146] um etwa als ‚Werk' kanonisiert zu werden – und damit als ein Artefakt, das man „als geschlossen identifizieren, archivieren und bedeutsam durch Zeit und Raum transportieren kann".[147] In struktureller Hinsicht potenziell auf Offenheit hin angelegte Fortsetzungslogiken, wie diese der Serie nun einmal eigen sind,[148] sind davon nicht ausgeschlossen.

---

143 Ebd., S. 25.
144 Kelleter: Populärkultur, S. 55.
145 Ebd., S. 57.
146 Ebd., S. 58.
147 Ebd., S. 61. Zur methodischen Begründung vgl. Kelleter: Agencies, S. 3–6.
148 In Gestalt von *series* (abgeschlossenen Folgehandlungen) ebenso wie von *serials* (fortlaufenden Handlungssträngen). Inzwischen allerdings arbeiten die meisten Beiträge zur Fernsehserie mit dieser Typologie, gegebenenfalls in Modifikationen; vgl. dazu den Forschungsbericht von Weber/Junklewitz: Gesetz, S. 19.

Kelleter weist nach, dass populär-serielle Erzeugnisse „sehr wohl in der Lage [sind], traditionsäquivalente Funktionen auszubilden",[149] sei es, dass einzelne Entitäten (wiewohl die Produktion in vielen Händen liegt) als Produkte eines bestimmten Autors kanonisiert werden, sei es, dass der Kanonisierungsprozess in Anthologien zu einem vorläufigen Ende kommt, die sich explizit den „Klassikern" eines populär-seriellen Genres widmen.[150] In der Literatur ist deshalb bei diesen Produkten auch explizit von „Autorserien" die Rede. Sie zeigten die „Handschrift" eines „Creators", eines „Showrunners", der einen Stab an Autoren beschäftigt und „Kunst" produziert, nicht nur „bloße Unterhaltung".[151]

Anders gesagt: Eben diejenigen (kanonischen!) Beispiele zeitgenössischer Serien, die Müller-Sievers bemüht, um Werkförmigkeit für sie gerade auszuschließen, werden in der Breite der aktuellen Serien-Rezeption und -Analyse als Werke erster Güte qualifiziert und gehandelt; auf Beispiele wie *The Wire* oder das Differenzkriterium der ‚Rewatchability' habe ich bereits hingewiesen. Serien, die diesem Kriterium genügen, sind eben nicht auf schnellen Konsum angelegt. Die Auslieferung in der DVD-Box[152] und die Bereitstellung über *Streaming*-Dienste machen eine veränderte Lektürepraxis möglich, gern auch in Form des sogenannten Binge Viewing. (Im Fall der skizzierten neueren Entwicklungen in deutschen TV-Reihen ist dies systematisch nicht vorgesehen, aber durch die eigene Aufnahme der Folgen einer Serie durchaus möglich.) Davon ausgehend muss die grundlegende Frage meines Beitrags also lauten: *Wo* geschieht ‚Serie als Werk'?

---

149 Kelleter: Populärkultur, S. 62; vgl. Kelleter: Agencies, S. 6–10. – An der Schlusssequenz der Serie *Sopranos* weist Kelleter auf überzeugende Weise nach, dass sie auf vielerlei Ebenen, intra-, inter- und metatextuell, die endgültige Kanonisierung zum überzeitlichen Referenzobjekt des kulturellen Gedächtnisses enthält: „Nicht nur setzt die Serie also enorme Rezeptionskompetenzen [...] voraus, sie hat diese Rezeptionskompetenzen auch selbst geschaffen und aktiviert sie konstant" (Kelleter: Populärkultur, S. 71), und: „Im schwarzen Bildschirm am Ende der *Sopranos* fallen sozusagen Serialität und Werkcharakter, Popularität und Kanonizität zusammen" (ebd., S. 74).
150 Vgl. dazu Klein/Hißnauer: Klassiker.
151 Dreher: Autorenserien, S. 67; S. 45, 47, 53; S. 75; S. 59; S. 61.
152 Mittell: DVD-Editionen, S. 136: Die DVD-Boxes selbst werden, Jason Mittell zufolge, zum „Bedeutungsträger"; sie „überführen [...] den kurzlebigen medialen Text in ein Objekt, ein Sammlerstück, das genau die richtige Größe hat, um sich im Bücherregal neben seine literarischen ‚Geschwister' einzureihen". Nicht zuletzt damit wird dann auch der Werkcharakter der Serien begründet. – Passend dazu Jan Füchtjohann in der *Süddeutschen Zeitung*: „Die DVD-Box der Gegenwart ist [...] eine Erfindung des 19. Jahrhunderts" (Füchtjohann: Was bisher geschah; mit der These im Untertitel: „Amerikanische TV-Serien haben das horizontale Erzählen neu definiert und sich der Gegenwartsliteratur genähert").

Im Text? Mit Kelleter: „ja, auch". Der Text als Akteur erzeugt Eindrücke von Werkförmigkeit. Kelleter betont in diesem Zusammenhang v. a. die Ebene der ‚Selbstbeschreibung' – „self-description" – des Textes.[153] Teilt man diese Position (und viele Gründe sprechen dafür), ergeben sich daraus weitere Fragen: Wird dadurch dann nicht doch gerade wieder jenes ontologisch bzw. essentialistisch argumentierende Verständnis von Text rehabilitiert, restauriert und zugleich revidiert, das Kelleter als eine Art wissenschaftspolitische *No-go-Area* von vornherein ausgeklammert hatte?[154] (Was aber wäre daran eigentlich so problematisch?) Gibt es darüber hinaus Textmerkmale, die den Text als einen werkförmigen ausweisen bzw. die Merkmale des Werkförmigen evozieren, ohne dies ‚zu wissen'? (Was ‚weiß' eigentlich ein Text?)

Im Auge des Betrachters? Mit Blick auf Müller-Sievers: „ja, unbedingt". Sein Beitrag betont das Serienprinzip des unkontrollierten, prinzipiell endlosen Fortschreibens, das mechanischen eher als künstlerischen Gesetzen unterworfen sei. Mit traditionellen Vorstellungen von auktorial erzeugter Ganzheit oder Geschlossenheit ist die ‚Logik des seriellen Produziertseins' naturgemäß ohnehin nicht vereinbar.

Zu beachten ist nun: Die Gegenstände selbst sind offen für beide Perspektiven. Sieht man sich etwa die bislang nur erwähnte *Tatort*-Serie aus Dortmund (WDR, seit 2012) auf Ebene des Textes und seiner intra-, inter- und metatextuellen Merkmale an, finden sich gute Argumente für beide Positionen. Je nach Blickrichtung und Fragestellung ist die Werkförmigkeit der Serie stärker oder schwächer ausgeprägt. Eine wichtige Begründung für diese zweifache Lesbarkeit liefern nicht zuletzt die möglichen Weisen der Rezeption. Die Zeit der Serie ergibt sich demnach aus jener Zeit, die zwischen der Rezeption zweier aufeinanderfolgender Sequenzen einer Serie vergeht. Wie für das Programm der Sendung typisch, bestehen zwischen den einzelnen Folgen stets deutliche Lücken, wenngleich man sich gerade im Fall der Dortmunder Serie um eine vergleichsweise enge zeitliche Folgeerzählung bemüht hat. Die Folgen 1 und 2, 3 und 4 sowie 5, 6, 7 und 8 liegen zeitlich vergleichsweise nah beieinander;[155] anders gesagt: Zwischen den Folgen 2 und 3 sowie 4 und 5 besteht ein empfindlicher *Gap* von einem Jahr Sendepause. Ein *Flow* entsteht auf diese Weise nicht,

---

153 Vgl. dazu Kelleter: Agencies, S. 3–31.
154 Kelleter: Populärkultur, S. 57: „[B]ei Forschungsanträgen ist heutzutage mit Textessentialismus oder Autonomieästhetik kein Blumentopf mehr zu gewinnen".
155 Folge 1: *Alter Ego*, 23. September 2012/Folge 2: *Mein Revier*, 11. November 2012; Folge 3: *Eine andere Welt*, 17. November 2013/Folge 4: *Auf ewig Dein*, 2. Februar 2014; Folge 5: *Hydra*, 11. Januar 2015/Folge 6: *Schwerelos*, 3. Mai 2015/Folge 7: *Kollaps*, 18. Oktober 2015/Folge 8: *Hundstage*, 31. Januar 2016 (Stand: August 2016).

wie Kritiker der Werkförmigkeit des seriellen Prinzips im *Tatort* zu Recht einwenden könnten.

Betrachtet man demnach, fokussiert etwa auf die Ebene des Kriminalfalls, allein die Einzelfolgen, nimmt den *Tatort* also als *series* und nicht als *serial* wahr und betont überdies die allzu seltene Ausstrahlungsfrequenz, die die Serie aus Dortmund im Gewirr der derzeit immer unübersehbarer werdenden *Tatort*-Landschaft zum Verschwinden bringt, dann stellt sich ein Effekt des Werkförmigen auf Serien-Ebene nicht ein. Ein *Flow* entsteht nur – wie bei aktuellen US-amerikanischen oder skandinavischen Serien – im Rahmen des (oben bereits benannten) ‚Binge Viewings'. Setzt man sich den Folgen des Dortmunder *Tatort* dabei fortlaufend aus, im Zusammenhang, dann wird das erzählerische Potenzial auch dieser Serie sichtbar: die Elemente der Vernetzung, die für Wiederkennbarkeit der Serie (in Abweichung zur Dramaturgie und Konzeption anderer *Tatort*-Erzählweisen) sorgen, den Zusammenhalt der Einzelfolgen bewirken und einen Eindruck von Geschlossenheit erzeugen. Die enge Verbindung von Fall- und Ermittlerhandlung etwa (auffällig v. a. in den Folgen 3 und 4) macht den Anspruch der Serie erkennbar, in diesen sich spiegelnden und wechselseitig erhellenden Ausschnitten das Gesamte, ‚die ganze Welt', abzubilden.

Die Schwäche der Position Müller-Sievers' liegt meines Erachtens darin, dass sie serieneigene Mechanismen der Kohärenzstiftung auf Ebene von Produktion und Rezeption ausblendet. Was unter ‚Werktotalität'[156] eigentlich zu verstehen ist, von dem das Serienförmige dann unbedingt abzugrenzen sei, erläutert Müller-Sievers nicht. Ganzheitsvorstellungen, die (wie bereits mehrfach angedeutet) seit der Romantik die Heterogenität, Mannigfaltigkeit, Dispersion nicht nur aushalten, sondern fordern, um im Kopf des Zuschauers, strukturell angeleitet (durch Mittel wie Isotopieketten, Leitmotive, Spiegelszenen, Repetitionsstrukturen u. a.), *als* Ganzheit allererst zu entstehen, bleiben unberücksichtigt. Bezieht man diese Mechanismen serienlogischer Kohärenzstiftung aber mit ein, ist man im Hinblick auf Vorstellungen von Ganzheit/Geschlossenheit sehr viel flexibler.

Sie haben ihre Ursprünge in der frühromantischen Fragment-Theorie, der zufolge allererst eine ‚Zerstreuung' der Aufmerksamkeit auf unterschiedliche Darstellungsebenen (z. B. vieldimensionale Charaktere, vielfältige Handlungsverläufe, Musik, Atmosphäre u. a.) deren ‚Bündelung' auf die Form ermöglicht, auf den Zusammenhalt des Ganzen. Diese Konzeption fasst Totalität ins Mosaik einzelner Ereignisse, die idealisierende Deduktion hat als Beurteilungsmaßstab ausgedient. In der Dorfszene des *Demetrius* sollte, so Schillers Szenar, gerade die „Totalität von Motiven [...] auf

---

156 Müller-Sievers: Kinematik, S. 25.

eine prägnante Art das Getrennte coexistent machen" –,[157] um nur ein Beispiel zu nennen. Die vermeintliche Formlosigkeit ist Ausdruck eines neuen Formbewusstseins.[158]

Auf den Punkt gebracht: In die Frage nach dem Verhältnis von Serie und Werk sind Werkkonzepte einzubeziehen, die Ganzheit/Geschlossenheit und Prozessualität zusammendenken und Werkentstehung so in die Auslegungsarbeit durch die Rezeption hinein verlängern.[159] Serielles Erzählen vermag – in je zu untersuchenden, unterschiedlichen Graden – auf Ebene der Produktionsbedingungen, der Programmlogiken, der Programmmacher, auf Ebene der paratextuellen und textuellen Selbstbeschreibungen und auf Ebene der Rezeption Effekte von Ganzheit/Geschlossenheit zu erzeugen. Es lassen sich ihm deshalb Merkmale von Werkförmigkeit entbinden, oder anders gesagt: Serien lassen sich als Werke lesen. Man hat entschieden mehr davon.

Bibliographie

Allrath, Gaby/Marion Gymnich (Hg.): Narrative Strategies in Television Series. Houndmills u. a. 2005.

Aust, Michael: Morde für die Massen. Im ARD-„Tatort" bleibt zurzeit wenig beim Alten. Eine Diagnose über ein Format in der Sinnkrise. In: Kölner Stadt-Anzeiger. Magazin, Nr. 18 vom 21./22. 01. 2012, S. 4.

Benedict, Daniel: Der Kieler „Tatort"-Mörder kommt heute zurück – wie oft noch? In: Neue Osnabrücker Zeitung online. 28. 11. 2015. <http://www.noz.de/deutschland-welt/medien/artikel/642601/der-kieler-tatort-morder-kommt-heute-zuruck-wie-oft-noch#gallery&55747&0&642601> (08. 05. 2018).

Benedict, Daniel: Borowski statt Schweiger. Kommissar Borowski: Stirbt heute Frieda Jung, Herr Milberg? In: Neue Osnabrücker Zeitung online. 29. 11. 2015. <http://www.noz.de/deutschland-welt/medien/artikel/642597/kommissar-borowski-stirbt-heute-frieda-jung-herr-milberg> (08. 05. 2018).

Blawat, Katrin: Kabelfernsehen. In: Süddeutsche Zeitung, Nr. 283 vom 07./08. 12. 2013, S. 42.

Bohde, Sven: Kiel-Tatort: Pläne für Teil drei mit dem „Stillen Gast". In: shz.de. 30. 11. 2015. <http://www.shz.de/schleswig-holstein/kultur/kiel-tatort-plaene-fuer-teil-drei-mit-dem-stillen-gast-id11351056.html> (08. 05. 2018).

Böttcher, Philipp: „This America, man". Daniel Eschkötter liest die TV-Serie „The Wire" [Rez. zu Eschkötter: The Wire. Zürich 2012]. In: literaturkritik.de. 25. 07. 2012. <http://www.literaturkritik.de/public/rezension.php?rez_id=16924> (08. 05. 2018).

---

157 Schiller: Demetrius, S. 206.
158 Schiller kann eben nicht gegen die Romantik ausgespielt werden (so Reed: Schiller, S. 224). Vgl. dazu Stockinger: Dramaturgie.
159 Vgl. dazu auch Martus: Werk, S. 354.

Böttcher, Philipp/Claudia Stockinger: Die Politik der Komödie als Politik des Journalismus. Gustav Freytags Zeitdrama „Die Journalisten" und die Geschichte seiner Kanonisierung. In: Hans-Werner Hahn/Dirk Oschmann (Hg.): Gustav Freytag (1816–1895). Literat – Publizist – Historiker. Köln u. a. 2016, S. 151–190.
Burgmer, Anne: „Tatort" aus Berlin. Kommissar Stark sagt melancholisch und überzeugend Adieu. In: Berliner Zeitung online. 16. 11. 2014. <http://www.berliner-zeitung.de/medien/-tatort--aus-berlin-kommissar-stark-sagt-melancholischund-ueberzeugend-adieu,10809188,29062358.html> (08. 05. 2018).
Buß, Christian: „Tatort" über Voyeurismus. Der Spanner, dein Freund und Helfer. In: SPIEGEL online. 07. 09. 2012. <http://www.spiegel.de/kultur/tv/borowski-neuer-kieler-tatort-ueber-einen-spanner-mit-lars-eidingera-853803.html> (08. 05. 2018).
Buß, Christian: ARD-„Tatort" über Uwe Barschel. Video vom Wannenrand. In: SPIEGEL online. 12. 10. 2012. <http://www.spiegel.de/kultur/tv/tatort-aus-kiel-borowski-ermittelt-im-fall-barschel-a-860832.html> (08. 05. 2018).
Buß, Christian: „Polizeiruf" aus Rostock. Smells Like Team Spirit. In: SPIEGEL online. 23. 08. 2013. <http://www.spiegel.de/kultur/tv/polizeiruf-aus-rostock-mit-anneke-kim-sarnau-und-charly-huebner-a-917412.html> (08. 05. 2018).
Buß, Christian: Prostitutions-„Tatort" aus München. Männer, die auf Frauen starren. In: SPIEGEL online. 02. 05. 2014. <http://www.spiegel.de/kultur/tv/tatort-muenchen-am-ende-des-flurs-mit-nemec-und-wachtveitl-a-961945.html> (08. 05. 2018).
Buß, Christian: Nach Messerattacke im „Tatort". BR stellt Leitmayr-Film ins Netz. In: SPIEGEL online. 16. 05. 2014. <http://www.spiegel.de/kultur/tv/tatort-muenchen-br-stellt-video-mit-leitmayr-ins-netz-a-969810.html> (08. 05. 2018).
Buß, Christian: Aljinovic-Abschied beim „Tatort". Zu Gast auf der eigenen Beerdigung. In: SPIEGEL online. 14. 11. 2014. <http://www.spiegel.de/kultur/tv/tatort-aus-berlin-der-letzte-fall-des-boris-aljinovic-a-1002431.html> (08. 05. 2018).
Buß, Christian: „Polizeiruf" über Beziehungswracks. Was will die Frau von mir? In: SPIEGEL online. 02. 03. 2015. <http://www.spiegel.de/kultur/tv/polizeiruf-aus-rostock-sturm-im-kopf-mit-charly-huebner-a-1020017.html> (08. 05. 2018).
Buß, Christian: „Tatort"-Sequel mit Lars Eidinger. Das Monster hat jetzt ein Baby. In: SPIEGEL online. 27. 11. 2015. <http://www.spiegel.de/kultur/tv/tatort-borowski-und-die-rueckkehr-des-stillen-gastes-mit-lars-eidingera-1063887.html> (08. 05. 2018).
Corinth, Ernst: Liebe, Lügen, Laster. In: Hannoversche Allgemeine Zeitung, Nr. 102 vom 03. 05. 2014, S. 9.
Corinth, Ernst: Noch einmal mit Gefühl. In: Göttinger Tageblatt, Nr. 267 vom 15. 11. 2014, S. 20.
Corinth, Ernst: Der Mörder, der durch die Wand kam. In: Hannoversche Allgemeine Zeitung, Nr. 278 vom 28. 11. 2015, S. 29.
Denk, David: Wenn möglich, bitte wenden. In: Süddeutsche Zeitung, Nr. 211 vom 13./14. 09. 2014, S. 46.
Diener, Andrea: TV-Kritik „Tatort. Ätzend". Berliner Schnauze ist auch nicht alles. In: FAZ.net. 15. 11. 2015. <http://www.faz.net/aktuell/feuilleton/medien/der-neue-tatort-aus-berlin-erscheint-fast-provinziell-13911054.html> (08. 05. 2018).
Dreher, Christoph (Hg.): Autorenserien. Die Neuerfindung des Fernsehens/Auteur Series. The Re-Invention of Television. Stuttgart 2010.
Eco, Umberto: Opera aperta. Forma e indeterminazione nelle poetiche contemporanee. Mailand 1962.
Eco, Umberto: Die Innovation im Seriellen. In: U. E.: Über Spiegel und andere Phänomene. Aus dem Italienischen von Burkhart Kroeber. München, Wien 1988, S. 155–180.
Ehrenberg, Markus: Das Versprechen. In: Der Tagesspiegel, Nr. 21482 vom 14. 10. 2012, S. 27.

Eschkötter, Daniel: The Wire. Zürich 2012.
fme: Berlin-Tatort „Vielleicht". Ein erstaunlich leiser Abschied. In: Stuttgarter Zeitung online. 16. 11. 2014. <http://www.stuttgarter-zeitung.de/inhalt.berlin-tatort-vielleicht-ein-erstaunlich-leiser-abschied.45e94acf-2c5b-4c6c-84ad-dfd090e7651c.html> (08. 05. 2018).
Freitag, Jan: „Tatort" Berlin. Die krude Trude. Eine Norwegerin mit Visionen und ein Mörder in Latzhosen. Boris Aljinovic nimmt einen mystischen Abschied vom Berliner „Tatort". Die Twitkritik. In: ZEIT online. 17. 11. 2014. <http://www.zeit.de/kultur/film/2014-11/tatort-berlin-aljinovic-vielleicht> (08. 05. 2018).
Füchtjohann, Jan: Was bisher geschah. In: Süddeutsche Zeitung, Nr. 82 vom 07./08./09. 04. 2012, S. 21.
Gasteiger, Carolin: Polizeiruf „Sturm im Kopf". Alles auf Anfang, bitte! In: Süddeutsche Zeitung online. 01. 03. 2015. <http://www.sueddeutsche.de/medien/polizeiruf-sturm-im-kopf-alles-auf-anfang-bitte-1.2371240> (08. 05. 2018).
Gertz, Holger: In aller Stille. In: Süddeutsche Zeitung, Nr. 208 vom 08./09. 09. 2012, S. 42.
Gertz, Holger: „Merde!" In: Süddeutsche Zeitung, Nr. 237 vom 13./14. 10. 2012, S. 46.
Gertz, Holger: Leidmayr. In: Süddeutsche Zeitung, Nr. 101 vom 03./04. 05. 2014, S. 42.
Gertz, Holger: Tintenfische. In: Süddeutsche Zeitung, Nr. 263 vom 15./16. 11. 2014, S. 46.
Gertz, Holger: Lebensdiebe. In: Süddeutsche Zeitung, Nr. 275 vom 28./29. 11. 2015, S. 46.
Hanselmann, Ulla: Tatort aus Kiel. Herzklopfen bis zum Schluss. In: Stuttgarter Zeitung online. 29. 11. 2015. <http://www.stuttgarter-zeitung.de/inhalt.tatort-aus-kiel-herzklopfen-bis-zum-schluss.ca1561a9-907a-43d8-ac51-e4baedd15515.html> (08. 05. 2018).
Hickethier, Knut: Die Fernsehserie und das Serielle des Fernsehens. Lüneburg 1991.
Hickethier, Knut: Film- und Fernsehanalyse. 3., überarb. Aufl. Stuttgart, Weimar 2001.
Hieber, Jochen: Er gibt uns sein Ehrenwort. In: Frankfurter Allgemeine Zeitung, Nr. 239 vom 13. 10. 2012, S. 36.
Hißnauer, Christian: Der Tatort in der Fernsehlandschaft der Bundesrepublik Deutschland. In: C. H./Stefan Scherer/Claudia Stockinger: Föderalismus in Serie. Die Einheit der ARD-Reihe „Tatort" im historischen Verlauf. Paderborn 2014, S. 57–146.
Hißnauer, Christian/Stefan Scherer/Claudia Stockinger: Föderalismus in Serie. Die Einheit der ARD-Reihe „Tatort" im historischen Verlauf. Paderborn 2014.
Hollstein, Miriam: Ein Kommissar darf nicht weinen. In: Die Welt vom 15. 11. 2014, S. 28.
Horst, Sabine: Bügeln geht nicht mehr. In: DIE ZEIT, Nr. 27 vom 28. 06. 2012, S. 48.
Hügel, Hans-Otto: Durchsichtigkeit des Populären. Welterfahrung und Kennerschaft im Romanheft. In: H.-O. H.: Lob des Mainstreams. Zu Begriff und Geschichte von Unterhaltung und Populärer Kultur. Köln 2007, S. 246–271.
Hupertz, Heike: Er kommt durch die Wand. In: Frankfurter Allgemeine Zeitung, Nr. 210 vom 08. 09. 2012, S. 38.
Jaquemain, Karolin: Kommissar Borowski: Serienmörder kehrt zurück zur Krimi-Reihe „Tatort" aus Kiel. In: Berliner Morgenpost online. 29. 11. 2015. <http://www.morgenpost.de/kultur/tv/article206732279/Der-Serienmoerder-kehrt-zurueck-zum-Tatort-aus-Kiel.html> (08. 05. 2018).
Jungen, Oliver: Sie sieht etwas, was er nicht sieht. In: Frankfurter Allgemeine Zeitung, Nr. 265 vom 14. 11. 2014, S. 13.
Jungen, Oliver: Jeder hat seinen Angstgegner. In: Frankfurter Allgemeine Zeitung, Nr. 276 vom 27. 11. 2015, S. 15.
Jungen, Oliver: Theater der Grausamkeit. In: Frankfurter Allgemeine Zeitung, Nr. 283 vom 05. 12. 2015, S. 18.
Jurga, Martin: Der Cliffhanger. Formen, Funktionen und Verwendungsweisen eines seriellen Inszenierungsbausteins. In: Herbert Willems/Martin Jurga (Hg.): Inszenierungsgesellschaft. Ein einführendes Handbuch. Opladen, Wiesbaden 1998, S. 471–488.

Kämmerlings, Richard: Ein Balzac für unsere Zeit. In: Frankfurter Allgemeine Zeitung, Nr. 106 vom 08. 05. 2010, S. 33.
Kelleter, Frank: Populärkultur und Kanonisierung. Wie(so) erinnern wir uns an Tony Soprano? In: Matthias Freise/Claudia Stockinger (Hg.): Wertung und Kanon. Heidelberg 2010, S. 55–76.
Kelleter, Frank: Serien als Stresstest. In: Frankfurter Allgemeine Zeitung, Nr. 30 vom 04. 02. 2012, S. 31.
Kelleter, Frank: Serial Agencies. „The Wire" and Its Readers. Winchester, Washington 2014.
Kelleter, Frank: Five Ways of Looking at Popular Seriality. In: F. K. (Hg.): Media of Serial Narrative. Columbus 2017, S. 7–34.
Klein, Thomas/Christian Hißnauer (Hg.): Klassiker der Fernsehserie. Stuttgart 2012.
Klöpper, Anna: Letzter Berlin-„Tatort" mit Boris Aljinovic. Gähnen statt Gänsehaut. In: taz online. 16. 11. 2014. <http://www.taz.de/!5028685/> (08. 05. 2018).
Krekeler, Elmar: Das Grauen kehrt zurück. In: Die Welt vom 28. 11. 2015, S. 28.
Kruse, Jürn: Tatort aus Kiel. Die doppelte Rückkehr. In: taz online. 29. 11. 2015. <http://www.taz.de/!5252205/> (08. 05. 2018).
Kruse, Niels: „Tatort"-Kritik. Es ist Borowski, der darf das. In: Stern online. 14. 10. 2012. <http://www.stern.de/kultur/tv/-tatort--kritik-es-ist-borowski--der-darf-das-3766200.html> (08. 05. 2018).
Kupper, Fabian: Serielle Narration. Die Evolution narrativer Komplexität in der US-Crime-Show von 1950–2000. Würzburg 2016.
Latour, Bruno: Eine neue Soziologie für eine neue Gesellschaft. Einführung in die Akteur-Netzwerk-Theorie [2005]. Aus dem Englischen von Gustav Roßler. Frankfurt a. M. 2010.
Liebnitz, Martina: Fernsehserien – Geschichte, Begriff und Kritik. Ein Literaturbericht. In: Peter Hoff/Dieter Wiedemann (Hg.): Serie. Kunst im Alltag. Berlin 1992, S. 148–168.
Martus, Steffen: Werkpolitik. Zur Literaturgeschichte kritischer Kommunikation vom 17. bis ins 20. Jahrhundert mit Studien zu Klopstock, Tieck, Goethe und George. Berlin, New York 2007.
Martus, Steffen: Werk. In: Gerhard Lauer/Christine Ruhrberg (Hg.): Lexikon Literaturwissenschaft. Hundert Grundbegriffe. Stuttgart 2011, S. 354–357.
Mayer, Verena: Global normal. In: Süddeutsche Zeitung, Nr. 122 vom 30./31. 05. 2015, S. 46.
miha: Keine Experimente? Die ARD will den „Tatort" langweiliger machen. In: Frankfurter Allgemeine Zeitung, Nr. 252 vom 30. Oktober 2017, S. 15.
Mittell, Jason: Narrative Complexity in Contemporary American Television. In: The Velvet Light Trap 58 (2006), S. 29–40.
Mittell, Jason: Serial Boxes: DVD-Editionen und der kulturelle Wert amerikanischer Fernsehserien. In: Robert Blanchet/Kristina Köhler/Tereza Smid/Julia Zutavern (Hg.): Serielle Formen. Von den frühen Film-Serials zu aktuellen Quality-TV- und Online-Serien. Marburg 2011, S. 133–152.
Modrow, Bastian: Ganz anders. Dieser „Tatort" hat das Zeug zum Klassiker. In: Kieler Nachrichten online. 29. 11. 2015. <http://www.kn-online.de/News/Nachrichten-aus-Kiel/Ganz-anders-Dieser-Kieler-Tatort-hat-das-Zeug-zum-Klassiker> (08. 05. 2018).
Moyers, Bill: Simon on Fact and Fiction. In: Bill Moyers Journal. 17. 04. 2009. <http://www.pbs.org/moyers/journal/04172009/transcript1.html> (08. 05. 2018).
Müller-Sievers, Helmut: Kinematik des Erzählens. Zum Stand der amerikanischen Fernsehserie. In: Merkur 69, H. 794 (Juli 2015), S. 19–29.
Nusser, Peter: Trivialliteratur. Stuttgart 1991.

Platthaus, Andreas: Freunde der großen Oper. In: Frankfurter Allgemeine Zeitung, Nr. 102 vom 03. 05. 2014, S. 17.
Reed, Terence James: Schiller und die Weimarer Klassik. In: Helmut Koopmann (Hg.): Schiller-Handbuch. Stuttgart 1998, S. 216–232.
Rehfeld, Nina: Die Melodie einer versinkenden Stadt. In: Frankfurter Allgemeine Zeitung, Nr. 139 vom 19. 06. 2010, S. 42.
Sagatz, Kurt: Wenn der Postmann zu oft klingelt. In: Der Tagesspiegel, Nr. 21448 vom 09. 09. 2012, S. 34.
Schacht, Michael: Leitmayr in Lebensgefahr: Stirbt hier ein Ermittler-Team? In: Bild online. 04. 05. 2014. <http://www.bild.de/unterhaltung/tv/tatort/am-ende-des-flurs-vorabcheck-35812258.bild.html> (08. 05. 2018).
Scherer, Stefan/Claudia Stockinger: Archive in Serie. Kulturzeitschriften des 19. Jahrhunderts. In: Daniela Gretz/Nicolas Pethes (Hg.): Archiv/Fiktionen. Verfahren des Archivierens in Literatur und Kultur des langen 19. Jahrhunderts. Freiburg i. Br. u. a. 2016, S. 255–277.
Schiller, Friedrich: Demetrius. In: Schillers Werke. Nationalausgabe. Hg. von Herbert Oellers u. a. Bd. 11: Demetrius. Hg. von Herbert Kraft. Weimar 1971.
Schiller, Friedrich/Johann Wolfgang von Goethe: Der Briefwechsel zwischen Schiller und Goethe. Bd. 1. Hg. von Emil Staiger. Frankfurt a. M. 1977.
Schmidt, Lars: „Tatort: Ätzend" aus Berlin. Meisterstück mit offenem Ende. In: t-online.de. 17. 11. 2015. <http://www.t-online.de/unterhaltung/tv/id_76087380/-tatort-aetzend-aus-berlin-war-meisterstueck-mit-offenem-ende.html> (08. 05. 2018).
Schrader, Dany: Gegen die Wand. In: Hannoversche Allgemeine Zeitung, Nr. 211 vom 08. 09. 2012, S. 8.
Seeßlen, Georg: Zombies übernehmen die Welt. In: DIE ZEIT, Nr. 39 vom 22. 09. 2011, S. 57.
Sheehan, Helena/Sheamus Sweeney: „The Wire" and the World: Narrative and Metanarrative. In: Jump Cut. A Review of Contemporary Media 51 (2009). <http://www.ejumpcut.org/archive/jc51.2009/Wire/> (08. 05. 2018).
Spoerhase, Carlos: Was ist ein Werk? Über philologische Werkfunktionen. In: Scientia poetica 11 (2007), S. 276–344.
Staude, Sylvia: Der Alptraum des Kommissars. In: Frankfurter Rundschau, Nr. 277 vom 28./29. 11. 2015, S. 34.
Steinfeld, Thomas: Der leidenschaftliche Buchhalter. Philologie als Lebensform. München, Wien 2004.
Stendel, Sarah: „Tatort"-Kritik. Ein Abschied mit Hokuspokus. In: Stern online. 16. 11. 2014. <http://www.stern.de/kultur/tv/-tatort--kritik-zu--vielleicht---der-berliner-kommissar-boris-aljinovic-ermittelt-zum-letzten-mal-3232366.html> (08. 05. 2018).
Sternburg, Judith von: Schwere Träume. In: Frankfurter Rundschau, Nr. 266 vom 15./16. 11. 2014, S. 39.
Stockinger, Claudia: Das dramatische Werk Friedrich de la Motte Fouqués. Ein Beitrag zur Geschichte des romantischen Dramas. Tübingen 2000.
Stockinger, Claudia: Dramaturgie der Zerstreuung. Schiller und das romantische Drama. In: Uwe Japp/Stefan Scherer/C. S. (Hg.): Das romantische Drama. Produktive Synthese zwischen Tradition und Innovation. Tübingen 2000, S. 199–225.
Stockinger, Claudia: Die Logik seriellen Erzählens. Der Groschenroman. In: Astrid Arndt/Christoph Deupmann/Lars Korten (Hg.): Die Logik der Prosa. Festschrift für Albert Meier. Göttingen 2012, S. 91–106.
Stockinger, Claudia: Serie und/oder Werk? In: Christian Hißnauer/Stefan Scherer/C. S.: Föderalismus in Serie. Die Einheit der ARD-Reihe „Tatort" im historischen Verlauf. Paderborn 2014, S. 199–243.

Stockinger, Claudia: Pater Benedict/Bruno von Rhaneck und Martin Luther. Zur Kookkurrenz von fiktionalen und faktualen Artikeln in „Die Gartenlaube". In: Magdalena Bachmann/Gunhild Berg/Michael Pilz (Hg.): Zwischen Literatur und Journalistik. Generische Formen in Periodika des 18. bis 21. Jahrhunderts. Heidelberg 2016, S. 175–193.

Stockinger, Claudia: An den Ursprüngen populärer Serialität. Das Familienblatt „Die Gartenlaube". Göttingen 2018.

Tenberg, Natalie: Vertrackter sterben. In: taz vom 13. 10. 2012, S. 34. <http://www.taz.de/!550972/> (08. 05. 2018).

Türschmann, Jörg: Spannung und serielles Erzählen. Vom Feuilletonroman zur Fernsehserie. In: Kathrin Ackermann/Judith Moser-Kroiss (Hg.): Gespannte Erwartungen. Beiträge zur Geschichte der literarischen Spannung. Wien, Berlin 2007, S. 201–219.

Weber, Tanja/Christian Junklewitz: Das Gesetz der Serie – Ansätze zur Definition und Analyse. In: MEDIENwissenschaft 25.1 (2008), S. 13–31.

Weber, Tanja/Christian Junklewitz: To Be Continued … Funktion und Gestaltungsmittel des Cliffhangers in aktuellen Fernsehserien. In: Arno Meteling/Isabell Otto/Gabriele Schabacher (Hg.): „Previously On …" Zur Ästhetik der Zeitlichkeit neuerer TV-Serien. München 2010, S. 111–131.

Weisbrod, Lars: Universum oder Multiversum. In: DIE ZEIT, Nr. 18 vom 29. 04. 2015, S. 53.

Weisbrod, Lars: Angeblich eine Stadt. In: DIE ZEIT, Nr. 26 vom 25. 06. 2015, S. 50.

Zander, Peter: Ein Solo als Finale – Der letzte „Tatort" für Boris Aljinovic. In: Berliner Morgenpost online. 16. 11. 2014. <http://www.morgenpost.de/kultur/tv/article134386046/Ein-Solo-als-Finale-Der-letzte-Tatort-fuer-Boris-Aljinovic.html> (08. 05. 2018).

NORA RAMTKE

Allographe Fortsetzungen als prätendierte Werkeinheiten

1. Über die Grenzen des Werks: Zu Gegenstandsbereich und Terminologie

Die Setzung eines Werks ist, wie Christa Bürger lakonisch bemerkt, „angewiesen auf etwas, das *nicht* Werk ist".[1] Das muss man gar nicht auf einen emphatischen Kunstwerk-Begriff und die damit einhergehenden Strategien der Ausgrenzung durch Trivialisierung beziehen, es gilt schon auf der grundlegenden Ebene der sprachlichen Setzung, die einzelne Werke im Sinne von *opera* voneinander trennt. So kommt es, dass – womöglich mit ganz unterschiedlichem theoretischen Interesse – das Werk als ein begrenztes entworfen wird, als eines, das die „Grenze zwischen dem Eigenen und dem Fremden" markiert,[2] oder auch als Grenze, die „im Kontinuum der Texte […] ein Werk von anderen Äußerungen – Werk oder auch Nicht-Werk" abtrennt.[3] Dem entspricht nicht selten eine „im Begriff vom literarischen Werk mitlaufende Bestimmung der Unikalität […], der Singularität, der Werkindividualität".[4] Diese Grenzmetaphorik hat Tradition wenigstens seit der Zeit um 1800, als ältere Werkvorstellungen einer „in sich vollendete[n] Ordnungsform" abgelöst wurden, von welcher, „bezogen auf den Werkbegriff, nur der Gedanke der Grenze übrig" blieb.[5]

Für diese Grenze des Werks bürgt im Normalfall der Autor, insofern er das Werk (verstanden als Kommunikationsakt) schließt.[6] Publikationen, die an bereits veröffentlichte Texte anschließen, ignorieren diese Geschlos-

---

1 Bürger: Kunstwerk, S. 128.
2 Bosse: Autorisieren, S. 121.
3 Martens: Werk, S. 176. Zur Kritik an Martens' Ansatz vgl. Kölbel: Werk, S. 41–44.
4 Schlenstedt: Werk, S. 302.
5 Und zwar, wie Kölbel: Werk, S. 38, mit Blick auf die Frühromantik hinzufügt, „verbunden mit dem Postulat, sie unbedingt zu übertreten".
6 Vgl. die Problematisierung der Werkschließung bei Spoerhase: Werk, S. 337–341.

senheit. Indem sie die Narration weiterentwickeln, greifen sie zugleich in jenes literarische Kommunikationsgefüge ein, welches das fortgesetzte Werk konstituiert, und zwar nicht selten mit dem Ziel, die Grenzen des Werks zu redefinieren. Stammen fortgesetzter Text und Fortsetzung von unterschiedlichen empirischen Autoren, bezeichne ich das Phänomen im Anschluss an Gérard Genette als allographe Fortsetzungen, ohne die von ihm getroffene Unterscheidung zwischen der über einen vorhandenen Schluss hinausführenden autographen *Fortsetzung* und der auf Abschluss zielenden allographen *Weiterführung* zu übernehmen, da die Frage, ob ein Anschlusstext „ein Werk nicht seinem Schluß zuführt, sondern es, ganz im Gegenteil, über das hinausführt, was ursprünglich als sein Schluß galt", in keinem notwendigen Zusammenhang mit der Nicht-/Identität des Verfassers/der Verfasser steht.[7] Diesem Gegenstand widmet sich der vorliegende Beitrag.

Zu berücksichtigen sind in den folgenden Überlegungen also literarische Werke, die über Figuren und erzählte Welt an Werke anderer, namentlich genannter oder nicht genannter Autoren anschließen und dabei (unterstützt von den beteiligten Akteuren des Literatursystems) von Publikationsstrategien gerahmt werden, die sie als zusammengehörig ausweisen. Veröffentlichungen dieser Art zielen dementsprechend häufig auf gemeinsame Rezeptionsakte der involvierten Werke und legen dabei im lektürepraktischen, im Extremfall auch buchmaterialen, kanonisierenden, bibliographischen und distributionellen Umgang Zusammenhänge zwischen Texten unterschiedlicher empirischer Autoren nahe, täuschen sie vor oder stiften sie tatsächlich. Sie haben so das Potenzial, die autographe Abgeschlossenheit und Abschließbarkeit von literarischen Werken in Frage zu stellen. In diesem Sinne spreche ich im Folgenden von allographen Fortsetzungen als prätendierten Werkeinheiten, deren Diskussion einen Beitrag zur Debatte um die Grenzen des Werks und seine Abschließbarkeit liefern soll.

Terminologisch ähnlich kleinschrittig wie Genette (der von proleptischen, analeptischen, elliptischen und paraliptischen Verlängerungen

---

7 Vgl. Genette: Palimpseste, S. 222–286, insbes. S. 222 und 278, hier S. 278. Die Unterscheidung zwischen allographer Weiterführung und autographer Fortsetzung wird Genette selbst zweifelhaft, vgl. ebd., S. 233: „Wie verhält es sich mit der *autographen Weiterführung*? Erfüllt die Frist von zwanzig Jahren die Voraussetzung der Allographie? Wie hoch wäre die Mindestfrist? Warum sollte man, falls keine erforderlich ist, das zweite Buch von *Rot und Schwarz* [Stendhal, 1830; N. R.] nicht als eine autographe Weiterführung des ersten ansehen? Usw. Und was soll man von einer Gattung halten, in der der Gattungsstatus jedes Werks vollständig von der Identität seines Autors abhinge?" Vgl. auch ebd., S. 278–280. Auch Müller: Interfigurality, S. 110, unterscheidet ‚autographic' und ‚allographic sequels'.

spricht[8]) geht William H. Hinrichs vor, wenn er auf der Ebene der Differenzierung verschiedener Fortsetzungstypen eine Unterscheidung in „prefix", „in-fix" und „suffix" vorschlägt. Dabei dehnt die erste Form die Erzählung im Sinne einer Vorgeschichte zeitlich aus, die zweite erweitert sie durch Episoden oder Details und die dritte, wahrscheinlich üblichste Form führt eine Narration chronologisch fort[9] – eine Unterscheidung, die anderswo begrifflich in „sequels, prequels, and spin-offs" gefasst wird.[10] Der Begriffsgebrauch der Forschung ist, das deutet sich hier schon an, nicht einheitlich: Konkurrierende Bezeichnungen sind im Deutschen etwa – negativ konnotiert – ‚Romansupplement'[11] bzw. ‚Kontinuation', was Heinz Klüppelholz gleichbedeutend mit ‚Fortsetzung' verwendet.[12] Im englischsprachigen Raum wird in der Regel von (‚autographic' bzw. ‚allographic') ‚sequels' oder allgemeiner ‚(literary) continuation' gesprochen – Letzteres orientiert sich nach Natasha Simonova stärker an der historischen Begrifflichkeit[13] –, aber auch von ‚pastiches'.[14] Mit ‚spinoffs' schließlich beschreibt Birgit Spengler in etwas weiterem Sinne fiktionale Texte, „that take their cues from famous, and often canonical, works of literature, which they revise, rewrite, adapt or appropriate as a whole or in parts, thus producing alternative voices and/or historical or geographical re-locations for texts that are generally well known to contemporary audiences".[15] Strukturanaloge mediale Erzeugnisse der Gegenwartsliteratur und -kultur werden üblicherweise unter dem kurrenten Begriff der Fanfiction zusammengefasst, im Besonderen dann, wenn solche Texte ihren Publikationsort im Internet haben. Die historischen Wurzeln des Phänomens sind dabei der Forschung durchaus präsent: „fan fiction [...] is but the latest manifestation of the desire to concretely interact with a pre-existing narrative."[16]

---

8 Genette: Palimpseste, S. 241.
9 Hinrichs: Invention, S. ix.
10 Birkhold: Borrowing, S. 215. Vgl. ähnlich Leavenworth: Paratext, S. 42.
11 Stackelberg: Rezeptionsformen, S. 119: „Wenn hier von Supplementen die Rede ist, sind [...] nicht diese gelehrten Rekonstruktionen antiker Werke [durch humanistische Gebildete; N. R.] gemeint, sondern meist anspruchslosere, meist weniger künstlerisch als finanziell motivierte Ergänzungen von Werken der neueren Literatur, die fragmentarisch waren oder scheinen konnten."
12 Klüppelholz: Innovation, S. 9 u. ö.
13 Simonova: Authorship, S. 4.
14 Drew: Afterlife, S. 1: „The term ‚pastiche' is used [...] to mean the writing of a fiction sequel or continuation of a book series by someone other than the originator." Vgl. dagegen den weiter gefassten Begriffsgebrauch bei Albertsen: Pastiche, S. 5 f.
15 Spengler: Spinoffs, S. 11.
16 Leavenworth: Paratext, S. 42, vgl. ebd.: „Fanfic thus has affinities with a wide range of practices, finding their outlet in allographic prequels and sequels, but also in works

Während Heidi Ganner-Rauth 1983 noch über den Mangel einer präzisen Terminologie zur Erfassung allographer Fortsetzungsphänomene klagte sowie insbesondere über das Fehlen „of a theoretical framework within which to tackle these hybrids of imitation and originality",[17] stellt sich die Forschungslage inzwischen deutlich differenzierter, wenn auch, wie gezeigt, terminologisch nicht eindeutig dar. Aufgegriffen hat den von Genette ausgehenden Impuls unter dem hier interessierenden Aspekt des Werks insbesondere Helge Nowak, der die Implikationen allographer Fortsetzungen für die Vorstellung literarischer Werkeinheiten diskutiert, etwa durch die Frage, ob sich die aristotelische Mythos-Konzeption auf entsprechende hypertextuelle Bezugsverhältnisse anwenden lasse, „indem man sie […] auf Prä- *und* Folgetext überträgt und beide fortan als abgeschlossene Einheit betrachtet".[18] Allographe Fortsetzungen wären so eine Einladung zu neuen Werkeinheiten, „ein Angebot – kein Zwang! –", wie Nowak betont, „den Prätext im Rahmen einer neuen Einheit zu rezipieren."[19]

Vorbehalte gegen eine solche Bildung allographer Werkeinheiten werden naheliegender Weise unter der Maßgabe eines ästhetischen Literaturbegriffs geäußert, explizit von Klüppelholz, der „die von der Nachlage erst eingebrachte, neuerliche *Identität,* die diese zusammen mit der Vorlage einnimmt," als eine „Störung jenes Beziehungsgeflechts von Relevanzen" versteht, das die „ästhetische Qualität" eines Werks ausmache.[20] In der Tat stellen sich Zusätze von fremder Hand als Problem dar für Werkeinheiten, die als über den Autor gestiftete gedacht sind. Solchem Werkbegriff entspricht auch Ganner-Rauths – auf den Autor bezogen selbstverständlich korrekter – Einwand, dass ein allograph fortgesetztes Werk „despite whatever degree of imitation is aimed at and actually achieved, remains the creation of the sequel-writer rather than the author of the fragment."[21]

Zur Diskussion steht denn auch weder die Frage der Autorschaft im Sinne einer Produktionsinstanz noch die Legitimität von Fortsetzungen durch eine fremde Hand, sondern jene nach narrativen Strategien des (allographen) Werkanschlusses und des (autographen) Werkabschlusses, nach bibliographischen und buchmaterialen Folgen der narrativ und häufig auch peritextuell prätendierten Werkeinheiten sowie nach der prinzipiellen (Un)Möglichkeit der Werkschließung durch den Autor: „By ,continuing' a

---

that retell events from an alternative character's point of view, or that ,borrow' a character and transpose her or him into a new setting and a new narrative arc."
17 Ganner-Rauth: Sequels, S. 130.
18 Nowak: Completeness, S. 34.
19 Ebd., S. 53.
20 Klüppelholz: Innovation, S. 276 f.
21 Ganner-Rauth: Sequels, S. 130.

prior text, continuations necessarily question the very idea of closure", sie ignorieren mithin das „authorial fiat" des Werkschlusses.[22] Im Zentrum der folgenden Überlegungen steht damit die Deutungshoheit über die Grenzen des Werks, die durch allographe Fortsetzungen in Frage gestellt werden.

2. Historische Linien der Allographie

Allographe Fortsetzungen sind ein historisch wandelbares, quantitativ relativ stabiles literarisches Phänomen, das unter verschiedenen Perspektiven quer zu autorzentrierten Werkvorstellungen liegt. Sie durchziehen die Literaturgeschichte und finden sich in allen größeren europäischen Literaturen der vergangenen Jahrhunderte. Zweifelsohne ließe sich ihre Geschichte weiter in die Vormoderne zurückverfolgen.[23] Doch legt die medientechnische Entwicklung eine gesonderte Betrachtung der mittelalterlichen Handschriftenkultur mit ihren spezifischen Tradierungsbedingungen nahe, es gilt mithin die Produktions- und Rezeptionsbedingungen von Literatur zu berücksichtigen: „While adaptions of existing stories and materials certainly predate the Early Modern period, however, the development of print increased authorial attribution and allowed for faster and more precise intertextual relationships [...]."[24] Mit der Ermöglichung weitgehend stabiler Texteinheiten einer geht eine seit Erfindung des Buchdrucks veränderte Vorstellung vom literarischen Werk. Sie ist die Grundlage für jene hypertextuellen Konstellationen (nach Genette), die es hier in den Blick zu nehmen gilt:

> The most decisive break for the concept of transfictionality is [...] the invention of the printing press. Now consumed as silent reading, rather than being performed orally, the text acquires a solid body delimited by the covers of the book. The permanence of its inscription gives the text a graphic identity, and the name of its author on the cover of the book a human identity. This newly acquired status of a solid object gives birth to the notion of a text as a ‚work', reinforcing the relation of ownership between the author and the text.[25]

---

22 Simonova: Authorship, S. 5. Vgl. auch Bourdeau/Kraft: Preface, S. 11 f., die insbesondere dem 18. Jahrhundert einen Widerstand gegen „formal closure in creative works, especially narratives" attestieren.
23 Peter Strohschneider diskutiert bspw. Fortsetzungen des 13. Jahrhunderts zu Gottfrieds von Straßburg fragmentarischem *Tristan*, die „im gemeinsamen Überlieferungsverbund mit diesem selbst dessen Rezeption" steuern. Vgl. Strohschneider: Gotfrit-Fortsetzungen, hier S. 74.
24 Simonova: Authorship, S. 9.
25 Ryan: Transfictionality, S. 396 f.

Unter dem Begriff der Transfiktionalität, den sie als spezifische Form der Hypertextualität betrachtet[26], skizziert Marie-Laure Ryan den Idealtypus einer qua Titelblatt und Buchbindung hergestellten und qua onymer Autoridentität garantierten materialen Einheit des Werks. Dass zeitgenössische Leser Werke in dieser Form rezipieren, dürfte indes historisch nicht der ausschließliche, je nach Zeitraum und Gattung wahrscheinlich nicht einmal der dominante Fall gewesen sein – man denke nur an die Herausgeberfiktion, die darauf abzielt, diesen Eindruck zu unterlaufen,[27] oder an die zahllosen anonymen Veröffentlichungen gerade narrativer Texte –, er stellt aber doch den Horizont dar, vor dem allographe Fortsetzungen zunächst zu betrachten sind.

Der noch heute bekannteste Fall dürfte *Don Quijote* sein, dessen Fortsetzung von Alonso Fernández de Avellaneda (1614) im zweiten Teil durch Miguel de Cervantes aufgegriffen und in einer Weise thematisiert wird, die wesentliche Fragen nach Authentizität, Legitimität, fiktionaler Kohärenz oder Differenz sowie dem Status und der transfiktionalen Stabilität der Diegese vorwegnimmt, die in den Diskussionen um allographe Fortsetzungen immer wieder auftauchen. Das ist insofern nicht überraschend, als *Don Quijote* weniger Anfangs- als eher Endpunkt einer Entwicklung der spanischen Literatur ist, die im 16. Jahrhundert über Fernando de Rojas' *Celestina* (1499), dem in ganz Europa fortgesetzten „Serienroman" *Amadis*[28] oder den Pikaroromanen *Lazarillo de Tormes* (1554) und *Guzmán de Alfarache* (1599–1604) vielfältige Formen der Fortsetzung entwickelte, denen im europäischen Vergleich eine Vorreiterrolle zufällt: „Turning to early modern Spain, we find that the story of the sequel is cohesive, comprehensive and anterior to that of the English and French novels."[29]

Dabei lassen sich mit dem Pikaroroman und Romanen vom Typ des *Amadis* zwei Grundmodelle narrativer Anschlussfähigkeit unterscheiden, die wenigstens für das 17. Jahrhundert verbindlich bleiben: Während das genealogische Erzählprinzip des *Amadis*-Romans es erlaubt, die Narration über immer neue Generationen weiterzuführen, eignet pikaresken Texten „ein Potenzial paradigmatischer Anschlussfähigkeit und narrativer Fortsetzbarkeit", das in ihrem gattungskonstitutiven Erzählprinzip der fingierten Autobiographie gründet.[30] Solange eine Figur ihre Geschichte selbst

---

26 Vgl. ebd. S. 387.
27 Wirth: Herausgeberfiktion, insbes. S. 151–164.
28 Dazu Schaffert: Amadisroman, die ebd., S. 39–45, auch auf den wichtigen Zusammenhang von Fortsetzungen und ökonomischen Interessen des (frühneuzeitlichen) Buchmarkts eingeht.
29 Hinrichs: Invention, S. viii.
30 Struwe: Episteme, S. 42.

erzählt, muss ein finaler Abschluss durch den Tod aufgeschoben bleiben, Fortsetzbarkeit gilt daher, wie Klaus Meyer-Minnemann gezeigt hat, als „Gattungsmerkmal" des Schelmenromans.[31]

Schon hier, in der frühen spanischen Tradition, wird durch Verweisungszusammenhänge auch der Status von Fortsetzungsliteratur reflektiert. So schöpfen die Texte in ihren Reaktionen aufeinander laut Hinrichs von Beginn an das reflexive Potenzial aus, das Fortsetzungen innewohnt: „These sequels contain" – neben einer Geschichte der Fortsetzung durch vielfache Bezugnahmen der Texte untereinander – „a theory of the sequel, as well."[32]

Deutlich wird durch das Beispiel *Don Quijotes* auch, dass nicht erst im 18. Jahrhundert Autoren Fortsetzungen durch fremde Hand als unautorisierte Eingriffe betrachten, mithin das Werk in vergleichbarer Weise personal an die Autorschaft gebunden denken, wie dies in späteren Zeiten der Fall ist. Die Reaktionen indes sind im 17., überwiegend auch noch im 18. Jahrhundert zumeist andere, rein literarische; pariert wird die allographe ‚Grenzverletzung' üblicherweise offensiv auf der Ebene der Narration, sei es durch zurückweisendes Aufgreifen allographer Handlungselemente wie in *Don Quijote*, sei es durch eine narrative Sicherung der Werkgrenzen durch einen finalen Abschluss wie in Johann Michael Moscheroschs *Gesichten Philanders von Sittewalt* (1640–1650). Dieser pikareske Roman – seinerseits eine narrativ umfangreich fortgeführte Übertragung aus dem Französischen (bzw. ursprünglich Spanischen) – ist strukturell episodisch und damit auf Fortsetzbarkeit angelegt, ihm wird aber als Reaktion auf massiv erweiternde Nachdrucke ein intradiegetisch bezeugtes Ende gesetzt, das fiktionslogisch kaum zu hintergehen ist; damit sind zugleich sämtliche potenziell noch erscheinende Texte als apokryph ausgewiesen.[33]

Prominente Beispiele der französischen Literatur sind *La Vie de Marianne* (1731–1741) von Pierre Carlet de Marivaux – ein interessanter Fall, da der Roman nicht nur zwei anonyme Fortsetzungen erfahren hat, eine davon vorschnell schon 1737 vor Abschluss des 12-teiligen Romans, sondern auch eine onyme durch Madame Riccoboni im Jahr 1750[34] – sowie die *Lettres portugaises* (1669)[35] und die *Lettres d'une Péruvienne* (1747). Diese zeigen, wie schon der Pikaroroman, dass Gattungen in unterschiedlichem

---

31 Meyer-Minnemann: Fortsetzbarkeit, S. 30.
32 Hinrichs: Invention, S. ix.
33 Vgl. dazu Ramtke: Ausgaben.
34 Vgl. Genette: Palimpseste, S. 227–233; Stackelberg: Rezeptionsformen, S. 145–155; Klüppelholz: Innovation, S. 53–108. Marivaux' zweiter Roman *Le Paysan parvenu* wird ebenfalls anonym fortgesetzt, vgl. ebd., S. 109–141.
35 Hingewiesen sei auf die instruktive Studie von Geitner: Allographie, die sich indes nicht dem Thema der allographen Fortsetzung widmet.

Maße fortsetzungsaffin sind: „Solange Briefromane vorzugsweise ‚à une voix' geschrieben wurden", bemerkt schon Jürgen von Stackelberg, „lag es besonders nahe, sie durch Antwortbriefe zu ergänzen, die dem stummgebliebenen Partner die Stimme gaben, die ihm vom Ursprungsautor gleichsam vorenthalten worden war."[36] Die Annahme, dass es je gattungsspezifische Sets von narrativen, aber auch ökonomischen Regeln der allographen Weiterführung gibt, bestätigt sich auch in Matthew H. Birkholds Untersuchung von Fortsetzungen deutschsprachiger Bühnenstücke durch Goethe: Sowohl im Bereich des Schauspiels als auch der Oper sind um 1800 Fortsetzungen bekannter Stücke üblich, sie bedienen die Ökonomie des Theaters (der sie zugleich unterliegen) und werden weitestgehend unkontrovers aufgenommen.[37]

Auch in der englischen Literatur sind seit Ende des 16. Jahrhunderts durch die zahlreichen Fortsetzungen von Sir Philip Sidneys *Arcadia* „prose continuations" im Sinne von allographen Fortsetzungen präsent.[38] Seit dem ausgehenden 17. Jahrhundert scheint dies geradezu zum Normalfall zu werden: „The sequel, defined in its broadest eighteenth-century sense as a follow-up to a previously published text, attaches itself firmly to English print culture from its flowering in the late seventeenth century".[39] Das schlägt sich auch quantitativ nieder; laut Nowak waren „Weiterführungen insbesondere im 18. Jahrhundert weit davon entfernt […], zahlenmäßig eine Randerscheinung darzustellen", sie lassen sich beinahe „für Werke aller heute als kanonisch geltenden Romanciers anführen".[40] Allen voran hat Samuel Richardsons Epoche machende *Pamela* (1740) neben Henry Fieldings bekannter *Shamela* (1741) zahllose, teils ähnlich prominente Fortsetzungen erfahren, und so musste der Autor sehr bald einsehen, dass er die fiktionale Welt, die er geschaffen hatte, weder kontrollieren noch gegenüber fremden Federn abschließen konnte.[41]

Nicht nur mit Blick auf die Anzahl der Anschlusstexte markiert Richardsons Roman einen Wendepunkt, auch dass diese eine literarische Kontroverse als ‚hypertextuelle Fortsetzungserzählung' betreiben, ist in diesem Ausmaß neu. So tritt mit der Verbindung von Narration, Parodie

---

36 Stackelberg: Rezeptionsformen, S. 132. Vgl. ebd., S. 121–143, sowie zu den *Lettres d'une Péruvienne* Klüppelholz: Innovation, S. 189–233.
37 Birkhold: Goethe, insbes. S. 110–115.
38 Vgl. Simonova: Authorship.
39 Schellenberg: Sequels, S. 26.
40 Nowak: Completeness, S. 22 f.
41 Siehe Keymer/Sabor: Pamela, S. 51, vgl. ebd., Kap. 3 „Counter-fictions and novel production". Siehe auch Simonova: Authorship, Kap. 5 „Samuel Richardson vs. the ‚High Life Men'".

und literarischer Kritik ein Merkmal allographer Fortsetzungen zutage, das im 18. Jahrhundert zunehmend an Bedeutung gewinnt, vor allem auch in Deutschland. Zu denken wäre hier neben Friedrich Nicolais *Freuden des jungen Werthers* (1775) gleichfalls an die Reaktionen auf Goethes *Stella* (1775) oder Johann Georg Pfrangers *Der Mönch vom Libanon. Ein Nachtrag zu Nathan der Weise* (1782), der – wie Michael Multhammer zeigt – allein in der diegetisch bruchlosen Fortsetzung des Lessing'schen Dramas eine theologische Position behaupten kann, die in der naheliegenderen Gattung der „polemischen Traktatistik des ausgehenden 18. Jahrhunderts wohl nicht mehr in gleicher Weise" vertretbar gewesen wäre.[42] In dieser Tradition stehen auch noch Johann Friedrich Wilhelm Pustkuchens *Wilhelm Meisters Wanderjahre* (1821), die ihren Anschluss an Goethes *Lehrjahre* mehrfach thematisieren und damit explizit nach Möglichkeiten und Bedingungen allographer Werkeinheiten fragen.[43]

Das 19. Jahrhundert markiert mit der zunehmenden Verrechtlichung des Literatursystems einen Umbruch, dessen Folgen bis in die Gegenwart hineinreichen. Zwar ist der „shift from a text-based to an author-based culture, accompanied by a developing elevation of the original author over the imitative one", schon in der zweiten Hälfte des 18. Jahrhunderts zu verorten,[44] bis sich diese Entwicklung legislativ niederschlägt, vergehen indes Jahrzehnte. So steht etwa der Titel von Druckschriften in Deutschland seit 1896 unter gesetzlichem Schutz,[45] kann also, wie kurze Zeit später auch die Fabel, nicht mehr ohne weiteres Objekt einer fortführenden Aneignung sein. Auch für den englischsprachigen Bereich gilt: „the legal protection of features like character, setting, and plot has only fully taken shape within the last hundred years: looking for it earlier, one fails to find it".[46] Das erste Urteil, das eine allographe Fortsetzung explizit als Urheberrechtsverletzung bezeichnet, wurde 1926 gefällt:

> Seither ist der Schutz der literarischen Fabel unabhängig von ihrer konkreten Wortgestaltung ständige Rechtsprechung. Fortsetzungen können also durch die Übernahme der Personen mit ihren charakteristischen Zügen und des Umfeldes das Urheberrecht des fortgesetzten Werkes verletzen, sofern die Fabel auf der Phantasie des Autors beruht.[47]

---

42 Vgl. dazu Multhammer: Fortsetzung, S. 292.
43 Vgl. Ramtke: Anonymität, insbes. Kap. 2 „Anonymität und Werkeinheit. Wilhelm Meisters ‚falsche' Wanderjahre".
44 Schellenberg: Sequels, S. 27. Vgl. auch Bosse: Autorisieren.
45 Görden: Werktitelschutz, S. 27, zur Geschichte des Titelschutzes vgl. ebd., S. 14–42.
46 Simonova: Authorship, S. 14.
47 Berking: Unterscheidung, S. 28. Bei der Entscheidung, auf die sich die Rechtsprechung seither beruft, klagte der Inhaber des Aufführungsrechts am populären Schauspiel *Alt-*

Diese Rechtsprechung hat sich in dem knappen Jahrhundert, das seit dieser „Verschiebung vom reinen Nachdruckverbot hin zu einem weitergehenden Schutz individuell geschöpfter Werkbestandteile"[48] vergangen ist, im Grunde nicht mehr verändert; die grundsätzliche Schutzfähigkeit fiktiver Figuren wurde in zahlreichen Entscheidungen bestätigt.[49]

Das heißt nun keineswegs, dass unter der veränderten Maßgabe des modernen Urheberrechts das Phänomen allographer Fortsetzungen existierender Werke keinen Ort in der Literatur seit dem fortgeschrittenen 19. Jahrhundert hat. Im Gegenteil: Zum einen gibt es zeitlich deutlich versetzte Fortsetzungen oft hochkanonischer Werke, die, angeleitet späterhin nicht zuletzt von einer postmodernen Ästhetik, in anderem Maße als dies vorher der Fall war, die historische Differenz zwischen Hypo- und Hypertext produktiv machen.[50] Auf diese Weise vermögen sie auch urheberrechtliche Probleme zu umgehen, zielen jedoch kaum auf eine gemeinsame Rezeption, geschweige denn Edition oder Archivierung mit ihren Prätexten. Unter dem Aspekt der prätendierten Werkeinheiten sind sie also von eher untergeordnetem Interesse, auch weil sie als posthume Fortschreibungen nicht direkt in den vom ersten Autor eröffneten Kommunikationsakt eingreifen.

Zum anderen gibt es einen großen Bereich der Populärkultur, der in verschiedenen Ausprägungen systematisch auf die produktions- und marktstrategischen Vorteile der Allographie setzt, ohne dass es sich hierbei um prätendierte Werkeinheiten handelte. Dazu zählen „Serienweiterführungen" (Nowak) beispielsweise langlebiger Comic-Projekte wie *Superman* oder allographe Fortsetzungen im Umfeld von Ian Flemings *James Bond*-Romanen[51] – allesamt Anschlusspublikationen, die eher von immer wiederkehrenden „seriellen Figuren" getragen werden als von „Seriencharakteren", deren narrative Entwicklung in einer mehr oder weniger stabilen Diegese situiert ist.[52] Indes unterscheiden sich neben den narrativen Mus-

---

Heidelberg von Wilhelm Meyer-Förster gegen eine Fortsetzung *Jung-Heidelberg*, die Figuren und wesentliche Handlungselemente übernommen hatte.

48 Kopp: Freiheit, S. 41.
49 Vgl. Summerer: Fans, S. 39–47.
50 So die Hypothese von Nowak: Completeness, S. 79–83. Für Beispiele vgl. insbes. Nowaks Analyseteil; Ganner-Rauth: Sequels; sowie, einschlägig eher unter dem Aspekt postmoderner Interfiguralität, Leopold: Roman.
51 Nowak: Completeness, S. 84. Zur Problematik der Figurenidentität im Fall ‚James Bond' vgl. Richardson: Characters, S. 537 f.; sowie Greve: Identität.
52 Zur begrifflichen Unterscheidung vgl. Denson/Mayer: Grenzgänger, insbes. S. 187 f., zur rechtlichen Beurteilung und Differenzierung von Fortsetzungs- und Serienwerken vgl. Schmidt-Hern: Fortsetzung. Vgl. auch den Beitrag von Claudia Stockinger in diesem Band.

tern der allographen Bezugnahme die Produktions- und Distributionsstrategien wie auch die implizit angelegten Rezeptionsweisen erheblich, das gilt insbesondere für die quantitative wie qualitative Ausweitung des hypertextuellen Phänomens auf ganze transfiktional-transmediale „Story-Systeme".[53] Es ist nicht davon auszugehen, dass Publikationen dieser Art trotz inhaltlicher Bezugnahmen überhaupt noch so etwas wie Werkzusammenhänge im engeren Sinne nahelegen bzw. adäquat mit einem literaturwissenschaftlich geprägten Werkbegriff zu beschreiben sind, auch wenn sich – wie bei *Superman* – über serielle Figuren „aus einer Vielzahl von transmedial miteinander verbundenen Einzeltexten und Textserien" ein Seriengedächtnis ausbildet.[54]

Anders verhält es sich mit dem seit Mitte des 20. Jahrhunderts zunehmend einflussreichen Sektor der Fanfiction, die ihren Ort zunächst in besonderen Publikationsorganen, den seit den 1960er Jahren vermehrt aufkommenden *Fanzines* hatte, sich inzwischen aber zu einem breiten Internetphänomen mit eigenen subkulturellen Strukturen, Produktions- und Publikationsweisen, vor allem aber mit eigenen ästhetischen Werkvorstellungen gewandelt hat. Dessen Gewicht demonstriert nicht nur seine schiere Quantität, sondern auch die vergleichsweise gut aufgestellte Forschungslage, die zunehmend auch Fragen der Kreativität im Spannungsfeld urheberrechtlicher, moralischer und ästhetischer Zulässigkeiten erörtert.[55] Von Interesse ist im vorliegenden Zusammenhang das „Leitbild einer *transformativen Werktreue*, in der kreative Neuschöpfung und rekursive sowie wiedererkennbare Bezugnahme auf Vorhandenes eine Einheit bilden" – eine Selbstverpflichtung vieler Autoren (bzw. eigentlich überwiegend Autorinnen) von Fanfiction, die Wolfgang Reißmann und Dagmar Hoffmann in einer qualitativen Interviewanalyse als eine communityspezifische Regelung abseits rechtlicher Regulation ausmachen.[56] Ob und in welchem Maße Fanfiction vor diesem Hintergrund auf die Bildung neuer Werkeinheiten abzielt, dürfte – wie in den anderen Fällen auch – nur in Einzelanalysen zu klären sein.

---

53 Ryan: Storytelling, S. 94 ff. Vgl. auch den Band von Ryan/Thon: Storyworlds.
54 Vgl. Meier: Superman, hier S. 125. Meier schlägt ebd. einen weiten Begriff des seriellen Erinnerns vor: Fasst man „alle dem *Superman*-Narrativ zuzuordnenden Texte in ihrer Gesamtheit als *eine* Serie, so stellen wir fest, dass eben jenes Seriengedächtnis durchaus nicht allein auf einen abgeschlossenen Text(-komplex) limitiert sein muss. Stattdessen konstituiert es sich im Fall von Superman als serieller Figur aus einer Vielzahl von transmedial miteinander verbundenen Einzeltexten und Textserien."
55 Genannt seien hier nur die grundlegende Studie von Jenkins: Poachers; der Band von Hellekson/Busse: Fan Fiction; sowie, mit Blick auf Fragen der urheberrechtlichen und moralischen Zulässigkeit, Summerer: Fans; Flegel/Roth: Legitimacy.
56 Reißmann/Hoffmann: Selbstbestimmung, S. 476 (Hervorh. im Orig.).

3. Auto- und allographe Werke als narrative Einheiten

Konstitutiv wirksam in allen allographen Fortsetzungen ist eine spezifische Vorstellung von Figurenidentität, die, obwohl sie – gerade bei populärkulturellen seriellen Phänomenen – keineswegs notwendigerweise auf Werkzusammenhänge zielt, doch die Voraussetzung für prätendierte Werkeinheiten bildet: „Characters thus hold a privileged position in discussions of continuations", resümiert Simonova und schlägt in diesem Sinne eine ‚Figurenfunktion' („character function") vor, „that, in the case of a continuation by a different writer, serves as a unifying principle rivalling that of the ‚author function'".[57] Brian Richardson spricht von „‚transtextual characters' [...] that exist in more than one text",[58] Stephan Leopold im Anschluss an Wolfgang G. Müller[59] allgemeiner von „Interfiguralität",[60] Theodore Ziolkowski versteht unter „Figuren auf Pump" in einem etwas anderen Sinne solche Figuren, die „in einen neuen Zusammenhang eintreten und zugleich so unabhängig bleiben, daß sie dauernd an ihren ursprünglichen Kontext" erinnern.[61]

Das Auftreten von Figuren in Texten unterschiedlicher Autoren kann schließlich nach einem neueren Vorschlag unter den Begriff der Transfiktionalität gefasst werden, einer Beziehung von Texten zueinander, die nach Ryan dadurch gekennzeichnet ist, dass zwei Texte A und B mit verschiedenen, aber voneinander abhängigen fiktionalen Welten von unterschiedlichen Autoren stammen, wobei Text B darauf abziele, „to fill the void we experience when we turn the last page of a novel".[62] Das setzte zum einen voraus, dass beide Diegesen dem Leser bekannt sein müssen, und zum anderen, dass es sich bei den Texten um verschiedene Werke handelt: „Transfictionality involves a relation between two distinct texts, and these texts must be works".[63] Mit dieser Setzung umgeht Ryan einen Teil des Problems, das allographe Fortsetzungen als prätendierte Werkeinheiten aufwerfen, insofern sie ein modernes Werkautonomieverständnis absolut setzt.

Die zentrale Frage indes, „whether it is possible for the same character to appear in two or more works of fiction",[64] stellt sich im Grunde auch in autographem Zusammenhang, wo sich „die grundsätzlich problematische

---

57 Simonova: Authorship, S. 6.
58 Richardson: Characters, S. 527.
59 Müller: Interfigurality.
60 Leopold: Roman, S. 142.
61 Ziolkowski: Figuren, S. 168.
62 Ryan: Transfictionality, S. 392.
63 Ebd. S. 388.
64 Richardson: Characters, S. 527.

Identität der interfiguralen Figur" aufgrund entsprechender Rezeptions- und Kanonisierungsgewohnheiten nach Leopold im Großen und Ganzen gut „verschleiern"[65] oder mit den narratologischen Argumenten Richardsons positiv beantworten lässt. Zunächst einmal handelt es sich um einen Eindruck der Identität einer Figur in Text A und B, den verschiedene Indikatoren nahelegen, etwa eine homogene Diegese, die zeitliche Struktur der Narration, die auch erlaubt, dass Figuren frühere Ereignisse erinnern, oder die Rezeptionsannahme, dass Figuren über Kapitelgrenzen hinweg dieselben bleiben.[66] Die „ontologische Fragestellung"[67] nach der sich daraus ableitenden Identität der Figur akzeptiert in der Regel die Einschränkung, dass Text A und Text B von demselben Autor verfasst sein müssen, und berührt damit die von Müller vorausgesetzte ästhetische Ganzheit des Werks:

> Ontologically and aesthetically, it is, however, impossible to have entirely identical characters in literary works by different authors. For if we do not simplistically regard a fictional character as a mere sum of qualities (character traits), but, rather understand it as a constituent of an artistic whole, [...] we realize that it cannot reappear in its identical form in another author's work.[68]

Um Fälle akzeptierter allographer Fortsetzungen grundsätzlich berücksichtigen zu können, bewertet Richardson das Kriterium der Autorschaft insofern differenzierter als Müller, als er die Existenz von autorisierten allographen Fortsetzungen in Rechnung stellt und mehr oder weniger pauschal mit der Autorisierungsbefugnis des Autors beantwortet: „an author may continue the depiction of his or her charater in other works and may also extend that prerogative to others".[69] Seine Beobachtung, dass es dabei im Zweifelsfall nicht einmal der Autor selbst ist, von dem diese Autorisierung ausgeht, münzt das ästhetische Argument in ein moralisches um. Unmittelbar gültig sind beide, solange die zugrundeliegenden Annahmen über den Konnex von Autorschaft und Werkeinheit akzeptiert werden. Das ist nicht zuletzt im geltenden Urheberrecht der Fall, welches eine Schutzfähigkeit literarischer Figuren (üblicherweise nicht aber ihrer Namen) als Teil des Werkinhalts vorsieht.[70]

---

65 Leopold: Roman, S. 143. Vgl. auch den Abschnitt „Re-used Figures in Autographic Sequels and Series" bei Müller: Interfigurality, S. 112–14.
66 Richardson: Characters, S. 527 f.
67 Leopold: Roman, S. 143.
68 Müller: Interfigurality, S. 107.
69 Richardson: Characters, S. 534 f.
70 Zur rechtlichen Schutzfähigkeit von Figuren (Gestaltenschutz) siehe ausführlich Summerer: Fans, S. 39–62; Schmidt-Hern: Fortsetzung, S. 49–75. Als „Kernproblem des urherberrechtlichen Schutzes literarischer Figuren" benennt Schmidt-Hern die Schwie-

Ohne sich indessen allzu sehr auf die „prekäre Ontologie" literarischer Figuren zu kaprizieren, kann Leopold dahingehend zugestimmt werden, dass im allographen Kontext mit einer gewissen Zwangsläufigkeit Fragen der Figurenidentität aufgerufen werden.[71] Dabei zeigt sich, dass gerade über die Figuren das Problem der narrativen Begrenzbarkeit ausgetragen wird, wobei Werk- und Figurentreue häufig als Schaffensnorm und Qualitätskriterium gilt, im 18. Jahrhundert ebenso wie heute im Bereich der Fanfiction.[72]

Für die Frage nach der Unterminierung bzw. Sicherung von Werkgrenzen sind solche Fälle besonders aufschlussreich, die Auseinandersetzungen über Werk- und Figurentreue in die Narration selbst aufnehmen, anstatt diese außerliterarisch als moralische oder juristische zu führen. So werden im Umfeld allographer Fortsetzungen als Reaktion auf den problematischen Status der Figuren narrative Strategien produziert, die interfigurale Identitäten zu erzeugen versuchen, etwa indem über die Herausgeberfiktion die Fiktionalität der Figur aufgehoben und eine „extratextuelle Existenz" fingiert wird.[73] *Wilhelm Meisters Tagebuch*, eine Publikation aus dem Umfeld der allograph an Goethes *Lehrjahre* anschließenden anonymen *Wanderjahre*, weist im Vorwort mit der Terminologie der zeitgenössisch kurrenten historisch-kritischen Methode der Bibelexegese jeden „kritischen Zweifel an ihrer Authentie" zurück, spricht den „ächten Papieren" aber gerade nicht „Integrität" zu, um die Fiktion zu stützen, dass der Herausgeber aus dem angeblich von Wilhelm Meister „übersandten Convolut nur etwa die Hälfte genommen" habe.[74] Die ‚Authentie' ergibt sich in dem „Make-Believe-Spiel"[75] der Herausgeberfiktion gerade nicht aus der Identität des Autors von Prä- und Folgetext, es ist vielmehr die Darstellung der Diegese, die die allographe Fortsetzung im Vergleich zu Goethes *Wan-*

---

rigkeit, den „schutzfähigen Werkinhalt [...] von gemeinfreien Ideen abzugrenzen" (ebd., S. 57).
71 Leopold: Roman, S. 143. Vgl. auch ebd. S. 147: „Spricht man jedoch von der ontologischen Unmöglichkeit einer Figur a aus einem (autographen) Text A, mit gleicher Identität in einem (autographen oder allographen) Text B aufzutreten, so muß wohl mit Recht die Frage gestellt werden, welche Gesetze denn nun die Ontologie von Fiktionen regeln und inwieweit dergleichen Gesetze nicht Konstruktionen sein können, die ihrerseits auf bestimmten Weltmodellen beruhen."
72 Vgl. Reißmann/Hoffmann: Selbstbestimmung, S. 475–477, sowie für die Goethezeit Birkhold: Goethe.
73 Leopold: Roman, S. 143.
74 Pustkuchen: Tagebuch, S. 19 f.
75 Vgl. Bareis: Erzählen, S. 31–34. Dass allographe Fortsetzungen gerade im 18. Jahrhundert gewissermaßen aus einer Verselbstständigung solcher Fiktionen entstehen, beschreibt auch Simonova: Authorship, S. 6–9.

derJahren „vergleichweise ungleich wahrscheinlicher ächt" macht.[76] Dies ist denn auch die Ebene, auf der allographe Fortsetzungen nicht selten Werkgrenzen im Sinne einer literarischen Selbstreflexion thematisieren – im vorliegenden Falle über einen imaginierten Gerichtsprozess, bei dem die konkurrierenden auto- und allographen Fortsetzungen der *Lehrjahre* als „Urkunden" und „Dokumente" auf ihre „Aechtheit" geprüft werden.[77]

Zugleich wurde – wenigstens vor der Verrechtlichung des Literatursystems – die Integration der Legitimationsfrage in die Narration gerne von den ersten Autoren genutzt, um die allographe ‚Entwendung' von Figuren ihrerseits in autographen Fortsetzungen zu kontern; Cervantes' zweiter Teil des *Don Quijote* ist in dieser Hinsicht natürlich modellbildend. Entsprechend lassen sich narrative Strategien einer nachträglichen Sicherung der Werkgrenzen ausmachen, üblicherweise in einer autographen Fortsetzung von Text A, in der die allograph nahegelegte interfigurale Identität zurückgewiesen wird. Diese wird entweder bestritten oder aber es wird eine andere, intradiegetisch plausible Erklärung für die Existenz der Figur angeboten. Solche „*feedback*-Effekte"[78] können weitreichende Konsequenzen für Text A haben. Moscherosch beispielsweise lässt seinen Erzähler geloben, „es bey disen zweyen Theilen so fürohin verbleiben" zu lassen, um weitere etwaige Fortsetzungen trotz der strukturellen Fortsetzbarkeit des Pikaroromans als allograph zu markieren;[79] Richardson dagegen hält *Pamela* für abgeschlossen, setzt den Roman aber angesichts allographer Folgetexte gegen seine ursprüngliche Intention dennoch selbst fort, wodurch im Rückblick „das Werk erst durch die autographische Weiterführung zu einem Ganzen geworden, vorher also unvollständig verwirklicht gewesen sei: ‚the four Volumes were to be consider'd as one Work'", äußert sich Richardson später.[80] Nicolai schließlich transformiert infolge seiner extensiven narrativen Auseinandersetzung mit den allographen *Predigten des Herrn Magister Sebaldus Nothanker* seine Erzählung in ein Netzwerk anspielungsreicher interdependenter Texte. Um die Kontrolle über seine Erzählung zurückzuerlangen, erfindet er neue Figuren und ganze Handlungsstränge.[81] Solche Reaktionen auf der Ebene des Erzählten zeugen von dem Versuch, das werkdestabilisierende Potenzial, das von allographen Fortsetzungen

---

76 Pustkuchen: Tagebuch, S. 19.
77 Ebd., S. 16 f.
78 Nowak: Completeness, S. 75.
79 Ramtke: Ausgaben, S. 127.
80 Nowak: Completeness, S. 75. Richardson in einem Brief an George Cheyne 1742, Zitatnachweis ebd., S. 107, Anm. 91.
81 Vgl. Birkhold: Borrowing, S. 224.

ausgeht, einzuhegen. Der Preis dafür ist die Öffnung des autographen Werks für eine Auseinandersetzung über die eignen Grenzen.

4. Auto- und allographe Werke als bibliographische und buchmateriale Einheiten

Zu unterscheiden von diesen narrativen ‚*feedback*-Effekten' sind solche, die den Werkcharakter gegebener Werkeinheiten auf publikationsstrategischer Ebene berühren, sowie diejenigen Fälle, in denen in der Rezeption und Archivierung Praktiken ausgebildet werden, die die diskreten Werkgrenzen von fortgesetzten Texten tangieren. Die Tatsache, dass literarische Werke als materiale Einheiten wahrgenommen werden, und zwar zumeist (wenn auch keineswegs ausschließlich) als biblionome, wirft die Frage auf, in welchem Maße auf buchtechnischer Ebene durch Beibindung oder gemeinsame Edition Einheiten aus allographen Fortsetzungen mit ihrer jeweiligen Vorlage gebildet werden oder umgekehrt in Rezeptions-, Editions- oder Archivierungsvorgängen das Werkgrenzen auflösende Potenzial von allographen Fortsetzungen eingehegt wird. Goethes *Wanderjahre* etwa erscheinen 1829 stark umgearbeitet – durchaus unüblich – nicht als separate Publikation, sondern sollen als Reaktion auf die werkdestabilisierende allographe Fortsetzung Pustkuchens „durch die Eingliederung in die ‚Ausgabe letzter Hand' [...] doch noch als Werk platziert werden."[82] *Wilhelm Meisters Tagebuch* dagegen ist trotz seiner offensichtlich allographen Natur in einem Exemplar überliefert, das die anonyme Publikation in einem aufschlussreichen Lapsus per handschriftlichem Eintrag Goethes Œuvre zuschlägt.[83]

Evidenz gewinnen allographe Fortsetzungen als prätendierte Werkeinheiten in solchen Exemplaren, bei denen durch kanonisierende Praktiken der Bindung oder Beibindung, Archivierung und bibliographischen Verzeichnung jene Einheit in der Materialität des Buches generiert wird, die die Fiktion nahelegt. Vermutlich ist das 18. Jahrhundert in dieser Hinsicht das an Beispielen reichste, nicht nur, weil sich ein besonderes Interesse an narrativen Weiterführungen unterschiedlichster Natur belegen lässt,[84] sondern auch, weil diese auf ein philologisch schwächer normiertes Buch-

---

82 Günter: Vorhof, S. 81. Die Eingliederung der *Wanderjahre* in die Ausgabe letzter Hand brachte aufgrund des normierten Umfangs der Bände wiederum andere Probleme mit sich, nämlich die Erweiterung um die Aphorismensammlungen und Gedichte – ein Umstand, der *nolens volens* auf die Problematik der Werkgrenzen zurückverweist.
83 Siehe die Abbildung des Titelblatts bei Ramtke: Anonymität, S. 342.
84 Bourdeau/Kraft: Preface, S. 11.

wesen treffen. Nicht wenige der oben skizzierten allographen Fortsetzungen sind in einzelnen Exemplaren als materiale Einheit mit ihrem Hypotext überliefert, etwa die *Freuden* gemeinsam mit den *Leiden des jungen Werthers*,[85] die allographe Fortsetzung zu Goethes *Stella* mit dem Schauspiel, das sie provozierte,[86] oder Pfrangers *Mönch vom Libanon* mit Lessings *Nathan*.[87] Die Überlieferung solcher meist anonymer allographer Fortsetzungspolemiken gemeinsam mit dem Prätext unterliegt aufgrund der fehlenden Autorschaftsangabe oft günstigen Umständen. Dabei können durch Beibindungen durchaus auch Fälle multipler Allographie entstehen, wie zwei sechsbändige Exemplare von Giovanni Paolo Maranas *Espion du Grand Seigneur* (1717 und 1727) aus Montesquieus Bibliothek zeigen, die beide zahlreiche Briefe enthalten, die „mit hoher Wahrscheinlichkeit von anderen Autoren hinzugefügt wurden."[88] Dokumentiert wird durch diese materialen Einheiten – jenseits der zeitgenössischen Diskussionszusammenhänge und Kontroversen[89] – auch die Tatsache, „that books have their starting-point in other books, rather than in an *ex nihilo* act of original creation", jener Umstand mithin, dessen Verdrängung das Konzept absoluter Werkautonomie erst ermöglicht.[90]

Deutlicher noch als die in Einzelexemplaren überlieferten Beispiele der materialen auto-/allographen Synthese qua Beibindung machen dies affirmative allographe Schriften, die „fast regelmäßig" erweiterten autographen Ausgaben beigebunden werden, wie seit 1760 die „*Lettres d'Aza ou d'un Péruvien* mit dem vielsagenden Untertitel ‚Conclusion des Lettres Péruviennes'" den *Lettres d'une Péruvienne*, oder die *Suite des Lettres d'une Péruvienne* von Madame Morel de Vindé, und zwar in dem Fall bedeutsamerweise ohne Nennung der öffentlich bekannten Verfasserin.[91] Die *Lettres portugai-*

---

85 Siehe das Exemplar unter: https://de.wikiversity.org/w/index.php?title=Nicolai,_F._(1775)&oldid=421313 (08. 05. 2018).
86 Vgl. Ramtke: Anonymität, S. 161.
87 Vgl. Hanke/Siwczyk: Ende, S. 23.
88 Wagner: Strategien, S. 38. Ebd. wird auch auf eine Übersetzung der Erstausgabe ins Englische hingewiesen, „die von englischen Autoren fortgeschrieben und teilweise wieder ins Französische rückübersetzt wurde und zu der kein Geringerer als Daniel Defoe im Jahr 1718 eine Fortsetzung publiziert hat."
89 Hinrichs: Invention, S. x, weist darauf hin, dass „sequels offer the most direct and intimate criticism that a work can receive." In diesem Sinne seien sie in besonderem Maße geeignet, historische Lesepraktiken zu rekonstruieren.
90 Simonova: Authorship, S. 8.
91 Beide Zitate aus Klüppelholz: Innovation, S. 194 f. Vgl. ebd., S. 119: „Der Ausgabe des *Paysan parvenu* [von Marivaux; N. R.], die Henri Scheurleer 1756 verlegt, werden erstmals ein sechster, siebter und achter Teil von gleicher Länge wie die voraufgehenden beigebunden, denen eine entsprechende ‚Préface' voraufgeht."

ses sind vermutlich sogar in deutlich mehr allograph erweiterten denn in originalen Ausgaben überliefert,[92] und auch *Yorik's Sentimental Journey Continued*, ein Jahr nach dem Original erschienen, wurde besonders gegen Ende des 18. Jahrhunderts häufig in Editionen von Laurence Sternes Werken aufgenommen – ein Umstand, der auch darauf zurückzuführen ist, dass als Autor ein Freund Sternes vermutet wurde, mithin die Vorstellung einer impliziten Autorisierung die Rezeption mitgelenkt haben dürfte.[93]

Wenn Klüppelholz darauf hinweist, dass „solche Selbsteinbindung in einen fremden Schaffensprozeß bis zu einem gewissen Grade nicht ohne die Mitwisserschaft der Drucker und Buchhändler vonstatten gehen kann",[94] ist dem sicher zuzustimmen, obwohl die Bindung der Exemplare üblicherweise gerade nicht produktions-, sondern rezeptionsseitig organisiert war. Dennoch dürften die Produktions- und Distributionsinstanzen in gleichem Maße, wie sie zum Gelingen des Kommunikationsakts autographer Werke beitragen, Anteil an der allographen Störung desselben haben. Inwieweit jedoch die Grenzen zwischen Prä- und Folgetext in synthetisierten Exemplaren für Leser erkennbar waren und wer dafür verantwortlich zeichnet, wäre an konkreten Exemplaren zu prüfen.[95]

Von Bedeutung für die Wirkmacht prätendierter Werkeinheiten auf Werkgrenzen ist solche gemeinsame materiale Vorliegenheit nicht nur deshalb, weil es Leser nach Roger Chartier mit Objekten zu tun haben, „deren Organisation eine Lektüre vorgibt, welche wiederum das Erfassen und Verstehen des gelesenen Textes bestimmt"[96], sondern auch, weil Werke als materiale Einheiten (vermittelt üblicherweise über ihre Peritexte) in eine bibliographische und archivalische Ordnung eintreten. Dort erscheint dann beispielsweise eine allographe Fortsetzung (auch) unter dem Namen des ersten Autors, wird ihrer Vorlage über die gleiche Signatur zugeordnet, ihr womöglich beigebunden oder (wie Karl Friedrich Klischnigs „Fünfter und letzter Theil" von *Anton Reiser*[97]) mit ihr gemeinsam ediert. Auf diese Weise sind im Zweifelsfall nicht zuletzt Herausgeber, Sammler, Buchbinder, Verlage, Bibliothekare usw. beteiligt an der Überführung von narrativ und ggf. peritextuell behaupteter Zusammengehörigkeit in materiale Ob-

---

92 Stackelberg: Rezeptionsformen, S. 121.
93 Gerard: Continuations, S. 129. Für weitere Beispiele aus der englischen Literatur vgl. Nowak: Completeness, S. 55.
94 Klüppelholz: Innovation, S. 267.
95 Vgl. auch die Einschätzung bei Nowak: Completeness, S. 55, der davon ausgeht, dass „[d]ie Grenzen [...] für den Rezipienten nicht immer erkennbar" gewesen seien, was „in besonderem Maße für Supplemente fragmentarischer Prätexte" gelte.
96 Chartier: Lesewelten, S. 8.
97 Moritz: Anton Reiser.

jekte und deren Ordnungssysteme, die Zeugnis der gemeinsamen Rezeption sind oder solche ermöglichen und so die Grenze zwischen auto- und allographem Werk verunklaren oder auch markieren.

5. Schluss: Allographie als Problem der Werkschließung

Wie gezeigt wurde, ist den betrachteten Phänomenen das Streben nach Werkzusammenhängen jenseits der Bezugsgröße ‚Autor' und der von ihm gesetzten Grenzen seines Werks konstitutiv, sie sind mithin darauf angelegt, „beim Rezipienten die Signalwirkung hervorzurufen, Prä- und Folgetext gehörten zusammen, bildeten ein wie immer geartetes Ganzes."[98] Allographe Werkeinheiten sind unter dieser Perspektive zunächst einmal immer bloß prätendierte Werkeinheiten.

Über Figuren und Handlungen wird, von peritextuellen Signalen unterstützt, ein Zusammenhang mit dem fortgesetzten Werk nahegelegt, der zurückgewiesen oder in der Rezeption auf unterschiedliche Weise vollzogen werden kann. Ob und, wenn ja, in welchem Maße literarische Figuren in diesem Zusammenhang werkverbindend wirken und eine „character function" (Simonova) ausbilden, hängt einerseits an ihrer konkreten Einpassung in das fortsetzende Werk, andererseits können – wie bei der Herausgeberfiktion und der fiktiven Autobiographie – gattungsspezifische editoriale Rahmungspraktiken eine Überlagerung von Figuren- und Autorfunktion begünstigen. Dies gilt ebenso für anonyme und pseudonyme Publikationspraktiken, die Figuren an die Systemstelle des Autors treten lassen,[99] sowie für die bibliographische Erfassung und Verzeichnung von ‚schöner Literatur', die noch zu Anfang des 19. Jahrhunderts häufig nach Titeln und nicht nach Autornamen alphabetisch sortiert wurde, so dass – um ein Beispiel zu nennen – Goethes *Wilhelm Meister*-Romane gemeinsam mit Pustkuchens allographer Fortsetzung im *Allgemeinen Bücher-Lexikon* anfangs gemeinsam unter ‚M' wie ‚Meister' geführt wurden.[100]

Folgt man der Argumentation von Nowak und versteht Werke als „Angebot",[101] tritt die Frage nach dem ontologischen Status allographer Werkeinheiten in den Hintergrund. Untersucht wurden stattdessen einerseits narrative Strategien, die dieses ‚Angebot' vermitteln oder es in darauf reagierenden autographen Fortsetzungen auffangen, einhegen oder zurück-

---

98 Nowak: Completeness, S. 52.
99 Vgl. Smith: Author, insbes. S. 133.
100 Dazu Ramtke: Anonymität, S. 277–283.
101 Nowak: Completeness, S. 53.

weisen, sowie andererseits Reaktionen all jener Akteure, die daran beteiligt sind, Werke auf buchmaterialer und bibliographischer Ebene zu realisieren und in dieser Funktion allographe Verbindungen auf der Ebene der Werkinhalte ignorieren, zurückweisen oder in rezipierbare Einheiten überführen können. Anders als im Falle der Allographie werden nachträgliche autographe Erweiterungen in der Regel als zu einem Werk gehörig akzeptiert und dementsprechend editorisch und bibliographisch behandelt, nicht selten auch dann, wenn Anlage und Publikationsumstände einzelner autographer Veröffentlichungen nicht zwangsläufig einen Werkzusammenhang nahelegen.[102] Doch „warum sollten", fragt Nowak, „die [...] *allo*graphischen Weiterführungen nicht auch als mögliche Modifikationen des Prätextes anerkannt werden?"[103]

Ein solches Vorgehen zöge womöglich auch eine Justierung des Begriffs der Transfiktionalität nach sich. Diese nämlich ausschließlich als eine Beziehung von Werken im Sinne von „autonomous semiotic object[s] conceived as a whole"[104] zu denken, ignoriert, dass eine solche Rezeption historisch betrachtet gerade im Bereich des Romans nicht der ausschließliche, vielleicht nicht einmal der Normalfall gewesen sein dürfte. Das betrifft – jedenfalls im 16., 17. und 18. Jahrhundert – sowohl die Rezeption von allographen Fortsetzungen in Zusammenhang mit dem fortgesetzten Werk als auch viele autographe Werke selbst, deren Erstveröffentlichungsmodi und -orte auch noch im 19. Jahrhundert häufig gerade keine aufs abgeschlossene Ganze zielenden Rezeptionspraktiken nahelegen.

Entsprechend finden sich Weiterführungen durch fremde Hand insbesondere dort, wo Werkgrenzen gattungsspezifisch, kompositionell und/oder publikationsstrategisch bedingt einen unklaren Charakter aufweisen, der sich aus seiner (vermuteten) Vorläufigkeit oder strukturellen Unabgeschlossenheit ergibt: bei fortsetzungsweise in Bänden, Büchern oder Folgen publizierten (Lieferungs-)Werken, bei Serien, Vorabdrucken, Fortsetzungsgeschichten, kurz, bei allen sequenziell erscheinenden Texten.[105] Alle diese Produktions- bzw. Publikationspraktiken bedürfen üblicherweise einer besonderen Rahmung, um intendierte autographe Werkzusammenhänge sichtbar zu machen, bewusst zu halten oder auch erst zu stiften, andern-

---

102 Vgl. die Fallstudie von Adrian: Comparison.
103 Nowak: Completeness, S. 52.
104 Ryan: Transfictionality, S. 388. Die Einschränkung entzieht laut Ryan daher auch Fortsetzungen einer Serie, allographen Schlüssen einer Erzählung eines verstorbenen Autors oder den verschiedenen Teilen von Prousts *À la recherche du temps perdu* den Status eines Werks, vgl. ebd., S. 388 f.
105 Vgl. die Problemskizze bei Kaminski/Ramtke/Zelle: Zeitschriftenliteratur, S. 8–12. Vgl. ebd. insbes. Zelle: Probleme.

falls haben sie „verheerende Folgen für ein ‚Werk', das nach der zeitlich und räumlich partialisierten Erscheinungsweise [...] nicht mehr als organisches Ganzes wahrgenommen wird", wie Manuela Günter an Vorabdrucken von Goethes *Wilhelm Meisters Wanderjahren* und ihrer Fortsetzung durch Pustkuchen zeigt.[106]

Die Frage nach der Abgeschlossenheit von Werken ist auch eine nach den Instanzen und Modi der Werkschließung. Dies zeigen die Reaktionen von Autoren insofern sie sich im Werk niederschlagen, d. h. narrative und/oder publikationsstrategische Folgen für das autographe Werk zeitigen. Der naheliegende Versuch dessen Grenzen zu ‚sichern', um es gegenüber Weiterführungen abzuschließen, kann paradoxerweise dazu führen, dass eine Auseinandersetzung mit der allographen Fortsetzung in das Werk aufgenommen wird (*Don Quijote*), neue Figuren und Erzählstränge eingeführt werden (*Sebaldus Nothanker*), eine Erzählung über ihren ursprünglichen Schluss hinausgeführt (*Pamela*) oder noch einmal in anderem Kontext publiziert wird (*Wilhelm Meisters Wanderjahre* in der *Ausgabe letzter Hand*). Solche Demonstrationen von auktorialer Kontrolle über die Grenzen des Werks schränken die Werkherrschaft des Autors im Grunde ein, dann nämlich, wenn der Autor in seiner eigenen Fortsetzung nicht mehr frei agiert, sondern *re*agiert. Unter dieser Perspektive stellt sich das Problem der Allographie als eines der Werkschließung dar, das in letzter Konsequenz, wenn auch unter anderen Vorzeichen, zu der von Carlos Spoerhase aufgeworfenen Frage führt: „Wer entscheidet, wann etwas ‚Werk', d. h. abgeschlossen ist?"[107]

Bibliographie

Adrian, John: The Slave, the Scourge, and Society: A Comparison of Gay's First and Second Series of Fables. In: Debra Taylor Bourdeau/Elizabeth Kraft (Hg.): On Second Thought. Updating the Eighteenth-Century Text. Newark, DE 2007, S. 43–65.

Albertsen, Leif Ludwig: Der Begriff des Pastiche. In: Orbis Litterarum 26 (1971), S. 1–8.

Bareis, J. Alexander: Fiktionales Erzählen. Zur Theorie der literarischen Fiktion als Make-Believe. Göteborg 2008.

Berking, Christina: Die Unterscheidung von Inhalt und Form im Urheberrecht. Baden-Baden 2002.

---

106 Günter: Vorhof, S. 82.
107 Spoerhase: Werk, S. 341. Vgl. zu einem Verständnis von Werkherrschaft, das sich aus dem Recht des nachträglichen Eingriffs in den Kommunikationsakt herleitet, ebd. S. 337–341.

Birkhold, Matthew H.: Sebaldus Nothanker and His Brothers: Literary Borrowing in the Eighteenth Century. In: Andreas Beck/Nora Ramtke (Hg.): Imitat, Zitat, Plagiat und Original in Literatur und Kultur der Frühen Neuzeit. Frankfurt a. M. 2016, S. 207–225.

Birkhold, Matthew H.: Goethe and the Uncontrollable Business of Appropriative Stage Sequels. In: Goethe Yearbook 25 (2018), S. 109–131.

Bosse, Heinrich: Autorisieren. Ein Essay über Entwicklungen heute und seit dem 18. Jahrhundert. In: Zeitschrift für Literaturwissenschaft und Linguistik 11 (1981), S. 120–134.

Bourdeau, Debra Taylor/Elizabeth Kraft: Preface. Twice-Told Tales: When and Why Once Is Not Enough. In: D. T. B./E. K. (Hg.): On Second Thought. Updating the Eighteenth-Century Text. Newark, DE 2007, S. 9–19.

Bürger, Christa: Das Kunstwerk als Setzung. Rohe Thesen. In: Willi Oelmüller (Hg.): Das Kunstwerk. München u. a. 1983, S. 128–130.

Chartier, Roger: Lesewelten. Buch und Lektüre in der frühen Neuzeit. Aus dem Französischen von Brita Schleinitz und Ruthard Stäblein. Frankfurt a. M., New York, Paris 1990.

Denson, Shane/Ruth Mayer: Grenzgänger. Serielle Figuren im Medienwandel. In: Frank Kelleter (Hg.): Populäre Serialität: Narration – Evolution – Distinktion. Zum seriellen Erzählen seit dem 19. Jahrhundert. Bielefeld 2012, S. 185–203.

Drew, Bernard A.: Literary Afterlife. The Posthumous Continuations of 325 Authors' Fictional Characters. Jefferson, NC 2010.

Flegel, Monica/Jenny Roth: Legitimacy, Validity, and Writing for Free. Fan Fiction, Gender, and the Limits of (Unpaid) Creative Labor. In: The Journal of Popular Culture 47.6 (2014), S. 1092–1108.

Ganner-Rauth, Heidi: To be Continued? Sequels and Continuations of Nineteenth-Century Novels and Novel Fragments. In: English Studies 64 (1983), S. 129–143.

Geitner, Ursula: Allographie. Autorschaft und Paratext – im Fall der Portugiesischen Briefe. In: Klaus Kreimeier/Georg Stanitzek (Hg.): Paratexte in Literatur, Film, Fernsehen. Berlin 2004, S. 55–99.

Genette, Gérard: Palimpseste. Die Literatur auf zweiter Stufe. Frankfurt a. M. 1993.

Gerard, W. B.: „Betwixt One Passion and Another": Continuations of Laurence Sterne's A Sentimental Journey, 1769–1820. In: Debra Taylor Bourdeau/Elizabeth Kraft (Hg.): On Second Thought. Updating the Eighteenth-Century Text. Newark, DE 2007, S. 123–138.

Görden, Jan: Vorgezogener Werktitelschutz. Tübingen 2009.

Greve, Werner: James Bond – Fluide Identität. In: Stefanie Brusberg-Kiermeier/W. G. (Hg.): Die Evolution des James Bond. Stabilität und Wandel. Göttingen 2014, S. 25–45.

Günter, Manuela: Im Vorhof der Kunst. Mediengeschichten der Literatur im 19. Jahrhundert. Bielefeld 2008.

Hanke, Matthias/Birka Siwczyk: Nathans Ende oder der Schlaf der Vernunft? Ausstellungskatalog zur Wirkungsgeschichte von Lessings „Nathan der Weise". Kamenz 2006.

Hellekson, Karen/Kristina Busse (Hg.): Fan Fiction and Fan Communities in the Age of the Internet. Jefferson, NC 2006.

Hinrichs, William H.: The Invention of the Sequel. Expanding Prose Fiction in Early Modern Spain. Woodbridge 2011.

Jenkins, Henry: Textual Poachers. Television Fans & Participatory Culture. New York 1992.

Kaminski, Nicola/Nora Ramtke/Carsten Zelle (Hg.): Zeitschriftenliteratur/Fortsetzungsliteratur. Hannover 2014.

Keymer, Thomas/Peter Sabor: „Pamela" in the Marketplace. Literary Controversy and Print Culture in Eighteenth-Century Britain and Ireland. Cambridge 2005.

Klüppelholz, Heinz: Die Innovation als Imitation. Zu Fortsetzungen französischer Romane des 18. Jahrhunderts. Frankfurt a. M. 1995.
Kölbel, Martin: Das literarische Werk. Zur Geschichte eines Grundbegriffs der Literaturtheorie. In: Text. Kritische Beiträge 10 (2005), S. 27–44.
Kopp, Lisa: Die Freiheit der Idee und der Schutz von Schriftwerken. Tübingen 2014.
Leavenworth, Maria Lindgren: The Paratext of Fan Fiction. In: Narrative 23.1 (2015), S. 40–60.
Leopold, Stephan: Der Roman als Verschiebung. Studien zu Mythos, Intertextualität und Narratologie in „Terra Nostra" von Carlos Fuentes. Tübingen 2003.
Martens, Gunter: Das Werk als Grenze. Ein Versuch zur terminologischen Bestimmung eines editorischen Begriffs. In: editio 18 (2004), S. 175–186.
Meier, Stefan: Superman transmedial. Eine Pop-Ikone im Spannungsfeld von Medienwandel und Serialität. Bielefeld 2015.
Meyer-Minnemann, Klaus: Die Fortsetzbarkeit der novela picaresca: der *Lazarillo de Tormes* und seine Fortsetzungen. In: Bernhard König/Jutta Lietz (Hg.): Gestaltung – Umgestaltung. Festschrift zum sechzigsten Geburtstag von Margot Kruse. Tübingen 1990, S. 229–243.
Moritz, Karl Philipp: Anton Reiser. Andreas Hartknopf. Eine Allegorie. Andreas Hartknopfs Predigerjahre. Karl Friedrich Klischnig: Anton Reiser. Fünfter und letzter Teil. Mit einem Nachwort von Benedikt Erenz. Anmerkungen und Zeittafel von Kirsten Erwentraut. Düsseldorf, Zürich 1996 (Winkler Weltliteratur).
Müller, Wolfgang G.: Interfigurality. A Study on the Interdependence of Literary Figures. In: Heinrich F. Plett (Hg.): Intertextuality. Berlin, New York 1991, S. 101–121.
Multhammer, Michael: Eine Fortsetzung des Fragmentenstreits? Johann Georg Pfrangers „Der Mönch vom Libanon" als polemischer Nachtrag zu „Nathan der Weise". In: Kai Bremer/Carlos Spoerhase (Hg.): Gelehrte Polemik II. Sonderheft Zeitsprünge 19 (2015), S. 265–292.
Nowak, Helge: „Completeness is all". Fortsetzungen und andere Weiterführungen britischer Romane als Beispiel zeitübergreifender und interkultureller Rezeption. Frankfurt a. M. 1994.
Pustkuchen, Johann Friedrich Wilhelm [Verf. ermittelt]: Wilhelm Meisters Tagebuch. Vom Verfasser der Wanderjahre. Quedlinburg, Leipzig 1822.
Ramtke, Nora: ‚unter der Press gequetscht/gequelet und gemartelt'. Die unrechtmäßigen Ausgaben von J. M. Moscheroschs „Gesichten Philander von Sittewalt" zwischen Nachdruck, Fortsetzung und Plagiat. In: Mitteilungen des Deutschen Germanistenverbandes 62.2 (2015), S. 119–128.
Ramtke, Nora: Anonymität – Onymität. Autorname und Autorschaft in Wilhelm Meisters ‚doppelten Wanderjahren'. Heidelberg 2016.
Reißmann, Wolfgang/Dagmar Hoffmann: Selbstbestimmung in Fan Fiction-Kulturen: Transformative Medienpraxis und Urheberrecht als Antagonisten? In: Medien & Kommunikationswissenschaft 66.4 (2018), S. 466–484.
Richardson, Brian: Transtextual Characters. In: Jens Eder/Fotis Jannidis/Ralf Schneider (Hg.): Characters in Fictional Worlds. Understanding Imaginary Beings in Literature, Film, and Other Media. Berlin, New York 2010, S. 527–541.
Ryan, Marie-Laure: Transfictionality across Media. In: John Pier/José Ángel García Landa (Hg.): Theorizing Narrativity. Berlin, New York 2008, S. 385–417.
Ryan, Marie-Laure: Transmediales Storytelling und Transfiktionalität. In: Karl N. Renner/Dagmar von Hoff/Matthias Krings (Hg.): Medien Erzählen Gesellschaft. Transmediales Erzählen im Zeitalter der Medienkonvergenz. Berlin, Boston 2013, S. 88–117.
Ryan, Marie-Laure/Jan-Noël Thon (Hg.): Storyworlds across Media. Toward a Media-Conscious Narratology. Lincoln, NE 2014.

Schaffert, Henrike: Der Amadisroman. Serielles Erzählen in der Frühen Neuzeit. Berlin, Boston 2015.

Schellenberg, Betty A.: „The Measured Lines of the Copyist": Sequels, Reviews, and the Discourse of Authorship in England, 1749–1800. In: Debra Taylor Bourdeau/Elizabeth Kraft (Hg.): On Second Thought. Updating the Eighteenth-Century Text. Newark, DE 2007, S. 25–42.

Schlenstedt, Dieter: Literarisches Werk? Zu Rahmenbestimmungen eines Begriffsfeldes. In: Zeitschrift für Germanistik 8.3 (1987), S. 297–310.

Schmidt-Hern, Kai Hendrik: Die Fortsetzung von urheberrechtlich geschützten Werken. Baden-Baden 2001.

Simonova, Natasha: Early Modern Authorship and Prose Continuations. Adaption and Ownership from Sidney to Richardson. London 2015.

Smith, Emma: Author v. Character in Early Modern Dramatic Authorship: The Example of Thomas Kyd and *The Spanish Tragedy*. In: Medieval and Renaissance Drama in England 11 (1999), S. 129–142.

Spengler, Birgit: Literary Spinoffs. Rewriting the Classics – Re-Imaging the Community. Frankfurt a. M. 2015.

Spoerhase, Carlos: Was ist ein Werk? Über philologische Werkfunktionen. In: Scientia poetica 11 (2007), S. 276–344.

Stackelberg, Jürgen von: Literarische Rezeptionsformen. Übersetzung, Supplement, Parodie. Frankfurt a. M. 1972.

Strohschneider, Peter: Gotfried-Fortsetzungen. Tristans Ende im 13. Jahrhundert und die Möglichkeiten nachklassischer Epik. In: DVjs 65 (1991), S. 70–98.

Struwe, Carolin: Episteme des Pikaresken. Modellierungen von Wissen im frühen deutschen Pikaroroman. Berlin, Boston 2016.

Summerer, Claudia: „Illegale Fans". Die urheberrechtliche Zulässigkeit von Fan Art. Berlin, Boston 2015.

Wagner, Birgit: Strategien der Wissensselektion in den „Lettres persanes". Montesquieu liest Jean Chardin und Jean-Paul Marana. In: Gideon Stiening/Robert Vellusig (Hg.): Poetik des Briefromans. Wissens- und mediengeschichtliche Studien. Berlin, Boston 2012, S. 35–48.

Wirth, Uwe: Die Geburt des Autors aus dem Geist der Herausgeberfiktion. Editoriale Rahmung im Roman um 1800: Wieland, Goethe, Brentano, Jean Paul und E. T. A. Hoffmann. München 2008.

Zelle, Carsten: Probleme der Werkeinheit – Wielands „Bonifaz Schleicher" im „Teutschen Merkur" (1776). In: Nicola Kaminski/Nora Ramtke/C. Z. (Hg.): Zeitschriftenliteratur/Fortsetzungsliteratur. Hannover 2014, S. 79–96.

Ziolkowski, Theodore: Figuren auf Pump. Zur Fiktionalität des sprachlichen Kunstwerks. In: Heinz Rupp/Hans-Gert Roloff (Hg.): Akten des VI. Internationalen Germanisten-Kongresses Basel 1980. Jahrbuch für Internationale Germanistik, Reihe A, Bd. 8.1, S. 166–176.

VI. Hermeneutiken des Werks: Intention und Interpretation

OLAV KRÄMER

Kommunikative Funktion oder Autonomie? Der Werkbegriff in neueren intentionalistischen Interpretationstheorien

1. Einleitung

Die Abwendung vom Begriff des literarischen Werks in der Literaturtheorie des späteren 20. Jahrhunderts wird häufig als ein Vorgang betrachtet, der mit der Verabschiedung des autorintentionalistischen Interpretierens zeitlich zusammenfiel und sachlich verbunden war. Diese Sicht wird vor allem durch die einflussreichen Beiträge Roland Barthes' und Michel Foucaults zur Diskussion um die Begriffe des Autors und des literarischen Werks nahegelegt, denn in ihnen werden das autorintentionalistische Interpretieren und der Begriff des Werks gewissermaßen mit ein und derselben Geste verabschiedet (so bei Barthes) oder historisiert und problematisiert (bei Foucault). Barthes konstatierte in seinen Artikeln *La mort de l'auteur* (1967/1968) und *De l'œuvre au texte* (1971) den Tod des Autors und ein allmähliches Verschwinden der Werkkategorie und brachte gegen die traditionellen Auffassungen vom Autor wie vom Werk jeweils seinen Begriff des Textes in Stellung.[1] Wie die zwei kritisierten Konzepte in seinen Augen zusammenhängen, legt Barthes in *De l'œuvre au texte* dar. Das Werk, so stellt er dort zunächst fest, zeichnet sich der herkömmlichen Auffassung nach durch eine Geschlossenheit aus, die durch ein Signifikat gestiftet wird: „L'œuvre se ferme sur un signifié."[2] Ferner sei das Werk durch verschiedene Beziehungen der ‚Filiation' definiert, unter anderem durch eine Beziehung zum Autor, die als ‚Appropriation' bezeichnet werden könne,[3] und

---
1 Vgl. Barthes: Auteur; ders.: Œuvre.
2 Barthes: Œuvre, S. 910 („Das Werk schließt sich über einem Signifikat." Barthes: Werk, S. 43).
3 „L'œuvre est prise dans un processus de filiation. On postule une *détermination* du monde (de la race, puis de l'Histoire) sur l'œuvre, une *consécution* des œuvres entre elles et une *appropriation* de l'œuvre à son auteur." Barthes: Œuvre, S. 913 („Das Werk ist in

aus diesen Beziehungen werde traditionell die Forderung abgeleitet, die Autorintentionen zu respektieren:

> L'auteur est réputé le père et le propriétaire de son œuvre; la science littéraire apprend donc à *respecter* le manuscrit et les intentions déclarées de l'auteur, et la société postule une légalité du rapport de l'auteur à son œuvre.[4]

Die Auffassung vom Werk als Kind[5] und als Besitztum des Autors verklammert demnach juristische und hermeneutische Arten des Umgangs mit Literatur. Werkbegriff und intentionalistisches Interpretieren erscheinen somit in den Artikeln von Barthes als Verbündete. Foucaults Aufsatz *Qu'est-ce qu'un auteur* (1969) entwickelt zwar Positionen, die sich von denen Barthes' in wichtigen Punkten unterscheiden und zum Teil kritisch gegen sie gerichtet sind; zugespitzt gesagt, fordert er im Gegensatz zu Barthes nicht eine Verabschiedung der Autor- und der Werkkategorie, sondern eine Historisierung dieser Kategorien und der mit ihr verbundenen Praktiken. Doch Foucault trifft sich mit den Artikeln von Barthes in der Annahme, dass der traditionelle Werkbegriff und das autorintentionalistische Interpretieren eng zusammengehören.[6]

Legt man aber neben diese Ausführungen Barthes' und Foucaults ein anderes einflussreiches Manifest des Anti-Intentionalismus, nämlich den zuerst 1946 erschienenen Artikel *The Intentional Fallacy* von William K. Wimsatt und Monroe Beardsley, so stellt sich die Beziehung zwischen Werkbegriff und Intentionalismus als komplizierter dar.[7] Wimsatt und Beardsley kritisieren zwar das intentionalistische Interpretieren als grundsätzlich verfehlt, verwerfen aber keineswegs zugleich den Begriff des literarischen Werks, sondern stützen vielmehr ihre Intentionalismuskritik unter anderem auf Annahmen über den Werkcharakter von Gedichten und anderen literarischen Gebilden. Sie setzen einen Begriff des literarischen Werks voraus, dem zufolge das Werk ein organisiertes, hochgradig integ-

---

einen Abstammungsprozeß eingespannt. Es wird postuliert, die Welt (das Geschlecht, die ‚Geschichte') *determiniere* das Werk, die Werke *folgten aufeinander* und das Werk sei *Eigentum* seines Autors." Barthes: Werk, S. 46).

4 Barthes: Œuvre, S. 913 („Der Autor gilt als Vater und Eigentümer seines Werks; die Literaturwissenschaft lehrt also, das Manuskript und die Absichtserklärungen des Autors zu *respektieren*, und die Gesellschaft postuliert eine Gesetzlichkeit des Bezugs zwischen dem Autor und seinem Werk [...]." Barthes: Werk, S. 46 f.).

5 Auch in *La mort de l'auteur* heißt es, die Beziehung zwischen Autor und Werk werde traditionell wie die zwischen Vater und Kind aufgefasst. Vgl. Barthes: Auteur, S. 43.

6 Zu den Gemeinsamkeiten und Unterschieden der Überlegungen Barthes' und Foucaults zu Autor- und Werkkategorie vgl. Spoerhase: Werk, S. 279–282.

7 Vgl. Wimsatt/Beardsley: Fallacy.

riertes sprachliches Artefakt ist.[8] Ähnlich wie Barthes betrachten sie also die Geschlossenheit als einen Grundzug des Werks, wobei diese Geschlossenheit allerdings anders konkretisiert wird als bei Barthes. In einer anderen Hinsicht unterscheidet sich ihr Werkbegriff noch weit deutlicher von Barthes' Begriff des *œuvre*, denn für Wimsatt und Beardsley ist es ein Wesenszug des Kunstwerks, dass es sich von seinem Schöpfer gelöst hat und nunmehr ganz der Öffentlichkeit gehört:

> The poem is not the critic's own and not the author's (it is detached from the author at birth and goes about the world beyond his power to intend about it or control it). The poem belongs to the public. It is embodied in language, the peculiar possession of the public, and it is about the human being, an object of public knowledge.[9]

Wimsatt und Beardsley berufen sich also auf einen Begriff des Werks, der im Gegensatz zu dem von Barthes attackierten Werkbegriff nicht zum autorintentionalistischen Interpretieren einlädt oder es fordert, sondern es geradezu verbietet.

Betrachtet man die anti-intentionalistischen Artikel Wimsatts und Beardsleys sowie Barthes' zusammen, so scheint sich also ein widersprüchliches Bild vom Verhältnis zwischen Werkbegriff und Intentionalismus zu ergeben. Dieser Widerspruch lässt sich offenkundig weitgehend durch die Feststellung auflösen, dass Wimsatt und Beardsley einerseits, Barthes andererseits eben nicht genau denselben Begriff des literarischen Werks voraussetzen. Die herausgestellte Differenz zwischen ihren Positionen ist aber dennoch aufschlussreich, weil man argumentieren kann, dass beide zugrunde gelegte Werkbegriffe in der Tradition des emphatischen Werkbegriffs stehen, der sich in der klassischen Autonomieästhetik um 1800 herausgebildet hat.[10] Die Unterschiede zwischen den Werkauffassungen von Wimsatt/Beardsley und Barthes hängen damit zusammen, dass sie verschiedene Momente dieses emphatischen Werkbegriffs akzentuieren: Bei Wimsatt/Beardsley ist dies vor allem die Autonomie des Werks, bei Barthes die Bindung an den Autor, dem das Werk als Besitz und als Ausdruck der Persönlichkeit

---

8 Vgl. ebd., S. 469: „Poetry is a feat of style by which a complex of meaning is handled all at once. Poetry succeeds because all or most of what is said or implied is relevant; what is irrelevant has been excluded, like lumps from pudding and ‚bugs' from machinery."
9 Ebd., S. 470.
10 Die Rede vom ‚emphatischen Werkbegriff' übernehme ich von Martus: Werkpolitik, S. 16–18. Für eine Analyse dieser Werkkonzeption vgl. ebd., S. 16–18, 31–34. Vgl. auch ders.: Werk, S. 354. Eine komprimierte Darstellung des in der klassischen deutschen Ästhetik um 1800 entwickelten „Konzept[s] vom autonomen Werk" bietet Thomé: Werk, S. 833. Zur Entstehung dieses Werkkonzepts vgl. ferner weiterhin Thierse: Ganze, S. 394–407.

zugeordnet ist.[11] Zugespitzt gesagt, haben sich diese Bestandteile des emphatischen Werkbegriffs in den Artikeln von Wimsatt/Beardsley und Barthes voneinander abgespalten. Diese Abspaltung, so soll hier als Vermutung festgehalten werden, könnte ein Indiz dafür darstellen, dass diese Komponenten des emphatischen Werkbegriffs von vornherein nicht so unproblematisch miteinander zu vereinbaren waren, wie es gelegentlich in Ausführungen über die ‚Entstehung des Werks aus dem Geist der Autorschaft' behauptet oder suggeriert wird.[12]

Hier ist jedoch keine detailliertere Analyse und historische Einordnung der Auffassungen von Wimsatt/Beardsley und Barthes beabsichtigt. Vielmehr sollen die folgenden Überlegungen zum Bandthema des ‚Verschwindens und Fortwirkens des literaturwissenschaftlichen Werkbegriffs' beitragen, indem sie die Verwendung des Werkbegriffs in neueren intentionalistischen Interpretationstheorien untersuchen, also in Theorien, die nach den programmatischen Verabschiedungen der Werkkategorie im Zeichen des Poststrukturalismus entstanden sind. Etwa seit 1990 sind vor allem in der analytischen Ästhetik und der an ihr orientierten Literaturtheorie eine Reihe von intentionalistischen Interpretationstheorien vorgestellt und intensiv diskutiert worden.[13] Einige dieser neueren Versionen des In-

---

11 Vgl. Thomé: Werk, S. 833. Thomé fasst konstitutive Züge des in der „klassischen deutschen Ästhetik von K. Ph. Moritz (‚Über die bildende Nachahmung des Schönen') bis Hegel (‚Vorlesungen über die Ästhetik')" entworfenen „Konzept[s] vom autonomen Werk" so zusammen: „Danach ist, in summarischer Zusammenfassung, das Werk allen äußerlichen Zwecksetzungen (im Sinne einer Vermittlung von Wissen oder Handlungsanweisungen) enthoben. Die Aufgabe der Kunst ist es, Schönheit zu realisieren. Das schöne Werk zeichnet sich durch ‚Ganzheit' und ‚Geschlossenheit' aus, die durch eine integrierende ‚sinnlich scheinende Idee' konstituiert werden. Hinsichtlich der Produktion gilt, daß sich in Idee und Gestaltung der individuelle geistige Kosmos des Dichters manifestiert – das Konzept der Werkautonomie schließt hier an die Genieästhetik an –, hinsichtlich der Rezeption, daß die Betrachtung des Schönen in einen ästhetischen Zustand mit humanisierenden Bildungsfunktionen versetzt. [...] Der Rezipient ist auf die kontemplative Haltung verwiesen, die Rolle des Autors wird über die ‚Werkherrschaft' konturiert (ist das Werk Ausdruck der Persönlichkeit, so hat allein der Verfasser über Gestaltung und Veröffentlichung zu verfügen)."
12 Vgl. Thierse: Ganze, S. 396: „Der enge Zusammenhang beider Kategorien erlaubt es durchaus, von der Entstehung des ‚Werks' ‚aus dem Geist der Autorschaft' zu sprechen." Thierse bezieht sich in den folgenden Sätzen zustimmend auf eine Passage aus Foucaults *Qu'est-ce qu'un auteur?*
13 Vgl. auch die 2007 formulierte Feststellung Carlos Spoerhases: „Im Laufe des letzten Jahrzehnts hat sich im Kontext einer intensivierten analytischen Debatte in der Literaturtheorie [...] die intentionalistische Position wieder konsolidiert." Spoerhase: Intentionalismus, S. 81. Diese Entwicklung neuer intentionalistischer Ansätze wurde vorbereitet und begleitet durch kritische Auseinandersetzungen mit anti-intentionalistischen Positionen wie insbesondere jenen Wimsatts und Beardsleys sowie poststrukturalisti-

tentionalismus arbeiten ausdrücklich mit einem Begriff des Werks (im Sinne von Opus).[14] Im Folgenden soll untersucht werden, wie der Werkbegriff dieser Theorien beschaffen ist, was für ein Begriff des Werks also im neueren Intentionalismus ‚fortwirkt'. Die berücksichtigten Ansätze lassen sich zwei verschiedenen Versionen des Intentionalismus zuordnen, die in den jüngeren Debatten eine prominente Position einnehmen: Zum einen handelt es sich um Beispiele des ‚aktualen Intentionalismus', genauer gesagt, des ‚moderaten aktualen Intentionalismus' (*moderate actual intentionalism*), zum anderen um Versionen des ‚hypothetischen Intentionalismus' (*hypothetical intentionalism*).[15]

Die Analyse der in diesen Theorien verwendeten Werkbegriffe wird es erlauben, auf die anhand der Texte von Barthes und Wimsatt/Beardsley entwickelte Vermutung zurückzukommen und sie weiter zu erhärten: die Vermutung, dass zwischen dem traditionellen Werkbegriff und dem interpretatorischen Intentionalismus ein ambivalentes oder spannungsreiches Verhältnis besteht und dass es konkret das Postulat der Autonomie des Werks ist, das mit dem Autorintentionalismus nicht umstandslos gekoppelt werden kann.

2. Die neuen Intentionalismen und ihr Werkbegriff

2.1 Das Werk als Produkt einer Äußerungshandlung (*utterance*)

‚Moderater aktualer Intentionalismus' und ‚hypothetischer Intentionalismus' sind Bezeichnungen von Interpretationskonzeptionen, die etwa seit

---

scher Theoretiker. Zur Diskussion im Anschluss an den Artikel von Wimsatt und Beardsley vgl. Danneberg/Müller: Fehlschluß. Eine knappe Zusammenfassung wichtiger intentionalistischer Antworten auf Wimsatt und Beardsley bietet Lamarque: Fallacy, S. 183–187. Für eine Kritik an den Positionen Barthes' und Foucaults vgl. etwa ders.: Author. Für eine umfassende, systematisch geordnete Auseinandersetzung mit verschiedenen Einwänden gegen den Intentionalismus vgl. Spoerhase: Autorschaft, S. 68–105. „Autor und Intention" ist auch die Überschrift einer Sektion des Sammelbandes von Jannidis u. a.: Rückkehr. Vgl. darin Winko: Einführung.

14 Zu den unterschiedlichen Verwendungsweisen des Ausdrucks ‚Werk' in der Literaturwissenschaft vgl. Spoerhase: Werk, S. 283–285; für einen Explikationsvorschlag vgl. ebd., S. 286–290. Als ‚Opus' wären nach diesem Vorschlag „die Teile der textuellen ‚Überlieferung'" eines Autors zu bezeichnen, „denen aufgrund bestimmter Kriterien der Charakter eines Einzelwerks zugesprochen werden kann" (ebd., S. 286). ‚Opus' in diesem Sinne wird abgegrenzt von der Gesamtheit der ‚Überlieferung' und vom ‚Œuvre' des Autors (vgl. ebd.).

15 Auf die Frage, wie glücklich diese Bezeichnungen gewählt sind, kann hier nicht eingegangen werden. Spoerhase hat mit guten Gründen die Auffassung vertreten, dass die

1990 in die literaturtheoretische Diskussion eingeführt worden sind.[16] Seitdem ist die Debatte *zwischen* diesen zwei Varianten ähnlich intensiv geführt worden wie die zwischen Intentionalismus und intentionalismuskritischen Positionen. Der aktuale Intentionalismus begreift, wie die Bezeichnung vermuten lässt, die Bedeutung eines literarischen Werks als die vom Autor tatsächlich intendierte Bedeutung. Die meisten Vertreter eines aktualen Intentionalismus wie etwa Noël Carroll und Robert Stecker präzisieren ihre Position durch die Einschränkung, dass als Bedeutung eines literarischen Werks die vom Autor intendierte Bedeutung gelten solle, *sofern sie erkennbar im Werk realisiert ist.*[17] Diese Präzisierung, die für den ‚moderaten' oder ‚bescheidenen' aktualen Intentionalismus konstitutiv ist, soll das Abgleiten in eine sogenannte Humpty-Dumpty-Theorie der Bedeutung verhindern, also in eine Theorie, der zufolge die Äußerung eines Sprechers alles bedeuten kann, was der Sprecher gerade will.[18] Der Grundgedanke des hypothetischen Intentionalismus hingegen besagt, dass die Bedeutung eines Werks mit der besten Hypothese zu identifizieren sei, die ideale oder angemessene Leser des Werks bilden, wenn sie das Werk in seinem öffentlich wahrnehmbaren Äußerungskontext betrachten und die Intention des Autors zu erschließen suchen.[19] Versionen eines solchen hypothetischen Intentiona-

---

Bezeichnungen in mehreren Hinsichten irreführend seien, unter anderem weil ‚actual' und ‚hypothetical' im Hinblick auf Intentionen „nicht als Komplementärbegriffe fungieren" können. Vgl. Spoerhase: Intentionalismus, S. 104 f., Zitat S. 105. Spoerhase übersetzt denn auch ‚actual intentionalism' mit ‚faktischer Intentionalismus'. Ich gebrauche im Folgenden die Übersetzung ‚aktualer Intentionalismus', um möglichst nah bei der englischen Bezeichnung zu bleiben. Der Ausdruck ‚aktualer Intentionalismus' wird auch verwendet bei Reicher: Absichten, etwa S. 191, 192, 200.

16 Die Bezeichnungen scheinen mir von Jerrold Levinson geprägt worden zu sein, der selbst einen hypothetischen Intentionalismus vertritt. Vgl. Levinson: Intention, S. 175 f. Levinson grenzt hier den „*hypothetical* (or constructive) *intentionalism*" vom „*actual* intentionalism" und zugleich vom „*anti*-intentionalism" ab (ebd.). Als Anhänger des ‚actual intentionalism' betrachtet er unter anderem Noël Carroll, Gary Iseminger und Robert Stecker, die in späteren Publikationen diese Einordnung (teilweise mit der Präzisierung: ‚*moderate*' oder ‚*modest* actual intentionalism') akzeptiert haben. Levinsons Aufsatz erschien zuerst in einem von Iseminger herausgegebenen Sammelband von 1992 (Iseminger: Intention). Derselbe Sammelband enthielt auch Aufsätze von Carroll und Iseminger, die Versionen eines aktualen Intentionalismus verteidigen und wichtige Referenzpunkte in der sich anschließenden Diskussion wurden (Carroll: Conversation; Iseminger: Demonstration). Für Beiträge zur Debatte zwischen den zwei Ansätzen vgl. etwa Carroll: Interpretation; Iseminger: Intentionalism; Levinson: Intentionalism; Levinson: Defending.
17 Vgl. Carroll: Interpretation, S. 198. Vgl. auch Carroll: Conversation, S. 158–160.
18 Vgl. Carroll: Interpretation, S. 197 f. Vgl. auch: Iseminger: Intentionalism, S. 321, 325 (Anm. 10).
19 Vgl. Levinson: Intention, S. 178 f.; Levinson: Intentionalism, S. 309 f.

lismus haben unter anderem Jerrold Levinson und Gregory Currie vorgestellt.[20]

Obwohl die Vertreter der zwei Spielarten des Intentionalismus eingehend über ihre Vorzüge und Nachteile gestritten haben, gibt es zwischen den Theorien bedeutende Gemeinsamkeiten. Bei vielen Werken, dies wird von Anhängern beider Varianten des Intentionalismus konzediert, dürften Interpretationen von hypothetischen und aktualen Intentionalisten zu ähnlichen oder denselben Resultaten kommen, aber eben nicht bei allen.[21] Auf der konzeptuellen Ebene besteht eine wichtige Gemeinsamkeit darin, dass Ausprägungen beider Theorien explizit mit einer Unterscheidung zwischen Werk und Text operieren und dabei den Werkbegriff sehr ähnlich konzipieren. Der Text wird von diesen Theoretikern meist als eine durch syntaktische und semantische Eigenschaften definierte Sequenz sprachlicher Zeichen aufgefasst. Als Werk hingegen wird von ihnen das Produkt der Handlung bezeichnet, durch die der Autor den von ihm verfertigten Text in die literarische Kommunikation einspeist. Werke sind somit sprachliche Artefakte, die außer durch ihre textuellen Eigenschaften auch durch Beziehungen zu ihrem Autor, zu einem Zeitpunkt und zu bestimmten Kontexten definiert sind.[22]

Diese konstitutiven Eigenschaften des Werks werden in den neueren intentionalistischen Theorien häufig in der Feststellung zusammengefasst,

---

20 Für Levinsons Position siehe die in der vorigen Anm. genannten Aufsätze. Für Curries Ansatz vgl. Currie: Interpretation. Ich konzentriere mich in der folgenden Diskussion des hypothetischen Intentionalismus auf die Versionen Levinsons und Curries. Für eine sehr gründliche Rekonstruktion dieser und weiterer Varianten des hypothetischen Intentionalismus vgl. Spoerhase: Intentionalismus. Vgl. auch ders.: Autorschaft, S. 123–144. Für eine konzise Darstellung und Kritik des hypothetischen Intentionalismus vgl. Reicher: Absichten, S. 204–206.
21 Vgl. Carroll: Interpretation, S. 201. Carroll vertritt hier sogar die Ansicht, dass moderate aktuale Intentionalisten und hypothetische Intentionalisten in der überwiegenden Zahl der Fälle („generally") zu denselben Deutungen gelangen werden.
22 Diese Merkmale bilden etwa den gemeinsamen Nenner von zwei Definitionen oder definitionsähnlichen Passagen, die von Jerrold Levinson und Robert Stecker stammen. Die Passage von Stecker lautet: „I shall take it for granted here that a defining feature of artworks is that they are objects (in a broad sense) that are produced in a particular historical context by some particular artist or artists. For at least some types of artworks, such as literary and musical works, this means that a defining feature of such works is a relation that holds between artist and historical context on the one hand and a structural type on the other. In the case of literary works, this type is the text." Stecker: Ontology, S. 165 f. Bei Levinson heißt es: „[…] the poem is not, of course, the brute text that it comprises but rather that text poetically projected in a specific context anchored to a particular person, time, and place. That anchoring, together with the text's complete orthography, is enough to fix a literary work's identity for all critical intents and purposes […]." Levinson: Intention, S. 197.

dass ein literarisches Werk eine Äußerung (*utterance*) oder das Resultat einer Äußerung sei: „In the case of literary artworks, my claim is that they are utterances", so der aktuale Intentionalist Stecker.[23] Levinson erklärt, die von ihm vertretene Position des hypothetischen Intentionalismus stütze sich auf „the idea that a literary work should be seen as an *utterance*, one produced in a public context by a historically and culturally situated author".[24] Die Verwendung des ‚utterance'-Begriffs verbindet sich bei den meisten dieser Theoretiker mit einem – mehr oder weniger expliziten – Anschluss an die sprachphilosophische Tradition von John L. Austin, John Searle und (vor allem) Paul Grice,[25] also an eine Tradition, die, vereinfacht gesagt, das sprachliche Handeln ins Zentrum stellt und den Bedeutungsbegriff wesentlich über die Begriffe des Handelns und der Intention bestimmt. Eine der frühesten Publikationen, in denen unter Rekurs auf Theorien von Grice eine intentionalistische Interpretationskonzeption entwickelt wurde, war William Tolhursts vielzitierter Artikel *On What a Text Is and How It Means* (1979).[26] Tolhursts Konzeption kann als eine Form des hypothetischen Intentionalismus eingeordnet werden und wird auch von neueren Vertretern eines solchen Ansatzes als ‚Vorläufer' oder Anreger anerkannt.[27] Tolhurst unterscheidet hier nicht explizit zwischen Text und Werk, sondern gebraucht die Ausdrücke recht austauschbar, fasst aber den Text ausdrücklich als eine Äußerung auf: „[...] [A] text must be viewed as an utterance whose meaning and identity are defined in part by the context in which it has been produced."[28] In den neueren intentionalisti-

---

23 Stecker: Intentionalism, S. 429 f. Vgl. auch ders.: Construction, S. 38 f. Grundsätzlich zum Begriff der ‚utterance' und zur Auffassung komplexer sprachlicher und nichtsprachlicher Artefakte als ‚utterances' vgl. ebd., S. 7–20.
24 Levinson: Intentionalism, S. 309. Vgl. auch ders.: Defending, S. 146; ders.: Work, S. 244. Gregory Currie schreibt: „[...] works [...] are the result of communicative utterances." Currie: Interpretation, S. 111.
25 Vgl. Levinson: Work, S. 244; Stecker: Artworks, S. 174 f.; ders.: Construction, S. 14–17 (zu Ähnlichkeiten und Unterschieden zwischen Steckers und Grices Interpretationstheorie). Currie rekurriert in seinem wichtigsten einschlägigen Aufsatz auf Grice, vor allem aber auf die Relevanztheorie von Dan Sperber und Deirdre Wilson, die sie in kritischem Anschluss an Grice entwickelt haben. Vgl. Currie: Interpretation, vor allem S. 109–111. Carroll hat sich in seinen einschlägigen Beiträgen kaum zu den sprachphilosophischen Grundlagen oder Anregern seiner Position geäußert. Sein Verständnis von Intentionen ist aber ausdrücklich Sprachphilosophen und Handlungstheoretikern verpflichtet, die an den späten Wittgenstein anschließen. Vgl. Carroll: Conversation, S. 160 f., 413 f. (Anm. 14, 15).
26 Vgl. Tolhurst: Text.
27 Vgl. Levinson: Intention, S. 175 (Anm. 2); Currie: Interpretation, S. 125 (Anm. 33).
28 Tolhurst: Text, S. 3.

schen Theorien wird dieser Begriff dann zur Explikation nicht des Text-, sondern des Werkbegriffs verwendet.

Die Auffassung vom literarischen Werk als dem Produkt einer Äußerungshandlung ist von Philosophen, die beiden Spielarten des Intentionalismus gleichermaßen skeptisch gegenüberstehen, wiederholt kritisiert worden, so etwa von Peter Lamarque.[29] Ein erster Einwand lautet, schon der Umfang eines Romans oder eines Dramas spreche dagegen, sie als *eine* Äußerung anzusehen oder mit einer solchen zu analogisieren.[30] Unplausibel sei eine solche Gleichsetzung aber nicht nur aufgrund des Umfangs literarischer Werke, sondern zweitens auch aufgrund der Tatsachen, dass ihre Produktion sich in der Regel über einen längeren Zeitraum erstreckt und dass ferner ein Roman in Fortsetzungen veröffentlicht werden könnte. Ein dritter Kritikpunkt betrifft die Rolle der Kontexte, die im Äußerungsmodell die Identität und die Bedeutung von Werken wesentlich mitbestimmen. Ein literarisches Werk, so der Einwand, besitze nicht einen situativen Kontext, der mit dem Kontext eines Gesprächsbeitrags vergleichbar wäre; und selbst wenn man so einen Kontext identifizieren könnte, wäre er nicht relevant, denn die entscheidenden Kontexte literarischer Werke seien eben literarische Kontexte, etwa Epochen, Traditionen, Gattungen oder die Beziehung zu anderen Werken.[31]

Auf diese Einwände hat Robert Stecker mehrfach von intentionalistischer Seite aus geantwortet.[32] Die Stichhaltigkeit der Einwände sowie der Repliken auf sie kann hier nicht im Einzelnen erörtert werden. Doch mir scheint, dass Stecker und anderen Vertretern des Intentionalismus zumin-

---

29 Vgl. zum Folgenden Lamarque: Appreciation, S. 299: „Here is how Stecker defines utterance meaning: ‚Utterance meaning specifies what someone says or conveys by using certain words on a particular occasion in a particular context.‘ Yet immediately the difficulty arises regarding how to apply this definition to a whole work, say, a lengthy novel. What could *on a particular occasion* mean for a novel that took several years to write, was edited and reworked before publication, or was perhaps published in monthly sequels? And what is the *particular context* in which the work was ‚uttered‘? It cannot be anything comparable to the context in which, say, a remark in a conversation is uttered. The relevant context in the literary case is not the moment when the author put down his or her pen (or picked it up) but a broadly conceived *literary* context, a historical period, a location in a tradition, a juxtaposition with other works." – Zur Kritik am ‚utterance model' vgl. auch Olsen: Meaning, S. 16–18, vor allem S. 18; Kiefer: Model, S. 271–276.
30 Vgl. Lamarque: Appreciation, S. 299; Kiefer: Model, S. 273 f.
31 Vgl. Lamarque: Appreciation, S. 299; Olsen: Meaning, S. 18.
32 Vgl. für eine Replik Steckers auf die Kritik Olsens am ‚utterance model': Stecker: Artworks, S. 159 f. Für Steckers Antwort auf die Kritik Kiefers an diesem Modell vgl. ders.: Intentionalism, vor allem S. 432–434.

dest darin zuzustimmen ist, dass keiner der genannten Kritikpunkte ein fatales Problem des Äußerungsmodells aufdeckt. Dazu, wie umfangreiche Texte als komplexe sprachliche Handlungen analysiert werden können, sind in den letzten Jahrzehnten in Pragmatik und Textlinguistik eine Reihe von Vorschlägen entwickelt worden.[33] Dass das Veröffentlichen eines Buchs als eine Handlung aufgefasst werden kann, ist eine Vorstellung, die längst nicht nur bei intentionalistischen Interpretationstheoretikern verbreitet ist. Dass schließlich bei literarischen Werken nur genuin literarische Kontexte wie etwa Gattungstraditionen, nicht aber situative Kontexte wichtig seien, ist zunächst einmal kaum mehr als eine unbegründete Setzung.[34]

Die referierten Einwände gegen die Auffassung vom literarischen Werk als einer Äußerung dürften somit nicht ausreichen, um diese Auffassung als verfehlt zu erweisen. Einige der Kritikpunkte lassen sich allerdings zu Hinweisen auf Desiderate umdeuten und erscheinen in dieser Lesart eher als berechtigt. Sie machen darauf aufmerksam, dass die Auffassung von Werken als Produkten von Äußerungshandlungen in den intentionalistischen Theorien meist kaum konkretisiert wird. Eine solche Konkretisierung erscheint aber als geboten, weil in den einschlägigen sprachphilosophischen Arbeiten etwa von Grice als typische Beispiele für Äußerungen meist kurze mündliche Gesprächsbeiträge behandelt werden. Auch wenn man den intentionalistischen Theoretikern in der Annahme folgt, dass die Veröffentlichung etwa eines Romans als vergleichbar mit solchen einfachen mündlichen Äußerungen betrachtet werden kann, so weist sie ihnen gegenüber doch offensichtlich zahlreiche Besonderheiten auf. Diese Besonderheiten betreffen neben dem Umfang der Äußerung insbesondere die materielle Gestalt des Äußerungsprodukts, also etwa die Buchform, sowie die Personen und Institutionen, die neben dem Autor an der Publikation des Romans beteiligt sind.

Hinweise darauf, inwiefern diese Aspekte literarischer Äußerungshandlungen für intentionalistische Interpretationen relevant sein können, kann man insbesondere buchgeschichtlichen und editionswissenschaftlichen Studien entnehmen. Sie haben seit einiger Zeit nachdrücklich darauf aufmerksam gemacht, dass Autoren in manchen oder sogar vielen Fällen auch die Typographie und andere materielle Eigenschaften ihrer gedruckten Werke mitbestimmt haben und über diese Eigenschaften zusätzliche Be-

---

33 Vgl. stellvertretend Harras: Handlungssprache; Brinker/Cölfen/Pappert: Textanalyse.
34 Vgl. auch Stecker: Artworks, S. 159: „[G]enre conventions *are* part of the context of utterance, but it is unlikely that they are the only features of that context relevant to understanding works."

deutungen vermitteln wollten.³⁵ Es gibt aber offenkundig auch viele Beispiele dafür, dass Autoren keine Möglichkeit oder kein Interesse hatten, auf diese Eigenschaften der Bücher Einfluss zu nehmen. Das literarische Werk als das Produkt der intendierten Äußerung des Autors ist also in einigen Fällen auch durch typographische Eigenschaften definiert, in anderen nicht. Ferner ist zusammen mit der Rolle der Materialität literarischer Werke der grundsätzlich bekannte Sachverhalt neu ins Bewusstsein gerufen worden, dass an der Publikation solcher Werke meistens neben dem Autor noch weitere handelnde Personen wie etwa Verleger, Lektoren und Illustratoren beteiligt sind, die häufig nicht nur auf die äußere Gestaltung des Buchs, sondern auch auf den Text Einfluss nehmen. So können schließlich das gedruckte Buch und auch der Text des Buchs Eigenschaften aufweisen, die von den Autoren nur widerwillig oder ohne eingehende Prüfung akzeptiert wurden und bei denen sich somit darüber streiten lässt, ob sie als vom Autor intendierte Elemente gelten können; in vielen Fällen ist auch nicht im Einzelnen rekonstruierbar, welche der vom Verlag vorgenommenen Änderungen der Autor akzeptiert hat und welche nicht. Die Editionsphilologie sucht diesen Sachverhalten unter anderem mithilfe einer Unterscheidung zwischen verschiedenen Formen der Autorisation gerecht zu

---

35 Zur Materialität des Werks und zu Forschungen, die diese ins Zentrum rücken, vgl. Spoerhase: Werk, S. 313–320. Zu der Frage, unter welchen Bedingungen davon gesprochen werden kann, dass materielle Eigenschaften literarischer Werke bedeutungstragend sind, vgl. Rockenberger/Röcken: Text. – In der unter analytischen Philosophen geführten jüngeren Debatte um den Intentionalismus sind die in Editionsphilologie und Buchgeschichte geführten Diskussionen des Werkbegriffs kaum zur Kenntnis genommen worden; auf der anderen Seite sind die neueren Versionen des Intentionalismus in der Editionsphilologie kaum rezipiert worden. Eine Ausnahme bilden einige Studien des Anglisten James McLaverty, eines Spezialisten für die Druckkultur des 18. Jahrhunderts und für die Dichtung Alexander Popes. McLaverty hat um 1990 in einigen Aufsätzen eine intentionalistische Interpretationskonzeption, die sich auf Grice und Searle beruft und den Begriff der Äußerung ins Zentrum stellt, mit buchgeschichtlichen sowie editionsphilologischen Fragestellungen zusammengeführt. Vgl. vor allem McLaverty: Identity; zum Begriff der ‚utterance': S. 140–146; für den Anschluss an Grice und Searle vgl. S. 142–144. Vgl. ferner ders.: Concept. Den Begriff der Äußerung, „utterance", bezieht McLaverty dezidiert auf die Veröffentlichung des literarischen Textes in gedruckter Form. Zur „intended utterance" und damit auch zum literarischen Werk in seinem Sinne können auch die verwendeten Schrifttypen, Details der Seiteneinrichtung usw. gehören. In den genannten Artikeln geht es McLaverty vor allem um die Konsequenzen, die sich aus seinem Verständnis von literarischen Äußerungen für editionsphilologische Fragen ergeben. Interpretationen literarischer Texte, die sich auf diese theoretischen Überlegungen stützen, bieten spätere Publikationen McLavertys; vgl. vor allem ders.: Pope; Bullard/McLaverty: Swift.

werden.[36] Die Veröffentlichung eines literarischen Werks ist somit eine komplexe Handlung oder eine Reihe von Handlungen, an der verschiedene Akteure beteiligt sind, und die Handlungen, die dabei der Autor vollzieht, können neben den intendierten auch wichtige nichtintendierte Aspekte enthalten.

Um solchen Komplikationen gerecht werden zu können, benötigt der Intentionalismus spätestens in der Interpretationspraxis eine Anreicherung des Analysevokabulars. Für solche Verfeinerungen des analytischen Instrumentariums stellen allerdings Handlungstheorie, Pragmatik, Buchgeschichte und Editionsphilologie auch durchaus Angebote zur Verfügung. Daher gibt es kaum einen Grund für die Annahme, dass diese konkreten Details des Publizierens literarischer Texte nicht ‚nur' potenzielle Herausforderungen in der intentionalistischen Interpretationspraxis mit sich bringen, sondern darüber hinaus ein fatales theoretisches Problem für den im neueren Intentionalismus vorausgesetzten Werkbegriff erzeugen.

2.2 Aktualer vs. hypothetischer Intentionalismus: Kommunikative Funktion oder Autonomie des Werks?

Die Ausführungen haben sich bisher auf eine Gemeinsamkeit der Werkbegriffe von aktualem und hypothetischem Intentionalismus konzentriert: In beiden Spielarten des Intentionalismus wird das Werk als Produkt einer Äußerungshandlung (*utterance*) aufgefasst. Im Folgenden sollen nun die Unterschiede zwischen den zwei Theorien in den Fokus gerückt und daraufhin befragt werden, inwiefern sie auch Differenzen in der Auffassung vom literarischen Werk mit sich bringen. Der zentrale Unterschied zwischen aktualem und hypothetischem Intentionalismus betrifft zunächst, wie oben festgestellt, ihre Bedeutungskonzeptionen: Der aktuale Intentionalismus begreift die Bedeutung eines literarischen Werks als die vom Autor tatsächlich intendierte Bedeutung, sofern sie erkennbar im Werk realisiert ist. Der hypothetische Intentionalismus hingegen setzt die Bedeutung eines Werks mit der besten Hypothese gleich, die ideale oder angemessene Leser des Werks bilden, wenn sie das Werk in seinem öffentlich wahrnehmbaren Äußerungskontext betrachten und die Intention des Autors zu erschließen suchen. Vor allem Vertreter des hypothetischen Intentionalismus rekurrieren häufig auf die Unterscheidung von Äußerungsbedeutung (*utterance*

---

36 Vgl. etwa Kanzog: Editionsphilologie, S. 17. Kanzog schlägt hier eine Unterscheidung zwischen genereller, punktueller und delegierender Autorisation vor. Vgl. zu diesem Problemfeld auch: Bein/Nutt-Kofoth/Plachta: Autor.

meaning) und Sprecherbedeutung (*utterer's meaning*), um ihre Position zu erläutern.³⁷ Die Bedeutung des Werks sei als eine Form von Äußerungsbedeutung (*utterance meaning*) im Unterschied zur intendierten Sprecherbedeutung (*utterer's meaning*) zu begreifen.³⁸

Hält man nur die referierten Bedeutungskonzeptionen der zwei Ansätze nebeneinander, so kann der Unterschied zwischen ihnen als eher geringfügig erscheinen. Einige Theoretiker haben auch ausdrücklich erklärt, dass die intendierte Sprecherbedeutung und die Äußerungsbedeutung häufig zusammenfallen dürften.³⁹ Ein deutlicherer Unterschied tritt zutage, wenn man die methodischen Konsequenzen betrachtet, die aus den Bedeutungskonzeptionen gezogen werden:⁴⁰ Die hypothetischen Intentionalisten folgern aus ihren Annahmen über den Wissensumfang des ‚idealen Publikums', dass bei der Interpretation bestimmte Kontexte auszublenden sind, obwohl sie Aufschlüsse über die tatsächlichen Absichten des Autors geben könnten.⁴¹ Zu berücksichtigen sind, so Levinson, die anderen Werke des-

---

37 Dabei handelt es sich um die stark vereinfachte Form einer Unterscheidung von Grice. Grice selbst differenziert in einem seiner einschlägigen Aufsätze zwischen ‚timeless meaning for an utterance-type', ‚applied timeless meaning for an utterance-type', ‚utterance-type occasion-meaning' und ‚utterer's occasion meaning'. Vgl. Grice: Meaning, S. 90 f.

38 Vgl. Levinson: Intentionalism, S. 309; Currie: Interpretation, S. 125–127. – Allerdings betrachtet auch Robert Stecker, einer der prominenten Vertreter eines faktischen Intentionalismus, die Bedeutung eines Werks ausdrücklich als eine Form der *utterance meaning*, nicht der *utterer's meaning*. Er expliziert jedoch den Begriff der Äußerungsbedeutung auf andere Weise als Vertreter des hypothetischen Intentionalismus wie Levinson und Currie (vgl. Stecker: Artworks, S. 116). Für Stecker umfasst die Äußerungsbedeutung erstens die Sprecherbedeutung (*utterer's meaning*) und zweitens alle jene Bedeutungen, die der Äußerung aufgrund von zum Zeitpunkt der Äußerungshandlung geltenden Konventionen zugeschrieben werden können und durch den Sprecher nicht ausgeschlossen wurden. Vgl. Stecker: Artworks, S. 174.

39 Vgl. Currie: Interpretation, S. 126.

40 Indem ich die intentionalistischen Interpretationstheorien hier im Hinblick auf ihre Werkbegriffe, ihre Bedeutungskonzeptionen und ihre Methoden untersuche, orientiere ich mich grob an Begriffen und Unterscheidungen Werner Strubes und Lutz Dannebergs. Strube hat Arten des literaturwissenschaftlichen Interpretierens anhand ihrer Ziele, ihrer vorausgesetzten Textkonzepte, ihrer Vorgehensweisen und der Bedingungen an ihr Geglücktsein unterschieden; vgl. Strube: Textinterpretation. Von Danneberg übernehme ich den Begriff der Bedeutungskonzeption; vgl. Danneberg: Autorkonstrukt, vor allem S. 85, 101.

41 Vgl. Levinson: Intention, S. 178 (Anm. 11), 183, 206–208; ders.: Intentionalism, S. 313; Currie: Interpretation, S. 125, 127 f. – Noël Carroll sieht in dieser Einschränkung der zulässigen Kontexte die entscheidende Differenz („the crux of the difference") zwischen hypothetischem Intentionalismus und (moderatem) aktualem Intentionalismus. Vgl. Carroll: Mind, S. 402.

selben Autors, seine öffentlichen Äußerungen zu literarischen und künstlerischen, aber gegebenenfalls auch zu politischen oder religiösen Fragen, seine Zugehörigkeit zu künstlerischen Bewegungen und Gruppen.[42] Unzulässig ist hingegen die Verwendung von privaten Briefen, Tagebüchern oder ‚Insider'-Informationen.[43]

Levinson deutet dabei selbst an, dass zwischen eindeutig öffentlichen und eindeutig privaten Quellen ein Kontinuum von Zwischenstufen liege, die von ihm geforderte Grenze also in der Praxis nicht leicht zu ziehen sei.[44] Er hält aber ebenso wie Currie entschieden daran fest, *dass* eine solche Eingrenzung erforderlich ist, dass bei der Interpretation also nicht alle Kontexte verwendet werden dürfen, die Hinweise auf die Autorabsichten geben. Fragt man weiter, was dieser Eingrenzung der Kontexte zugrunde liegt, so gelangt man zu Annahmen über die Eigenschaften eines literarischen Werks oder genauer: darüber, welche Auffassung von Werken für die Institution der Literatur konstitutiv sei. Literarische Werke sind für hypothetische Intentionalisten, wie oben dargelegt, als Produkte kommunikativer Äußerungen zu verstehen, aber sie sind eben Teil der *literarischen* Kommunikation, und für diese sei kennzeichnend, dass dem Text ‚ein gewisses Maß an Autonomie' zugeschrieben werde und dass das Interpretieren eines Werks in gewissem Maße seinen Zweck in sich selbst habe:

> [L]iterary meaning cannot be equated tout court with utterer's meaning, for that would dissolve the distinction between normal practical linguistic activity – where the paramount object is to communicate what the speaker or writer is thinking or wanting to say – and communication in a literary mode, where the text is held to have a certain amount of autonomy, to be something we interpret, to some extent, for its own sake, and thus not jettisonable in principle if we could just get, more directly, at what the author had in mind to tell us.[45]

Die Präzisierung, die der hypothetische Intentionalismus damit am Verständnis des literarischen Werks als Produkt einer kommunikativen Äuße-

---

42 Vgl. Levinson: Intention, S. 206; vgl. auch ebd., S. 183.
43 Vgl. ebd., S. 178 (Anm. 11), S. 206–208. – Am Rande sei angemerkt, dass sich für den hypothetischen Intentionalismus daher besondere Probleme aus dem Umstand ergeben, dass einige Eigenschaften literarischer Publikationen – etwa typographische Eigenschaften – in manchen Fällen vom Autor festgelegt wurden und somit zur intendierten Äußerung gehören, in anderen nicht. Ob der Autor auf diese Eigenschaften Einfluss genommen hat, ist häufig nur Briefen oder anderen nicht zur Veröffentlichung bestimmten Dokumenten zu entnehmen.
44 Vgl. ebd., S. 178 (Anm. 11).
45 Ebd., S. 177. Dass es ein Anliegen des hypothetischen Intentionalismus sei, die (begrenzte) Autonomie des literarischen Werks zu ‚retten', bestätigt Levinson auch in: Intentionalism, S. 315 f. – Gary Iseminger hat die Einwände Levinsons gegen den ‚actual intentionalism' rekonstruiert und einen zentralen Einwand als „*Autonomy Objection*" bezeichnet. Vgl. Iseminger: Intentionalism, S. 321–323, Zitat S. 321.

rung vornimmt, hat Levinson andernorts so formuliert: „A literary work is an utterance, of course, but it is a sort of ‚grand‘ utterance, one governed by different ground rules of interpretation than are ordinary utterances."[46] Zu diesen besonderen Regeln der literarischen Kommunikation gehöre es, dass ein vorrangiges Interesse der Interpreten auf die Äußerungsbedeutung ziele, unabhängig davon, ob sie der Sprecherbedeutung entspreche.[47] Diese Annahme erscheint bei Levinson als eng verbunden mit dem Insistieren auf dem wesentlich öffentlichen Charakter der literarischen Kommunikation.[48] Curries Begründung des hypothetischen Intentionalismus beruft sich ähnlich wie diejenige Levinsons auf die institutionalisierte Praxis der Literaturinterpretation. Für diese Praxis sei kennzeichnend, dass sie der textuellen Basis des Werks einen anderen Status zubilligt als dem sprachlichen Substrat nicht-literarischer Äußerungen, nämlich einen konstitutiven und nicht nur anzeigenden oder indizhaften Status.[49] Wenngleich Currie hier nicht den Ausdruck ‚Autonomie‘ verwendet, erscheint auch dieses Postulat als Abwandlung traditioneller Vorstellungen von der Autonomie des Kunstwerks.

Der hypothetische Intentionalismus vertritt damit einen Werkbegriff, der in einer wesentlichen Hinsicht dem Werkbegriff von Wimsatt und Beardsley nahesteht: Für die hypothetischen Intentionalisten ebenso wie für die Autoren von *The Intentional Fallacy* zeichnet sich das literarische Werk wesentlich durch die Eigenschaft der Autonomie aus, eine Autonomie, die insbesondere als eine Verselbstständigung gegenüber den faktischen Absichten des Autors begriffen wird. Im hypothetischen Intentionalismus ebenso wie bei Wimsatt/Beardsley erscheint diese Autonomie als Korrelat oder Konsequenz des essenziell öffentlichen Charakters der literarischen Kommunikation.[50]

---

46 Levinson: Notions, S. 18.
47 Vgl. ebd.
48 Vgl. etwa ebd., S. 16, sowie ders.: Intentionalism, S. 313. – Auch Carroll betrachtet diese Auffassung vom wesentlich öffentlichen Charakter der literarischen Kommunikation als eine charakteristische Basisannahme des hypothetischen Intentionalismus. Vgl. Carroll: Interpretation, S. 210–212. Carroll bezweifelt aber, dass die Beschränkung auf öffentlich zugängliche Quellen in der Praxis der literarischen Kommunikation so etabliert sei, wie der hypothetische Intentionalismus (und namentlich Levinson) annimmt, und hält zudem die „private/public dichotomy presupposed by the hypothetical intentionalist" schon als solche für angreifbar (ebd., S. 212).
49 „We must see text-based works for what they are: the intentional products of communicative action. We have every reason to think that it is by treating them as such products that we do interpret them, and no idea about how else we might do it. But we must also respect the constitutive, and not merely evidential status of the text […]." Currie: Interpretation, S. 132.
50 Auch Stephen Davies hat die Ansicht vertreten, dass Beardsley mit der Interpretationskonzeption des hypothetischen Intentionalismus ‚sympathisieren‘ könnte, und zwar vor

Während der hypothetische Intentionalismus mithin die Autonomie des Werks akzentuiert, heben Vertreter des aktualen Intentionalismus stärker die Rolle des Werks als Mittel der Kommunikation zwischen Autor und Leser hervor. Besonders explizit hat Noël Carroll sein Plädoyer für einen (moderaten) aktualen Intentionalismus auf Annahmen über diese kommunikative Funktion von literarischen Werken und Kunstwerken allgemein gestützt. Nach Carroll ist es ein wesentliches Merkmal unseres Umgangs mit Literatur und Kunst, dass wir Werken mit „conversational interests" begegnen, sie also als vergleichbar mit Gesprächsbeiträgen ansehen und folglich ein Interesse daran haben, die Absichten der Autoren zu erfassen.

> When we read a literary text or contemplate a painting, we enter a relationship with its creator that is roughly analogous to a conversation. Obviously, it is not as interactive as an ordinary conversation, for we are not receiving spontaneous feedback concerning our own responses. But just as an ordinary conversation gives us a stake in understanding our interlocutor, so does interaction with an artwork.
>
> We would not think that we had had a genuine conversation with someone whom we were not satisfied we understood. Conversations, rewarding ones at least, involve a sense of community or communion that itself rests on communication. A fulfilling conversation requires that we have the conviction of having grasped what our interlocutor meant or intended to say.[51]

Diesen Annahmen Carrolls über die Rolle von ‚conversational interests' in unserem Umgang mit Literatur hat der hypothetische Intentionalist Levinson ausdrücklich widersprochen.[52]

Hypothetische Intentionalisten und aktuale Intentionalisten vertreten mithin divergierende Ansichten darüber, wie die Autonomie des literarischen Werks einerseits und seine kommunikative Funktion andererseits beim Interpretieren zu gewichten oder wie diese zwei Eigenschaften genau zu verstehen sind. Für die hypothetischen Intentionalisten resultiert aus der Autonomie, die das Werk besitzt oder die ihm in der zu respektierenden Rezeptionspraxis zugeschrieben wird, dass nicht alle Kontextdaten zu berücksichtigen sind, die über die Absichten des Autors Aufschluss geben könnten, dass mithin das Werk nicht im vollen Sinne als Mittel der Kommunikation zu betrachten ist. Für die aktualen Intentionalisten hingegen

---

allem deshalb, weil der hypothetische Intentionalismus – wie Beardsley selbst – dem Werk ein hohes Maß an Autonomie und einen Vorrang gegenüber den tatsächlichen Autorintentionen einräumt und öffentlichen Konventionen eine höhere Relevanz für die Interpretation zugesteht als den (‚privaten') Intentionen des Autors. Vgl. Davies: Beardsley, S. 182.

51 Carroll: Conversation, S. 174. Diese Passage wird zitiert und zustimmend kommentiert bei Iseminger: Intentionalism, S. 323 f.
52 Vgl. Levinson: Intention, S. 198; ders.: Notions, S. 18, 21 (Anm. 20).

ist das literarische Werk als ein Mittel der Kommunikation im vollen und eigentlichen Sinne anzusehen, und das Bemühen, die Absichten des Autors zu erfassen, sollte den anderen Interessen, die die Beschäftigung mit literarischen Werken bestimmen (etwa ästhetischen Interessen), eine Grenze setzen.

3. Schluss

Der Aufsatz hat einflussreiche Versionen einer intentionalistischen Interpretationskonzeption, die etwa seit 1990 entwickelt wurden, daraufhin untersucht, mit welchem Begriff des literarischen Werks sie arbeiten. Mehrere Vertreter einer solchen Interpretationstheorie stützen sich explizit auf einen Begriff des Werks und eine Unterscheidung zwischen Werk und Text. Charakteristisch ist für diese Theorien das Verständnis des Werks als sprachliche Äußerung (*utterance*) oder als Produkt einer solchen Äußerung. Der Rekurs auf den Äußerungsbegriff soll dabei hervorheben, dass ein Werk sich einer kommunikativen Handlung verdankt, die von einer bestimmten Person in einem bestimmten raumzeitlichen Kontext vollzogen wird. Werke werden also in Analogie zu einfachen mündlichen oder schriftlichen Äußerungen innerhalb ‚normaler' kommunikativer Kontexte verstanden. Die Differenzen, die zwischen dem Veröffentlichen eines Buchs als einer Handlung (oder einem Konglomerat von Handlungen) und der Produktion einfacher Äußerungen etwa im Gespräch bestehen, erhalten dabei in den interpretationstheoretischen Darlegungen meist wenig Aufmerksamkeit. In dieser Hinsicht dürfte die theoretische Diskussion von einer stärkeren Berücksichtigung der buchgeschichtlichen und editionsphilologischen Forschung profitieren können.

Ein allgemeineres Interesse dieser Untersuchung galt der Frage, in welchem Maße die Werkbegriffe der neueren intentionalistischen Theorien dem emphatischen Werkbegriff ähneln. Ein Zug dieses Werkbegriffs, der auch für das Werkverständnis Wimsatts und Beardsleys noch kennzeichnend ist, spielt im neueren Intentionalismus keine prominente Rolle mehr, nämlich die Annahme einer hochgradigen inneren Geschlossenheit des Werks. Zentral ist dagegen für die Werkkonzeption der jüngeren Formen des Intentionalismus – offenkundig – die Auffassung vom Werk als Produkt des Autors. Allerdings wird die Beziehung des Werks zum Autor hier anders verstanden als in vielen Varianten der emphatischen Werkkonzeption: Das Werk gilt als ein intentional hergestelltes und veröffentlichtes Artefakt, in dem sich aber nicht notwendig „der individuelle geistige Kosmos des Dichters manifestier[en]" oder seine Persönlichkeit ausdrücken muss.[53] Es wird also auch kaum – wie es Barthes zufolge den traditionellen Werkbegriff kennzeichnet – als ein ‚Kind' des Autors verstanden. Eine Komponente des emphatischen Werkbegriffs schließlich spielt in der jüngeren Diskussion um den Intentionalismus eine besondere Rolle, nämlich die Annahme der Autonomie des literarischen Werks. Die Frage, welche Art oder welchen Grad von Autonomie das Werk besitzt, markiert einen der entscheidenden Streitpunkte zwischen Vertretern eines aktualen und eines hypothetischen Intentionalismus. Der hypothetische Intentionalismus schreibt der Autonomie einen hohen Stellenwert zu und folgert aus dieser Autonomie, dass bei dem interpretativen Versuch, die Autorintentionen zu erschließen, neben dem Text nur öffentlich zugängliche Kontexte berücksichtigt werden dürfen.

Was das Verhältnis zwischen traditionellem Werkbegriff und Intentionalismus angeht, so stützt die neuere Debatte zwischen hypothetischem und aktualem Intentionalismus also in gewissem Maße die Vermutung, die oben im Ausgang der Texte von Barthes und Wimsatt/Beardsley entwickelt wurde: die Vermutung, dass der emphatische Werkbegriff mit dem Autonomiepostulat einerseits und der Bindung an den Autor andererseits zwei Komponenten von problematischer Vereinbarkeit enthielt. Diese Spannung zeigt sich darin, dass Interpretationskonzeptionen, die viel Gewicht auf die Autonomie des Werks legen, den Autorintentionalismus ablehnen (Wimsatt/Beardsley) oder tiefgreifend modifizieren (hypothetischer Intentionalismus). Zumindest bei manchen Versionen des hypothetischen Intentionalismus geht diese Modifikation so weit, dass die Bezeichnung als Intentionalismus irreführend erscheinen kann.[54]

Es ist charakteristisch für die Diskussion zwischen Vertretern des hypothetischen und des aktualen Intentionalismus, dass sie sich gerade für kontroverse Thesen über die konstitutiven Eigenschaften literarischer Werke und die angemessene Art ihrer Interpretation auf die bestehende kulturelle Praxis des Umgangs mit Literatur berufen. Der moderate aktuale Intentionalist Carroll hält es für einen Grundzug unseres Umgangs mit Literatur (und anderen Künsten), dass wir Werke auf ungefähr analoge Weise zu Gesprächsäußerungen betrachten und entsprechende Interessen und Fragen (‚conversational interests') an sie herantragen.[55] Der hypothetische Intentionalist Levinson erachtet es als einen Grundzug des etablierten Umgangs mit Literatur, dass wir literarischen Werken eine gewisse Autonomie

---

53 Vgl. zu diesem Grundzug des emphatischen Werkbegriffs der Autonomieästhetik um 1800 Thomé: Werk, S. 833 (dort auch das Zitat). Vgl. auch Martus: Werk, S. 354.
54 Vgl. dazu Spoerhase: Intentionalismus, S. 96 f.
55 Vgl. die oben zitierte Passage in Carroll: Conversation, S. 174.

zuschreiben, sie also nicht als vergleichbar mit Gesprächsäußerungen behandeln, sondern als etwas, dessen Interpretation in gewissem Maße einen Selbstzweck darstellt.[56] Mit wieviel Recht die Theoretiker diesen Anspruch erheben, inwiefern ihre Werkbegriffe und Interpretationskonzeptionen also tatsächlich kulturelle Praktiken der Produktion und Rezeption von Literatur reflektieren, ist mangels empirischer Untersuchungen schwer abzuschätzen.[57] Es erscheint aber durchaus als denkbar, dass in der gegenwärtigen literarischen Kommunikation zwei Werkverständnisse nebeneinander bestehen: ein Werkverständnis, das das Werk vor allem als Ausdruck von Absichten des Autors begreift, sowie eines, das dem Werk eine weitgehende Autonomie gegenüber solchen kommunikativen Zwecken zuschreibt.

Bibliographie

Barthes, Roland: De l'œuvre au texte [1971]. In: R. B.: Œuvres complètes. Bd. 3: 1968–1971. Neuaufl. durchges., verb. und hg. von Éric Marty. Paris 2002, S. 908–916.
Barthes, Roland: La mort de l'auteur [engl. 1967, frz. 1968]. In: R. B.: Œuvres complètes. Bd. 3: 1968–1971. Neuaufl. durchges., verb. und hg. von Éric Marty. Paris 2002, S. 40–45.
Barthes, Roland: Vom Werk zum Text [Übers. v. Dieter Hornig]. In: Stephan Kammer/ Roger Lüdeke (Hg.): Texte zur Theorie des Textes. Stuttgart 2005, S. 40–51.

---

56 Vgl. die zitierte Passage in Levinson: Intention, S. 177.
57 Carroll hat in seiner Auseinandersetzung mit dem hypothetischen Intentionalismus Levinsons erklärt, diese Theorie enthalte einige extrem weitreichende empirische Behauptungen über die Beschaffenheit unserer literarischen Praktiken, und diese Behauptungen erschienen zumindest ihm, Carroll, als nicht hinreichend durch Tatsachen gedeckt. Vgl. Carroll: Interpretation, S. 207. Im Folgenden führt Carroll eine Reihe von konkreten Beispielen an, die ihm zufolge indizieren, dass Autoren häufig mit ihren Werken durchaus kommunikative Absichten verwirklichen wollen und dass Leser häufig an den faktischen Absichten der Autoren interessiert seien. Vgl. ebd., S. 207–211. Carroll will damit die Annahme plausibel machen, dass die Regeln unserer literarischer Praktiken nicht so einheitlich und klar definiert seien, wie es der hypothetische Intentionalismus voraussetze. Levinson hat in einer Replik seine Position präzisiert und erklärt, der von ihm vertretene hypothetische Intentionalismus stütze sich nicht auf empirische Annahmen über die faktischen Praktiken des Interpretierens: „Hypothetical intentionalism does not ultimately rest on an empirical claim about actual interpretive *practices*, taken in their full and motley variety, but rather on what are arguably *norms* underlying the most defensible of such practices, understood as ones that truly answer to our interests in literature as literature. It is on that elusive and highly contestable terrain that the dispute about the merits of hypothetical intentionalism must be conducted, rather than that of statistical conformity or nonconformity with current practice. Admittedly, a full case for hypothetical intentionalism on those grounds remains to be made." Levinson: Intentionalism, S. 317.

Bein, Thomas/Rüdiger Nutt-Kofoth/Bodo Plachta (Hg.): Autor – Autorisation – Authentizität. Beiträge der Internationalen Fachtagung der Arbeitsgemeinschaft für germanistische Edition in Verbindung mit der Arbeitsgemeinschaft philosophischer Editionen und der Fachgruppe Freie Forschungsinstitute in der Gesellschaft für Musikforschung, Aachen, 20. bis 23. Februar 2002. Tübingen 2004.

Brinker, Klaus/Hermann Cölfen/Steffen Pappert: Linguistische Textanalyse. Eine Einführung in Grundbegriffe und Methoden. 8., neu bearb. und erw. Aufl. Berlin 2014.

Bullard, Paddy/James McLaverty (Hg.): Jonathan Swift and the Eighteenth-Century Book. Cambridge 2013.

Carroll, Noël: Art, Intention, and Conversation [1992]. In: N. C.: Beyond Aesthetics. Philosophical Essays. Cambridge 2001, S. 157–180, Anm.: S. 413–417.

Carroll, Noël: Interpretation and Intention: The Debate between Hypothetical and Actual Intentionalism [2000]. In: N. C.: Beyond Aesthetics. Philosophical Essays. Cambridge 2001, S. 197–213, Anm.: S. 418–420.

Carroll, Noël: Art, Mind, and Intention. [Rez. zu: Paisley Livingston: Art and Intention. A Philosophical Study. Oxford 2005.] In: Philosophy and Literature 31.2 (2007), S. 394–404.

Currie, Gregory: Interpretation and Pragmatics. In: G. C.: Arts and Minds. Oxford 2004, S. 107–133.

Danneberg, Lutz: Zum Autorkonstrukt und zu einem methodologischen Konzept der Autorintention. In: Fotis Jannidis/Gerhard Lauer/Matías Martínez/Simone Winko (Hg.): Rückkehr des Autors. Zur Erneuerung eines umstrittenen Begriffs. Tübingen 1999, S. 77–105.

Danneberg, Lutz/Müller, Hans-Harald: Der ‚intentionale Fehlschluß' – ein Dogma? Systematischer Forschungsbericht zur Kontroverse um eine intentionalistische Konzeption in den Textwissenschaften. Teil 1 und Teil 2. In: Zeitschrift für allgemeine Wissenschaftstheorie 14 (1983), S. 103–137, S. 376–411.

Davies, Stephen: Beardsley and the Autonomy of the Work of Art. In: The Journal of Aesthetics and Art Criticism 63.2 (2005), S. 179–183.

Foucault, Michel: Qu'est-ce qu'un auteur? [1969]. In: M. F.: Dits et écrits. 1954–1988. Bd. 1. Paris 1994, S. 789–821.

Grice, Paul: Utterer's Meaning and Intentions. In: P. G.: Studies in the Ways of Words. Cambridge, MA, London 1989, S. 86–116.

Harras, Gisela: Handlungssprache und Sprechhandlung. Eine Einführung in die theoretischen Grundlagen. 2., durchges. und erw. Aufl. Berlin 2004.

Iseminger, Gary (Hg.): Intention and Interpretation. Philadelphia 1992.

Iseminger, Gary: An Intentional Demonstration? In: G. I. (Hg.): Intention and Interpretation. Philadelphia 1992, S. 76–96.

Iseminger, Gary: Actual Intentionalism vs. Hypothetical Intentionalism. In: The Journal of Aesthetics and Art Criticism 54.4 (1996), S. 319–326.

Jannidis, Fotis/Gerhard Lauer/Matías Martínez/Simone Winko (Hg.): Rückkehr des Autors. Zur Erneuerung eines umstrittenen Begriffs. Tübingen 1999.

Kanzog, Klaus: Einführung in die Editionsphilologie der neueren deutschen Literatur. Berlin 1991.

Kiefer, Alex: The Intentional Model in Interpretation. In: The Journal of Aesthetics and Art Criticism 63.3 (2005), S. 271–281.

Lamarque, Peter: The Death of the Author: An Analytical Autopsy. In: British Journal of Aesthetics 30 (1990), S. 319–331.

Lamarque, Peter: Appreciation and Literary Interpretation. In: Michael Krausz (Hg.): Is There a Single Right Interpretation? University Park, PA 2002, S. 285–306.

Lamarque, Peter: The Intentional Fallacy. In: Patricia Waugh (Hg.): Literary Theory and Criticism. An Oxford Guide. Oxford 2006, S. 177–188.
Levinson, Jerrold: Intention and Interpretation in Literature [1992]. In: J. L.: The Pleasures of Aesthetics. Philosophical Essays. New York 1996, S. 175–213.
Levinson, Jerrold: Work and Oeuvre. In: J. L.: The Pleasures of Aesthetics. Philosophical Essays. New York 1996, S. 242–273.
Levinson, Jerrold: Two Notions of Interpretation. In: Arto Haapala/Ossi Naukkarinen (Hg.): Interpretation and Its Boundaries. Helsinki 1999, S. 2–21.
Levinson, Jerrold: Hypothetical Intentionalism: Statement, Objections, and Replies. In: Michael Krausz (Hg.): Is There a Single Right Interpretation? University Park, PA 2002, S. 309–318.
Levinson, Jerrold: Defending Hypothetical Intentionalism. In: British Journal of Aesthetics 50.2 (2010), S. 139–150.
Martus, Steffen: Werkpolitik. Zur Literaturgeschichte kritischer Kommunikation vom 17. bis ins 20. Jahrhundert mit Studien zu Klopstock, Tieck, Goethe und George. Berlin, New York 2007.
Martus, Steffen: Werk. In: Gerhard Lauer/Christine Ruhrberg (Hg.): Lexikon Literaturwissenschaft. Hundert Grundbegriffe. Stuttgart 2011, S. 354–357.
McLaverty, James: The Concept of Authorial Intention in Textual Criticism. In: The Library 6. Ser., 6.2 (1984), S. 121–138.
McLaverty, James: Issues of Identity and Utterance: An Intentionalist Response to „Textual Instability". In: Philip Cohen (Hg.): Devils and Angels. Textual Editing and Literary Theory. Charlottesville, CA, London 1991, S. 134–151.
McLaverty, James: Pope, Print and Meaning, Oxford 2001.
Olsen, Stein Haugom: The „Meaning" of a Literary Work. In: New Literary History 14.1 (1982), S. 13–32.
Reicher, Maria E.: Kommunikative Absichten und die Ontologie des literarischen Werks. In: Jan Borkowski/Stefan Descher/Felicitas Ferder/Philipp David Heine (Hg.): Literatur interpretieren. Interdisziplinäre Beiträge zur Theorie und Praxis. Münster 2015, S. 191–217.
Rockenberger, Annika/Per Röcken: Wie ‚bedeutet' ein ‚material text'? In: Wolfgang Lukas/Rüdiger Nutt-Kofoth/Madleen Podewski (Hg.): Text – Material – Medium. Zur Relevanz editorischer Dokumentationen für die literaturwissenschaftliche Interpretation. Berlin, Boston 2014, S. 25–52.
Spoerhase, Carlos: Hypothetischer Intentionalismus. Rekonstruktion und Kritik. In: Journal of Literary Theory 1.1 (2007), S. 81–110.
Spoerhase, Carlos: Was ist ein Werk? Über philologische Werkfunktionen. In: Scientia poetica 11 (2007), S. 276–344.
Spoerhase, Carlos: Autorschaft und Interpretation. Methodische Grundlagen einer philologischen Hermeneutik. Berlin, New York 2007.
Stecker, Robert: Artworks. Definition, Meaning, Value. University Park, PA 1997.
Stecker, Robert: Interpretation and the Ontology of Art. In: Michael Krausz (Hg.): Is There a Single Right Interpretation? University Park, PA 2002, S. 159–180.
Stecker, Robert: Interpretation and Construction. Art, Speech, and the Law. Malden, MA 2003.
Stecker, Robert: Moderate Actual Intentionalism Defended. In: The Journal of Aesthetics and Art Criticism 64.4 (2006), S. 429–438.
Strube, Werner: Die literaturwissenschaftliche Textinterpretation. In: Paul Michel/Hans Weder (Hg.): Sinnvermittlung. Studien zur Geschichte von Exegese und Hermeneutik I. Zürich 2000, S. 43–69.

Thierse, Wolfgang: „Das Ganze aber ist das, was Anfang, Mitte und Ende hat." Problemgeschichtliche Beobachtungen zur Geschichte des Werkbegriffs. In: Karlheinz Barck/Martin Fontius/W. T. (Hg.): Ästhetische Grundbegriffe. Studien zu einem historischen Wörterbuch. Berlin 1990, S. 378–414.

Thomé, Horst: Werk. In: Klaus Weimar u. a. (Hg.): Reallexikon der deutschen Literaturwissenschaft. 3., neubearb. Aufl. Bd. 3. Berlin 2003, S. 832–834.

Tolhurst, William: On What a Text Is and How It Means. In: British Journal of Aesthetics 19.1 (1979), S. 3–14.

Winko, Simone: Einführung: Autor und Intention. In: Fotis Jannidis/Gerhard Lauer/Matías Martínez/S. W. (Hg.): Rückkehr des Autors. Zur Erneuerung eines umstrittenen Begriffs. Tübingen 1999, S. 39–46.

Wimsatt, William K./Beardsley, Monroe: The Intentional Fallacy. In: The Sewanee Review 54 (1946), S. 468–488.

Jørgen Sneis

Das ‚Leben' des Werks: Das literarische Werk im Spannungsfeld zwischen Interpretation, Ästhetik und Wirkungsgeschichte

Selbst in der Literaturtheorie geht es manchmal um Leben und Tod. Das bezeugt nicht nur der vieldiskutierte „Tod des Autors", mit dem die „Geburt des Lesers" zu bezahlen sei,[1] sondern auch etwa die Rezeptionsästhetik und Gattungstheorie – Theoriefelder, in denen ebenfalls biologistisch-vitalistische Metaphern intensiv in Gebrauch sind.[2] Im Folgenden soll allerdings nicht diese Leben/Tod-Metaphorik selbst im Mittelpunkt stehen. Mir geht es weder darum, so etwas wie eine übergreifende Metapherngeschichte zu präsentieren,[3] noch werde ich versuchen, den Metapherngebrauch anderer Disziplinen auf die Literatur zu übertragen.[4] Vielmehr werde ich lediglich, in einem ersten Schritt, rekonstruieren, wie die Metapher vom ‚Leben' des Werks in einem bestimmten Strang der Literaturtheorie im 20. Jahrhundert zum Einsatz gekommen ist – oder genauer gesagt: wie sie von Roman Ingarden eingeführt, von René Wellek aufge-

---

1 Barthes: Tod, S. 185, 193. Mit seinem Essay löste Barthes nicht nur eine Debatte über den Status der Autorintention im Umgang mit literarischen Texten aus, sondern brachte zudem eine Metapher ins Spiel, die diese Debatte prägen sollte. Vgl. dazu Spoerhase: Autorschaft, S. 11 f.
2 So hielt z. B. Wolfgang Iser in seiner programmatischen Konstanzer Antrittsvorlesung fest, „daß ein Text überhaupt erst zum Leben erwacht, wenn er gelesen wird" (Iser: Appellstruktur, S. 228). Aus just diesem Umstand ergab sich für Iser die Notwendigkeit einer leserorientierten Texttheorie und Literaturbetrachtung. Auf die nicht weniger programmatische Antrittsvorlesung von Hans Robert Jauß wird unten noch zurückzukommen sein. Zum ‚Leben' und ‚Tod' von literarischen Gattungen siehe etwa Fowler: Life.
3 Die Schwierigkeit eines solchen Unterfangens deutet sich an bei Bermes: Leben.
4 Man denke etwa an die Rede von ‚Objektbiographien' in der Ethnologie (vgl. vor allem Kopytoff: Biography; daran anschließend Gosden/Marshall: Biography) und Wissenschaftsgeschichte (vgl. Daston: Biographies) oder auch an die Rede vom ‚Lebenszyklus' des Buches in der Buchwissenschaft (vgl. Darnton: History, S. 67; daran anschließend Adams/Barker: Model, S. 15; vgl. auch etwa Keiderling: Systemtheorie, S. 6, 18 f.).

griffen und von Eric Donald Hirsch wieder ganz verworfen wurde, um dann von Hans Robert Jauß im Rekurs auf Hans-Georg Gadamer in anderer Weise fortgeschrieben zu werden. Zu zeigen ist hierbei vor allem, dass der Werkbegriff wie auch die daran geknüpfte Lebensmetapher in den genannten Ansätzen untrennbar mit Fragen nach dem Textverständnis verbunden ist. In einem zweiten Schritt sollen diese Streifzüge durch die Theoriegeschichte der Literaturwissenschaft zum Anlass genommen werden, einige systematische, in erster Linie interpretationstheoretische Überlegungen zum Text- und Werkbegriff zu entwickeln. Denn die Metapher vom ‚Leben' des Werks eröffnet einen gleichsam strukturellen, d. h. nicht begriffsgeschichtlich eingeschränkten Einblick in die konzeptuelle Wirksamkeit des Werks in der literaturwissenschaftlichen Interpretationspraxis.

1. Von der Einheit des Werks und der Veränderlichkeit seiner Bedeutung

In seinem erstmals 1942 erschienenen Aufsatz *The Mode of Existence of a Literary Work of Art* fragt René Wellek – wie der Titel schon sagt – nach der Seinsweise des literarischen Werks. So heißt es eingangs:

> What is meant by saying that a certain person does not understand the real poem? What is the real poem, where should we look for it, how does it exist? A correct answer to these questions must solve several critical problems and open a way to the proper analysis of a work of art. It, at least, will dispose of many pseudo-problems. We shall not, of course, find an answer to the question whether a given poem is good or bad, but we might find an answer which would tell us where to look for the genuine poem and how to avoid the pitfalls into which criticism has frequently fallen because of a lack of clarity on some of these fundamental semi-philosophical questions.[5]

Wie diese Passage zeigt, ist es Wellek dem philosophisch anmutenden Aufsatztitel zum Trotz nur bedingt um philosophische Gesichtspunkte zu tun. Eine Klärung der (als semi-philosophisch titulierten) Frage nach dem ontologischen Status des Werks soll hier vor allem dem Literaturwissenschaftler dazu dienen, notorische Fehler im Umgang mit dem Kunstwerk zu vermeiden. Welleks Aufsatz gliedert sich in zwei Teile. Im ersten Teil, einer *pars destruens*, werden vier mögliche Antworten auf die Frage nach der Seinsweise des Werks diskutiert und der Reihe nach zurückgewiesen. Vor diesem Hintergrund versucht Wellek dann im zweiten Teil, der *pars construens*, die Frage selbst positiv zu beantworten. Es ist insofern lohnend, die vierfache *refutatio* im ersten Teil des Aufsatzes Revue passieren zu lassen, als hier in

---

5 Wellek: Mode, S. 735.

bündiger Weise ein zentraler Aspekt von ontologischen Werk-Konzeptionen überhaupt sichtbar wird, nämlich dass die Frage nach der Seinsweise des literarischen Werks zugleich eine Frage nach seiner Einheit und Identität ist.

Ohne Welleks Argumentation im Einzelnen zu referieren, lässt sich festhalten: Ein literarisches Werk sei erstens kein Artefakt unter anderen, und zwar in dem Sinne, dass es in seiner Materialität nicht aufgeht. Das Werk sei mit dem einzelnen Exemplar bzw. mit seinem materiellen Träger nicht identisch, ansonsten gäbe es ebenso viele Werke wie Exemplare. Zweitens sei das Werk aber auch nicht mit seiner Deklamation zu verwechseln, da man schließlich ein und dasselbe Werk mehrmals vorlesen könne. Drittens sei das literarische Werk mit den konkreten Erlebnissen bzw. mit den mentalen Vorgängen des Lesers nicht gleichzusetzen. Zwar hat man Wellek zufolge Zugang zum Werk nur in individuellen Erlebnissen, doch diese Erlebnisse seien nicht identisch mit dem Gegenstand, auf den sie bezogen sind, also mit dem Werk selbst. Dasselbe gelte – viertens – *mutatis mutandis* für die Erlebnisse des Autors: Hätte das Werk seinen Sitz in der Psyche des Autors, dann wäre es für den Leser unmöglich, in direkten Kontakt mit dem Werk zu treten – eine Schlussfolgerung, die Wellek offenbar für irrig hält. Überhaupt kommt er zu dem Schluss, dass ein literarisches Werk weder etwas Reales wie ein physikalisches Objekt oder ein mentaler Vorgang noch etwas Ideales wie eine geometrische Figur oder gar wie eine platonische Idee sein kann. Es sei vielmehr ein Erkenntnisobjekt *sui generis* mit einem besonderen ontologischen Status.

Bis hierhin lesen sich Welleks Ausführungen geradezu wie eine Zusammenfassung von Roman Ingardens 1931 erschienener Studie *Das literarische Kunstwerk*. Dies ist auch kein Zufall. Denn Wellek, der dieses Buch früh zur Kenntnis genommen hatte,[6] beruft sich in seinem Aufsatz gleich eingangs explizit auf Ingarden und hat auch später wiederholt die Bedeutung von dessen phänomenologisch-ontologischem Ansatz hervorgehoben.[7] Zu er-

---

6 Das früheste mir bekannte Zeugnis ist Welleks Bericht über den VIII. Internationalen Kongress für Philosophie, der 1934 in Prag abgehalten wurde; hier scheint er *Das literarische Kunstwerk* bereits zu kennen. Vgl. Wellek: Congress, S. 14.

7 Der Titel von Welleks Aufsatz ist mit einer Anmerkung versehen, in der er auf seine Gewährsleute verweist: einerseits auf den Prager Strukturalismus, andererseits auf Husserl und Ingarden. Vgl. Wellek: Mode, S. 735. Schon in Welleks 1936 erschienenem Aufsatz *The Theory of Literary History*, auf den er ebenfalls zurückverweist, spielt Ingardens Literaturtheorie eine zentrale Rolle. Zu Welleks Ingarden-Lektüre siehe auch Wellek: Critics, S. 55–73; ders.: Criticism, S. 379–398. Nicht ganz zu Unrecht hat Ingarden (etwas verärgert) darauf hingewiesen, dass es bei Wellek nicht unbedingt ersichtlich wird, wie eng die Frage nach der Seinsweise des Werks an *Das literarische Kunstwerk*

wähnen ist freilich, dass sich Ingarden primär für ein bestimmtes philosophisches Problem interessierte, das der Literaturwissenschaftler Wellek weitgehend außen vor lässt. Das deklarierte Hauptthema in *Das literarische Kunstwerk* ist „die Grundstruktur und die Seinsweise" des literarischen Werks.[8] Mit dieser „Wesensanatomie"[9] des Werks wollte aber Ingarden als Philosoph in erster Linie *anhand* der Literatur auf eine bestimmte ontologische Pointe hinaus, um dann – mit diesem Zwischenergebnis gewappnet – eine Binnenkritik an seinem Mentor Edmund Husserl zu üben und sich gleichzeitig innerhalb einer philosophischen Idealismus-Realismus-Debatte zu positionieren. Letztlich ging es Ingarden um eine Kritik an Husserls transzendentalphilosophischer Neuausrichtung der (zunächst rein deskriptiv konzipierten) Phänomenologie, wobei der Konstitutionsbegriff einen zentralen Streitpunkt darstellte.[10] Diese übergeordnete Zielsetzung bestimmt seine Argumentation bis ins Detail. Dagegen scheint Wellek in höherem Maße darum bemüht zu sein, den ontologischen Ansatz für eine spezifisch literaturwissenschaftliche Methodik bzw. für die tatsächliche Analyse und Interpretation von literarischen Texten operationalisierbar zu machen.

Was die Metapher vom ‚Leben' des Werks betrifft, so lässt sich ihre Funktion weder bei Ingarden noch bei Wellek von dem zugrunde gelegten Werkbegriff trennen. Bei Ingarden erscheint das literarische Werk als Repräsentant einer ontologischen Klasse, nämlich der sogenannten rein inten-

---

tatsächlich angelehnt ist. Vgl. Ingarden: Kunstwerk (1965), S. XX, Anm. 4; sowie ders.: Werte. Siehe außerdem die Replik von Wellek: Answer.

8 Ingarden: Kunstwerk (1931), S. V.
9 Ebd., S. 2; im Orig. in Anführungszeichen.
10 Vgl. ebd., S. VI: „Sosehr […] meine Untersuchungen das literarische Werk bzw. Kunstwerk zum Hauptthema haben, sind die letzten Motive, die mich zu der Bearbeitung dieses Themas bewogen haben, rein *philosophischer* Natur und gehen über dieses spezielle Thema weit hinaus. Sie stehen mit dem Problem Idealismus-Realismus, das mich seit Jahren beschäftigt, im engen Zusammenhang". Mit Blick auf dieses Idealismus-Realismus-Problem verweist Ingarden vor allem auf Husserl, der mit seinem transzendentalen Idealismus den Versuch unternommen hätte, „die reale Welt und deren Elemente als rein intentionale Gegenständlichkeiten aufzufassen, die in den Tiefen des konstituierenden Bewußtseins ihren Seins- und Bestimmungsgrund haben" (S. VI). Diese Konstitutionsleistung bildet den Kern der Idealismus-Realismus-Frage, wie sie von Ingarden behandelt wird (vgl. dazu z. B. auch Ingarden: Erläuterungen, S. 156 f.). Ingardens Auseinandersetzung mit Husserl bildet naturgemäß den Schwerpunkt der philosophisch orientierten Ingarden-Forschung. Daniel von Wachter bringt seine Position wie folgt auf den Punkt: „Ingarden reconstructs Husserl's idealist view as the view that all things are mind-dependent, quite like fictional objects" (Wachter: Ontology, S. 55). Aus der umfangreichen Forschung sei vor allem verwiesen auf die differenzierte Diskussion bei Wallner: Defense; sowie anschließend bei Haefliger: Ingarden.

tionalen Gegenstände. Er beschreibt das Werk als ein ‚seinsheteronomes' Gebilde, das auf ein doppeltes ontisches Fundament außerhalb seiner selbst zurückverweist: einmal auf den Autor, dem das Werk sein Entstehen verdankt, und einmal – etwas vereinfacht gesagt – auf die Sprache, der das Werk sein Bestehen wie auch die Möglichkeit einer dauernden und intersubjektiven Identität verdankt.[11] Getragen werden Ingardens Ausführungen im Wesentlichen von der Annahme, dass „ein jedes literarische Werk *ein* in sich identisches Etwas" sei.[12] Anders als bei Wellek wird hier also die Einheit des Werks gegenüber seinen einzelnen Manifestationen explizit postuliert. Mit Husserl unterscheidet dabei Ingarden streng zwischen den schlechthin individuellen mentalen Akten eines Subjekts und dem Gegenstand, dem diese mentalen Akte gelten, z. B. einem literarischen Werk. Diese Akt-Gegenstand-Unterscheidung betrifft Autor und Leser gleichermaßen und hängt aufs Engste mit der vorausgesetzten Einheit und Identität des Werks zusammen. Wenn also Ingarden in einer oft zitierten Passage beteuert, dass „der Autor selbst samt allen seinen Schicksalen, Erlebnissen und psychischen Zuständen" keinen Teil des literarischen Werks bildet,[13] dann ist dies zunächst kein Plädoyer für so etwas wie eine werkimmanente Interpretation.[14] Es geht ihm hierbei nicht um den hermeneutischen Status der Autorintention, sondern vielmehr strikt um einen ontologischen Sachverhalt, nämlich dass das Schreiben mit dem Geschriebenen, das Lesen mit dem Gelesenen, das Verstehen mit dem Verstandenen etc. nicht identisch ist. Wäre dies der Fall, dann würde es nämlich ebenso viele Werke wie Leser und Akte des Lesens geben. Die Einheit des Werks ließe sich dann nicht begründen, was einen blanken Subjektivismus und Relativismus zur Folge hätte (diese unerwünschte Konsequenz eines ‚psychologistischen' Werkbegriffs hat auch Wellek in seinem Aufsatz

---

11 Anzumerken ist allerdings, dass hier eine nicht ganz unproblematische Bedeutungstheorie im Hintergrund steht, die sich ihrerseits von jener übergeordneten philosophischen Zielsetzung herleitet. Holzschnittartig zusammengefasst: Ingarden unterscheidet zwischen *Begriffen* auf der einen Seite, verstanden als (platonisch anmutende) Ideen, und *Bedeutungen* auf der anderen Seite, verstanden als die Aktualisierung eines Teils des idealen Gehalts, wobei nicht etwa Konventionen, sondern die Teilhabe der Bedeutung an den idealen Begriffen für ihre intersubjektive Identität bürgen soll. Problematisch ist diese Bedeutungstheorie nicht zuletzt deshalb, weil sie ontologische mit pragmatischen und hermeneutischen Aspekten vermengt und im Zuge dessen genau dasjenige voraussetzt, was sie eigentlich zu begründen hätte, nämlich dass es eine intersubjektive Identität der Bedeutung überhaupt geben kann.
12 Ingarden: Kunstwerk (1931), S. 12.
13 Ebd., S. 18; Zit. im Orig. gesperrt.
14 So ist diese Stelle oft verstanden worden; vgl. stellvertretend den Handbuch-Eintrag von Gruber: Literaturwissenschaft, S. 771.

besonders hervorgehoben). Ingarden leugnet keineswegs, dass verschiedene Leser durchaus unterschiedlich mit ein und demselben Werk umgehen können. Um eine Psychologisierung und Subjektivierung des Werks zu vermeiden, unterscheidet er aber sorgfältig zwischen dem ontologisch konzipierten Werk selbst auf der einen Seite und den ‚Konkretisationen' des Werks durch den Leser auf der anderen. Mit Blick auf diese Abhängigkeit des Werks vom Leser hat Ingarden die Konkretisation des Werks wiederholt mit einem Regenbogen verglichen, der weder etwas Haptisches noch ein bloßes Hirngespinst ist, obwohl er nur für jemanden *in concreto* vorhanden sein kann.[15]

So bestimmt Ingarden das literarische Werk als ein schematisches Gebilde, dessen Einheit bzw. Identität mit einer gewissen Un- und Unterbestimmtheit erkauft wird. Er unterscheidet zwischen dem invarianten, schematischen Gehalt des Werkes selbst auf der einen Seite und den konkreten, mit jeder Lektüre variierenden Ausgestaltungen dieser Schemata auf der anderen. Von Schemata (in Plural) zu sprechen, ist insofern zutreffend, als jedes Werk nach Ingarden aus vier heterogenen Schichten besteht. In dieser Hinsicht gibt es für Ingarden keinen Unterschied zwischen Werk und Kunstwerk. Das Schichtenmodell, mit dem man ihn auch meist verbindet, ist unabhängig von Kunstcharakter und etwaigen Wertzuschreibungen.

Soviel zu Ingardens Werkbegriff, der gleichsam den Nukleus seines Ansatzes bildet. Vor diesem Hintergrund birgt nun allerdings die Metapher vom ‚Leben' des Werks, wie sie in Kapitel 13 von *Das literarische Kunstwerk* auf knapp 30 Seiten besprochen wird, ein gewisses Irritationspotenzial. Ingarden ist es hier vor allem darum zu tun, das zunächst nur unter ontologischen Gesichtspunkten analysierte Werk in „Kontakt mit dem Leser zu bringen".[16] Dankbarerweise sagt er dabei *expressiv verbis*, wie er die Rede vom ‚Leben' des Werks verstanden wissen will. Nach Ingarden lässt sich allgemein vom Leben sagen, dass es eine Zeit lang dauert, nämlich von der Geburt bis zum Tod, wobei jedes Lebewesen sich ständig in einer arttypischen Weise verwandelt. Dies soll nun auch für das literarische Werk gelten, allerdings mit der Einschränkung, dass das einmal entstandene Werk sich nicht verwandeln *muss* – und damit wäre man schon beim besagten Irritationsmoment. An exponierter Stelle, nämlich in einer Zwischenüberschrift, spricht Ingarden vom „‚Leben' des literarischen Werkes in

---

15 In einer Rezension wendet Emil Winkler gegen diese Analogie ein, „daß der Regenbogen eine Angelegenheit der *Strahlenbrechung* ist, die sich *unabhängig* von der Psyche eines Beobachters vollzieht (weswegen man einen Regenbogen z. B. auch photographieren kann)" (Winkler: [Rezension], S. 242).
16 Ingarden: Kunstwerk (1931), S. 342.

seinen Konkretisationen" und von „seine[n] Verwandlungen infolge der Wandlungen der letzteren".[17] Sofern die Konkretisation (ähnlich wie bei einem Regenbogen) die „Erscheinungsweise" des literarischen Werks bildet,[18] mag es zwar einleuchten, dass ein Werk nicht an und für sich, sondern – wenn überhaupt – nur in seinen Konkretisationen ‚leben' kann. Doch da das Werk gerade ein schematisches, also stabiles und mit sich selbst identisches Gebilde sein soll, ist es nicht ohne weiteres ersichtlich, warum nun auf einmal das Werk selbst als wandlungsfähig beschrieben wird. Ingardens Position ist hier tatsächlich als widersprüchlich, bestenfalls als unklar zu bezeichnen.[19] Ihm zufolge ergibt sich der Wandel daraus, dass der Leser die Konkretisationen „verabsolutiert": Er „identifiziert sie mit dem Werke und ist in naiver Weise auf das so vermeinte Werk intentional gerichtet. Dann wird dem Werke alles zugedeutet, was zu dem Gehalte der gegebenen Konkretisation gehört".[20] Wohl nicht ganz zu Unrecht ist dagegen der folgende Einwand erhoben worden: „[W]hat changes here (if anything) are the concretizations of the work, not the work itself".[21] Gleichwohl finden sich bei Ingarden mehrere Stellen, an denen er fest davon auszugehen scheint, dass das Werk im Laufe der Zeit die Konkretisationen gleichsam in sich aufnehmen und auf diesem Wege seine Gestalt verändern kann.[22]

Auf die Frage, wie man sich eine solche Veränderung vorzustellen hat, hält eigentlich weniger Ingarden selbst als vielmehr René Wellek eine Antwort bereit – womit er auch einen Schritt über Ingarden hinausgeht. Wellek übernimmt im Großen und Ganzen Ingardens Werkbegriff,[23] erweitert ihn aber gleichzeitig um eine normative Komponente. Damit greift er im Grunde genommen etwas auf, was bei Ingarden zwar angelegt ist, aber nicht näher ausgeführt wird. Vehement und immer wieder hatte nämlich

---

17 Ebd., S. 356 (§ 64).
18 Ebd., S. 343.
19 Dies bemerkt auch Reicher: Metaphysik, S. 104–106.
20 Ingarden: Kunstwerk (1931), S. 367.
21 Juhl: Meaning, S. 155. Weniger aufschlussreich sind die Ausführungen von Mitscherling: Concretization.
22 Vgl. Ingarden: Kunstwerk (1931), S. 358, 366, 368. In seinen Untersuchungen zur Ontologie der Kunst, die ursprünglich als Anhang zu *Das literarische Kunstwerk* konzipiert waren, hat Ingarden allerdings wieder die Unveränderlichkeit des Werks betont. Vgl. Ingarden: Untersuchungen, insbes. S. 115, 128, 134 (hier freilich in Bezug auf das musikalische Kunstwerk). Hierauf verweist auch Reicher: Metaphysik, S. 104 f.
23 Auch die Lebensmetapher übernimmt Wellek zweifellos von Ingarden; vgl. seinen Brief an Lothar Fietz vom 3. November 1975, zit. nach Fietz: Literaturtheorie, S. 516: „[...] obwohl ich von Konkretisationen und dem ‚Leben' (à la Ingarden) eines Werkes sprach [...]".

Ingarden die Ansicht vertreten, dass es bessere und schlechtere, dass es richtige und falsche Konkretisationen eines Werks geben kann. Er ist davon überzeugt, dass man als Leser „Konkretisationen zur Entfaltung bringen" kann, die „das Werk nicht zu einer adäquaten Ausprägung bringen".[24] In diesem Sinne heißt es auch später in *Vom Erkennen des literarischen Kunstwerks*, dass nicht alle Konkretisationen „in gleichem Maß eine rechtmäßige Fundierung im betreffenden Kunstwerk haben, oder anders gesagt, daß nicht alle Konkretisationen eine […] *richtige Interpretation* des betreffenden Werkes sind".[25] Für das normative Element, das damit eingeführt und mit dem sein Ansatz *eo ipso* um eine genuin hermeneutische Komponente erweitert wird, scheint sich freilich Ingarden nicht wirklich zu interessieren; jedenfalls geht er diesem Aspekt nicht weiter nach. Dagegen spricht Wellek, der auch das Schichtenmodell von Ingarden übernimmt, ganz dezidiert vom Werk als einem stratifizierten System von Normen.[26] Überhaupt ist es bezeichnend, dass die Frage nach der Seinsweise des Werks bei Wellek von vornherein auf das Textverstehen ausgerichtet ist. Es sei an die oben zitierte Stelle erinnert: „What is meant by saying that a certain person does not understand the real poem? What is the real poem, where should we look for it, how does it exist?"

Ähnlich wie Ingarden fasst Wellek das Werk als einen intentionalen Gegenstand, als Quelle und Bezugspunkt von mentalen Akten, wobei die Normativität des Werks sich schlicht darauf bezieht, dass die Konkretisationen durch den Leser adäquat oder auch inadäquat sein können.[27] Durch eine Parallele zur strukturalistischen Linguistik sucht Wellek zu verdeutlichen, wie man sich diese Normativität vorzustellen hat. Nach Wellek verhalten sich Werk und Konkretisation zueinander wie *langue* und *parole*, also wie die Sprache als abstraktes, auf Konventionen beruhendes und sich als Norm äußerndes System zu den individuellen Akten des Sprechens, in denen die Konventionen und Regeln der Sprache zwar nicht aufgehen, aber wirksam sind und auch verletzt werden können. Diese Regeln, so Wellek weiter, lassen sich zwar nur aus den einzelnen Konkretisationen

---

24 Ingarden: Kunstwerk (1931), S. 361. Zu Recht bemerkt Pasternack: Theoriebildung, S. 63: „Neben d[en] Konstitutionsfragen der Konkretisation und Aktualisierung literarischer Werke werden von Ingarden normative Fragen behandelt. Ihm geht es nicht allein um mögliche, sondern um adäquate Konkretisationen."
25 Ingarden: Erkennen, S. 299.
26 Vgl. Wellek: Mode, S. 750. Mitunter spricht er auch von einer Struktur von Normen (vgl. etwa S. 751). Zum System- und Strukturbegriff bei Wellek vgl. Fietz: Literaturtheorie, S. 515: „Der Begriff des *Systems* steht im Wellekschen Argument immer in nächster Nähe zum Begriff der *Struktur*."
27 Vgl. Wellek: Mode, S. 745.

und aus konkreten Normverletzungen extrahieren, doch wie sich die *langue* hinsichtlich der Funktionen und Relationen ihrer Elemente beschreiben lässt,[28] so lässt sich auch das Werk selbst beschreiben. Dabei bleibt für Wellek eine Konkretisation (*parole*) stets in dem Sinne partiell, dass sie mit den Regeln ihrer Hervorbringung (*langue*) nicht zur Deckung gebracht werden kann. Was man als Leser hervorbringt, kann aber durchaus dem Werk mehr oder weniger entsprechen. An diese Analogie zwischen Werk/ Konkretisation und *langue/parole* ist die Metapher vom ‚Leben' des Werks rückgebunden. Auf der einen Seite geht Wellek davon aus, dass das literarische Werk *qua* System in sich kohärent und konsistent bzw. durch eine fundamentale Einheitlichkeit gekennzeichnet ist. Auf der anderen Seite wird aber das System nicht als statisch, sondern als dynamisch konzipiert: „[I]t changes throughout the process of history while passing through the minds of its readers, critics and fellow artists".[29] Gerade in dieser Dynamik besteht für Wellek das ‚Leben' des literarischen Werks.

Hervorzuheben ist in diesem Zusammenhang, dass die Wandlungsfähigkeit des Werks seinem normativen Charakter dezidiert keinen Abbruch tun soll:

[T]his dynamic conception does not mean mere subjectivism and relativism. All the different points of view are by no means equally right. It will always be possible to determine which point of view grasps the subject most thoroughly and deeply. A hierarchy of viewpoints, a criticism of the grasp of norms is implied in the concept of the adequacy of interpretation.[30]

Nach Wellek kann sich ein Werk verändern, wie sich auch eine Sprache mit der Zeit wandeln kann. Hierbei ist jedoch nicht entscheidend, dass das Werk sprachlich verfasst ist: Es verändert sich nicht einfach *mit* der Sprache. Wichtig ist vielmehr, dass es seiner Seinsweise nach genau *wie* eine Sprache von einem Kollektiv getragen wird – was aber nicht impliziert, dass es zu einem bestimmten Zeitpunkt innerhalb des Kollektivs unklar wäre, welche Normen gerade gelten.

Sowohl bei Ingarden als auch bei Wellek stellt die Lebensmetapher letztlich den Versuch dar, eine diachrone Perspektive auf das ontologisch konzipierte Werk zu eröffnen, wobei sich die Metapher auf die faktische Rezeption bzw. auf die Wirkungsgeschichte des Textes bezieht.[31] Dazu

---

28 Er spricht von „workings" sowie „operations and relations" (ebd., S. 746, 747).
29 Ebd., S. 753.
30 Ebd.
31 Den Ausdruck ‚Wirkungsgeschichte' verwende ich hier und im Folgenden in einem eher intuitiven, alltagssprachlichen Sinne. Es handelt sich also nicht um einen terminus technicus im Sinne Gadamers.

gehört bei beiden als Minimalbedingung, dass das Werk immer weiter tradiert werden muss. Es wird gewissermaßen im sozialen Gedächtnis am Leben gehalten, indem die Reihe der Konkretisationen nicht abbricht. Der konkrete Lebenslauf des einzelnen Werks bildet sich dann in den immer neuen Konkretisationen aus, die gegen vorhergehende Konkretisationen keineswegs indifferent sind.[32] Einen etwas anderen Stellenwert als bei Ingarden gewinnt aber die Metapher bei Wellek, sofern er durch die Analogie zur strukturalistischen Linguistik stärker auf die Partialität einer jeden Konkretisation abhebt und zudem von einer sich akkumulierenden Gesamtbedeutung ausgeht. Dazu heißt es in der gemeinsam mit Austin Warren verfassten *Theory of Literature*:

> The total meaning of a work of art cannot be defined merely in terms of its meaning for the author and his contemporaries. It is rather the result of a process of accretion, i.e., the history of its criticism by its many readers in many ages. It seems unnecessary and actually impossible to declare, as the historical reconstructionists do, that this whole process is irrelevant and that we must return only to its beginning.[33]

Was Wellek hier beschreibt,[34] ist nicht lediglich eine Veränderung des Werks infolge der faktischen Rezeption, sondern vielmehr ein Bedeutungszuwachs durch die Rezeption. Die Metapher vom ‚Leben' des Werks ist so mit einer bestimmten Konzeption von einer akkumulationsfähigen Textbedeutung und von der Normativität der Interpretation verknüpft.

In der Folge sollte Welleks Aufsatz *The Mode of Existence of a Literary Work of Art* äußerst einflussreich werden. Sieben Jahre nach der Erstpublikation wurde er in nahezu unveränderter Form in *Theory of Literature* integriert. Dort übernimmt er die Funktion einer theoretischen Grundlegung von Welleks und Warrens ‚werkimmanenter' Interpretationsweise (*intrinsic approach*). Zu den vielen Reaktionen auf dieses Buch gehört der 1960 erschienene Aufsatz *Objective Interpretation* von Eric Donald Hirsch. Er bezieht hier die von Wellek diskutierte Veränderlichkeit des Werks strikt auf das Ziel einer Interpretation und sieht darin widersinnige Konsequenzen. Mit Verweis auf *Theory of Literature* hält er Wellek entgegen:

---

32 Vgl. Wellek: Mode, S. 752: „Our consciousness of earlier concretizations (readings, criticisms, misinterpretations) will affect our own experience: earlier readings may educate us to a deeper understanding or may cause a violent reaction against the prevalent interpretations of the past."

33 Wellek/Warren: Theory, S. 34. Vgl. auch schon Wellek: Literary History, S. 105: „The work of art is an objective construct whose full meaning can be exhausted only by generations of readers."

34 Das betreffende Kap. stammt hauptsächlich von Wellek; vgl. die Hinweise im Vorwort, S. VI.

The „life" theory really masks the idea that the reader construes his own, new meaning instead of that represented by the text. [...] But is it proper to make textual meaning dependent upon the reader's own cultural givens? [...] As soon as the reader's outlook is permitted to determine what a text means, we have not simply a changing meaning but quite possibly as many meanings as readers.[35]

Die Vorstellung von einem ‚Leben' des Werks führt Hirsch zufolge deshalb in die Irre, weil sie eine Pluralisierung der Bedeutung und somit auch der Ziele des Interpreten mit sich führt. Dies ist für Hirsch aber insofern problematisch, als damit die Grenze zwischen adäquaten und inadäquaten Lesarten verwischt wird: „If textual meaning itself could change, contemporary readers would lack a basis for agreement or disagreement".[36] Gäbe es keine Instanz, die die Textbedeutung ein für alle Mal determiniert, so gäbe es nach Hirsch kein *gemeinsames* Ziel der Interpretation mehr, keine normativ verbindliche Grundlage, auf der sich entscheiden ließe, ob zwischen zwei konkurrierenden Lesarten die eine als plausibler, aussagekräftiger etc. gelten kann. Diese bedeutungsbestimmende Instanz ist bei Hirsch bekanntlich der Autor. Seine Leitunterscheidung zwischen *meaning* und *significance* führt er also in direkter Auseinandersetzung mit Wellek und der Vorstellung von einem ‚Leben' des Werks ein: Die vom Autor intendierte Bedeutung des Textes (*meaning*) unterscheidet er strikt von dessen Bedeutsamkeit (*significance*), d. h. von der Applikation der Bedeutung auf immer neue Umstände.

Grenzt sich also Hirsch explizit von Wellek ab, so hat Hans Robert Jauß in seinem vieldiskutierten Aufsatz *Literaturgeschichte als Provokation der Literaturwissenschaft* hingegen affirmativ an Wellek angeknüpft.[37] Ähnlich wie Wellek geht Jauß von einem engen Zusammenhang zwischen Bedeutung und faktischer Rezeption aus, wobei auch er explizit von einem ‚Leben' des literarischen Werks spricht.[38] Die zentrale Bezugstheorie bei Jauß ist aber nicht die Ontologie eines Ingarden oder Wellek, sondern vielmehr die philosophische Hermeneutik Hans-Georg Gadamers.[39]

In seinem Hauptwerk *Wahrheit und Methode* hatte Gadamer unter anderem zu zeigen versucht, dass die Applikation ein grundlegendes Moment in jedem Akt des Verstehens ist und dass die Hermeneutik dementspre-

---

35 Hirsch: Objective Interpretation, S. 213.
36 Vgl. ebd., S. 214. Zur Frage nach der Veränderlichkeit der Textbedeutung siehe auch die klugen Beobachtungen von Juhl: Meaning.
37 Vgl. etwa Jauß: Literaturgeschichte, S. 146, Anm. 2. Es handelt sich bei diesem Aufsatz bekanntlich um eine revidierte Fassung seiner 1967 gehaltenen Konstanzer Antrittsvorlesung.
38 Vgl. ebd., S. 163 (hier mit Verweis auf Karel Kosík) sowie S. 169.
39 Siehe dazu etwa Grondin: Einführung, Kap. VI.

chend von der Applikation her gedacht werden muss. Mit Verweis auf die pietistische Hermeneutik des 18. Jahrhunderts (Johann Jakob Rambach) unterscheidet er bekanntlich zwischen drei Momenten des Verstehensvorgangs: *subtilitas intelligendi, subtilitas explicandi* und *subtilitas applicandi*, gefasst (zu Recht oder Unrecht) als Verstehen, Auslegen und Applikation.[40] In zwei Schritten führt Gadamer sodann die drei *subtilitates* auf die Applikation zurück. Im ersten Schritt lässt er das Verstehen und Auslegen zusammenfallen: „Auslegung ist nicht ein zum Verstehen nachträglich und gelegentlich hinzukommender Akt, sondern Verstehen ist immer Auslegung, und Auslegung ist daher die explizite Form des Verstehens".[41] Anders ausgedrückt: „Die Vollzugsweise des Verstehens ist die Auslegung".[42] In einem zweiten Schritt lässt Gadamer weiter das Verstehen und Auslegen auf der einen Seite mit der Applikation auf der anderen zusammenfallen. Entscheidend ist hierbei die Standortgebundenheit des Interpreten, die Gadamer zufolge nicht wegzudenken, geschweige denn aufzuheben ist.[43] Anders als in den Naturwissenschaften sei in den historischen Geisteswissenschaften ein „unmittelbares Zugehen" auf den Untersuchungsgegenstand ausgeschlossen;[44] vielmehr konstituiere sich dieser Gegenstand erst durch das Erkenntnisinteresse des Forschenden,[45] dessen Zugriff auf den Gegenstand so vom Gegenstand selbst nicht mehr abzulösen sei. In diesem Sinne betont Gadamer im Vorwort zur zweiten Auflage von *Wahrheit und Methode*, dass das Verstehen „zum Sein dessen gehört, was verstanden wird".[46] Im Anschluss an Martin Heidegger geht er davon aus, dass jeder Akt des Verstehens von einem historisch bedingten Vorverständnis geleitet ist, das unter keinen Umständen eliminiert werden kann. In diesem Sinne ist das bekannte Diktum zu verstehen, „daß man *anders* versteht, *wenn man überhaupt versteht*".[47] Damit soll freilich nicht einer subjektiven Projektions-

---

40 Vgl. Gadamer: Wahrheit, Bd. 1, S. 312. Vgl. dazu auch die Hinweise von Danneberg: Situationen, insbes. S. 203–207.
41 Gadamer: Wahrheit, Bd. 1, S. 312; vgl. auch S. 188, 403.
42 Ebd., S. 392; Zit. im Orig. kursiv.
43 Vgl. ebd., S. 304 f.: „Die Naivität des sogenannten Historismus besteht darin, daß er […] im Vertrauen auf die Methodik seines Verfahrens seine eigene Geschichtlichkeit vergißt. […] Ein wirklich historisches Denken muß die eigene Geschichtlichkeit mitdenken."
44 Ebd., S. 332.
45 Vgl. ebd., S. 289: „Bei den Geisteswissenschaften ist […] das Forschungsinteresse, das sich der Überlieferung zuwendet, durch die jeweilige Gegenwart und ihre Interessen in besonderer Weise motiviert. Erst durch die Motivation der Fragestellung konstituiert sich überhaupt Thema und Gegenstand der Forschung."
46 Gadamer: Vorwort, S. 441.
47 Gadamer: Wahrheit, Bd. 1, S. 302.

willkür Tür und Tor geöffnet sein.⁴⁸ Vielmehr geht es Gadamer um einen strukturellen Anteil der Applikation an jedem Akt des Verstehens: „Einen Text verstehen, heißt immer schon, ihn auf uns selbst anwenden."⁴⁹

Indem der Untersuchungsgegenstand in den historischen Geisteswissenschaften nicht unmittelbar gegeben und das Verstehen stets von einem historisch bedingten Vorverständnis geleitet sei, gewinnt nun die Wirkungsgeschichte bei Gadamer einen besonderen Stellenwert: Das Verstehen sei „niemals ein subjektives Verhalten zu einem gegebenen ‚Gegenstande'", sondern zu dessen „Wirkungsgeschichte".⁵⁰ Gemeint ist damit, dass der Interpret nie völlig unvoreingenommen einem historischen Sachverhalt gegenübertreten kann. In der Auseinandersetzung mit dem Überlieferten ist vielmehr nach Gadamer das Vorverständnis des Interpreten von vornherein von der Wirkungsgeschichte geprägt, womit sie eine hermeneutisch produktive Dimension gewinnt.⁵¹ Wie die Applikation wird so für Gadamer die Wirkungsgeschichte zu einem „allgemeine[n] Strukturmoment des Verstehens",⁵² was wiederum zur Konsequenz hat, dass die „Ausschöpfung des wahren Sinnes [...], der in einem Text oder in einer künstlerischen Schöpfung gelegen ist", zu einem „unendliche[n] Prozeß" wird.⁵³

Diese Idee macht sich auch Jauß zu eigen, stellt sie aber gewissermaßen auf den Kopf. Auch er geht von einer „produktive[n] Funktion des fortschreitenden Verstehens" aus,⁵⁴ doch anders als bei Gadamer (oder Wellek) wird die Gesamtbedeutung bei Jauß nicht in einem unendlichen Annäherungsprozess gewonnen, sondern vielmehr in einem unendlichen Entfaltungsprozess.⁵⁵ Explizit spricht er von einer „sukzessive[n] Entfaltung eines im Werk angelegten, in seinen historischen Rezeptionsstufen aktualisierten Sinnpotentials [...]".⁵⁶ Wie Andreas Kablitz konzise gezeigt hat, lässt sich diese Sichtweise auf zwei Grundannahmen zurückführen: Zum einen legt Jauß zugrunde, dass ein literarisches Werk einer unendlichen

---

48 Vgl. ebd., S. 338; ferner S. 273 f.
49 Ebd., S. 401. Das Lesen bzw. Verstehen ist für Gadamer im Kern immer eine Applikation; vgl. ebd., S. 301, 329, 345, 346; ferner Gadamer: Vorwort, S. 442.
50 Gadamer: Vorwort, S. 441.
51 Vgl. Gadamer: Wahrheit, Bd. 1, insbes. S. 287, 298, 301 f., 305 f.
52 Gadamer: Vorwort, S. 443. Einige Zeilen darauf heißt es: „Die These meines Buches ist nun, daß das wirkungsgeschichtliche Moment in allem Verstehen von Überlieferung wirksam ist und wirksam bleibt, auch wo die Methodik der modernen historischen Wissenschaften Platz gegriffen hat und das geschichtlich Gewordene, geschichtlich Überlieferte zum ‚Objekt' macht [...]."
53 Gadamer: Wahrheit, Bd. 1, S. 303.
54 Jauß: Literaturgeschichte, S. 189.
55 Vgl. hierzu Kablitz: Kunst, S. 97–106.
56 Jauß: Literaturgeschichte, S. 186.

Auslegung fähig ist, womit es zum anderen gerade die Geschichte braucht, „um ein entgrenztes Sinnpotential [...] zur Wirkung kommen zu lassen".[57] In diesem Sinne erscheint bei Jauß die Wirkungsgeschichte gleichsam als „Existenzform des literarischen Werkes selbst".[58]

2. Die Koextensivität von Text und Werk

Die bisherige Rekonstruktion der Metapher vom ‚Leben' des Werks und ihrer Karriere in der Literaturtheorie des 20. Jahrhunderts ging nicht zufällig von Ingarden aus. Er schöpft in *Das literarische Kunstwerk* aus seiner Beschäftigung mit dem Lebensbegriff im Rahmen seiner Dissertation (er war 1918 bei Husserl mit einer Arbeit zu Bergson promoviert worden) und entwickelt in dieser Hinsicht eine eigenständige, wenn auch – wie gesehen – nicht ganz unproblematische Position. Das heute gängige Bild von Ingarden als Literaturtheoretiker ist im Wesentlichen von zwei Rezeptionssträngen geprägt: einmal von einem ‚werkimmanenten' und einmal von einem ‚rezeptionsästhetischen' Rezeptionsstrang, für die jeweils Wellek und Iser als die prominentesten Vertreter gelten können. Von der systematischen Anlage her lassen sich aber tatsächlich markante Ähnlichkeiten zwischen den Ansätzen von Ingarden und Hirsch erkennen.[59] Diese Ähnlichkeiten sind wohl kaum auf einen direkten Einfluss zurückzuführen. In Hirschs interpretationstheoretischen Schriften wird Ingarden nämlich nur an einer einzigen Stelle explizit erwähnt – und hier heißt es lakonisch: „It is difficult to remember whether Ingarden's book of 1931 was called *Das literarische Kunstwerk* and Kayser's of 1948 *Das sprachliche Kunstwerk*, or vice versa".[60] Ingarden und Hirsch greifen aber beide auf Husserl zurück: auf dessen Intentionalitätsbegriff sowie auf eine dezidiert phänomenologische Bedeutungstheorie.[61] Außerdem spalten beide das Werk bzw. die Textbe-

---

57 Kablitz: Kunst, S. 103.
58 Ebd. Auf die oft bemerkten interpretationstheoretischen Probleme, die die Ansätze von Gadamer und Jauß mit sich bringen, sei hier nur nebenbei hingewiesen. Wie Rainer Warning in griffiger Weise bemerkt: Sowohl bei Gadamer als auch bei Jauß löst sich letztlich die Normativität des Interpretierens in Geschichtlichkeit auf; vgl. Warning: Rezeptionsästhetik, S. 65.
59 Dies ist in der Forschung weitgehend unbeachtet geblieben. Vgl. aber Ray: Meaning, S. 90: „[H]e [Hirsch] reiterates Ingarden's tactic by splitting meaning into two consecutive phases and distinct types of knowledge". Vgl. außerdem den knappen Hinweis von Knauth: Invarianz, S. 33.
60 Hirsch: Aims, S. 129.
61 Sie rekurrieren allerdings nicht auf dieselbe Bedeutungstheorie. Hirsch bezieht sich vor allem auf den frühen Husserl bzw. auf die Bedeutungstheorie in den *Logischen Untersu*-

deutung in einen stabilen und einen variablen Teil auf, wenn auch mit dem wesentlichen Unterschied, dass bei Ingarden das Werk ein schematisches Gebilde und somit unterbestimmt ist, während Hirsch großen Wert darauf legt, dass die Textbedeutung determiniert und eben deshalb reproduzierbar ist. In einem nicht allzu streng zu nehmenden Sinne könnte man aber sagen, dass das Werk bei Ingarden als Textbedeutung bei Hirsch wiederkehrt. Diese Verschiebung ist an und für sich schon bemerkenswert, lenkt aber zudem die Aufmerksamkeit auf eine Engführung von Werk- und Bedeutungsbegriff, die für viele Bestimmungen des Werkbegriffs charakteristisch ist.[62] Was Ingarden betrifft, so ergibt sich diese Engführung direkt aus seinem Schichtenmodell. Wie oben bereits erwähnt, setzt sich das literarische Werk nach Ingarden aus vier heterogenen Schichten zusammen. Die erste Schicht ist hierbei gewissermaßen der Text, wenn auch nur in seiner invarianten Zeichenhaftigkeit, nicht aber in seiner jeweiligen, schlechthin individuellen Materialität. Die zweite Schicht bildet die Bedeutung, die der ersten Schicht „oktroyiert" wird.[63] Nach Ingarden wird also dem Text Bedeutung zugewiesen, entweder vom Autor selbst oder auch von einem Leser, aber stets von einem tätigen Subjekt. Die dritte und vierte Schicht konstituieren zusammen die dargestellte Welt und sind ihrerseits in der zweiten fundiert, mithin eine Funktion der Bedeutung. Dieses Primat der Bedeutung in Ingardens Schichtenmodell lässt somit das konkretisierte Werk in seiner Ganzheit als den *so und nicht anders verstandenen* Text erscheinen.[64] Verstehensfragen sind mit anderen Worten seinem Werkbegriff inhärent.

Hinsichtlich einer genuin literaturwissenschaftlichen Bestimmung der Funktion oder Leistungsfähigkeit der Werkkategorie sind diese Befunde durchaus bedenkenswert. Denn damit gerät auf struktureller Ebene eine Relation zwischen Text, Werk und Bedeutung in den Blick, die ein merkmalsbestimmter Werkbegriff gerade verdeckt. Wie etwa die analoge Konzeptualisierung von Werk/Konkretisation bei Ingarden und Bedeutung/Bedeutsamkeit bei Hirsch zeigt, sind einer rein begriffsgeschichtlichen Vorgehensweise gewisse Schranken gesetzt – Schranken, die durch den hier gewählten theoriegeschichtlichen und metaphorologischen Zugriff

---

chungen, während Ingarden seinerseits gegen den frühen Husserl argumentiert und sich stattdessen auf das Spätwerk *Formale und Transzendentale Logik* bezieht.
62 Soweit ich es überblicke, ist dies bislang nur selten problematisiert worden ist. Vgl. allerdings Reicher: Metaphysik, S. 230–235, insbes. S. 234 f.
63 Ingarden: Kunstwerk (1931), S. 34; im Orig. in Anführungszeichen.
64 Klaus Weimar weist darauf hin, dass der Ausdruck ‚Text' systematisch mehrdeutig ist, wobei er zwischen dem gesehenen, dem gelesenen und dem verstandenen Text unterscheidet; vgl. Weimar: Text, insbes. S. 110 f.

nicht behoben, aber zumindest sichtbar gemacht werden sollten. In diesem Sinne möchte ich mich im Folgenden einerseits von der Terminologie bei Ingarden, Wellek, Hirsch und Jauß, andererseits aber auch von dem Werkbegriff als solchem etwas lösen, um eher die interpretationstheoretisch prekäre Relation zwischen drei Begriffen einer Revision zu unterziehen, nämlich dem Text-, Werk- und Bedeutungsbegriff.

Damit distanziere ich mich zugleich von zwei Tendenzen der Forschung. Zum einen ist das literarische Werk bzw. Kunstwerk immer wieder zum Gegenstand ontologischer Untersuchungen gemacht worden – wohl nicht zuletzt deshalb, weil es sich als Einheit in der Mannigfaltigkeit seiner einzelnen Manifestationen nicht ohne weiteres mit den gängigen ontologischen Kategorien verrechnen lässt.[65] Aus Sicht einer philologischen Hermeneutik fragt sich jedoch, ob es nicht besser wäre, den ontologischen Status des Werks, seine Einheitsbedingungen etc. zunächst außen vor zu lassen. Denn damit werden im Grunde genommen Probleme angesprochen, die mit Blick auf die Interpretation nicht vordringlich sind.[66] Sinnvoller scheint es hingegen, Text und Werk als koextensiv und zunächst nur als zwei Bezeichnungen für den Gegenstand der Interpretation (das Interpretandum) zu betrachten. Diese Sichtweise vermag dem Umstand gerecht zu werden, dass wir als Literaturwissenschaftler doch *Werke* interpretieren und dabei immer noch *Textinterpretation* betreiben.

Zum anderen lässt sich beobachten, dass man in der Literaturtheorie nicht selten Text und Werk als konkurrierende Begriffe betrachtet, wobei der Werkbegriff oftmals eine Verstehensleistung oder (was auf dasselbe hinausläuft) eine Kontextualisierungsarbeit voraussetzt. Ein bekanntes Beispiel hierfür ist der oben bereits erwähnte wirkungstheoretische Ansatz Wolfgang Isers, der durch die *cognitive poetics* wieder an Aktualität gewonnen hat. Explizit bezeichnet Iser das literarische Werk als „das Konstituiertsein des Textes im Bewußtsein des Lesers",[67] womit sich also Text und Werk

---

65 Vgl. den Beitrag von Amie Thomasson in diesem Band. Zur Genese und gegenwärtigen Lage der Debatte um den Werkbegriff und die Ontologie von Kunst, wie sie vor allem im englischsprachigen Raum geführt worden ist, siehe auch Livingston: History.

66 Vgl. die Einschätzung von Patzig: Status, S. 114: „Die Frage nach dem ontologischen Status von Kunstwerken ist für denjenigen, der mit Kunstwerken aus beruflichem Interesse oder nur aus Neigung umgeht, vermutlich nicht fundamental oder dringend." Vgl. in diesem Sinne auch Tilghman: Ontology, S. 298: „Philosophical discussions of what constitutes the ‚real' work of art have been in large part motivated by the desire to determine what is relevant to the understanding and appreciation of works of art. This question of criticism and appreciation, however, can be approached in any particular case without raising the ontological question of constitution at all […]."

67 Iser: Akt, S. 39.

zueinander verhalten wie Werk und Konkretisation bei Ingarden. Dies ist im Übrigen auch in der historisch informierten, unter anderem an Lukács, Ingarden und Iser anknüpfenden Gegenüberstellung von Text und Werk bei András Sandor der Fall.[68] Gegenwärtig finden sich im Anschluss an Iser Versuche, die phänomenologisch fundierte Rezeptionsästhetik der 1970er Jahre als kognitive Rezeptionsforschung neu zu formulieren.[69] Ähnlich wie bei Iser wird hier der Text gefasst als das „*Ergebnis* der Interaktion zwischen den physischen Signalen (in den meisten Fällen wohl gedruckte Schriftzeichen auf Buchseiten) des materiellen Textsubstrats einerseits und den mentalen Operationen des Lesers bei der Verarbeitung dieser Signale andererseits".[70] Der Gegenstand, um den es gehen soll, ist mit anderen Worten der bereits verstandene Text. Ein weiteres Beispiel für einen Werkbegriff, dem bereits ein bestimmtes Verständnis eingeschrieben ist, liefert die Unterscheidung zwischen Text und Werk, wie sie im Rahmen der analytischen Ästhetik getroffen worden ist. Im Gegensatz zum Text als einer bloßen (nicht-kontextualisierten) Zeichenfolge wird hier das Werk dem Autor zugeordnet, d. h. in seinen Entstehungskontext eingebettet.[71] Der Text (und nicht etwa das Buch) erscheint so als Repräsentation,[72] als

---

68 Vgl. Sandor: Text, S. 500–506.
69 Vgl. Schneider: Interpretationsschemata, S. 252 f.: „Mit Hilfe von Erkenntnissen der Textverstehensforschung lassen sich heute genauere Aussagen darüber machen, wie die Interaktionen zwischen Text und Leser sich im Einzelnen vollziehen. Im Rahmen der Weiterentwicklung der Kognitionspsychologie und der kognitiven Linguistik hat diese Forschungsrichtung in den 1970er Jahren immer feiner operationalisierbare und durch zahlreiche theoretische und empirische Arbeiten gut begründete Modelle derjenigen mentalen Prozesse vorgelegt, die für das Textverstehen konstitutiv sind. Diese Modelle lassen es zu, die Parameter des Textverstehens zu benennen, so dass man spezifische Hypothesen darüber generieren kann, unter welchen Umständen Leser bestimmte Rezeptionshandlungen vollziehen. Da die Annahmen der phänomenologischen Rezeptionsästhetik durch diese Forschungen nicht revidiert, sondern präzisiert wurden, ist eine Neuformulierung der Rezeptionsästhetik als ‚kognitive Rezeptionstheorie' möglich geworden."
70 Ebd., S. 253.
71 Mit aller wünschenswerten Deutlichkeit schreibt Wilsmore: Work, S. 307: „The work of literature is not its text; a musical work is not its score. The text of a literary work, the score of a musical work, are not sufficient to identify them as those individual works of art". Vgl. aus der neueren Forschung vor allem Currie: Work. Dazu Spoerhase: Werk, S. 309, Anm. 134: „In der angloamerikanischen Interpretationsdebatte wird der Werkbegriff […] herangezogen, um das Kunstwerk in seine ursprünglichen pragmatischen Kontexte einzubetten. Hier dient der Werkbegriff gerade der Konstruktion einer Interpretationstheorie, die anachronistische Zuschreibungen systematisch vermeidet […]."
72 Vgl. etwa Martínez: Autorschaft, S. 473: „In der Tat erscheint es sinnvoll, analog zum Verhältnis zwischen einem materiellen Gegenstand und dem durch ihn repräsentierten

Träger und Vehikel des betreffenden Werks.[73] Auch wenn eine Korrelation von Autor und Werk sicherlich nicht unplausibel ist, bringt jedoch eine Abgrenzung von Text- und Werkbegriff, die auf Kontextbildung beruht, gewisse interpretationstheoretische Probleme mit sich.

Fasst man das Interpretieren eines Textes als die Zuweisung von Bedeutung an den Text, indem man ihn in einen Kontext stellt und vor diesem Hintergrund versteht,[74] dann ist man nicht zuletzt mit der Frage konfrontiert, was jeweils unter Text und Kontext zu verstehen ist und *welche* Kontexte man bei der Interpretation als relevant gelten lässt. Diesem Interpretationsbegriff liegen drei Annahmen zugrunde: Erstens wird ein enger Zusammenhang zwischen dem Interpretieren und dem Verstehen des Textes angenommen. Ist das Verstehen, ganz allgemein gesprochen, als ein Erkennen von Zusammenhängen zu beschreiben,[75] so ist das Interpretieren ein Herstellen der Zusammenhänge. Auf einer ganz elementaren Ebene ist also das Ziel des Interpretierens ein tieferes und besseres Verständnis. Zweitens wird angenommen, dass die Bedeutung nicht etwa in den sprachlichen Zeichen selbst enthalten ist, sondern dass sie stets dem Text zugewiesen wird, womit der Text also immer nur für jemanden Bedeutung haben kann. Hier ist mit anderen Worten jeder Leser ganz auf sich gestellt.[76] Ob seine Bedeutungszuweisung als *legitim* gelten kann, hängt dabei letztlich von verschiedenen Konventionen und Normen ab. Drittens und damit zusammenhängend wird angenommen, dass der Text selbst in keiner Weise vorzugeben vermag, welche Kontexte einschlägig bzw. normativ ausgezeichnet sind.[77] Wenn man beispielsweise als Interpret darum bemüht ist, dasjenige zu verstehen, was der Autor zu verstehen geben wollte, dann ist dies ein regulatives Ziel, das man sich – mehr oder weniger bewusst – aus bestimmten Gründen selber setzt.

Wie oben bereits angedeutet, spricht einiges dafür, den Text schlicht als den (vorgefundenen) Gegenstand zu betrachten, dem man Bedeutung

---

Werk in der Bildenden Kunst auch in der Literatur zwischen Werk und Text (als linguistischer Repräsentation des Werkes) zu unterscheiden [...]."

73 Vgl. Livingston: History, insbes. Kap. 2.2.
74 Vgl. hierzu Danneberg: Autorkonstrukt, insbes. S. 101.
75 Vgl. Mink: History, S. 553: „[C]omprehension is an individual act of seeing-things-together, and only that." Vgl. ferner Scholz: Verstehen.
76 Zugrunde gelegt wird hier also ein inferenzbasiertes Kommunikationsmodell: Der Autor kann höchstens durch bestimmte Verfahren bestimmte Schlussfolgerungen nahelegen; die Schlüsse muss aber der Leser selbst ziehen.
77 Vgl. Danneberg: Autorkonstrukt, S. 101: „Es gibt keinen in irgendeinem spezifischen Sinne natürlichen Kontext für einen zu interpretierenden Text [...]; ein Text läßt sich grundsätzlich mit allem verbinden, was dem Interpreten einfallen mag."

zuweist.⁷⁸ Damit obliegt es grundsätzlich dem Interpreten, diesen Gegenstand hinreichend zu spezifizieren. So können sehr wohl zwischen zwei Fassungen oder auch zwei Ausgaben hermeneutisch relevante Unterschiede bestehen. Für die Wahl der Textgrundlage muss dann gegebenenfalls argumentiert werden, ohne dass die Identifikation des Untersuchungsgegenstandes deshalb ein begriffliches oder gar theoretisches Problem darstellen würde. Ganz in diesem Sinne ist z. B. auch noch nichts über die Materialität des Untersuchungsgegenstandes ausgesagt. Ein Wissen um oder ein Blick für bestimmte non- und paraverbale materiell-mediale Objekteigenschaften kann sich natürlich bei der Bedeutungszuweisung als wichtig erweisen,⁷⁹ muss es aber nicht. Letztlich wäre das eine Frage der Kontextbildung, insofern der Ausdruck ‚Kontext' nichts anderes besagt als die Menge der Bezüge, die für das Verstehen des Textes (des ganzen Textes oder auch einer bestimmten Textstelle) als relevant gelten sollen.⁸⁰ Der springende Punkt: Wer beim Lesen eines Textes meint, etwas zu verstehen, versteht mit Sicherheit irgendetwas.⁸¹ Über das normative Geschäft einer Rechtfertigung der betreffenden Lesart ist aber damit noch nichts ausgesagt – und von hier aus lässt sich die Brücke zurück zum Text- und Werkbegriff schlagen: Wenn man das Werk als den bereits verstandenen (oder auch missverstandenen) Text konzipiert, dann stellt sich die Frage, was der Interpretationsbegriff noch besagen soll. Eingeschränkt gilt dies auch für den Fall, dass das Werk *im Gegensatz* zum Text über eine bestimmte Art der Kontextbildung definiert wird, denn damit droht eine bestimmte Form des Umgangs mit dem Text schon auf begrifflicher Ebene entproblematisiert zu werden. Mit einem möglichst voraussetzungsarmen, methodologischen Textbegriff (Text als Interpretandum) hingegen entgeht man vor allem der Gefahr, bestimmte Kontexte in den Textbegriff von vornherein zu integrieren und so die Grenze zwischen Text und Kontext, zwischen Interpretandum und Interpretament zu verwischen.⁸² Vielmehr erlaubt

---

78 Vgl. wieder einmal Danneberg: Autorkonstrukt, S. 101.
79 Von non- und paraverbalen materiell-medialen Objekteigenschaften sprechen Rockenberger/Röcken: Text, S. 25 u. ö. Vgl. insbes. S. 41: „Bei nonverbalen Merkmalen haben wir es mit den Zeichen der Materialität zu tun, bei den paraverbalen hingegen mit der Materialität der Zeichen als Zeichen."
80 Zu diesem Kontextbegriff, der als Pendant zum Textbegriff fungiert, vgl. Danneberg: Kontext, insbes. S. 333 f. Es geht hier vor allem um eine klare Unterscheidung zwischen Text (Untersuchungsgegenstand) und Kontext. Offengelassen ist so z. B. auch, ob ein Text so wie ein mündlicher Vortrag „seiner topologischen Verfaßtheit nach strikt linear organisiert" ist (Reuß: Text, S. 7).
81 So im Übrigen auch Hirsch: Validity, S. 133: „Everybody who thinks he understands an utterance certainly does understand some meaning or other."
82 Es wäre also zu bestreiten, dass man nicht trennscharf zwischen texteigenen/werkeigenen und dem Text/Werk zugeschriebenen Eigenschaften unterscheiden könnte. Vgl.

dieser Textbegriff, interpretationsrelevante Vorannahmen über den betreffenden Text zu isolieren, um so das Hauptaugenmerk auf die Text-Kontext-Verknüpfung und das dafür erforderliche Sprach- und Weltwissen zu richten.

Wenn man Text und Werk im hier vorgeschlagenen Sinne als koextensiv betrachtet, dann könnte man zu dem Schluss kommen, dass einer der beiden Begriffe überflüssig ist bzw. dass der Werkbegriff zu verabschieden wäre. Für eine Verabschiedung des Werkbegriffs hat unter anderem Anders Petterson plädiert.[83] Diese teil ontologisch, teil sprachanalytisch ausgerichtete Position übersieht allerdings eine fundamentale Asymmetrie zwischen Text und Werk: Zwar dürfte jedes literarische Werk ein Text sein, doch nicht jeder Text, den man als literarisch klassifiziert, scheint in gleicher Weise ein Werk zu sein. Was dabei den Werk- vom Textbegriff unterscheidet, ist die Werthaltigkeit des Werkbegriffs: Der Text wird aufgewertet, indem bestimmte, historisch gewachsene Vorstellungen von ästhetischer Qualität aktiviert werden.[84] Mit dem einzelnen Werk verbinden sich allgemeine Vorstellungen von Kunst. Im Hinblick auf das Gesamtwerk eines Autors (œuvre) lässt sich sagen, dass es als solches nicht unmittelbar gegeben ist, sondern vielmehr erst dort entsteht, wo ein Bezug zum Autor hergestellt wird: Erst durch den gemeinsamen Bezug zum Autor wird eine Menge von Texten zu einem abgegrenzten Korpus, das insofern homogenisiert wird, als nun die einzelnen, womöglich recht unterschiedlichen Texte füreinander eine wechselseitige Explikationsbasis bieten.[85] Analog dazu könnte man sagen, dass das einzelne Werk (opus) ebenso wenig unmittelbar gegeben, sondern in dem Sinne eine vermittelte Kategorie ist, dass es als Ergebnis von Wertzuschreibungen, also im Laufe seiner

---

hierzu Lamarque: Objects, S. 96: „[B]ecause works and their appropriate mode of interpretation are constituted by convention-bound practices, it follows that no clear line can be drawn between properties ‚in' a work and those ‚imputed to' it through interpretive procedures endorsed by the practice."

83 Vgl. Petterson: Ontology, S. 46: „[W]hen it comes to theorizing about literature, the internal contradictions in the concept of a literary work really do tend to fog the issue. It becomes a relief to drop the ‚work'-concept and take to a more precise and rational terminology". Dies wird ausführlich dargelegt in Petterson: Verkbegreppet. Für eine Verabschiedung des Werkbegriffs plädiert auch Rudner: Status.

84 So spricht etwa Wolfgang Thierse von einem „Wertungsbegriff, der im Verlauf der Geschichte ästhetischen Denkens philosophisch-ästhetisch ‚aufgeladen', im 18./19. Jahrhundert zur hegemonialen Kategorie der Kunstauffassung, zum ‚emphatischen' Werkbegriff wird und normative Geltung erhält" (Thierse: Ganze, S. 382). Vgl. auch die Einschätzung von Kölbel: Werk, S. 27: „In seiner Geschichte ist der Werkbegriff zumeist als Wertbegriff gefaßt worden."

85 Vgl. hierzu Spoerhase: Werk, S. 296–300, insbes. S. 299 f.

Wirkungsgeschichte entsteht.[86] Damit wäre man wieder bei der faktischen Rezeption – oder wenn man die Metapher wieder bemühen will: beim ‚Leben' des literarischen Werks, was hier aber vor allem besagen soll, dass die Wirkung des Textes das Werk hervorbringt.[87] Der Text wird zum Werk, indem man ihn wie ein Werk behandelt.[88]

Ob die Wirkungsgeschichte des Textes auf interpretations*theoretischer* Ebene in der Bedeutungskonzeption des Interpreten Niederschlag findet, kann dabei unterschiedlich ausfallen. Das belegen die oben besprochenen Ansätze von Ingarden, Wellek, Hirsch und Jauß. In produktiver Auseinandersetzung mit Ingarden konzipiert Wellek das Werk als ein wandlungsfähiges Gebilde, dessen Gesamtbedeutung durch die faktische Rezeption stetig zunimmt; und auch bei Jauß gewinnt die faktische Rezeption eine hermeneutisch produktive Dimension, sofern das Werk sich in einem unendlichen Entfaltungsprozess befindet. Dagegen hat man nach Hirsch von der wechselnden Bedeutsamkeit des Textes (*significance*) zu abstrahieren und

---

86 Wolfgang Thierse spricht in diesem Sinne vom Werk als einer „hochvermittelte[n] Kategorie" (Thierse: Ganze, S. 380), wobei die „Texte erst in der Aneignung, in der normgebundenen Interpretation und Wertung zu Werken werden" (Thierse: Thesen, S. 449). Die Wertzuschreibungen, um die es hier geht, sind nicht notwendigerweise explizit gefällte Urteile über den Text; vielmehr handelt es sich um Werte, die sich in Handlungen ausdrücken, vor allen in Form von Selektionen (vgl. hierzu Winko: Textbewertung, S. 238). Man denke hier etwa an die Aufnahme eines Textes ins universitäre Curriculum oder auch an seine Edition im Rahmen einer Gesamtausgabe, die schon von einem gewissen Status zeugt und zugleich die Rezeption weiter vorantreibt (vgl. hierzu Spoerhase: Werk, S. 324 f. mit Verweis auf Kammer: Inferenzen; siehe auch aus editionsphilologischer Perspektive Reuß: Text, S. 10). Wie die Werkwerdung vonstattengeht, lässt sich wohl schwerlich allgemein sagen. Mit Blick auf die Frage, „[w]ie aus einem literarischen Werk ein Meisterwerk wird", unterscheidet Cees J. van Rees idealtypisch zwischen der journalistischen, essayistischen und akademischen Literaturkritik als drei zeitlich aufeinanderfolgenden und als Filter funktionierenden Stadien, die ein Text auf dem Weg zu einem kanonischen Werk durchläuft (vgl. Rees: Werk). In diesem Zusammenhang wäre etwa zu erwägen, welche Rolle der Autor und sein Gesamtwerk für das Schicksal des Einzelwerks spielen. So kommen manchmal Texte von bereits zu Lebzeiten kanonisierten Autoren gleich als Werke auf die Welt, was sie dann natürlich nicht ihrer Wirkung, sondern vielmehr ihrem Autor und der Wirkung von anderen Texten zu verdanken haben (zur wechselseitigen Konstitution von Einzel- und Gesamtwerk im Lichte der Entstehung von Autorschaft im neuzeitlichen Sinne siehe Martus: Dichtung, insbes. S. 61 f.; sowie ders.: Werkpolitik, insbes. S. 18 f., 21).

87 So auch Reuß: Text, S. 10; vgl. ferner Kölbel: Werk, S. 31.

88 Vgl. dazu Martus: Werkpolitik, S. 21, 39; ferner Waldenfels: [Diskussionsbeitrag], S. 226: „Es gibt nicht Werke schlechthin, sondern man interpretiert etwas als Werk. Die Frage, die wir uns stellen müßten, lautet dann: Wieweit kann man mit diesem Begriff arbeiten, wieviel erschließt er?"

nur die vom Autor intendierte Bedeutung (*meaning*) zu rekonstruieren; hier darf die Wirkungsgeschichte für die literaturwissenschaftliche Interpretationsarbeit dezidiert keine Rolle spielen. Bleibt es also in theoretischer Hinsicht umstritten, ob sich die Wirkungsgeschichte des Textes in seiner Bedeutung niederschlägt bzw. niederschlagen darf, so ist aber durch die Wirkungsgeschichte eine Wert-Akkumulation zu verzeichnen, die sich sehr wohl auf die literaturwissenschaftliche Interpretations*praxis* auswirkt – und zwar in mindestens zweierlei Hinsicht:

Betroffen ist zum einen die Themenfindung bzw. die Legitimation bestimmter Fragestellungen. Bei einem Text mit einem ausgeprägten Werkstatus (das Wissen um den Werkstatus des Textes mag in vielen Fällen vage, aber dürfte grundsätzlich explizierbar sein) ist die wissenschaftliche Dignität des Interpretandums von vornherein gegeben, womit bestimmte Fragestellungen gar nicht erst begründet, also gar nicht erst als relevant und interessant ausgewiesen werden müssen. Man könnte hier mit Klaus Weimar von den ‚negativen Diskursregeln' des Faches sprechen, verstanden als ein „unvereinbarte[r] Konsens, was man Fachkollegen *ohne* Begründung vorlegen und zumuten darf".[89] Zum anderen scheinen mit Blick auf Werke, im Gegensatz zu Texten ohne Werkstatus, andere Stopp-Regeln beim Interpretieren zu gelten.[90] Es besteht grundsätzlich Einigkeit darüber, dass der ästhetische Werkbegriff sich in Verbindung mit dem modernen Literaturbegriff in der zweiten Hälfte des 18. Jahrhunderts ausbildet.[91] Fortan gilt das Werk als ein entpragmatisiertes, ganzheitliches und in sich vollendetes, individuelles und unerschöpfliches Gebilde.[92] Dabei ist es für eine Interpretation nicht unwesentlich, ob man sich von den *ästhetischen* Eigenschaften leiten lässt, die im Werkbegriff kodiert sind. Schreibt man einem Text – bewusst oder unbewusst – eine überzeitliche Relevanz,[93] ein

---

89 Weimar: Annotationen, S. 144.
90 Zu Recht bemerkt Scheffer: Interpretation, S. 147: „[D]ie ‚Stopp-Regeln', die uns vor allzu absurden Interpretationen zu bewahren scheinen, sind Teile des durch Lese- und Interpretations-Sozialisierung […] konventionalisierten Zuschreibungs-Prozesses. ‚Stoppregeln' sind keine Text-Eigenschaften, sondern Diskurs-Eigenschaften." Zur Regelhaftigkeit der Bedeutungszuschreibung vgl. etwa Klausnitzer: Regeln. Siehe ferner die Beiträge in Jannidis u. a.: Regeln.
91 Nebenbei bemerkt: Nicht wenige englischsprachige Forschungsbeiträge, die scheinbar danach fragen, was ein literarisches Werk sei, zielen eigentlich auf eine Bestimmung des Literaturbegriffs. Vgl. etwa Butler: Work; Olsen: Work.
92 Zur Begriffsgeschichte siehe Thomé: Werk; Recki: Werk; Thierse: Ganze; Pudelek: Werk; Kölbel: Werk; siehe außerdem Danneberg: Ganzheitsvorstellungen.
93 Vgl. etwa Stierle: Rationalität, insbes. S. 11–64. Stierle spricht sich hier für eine ästhetische Rationalität aus, die einem historischen Bewusstsein entgegensteht. Sein dezidert ästhetisch ausgerichteter Werkbegriff legt so eine Überzeitlichkeit nahe, sperrt sich jedenfalls gegen eine Historisierung des Kunstwerks; vgl. hierzu insbes. ebd., S. 25.

Höchstmaß an Kohärenz und Geschlossenheit und zudem eine unerschöpfliche Sinnfülle zu, dann kann es gewissermaßen ein Zuviel an Aufmerksamkeit gar nicht geben.[94] Jedes noch so kleine Detail kann dann bedeutungsträchtig und potenziell zum Kristallisationspunkt des Ganzen werden.[95] Was in einem Text ohne Werkstatus vielleicht als nebensächlich übergangen oder mit Verweis auf seine spezifischen Entstehungsbedingungen erklärt wird, kann so in einem Werk zum Gegenstand sorgfältiger Analyse werden. In diesem Sinne kann etwa bei einem Text ohne Werkstatus das Unvermögen des Autors schnell zum Argument werden. Beim Interpretieren eines Werks dagegen würde man wohl eher den Fehler bei sich selber suchen.[96] Die Wert-Akkumulation durch die Wirkungsgeschichte bzw. durch die faktische Rezeption des Textes schafft so eine implizite Hierarchie der literaturwissenschaftlichen Forschungsgegenstände,[97] wobei die anerkannten Spielregeln beim Interpretieren mit dem Status des Untersuchungsgegenstandes variieren.[98] Die literaturwissenschaftliche Interpretationspraxis ist in diesem Sinne gegen den Werkstatus eines

---

94 Zum Werkbegriff und zu den Aufmerksamkeitsdispositionen des Philologen siehe grundsätzlich Martus: Werkpolitik. – In einem 1958 erschienenen Versuch über die Interpretation schlechter Gedichte hat Hugo Kuhn zwischen „Gebrauchswert, Zeitwert und überzeitliche[m] Wert" als drei „Interpretationsgesichtspunkte[n] für das einzelne Gedicht" unterschieden (Kuhn: Versuch, S. 399). Exemplarisch wendet er sich einem ‚schlechten' Gedicht zu, das eben keinen Anspruch auf einen überzeitlichen Wert erheben könne. Hierbei bemerkt er: „Man zögert in der Tat, den ganzen Apparat von Formfunktionen, Inhaltsfunktionen, Interpretationen von Gehalt und Gestalt, Struktur usw. auf dieses Gedicht anzuwenden. Es ist zu übersehbar und – es lohnt offensichtlich zu wenig" (ebd., S. 397). Diese keineswegs unplausible Einschätzung scheint umgekehrt zu implizieren, dass ein überzeitlicher Wert eine intensivere Auseinandersetzung mit dem Text rechtfertigen oder gar fordern würde. Die entscheidende Frage ist dann, woraus sich dieser Wert speist.
95 Vgl. in diesem Zusammenhang die Einschätzung von Bürger: Kunstwerk, S. 129: „Durch den Akt der Kanonisierung, d. h. der Anerkennung als Kunstwerk erfolgt [...] eine Wertschätzung, der die Interpretation sich unterordnet, indem sie alle Elemente des Einzelwerks als Beweis für dessen ästhetische Qualität deutet." Vgl. in diesem Sinne auch Bürger: Einleitung, S. 31: „[S]ehr wohl könnte [...] die bloße Suggestionskraft des Kanons dem Werk die Aura der Unerschöpflichkeit verleihen."
96 Vgl. Martus: Dichtung, S. 91.
97 Von einer impliziten Hierarchie der literaturwissenschaftlichen Forschungsgegenstande spricht auch Winko: Wertung, S. 589 f.
98 Beizupflichten ist in diesem Sinne der Einschätzung von Martus: Werkpolitik, S. 14: „In bestimmten Zusammenhängen, die theoretisch und praktisch die Perspektiven und das Vorgehen der Literaturwissenschaft wesentlich bestimmt haben und immer noch bestimmen, definiert das Werk Grenzen der Interpretation. [...] Das Werk bildet den ‚Gegenstand' und das Ausstellungsstück für Kompetenzen der Detailbeobachtung wie der Ganzheitswahrnehmung [...]."

Textes nicht unempfindlich. Konzeptuell ist das Werk vielmehr hochgradig wirksam, und zwar an der Schnittstelle von Verstehens- und Wertungsfragen.[99]

Bibliographie

Adams, Thomas R./Nicolas Barker: A New Model for the Study of the Book. In: Nicolas Barker (Hg.): A Potencie of Life. Books in Society. London 1993, S. 5–43.
Barthes, Roland: Der Tod des Autors [engl. 1967, frz. 1968]. In: Texte zur Theorie der Autorschaft. Hg. und komment. von Fotis Jannidis/Gerhard Lauer/Matías Martínez/Simone Winko. Stuttgart 2000, S. 185–193.
Bermes, Christian: Leben. In: Ralf Konersmann (Hg.): Wörterbuch der philosophischen Metaphern. 3. Aufl. Darmstadt 2011, S. 191–198.
Bürger, Christa: Einleitung: Die Dichotomie von hoher und niederer Literatur. Eine Problemskizze. In: C. B. (Hg.): Zur Dichotomisierung von hoher und niederer Literatur. Frankfurt a. M. 1982, S. 9–39.
Bürger, Christa: Das Kunstwerk als Setzung. Rohe Thesen. In: Willi Oelmüller (Hg.): Kolloquium Kunst und Philosophie. Bd. 3: Das Kunstwerk. Paderborn u. a. 1983, S. 128–130.
Butler, Christopher: What Is a Literary Work? In: New Literary History 5.1 (1973), S. 17–29.
Currie, Gregory: Work and Text. In: Mind 100 (1991), S. 325–340.
Danneberg, Lutz: Zum Autorkonstrukt und zu einem methodologischen Konzept der Autorintention. In: Fotis Jannidis/Gerhard Lauer/Matias Martínez/Simone Winko (Hg.): Rückkehr des Autors. Zur Erneuerung eines umstrittenen Begriffs. Tübingen 1999, S. 77–105.
Danneberg, Lutz: Kontext. In: Harald Fricke (Hg.): Reallexikon der deutschen Literaturwissenschaft. Bd. 2. Berlin, New York 2000, S. 333–337.
Danneberg, Lutz: Ganzheitsvorstellungen und Zerstückelungsphantasien. Zum Hintergrund und zur Entwicklung der Wahrnehmung ästhetischer Eigenschaften in der zweiten Hälfte des 18. und zu Beginn des 19. Jahrhunderts. In: Jörg Schönert/Ulrike Zeuch (Hg.): Mimesis – Repräsentation – Imagination. Literaturtheoretische Positionen von Aristoteles bis zum Ende des 18. Jahrhunderts. Berlin, New York 2004, S. 241–282.
Danneberg, Lutz: Epistemische Situationen, kognitive Asymmetrien und kontrafaktische Imaginationen. In: Lutz Raphael/Heinz-Elmar Tenorth (Hg.): Ideen als gesellschaftliche Gestaltungskraft im Europa der Neuzeit. München 2006, S. 193–221.
Darnton, Robert: What is the History of Books? In: Daedalus 111.3 (1982), S. 65–83.
Daston, Lorraine (Hg.): Biographies of Scientific Objects. Chicago, London 2000.
Fietz, Lothar: René Welleks Literaturtheorie und der Prager Strukturalismus. In: Rüdiger Ahrens/Erwin Wolff (Hg.): Englische und amerikanische Literaturtheorie. Studien zu ihrer historischen Entwicklung. Bd. 2: Viktorianische Zeit und das 20. Jahrhundert. Heidelberg 1979, S. 500–523.
Fowler, Alastair: The Life and Death of Literary Forms. In: New Literary History 2.2 (1971), S. 199–216.

---

99 Dieser Aufsatz ist im Umfeld meiner Dissertation entstanden, die durch die Gerda Henkel Stiftung gefördert wurde. Siehe Sneis: Phänomenologie.

Gadamer, Hans-Georg: Vorwort zur 2. Auflage. In: H.-G. G.: Gesammelte Werke. Bd. 2: Wahrheit und Methode. Ergänzungen und Register. Tübingen 1993, S. 437–448.
Gadamer, Hans-Georg: Gesammelte Werke. Bd. 1: Wahrheit und Methode. Grundzüge einer philosophischen Hermeneutik [1960]. 7. Aufl. Tübingen 2010.
Gosden, Chris/Yvonne Marshall: The Cultural Biography of Objects. In: World Archaeology 31.2 (1999), S. 169–178.
Grondin, Jean: Einführung in die philosophische Hermeneutik. 2. Aufl. Darmstadt 2001.
Gruber, Bettina: Werkimmanente Literaturwissenschaft/New Criticism. In: Jost Schneider (Hg.): Methodengeschichte der Germanistik. Berlin, New York 2009, S. 763–776.
Haefliger, Georg: Ingarden und Husserls transzendentaler Idealismus. In: Husserl Studies 7 (1991), S. 103–121.
Hirsch, Eric Donald: Objective Interpretation [1960]. In: E. D.H.: Validity in Interpretation. New Haven, CT, London 1967, S. 209–244.
Hirsch, Eric Donald: Validity in Interpretation. New Haven, CT, London 1967.
Hirsch, Eric Donald: The Aims of Interpretation. Chicago, London 1976.
Ingarden, Roman: Das literarische Kunstwerk. Eine Untersuchung aus dem Grenzgebiet der Ontologie, Logik und Literaturwissenschaft. Halle (Saale) 1931.
Ingarden, Roman: Untersuchungen zur Ontologie der Kunst. Tübingen 1962.
Ingarden, Roman: Das literarische Kunstwerk. Mit einem Anhang von den Funktionen der Sprache im Theaterschauspiel. 3., durchges. Aufl. Tübingen 1965.
Ingarden, Roman: Vom Erkennen des literarischen Kunstwerks. Darmstadt 1968.
Ingarden, Roman: Erläuterungen zu den Briefen Husserls. In: R. I. (Hg.): Edmund Husserl. Briefe an Roman Ingarden. Mit Erläuterungen und Erinnerungen an Husserl. Den Haag 1968, S. 136–184.
Ingarden, Roman: Werte, Normen und Strukturen nach René Wellek. In: Deutsche Vierteljahrsschrift für Literaturwissenschaft und Geistesgeschichte 40 (1966), S. 43–55.
Iser, Wolfgang: Die Appellstruktur der Texte [1970]. In: Rainer Warning (Hg.): Rezeptionsästhetik. Theorie und Praxis. München 1975, S. 228–252.
Iser, Wolfgang: Der Akt des Lesens. Theorie ästhetischer Wirkung [1976]. 2. Aufl. München 1984.
Jannidis, Fotis/Gerhard Lauer/Matías Martínez/Simone Winko (Hg.): Regeln der Bedeutung. Zur Theorie der Bedeutung literarischer Texte. Berlin, New York 2003.
Jauß, Hans Robert: Literaturgeschichte als Provokation. Frankfurt a. M. 1970.
Juhl, P. D.: Can the Meaning of a Literary Work Change? In: Albert P. Foulkes (Hg.): The Uses of Criticism. Frankfurt a. M. 1976, S. 133–156.
Kablitz, Andreas: Kunst des Möglichen. Theorie der Literatur. Freiburg i. Br. u. a. 2013.
Kammer, Stephan: Inferenzen und Korrektive. Die Problematik des Kanons in textkritischer und kulturwissenschaftlicher Perspektive. In: Rüdiger Nutt-Kofoth (Hg.): Text und Edition. Positionen und Perspektiven. Berlin 2000, S. 303–321.
Keiderling, Thomas: Wie viel Systemtheorie braucht die Buchwissenschaft? In: IASL online. <http://www.iasl.uni-muenchen.de/discuss/lisforen/Keiderling_Systemtheorie.pdf> (08. 05. 2018).
Klausnitzer, Ralf: Wie lernt man, was geht? Konstitutive und regulative Regeln in Interpretationsgemeinschaften. In: Marie Lessing-Sattari/Maike Löhden/Almuth Meissner/Dorothee Wieser (Hg.): Interpretationskulturen. Literaturdidaktik und Literaturwissenschaft im Dialog über Theorie und Praxis des Interpretierens. Frankfurt a. M. u. a. 2015, S. 151–181.
Knauth, Karl Alfons: Invarianz und Variabilität literarischer Texte. Baudelaires „Spleen IV" und Becketts „En Attendant Godot". Amsterdam 1981.
Kölbel, Martin: Das literarische Werk. Zur Geschichte eines Grundbegriffs der Literaturtheorie. In: Text. Kritische Beiträge 10 (2005), S. 27–44.

Kopytoff, Igor: The Cultural Biography of Things: Commoditization as Process. In: Arjun Appadurai (Hg.): The Social Life of Things. Commodities in Cultural Perspective. Cambridge u. a. 1988, S. 64–91.

Kuhn, Hugo: Versuch über Interpretation schlechter Gedichte. In: Gerhard Funke (Hg.): Konkrete Vernunft. Festschrift für Erich Rothacker. Bonn 1958, S. 395–399.

Lamarque, Peter: Objects of Interpretation. In: Metaphilosophy 31 (2000), S. 96–124.

Livingston, Paisley: History of the Ontology of Art. In: Edward N. Zalta (Hg.): The Stanford Encyclopedia of Philosophy (Summer 2016 Edition). 07. 06. 2016. <https://plato.stanford.edu/entries/art-ontology-history> (08. 05. 2018).

Martínez, Matías: Autorschaft und Intertextualität. In: Fotis Jannidis/Gerhard Lauer/M. M./Simone Winko (Hg.): Rückkehr des Autors. Zur Erneuerung eines umstrittenen Begriffs. Tübingen 1999, S. 465–479.

Martus, Steffen: Zwischen Dichtung und Wahrheit. Zur Werkfunktion von Lyrik im 19. Jahrhundert. In: S. M./Stefan Scherer/Claudia Stockinger (Hg.): Lyrik im 19. Jahrhundert. Gattungspoetik als Reflexionsmedium der Kultur. Bern 2005, S. 61–92.

Martus, Steffen: Werkpolitik. Zur Literaturgeschichte kritischer Kommunikation vom 17. bis ins 20. Jahrhundert. Berlin, New York 2007.

Mink, Louis O.: History and Fiction as Modes of Comprehension. In: New Literary History 1.3 (1970), S. 541–558.

Mitscherling, Jeff: Concretization, Literary Criticism, and the Life of the Literary Work of Art. In: Arkadiusz Chrudzimski (Hg.): Existence, Culture, and Persons. The Ontology of Roman Ingarden. Frankfurt a. M. 2005, S. 137–158.

Olsen, Stein Haugom: Defining a Literary Work. In: The Journal of Aesthetics and Art Criticism 35.2 (1976), S. 133–142.

Pasternack, Gerhard: Theoriebildung in der Literaturwissenschaft. Einführung in Grundfragen des Interpretationspluralismus. München 1975.

Patzig, Günther: Über den ontologischen Status von Kunstwerken. In: F. W. Korff (Hg.): Redliches Denken. Festschrift für Gerd-Günther Grau zum 60. Geburtstag. Stuttgart-Bad Canstatt 1981, S. 114–129.

Petterson, Anders: Verkbegreppet. En litteratur-teoretisk undersökning. Oslo 1981.

Petterson, Anders: The Ontology of Literary Works. In: Theoria 50 (1984), S. 36–51.

Pudelek, Jan-Peter: Werk. In: Karlheinz Barck/Martin Fontius/Friedrich Wolfzettel/Burkhart Steinwachs (Hg.): Ästhetische Grundbegriffe. Historisches Wörterbuch in sieben Bänden. Bd. 6. Stuttgart, Weimar 2005, S. 520–588.

Ray, William: Literary Meaning. From Phenomenology to Deconstruction. Oxford 1984.

Recki, Birgit: Werk. In: Joachim Ritter (Hg.): Historisches Wörterbuch der Philosophie. Bd. 12. Basel 2005, Sp. 547–553.

Rees, Cees J. van: Wie aus einem literarischen Werk ein Meisterwerk wird. Über die dreifache Selektion der Literaturkritik. In: Peter Finke/Siegfried J. Schmidt (Hg.): Analytische Literaturwissenschaft. Braunschweig 1984, S. 175–202.

Reicher, Maria Elisabeth: Zur Metaphysik der Kunst. Eine logisch-ontologische Untersuchung des Werkbegriffs. Graz 1998.

Reuß, Roland: Text, Entwurf, Werk. In: Text. Kritische Beiträge 10 (2005), S. 1–12.

Rockenberger, Annika/Per Röcken: Wie ‚bedeutet' ein ‚material text'? In: Wolfgang Lukas/Rüdiger Nutt-Kofoth/Madleen Podewski (Hg.): Text – Material – Medium. Zur Relevanz editorischer Dokumentationen für die literaturwissenschaftliche Interpretation. Berlin, Boston 2014, S. 25–51.

Rudner, Richard: The Ontological Status of the Esthetic Object. In: Philosophy and Phenomenological Research 10.3 (1950), S. 380–388.

Sandor, András: Text und Werk. Forschungslage und Versuch eines literaturwissenschaftlichen Modells. In: Deutsche Vierteljahrsschrift für Literaturwissenschaft und Geistesgeschichte 53 (1979), S. 478–511.
Scheffer, Bernd: Interpretation und Blamage. ‚Vor dem Gesetz' – Präambeln aus konstruktivistischer Sicht. In: Klaus-Michael Bogdal (Hg.): Neue Literaturtheorien in der Praxis. Textanalysen von Kafkas ‚Vor dem Gesetz'. Opladen 1993, S. 140–158.
Schneider, Ralf: Interpretationsschemata und Rezeptionsprozess – Anmerkungen zum Interpretieren aus Sicht einer kognitiven Rezeptionstheorie. In: Jan Borkowski/Stefan Descher/Felicitas Ferder/Philipp David Heine (Hg.): Literatur interpretieren. Interdisziplinäre Beiträge zur Theorie und Praxis. Münster 2015, S. 251–276.
Scholz, Oliver R.: Verstehen = Zusammenhänge erkennen. In: Klaus Sachs-Hombach (Hg.): Verstehen und Verständigung. Intermediale, multimodale und interkulturelle Aspekte von Kommunikation und Ästhetik. Köln 2016, S. 17–32.
Sneis, Jørgen: Phänomenologie und Textinterpretation: Studien zur Theoriegeschichte und Methodik der Literaturwissenschaft. Berlin, Boston 2018.
Spoerhase, Carlos: Autorschaft und Interpretation. Methodische Grundlagen einer philologischen Hermeneutik. Berlin, New York 2007.
Spoerhase, Carlos: Was ist ein Werk? Über philologische Werkfunktionen. In: Scientia poetica 11 (2007), S. 276–344.
Stierle, Karlheinz: Ästhetische Rationalität. Kunstwerk und Werkbegriff. München 1997.
Thierse, Wolfgang: Thesen zur Problemgeschichte des Werk-Begriffs. In: Zeitschrift für Germanistik 6 (1985), S. 441–449.
Thierse, Wolfgang: „Das Ganze aber ist das, was Anfang, Mitte und Ende hat." Problemgeschichtliche Beobachtungen zur Geschichte des Werkbegriffs. In: Karlheinz Barck/Martin Fontius/W.T. (Hg.): Ästhetische Grundbegriffe. Studien zu einem historischen Wörterbuch. Berlin 1990, S. 378–414.
Thomé, Horst: Werk. In: Jan-Dirk Müller (Hg.): Reallexikon der deutschen Literaturwissenschaft. Bd. 3. Berlin, New York 2003, S. 832–834.
Tilghman, B. R.: Danto and the Ontology of Literature. In: The Journal of Aesthetics and Art Criticism 40.3 (1982), S. 293–299.
Wachter, Daniel von: Roman Ingarden's Ontology. Existential Dependence, Substances, Ideas, and Other Things Empiricists Do not Like. In: Arkadiusz Chrudzimski (Hg.): Existence, Culture, and Persons. The Ontology of Roman Ingarden. Frankfurt a.M. 2005, S. 55–81.
Waldenfels, Bernhard: [Diskussionsbeitrag.] In: Willi Oelmüller (Hg.): Kolloquium Kunst und Philosophie. Bd. 3: Das Kunstwerk. Paderborn u.a. 1983, S. 226–228.
Wallner, Ingrid M.: In Defense of Husserl's Transcendental Idealism. Roman Ingarden's Critique Re-Examined. In: Husserl Studies 4 (1987), S. 3–43.
Warning, Rainer: Von der Rezeptionsästhetik zum Dekonstruktivismus. In: Dorothee Kimmich/Bernd Stiegler (Hg.): Zur Rezeption der Rezeptionstheorie. Berlin 2003, S. 63–77.
Weimar, Klaus: Text, Interpretation, Methode. Hermeneutische Klärungen. In: Lutz Danneberg/Friedrich Vollhardt (Hg.): Wie international ist die Literaturwissenschaft? Methoden- und Theoriediskussion in den Literaturwissenschaften. Kulturelle Besonderheiten und interkultureller Austausch am Beispiel des Interpretationsproblems (1950–1990). Stuttgart, Weimar 1996, S. 110–122.
Weimar, Klaus: Annotationen zu David Wellberys Thesen. In: Lutz Danneberg/Friedrich Vollhardt (Hg.): Wie international ist die Literaturwissenschaft? Methoden- und Theoriediskussion in den Literaturwissenschaften. Kulturelle Besonderheiten und interkultureller Austausch am Beispiel des Interpretationsproblems (1950–1990). Stuttgart, Weimar 1996, S. 142–144.

Wellek, René: Literary History. In: Norman Foerster u. a. (Hg.): Literary Scholarship. Its Aims and Methods. Chapel Hill, NC 1941, S. 91–130.
Wellek, René: The Mode of Existence of a Literary Work of Art. In: The Southern Review 7 (1942), S. 735–754.
Wellek, René: An Answer to Roman Ingarden. In: Fridrun Rinner/Klaus Zerinschek (Hg.): Komparatistik. Theoretische Überlegungen und südosteuropäische Wechselseitigkeit. Festschrift für Zoran Konstantinović. Heidelberg 1981, S. 21–26.
Wellek, René: Four Critics. Croce, Valéry, Lukács, and Ingarden. Seattle, London 1981.
Wellek, René: A History of Modern Criticism. Bd. 7. New Haven, CT, London 1991.
Wellek, René: The International Congress of Philosophy [1934]. In: Comparative and General Literature 44 (1996), S. 11–19.
Wellek, René/Austin Warren: Theory of Literature. New York 1949.
Wilsmore, Susan: The Literary Work Is Not Its Text. In: Philosophy and Literature 11 (1987), S. 307–316.
Winkler, Emil: [Rez. zu Roman Ingardens „Das literarische Kunstwerk"]. In: Zeitschrift für französische Sprache und Literatur 57.3–4 (1933), S. 237–244.
Winko, Simone: Literarische Wertung und Kanonbildung. In: Heinz Ludwig Arnold/Heinrich Detering (Hg.): Grundzüge der Literaturwissenschaft. München 1996, S. 585–600.
Winko, Simone: Textbewertung. In: Thomas Anz (Hg.): Handbuch Literaturwissenschaft. Bd. 2: Methoden und Theorien. Stuttgart, Weimar 2007, S. 233–266.

WERNER WOLF

‚Du texte à l'œuvre'? Zur Sinnhaftigkeit
der Restauration bzw. Wiederverwendung
des Werkbegriffs als eines Grundkonzeptes nicht nur
der Literaturwissenschaft

1. Einleitung: Totsagungen und Renaissancen
literaturwissenschaftlicher Grundbegriffe

Der Poststrukturalismus und Dekonstruktivismus der 1960er und 1970er Jahre haben Spuren hinterlassen, die bis heute wahrnehmbar sind – neuerdings auch durch die Tatsache, dass eben diese Spuren vermehrt hinterfragt werden. Teil dieser in der Tat fragwürdigen Hinterlassenschaft ist eine mitunter sensationsheischende Absage an traditionelle Konzepte und Leitbegriffe der Kultur- und Geisteswissenschaft und damit auch der Literaturwissenschaft. In der Nachfolge der Nietzsche'schen Propagierung des angeblichen Todes Gottes wurde auch eine Reihe von Konzepten totgesagt, die für die Literaturwissenschaft und teils darüber hinaus zentral sind. Zu diesen Totsagungen gehört der Tod des Romans, wie er paradoxerweise im Titel von Ronald Sukenicks Kurzroman *The Death of the Novel* (1969) aufscheint und hier stellvertretend für den vielfach behaupteten Tod des traditionellen Erzählens insgesamt erscheint. Totgesagt wurde auch der Autor. Programmatisch hierfür steht Roland Barthes' Aufsatz *La mort de l'auteur* (1968), in dem der Begriff des Autors durch den des „scripteur" ersetzt wird.[1] Und schließlich zählt zu diesen Totsagungen auch die Demontage des ‚Werks', eines Begriffs, den wiederum Barthes in seinem bekannten Essay *De l'œuvre au texte* (1971) dem von ihm bevorzugten Terminus ‚Text' hintanstellen wollte.

Seit den 1980er Jahren setzte indes nach und nach eine zumindest teilweise Restauration all dieser literaturwissenschaftlichen Begriffe und Kon-

---

1 Vgl. auch Foucault: Auteur.

zepte ein. Zuerst kam der Roman bzw. das ereignis- und handlungsreiche Erzählen an die Reihe. Schon 1983 sprach Umberto Eco in seiner *Postille a 'Il nome della rosa'* von einer „Wiederaufwertung der Handlung" („la rivalutazione dell'azione").[2] Der Restauration des Autors waren u. a. Sammelbände von Seán Burke und Fotis Jannidis u. a. gewidmet,[3] und der vorliegende Band ist ein Dokument nicht nur dafür, dass offenbar die Barthes'sche Totsagung des Werks – obwohl inzwischen mehr als vier Jahrzehnte zurückliegend – immer noch wirkmächtig ist, sondern auch dafür, dass in der Auseinandersetzung mit dem Werkbegriff der Möglichkeit oder Sinnhaftigkeit einer „Wiederkehr des Werkes" zumindest wieder eine Chance gegeben wird.[4] Mein folgender Beitrag zu dieser Diskussion soll zeigen, dass es in der Tat durchaus sinnvoll ist, auch diesen Begriff zu restaurieren. Das Hauptaugenmerk werde ich als anglistischer Literaturwissenschaftler dabei auf die Literaturwissenschaft richten, ich bin aber von einer über die Literatur hinausgehenden Relevanz dieser Debatte überzeugt. In den folgenden Ausführungen werden zunächst die Konnotationen des Terminus ‚Werk' angesprochen, dann wird auf die Einwände gegen ihn eingegangen; anschließend werde ich versuchen, diese Einwände zumindest zum Teil zu entkräften, und schließlich wird noch erläutert, wieso der Begriff sinnvollerweise weiterzuverwenden bzw. zu restaurieren ist, da sein Nutzen für die Literaturwissenschaft seine Problematik überwiegt. Eine solche Restauration erscheint umso bedeutsamer, als der Begriff des ‚Werkes' weit über die Literaturwissenschaft hinaus relevant ist und damit – wie das Erzählen und das Konzept des Autors – eine inter- bzw. transmediale Dimension besitzt, die schon Barthes in seinem Aufsatz *De l'œuvre au texte* mit Blick auf die Musik angedeutet hat.[5]

2. Etymologie und Bedeutung(shorizonte) des Werkbegriffs

Wenn es in der Folge um die Frage nach der Sinnhaftigkeit der (Weiter- bzw. Wieder-)Verwendung des Werkbegriffs als eines Grundkonzeptes der Literaturwissenschaft (und darüber hinaus) gehen soll, ist vorweg eine Be-

---

2 Eco: Nachschrift, S. 72; Eco: Postille, S. 22.
3 Vgl. Burke: Death; Jannidis u. a.: Rückkehr.
4 „Wiederkehr des Werkes" war der Titel des Symposiums in Hannover vom Oktober 2015, das diesem Beitrag wie auch mehreren weiteren des vorliegenden Bandes zugrunde lag. Vgl. zu den angesprochenen restaurativen Tendenzen auch Goodman/Elgin: Interpretation, welche die Themenfrage ihres Aufsatzes, „Can the Work Survive [...]?", mit einem vorsichtigen ‚ja' beantworten (S. 575); sowie Sutrop: Death; Wolf: Leben.
5 Vgl. Barthes: Œuvre, S. 1216.

merkung zum Verhältnis von Werk*begriff* und Werk*konzept* angezeigt. Wie so häufig, sind Begriffs- und Konzeptgeschichte nicht deckungsgleich. Der Werkbegriff, wie er heute verwendet wird – und dies steht hier im Fokus –, ist relativ jungen Datums. Das ganze Profil seiner heutigen Bedeutungskomponenten entwickelt sich wohl erst seit dem 18. Jahrhundert, wenn auch der Begriff als solcher (in reduzierter Bedeutung) älter ist[6] und das Konzept (unter anderer Begrifflichkeit) auf eine noch längere Geschichte zurückblicken kann, wie zu erläutern sein wird. Da aber in der Folge der Werkbegriff im heutigen Sinn für die Wissenschaft der Gegenwart zu prüfen ist, gilt es zunächst einmal, die aktuellen Komponenten des damit gemeinten Konzeptes zu erläutern.

,Werk' ist etymologisch mit griech. *ergon*, ,Arbeit', ,Werk' verbunden und gehört zu einer auch das deutsche ,Werg' umfassenden indogermanischen Wortgruppe, die „mit Flechtwerk umgeben" bedeutet.[7] Unter den vier in der *Brockhaus Enzyklopädie* verzeichneten Denotationen ist für die Literaturwissenschaft die zweite, „Erzeugnis, Schöpfung, bes. künstlerischer oder wissenschaftlicher Art → Urheberrecht", von Bedeutung.[8] Damit sind die wesentlichen Bedeutungshorizonte und Konnotationen für unseren Kontext bereits zum Teil angedeutet, so wie sie zum Großteil auch Karlheinz Stierle in seinen Reflexionen zu *Kunstwerk und Werkbegriff* anklingen lässt:

– das Werk als intentionale *auktoriale Schöpfung* (zur engen Beziehung zwischen Autor- und Werkbegriff siehe auch z. B. Norbert Wolf);[9]
– das Werk als „*strukturierte* [ästhetische] *Komposition*",[10] also als komplexes Produkt einer Arbeit bzw. ästhetischen Anstrengung;
– das Werk als *individuelle, einmalige* Schöpfung (wo Reproduktionen wie im Buchdruck oder mehrere Varianten vorhanden sind, bezieht sich diese Bedeutungskomponente auf die ,hinter' der konkreten Manifestation erscheinenden und in einem ,Original' dokumentierbaren Ideen);

---

6 Für den anglophonen Bereich vermerkt z. B. das *Shorter Oxford English Dictionary* in der 2. Aufl. von 1936 das Jahr 1531 als Erstbeleg für „work" im Sinne von: „A product of any of the fine arts (in relation to the artist), as a painting, a statue etc.: in the phrase *a work of art* including literary or musical works, and connoting high artistic quality" (Bd. 2, S. 2448 unter II.6). Als Sammelbegriff für das Œuvre eines Autors erscheint der Begriff in dieser Auflage ab dem 18. Jahrhundert (genannt wird hier Joseph Addison [1672–1719] als Gewährsmann [ebd.]); in der 5. Aufl. von 2002 wird diese Bedeutung bereits seit mittelenglischer Zeit verzeichnet (Bd. 2, S. 3670).
7 Duden, S. 762.
8 Brockhaus, Bd. 20, S. 229. Neben: „1) Arbeit, Tätigkeit" und „3) sittliche Handlung (,gutes Werk')" sowie „4) technische Anlage eines Betriebes" (ebd.).
9 Wolf: Leben; vgl. Stierle: Rationalität, S. 15.
10 Wilpert: Sachwörterbuch, S. 904; Hervorh. W. W.; vgl. Stierle: Rationalität, S. 14.

- das Werk als eine *abgeschlossene Einheit*;[11]
- insbesondere das Kunstwerk als *dauerhaftes* und damit zumindest partiell der Gebundenheit an eine bestimmte Zeit und einen bestimmten Ort enthobenes Artefakt, das überdies nach einer gewissen *Öffentlichkeit* strebt.[12]

3. Einwände gegen den Werkbegriff

Gegen den Werkbegriff, wie er im vorigen Abschnitt expliziert wurde, können mehrere Einwände erhoben werden, wenn darunter der Gegenstandsbereich der Literaturwissenschaft (gegebenenfalls auch anderer Kunst- bzw. Medienwissenschaften) verstanden werden soll:[13]

a) Da ist zunächst die historische Relativierung des Werkbegriffs durch den Hinweis, dass die heute geläufige ‚Werkästhetik‘ mit all den oben genannten Merkmalen erst seit dem 18. Jahrhundert oder gar erst seit ca. 1800 anzusetzen sei.[14]

b) Der Werkbegriff, so ein zweiter Einwand, vertrage sich nicht mit dem Fragment[15] als einer nicht zu vernachlässigenden Erscheinungsform von Artefakten aller Art.

c) Des Weiteren wäre zu nennen die Relativierung des Werkes zu einer bloßen Ermöglichungsstruktur für einen *Rezeptionsprozess, der seinen eigentlichen Ort nicht im Artefakt selbst, sondern im Rezipientenbewusstsein hat*, eine Überlegung, die für das sprachliche Kunstwerk spätestens seit Wolfgang Isers Rezeptionsästhetik in den 1970er Jahren in der Literaturwissenschaft Raum gegriffen hat.[16] Iser spricht denn auch regelmäßig vom ‚Text‘ und nicht vom ‚Werk‘.

d) Ferner gibt es einen Einwand, der sowohl die musikgeschichtlich wichtige Praxis der Improvisation betrifft als auch im Kontext der rezenten *Performanztheorie* und der von Erika Fischer-Lichte beschriebenen bzw. propagierten ‚performativen Wende‘[17] erhoben wurde, nämlich dass

---

11 Siehe Stierle: Rationalität, S. 14.
12 Siehe ebd., S. 20–21.
13 Vgl. hierzu – aus nicht-dekonstruktivistischer Perspektive – z. B. auch Wehrli: Schwinden.
14 Vgl. Landerer: Werke, S. 119.
15 Vgl. Lindmayr-Brandl: Fragment, S. 153.
16 Iser: Akt. Programmatisch ist hier bereits die Feststellung am Ende des ersten Absatzes seines Vorwortes: „[…] der Text ist ein Wirkungspotential, das im Lesevorgang aktualisiert wird" (ebd., S. 7).
17 Siehe Fischer-Lichte: Ästhetik, S. 22.

der Werkbegriff inadäquat sei zur Beschreibung ephemerer performativer Phänomene. In ihnen würde ein Werk-Substrat, wenn überhaupt von einem solchen ausgegangen werden könne, jedes Mal ein wenig anders realisiert. Damit relativiere sich die Trennung von Rezipientensubjekt und Kunstobjekt, denn im Modus der Performanz seien repräsentierende Artefakte nicht einfach fixierte und „unabhängig existierende" Werk-Vorgaben, deren dargestellte Welten in der Rezeption zu realisieren bzw. zu rekonstruieren seien, sondern sie würden zu Auslösern von „Ereignissen", von Prozessen des je subjektiven Erlebens von jeweils anderen Wirkungen im Rezipienten, der damit „involviert" wird und die Möglichkeit erhält, „sich zu verwandeln".[18]

e) Im Zusammenhang damit kann auch auf *neuere Entwicklungen in den Künsten und Medien* sowie in ihrer technischen Vermittlung verwiesen werden. Durch die „technische Reproduzierbarkeit" des Kunstwerks verliert dieses, wie bereits Walter Benjamin bemerkte, die Aura seiner Einmaligkeit.[19] Besonders problematisch sind innerhalb der neueren Entwicklungen avantgardistische Artefakte, ‚Texte', Happenings, Installationen usw., da diese seit dem Beginn des 20. Jahrhunderts den klassischen Werkbegriff wegen ihrer Vorläufigkeit, Unabgeschlossenheit und Vergänglichkeit ebenfalls inadäquat erscheinen lassen. Ähnliches gilt schließlich auch für die Wirkung neuer, insbesondere digitaler und interaktiver Medien, durch welche Gestalt und Urheberschaft von Artefakten so rasch und gründlich veränderbar sind, dass der klassische Werkbegriff auch hier an seine Grenzen stößt.[20]

f) Ein wichtiger Angriff auf das Werkkonzept und damit den Werkbegriff im Bereich verbaler Texte und insbesondere der literarischen Ästhetik ist auch die *radikale Intertextualitätskonzeption* Julia Kristevas. Diese Konzeption sprengt die Grenzen des Werks durch die behauptete Ubiquität von Intertextualität („le texte [...] est [...] une intertextualité")[21] und stellt damit sowohl eine originäre Autorenschaft wie auch die Werkeinheit radikal in Frage.[22]

---

18 Ebd., S. 29.
19 Benjamin: Kunstwerk, S. 438.
20 Vgl. Stierle: Rationalität, S. 16.
21 Kristeva: Semeiotike, S. 113 („Der Text [...] ist eine Intertextualität" (Übersetzungen hier und in der Folge: W. W.)). Als Begründung vermerkt Kristeva generalisierend: „[...] dans l'espace d'un texte plusieurs énoncés, pris à d'autres textes, se croisent et se neutralisent" (ebd.) („[...] im Bereich eines Texts überkreuzen und neutralisieren sich mehrere Aussagen, die von anderen Texten übernommen sind").
22 Vgl. Stierle: Rationalität, S. 202 f.

g) In diesem Kontext ist schließlich auf die bereits angedeutete *Kritik* des insbesondere sprachkünstlerischen Werkgedankens im Poststrukturalismus bzw. Dekonstruktivismus hinzuweisen. Wo das Subjekt dezentriert, das Artefakt ent-essenzialisiert und jeglicher Sinn in unendlicher Verschiebung zerstreut ist, kann es keine originäre Autorenschaft und fest umgrenzte, individuelle Werke mit einem klar beschreibbaren Sinn mehr geben. Wie aus dem erwähnten Aufsatz von Barthes, *De l'œuvre au texte*, exemplarisch hervorgeht, soll daher an die Stelle der ‚Substanz' des Werkes ein „champ méthodologique" treten,[23] ein offener Text, der sich aufgrund seiner „illisibilité"[24] und ‚rhizomatischen' Struktur einer einfachen, sinneindeutigen „consommation" entzieht und stattdessen einer spielerischen Sinn-Dissemination offensteht.[25] Da solche ‚Texte' nicht mehr an einen gottvaterähnlichen und sinngarantierenden Schöpfer gebunden sind („Le Texte [...] se lit sans l'inscription du Père")[26], werden sie auch desakralisiert. Für die Erzeugnisse von Instanzen, die zu bloßen „auteur[s] de papier"[27] herabgestuft sind, gilt daher: „aucun ‚respect' vital n'est donc dû au Texte".[28] Die Funktion eines derartigen im Grunde autorlosen Textes, der ‚sich spricht' und nicht gesprochen wird („[qui] se parle")[29] und der die unendliche Verschiebung des Sinns praktiziert („Le Texte [...] pratique le recul infini du signifié")[30], ist es nur mehr, Anlass zum Spiel zu sein („*jeu*")[31] und dadurch dem Rezipienten eine wie immer geartete „jouissance" zu vermitteln.[32]

4. Einwände gegen die Einwände

Gegen die skizzierten Einwände lassen sich ihrerseits Einwände erheben:
ad a) Zwar ist die Werkästhetik *sensu strictu* insgesamt relativ rezent (wenn auch über zwei Jahrhunderte durchaus eine beachtenswerte Zeit-

---

23 Barthes: Œuvre, S. 1212 („methodologisches Feld").
24 Ebd., S. 1215 („Unlesbarkeit").
25 Ebd. („Konsumierung").
26 Ebd. („Der Text [...] wird ohne die Sanktion [wörtl.: Einschreibung] des Vaters gelesen").
27 Ebd. („Papierautoren").
28 Ebd. („dem Text ist daher keinerlei unumgänglicher ‚Respekt' geschuldet").
29 Ebd., S. 1212.
30 Ebd., S. 1213 („der Text [...] betreibt die unendliche Verschiebung des Signifikates").
31 Ebd., S. 1213, vgl. ebd., S. 1216.
32 Ebd., S. 1217 (einen „Genuss").

spanne darstellen), aber das Werkkonzept ist in wesentlichen Teilen seiner Bedeutung zumindest in der abendländischen Kulturgeschichte von bemerkenswerter Extension. Es ist anzunehmen, dass es wohl seit der Antike existiert, das heißt, seit es eine Überlieferung bedeutender Autoren- und Künstlernamen samt Kommentaren zu deren Erzeugnissen gibt. Im Mittelalter fehlt teilweise die Bindung Artefakt – identifizierbarer Urheber (aber selbst hier nicht überall, z. B. bei der Überlieferung der Namen von Baumeistern gotischer Kathedralen), aber spätestens seit der Renaissance ist diese Bindung wiederhergestellt (u. a. durch Werksignaturen).

ad b) Wo das Fragment als intentionale Schöpfung eines Autors mit zuordenbarer und dauerhafter Identität erkennbar ist und insbesondere in jenen Fällen, wo es auf eine Vollendung hin angelegt zu sein scheint, kann der Werkbegriff zumindest mit Einschränkungen sinnvoll sein.[33]

ad c) Die in der Tat wichtige Bedeutung des *Rezeptionsprozesses* und damit des Rezipienten muss nicht *per se* das Werk entwerten; schließlich ist und bleibt dieses ja die Basis und Auslöser jeder Rezeption.

ad d) Die Frage des Verhältnisses von Werk und *Performativität* ist beim Vorliegen von *Improvisation* relativ leicht zu lösen,[34] und zwar über das Kriterium der Intentionalität und Dominanz: Wo die Improvisation innerhalb eines fixierten Artefakts einen in der Aufführung intendierten, subdominanten Ort hat, besteht kein Grund, das rahmende dominante Artefakt in seiner Werkhaftigkeit in Frage zu stellen. Anders sieht es beim Problem jener Fälle von Performanz aus, wie sie in der Literatur- und Theaterwissenschaft v. a. mit Blick auf das *Drama* mit seinen Dimensionen Dramentext und Aufführung seit langem virulent sind (wobei in beiden Wissenschaften institutionsbedingt Präferenzen und Akzentverschiebungen zu beobachten sind).[35] Der Dramentext ist unzweifelhaft in den meisten Fällen auf eine Aufführung hin angelegt und wäre in sich also unabgeschlossen, virtuell und daher von problematischem Werkstatus.[36] Da er aber auch als fixierte Anweisung für eine imaginäre Realisierung im Rezipientenbewusstsein lesbar ist (und darin dem Roman

---

33 So auch Lindmayr-Brandl: Fragment, S. 153.
34 Zur Improvisation vgl. auch den Beitrag von Feige im vorliegenden Band.
35 Während die Literaturwissenschaft dazu neigt, Drama und Theater der Literatur und damit einem ‚Groß-Medium' zuzuordnen, existiert in der Theaterwissenschaft die Tendenz, theatrale Aufführungen vom schriftlich-literarischen Medium abzukoppeln.
36 Zum Drama vgl. auch den Beitrag von Niefanger im vorliegenden Band.

ähnlich),[37] ist es sinnvoll, bereits dem Dramentext – wie einer musikalischen Partitur – Werkstatus zuzusprechen. Vom Dramentext wäre dann die Aufführung als eine Realisierung dieses Werkes durch die Interpretation der hieran Beteiligten abzugrenzen, wodurch aber die Performanz nicht frei flottierende Selbstständigkeit erhält, sondern in den Werk-Horizont des Dramentextes als dessen Realisierung einrückt.[38] Allerdings: Insofern z. B. bei der theatralen Aufführung von Dramentexten nicht nur ein dramatisches Werk die Grundlage bildet, sondern auch Aufzeichnungen für reproduzierbare Aufführungen vorhanden sind, könnte alternativ auch – mit Abstrichen – von einer Aufführung als von einem Werk gesprochen werden.[39] Dies zeigt sich u. a. darin, dass berühmte Aufführungen/ theatrale Interpretationen, wie z. B. die des Goethe'schen *Faust* durch Gustaf Gründgens am Hamburger Schauspielhaus (1957), ihrerseits – nicht zuletzt durch die Verfilmung 1960 – Klassikerstatus erhalten konnten.

ad e) Was die angeblich werkfeindlichen *neueren Entwicklungen* anbelangt, so ist hierzu Folgendes zu sagen: Die Benjamin'sche technische Reproduzierbarkeit muss nicht notwendigerweise die Idee des von seiner Kopie verschiedenen Originals aufheben, zumal literarische Werke immer schon im Zeichen solcher Reproduzierbarkeit standen. Bezüglich der angesprochenen avantgardistischen Entwicklungen ist einzuwenden, dass es grundsätzlich problematisch ist, mit Blick auf dergleichen ‚Anti-Formen' jene konzeptuelle Basis aufzugeben, gegen welche das ‚Anti-' der Avantgarde zuallererst zu Felde zog. Mit anderen Worten: Die Beschreibung der Anti-Werke ab dem 20. Jahrhundert bedarf geradezu des Werkbegriffs, um deren Devianz von ihm in seiner Radikalität erst eigentlich erfassen zu können. Darüber hinaus ist es fraglich, ob einigen performativen Anti-Kunst-Phänomenen ab dem 20. Jahrhundert und insbesondere seit den 1950/60er Jahren ein solches Gewicht beizumessen ist, dass deshalb der für die Mehrzahl der Fälle und die lange Tradition vor dem 20. Jahrhundert taugliche Werkbegriff zu verabschieden wäre. Es könnte sich ja bei den Anti-Werken um bloße Fußnoten

---

[37] Siehe zur „Performativität von Texten" aus der Sicht der Performanztheorie Fischer-Lichte: Performativität, Kap. 8.
[38] Balme: Einführung, S. 84.
[39] Für eine ausführliche Diskussion des Status von Dramentext zu theatraler Aufführung (mit weiteren Literaturangaben) siehe Rajewsky: Medialität, S. 215–244 (Kap. II.4.5); Balme: Einführung, S. 84–86 (Kap. 4.1.2.).

der Kulturgeschichte handeln, deren untergeordnete, relative Bedeutung zutage tritt, sobald sich der Rauch der intendierten Provokation und hochfahrenden Anti-Geste[40] verflüchtigt hat. Überdies gilt die Negation der Werkästhetik auch im 20. Jahrhundert und in der Gegenwart keineswegs flächendeckend, worauf auch Stierle zu Recht hinweist.[41] Gerade in der Romankunst der Gegenwart besteht keine Veranlassung, den Werkstatus der einzelnen Publikationen zu bezweifeln. Und schließlich geht das Urheberrecht nach wie vor von Autorschaft und entsprechenden Rechten aus – und dies auch im Bereich der neuen Medien.

ad f) Die behauptete – und im Sammelband von Ulrich Broich und Manfred Pfister zu Recht kritisierte – *Panintertextualitätskonzeption* Kristevas ist im Grunde kein Argument gegen das Werkkonzept, denn alle Intertextualität findet innerhalb bestimmter Text- und damit Werkgrenzen statt, und zwar jeweils auf eine spezifische Art mit je spezifischen Funktionen. Intertextualität als Beziehung zwischen Texten bedarf im Übrigen aus Gründen der Logik der Abgrenzbarkeit und damit Identität von Texten, damit man überhaupt bestimme Referenzen dingfest machen kann.[42] Außerdem setzt die These der Unendlichkeit von Intertextualität im Grunde eine metaphysische Textauffassung voraus, welche das Konzept eines Schöpfergottes und das angeblich dazu in Analogie stehende Autorkonzept einfach auf den Text projiziert: Nicht der Schöpfer-Autor wäre damit vor aller Zeit als Urheber und Zentrum des Sinns da, sondern es wären die Texte, und diese wären es auch, welche fortzeugend neue Texte erschüfen – quasi: „Im Anfang war der Text …"

ad g) Bereits der Kristeva'schen Panintertextualität kann der Vorwurf einer latenten Ideologizität gemacht werden. *A fortiori* trifft dies auf Barthes' *poststrukturalistische* Ausführungen gegen den Werkbegriff zu, vermehrt um den Vorwurf einer – wie mir scheint – unseriösen Rhetorizität, denn nichts anderes ist es, wenn er seine Bemerkungen einleitend markiert als: „ce sont des énonciations, non des argumen-

---

40 Beispiele hierzu aus dem Bereich der *performance art*, u. a. von Beuys, Nitsch und der FLUXUS-Gruppe, aber auch aus Musik und Literatur siehe Fischer-Lichte: Ästhetik, Kap. 1.
41 Vgl. Stierle: Rationalität, S. 11.
42 Dieses Argument wurde zu Recht von Rajewsky in der Intermedialitätsdebatte 2008 und 2010 mit Blick auf die anti-essenzialistischen Dekonstrukteure eines angeblichen Medien-Essenzialismus vorgebracht. Vgl. auch Stierle: Rationalität, S. 205, der vehement der Konsequenz aus Kristevas These von der Panintertextualität, nämlich der Dezentrierung des Textes, widerspricht.

tations".[43] Damit scheint der Versuch unternommen, sich rationaler Gegenargumentation zu entziehen.[44] Diese Vermutung bestätigt sich am Ende des Aufsatzes, wo Barthes durch einen Kniff, nämlich die Negation der Möglichkeit von Metasprache,[45] seine Texttheorie zu einer Textpraxis nivelliert. Im Einklang mit dieser Rhetorizität steht auch, dass er mit fragwürdigen Oppositionen operiert: Wieso sollte z. B. der Konsumaspekt nur dem ‚Werk' vorgeworfen werden, und nicht auch dem ‚Text', zumal Letzterer ja offenbar eben jenem spielerischen Unernst zu dienen scheint, der oft mit der Banalität von Konsumartikeln verbunden wird? Geht nicht die Idee eines passiven Konsums auf längst (u. a. für die Kunstwissenschaft von Ernst H. Gombrich)[46] widerlegte Vorstellungen zurück, welche die kognitive Arbeit, das Mitschaffen, das bei jeder Rezeption zu leisten ist, außer Acht lassen? Und wieso sollte das Werk grundsätzlich auf einen monologischen Sinn festgeschrieben werden im Gegensatz zum pluralen Sinn des ‚Textes', wenn schon der *New Criticism* innerhalb einer radikalen Werkästhetik die Ambiguität und damit die Sinnpluralität auch und gerade des Sprachkunstwerks betont hat und Umberto Eco Werkbegriff und Sinnoffenheit fast schon plakativ im Titel einer seiner bekanntesten Monographien, *Opera aperta* (1962), in Verbindung brachte?[47]

Im Deutschen ist die Opposition ‚Werk vs. Text' bezüglich Sinnkomplexität im Übrigen schon etymologisch verdächtig, steht doch Werk (‚Werg'), wie oben angedeutet, mit der Idee des ‚Geflechts' ebenso in Zusammenhang, wie dies für das ‚Textile', ‚Rhizomatische' des ‚Textes' der Fall ist. Und wie steht es schließlich mit den zahlreichen, einfach als Behauptungen aufgestellten Philosophemen, die den Ausführungen von Barthes zugrunde liegen (auch wenn diese im Dekonstruktivismus geradezu den Status von Artikeln eines Anti-Credos erlangt haben)? Man muss offenbar daran glauben, dass

---

43 Barthes: Œuvre, S. 1212 („es handelt sich hier um [bloße] Aussagen, nicht um Argumentationen").
44 Zu einer ähnlichen Kritik an Barthes siehe Sutrop: Death, S. 40 und S. 43, die auch auf die Widersprüche der Werk-Text-Opposition bei Barthes verweist (einmal als Funktion verschiedener literarischer Artefakte, ein andermal als Funktion verschiedener Leseweisen).
45 Siehe Barthes: Œuvre, S. 1217.
46 Siehe Gombrich: Art.
47 Vgl. auch Stierle: Rationalität, S. 207: „[D]ie Autorität der Form, die die Identität des Werks bestimmt, [muß] nicht notwendig eine autoritäre, ideologische Vereinseitigung seiner ‚Aussage' zur Folge haben […]."

Texte sich selbst sprächen, dass sie alle (hier kongruieren Barthes und Kristeva) stets intertextualisiert und damit „tissé[s] de citations"[48] seien, dass es keinen Schöpfer gebe und dass alle Bedeutung im Zeichen eines infiniten „recul"[49] stehe (was sprachlichen Determinismus, ja Totalitarismus voraussetzt). Und schließlich muss man anscheinend ebenfalls einfach glauben, dass die letzte Funktion von (Sprach)Kunst das Spielen mit den Texten sei. Wer all dies glaubt, wird auch der Verabschiedung des Werkkonzeptes à la Barthes einiges abgewinnen können. Ich tue es nicht.

5. Die sinnvolle (Weiter-)Verwendungsmöglichkeit des Werkbegriffs

Nun ist es allerdings ein gefährliches ‚Spiel', sich in unserem literaturwissenschaftlichen Zusammenhang auf Ideologeme und deren Kritik einzulassen, denn der oben geäußerte Ideologieverdacht ließe sich natürlich auch gegen die ‚bürgerliche Werkästhetik' wenden. Überdies mögen obige Versuche, die Einwände gegen den Werkbegriff zu entkräften, nicht in allen Punkten voll überzeugt haben. Was also tun?

Hier hilft wohl eine pragmatische Rückbesinnung auf das, was wissenschaftliche Begriffe eigentlich leisten sollen: Sie sind weniger Korrelate von essenzialistisch aufgefassten Wirklichkeiten denn Erkenntniswerkzeuge, die in bestimmten Kontexten für bestimmte Zwecke und mit bestimmten Konsequenzen mehr oder weniger brauchbar oder wünschenswert sind. Es geht im Grunde also um folgende Fragen: Ist der Werkbegriff tauglich für die Erfassung zumindest der meisten Gegenstände der Literaturwissenschaft? Und: Was gewinnt man mit diesem Begriff, und mit welchen Risiken ist dieser Gewinn verbunden, und umgekehrt: Was gewinnt man durch seine Negation, und welche Risiken sind dabei ins Kalkül zu ziehen?

Zur ersten, auf die mögliche pragmatische Tauglichkeit von Begriff und Konzept des Werks zielenden Frage: Hier ist zunächst auf ein bereits angedeutetes historisches Argument zurückzukommen, nämlich auf die lange Geschichte der Existenz des Werkkonzeptes (wenn auch nicht des Werkbegriffs). Wenn also das Werkkonzept, unter welchem Begriff auch immer, auf eine Jahrhunderte, wenn nicht Jahrtausende alte Geschichte zurückblicken kann und wohl die Mehrzahl aller Gegenstände der Literaturwissenschaft und vergleichbarer Geisteswissenschaften erfasst, spricht

---

48 Barthes: Œuvre; S. 1214 („von Zitaten durchwoben").
49 Ebd. (einer unendlichen „Verschiebung").

allein aus diesem Grund schon einiges für die Beibehaltung von Konzept und Begriff.

Beides, das kulturgeschichtliche Gewicht des Konzeptes und die unzweifelhaft vorhandenen Grenzfälle samt jenen – womöglich neuerdings zunehmenden – Fällen, für die dieses Konzept weniger sinnvoll erscheint, könnten überdies durch eine Begriffskonzeption aufgefangen werden, die sich häufig in der Geisteswissenschaft empfiehlt: diejenige der *Prototypensemantik*.[50] Artefakte wie William Shakespeares *The Tempest*, Johann Sebastian Bachs *Musikalisches Opfer* oder Pablo Picassos *Guernica* würden demnach prototypisch für die Realisierung eines ‚kognitiven Rahmens' oder ‚Schemas' namens ‚Werk' stehen. Die prototypischen Einzelmerkmale dieses Schemas entsprechen jenen einleitend aufgezählten Konnotationen des Werkbegriffs: Autorbezug, komplexe ästhetische Strukturiertheit, Individualität, Einmaligkeit, Begrenztheit und Abgeschlossenheit, Dauerhaftigkeit und Überzeitlichkeit u. a. durch die Öffentlichkeit von Anlage und Rezeption. Dabei gilt es Folgendes zu betonen: *Nicht* zu diesen Merkmalen gehört, wie teils bereits erläutert:

– eine eindeutig rekonstruierbare Autorenintention oder interpretatorische Bindung an eine Autorenbiographie nach Art der *l'homme et l'œuvre*-Perspektive,
– damit in Zusammenhang die Annahme eines monologisch-eindeutigen Werksinns,
– die Konzentration ausschließlich auf werkimmanente Strukturen oder auf große, zu starren Kanons zusammengefasste und quasi sakralisierte Werke der Hochkunst,
– die ausschließliche Fokussierung auf Werk und Autor ohne Berücksichtigung des Beitrages des Rezipienten und der Historizität des Werks, d. h. seiner Situierung in der Kulturgeschichte und partiellen Konditionierung durch sie.

Der bekannte Vorteil der prototypensemantischen Konzeption ist, dass das damit Erfasste (hier die typische Werkhaftigkeit) zu einem graduierbaren Konzept wird: So wäre die Einmaligkeit der Überlieferung des *Tempest* typischer als die beiden Varianten der Quarto- und Folio-Version von Shakespeares *King Lear*, und die Abgeschlossenheit von Bachs *Musikalischem Opfer* wäre typischer als die Unvollendetheit seiner *Kunst der Fuge*. Dennoch würde man den jeweils letztgenannten Artefakten nicht den

---

50 Zur Prototypensemantik siehe Rosch/Mervis: Family; zu einer Applikation auf literarische Gattungskonzepte siehe Fowler: Concepts; insbesondere zur Lyrikkonzeption in den letzten Jahren siehe Petzold: Sprechsituationen.

Werkstatus absprechen müssen, denn die Prototypensemantik erlaubt auch bei Ausfall eines oder mehrerer typischer Merkmale eine Zuordnung zum Typ, wenn wesentliche andere Merkmale noch erkennbar sind.

Durch die prototypensemantische Konzeption des Werkbegriffs gewänne man eine Reihe von Vorteilen:

1. ein flexibles Instrument zur Erfassung einer Vielzahl, wenn nicht der Mehrzahl, der Gegenstände literarischer, künstlerischer und medialer Rezeption und wissenschaftlicher Beschreibung; damit auch die (fortgesetzte) Bereitstellung einer Grundlage und Rechtfertigung für die mit diesen Gegenständen befassten Disziplinen;[51] Mit Texten befassen sich alle möglichen Disziplinen, mit literarischen Werken als solchen befasst sich nur die Literaturwissenschaft. Eingeschränkt gilt Ähnliches auch z. B. für die bildende Kunst: Als bloße Gegenstände können Bilder oder Skulpturen in Kontexten wie dem Kunsthandel, des Investmentbanking, des Denkmalschutzes usw. stehen, als Kunst*werke* sind sie zuvorderst Objekte der Kunstwissenschaft.
2. Ein weiterer Vorteil ist die Sicherstellung des Bewusstseins von der Autorität auktorialer Schöpfungen als Grundlage aller künstlerischer und medialer Kommunikation (denn sie sind nicht einfach vorhanden, sondern intentionale Produkte) und auch als notwendiger Fokus unabdingbaren werkzentrierten Verstehens und Interpretierens;[52] das schließt auch die Bewussthaltung der Gemachtheit und (ästhetischen) Strukturiertheit von Kunstwerken und ihrer Einbettung in historisch-kommunikative Zusammenhänge ein, ferner die Anerkennbarkeit einer gewissen Sinnpluralität (was indes nicht eine Bedeutungsbeliebigkeit impliziert).
3. Und schließlich erlaubt der fortgesetzte Gebrauch des Werkbegriffs auch die Aufrechterhaltung eines sicher nicht ganz ungerechtfertigten Respekts vor insbesondere künstlerischen Produkten als besonderen menschlichen Leistungen und als Orientierungssystemen aller Rezeption. Aus solchem Respekt ergäbe sich auch ein Ansporn zur Reflexion darüber, ob ‚Werktreue' in performativen Kontexten wie (Musik-) Theater und anderen Aufführungsformen nicht nur eine hoffnungslos veraltete Chimäre ist (der man allenfalls im Bereich von Editionswissenschaft und Bibliothekswesen oder der historisierenden Aufführung alter Musik eine gewisse Geltung zuschreiben möchte), sondern zumindest als regulatives Ideal ihren Sinn behalten könnte: Denn gerade bei in sich bereits relativ sinnoffenen, mehrere Lektüren zulassenden

---

51 Vgl. Stierle: Rationalität, S. 21.
52 Vgl. ebd., S. 18.

Artefakten (Literatur neigt typischerweise zu solcher Offenheit und zu solchem Zulassen) werden die Rezipienten ermächtigt, sich mit solchen ‚Vorlagen' und deren Sinnpotenzial weitgehend eigenständig und ohne allzu offensichtliche Gängelung durch vereindeutigende Interpretationen auseinanderzusetzen. Nicht zuletzt wird so auch ein Betrag geleistet zu einer Aufrechterhaltung einer kulturellen Tradition, die gerade deshalb lebendig bleiben kann, da sie auf (weitgehend) selbstständiger Auseinandersetzung beruht.[53]

Mögliche Risiken des Werkbegriffs beziehen sich dabei auf das, was oben explizit nicht als Merkmal des Werkkonzeptes angesprochen wurde, was aber insbesondere bei radikaler Konzeptionierung problematische Tendenzen dieses Konzeptes darstellen könnte (z. B. das Risiko der Kanonverkrustung).

Umgekehrt gewänne man durch eine Verabschiedung des Werkkonzeptes Folgendes bzw. müsste man mit Folgendem rechnen:
1. Aus der Auflösung des Gegenstandes der Rezeption und von dessen Autorität entstünde die Befreiung des Rezipienten zu womöglich beliebigem Spiel mit den Artefakten.
2. Man handelte sich ferner die Desakralisierung von Artefakten und Kunst ein – mit der Konsequenz einer Entlastung der Rezipienten (Interpreten, Regisseure usw.) von elitären Anforderungen an Kontext- und andere Detailkenntnisse, bevor ein Artefakt angeblich ‚adäquat' rezipiert werden kann.
3. Und schließlich gewänne man auch die Schärfung des Bewusstseins von der Sinnoffenheit bis hin zur Sinnzerstreuung als Qualität vieler Artefakte sowie die Erkenntnis von deren Abhängigkeit von außerhalb ihrer selbst liegenden Bedingungen des Verstehens.

Ob all dies gleichermaßen wünschenswert ist, sei dahingestellt. Jedenfalls wären mögliche Risiken der Verabschiedung des Werkbegriffs demgegenüber:

---

53 Dieser Respekt könnte auch als Bremse für manche Exzesse eines parasitären Regietheaters wirken, bei dem der Dramentext (bzw. das Libretto) nur mehr zum Vorwand für eine die interpretatorischen Fähigkeiten der Rezipienten unterschätzende Selbstverwirklichung und idiosynkratische Deutung der betreffenden Regisseure absinkt. Aufführung ist zwar immer Interpretation und Einrückung in eine Gegenwart, fraglich ist aber, ob dies zu Beliebigkeit oder zur Notwendigkeit von ‚Aktualisierung' führen muss. Hier nun stellt der Werkbegriff, bezogen auf den Dramentext, die Möglichkeit einer Graduierung zwischen mehr oder weniger werknaher Rekonstruktion und werkferner Uminterpretation zur Verfügung, die bedenkenswert ist.

1. Ein erstes Risiko wäre die Banalisierung des ‚Textes' zu einer Spielwiese freischwebender Sinnbastelei (*bricolage*) des Rezipienten im Zeichen eines *anything goes*. Im schlechtesten Fall gerieten die ‚Texte' zu repetitiven und damit letztlich langweiligen Indikatoren und Illustrationen immer derselben angenommenen (oder vorausgesetzten) Unmöglichkeit von Sinn – und damit ginge der Verlust des Bewusstseins und der Anerkennung der Einmaligkeit und Individualität großer Kunstwerke einher.
2. Ein weiteres Risiko wäre die Missachtung der Tatsache, dass die meisten sogenannten Texte nicht anonyme Schnittstellen und Echoräume vorgängiger Diskurse, sondern je spezifische Elemente einer je spezifischen intentionalen Kommunikation sind, die in einen wiederum je spezifischen kulturhistorischen Kontext ‚hineingesprochen' sind.
3. Der Primat der Rezipienten bzw. User als der unumschränkten Herren des Rezeptionsprozesses entzöge ferner den Interpretationswissenschaften sowohl Grundlage als auch Daseinsberechtigung.
4. Und schließlich wäre auch Folgendes zu erwarten: Wären alle ‚Texte' nur gleich(un)gültige, entauratisierte Spielanlässe, käme es womöglich zu einer Nivellierung ästhetischer Differenzen, zum Verlust des Ansporns zur Bewahrung und Tradierung wenigstens der besten Dokumente der Hochkunst, aber auch der Populärkunst und damit letztlich zur Gefahr des Abreißens kultureller Tradition und Identität.

Eine letzte Frage gilt es noch zu klären: Könnte man sich nicht zumindest in der Literaturwissenschaft überhaupt der ganzen Debatte um den Werkbegriff entledigen, wenn man überhaupt nur von ‚Texten' als ihrem Gegenstand spräche oder wenn man hier Text und Werk einfach als Synonyme verwendete? Immerhin war dies eine bei einigen Literaturwissenschaftlern übliche Vorgangsweise, und dies bereits vor der durch Barthes künstlich eingeführten Scheidung von *œuvre* und *texte* (wie gesagt, verwendet z. B. Iser ‚Text' ohne Rücksicht auf die Barthes'sche Opposition im Sinne von ‚Werk'). Diese Frage impliziert eine weitere nach dem ‚Anderen' des Werkbegriffs. Wenn es dieses ‚Andere' nicht gibt oder es nicht vernünftigerweise anzunehmen ist, dann könnte man in der Tat auf den Werkbegriff mit eigener (nicht notwendig Barthes'scher) Bedeutung verzichten. Allerdings wäre dies eine Verarmung des Terminologiearsenals der Literaturwissenschaft. Wie aus obiger Debatte abzuleiten, kann der Werkbegriff, zumal in einem ‚weichen' prototypischen Sinn zwar auf mehr ‚Texte' ausgeweitet werden, als vielleicht eine strikte Werkästhetik im Sinn des 19. Jahrhundert es zulassen würde. Dies heißt aber nicht, dass es kein ‚Außen' des Werkbegriffs gäbe. Zu den sinnvollerweise nicht als ‚Werke' zu klassifizierenden literarischen Artefakten müsste man zum Beispiel die zum Teil ephemeren sprachlichen *performances* der Dadaisten zählen oder auch postmoderne Experimente der bildenden Kunst, die sich explizit dem Werkgedanken entziehen, wie *objets trouvés* oder *Readymades*. Wo es aber solche ‚Anti-Werke' gibt, ist es auch sinnvoll, sie nicht unter dem Werkbegriff zu subsumieren, wenn auch hier der Werkbegriff oftmals den Hintergrund abgibt, vor dem die Anti-Werke ihr meist metareferentielles (z. B. die Kunsttradition kritisch reflektierendes) Sinnpotenzial entfalten.

Fazit: Es spricht offenbar mehr für den Werkbegriff und dessen Aufrechterhaltung als gegen ihn. Ich plädiere daher für einen prototypensemantisch flexibel konzeptionalisierten moderaten Werkbegriff, der einerseits im Gegensatz zum Barthes'schen Anti-Werkbegriff des ‚Textes' steht, sich aber andererseits auch von einem radikalen, starren Werkbegriff dadurch unterscheidet, dass in konkreten Fällen einzelne Merkmale ausfallen können, aber trotzdem die Klassifizierung als Werk möglich ist. Damit können auch individuelle Texte der Trivial- oder Populärkultur als Werke klassifiziert werden, ebenso aber auch anonyme oder in mehreren Versionen vorhandene Artefakte, gegebenenfalls auch identifizierbare Aufführungen.

6. Die Transmedialität des Werkbegriffs

Die obige Diskussion des Werkbegriffs sollte im Einklang mit der *literaturwissenschaftlichen* Orientierung des vorliegenden Bandes und des Symposiums, auf dem dieser Band hauptsächlich basiert, stehen und erfolgte daher hauptsächlich mit Blick auf die Literatur. Mein Plädoyer für die Sinnhaftigkeit und Weiterverwendung des Werkbegriffs in der Literaturwissenschaft ließe sich jedoch transmedial ausweiten. Denn ähnliche Argumente – medienspezifisch adaptiert – könnte man auch für andere Medien und Künste anführen, z. B. für die Musik, die Bildkunst, den Film, Comics usw.[54] Auch in diesen Bereichen überwiegen die Potenziale des Werkbegriffs wohl bei weitem dessen Problematik – und daher wäre der Literaturwissenschaft

---

54 Medienspezifik kommt z. B., wie bereits in Abschnitt 2 vermerkt, bei der Frage nach der Natur bzw. Extension des Gemeinten ins Spiel. So tendiert der literarische (wie auch z. B. der musikalische) Werkbegriff zu größerer Abstraktheit als z. B. derjenige in den bildenden Künsten: Ein Roman ist beispielsweise als Werk zunächst einmal die ideale Ganzheit seines Textes, der Werkbegriff umfasst hier aber nicht zuvorderst eine konkrete Manifestation als E-Book, Taschenbuch oder gebundene Ausgabe dieses oder jenes Verlags. Dagegen bezieht sich die Sixtinische Madonna als Werk Raffaels auf ein konkretes Artefakt in der Dresdener Gemäldegalerie (und nicht auf dessen Reproduktion in Kunstbänden).

umso mehr gedient, wenn auch hier – wie sich abzeichnet – die ikonoklastischen Tendenzen de(kon)struktiven Denkens überwunden werden könnten zugunsten einer Rückbesinnung auf Konzepte wie jene des Werks.

Als Fazit lässt sich festhalten: Von bewährten und insbesondere transmedial verwendbaren Grundbegriffen der Geisteswissenschaften sollte man sich nicht leichtfertig trennen. Dies gilt zumal dann, wenn sie sich für die Mehrzahl der Fälle als nach wie vor tauglich erweisen und die Risiken und Schäden ihrer Verabschiedung deutlich größer als die Probleme ihrer Beibehaltung wären. Statt „de l'œuvre au texte" verspricht die umgekehrte Denkbewegung heute immer noch mehr heuristischen Gewinn, also „du texte à l'œuvre". Trotz der versuchten Totsagung (auch) des Werkes sollten wir daher – getreu dem Motto ‚Totgesagte leben länger' – getrost weiter von Werken, und nicht nur von Texten, sprechen, von Werken, wie sie von Shakespeare und Schiller, von Michelangelo und Monet, von Bach und Brahms, Wagner und Verdi und von Antonioni und Woody Allen geschaffen wurden.

Bibliographie

Balme, Christopher: Einführung in die Theaterwissenschaft. Berlin 2008.
Barthes, Roland: La mort de l'auteur. In: Mantéia 5 (1968), S. 12–17.
Barthes, Roland: De l'œuvre au texte [1971]. In: Revue d'esthétique 3 (1994), S. 225–232; wiederabgedr. in: R. B.: Œuvres complètes. Bd. 2. Hg. von Éric Marty. Paris 1994, S. 1211–1217.
Benjamin, Walter: Das Kunstwerk im Zeitalter seiner technischen Reproduzierbarkeit [1935]. In: W. B.: Gesammelte Schriften. Werkausgabe. Bd. 1.2. Hg. von Rolf Tiedemann/Hermann Schweppenhäuser. Frankfurt a. M. 1980, S. 431–469.
Brockhaus Enzyklopädie. 20 Bde. Wiesbaden 1966–1975.
Broich, Ulrich/Manfred Pfister (Hg.): Intertextualität: Formen, Funktionen, anglistische Fallstudien. Tübingen 1984.
Burke, Seán: The Death and Return of the Author: Criticism and Subjectivity in Barthes, Foucault, and Derrida. 2. Aufl. Edinburgh 1998.
Duden: Etymologie – Herkunftswörterbuch der deutschen Sprache. Mannheim u. a. 1963.
Eco, Umberto: Opera aperta: Forma e indeterminazione nelle poetiche contemporanee. Mailand 1962.
Eco, Umberto: Postille a „Il nome della rosa". In: alfabeta 49 (Juni 1983), S. 19–22.
Eco, Umberto: Nachschrift zum „Namen der Rose". Übers. von Burkhart Kroeber. München 1986.
Fischer-Lichte, Erika: Ästhetik des Performativen. Frankfurt a. M. 2004.
Fischer-Lichte, Erika: Performativität. Eine Einführung. Bielefeld 2012.
Foucault, Michel: Qu'est-ce qu'un auteur? In: Bulletin de la Société française de philosophie 63 (1969), S. 75–104.
Fowler, Alastair: Concepts of Genre. In: A. F.: Kinds of Literature: An Introduction to the Theory of Genres and Modes. Cambridge, MA 1982, S. 37–53.
Gombrich, Ernst H.: Art and Illusion. A Study in the Psychology of Pictorial Representation [1960]. Oxford 1977.

Goodman, Nelson/Catherine Z. Elgin: Interpretation and Identity: Can the Work Survive the World? In: Critical Inquiry 12.3 (1986), S. 564–575.
Iser, Wolfgang: Der Akt des Lesens [1976]. München 1984.
Jannidis, Fotis/Gerhard Lauer/Matías Martínez/Simone Winko (Hg.): Rückkehr des Autors. Zur Erneuerung eines umstrittenen Begriffs. Tübingen 1999.
Kristeva, Julia: Semeiotike. Recherches pour une sémanalyse. Paris 1969.
Landerer, Christoph: Unsterbliche Werke der Tonkunst – vergängliche Schöpfungen der Architektur. Zum Werkbegriff in Musik und Architektur. In: Herwig Gottwald/Andrew Williams (Hg.): Der Werkbegriff in den Künsten. Heidelberg 2009, S. 115–126.
Lindmayr-Brandl, Andrea: Vom Fragment zum Werk und wieder zurück. Schuberts Unvollendete. In: Herwig Gottwald/Andrew Williams (Hg.): Der Werkbegriff in den Künsten. Heidelberg 2009, S. 153–162.
Petzold, Jochen: Sprechsituationen lyrischer Dichtung: Ein Beitrag zur Gattungstypologie. Würzburg 2012.
Rajewsky, Irina O.: Das Potential der Grenze. Überlegungen zu aktuellen Fragen der Intermedialitätsforschung. In: Dagmar von Hoff/Bernhard Spies (Hg.): Textprofile Intermedial. München 2008, S. 19–47.
Rajewsky, Irina O.: Border Talks. The Problematic Status of Media Borders in the Current Debate about Intermediality. In: Lars Elleström (Hg.): Media Borders, Multimodality and Intermediality. Houndmills u. a. 2010, S. 51–68.
Rajewsky, Irina O.: Medialität – Transmedialität – Narration. Perspektiven einer transgenerischen und transmedialen Narratologie. Z. Zt. noch unveröff. Habilitationsschrift FU Berlin 2015.
Rosch, Eleanor/Carolyn B. Mervis: Family Resemblances. Studies in the Internal Structure of Categories. In: Cognitive Psychology 7 (1975), S. 573–605.
Shorter Oxford English Dictionary on Historical Principles. 2. Aufl. Hg. von William Little. 2 Bde. Oxford 1936.
Shorter Oxford English Dictionary on Historical Principles. 5. Aufl. 2 Bde. Oxford 2002.
Stierle, Karlheinz: Ästhetische Rationalität. Kunstwerk und Werkbegriff. München 1996.
Sukenick, Ronald: The Death of the Novel. In: R. S.: The Death of the Novel and Other Stories. New York 1969, S. 41–102.
Sutrop, Margit: The Death of the Literary Work. In: Philosophy and Literature 18 (1994), S. 38–49.
Wehrli, Max: Vom Schwinden des Werk-Begriffs. In: Editio 5 (1991), S. 1–11.
Wilpert, Gero von: Sachwörterbuch der Literatur. 8. Aufl. Stuttgart 2001.
Wolf, Norbert: Wie viele Leben hat der Autor? Zur Wiederkehr des empirischen Autor- und des Werkbegriffs in der neueren Literaturtheorie. In: Heinrich Detering (Hg.): Autorschaft. Positionen und Revisionen. Stuttgart 2002, S. 309–405.

VII. Diskurse des Werks: Kunst und Wissenschaft

Andrea Polaschegg

Der Gegenstand im Kopf: Zur mentalistischen Erbschaft des Werkkonzepts auf dem Sparbuch literaturwissenschaftlicher Objektivität

Die Überlegungen, die ich im Rahmen dieses Beitrags anstellen will,[1] bewegen sich – dies immerhin dürfte durch den Metaphernwald seines Titels hindurchschimmern – auf der Ebene literaturwissenschaftlicher Werkkonzepte. Genauer gesagt, bewegen sie sich auf der Ebene derjenigen Konzepte, mit denen die Literaturwissenschaft den Gegenstand ihrer Analyse begreift. Analog zu Klaus Weimar, der lieber von „Konzeptionen" spricht, verstehe ich unter einem Konzept ein

> Bündel von Voraussetzungen, von Setzungen, die im Voraus vorgenommen werden und der literaturwissenschaftlichen Arbeit sowohl voraus- als auch zugrundeliegen. Sie betreffen den Status von literarischen Texten und konstituieren den Gegenstand der Literaturwissenschaft, insofern sie festlegen, *als was* ein literarischer Text grundsätzlich anzusehen sei.[2]

Ihrem Charakter als Präsuppositionen entsprechend, werden Konzepte oder eben „Konzeptionen" dieser Art wissenschaftlich in aller Regel nicht expliziert und noch weniger definiert. Und eben darin liegt die Bedingung der Möglichkeit ihrer gegenstandsformatierenden und -konstituierenden Kraft, weil sie von der machtvollen Evidenz des (per definitionem unhinterfragten) Selbstverständlichen zehren.

Aus Sicht einer begriffsgeschichtlich fokussierten Forschung mag man allerdings schon jetzt einwenden, dass „das Werk"[3] in meinem Beitragstitel und „der Text",[4] von dem Klaus Weimar spricht, nicht allein zwei verschiedene Begriffe sind, sondern dass sie sogar als Gegenbegriffe Wissen-

---

1 Ausführlich dargelegt und in einen größeren medienpoetischen Kontext gestellt finden sich diese Überlegungen in: Polaschegg: Anfang.
2 Weimar: Konzeption, S. 272.
3 Vgl. zur Begriffsgeschichte grundlegend Thierse: Ganze, S. 378–414.
4 Differenziert zur Geschichte des Textbegriffs: Scherner: Text, S. 103–160.

schaftsgeschichte geschrieben haben und womöglich auch in Zukunft schreiben werden. Und natürlich ist diese Einrede auf diskursiver Ebene mehr als stichhaltig, nicht aber notwendigerweise auch auf konzeptioneller.

Wie ich im Folgenden zeigen will, haben nämlich Werk- und Textbegriff an der Vor-Formatierung dessen, *als was* wir literaturwissenschaftliche Gegenstände in ihrer konkreten medialen und materialen Gegebenheit begreifen, tatsächlich weitgehend funktionsanalog mitgewirkt. Dabei hat der Werkbegriff, der hier als Bezeichnung von Einzelwerken und nicht von Œuvres verstanden und verhandelt wird, vom ausgehenden 18. Jahrhundert bis zum letzten Drittel des 20. Jahrhunderts die konzeptionelle Kärrnerarbeit geleistet, die vom Textbegriff dann den bis heute wirksamen Feinschliff erhielt – und zwar unabhängig davon, ob literaturwissenschaftliche Gegenstände aktuell als ‚Texte' oder als ‚Werke' bezeichnet werden.

Die heuristische These, dass der literaturwissenschaftliche Textbegriff trotz seines rhetorischen Einsatzes als Gegenbegriff zum ‚Werk' in den 1970er Jahren[5] letztlich das gegenstandskonzeptionelle Erbe des Werkbegriffs angetreten hat und es bis heute verwaltet, bezieht sich also nicht auf die jeweiligen *Begriffsimplikationen* und ihre – bekanntlich sehr unterschiedliche – Trag- und Reichweite. Vielmehr stellt es auf die Art und Weise ab, wie beide Begriffe im Zusammenspiel mit einer ganzen Reihe weiterer terminierender Wendungen das literaturwissenschaftliche Verständnis des Gegenstands ‚Text' in medialer und materialer Hinsicht vorformatiert haben. Zur Rede steht also die implizite Ontologie von ‚Werken' oder ‚Texten' als Objekten der Literaturwissenschaft[6] – eine Ontologie im Modus der Präsupposition, mit der innerhalb des Fachs ganz selbstverständlich auch diejenigen Fachvertreter operieren, die ontologische Fragen grundsätzlich als metaphysische zurückweisen.

Was diese implizite Ontologie zu einem lohnenswerten Reflexionsgegenstand macht, ist nun ihr faszinierend paradoxer Charakter. Das jedenfalls besagt die zweite These meines Beitrags, die sich in seinem Obertitel andeutet und in maximaler Verknappung lautet: Im Zuge der Vorformatie-

---

5 Vgl. dazu exemplarisch Barthes: Text; Derrida: Semiologie; Kristeva: Text.
6 Während Klaus Weimar in seinem Beitrag den epistemologischen Präsuppositionen der Literaturwissenschaft nachspürt, also danach fragt, ob die literaturwissenschaftliche Erkenntnis jeweils auf den literarischen Text selbst gerichtet ist oder ob der Text als Mittel zur Erkenntnis eines Dritten (etwa der Geschichte, der Gesellschaft, des Diskurses oder des Wissens) benutzt wird, geht es mir tatsächlich um die ontologischen Präsuppositionen der Disziplin mit Blick auf ihren ubiquitären Analysegegenstand. Ich frage also – in gewisser Weise grundlegender als Weimar – nach dem disziplinären Vorverständnis derjenigen Größe, die (mit welchem Ziel und zu welchem Zweck auch immer) als Text analysiert wird.

rung des literaturwissenschaftlichen Gegenstands durch Werk- und Textbegriff wurde diesem Gegenstand eine Ontologie zugeschrieben, die ihn als architektonische, skulpturale oder textile *Entität*, auf jeden Fall aber als simultan gegebenes und mithin sichtbares *Objekt* konzeptionalisiert hat, das in seiner objektiven Form allerdings – und darin liegt das besagte Paradox – ausschließlich *mental* vorliegt und somit jeder sinnlichen Wahrnehmung entzogen ist. Dieser paradoxen Ontologie zufolge firmieren Werke oder Texte im literaturwissenschaftlichen Diskurs also tatsächlich – wörtlich verstanden – als „Gegenstände im Kopf", was für die Epistemologie der Disziplin ebenso weitreichende Konsequenzen hat wie für ihre Praxis.

Im Folgenden werde ich den Versuch unternehmen, diese beiden Thesen poetik- und wissenschaftsgeschichtlich zu befleischen, sie analytisch zu konkretisieren und ihnen auf diesem Wege zu Plausibilität zu verhelfen. Das literaturwissenschaftliche Gegenstandsverständnis überhaupt über seine Präsuppositionen und nicht über seine Begriffe bestimmen zu wollen, ist dabei indes keineswegs so verwegen, wie es vielleicht scheinen mag. Das zeigt schon ein kurzer Blick auf den Textbegriff, der – im Unterschied zu dem des ‚Werks' – für die gegenwärtige Literaturwissenschaft quer durch alle ihre disziplinären Schulen, Methoden und Selbstverständnisse das terminologische *sine qua non* der analytischen Arbeit darstellt. Denn trotz oder womöglich gerade wegen seiner ehemaligen Funktion als Kampfvokabel gegen eine überkommene Werkästhetik besitzt dieser wissenschaftsdiskursive „master term" keinerlei terminologische Kontur,[7] und es existiert auch keine literaturwissenschaftliche Definition des disziplinären Zentralbegriffs „Text".[8] So fehlt in vielen Fachlexika ein entsprechendes Lemma ganz[9] oder wurde – wie im Falle des *Reallexikons der deutschen Literaturwissenschaft* – nur durch Zufall in letzter Minute noch aufgenommen.[10] Und wo die entsprechenden Nachschlagewerke tatsächlich mit einem Eintrag zum ‚Text' aufwarten, da wird die präsentierte Definition entweder – so auch im *Reallexikon* – explizit als sprachwissenschaftliche ausgewiesen und somit fachkulturell eingeklammert,[11] oder der Begriff

---

7 Knobloch: Text/Textualität, S. 26.
8 Vgl. zum Textbegriff und seinem Gebrauch grundlegend Ehlich: Sprache, S. 483–618.
9 Das Lemma „Text" fehlt u. a. in Ulfert Ricklefs' *Fischer Lexikon Literatur*, in Ansgar Nünnings *Grundbegriffe der Literaturtheorie* und in *Literatur in Grundbegriffen* von Borchmeyer und Žmegač. Das *Metzler Literatur Lexikon* hat das Lemma „Text" erst in seine dritte Auflage aufgenommen (vgl. Würth: Text, S. 760).
10 Vgl. dazu die Anekdote in Baßler: Text, S. 470.
11 Neben dem fast vergessenen Lemma im *Reallexikon* (vgl. Horstmann: Text) gilt das auch für die Artikel im *Lexikon Literaturwissenschaft* (vgl. Spoerhase: Text, S. 319), im

wird programmatisch zu einem nicht definierbaren erklärt und diese Undefinierbarkeit – in einer hübschen argumentativen Volte – als Bedingung der Möglichkeit seiner heuristischen Potenziale behauptet.[12] Angesichts der nicht nur ubiquitären, sondern für eine Verständigung über die disziplinären Untersuchungsgegenstände letztlich unverzichtbaren Verwendung eben dieses programmatisch undefinierten Begriffs innerhalb der Literaturwissenschaft bleibt also zu konstatieren, dass der „master term" des Fachs vornehmlich, wo nicht ausschließlich aus impliziten Vorannahmen besteht.

Genau darin liegt der Hauptgrund dafür, warum dieser Beitrag dem literaturwissenschaftlichen Gegenstandsverständnis nicht über Begriffsanalysen von ‚Text' und ‚Werk' beizukommen sucht, sondern über die Untersuchung besagter Präsuppositionen. Und die wiederum artikulieren sich in zahlreichen anderen Wörtern und Metaphern, von denen die Begriffe ‚Text' und ‚Werk' flankiert werden. Zu den geläufigsten zählen das „Ganze", die „Komposition", die „Einheit", der „Aufbau", die „Tektonik", die „Struktur", aber auch die „Textur", das „Gewebe", die „Oberfläche" oder der „Raum". Es ist diesen Wörtern und Metaphern deutlich anzumerken, dass sie aus unterschiedlichen Zeiten stammen und heute auch keineswegs als Synonyme verwendet werden. Und doch sind sie mit Blick auf die (Vor-)Formatierung des literaturwissenschaftlichen Gegenstands funktional miteinander verknüpft. Wie genau diese Verknüpfung funktioniert, werden die folgenden Ausführungen aufzeigen.

1. Werk werden

Am diskursgeschichtlichen Anfang dieser Formatierung in der zweiten Hälfte des 18. Jahrhunderts steht nun der Werkbegriff, der – wie uns die einschlägige Forschung lehrt[13] – im Rahmen der Ästhetik jener Jahrzehnte eine zweifache Transformation durchlaufen hat: Bis zur Mitte des 18. Jahrhunderts wurde unter dem Wort ‚Werk' im Deutschen ausschließlich ein Arbeits*prozess* verstanden, der in der gegenwärtigen Alltagssprache über Komposita wie ‚Tagewerk' oder ‚Handwerk' noch mitgeführt wird. Erst in den darauf folgenden Jahrzehnten wurde diese performative Bedeutungsdimension des ‚Werks' langsam zurückgedrängt zugunsten der heute geläufi-

---

Metzler Lexikon Literatur- und Kulturtheorie (vgl. Thiele: Text; ders.: Textualität) sowie im *Literaturwissenschaftlichen Lexikon* (vgl. Martens: Text).

12 Knobloch: Text/Textualität, S. 24, 32.

13 Vgl. zum Werkbegriff und seiner Geschichte – hier und im Folgenden – Pudelek: Werk.

gen Bezeichnung eines Ergebnisses oder Produkts solcher Arbeitsprozesse. Dieser Implikationstransfer des Werkbegriffs vom ‚Prozess' hin zum ‚Produkt', wie er sich im Laufe des 18. Jahrhunderts vollzog, war insgesamt zwar kein absoluter, hatte auf dem Gebiet der Ästhetik allerdings besonders weitreichende Folgen. Denn hier begann sich nun eine Rede vom „Kunstwerk" durchzusetzen, die sich *allein* auf das Ergebnis und nicht mehr auf den Prozess künstlerischer Arbeit bezog, auch wenn dessen zielgerichteter Charakter eine wichtige Voraussetzung blieb. So werden „Kunstwerke" bei Kant (1788) als „ganz nach Zwecken eingerichtete[ ] Produkte"[14] bestimmt, und in Adelungs *Grammatisch-Kritischem Wörterbuch* (1811) heißt es unter dem Lemma „Kunstwêrk" dann definitorisch: „ein Werk der Kunst, ein durch oder mit Kunst hervor gebrachtes *Ding*". Allerdings verbindet Adelung diese Begriffsbestimmung mit einer signifikanten Einschränkung: „In engerer Bedeutung", so heißt es weiter, „wird ein Product der *bildenden Künste* ein Kunstwerk genannt".[15]

Signifikant ist diese Einschränkung insofern, als der Begriff ‚Kunstwerk' im 18. Jahrhundert tatsächlich zunächst ausschließlich auf Werke der bildenden Künste Anwendung fand und erst nach seiner Etablierung in diesem Referenzbereich auf die Dichtkunst und noch später (und noch zögerlicher) auf die Tonkunst übertragen worden ist.[16] Selbst Lessing bezeichnet in seinem *Laokoon* allein Skulpturen und Gemälde als „Kunstwerke";[17] und Skulpturen sind es bekanntlich auch gewesen, an denen die Autonomieästhetik und der Klassizismus ihr emphatisches Modell des Werks als eines in sich geschlossenen Ganzen modelliert haben.[18]

Denn auch wenn Karl Philipp Moritz es in seinen berühmten Schriften *Über die bildende Nachahmung des Schönen* und *Die Signatur des Schönen* von 1788 rhetorisch offen lässt, welche konkrete Kunstform er bei seiner Verhältnisbestimmung des „Ganzen" zum „Schönen" im Sinn hat, ist aus seinen Einlassungen das implizite Paradigma der bildenden Kunst unschwer herauszulesen – zumal da, wo Fragen der Aisthesis des Kunstwerks berührt werden. Hier dominiert nicht zufällig eine Semantik des „Anblick[s]", der „Betrachtung" und der „stillen Beschauung", die sich auf Werke der Dicht- und Tonkunst nicht applizieren lässt, angesichts von Skulpturen und Gemälden dagegen unmittelbar verfängt, insofern diese nicht allein – nach

---

14 Kant: Prinzipien, S. 166.
15 [Art.] Kunstwerk, in: Adelung: Wörterbuch, Bd. 2, Sp. 1837; Hervorh. A. P.
16 Vgl. [Art.] Kunstwerk, in: Grimm/Grimm: Wörterbuch, Bd. 5, Sp. 2735–2737, hier Sp. 2736.
17 Von den 37 Stellen, in denen Lessing im Laokoon den Begriff „Kunstwerk" gebraucht, bezieht sich keine einzige auf Dichtung; vgl. Lessing: Laokoon.
18 Vgl. dazu ausführlich Polaschegg: Werkkonzept.

den Moritz'schen Kriterien des „Schönen" formuliert – „ein für sich bestehendes Ganze [sic] *wirklich* s[ind]", sondern auch „wie ein für sich bestehendes Ganze, in unsere Sinne fallen".[19]

Dabei hatte Moses Mendelssohn schon 1763 in seinen Kommentaren zu Lessings *Laokoon* auf die grundsätzlich bildkünstlerische Schlagseite der Vorstellung von einem „schönen Ganzen" hingewiesen und mit großer ästhetikgeschichtlicher Weitsicht formuliert:

> Ich stelle mir vor, daß die Regelmäßigkeit und Schönheit des Ganzen Ideen sind, auf welche man in der Poesie nicht geraten kann, wenn wir sie nicht von der Malerei und Bildhauerkunst entlehnen, und auf die Dichtkunst anwenden; denn da die Begriffe in der Dichtkunst aufeinander folgen, so sehen wir so leicht die Notwendigkeit nicht ein, diese mannigfaltigen Teile zusammen als ein schönes Ganze zu betrachten, und in ihrer Verbindung zu übersehen. Hingegen ist bei der Malerei und Bildhauerkunst, die die Begriffe zusammen als ein Ganzes darstellen, das Ganze auch immer das erste, worauf wir sehen. Allhier haben also die Regeln von der Schönheit des Ganzen gar leicht erfunden, und hernach per Principium reductionis auf Poesie und Beredsamkeit angewandt werden können.[20]

Von der in den folgenden Jahrzehnten stattfindenden Übertragung des an der bildenden Kunst modellierten Kunstwerk-Begriffs auf die Dichtung hat Mendelssohn in den 1760er Jahren freilich noch nichts ahnen können. Doch seine Überlegungen kreisen ja auch gar nicht um Fragen der Begriffsbestimmung oder -verwendung, sondern sie stellen auf ein Konzept ab: auf das ästhetische Konzept eines „schönen Ganzen", dessen Teile sich dem Betrachter *zusammen* darbieten und von ihm entsprechend „in ihrer Verbindung übersehen", also *überblickt* werden können. In heutige Terminologie übersetzt, lautet Mendelssohns These, dass diese Ganzheits-Konzeption ihre Evidenz einzig dem Simultaneindruck verdankt, den Werke der bildenden Kunst vermitteln – und zwar *nur* diese. Die Dichtkunst dagegen, deren Werke sich der Wahrnehmung unter keinen Umständen als simultane Einheiten präsentieren, sondern allein im Modus des lesenden oder hörenden Nach-und-Nach erschließen, bietet der Konzeption des „schönen Ganzen", Mendelssohn zufolge, keinen Halt und unterläuft im Wortsinne deren Plausibilität.

2. Werke (nicht) wahrnehmen

Zehn Jahre später wird Friedrich Gottlieb Klopstock einen ganz ähnlichen argumentativen Weg einschlagen und auf der Grundlage seines dezidiert

---

19 Moritz: Nachahmung, S. 558. Vgl. dazu grundlegend Pfotenhauer: Signatur; jüngst noch einmal zusammenfassend: Farahmand: Sprache, insbes. S. 159–167.
20 Moses Mendelssohns Kommentar in Lessing: Laokoon, S. 245 f.

aisthetischen Kunstverständnisses eine Wirkungsästhetik der Poesie formulieren. Die Dichtkunst zeichnet sich nach Klopstock gegenüber der Malerei nämlich dadurch aus, dass im Unterschied zum Gemälde, das sich dem Betrachter in Gänze darbietet, bei einem „Stück des Dichters" eben „nicht alles gleich ganz da ist".[21] Und aufgrund eben dieser Wahrnehmungseigenschaft des ‚Nicht-gleich-ganz-da-Seins' wecke die Poesie eine „Erwartung" und eine „Begierde zu entdecken", die von Werken der bildenden Kunst aufgrund ihres Simultaneindrucks nicht erzeugt werden könnten.[22] Diese Einschätzung teilt auch Herder, wenn er in den *Kritischen Wäldern* festhält, dass die Poesie – im Unterschied zur bildenden Kunst, dafür aber analog zur Musik und zum Tanz – „nicht für einen Anblick [wirkt], sondern für eine Folge von Augenblicken, deren Verbindung eben die Wirkung der Kunst macht".[23] Sobald also das Moment der Wahrnehmung ins Zentrum der Ästhetik rückt und als feste Bezugsgröße künstlerischer Wirkung fungiert, scheidet sich die Dichtkunst zusammen mit der Musik und dem Tanz kategorial von der bildenden Kunst ab, weil allein bildkünstlerische Werke als ein „Ganzes" wahrgenommen werden können, während die Wahrnehmung der Dichtung vollständig an deren transitorischen Charakter gebunden bleibt und ihre Wirkung entsprechend ausschließlich im Modus des Nach-und-Nach zeitigt. Ferdinand de Saussure sollte diese Einsicht später auf die berühmte Formel vom „linearen Charakter" sprachlicher Zeichen bringen.[24]

Bekanntermaßen konnten sich Mendelssohn, Klopstock und Herder mit ihrer Akzentuierung der unterschiedlichen aisthetischen Qualität der Künste und mit ihrer daraus resultierenden Skepsis gegenüber einer medienübergreifenden Konzeption des ‚schönen Ganzen' nicht durchsetzen. Stattdessen hat sich die bildkünstlerisch untersetzte Konzeption des ‚Ganzen' auf dem Weg ins 19. Jahrhundert an den ebenfalls bildkünstlerisch untersetzten Begriff ‚Kunstwerk' gekoppelt und hat in dieser Koppelung

---

21 Klopstock: Gelehrtenrepublik, S. 171 f.
22 Ebd. Ausführlich dazu: Polaschegg: Werkkonzept, S. 114–116.
23 Herder: Wäldchen, S. 138.
24 Saussure: Grundfragen, S. 82. Die wahrnehmungsphysiologisch inspirierte Einrede, dass sich auch die sinnliche Erfassung von Werken der bildenden Kunst nicht „auf einmal" ereignet, sondern ebenfalls prozesshaft ist, hält hier insofern nicht Stich, als sie auf die Unhinterschreitbarkeit der Zeit für *jede* Form der Wahrnehmung oder Handlung abstellt. Entscheidend für das Argument Mendelssohns, Klopstocks und Herders ist dagegen die Einsicht in die medienbedingte Steuerung der eo ipso zeitgebundenen Wahrnehmung, die sich bei Werken der bildenden Kunst im Modus des Simultaneindrucks, bei denen der Dicht-, Ton- und Tanzkunst dagegen im Modus des Verlaufs vollzieht. Vgl. dazu grundlegend Medicus: Geschichte.

bis (mindestens) ins letzte Drittel des 20. Jahrhunderts hinein die Vorstellungswelten des ‚Gegenstands' von Poetik und Hermeneutik gleichermaßen bestimmt. Dabei scheint es nicht unwahrscheinlich, dass die ontologische Suggestionskraft von Gemälden und Skulpturen, als Kunstwerk zugleich auch ein ‚Ding' zu sein (siehe Adelung), zur erfolgreichen Verbindung von Ganzheitskonzept und Werkbegriff im Zeichen der bildenden Kunst beigetragen hat, deren Transfer auf die Dichtung letztlich doch erstaunlich schnell und reibungslos funktioniert hat. Dass literarische *Werke* oder *Texte* – im Unterschied zu *Büchern* – keine Dinge sind, liegt schließlich ebenso auf der Hand wie die alltagsweltlich gestützte Einsicht, dass „Stücke" der Dichtkunst nur im Vollzug der Lektüre wahrnehmbar werden. Die störungsfreie Übertragung des simultan gegebenen, sichtbaren und tendenziell dinghaften Werkkonzepts von der bildenden Kunst auf die Dichtung wurde durch diese Alltagserfahrung offenbar nicht behindert.

Allerdings hatte dieser Transfer auch seinen Preis. Worin dieser Preis besteht, zeichnet sich bereits bei Moritz ab, der im Zuge seiner Bestimmung, dass „das Wesen des Schönen" darin bestehe, „daß ein Teil immer durch den andern und das Ganze durch sich selber redend und bedeutend wird",[25] eine klare Medienhierarchie im System der Künste ausmacht. „Durch das redende Organ", so heißt es in der *Signatur des Schönen*,

> beschreibt die menschliche Gestalt sich selber in allen Äußerungen ihres Wesens – da aber, wo das wesentliche Schöne selbst auf ihrer Oberfläche sich entfaltet, verstummt die Zunge, und macht der weisern Hand des bildenden Künstlers Platz. Denn da, wo das denkende Gebilde in den äußersten Fingerspitzen sich in sich selbst vollendet, vermag es erst, das Schöne unmittelbar wieder außer sich darzustellen.[26]

Die Dichtung, als an das Medium Rede und damit an das Nach-und-Nach der *parole* gebundene Kunst, verfügt über diese Möglichkeit der unmittelbaren Darstellung des Schönen nicht. Doch Moritz findet einen Weg, sie zumindest mittelbar am Schönen teilhaben zu lassen und unterzieht die Dichtkunst zu diesem Behuf einer höchst bezeichnenden semiotischen und aisthetischen Transformation. So fährt er in seiner Darlegung fort:

> Indes die Zunge durch eine bestimmte Folge von Lauten jedesmal harmonisch sich hindurch bewegend nur mittelbar das Schöne umfassen kann; insofern nämlich die mit jedem Worte erweckten und nie ganz wieder verlöschenden Bilder, zuletzt eine Spur auf dem Grunde der Einbildungskraft zurücklassen, die mit ihrem vollendeten Umriß dasselbe Schöne umschreibt, welches von der Hand des bildenden Künstlers dargestellt, auf einmal vor Auge tritt. Worte können daher das Schöne nicht eher beschrei-

---

25 Moritz: Nachahmung, S. 580.
26 Ebd.

ben, als bis sie in der bleibenden Spur, die ihr vorübergehender Hauch auf dem Grunde der Einbildungskraft zurücklässt, selbst wieder zum Schönen werden.[27]

In einem ersten Transformationsschritt hebt der Verfasser also die für die Ganzheitsästhetik so neuralgische Sukzessionsdimension der Dichtkunst („eine bestimmte Folge von Lauten") auf, indem er sie „Bilder" erzeugen lässt, also simultane Einheiten, die selbstverständlich „innen" liegen. Doch Moritz belässt es nicht dabei, sondern transformiert diese inneren Bilder, die von der Dichtkunst ja noch immer nur „nach und nach" hervorgebracht werden, weiter zu einer „Spur", die sie „auf dem Grunde der Einbildungskraft zurücklassen". Und als solche „bleibenden Spuren" auf dem jetzt unmissverständlich zweidimensionalen „Grund der Einbildungskraft" verlieren jetzt selbst die sprachlich erzeugten inneren Bilder ihre Sukzessionsdimension, und damit auch ihre Flüchtigkeit, und finden sich zu einer tatsächlich simultanen Einheit zusammen, die sogar über einen „Umriß" verfügt, damit vollständig im bildkünstlerischen Paradigma der Ganzheitsästhetik aufgeht und erst dadurch „zum Schönen werden" kann.

Der Preis dieser konzeptionellen Simultaneisierung des literarischen Kunstwerks – darauf haben für den Fall Moritz bereits Till Dembeck und Charlotte Kurbjuhn hingewiesen[28] – besteht freilich in der vollständigen Aufhebung seiner aisthetischen Dimension: Ein in sich selbst geschlossenes Ganzes kann ein Werk der Dichtkunst allein werden, wenn und solange es als ein „inneres" vorgestellt wird. Denn im „Außen", in der Welt der Wahrnehmung, präsentiert es sich ausschließlich im Modus des Nach-und-Nach, wodurch es aus einer Werkpoetik der Ganzheit und damit letztlich sogar aus der Autonomieästhetik herausfiele. Pointiert formuliert, wird der Mentalismus im ausgehenden 18. Jahrhundert zur entscheidenden Möglichkeitsbedingung der Literatur, ein ‚Kunst-Werk' zu werden, dessen Konzeption als geschlossenes Ganzes ihre Evidenz gleichzeitig einem ausgeprägten Sichtbarkeitsversprechen verdankt.

3. Werkmodelle im Zeichen der Architektur

An diesem konstitutiven Mentalismus des literarischen Werkkonzepts ändert sich, soweit ich sehe, bis ins 20. Jahrhundert hinein nichts. Was im letzten Drittel des 19. Jahrhunderts stattfindet, ist allerdings eine tendenzielle Verschiebung des skizzierten aisthetischen Paradoxons – also der Denkfigur, dass das literarische Kunstwerk als Ganzes nur *außerhalb der*

---

27 Ebd.
28 Dembeck: Texte, S. 242–294; Kurbjuhn: Kontur, S. 445–453.

Wahrnehmung, im Kopf, *sichtbar* wird – hin zu einem tatsächlich ontologischen Paradoxon. Besonders forciert wird diese Verschiebung von der Aisthesis zur Ontologie im Bereich der Dramenpoetik betrieben, was wahrscheinlich daran liegt, dass die Sukzessionsdimension dramatischer Texte aufgrund ihrer (tatsächlichen oder virtuellen) Verwiesenheit an eine Aufführung besonders evident ist und gegenüber der Integration in die simultane Ganzheitsästhetik des Werks somit auch besonders renitent.

So jedenfalls würde die Dominanz dezidiert architektonischer Werkmodelle in den Dramenpoetiken spätestens seit Gustav Freytag erklärlich, aus dessen *Technik des Dramas* eben nicht zufällig das „Pyramidenmodell" Geschichte geschrieben hat.[29] Freytag hatte das entsprechende Kapitel zum „Bau des Dramas"[30] bereits 1849 als Beitrag für die *Grenzboten* publiziert.[31] Und als die *Technik des Dramas* dann 1863 als Buch erschien, legte Wilhelm Dilthey in seiner durchweg positiven Rezension den Schwerpunkt ebenfalls auf den „pyramidalen Bau" dramatischer Texte.[32]

Lange bevor Oskar Walzel 1923 den *Begriff* der „Tektonik" aus Heinrich Wölfflins *Kunstgeschichtlichen Grundbegriffen* entnahm, ihn auf die Literatur übertrug und damit letztlich den konzeptionellen Kunstwerktransfer der Autonomieästhetik unter den Vorzeichen der Moderne noch einmal wiederholte,[33] hatte sich in der Dramenpoetik die Vorstellung etabliert, dass der Verlauf des Dramas durch eine ihm unterliegende Architektur des Werks bestimmt ist, das aus locker oder fest verfugten „Teilen", „Stücken" oder „Bausteinen" besteht, aus denen es „aufgebaut" ist, wenn möglich in symmetrischer Form, das in jedem Fall aber feststofflichen Charakter hat. Dabei wird diese (Archi-)Tektonik des dramatischen Werks wohlgemerkt nicht als eine gedacht, durch die man als Leser oder Zuschauer *hindurchläuft*. Wo die transitorische Dimension der Dichtung überhaupt mitreflektiert wird, da wird sie – die inzwischen berühmte Grafik der Freytag'schen „Pyramide" führt das eindrücklich vor Augen – an die *Außenkante* des

---

29 Die wissenschafts-, poetik- und bildungsgeschichtlich gleichermaßen frappierende Aufstiegsgeschichte dieses Modells von einer kaum briefmarkengroßen Illustration inmitten einer normativen (!) Dramenpoetik aus der Feder eines Romanciers und Journalisten bis zum universalen Analysemodell (!) dramatischer Texte im Schul- und Hochschulunterricht ist noch nicht geschrieben. Erste Linien zieht Polaschegg: Anfang, S. 239–256. Vgl. als Belege für diese Aufstiegsgeschichte Freytag: Technik des Dramas (1863), S. 100; Hofmann: Drama, S. 21; Scherer: Einführung, S. 35; Müller/Wess: Studienbuch, S. 181 ff.
30 Freytag: Technik des Dramas (1863), S. 91–120.
31 Freytag: Technik des Dramas (1849).
32 Dilthey: Freytag, inbes. S. 430–437.
33 Walzel: Gehalt, insbes. S. 313–322. Zum Begriff der „Tektonik" in diesem Zusammenhang vgl. Haas: Tektonik.

schematisierten Bauwerks verlegt, also in keiner Weise als ein Lauf *durch* die Werktektonik gedacht.

Diese Konzeption des dramatischen Kunstwerks als Bauwerk lässt sich bis in die dramentheoretischen Standardwerke der heutigen Literaturwissenschaft verfolgen. So heißt es noch bei Volker Klotz, dass sich im Drama der „geschlossenen Form"

> die Szenen innerhalb eines Aktes zu einer architektonischen Einheit [fügen]. Architektonische und rationale Harmonie herrscht unter den Akten und zwischen Einzelakt und Gesamtdrama. Die Akte sind geschlossene Blöcke, die sich in geraden Fugen aufeinander türmen. Auch der gleichmäßig die Sprache artikulierende Vers trägt dazu bei, die Teile mit scharfer Kontur abzuschließen, ohne Rißränder, wie sie sich beim offenen Drama häufig durch offengelassene Fragen und dynamische Ausrufe an Beginn und Ende einer Szene geben.[34]

Wie die Rede von den „Rißränder[n]" schon andeutet, besitzt auch das Drama der „offenen Form" nach Klotz selbstverständlich eine Architektur – nur eben eine andere als das der „geschlossenen Form". Und das Zitat illustriert sehr schön das ontologische Paradox, das diesem tektonischen Werkmodell innewohnt: Denn die steinerne Architektur des Textes, die dessen werkcharakterliches Sein mit nachgerade haptischer Evidenz ausstattet, ist jeder sinnlichen Wahrnehmung natürlich ebenso kategorial entzogen wie der werkkonstitutive Umriss der Dichtungsspuren auf dem Grunde der Einbildungskraft bei Moritz. Anders als bei Moritz wird die nicht-wahrnehmbare Tektonik des Werks nun aber gerade nicht in den Kopf des Rezipienten verlegt, sondern dem Werk selbst als dessen ontologische Ausstattung zugewiesen, und zwar als eine ontologische Ausstattung, die – und hier wird es jetzt epistemologisch und wissenschaftspolitisch gleichermaßen interessant – allein vom Fachmann aufgezeigt werden kann, während sie sich dem Zugriff des normalen Lesers gerade entzieht, der ja *als* Leser in die werkeinheitsgefährdende Verlaufsdimension des Textes verstrickt bleibt. Der Fachmann – nennen wir ihn probehalber Literaturwissenschaftler – weist sich dagegen gerade dadurch als solcher aus, dass er von der Verläuflichkeit des Textes kategorial absieht und einen ‚Überblick' über das ganze unsichtbare ‚Bauwerk' gewinnt, sich mithin als werkästhetischer Geisterseher präsentiert.

4. Werkmodell reloaded: Strukturalismus

Just diese Operation – also das systematische Absehen vom Verlauf und damit der einzigen Wahrnehmbarkeitsdimension des Textes sowie der al-

---

34 Klotz: Form, S. 67 f.

lein dadurch gewonnene Überblick über das unsichtbare Ganze, der den Wissenschaftler vom Laien trennt – ist nun aber für keine literaturwissenschaftliche Theorie so bezeichnend wie für die strukturalistische, deren Konzeption des literarischen Gegenstandes durchaus nennenswerte Überschneidungen mit dem Modell des Werkganzen aufweist.

Tatsächlich neu und ehedem sicherlich auch revolutionär an der strukturalistischen Gegenstandskonzeption, die jetzt nicht mehr „Werk", sondern eben „Text" heißt, ist nämlich primär die konsequente De-Ontologisierung des tektonischen Werkmodells, also die Abkehr von der Suggestion einer dreidimensional-feststofflichen Werktotalität. An deren Stelle tritt bekanntlich das Konzept der Struktur, das ‚abstrakt' zu nennen, insofern berechtigt ist, als es zunächst einmal tatsächlich in keiner Weise prätendiert, dinglich, sichtbar oder auf andere Weise aisthetisch greifbar zu sein.[35] Doch ganz analog zur Tektonik wird auch die Struktur dem textlichen Gegenstand als dessen Ausstattung zugeschrieben, als etwas, das er ‚besitzt' – und zwar in Form einer Tiefenstruktur, welche die Oberflächenform des Textgegenstands bestimmt.[36] Fasslich wird diese Struktur ebenfalls nur dem Fachmann – und dies allein unter der Bedingung einer nun nicht mehr nur kategorialen, sondern tatsächlich dogmatischen Absehung vom Textverlauf. Denn nur so wird es möglich – und das führen schon die Arbeiten Vladimir Propps und die frühen Studien Roman Jakobsons aus den 1920er Jahren exemplarisch vor[37] –, die entscheidenden „Elemente" eines Textes zu extrahieren, ihr systematisches Verhältnis zueinander zu bestimmen und so die alles entscheidende Textstruktur freizulegen: eine Textstruktur, die *als* Struktur *per definitionem* kein Werden und auch keinen Prozess kennt, sondern die einfach *ist*. Solche Elemente können Handlungsfunktionen sein wie bei Propp oder Wörter wie bei Jakobson. Oder aber es sind literarische Figuren in ihrer „Konstellation", deren grafische Darstellung und Analyse – präziser: deren grafische Darstellung *als* Analyse – aus dem gegenwärtigen Literaturunterricht an Schulen und Hochschulen ebenso wenig wegzudenken ist wie aus den jüngsten digital-distanzierten Shakespeare-Studien Franco Morettis.[38]

Bereits hier deutet sich an, dass das Konzept von Texten als von einer simultanen Tiefenstruktur generierte Flächen sich längst von der struktura-

---

35 Vgl. dazu exemplarisch die Beiträge in den Bänden von Blumensath: Strukturalismus; Gallas: Strukturalismus.
36 Vgl. dazu sowie zur strukturalistischen Epistemologie und Methodologie insgesamt die brillante Studie von Grazzini: Zirkel.
37 Propp: Morphologie; Jakobson: Poetik; Jakobson: Aufsätze.
38 Vgl. dazu die „Hamlet Networks" aus Morettis Aufsatz *Network Theory, Plot Analysis*, wiederabgedruckt in seinem viel diskutierten Band *Distant Reading*.

listischen Theorie abgelöst hat und literaturwissenschaftlich ubiquitär geworden und das heißt: zur disziplinären Selbstverständlichkeit geronnen ist. Und wie die nicht allein im sogenannten Poststrukturalismus prominente Rede von „Textoberflächen" schon anzeigt, bewegt sich diese Gegenstandskonzeption in der Sphäre der Zweidimensionalität, die ihre Plausibilität aus der etymologisch untersetzten Metapher des Textes als „Textur" gewinnt, entstanden in einem Webprozess aus „Kette" (= Paradigma) und „Durchschuss" (= Syntagma). Dies jedenfalls ist die einzige Definition des Begriffs ‚Text', die sich in literaturwissenschaftlichen Nachschlagewerken überhaupt findet:[39] Der Text ist ein Gewebe aus vertikalen Paradigma-Fäden und horizontalen Syntagma-Fäden. So also lautet das zentrale Vorverständnis des literaturwissenschaftlichen Begriffs vom ‚Text', das bislang – wie eingangs erwähnt – durch keine definitorische Arbeit gehegt respektive geschärft worden ist und das stabilisiert wird durch die etymologische Suggestion der „Textur"- oder „Gewebe"-Metaphorik, deren enorme Reichweite Erika Greber in ihrer fulminanten Studie *Textile Texte* nachgezeichnet hat.[40]

Die Transitorik des Textes als Bedingung der Möglichkeit seiner Wahrnehmbarkeit und somit auch seiner Wirkung wird im Flächenkonzept der ‚Textur' freilich ebenso blind gemacht wie im Dingkonzept des skuptural-tektonischen ‚Werks'. Denn anders als die metaphorische Webstuhl-Rede vom „Durchschuss" dies glauben machen könnte, wird das ‚Syntagma' weder sprach- noch literaturwissenschaftlich als Prozess oder Verlauf konzeptionalisiert, sondern – das deutet sich schon im Begriff des ‚Syn-tagmatischen' an – als Zusammenstellung, also als ein *Neben*einander von Elementen gedacht und nicht als deren *Nach*einander. Wie manifest die Aporien sind, in die jeder Versuch führt, innerhalb der struktural(istisch)en Gegenstandsformatierung mit ihrer unhinterschreitbaren Zweidimensionalität so etwas wie Transitorik zu denken, führt die *Strukturale Syntax* Lucien Tesnières auf hinreißende Weise vor, wo es heißt:

> Die Umsetzung der strukturalen in die lineare Ordnung erfolgt etwa so, als ob das Stemma durch ein Walzwerk geschoben würde. Das lineare Schema ist ein plattgewalztes und zum Draht gezogenes strukturales Schema.[41]

5. Struktur im Ablaufmodus

Die große Bedeutung des Strukturalismus für die besagten Präsuppositionen, die bis heute theorieübergreifend den literaturwissenschaftlichen

---

39 Vgl. die in Anm. 11 aufgeführten Lemmata zu „Text".
40 Greber: Texte.
41 Tesnière: Syntax, S. 35.

Zentralbegriff ‚Text' und damit auch das implizite Gegenstandsverständnis des Fachs prägen, liegt mithin darin, dass er die in jeder Hinsicht schwerfällige Tektonik-Konzeption des Werkganzen durch deren Abstraktion zur Struktur rationalisierbar gemacht und zugleich den literarischen Gegenstand als eine zweidimensionale Fläche formatiert hat, die – und das scheint mir keine kleine Pointe zu sein – jetzt ein neues Sichtbarkeitsversprechen birgt, das gleich ein doppeltes ist. Zum einen findet das textile Flächenkonzept des Textes seine erfahrungsweltliche Entsprechung in der tatsächlich sinnlich wahrnehmbaren Buchseite. Dies erklärt im Übrigen auch – wenngleich nicht allein – den deutlichen Hang des klassischen Strukturalismus zur Analyse lyrischer Texte,[42] die schließlich im Idealfall auf eine Seite passen und sich so tatsächlich als „Literatur auf einen Blick" präsentieren, auch wenn dieser Blick freilich nicht liest.[43] Zum anderen aber lassen sich ‚Textstrukturen' hervorragend in Schaubildern und Diagrammen darstellen, deren Suggestion von wörtlich verstandener ‚Ob-jektivität' – in der Bedeutung des alten Wortes ‚Vorwurf' als „‚das vor die sinne geworfene' und damit dem subjekt ‚gegenüberstehende'"[44] – eine ungebrochen starke ist und tatsächlich wahrnehmungspraktische Evidenz gewinnt: Im grafischen, diagrammatischen oder tabellarischen Struktur*bild* steht der textuelle Gegenstand seinen wissenschaftlichen Betrachtern tatsächlich ganz offenkundig *vor Augen*, was eine Distanz des Analytikers zu diesem Gegenstand ebenso garantiert wie dessen Objekthaftigkeit selbst.

Die Schlüsselfunktion des Strukturalismus im Prozess der sogenannten Verwissenschaftlichung des Fachs seit den späten 1960er Jahren[45] kann angesichts dessen jedenfalls nicht wundernehmen, hat er doch mit einem Schlag dem literarischen Text gerade *in* seiner strukturalen Abstraktion Objektstatus verliehen und gleichzeitig der analytischen Distanz seines literaturwissenschaftlichen – nun ja – „Beobachters" Evidenz.

Diese Evidenz ist derart groß und offenbar auch derart attraktiv, dass es sehr leicht fällt zu vergessen, dass die einzige Dimension eines Textes, die ihn überhaupt wahrnehmbar macht und damit auch allein seine Erfahrung und Wirkung garantiert, eben seine Verlaufsdimension ist: das Eingerichtet-Sein des Textes als *parcours* also, der nur zur Erscheinung gelangt, wenn und solange er durchlaufen wird. Bei literarischen Texten ist dieser *parcours* sogar auf einen Durchlauf von Anfang bis Ende ausgerichtet. Je-

---

42 Die berühmte Analyse von Baudelaires *Le Chat* durch Lévi-Strauss und Jakobson ist hier durchaus paradigmatisch; vgl. Jakobson/Lévi-Strauss: Katzen.
43 Vgl. dazu Polaschegg: Literatur.
44 [Art.] Vorwurf, in: Grimm/Grimm: Wörterbuch, Bd. 26, Sp. 1967.
45 Vgl. dazu Müller: Tendenzen; Jahraus: Text.

denfalls verweigern sie uns gemeinhin alle peritextuellen Institutionen (wie etwa Randglossen, Zwischentitel, Schlagwortregister oder vor der Erstlektüre verständliche Inhaltsverzeichnisse), die einen systematisch-konsultierenden Zugriff respektive eine Querlektüre vor dem ersten Lesen ermöglichen oder gar steuern würden.

Dank der schriftlichen Form, in der uns literarische Texte gemeinhin begegnen, können wir den Durchlauf durch ihren wahrnehmungskonstitutiven *parcours* freilich auch unterbrechen, können zum Ende des Textes vor oder in ihm ein Stück zurück „springen", wie wir dann sagen. Doch diese Wortwahl zeigt schon an, dass wir die Verlaufsrichtung des Textes dabei stets mitdenken, sonst wäre es schließlich unmöglich zu bestimmen, dass wir überhaupt „springen" und ob wir das nun „vorwärts" oder „rückwärts" tun. Insofern ändert das Sprungverhalten empirischer Leser nichts an dem Umstand, dass es sich bei literarischen Texten – und ich greife jetzt eine der wenigen wirklich griffigen Formulierungen Edmund Husserls auf – um „Objekte im Ablaufmodus"[46] handelt.

Und als solche „Objekte im Ablaufmodus" besitzen Texte tatsächlich eine höchst prekäre Ontologie, weil es eben *Gegenstände* sind, die sich allein als *Verläufe* wahrnehmbar machen. Und innerhalb der aktuell dominierenden Denktraditionen fällt es nun einmal alles andere als leicht, so etwas wie ‚verläufliche Gegenstände' überhaupt zu fassen und darin nicht eine *contradictio in adjecto* zu sehen. Denn Gegenstände dieser Art durchkreuzen ein wissenschaftliches Weltbild, das Phänomene allein zwischen den Sphären des ‚Objektiven' und des ‚Subjektiven' aufteilen kann und das auf theoretischer Ebene entsprechend nur die Alternative zwischen einem ‚Realismus' und einem ‚Konstruktivismus' kennt.

Aus jüngerer Zeit lassen sich sowohl die Performanztheorie[47] als auch das Projekt einer „Genealogie des Schreibens"[48] als Versuche lesen, zumindest so etwas wie den Ablaufmodus theoretisch zu fassen. Allerdings firmiert in beiden Fällen der ‚Text' explizit als Gegenbegriff, als ‚das Andere' des Performativen und des Schreibens – ein ‚Anderes', von dem man sich mit der eigenen Theoriebildung gerade verabschieden will. Mit Blick auf die autonomieästhetische, werkpoetische und strukturalistische Tradition, Texte als ein Ganzes, ein Bauwerk oder eine Fläche – in jedem Fall aber als simultane Einheit – zu konzeptionalisieren, kann das programmatische Abrücken dieser auf Prozessualität abstellenden Ansätze von der Grö-

---

46 Husserl: Phänomenologie, S. 388.
47 Vgl. dazu die sehr brauchbare Textsammlung Wirth: Performanz.
48 Vgl. den Webauftritt des Projekts samt der dort gelisteten einschlägigen Publikationen: <http://www.schreibszenen.net> (08. 05. 2018).

ße ‚Text' natürlich nicht verwundern. Aber es hat eben dazu geführt, dass die Performanztheorie und die Genealogien des Schreibens das literaturwissenschaftliche Textkonzept und seine werkpoetische Erbschaft im Laufe der letzten Jahrzehnte gerade nicht transformiert, sondern es *ex negativo* in seinem überkommenen Zustand zementiert haben, in seinem Zustand als simultane, der Wahrnehmung *eo ipso* unzugängliche Einheit, deren zwei- oder dreidimensionale Ordnung allein vom Fachmann in ihrer Gänze überblickt und im Idealfall auch wieder sichtbar gemacht werden kann: als „Struktur", als „Konstellation", als „Textur" oder als „Netzwerk" vor Augen gestellt und somit im Wortsinne ob-jektiviert.

Wenn die Rede von einer „Wiederkehr des Werks" sich also tatsächlich mit der Annahme einer Veränderung der bislang wirkmächtigen literaturwissenschaftlichen Gegenstandskonzeption verbindet, dann lassen sich im Rückblick auf meinen Beitrag, der als transitorischer Gegenstand ‚Text' hier selbst an sein Ende gelangt, letztlich nur zwei Rückkehrszenarien mit Veränderungspotenzial imaginieren: Entweder kehrt das Werk in Form eines echten Dings zurück, also als vollständige Materialisierung des skulpturalen Werkkonzepts, dann wären wir beim *Buch*. Oder es kehrt in der Sphäre eines substanzgewordenen Mentalismus zurück, dann wären wir beim *Gehirn*. Der Umstand, dass die Attraktivität einer Beschäftigung sowohl mit Büchern als auch mit Gehirnen innerhalb der Literaturwissenschaft während der letzten Jahre exponentiell gestiegen ist, könnte also in der Tat auf ein Re-Entry des ‚Werks' in substantiierter Gestalt hindeuten. Doch da eines der vornehmsten Kennzeichen und womöglich auch eines der größten Versprechen dieser kognitions- und buchwissenschaftlichen Ansätze darin auszumachen ist, dass *Texte* gerade *nicht* in den Gegenstandsbereich ihrer Analyse fallen, wäre eine solche „Wiederkehr des Werks" für die Epistemologie einer Literaturwissenschaft, die sich als Textwissenschaft versteht, völlig unbedeutend und nur symptomatisch als Fluchtversuch interessant.

Sucht man dagegen außerhalb dieser text-abstinenten Forschungsfelder nach Indizien für eine wissenschaftskulturell relevante Rückkehr des Werkkonzepts und fragt nach Anzeichen für eine „Wiederkehr des Werks" in einen disziplinären Diskursraum, in dem ‚Texte' (welcher Couleur auch immer) das vorherrschende Material der Analyse bilden, dann bleibt zu konstatieren: Das hier anhaltend wirkmächtige Textkonzept hat die aisthetischen und medialen Implikationen des Werkmodells für die ontologische und epistemologische Formatierung des literarischen Gegenstandes als eines simultan gegebenen und in seiner Simultaneität gerade nicht wahrnehmbaren Gegenstandes derart umfänglich ererbt und auf das Sparbuch der Literaturwissenschaft transferiert, dass eine etwaige Konjunktur der Rede vom „Werk" anstelle des „Textes" bestenfalls einen rhetorischen

Unterschied markiert. Und so bleibt zu hoffen, dass eine erneute Frontstellung der literaturwissenschaftlichen Gegenstandsbezeichnungen – so sie denn kommt – nicht als begriffliches Scheingefecht von dem ablenkt, was längst überfällig ist und weder die Werkpoetik noch der (Post-)Strukturalismus hat leisten können: eine Ästhetik des literarischen Textes zu entwickeln, die tatsächlich seiner Aisthesis Rechnung trägt.

Bibliographie

Adelung, Johann Christoph: Grammatisch-kritisches Wörterbuch der Hochdeutschen Mundart mit beständiger Vergleichung der übrigen Mundarten, besonders aber der oberdeutschen. 2., verm. und verb. Ausg. Leipzig 1793–1801 (Reprint: Hildesheim, New York 1970).
Barthes, Roland: Vom Werk zum Text. In: R. B.: Kritische Essays IV: Das Rauschen der Sprache [1971]. Übers. von Dieter Hornig. Frankfurt a. M. 2006, S. 64–72.
Baßler, Moritz: Stichwort Text. Die Literaturwissenschaft unterwegs zu ihrem Gegenstand. In: Jahrbuch der deutschen Schillergesellschaft 42 (1998), S. 470–475.
Blumensath, Heinz (Hg.): Strukturalismus in der Literaturwissenschaft. Köln 1972.
Borchmeyer, Dieter/Victor Žmegač (Hg.): Moderne Literatur in Grundbegriffen. 2., durchges. Aufl. Tübingen 1994.
Dembeck, Till: Texte rahmen. Grenzregionen literarischer Werke im 18. Jahrhundert (Gottsched, Wieland, Moritz, Jean Paul). Berlin, New York 2007.
Derrida, Jacques: Semiologie und Grammatologie. Gespräch mit Julia Kristeva. In: J. D.: Positionen. Gespräche mit Henri Ronse, Julia Kristeva, Jean-Louis Houdebine und Guy Scarpetta. Übers. von Dorothea Schmidt, hg. von Peter Engelmann. Wien, Graz 1986, S. 52–82.
Dilthey, Wilhelm: Gustav Freytag: Technik des Drama [sic]. In: W. D.: Gesammelte Schriften. Bd. 25: Dichter als Seher der Menschheit. Die geplante Sammlung literarhistorischer Aufsätze von 1895. Hg. von Gabriele Malsch. Göttingen 2006, S. 413–444.
Ehlich, Konrad: Sprache und sprachliches Handeln. Bd. 3: Diskurs – Narration – Text – Schrift. Berlin, New York 2007.
Farahmand, Adrian Aebi: Die Sprache und das Schöne. Karl Philipp Moritz' Sprachreflexionen in Verbindung mit seiner Ästhetik. Berlin, Boston 2012.
Freytag, Gustav: Die Technik des Dramas. In: Die Grenzboten 8.3 (1849), S. 11–22.
Freytag, Gustav: Die Technik des Dramas. Leipzig 1863.
Gallas, Helga (Hg.): Strukturalismus als interpretatives Verfahren. Darmstadt, Neuwied 1972.
Grazzini, Serena: Der strukturalistische Zirkel. Theorien über Mythos und Märchen bei Propp, Lévi-Strauss, Meletinskij. Wiesbaden 1999.
Greber, Erika: Textile Texte. Poetologische Metaphorik und Literaturtheorie. Studien zur Tradition des Wortflechtens und der Kombinatorik. Köln u. a. 2002.
Grimm, Jakob/Wilhelm Grimm: Deutsches Wörterbuch. 33 Bde. Hg. von der Deutschen Akademie der Wissenschaften zu Berlin in Zusammenarbeit mit der Akademie der Wissenschaften zu Göttingen. Leipzig 1854–1971.
Haas, Claude: Tektonik. Architekturen der Malerei im Drama. In: Trajekte 12.24 (2012), S. 25–29.

Herder, Johann Gottfried: Erstes Kritisches Wäldchen. In: J. G.H.: Werke in zehn Bänden. Hg. von Günter Arnold u. a. Bd. 2: Schriften zur Ästhetik und Literatur 1767–1781. Hg. von Gunter E. Grimm. Frankfurt a. M. 1993, S. 63–245.

Hofmann, Michael: Drama. Grundlagen – Gattungsgeschichte – Perspektiven. Paderborn 2013.

Horstmann, Susanne: Text. In: Jan-Dirk Müller (Hg.): Reallexikon der deutschen Literaturwissenschaft. Bd. 3. Berlin, New York 2007, S. 594–597.

Husserl, Edmund: Vorlesungen zur Phänomenologie des inneren Zeitbewußtseins. Hg. von Martin Heidegger. In: Jahrbuch für Philosophie und phänomenologische Forschung 9 (1928), S. 367–496.

Jahraus, Oliver: Text, Kontext, Kultur. Zu einer zentralen Tendenz in den Entwicklungen der Literaturtheorie von 1980–2000. In: Journal of Literary Theory 1.1 (2007), S. 19–44.

Jakobson, Roman: Aufsätze zur Linguistik und Poetik. Hg. von Wolfgang Raible. München 1974.

Jakobson, Roman: Poetik. Ausgewählte Aufsätze 1921–1971. Hg. von Elmar Holenstein und Tarcisius Schelbert. Frankfurt a. M. 1979.

Jakobson, Roman/Claude Lévi-Strauss: Die Katzen von Charles Baudelaire. Übers. von Erich Köhler, V. Kuhn, Roland Posner, Dieter Wunderlich, überarb. von Hendrik Birus und Bernhard Teuber. Kommentar von Bernhard Teuber. In: R.J.: Poesie der Grammatik und Grammatik der Poesie. Sämtliche Gedichtanalysen. Kommentierte deutsche Ausg. Bd. 2. Hg. von Sebastian Donat und Hendrik Birus. Berlin, New York 2007, S. 251–288.

Kant, Immanuel: Über den Gebrauch teleologischer Prinzipien in der Philosophie. In: I. K.: Schriften zur Naturphilosophie (Werkausgabe Bd. 9). Hg. von Wilhelm Weischedel. Frankfurt a. M. 1977, S. 139–170.

Klopstock, Friedrich Gottlieb: Werke und Briefe. Historisch-kritische Ausgabe. Begr. von Adolf Beck u. a., hg. von Horst Gronemeyer u. a. Abt. 8, Bd. 1: Die deutsche Gelehrtenrepublik. Berlin, New York 1975.

Klopstock, Friedrich Gottlieb: Gedanken über die Natur der Poesie. Dichtungstheoretische Schriften. Hg. von Winfried Menninghaus. Frankfurt a. M. 1989.

Klotz, Volker: Geschlossene und offene Form im Drama. 14. Aufl. München 1999.

Knobloch, Clemens: Text/Textualität. In: Karlheinz Barck/Martin Fontius/Friedrich Wolfzettel/Burkhart Steinwachs (Hg.): Ästhetische Grundbegriffe. Historisches Wörterbuch in sieben Bänden. Bd. 6. Stuttgart, Weimar 2005, S. 23–48.

Kristeva, Julia: Der geschlossene Text. In: Peter V. Zima (Hg.): Textsemiotik als Ideologiekritik. Frankfurt a. M. 1972, S. 194–229.

Kurbjuhn, Charlotte: Kontur. Geschichte einer ästhetischen Denkfigur. Berlin, Boston 2014.

Lessing, Gotthold Ephraim: Werke und Briefe in zwölf Bänden. Bd. 5.2: Laokoon. Briefe, antiquarischen Inhalts. Hg. von Wilfried Barner. Frankfurt a. M. 2007.

Martens, Gunter: Text. In: Horst Brunner/Rainer Moritz (Hg.): Literaturwissenschaftliches Lexikon. Grundbegriffe der Germanistik. 2., überarb. und erw. Aufl. Berlin 2006, S. 391–395.

Medicus, Fritz: Das Problem einer vergleichenden Geschichte der Künste. In: Emil Ermatinger (Hg.): Philosophie der Literaturwissenschaft. Berlin 1930, S. 188–239.

Moretti, Franco: Network Theory, Plot Analysis. In: F. M.: Distant Reading. London, New York 2013, S. 211–240.

Moritz, Karl Philipp: Über die bildende Nachahmung des Schönen. In: K. P.M.: Werke. Hg. von Horst Günther. Bd. 2: Reisen. Schriften zur Kunst und Mythologie. Frankfurt a. M. 1993, S. 549–578.

Müller, Hans-Harald: Tendenzen der westdeutschen Literaturwissenschaft nach 1965. In: Sprache und Literatur in Wissenschaft und Unterricht 53 (1984), S. 87–114.
Müller, Silke/Susanne Wess: Studienbuch neuere deutsche Literaturwissenschaft 1720–1848. Basiswissen. 2., durchges. Aufl. Würzburg 1999.
Nünning, Ansgar (Hg.): Grundbegriffe der Literaturtheorie. Stuttgart 2004.
Pfotenhauer, Helmut: Die Signatur des Schönen oder In wie fern Kunstwerke beschrieben werden können? Zu Karl Philipp Moritz und seiner italienischen Ästhetik. In: H. P. (Hg.): Kunstliteratur als Italienerfahrung. Tübingen 1991, S. 67–83.
Polaschegg, Andrea: Literatur auf einen Blick. Zur Schriftbildlichkeit der Lyrik. In: Eva Cancik-Kirschbaum/Sybille Krämer/Rainer Totzke (Hg.): Schriftbildlichkeit. Wahrnehmbarkeit, Materialität und Operativität von Notationen. München 2012, S. 245–264.
Polaschegg, Andrea: (K)ein Anfang des Ganzen. Das skulpturale Werkkonzept der Klassik und seine Folgen für die Literaturwissenschaft. In: Thorsten Valk/Albert Meier (Hg.): Konstellationen der Künste um 1800. Berlin, Boston 2015, S. 99–124.
Polaschegg, Andrea: Der Anfang des Ganzen. Eine Theorie der Literatur als Verlaufskunst. Berlin 2015 (unveröffentlichtes Manuskript).
Propp, Vladimir: Morphologie des Märchens [1928]. Übers. von Christel Wendt, hg. von Karl Eimermacher. München 1972.
Pudelek, Jan-Peter: Werk. In: Karlheinz Barck/Martin Fontius/Friedrich Wolfzettel/Burkhart Steinwachs (Hg.): Ästhetische Grundbegriffe. Historisches Wörterbuch in sieben Bänden. Bd. 6. Stuttgart, Weimar 2005, S. 520–588.
Ricklefs, Ulfert (Hg.): Fischer Lexikon Literatur. 3 Bde. Neuausg. Frankfurt a. M. 2002.
Saussure, Ferdinand de: Grundfragen der allgemeinen Sprachwissenschaft, übers. v. Herman Lommel, hg. v. Charles Bally und Albert Sechehaye. 2. Aufl. mit einem neuen Register und einem Nachwort von Peter v. Polenz. Berlin 1967.
Scherer, Stefan: Einführung in die Dramen-Analyse. Darmstadt 2010.
Scherner, Maximilian: „Text". Untersuchungen zur Begriffsgeschichte. In: Archiv für Begriffsgeschichte 19 (1996), S. 103–160.
Spoerhase, Carlos: Text. In: Gerhard Lauer/Christine Ruhrberg (Hg.): Lexikon Literaturwissenschaft. Hundert Grundbegriffe. Stuttgart 2011, S. 319–323.
Tesnière, Lucien: Grundzüge der strukturalen Syntax. Hg. und übers. von Ulrich Engel. Stuttgart 1980.
Thiele, Wolfgang: Text. In: Ansgar Nünning (Hg.): Metzler Lexikon Literatur- und Kulturtheorie. Ansätze – Personen – Grundbegriffe. 4., aktual. und erw. Aufl. Stuttgart 2008, S. 706.
Thiele, Wolfgang: Textualität. In: Ansgar Nünning (Hg.): Metzler Lexikon Literatur- und Kulturtheorie. Ansätze – Personen – Grundbegriffe. 4., aktual. und erw. Aufl. Stuttgart 2008, S. 530–531.
Thierse, Wolfgang: „Das Ganze aber ist das, was Anfang, Mitte und Ende hat." Problemgeschichtliche Beobachtungen zur Geschichte des Werkbegriffs. In: Karlheinz Barck/Martin Fontius/W. T. (Hg.): Ästhetische Grundbegriffe. Studien zu einem historischen Wörterbuch. Berlin 1990, S. 378–414.
Walzel, Oskar: Gehalt und Gestalt im Kunstwerk des Dichters. Berlin 1923.
Weimar, Klaus: Literaturwissenschaftliche Konzeption und politisches Engagement. Eine Fallstudie über Emil Ermatinger und Emil Staiger. In: Holger Dainat/Lutz Danneberg (Hg.): Literaturwissenschaft und Nationalsozialismus. Tübingen 2003, S. 271–286.
Wirth, Uwe (Hg.): Performanz. Zwischen Sprachphilosophie und Kulturwissenschaften. Frankfurt a. M. 2002.

Würth, Stefanie: Text. In: Dieter Burdorf/Christoph Fasbender/Burkhard Moenninghoff (Hg.): Metzler Lexikon Literatur. Begriffe und Definitionen. Begr. von Günther und Irmgard Schweikle. 3., völlig neu bearb. Aufl. Stuttgart 2007, S. 760.

ANDREA ALBRECHT

„Der Weg zum Werk":
Werkkonzepte zwischen Kunst, Essayistik und Wissenschaft bei Georg Lukács

1. Einleitung

Georg Lukács' neukantianisch inspirierte Frage nach den Bedingungen der Möglichkeit von ‚Werken', um die er seine frühen kunstphilosophischen Schriften zentriert,[1] markierte schon für Zeitgenossen den Übergang zur modernen Ästhetik[2] und gilt heute als wichtige Vorbereitung phänomenologischer Werkkonzepte.[3] Lukács konzentrierte den Blick auf das Werk und seine Form – statt auf den Autor oder den Rezipienten – und profilierte das ‚Kunstwerk' als vollendete, in sich abgeschlossene und selbstständige Einheit, auf die sich die formanalytische ästhetische Reflexion *vor* aller Kontextualisierung zu richten habe. In seiner Praxis als literaturkritischer Essayist und als akademisch ambitionierter Kunstphilosoph sah Lukács sich allerdings mit ganz unterschiedlichen selbst- und fremdgesteuerten Erwartungen an sein eigenes ‚Werk' konfrontiert: Als Literaturkritiker traf er selbst Werturteile und erkannte mit normativem Anspruch ausgewählten Texten einen ästhetischen Werkstatus zu; er war intensiv darum bemüht, seine eigenen essayistischen Schriften als ‚Werk' auszuweisen, obgleich diese den klassischen Werkkriterien nicht in jeder Hinsicht genügten; und schließlich versuchte er im Zuge seiner Habilitationsbestrebungen in Heidelberg ein ‚wissenschaftliches Werk' zu verfassen, das wiederum deutlich anderen Kriterien unterlag als poetische und essayistische Werke. Lukács' Reflexionen zum ‚Werk' sind aus diesen Gründen nicht allein theoretischer Natur, sondern entstanden in biographisch und werkgeschichtlich aufgela-

---

1 Vgl. Lukács: Philosophie, S. 9.
2 Vgl. Weber: Wissenschaft, S. 107; Mannheim: Seele, S. 70; Becker: Hinfälligkeit, S. 51 u. ö.
3 Vgl. z. B. Sandor: Text, S. 481 u. ö.

denen epistemischen Situationen,[4] die seine Vorstellungen von dem, was ein Werk sei, entscheidend konditionierten.

In der heterogenen Wirkungs- und Forschungsgeschichte wurde allerdings insbesondere Lukács' Kunstwerksbegriff einer meist isolierenden Lektüre unterzogen und folglich selbst wie ein ‚Kunstwerk' im Lukács'schen Sinne behandelt. Erst seit wenigen Jahren werden in der Forschung die vielfältigen Kontexte zu Lukács' kunstphilosophischen Positionen, v. a. seine Rekurse auf neukantianische Vorstellungen aufgearbeitet.[5] Seine ästhetischen Reflexionen stehen, wie man seither weiß, nicht allein; die Ästhetik ist vielmehr stets auf Logik und Ethik bezogen und hat sich ihrer Konturen in Abgrenzung zu den Wissenschaften und zur praktischen Philosophie zu versichern.

Bettet man Lukács' Werkreflexionen in den Kontext seiner Bemühungen um ein ‚wissenschaftliches Werk' ein – was ein erstes Ziel des vorliegenden Beitrags ist –, wird ersichtlich, wie sich in seinem Umgang mit ‚Werken' ästhetische und epistemische Werkkonzepte überlagern und ein Koordinatensystem bilden, in das sich sein frühes ‚essayistisches Werk' auf signifikante Weise eingespannt findet. Die Rekonstruktion dieser Gemengelage aus divergierenden Werkkonzepten und Werkfunktionen, zwischen denen Lukács sich seinen „Weg zum Werk"[6] wiederholt zu ebnen versuchte, erlaubt es mithin, an einem komplexen historischen Beispiel nachzuvollziehen, wie sich theoretische Vorstellungen vom ‚Werk' in praktischen Konstellationen ästhetisch-literarischer Kommunikation zum einen, wissenschaftlicher Kommunikation zum anderen entwickelt und ausgewirkt haben und welch differentes Spektrum an Leistungen die Rede vom Werk dabei erfüllte.[7]

Über dieses primär an Lukács interessierte historische Interesse hinaus eröffnet die Rekonstruktion – und dies ist das zweite Ziel des Beitrags – einen systematischen Einblick in die buch- und text- bzw. medienwissenschaftlichen, gattungspoetischen und theoretischen Funktionsmechanismen des Werkkonzepts: Katalogisierbare Merkmale dessen, was ein Werk sein soll, entstehen, wie das Fallbeispiel zeigt, nicht auf dem Reißbrett, sondern erwachsen aus einer situativ angepassten Praxis, die in Reaktion

---

4 Vgl. zum Konzept der ‚epistemischen Situation' Albrecht u. a.: Konzept.
5 Vgl. Höschen: Dostojewskij-Projekt; Kavoulakos: Kulturkritik.
6 Georg Lukács an Max Weber, 30. Dezember 1915, in: Lukács: Briefwechsel, S. 364–366, hier S. 366.
7 Die Frage nach dem Verhältnis von Ästhetik und Ethik blende ich zugunsten der Konzentration auf das Verhältnis von Ästhetik und Logik/Wissenschaft aus; vgl. dazu aber Kavoulakos: Kulturkritik, S. 33 ff., 189 ff. Programmatisch auch Machado: Formen.

auf eigene und fremde Erwartungen bestimmte materiale, mediale und formale Merkmale eines Texts oder Buchs semantisiert, funktionalisiert und zu Indikatoren des Werkstatus aufwertet. Der ‚Weg zum Werk' bestimmt folglich mit, was ein Werk ist; Genese und Geltung von Werkbegriffen sind nicht voneinander zu trennen.

Am Beispiel Lukács wird – drittens – zudem deutlich, dass zumindest in der Zeit der Moderne, in der die klassisch-idealistische Vorstellung vom Kunstwerk zu erodieren beginnt, die reflektierte Auseinandersetzung mit künstlerischen, ästhetischen, philosophischen und wissenschaftlichen ‚Werken' sich offenbar auf besondere Weise dazu eignet, grundlegende Fragen der eigenen theoretischen, methodischen und darstellerischen Positionierung wie auch der umgreifenden Konstellation alternativer Positionierungen zu thematisieren und zu problematisieren. Lukács' frühes Œuvre erweist sich auch in dieser Hinsicht als ein instruktives Beispiel, das offenlegt, wie unauflösbar eng die Frage nach dem Werk – sei sie aus der Perspektive des Werkproduzenten, des Kritikers oder des Theoretikers gestellt – mit Fragen nach der *persona* des Intellektuellen, nach seinen ästhetischen bzw. wissenschaftlichen Handlungsoptionen sowie mit Fragen nach den jeweiligen disziplinären und institutionellen Kontexten zusammenhängt. Nur ein breit ansetzender Zugriff auf ‚Werkkonzepte' und ihre komplexen pragmatischen Einbettungen vermag diesen Zusammenhang zu erhellen – in den Worten Wolfgang Thierses: „Der Werkbegriff ist nicht zunächst und vor allem ein systematischer Begriff, ein Theoriebegriff, sondern er ist immer auch ein Begriff von praktisch-intuitiver Virulenz", eingelassen in eine „Pragmatik [...], die selbst schwer zu fassen und widersprüchlich ist".[8]

Um also Lukács' frühe Vorstellungen vom ‚Werk' zu analysieren, den engen Zusammenhang zwischen Genese und Geltung von Werkkonzepten exemplarisch nachzuzeichnen und eine auf pragmatische Positionen und Konstellationen durchgreifende Analyse von Werkkonzepten zu erproben, rekonstruiere ich im Folgenden zunächst Lukács' Betrachtungen zum Konzept des Werks, wie er sie anlässlich der Publikation seines Buchs *Die Seele und die Formen* (1911) anstellte und in eine gattungstheoretische Bestimmung essayistischen Schreibens zwischen ästhetischem und wissenschaftlichem Werk überführte (Abschnitt 2). Das Konzept eines wissenschaftlichen, hier v. a. philosophischen Werks und dessen Abgrenzung zur Essayistik wird an seinen kunstphilosophischen Habilitationsversuchen vor und während des Weltkriegs besonders augenfällig (Abschnitt 3). Hier ist es v. a. Max Weber, der Lukács als akademischer Mentor auf die Standards

---

8 Thierse: Ganze, S. 378.

wissenschaftlichen Schreibens, etwa ‚Abgeschlossenheit' und ‚Systematizität', zu verpflichten suchte. Die Habilitation scheiterte, dennoch sind einige Schriften überliefert, aus denen sich rekonstruktiv erschließen lässt, wie Lukács sein Konzept des ‚Kunstwerks' vom Konzept des wissenschaftlichen/philosophischen und des essayistischen Werks abgrenzt (Abschnitt 4). Zeitgleich begann er, das rigorose Werkkonzept der Philosophie zu unterminieren, um es schließlich im Anschluss an Emil Lask zugunsten eines ‚rhapsodischen', d. h. unsystematischen und unabgeschlossenen, wenn man so will: essayistischen Erkenntnis- und Darstellungsverfahrens zu verabschieden (Abschnitt 5). Abschließend trage ich in sortierender und systematisierender Hinsicht die aus dem Fallbeispiel eruierten, teils konvergierenden, teils divergierenden buch- und textwissenschaftlichen, gattungspoetischen und werktheoretischen Aspekte zusammen, die die Genese von Werkkonzepten bei Lukács, aber auch über ihn hinaus, etwa bei Bertolt Brecht, bestimmen und einen Werkstatus mit jeweils unterschiedlich weit reichendem Geltungsanspruch indizieren können (Abschnitt 6).

2. *Die Seele und die Formen* – Werk zwischen Kunst und Wissenschaft

Georg Lukács publizierte 1910 zunächst auf Ungarisch, dann 1911 in einer leicht abweichenden deutschen Fassung seinen Band *Die Seele und die Formen/Essays*. Das Buch, das parallel zu seiner in Ungarn verlegten Dissertation *Die Entwicklungsgeschichte des modernen Dramas* erschien, vereint eine Gruppe von „‚literarhistorische[n]' Studien",[9] d. h. literaturwissenschaftliche oder eher literaturkritische Essays, die seit 1908 teilweise separat in der Zeitschrift *Nyugat* auf Ungarisch, vereinzelt auch auf Deutsch erschienen waren.[10] In Buchform – und d. h. zugleich: als potenzielles „Werk",[11] wenn nicht sogar als potenzielles „Kunstwerk"[12] – sollten ihm diese Essays publizistisch den Weg ins deutsche Kaiserreich und womöglich den Weg zu einer akademischen Existenz ebnen helfen, was Lukács zu besonderer Aufmerksamkeit bei der Vorbereitung der Publikation veranlasste. Die äußere, materielle Gestaltung und die Details der Drucklegung trat er dabei weitgehend an den Verleger ab, bemühte sich nur im Vorfeld intensiv um die Wahl eines ‚guten' Verlags.[13] Weit größere auktoriale Aufmerk-

---

9 Lukács: Seele, S. 3.
10 Vgl. zur Publikationsgeschichte Ahn/Müller: Lukács, S. 50–67.
11 Lukács: Seele, S. 3.
12 Ebd., S. 4.
13 Aus dem Briefwechsel geht hervor, wie genau sich Lukács um die Verlagswahl kümmerte. Vgl. Ahn/Müller: Lukács, S. 63 f. Vgl. auch Franz Baumgarten an Georg Lukács,

samkeit fand, wie zu erwarten, die inhaltliche und formale Konstitution des zu druckenden Texts. Denn da der Essayband aus schon vorhandenen Einzeltexten kompiliert werden musste, konzentrierte sich Lukács zum einen – wie seine Korrespondenzen zeigen – auf die Selektion, die Übersetzung und die Anordnung der Texte[14] und dachte intensiv über Titel und Widmungstext der Sammlung, also über paratextuelle, äußere Zeichen der Zusammengehörigkeit nach.[15] Zum anderen räsonierte er über die ‚innere' Zusammengehörigkeit der Essays: Im Briefwechsel mit Leo Popper und Franz Blei betont Lukács, dass er mit dem „deutschen Essay-Band"[16] keine „‚gesammelte[n] Werke'" herausgeben wolle, „sondern nur einige ‚große' Sachen", „die auch separat sehr gewichtig sind und doch irgendwie zusammengehören".[17] Am Eigenwert, der ‚Gewichtigkeit' der zusammengestellten Essays hat Lukács, obzwar sie ihm einzeln genommen nicht als ‚Werke' erscheinen, also keinen Zweifel. Doch damit der Band mehr oder anderes werde als nur eine gelegentliche „‚Sammlung'"[18] oder Kompilation von guten Einzeltexten, damit, wie Lessing es ausgedrückt hätte, die „unordentliche[n] Collectanea […] ein Buch" werden,[19] bedarf die Zusammenstellung der unselbstständigen Publikationen und ihre materiale Präsentation in einem Band offenbar einer besonderen Begründung. Diese Begründung soll der eigens für die Buchpublikation angefertigte Text „Über Wesen und Form des Essays: Ein Brief an Leo Popper" leisten, der in *Die Seele und die Formen* den literarhistorischen Essays einleitend vorangestellt ist. In dem an den „Freund" Leo Popper adressierten „Vorwort"[20] vergegenwärtigt Lukács zunächst im Präsens den von Zweifeln begleiteten Genese- und Formungsprozess seines Buchs – obgleich dieses faktisch ja

---

19. Dezember 1911, in: Bendl/Tímár: Spiegel, S. 230: „Man sagt mir dem Verkauf Ihres Buches sei es hinderlich, daß Fleischel keine gebundene [sic] Exemplare schickt, obwohl solche angekündigt sind. Reclamieren Sie das!" Zum Berliner Verlag Egon Fleischel vgl. Buchinger: Zweig, S. 25 f.
14 Vgl. zur „innere[n] Dramaturgie" der Essays Ahn/Müller: Lukács, S. 62, zur Reihenfolge S. 54 f.
15 Vgl. zum Titel ebd. S. 54 f., zur Widmung S. 64 f.
16 Georg Lukács an Leo Popper, etwa 10. Juni 1910, in: Lukács: Briefwechsel, S. 128 f., hier S. 129. Vgl. auch Georg Lukács an Franz Blei, Ende Dezember 1910, in: ebd., S. 190 f.
17 Georg Lukács an Leo Popper, Mitte Juni 1909, in: ebd., S. 75 f., hier S. 76.
18 Georg Lukács an Franz Blei, Ende Dezember 1910, in: ebd., S. 190 f., hier S. 190. Vgl. auch Franz Baumgarten an Georg Lukács, 9. Juni 1909, in: ebd., S. 74 f., hier S. 74.
19 Lessing: Laokoon, S. 11. Vgl. dazu schon Stadler: System. Auch Vollhardt/Robert: Collectanea.
20 Leo Popper an Georg Lukács, 7. Juni 1909, in: Lukács: Briefwechsel, S. 72–74, hier S. 73.

längst vorliegt und die selbstkritischen, Rechtfertigung erheischenden Fragen also nurmehr rhetorisch zu verstehen sind:

> Ein Brief an Leo Popper
> Mein Freund!
> Die Essays, die für dieses Buch bestimmt sind, liegen vor mir, und ich frage mich, darf man solche Arbeiten herausgeben, kann aus ihnen eine neue Einheit, ein Buch entstehen? Denn für uns kommt es jetzt nicht darauf an, was diese Essays als ‚literarhistorische' Studien bieten könnten, sondern nur, ob etwas in ihnen ist, wodurch sie zu einer neuen, eigenen Form werden und ob dieses Prinzip in jedem das gleiche ist. Was ist diese Einheit – wenn sie überhaupt da ist?[21]

Im Unterschied zur unselbstständigen Erstpublikation seiner „Arbeiten" in Zeitschriften präsupponiert die antizipierte materiale Gestalt des Buchs offenkundig eine „neue Einheit", die Lukács nicht allein über die wissenschaftliche Güte der Einzelessays gewährleistet sieht, sondern durch ein ‚spirituelles' Korrelat ergänzen zu müssen meint. Denn damit die vor ihm liegende Menge von ungebundenen Einzelstudien nicht nur zu einer Buchbindersynthese aggregiert wird, sondern sich in ein ‚Werk' verwandelt, soll der Band eine Reihe von einheitsstiftenden Eigenschaften aufweisen, die über Äußerlichkeiten hinausgehen. In seinem Vorwort versucht Lukács, diese Eigenschaften speziell für seinen Essayband zu identifizieren, formuliert darüber hinaus aber sogleich eine „wichtigere, allgemeinere Frage". Es gehe ihm darum, fährt er in seinem Vorwort fort,

> [i]nwiefern die wirklich großen Schriften, welche dieser Kategorie [des Essays, A. A.] angehören, geformt sind, und inwiefern diese ihre Form selbständig ist; inwiefern die Art der Anschauung und ihr Gestalten das Werk aus dem Bereich der Wissenschaften herausheben, es neben die Kunst stellen, ohne aber beider Grenzen zu verwischen [...].[22]

Das erklärte Ziel des Eingangsessays besteht also darin, durch den deklarierten Nachweis der Homogenität und der Selbstständigkeit der versammelten Essays ihre Verbindung zu einem Buch zu rechtfertigen und diese die Kohärenz des Buchs garantierenden Qualitäten zugleich als Exempel für die Gattungspoetik essayistischen Schreibens zu nutzen. Lukács will zu diesem dreifachen Zweck die „neue[ ], eigene[ ] Form", die der Buchbinder als eine *äußere* Einheit und *äußere* Kohärenz materialiter herstellt, mit einer *inneren* Einheit und Kohärenz, einem inneren „Prinzip" korrelieren. Dieses Prinzip soll in „jedem" der versammelten essayistischen Einzeltexte „das gleiche" sein und die Abgrenzung der versammelten Texte gegenüber poetischen Textsorten einerseits, wissenschaftlichen Textsorten andererseits garantieren. Lukács argumentiert zu diesem Zweck gattungspoetisch und

---

21 Lukács: Seele, S. 3.
22 Ebd.

werktheoretisch, d. h. er bemüht sich nicht nur um eine Bestimmung der *äußeren essayistischen Formen*, also um die Bestimmung der Textsorte ‚Essay', sondern auch um eine Umschreibung der *inneren essayistischen Form*, d. h. in seiner Sprache: um die ‚Seele' der Essaysammlung.[23] In seinen Korrespondenzen echauffiert er sich entsprechend über das fehlende gattungstheoretische Bewusstsein gegenüber dem Essay, den man mit „Zeitungsartikel[n]" oder „Tagebuchfragment[en]" identifiziere, weil man immer „noch an einen Zusammenhang zwischen Umfang und Essayform" glaube.[24] Der Textumfang aber, eine *äußerliche* Texteigenschaft, liefert ihm kein hinreichendes Gattungsmerkmal: „die Leute glauben: ein Essay wäre ein etwas (um höchstens 2–3 Seiten) längeres Feuilleton; innere Unterschiede – die natürlich die des Formats auch bedingen – kennen sie nicht",[25] kritisiert er gegenüber Franz Blei und erläutert, dass sich in seinem Buch unter den Friktionen der Oberfläche – und damit auch über die Grenzen der Einzelessays hinweg – eine „immanent[e]" Einheit abzeichnen solle. Sofern das „Ganze [...] doch eine Totalität" darstellt,[26] so Lukács' Hoffnung, würde die Publikation auch die „Grenzen" zu Philosophie und Kunst/Literatur nicht „verwischen",[27] es wäre dann also nicht nur Einheit und Ganzheit, sondern auch die formale Selbstständigkeit gegenüber den Nachbardisziplinen gewahrt.

Es geht Lukács mithin um die grundlegende Frage, ob und wenn ja wie sich essayistische Werke wie sein Essayband gleichgeordnet neben

---

23 Von der ‚Seele eines Texts' zu sprechen, hat eine lange Tradition und resultiert, wie Lutz Danneberg gezeigt hat, aus der Übertragung der aristotelischen Körper-Seele-Vorstellung in die Philologie. Dabei kann die Seele – weitgehend unabhängig vom Text – die mentale Konzeptionsvorstellung des Künstlers bezeichnen (vgl. Burdorf: Poetik, S. 72; Otabe: Idee); sie kann aber auch ausdrücklich dem Text zugeschrieben werden (vgl. Schwinger: Form, S. 14, zur inneren Form bzw. Idee des Künstlers, des Objekts/Gegenstands und schließlich zur „Übertragung des Begriffs der inneren Form auf das Kunstwerk"). Während die forma externa zumeist die Darstellungsform oder äußere Gestalt meint, steht die Seele als innere Form (auch Komposition) für die nicht sichtbare ‚causa formalis' des Texts, die „das organisierende Zentrum" bildet, „das aus Teilen des Textkörpers ein geordnetes, aufeinander bezogenes Ganzes macht" (Danneberg: Ganzheitsvorstellungen, S. 252). Die Rede von der Seele des Texts wird im Verlauf des 17. und 18. Jahrhunderts durch Vorstellungen der Textbedeutung abgelöst (vgl. ebd., S. 260 f.). Zur nüchternen Verwendung des Ausdrucks ‚Seele des Texts' als ‚charakteristische Auffassung' bei Scherer und Dilthey vgl. Nebrig: Rezension.
24 Georg Lukács an Leo Popper, Mitte Juni 1909, in: Lukács: Briefwechsel, S. 75 f., hier S. 76.
25 Georg Lukács an Franz Blei, 6. Januar 1911, in: ebd., S. 196.
26 Georg Lukács an Franz Blei, Ende Dezember 1910, in: ebd., S. 190 f., hier S. 190. Vgl. auch Franz Baumgarten an Georg Lukács, 9. Juni 1909, in: ebd., S. 74 f., hier S. 74.
27 Lukács: Seele, S. 3.

poetischen Werken auf der einen und wissenschaftlichen, etwa philosophischen Werken auf der anderen Seite im System der Formen und Disziplinen „als Kunstwerk, als Kunstgattung"[28] gattungs- und werktheoretisch platzieren lassen. Aus den besagten „innere[n] Unterschiede[n]" sollen sich äußere Aspekte wie der Textumfang, aber auch die erwünschte gattungspoetische Kohärenz seines Buchs und sein Werkstatus herleiten lassen. Die „Formen" im Titel des Bandes stehen dabei (im Plural) für die vereinte formale (äußere) Vielgestaltigkeit der Einzelessays; die „Seele" (im Singular) für die übergreifende *forma interna*. Beides soll gemeinsam als spirituelle, immaterielle Größe mit der materialen Gestalt des Buchs zusammenfinden, soll Einheit, Ganzheit und Selbstständigkeit der Publikation garantieren und somit ihren Werkstatus sichern. Wie genau aber hat man sich diese Akkordanz von Materialität, Form und Seele im essayistischen Schreiben genau vorzustellen?

Betrachtet man zunächst die Einzelessays (und nicht den Band als Ganzen), so ist ein Essay für Lukács – wie schon oft in der Forschung beschrieben –[29] ein ‚Text zweiter Stufe'. Essays, wie sie in *Die Seele und die Formen* präsentiert werden, sind von ihrem Gegenstand her als „‚literarhistorische' Studien"[30] bestimmt; essayistisches Schreiben ist mithin in der Regel „Schreiben über die Kunst":[31]

> [D]er Essay spricht immer von etwas bereits Geformtem, oder bestenfalls von etwas schon einmal Dagewesenem; es gehört also zu seinem Wesen, daß er nicht neue Dinge aus einem leeren Nichts heraushebt, sondern bloß solche, die schon irgendwann lebendig waren, aufs neue ordnet.[32]

Die annoncierte essayistische Ordnung ästhetischer „Dinge" ist nach Lukács eine diskursiv erzeugte Ordnung: Denn während Dichtung aus geschaffenen Bildern bestehe, gebe der Essay über dieses Bilder-Schaffen *in Begriffen* Auskunft. Der Essayist könne im Unterschied zum Künstler diskursiv „hinter die Bilder greifen",[33] kontextuelle Zusammenhänge herstellen, analysieren, vergleichen, werten und deuten,[34] konstatiert Lukács und betont, dass sich der Essayist im Punkt dieser diskursiv-analytischen Kompetenz dem Dichter durchaus überlegen wähnt und beanspruchen kann, sein Anliegen ‚besser zu verstehen',[35] als er es selbst versteht: „In der

---

28 Ebd., S. 4.
29 Vgl. u. a. Ophälders: Essay.
30 Lukács: Seele, S. 3.
31 Ebd., S. 7.
32 Ebd., S. 23.
33 Ebd., S. 13.
34 Vgl. ebd., S. 11.
35 Vgl. dazu aus hermeneutikgeschichtlicher Perspektive Danneberg: Besserverstehen.

wirklich tiefen Kritik aber gibt es kein Leben der Dinge, keine Bilder, nur Transparenz, nur etwas, das kein Bild vollwertig auszudrücken fähig wäre."[36] Obgleich also die Literatur und andere Künste im Zentrum der essayistischen Aufmerksamkeit stehen, genügt es nicht, wie Karl Mannheim (ein guter Kenner von Lukács' Schriften) aus wissenssoziologischer Sicht erläutert, „die Welt der ‚Werke' ästhetisch zu ‚schauen'", vielmehr gebe es ein begründetes Bedürfnis, „das ‚Erschaute' in einer ihm wesensmäßig fremden Einstellung noch einmal [zu] ‚denken'", also das ‚atheoretische' Phänomen des ästhetischen Erlebens künstlerischer Gebilde theoretisch einzuholen.[37] Dies lässt sich nach Lukács zum einen wissenschaftlich, zum anderen essayistisch erreichen. Während aber die kunst*wissenschaftliche* Erfassung[38] auf einer durchgängig rationalen Diskursivierung bestehen müsse, habe der Essayist die Freiheit, eine entspanntere und folglich auch subjektivere Beziehung zum ästhetischen Gegenstand zum Ausdruck zu bringen. Anders als der Wissenschaftler und Philosoph müsse er keine Wissensansprüche verteidigen; er teile vielmehr mit dem Künstler die Eigenschaft, nicht ‚überboten' werden zu können: „Es ist also nicht möglich, daß zwei Essays einander widersprechen: jeder erschafft ja eine andere Welt".[39] Dieser eingeschränkte Wissens- bzw. Wahrheitsanspruch des Essays, der von Lukács mit einem Anspruch auf ästhetische Kreativität gepaart wird, bildet sich auf der Ebene der Textgestalt in *Die Seele und die Formen* u. a. in dem sehr sparsamen Umgang mit Referenzen ab: Lukács zitiert ohne Nachweis; auf Fuß- oder Endnoten verzichtet er ganz. Auch die stilistisch auffallende Vielzahl paradoxaler und ironischer Aussagen findet im ungezwungenen Verhältnis zur Wahrheit seine Berechtigung. Dem Essayisten gehe es, wie Lukács pointiert, im Kern schließlich gar nicht um die behandelten Gegenstände, sondern – wie dem Künstler – um eine existentielle Auseinandersetzung:

> Die Ironie meine ich hier, daß der Kritiker immer von den letzten Fragen des Lebens spricht, aber doch immer in dem Ton, als ob nur von Bildern und Büchern, nur von den wesenlosen und hübschen Ornamenten des großen Lebens die Rede wäre […].[40]

In Lukács' Essays bildet sich dieser besondere „Ton" darstellerisch in einer Mischung aus Pathos und Ironie, Gravitas und Leichtigkeit, forcierten Behauptungen und ihrer skeptischen Zurücknahme sowie einer Reihe von unaufgelösten Andeutungen und Inkonsistenzen ab, mit denen er auf ei-

---

36 Lukács: Seele, S. 11. Vgl. auch Bognár: Essays, S. 58.
37 Mannheim: Beiträge, S. 99 f.
38 Vgl. Lukács: Seele, S. 7.
39 Ebd., S. 25.
40 Ebd., S. 20. Vgl. zur Ironie Silva: Entwicklung; Bognár: Essayband.

nem passagenweise sehr abstrakten Niveau über sehr konkrete literarische Phänomene räsoniert.

Der bevorzugte ‚Stoff' des Essayisten ist dabei die Form; sein Fokus ist vornehmlich auf konkrete poetische *Formen* gerichtet: auf Rudolf Kassners literaturkritische Essays, auf Theodor Storms idyllische Gedichte und Novellen, auf Paul Ernsts Tragödien – und so fort. Dem Essayisten obliegt es nach Lukács, Kunstwerke hinsichtlich ihrer formalen Gestalt wahrzunehmen, das individuelle ästhetische Erleben dieser Formen zu versprachlichen, zu deuten und zu werten, um auf diese Weise an der Wirkungsgeschichte[41] und dem Wandel ästhetischer Formen selbst aktiv teilzuhaben.[42] Diese Aufgabe beschränkt sich für Lukács nicht auf die Sphäre der Künste, bedarf mitunter noch nicht einmal der „Vermittelung von Literatur oder Kunst",[43] sondern hat über die Partizipation an den Formen und über die eigene essayistische Form unmittelbar Anteil an dem, was er emphatisch – und metaphysisch – „Leben" nennt und was sich in den (äußeren) Formen als (innere) Seele des Texts niederschlagen soll:

> Deshalb sprechen diese [essayistischen, A. A.] Schriften von den Formen. Der Kritiker ist der, der das Schicksalhafte in den Formen erblickt, dessen stärkstes Erlebnis jener Seelengehalt ist, den die Formen indirekt und unbewußt in sich bergen. [...] Diese Form, die aus einem symbolischen Betrachten der Lebenssymbole entstanden ist, bekommt ein Leben für sich von der Kraft dieses Erlebnisses. Sie wird eine Weltanschauung, ein Standpunkt, eine Stellungnahme dem Leben gegenüber, aus dem sie entstand; eine Möglichkeit, es selbst umzuformen und neu zu schaffen.[44]

Die poetischen Formen bergen demnach also bildhaft („indirekt und unbewußt") einen spirituellen Gehalt, den der Kritiker und Essayist wahrnehmen und explizieren kann. Dieser an die Formen gebundene „Seelengehalt" ist Produkt einer erlebnishaften Haltung des Dichters gegenüber dem Leben. Lukács etabliert somit produktionsseitig eine subjektive Ausdrucksrelation zwischen Autor und Kunstwerk. Als Konstituente eines Kunstwerks lösen sich die Formen allerdings von ihrem Produzenten und seinen direkten Intentionen und können im Textkörper eine Eigendynamik („ein Leben für sich") entwickeln, so dass Lukács – die topische Metapher des

---

41 Vgl. Lukács: Philosophie, S. 55.
42 Paul Ernst bezeugt, dass speziell diese Funktion von Lukács' essayistischem Schreiben schon zeitgenössisch wahrgenommen wurde: „Ein merkwürdiges Gefühl überkommt den Dichter, wenn er den Kritiker liest; er sieht, wie Dichtung für den andern Erlebnis wird, wie ins Leben zurückgeht, was bei ihm selber einmal aus dem Leben gekommen war, und wie das Erlebnis bei dem andern nun auch Form wird [...]." Ernst: Essay, S. 542.
43 Lukács: Seele, S. 7.
44 Ebd., S. 17.

Werks als Organismus ausnutzend – dem geformten Text (den „Lebenssymbole[n]") auch eine eigene Seele zusprechen kann. Dem Rezipienten eines Kunstwerks ist folglich aufgetragen, die äußeren wie auch die kompositionellen inneren Formen nicht nur als „die Mittel und Wege" des künstlerischen „Ausdrucks"[45] wahrzunehmen, sondern den Text und seine Erscheinung (Materialität, Stoff, Form und Seele) auch als besondere weltanschauliche Haltung („Weltanschauung", „Standpunkt", „Stellungnahme") zum Leben zu deuten.

Vor der weiteren Charakterisierung von Lukács' Essayband ist es sinnvoll, sich die Eigenart dieses als typisch essayistisch ausgewiesenen Deutungsverfahrens genauer vor Augen zu führen. Karl Mannheim hat meines Wissens als erster auf die hinter diesem Verfahren werkbasierter Bedeutungszuschreibung stehenden Besonderheiten hingewiesen. In seiner Rezension von Lukács' *Theorie des Romans* identifiziert er dessen geschichtsphilosophische Interpretation der Romanform als Beispiel einer ästhetischen Lektürepraxis, die sich nicht auf philologische Belege allein stützen könne, sondern auf einer besonderen Fähigkeit ‚indirekten Herauslesens' beruhe. Der Interpret richte sein Bestreben auf die diskursive Erfassung des „Geist[es], aus dem heraus" ein Werk entstanden sei.[46] An anderer Stelle spricht Mannheim wie Lukács nicht vom Geist, sondern von der „Seele", die, wie er erläutert, „ihre Erfüllung nicht durch sich selbst" finden könne, sondern auf die „Umwege" von „Kulturobjektivationen", also auf das „Werk" als indirekten „Ausdruck der Seele" angewiesen sei.[47] Für Mannheim verdient allein das den Geist bzw. die Seele entziffernde Lektüreverfahren die Bezeichnung „*Deutung*".[48]

> Nicht was die Kunstwerke eines vergangenen Zeitalters, inhaltlich, in Sätzen aufweisbar aussprachen, sondern den Geist, aus dem heraus sie entstanden, begrifflich festzuhalten: das ist die hier gestellte Aufgabe.

Zugleich stellt Mannheim aber auch heraus, dass mit einem so angelegten Interpretationsziel große philologisch-hermeneutische Schwierigkeiten verbunden sind: Deutungen dieser Art würden sich „niemals direkt mit Zitaten belegen" lassen. Doch dies besage

> gegen die Beweiskraft eines solchen indirekten Aufweisens gar nichts. [...] Dies ist keine Konstruktion oder Induktion, sondern auch eine eigenartige – rudimentär in jedem vorhandene – Fähigkeit.[49]

---

45 Ebd., S. 4.
46 Mannheim: Besprechung, S. 89 f.
47 Mannheim: Seele, S. 69 f.
48 Mannheim: Besprechung, S. 88.
49 Ebd., S. 89 f.

Mannheim wird ein paar Jahre später diesen besonderen Akt des indirekten, philologisch nicht belegbaren Akt des ‚Herauslesens' in eine Typologie unterschiedlicher Interpretationsweisen überführen und erläutern, dass es bei der in Rede stehenden Deutung nicht um eine psychologisierende Darstellung des Erlebnisses geht, das den Produktionsakt begleitet hat (also nicht um die Rekonstruktion der Seele oder des Geistes *des Autors*), sondern um eine sich im Text ausdrückende geistige Einstellung/Haltung zur Welt, um den so genannten „Ausdruckssinn" und – sofern dieser Sinn vom Interpreten nicht auf ein Individuum, sondern auf ein Kollektiv bezogen wird – um den „Dokumentsinn".[50] Die Deutung involviert dabei das ganze Werk, kann also sowohl den Stoff/Inhalt als auch die Form eines Kunstwerks betreffen. Im Unterschied zum Ausdruckssinn, der in der Regel als intentionalistische Bedeutungszuschreibung zur „geschlossene[n] Einheit" des ganzen Kunstwerks konzipiert werde, könne der Dokumentsinn, wie Mannheim erläutert, sich auch auf „unselbständige[ ] Teile[ ]" und „abspaltbare[ ] Momente[ ]" eines Werks beziehen,[51] also etwa auch isolierten formalen Elementen zugeschrieben werden. Wie aber können formale Texteigenschaften überhaupt deutend mit einer Haltung verknüpft werden?

In heutiger Terminologie könnte man dies im Anschluss an Nelson Goodman wohl als eine exemplifikatorische Bedeutungszuschreibung bezeichnen, die im Unterschied zu denotativen und metaphorisch-analogischen Bedeutungszuschreibungen nicht auf einer expliziten Thematisierung beruht,[52] sondern darauf, dass formalästhetische Eigenschaften eines literarischen Texts auf indirekte Weise etwas ‚zeigen', ‚demonstrieren' oder ‚manifestieren' oder, wie Lukács in der *Theorie des Romans* erläutert, als „Symptom" für etwas Wesenhaftes gewertet werden.[53] Der Interpret identifiziert diese Texteigenschaften (etwa Brüchigkeit, Harmonie, Rhythmus, Vers, Unordnung, Linearität o. Ä. des Texts) und assoziiert sie, unter Umständen auf analogisierende oder metaphorisierende Weise, mit einem weltanschaulichen Kontext, der sich im Umkehrschluss als „Stellungnahme" oder „Standpunkt", also als eine kollektiv verbürgte *Einstellung* oder *Haltung* im Text dokumentieren soll. Insbesondere in der Stil- und Geistes-

---

50 Mannheim: Beiträge, S. 117 ff. Zur Parallele zwischen Mannheim und Erwin Panofsky vgl. Hart: Panofsky.
51 Mannheim: Beiträge, S. 120.
52 Vgl. dazu Danneberg: Hermeneutiken. Eine etwas andere, methodisch vagere Richtung schlägt Ginzburg: Spurensicherungen, ein. Kritisch zur Spurenmetaphorik Danneberg: Asche.
53 Ein illustratives Beispiel für diese Form symptomatischen Lesens liefert Lukács in der *Theorie des Romans* (2009), S. 43 ff.

geschichte war dieses Verfahren weit verbreitet, konnte man doch so Epochen, Strömungen, Milieus, Charaktertypen, aber auch Völker, Stämme und Rassen und andere „konstruierte Subjekte"[54] wie etwa den ‚Zeitgeist'[55] als ‚Ursache' für ästhetisch-kulturelle Differenzen werten und entsprechende Ganzheiten konstruieren (z. B. die offene Weltanschauung der Moderne vs. das geschlossene Weltbild der Antike, das abstrakte Denken der jüdischen vs. das anschauliche Denken der deutschen Rasse etc.).

Zurück zu Lukács' Essayband: Das von Mannheim v. a. soziologisch-historisch, d. h. für epochentypische Milieus ausbuchstabierte Verfahren exemplifikatorischer Deutung lässt sich nicht nur auf die vom Essayisten behandelten literarischen Texte beziehen, sondern, wie sich im obigen Zitat schon andeutet, auch auf den Essay selbst und erst recht auf den zum ‚Werk' geadelten Essayband, der für eine eigene, „aus einem symbolischen Betrachten der Lebenssymbole" erwachsene „Stellungnahme dem Leben gegenüber" steht. Lukács legt seinen Exegeten jedenfalls nahe, die in *Die Seele und die Formen* vereinten inneren und äußeren Formen als Exemplifikation einer Seele, einer charakteristischen Haltung zum Leben zu deuten.

Eine entsprechende Deutung von Lukács' Buch kann ich hier nur skizzieren: So könnte man etwa argumentieren, dass sich in der für den Leser sichtbar gehaltenen Aneinanderreihung von Einzeltexten ein okkasioneller Charakter zeigt, den man als typisch essayistischen Zugriff auf die Welt interpretieren kann. Für diese exemplifikatorische Deutung gibt es auch explizite Hinweise im Text: So schreibt nach Lukács „jeder Essay [...] mit unsichtbaren Buchstaben neben seinen Titel die Worte: bei Gelegenheit von ..."[56] Diese „Gelegenheit[en]" werden in den Kapiteltiteln deklariert, wobei Lukács die oftmals nur die Autornamen nennenden Essaytitel für seine Buchpublikation um deutende Kapiteltitel ergänzt hat, die, im Inhaltsverzeichnis zusammengeführt, ‚auf einen Blick' einen übergreifenden gedanklichen Zusammenhang insinuieren. Da aber zwischen den Einzeltexten Vakatseiten eingezogen sind, die auch die Kapiteltitel wiederum aufspalten, wird zugleich der mit jedem Kapitel verbundene gedankliche Neuansatz als solcher optisch unterstrichen. Für den Leser ergibt sich so im fortgesetzten Lektüreprozess ein wiederholter thematischer Bruch, eine Diskontinuität der Gedankenführung, welche durch die mitunter die Kapitel intern strukturierenden Asteriske und (mal römische, mal alphabetische) Nummerierungen noch verstärkt wird. Die additive Reihung von Einzeltexten legt zudem den Gedanken nahe, dass der Essayband auch anders

---

54 Mannheim: Beiträge, S. 126.
55 Vgl. Danneberg: Einfluß.
56 Lukács: Seele, S. 33.

gereiht und im Prinzip sogar fortsetzbar (oder auch um einzelne Beiträge verkürzbar) wäre; und in der Tat enthält der ungarische Originalband zwei Essays weniger als der deutsche Band.[57] In der ungarischen Ausgabe wird diese Fortsetzbarkeit explizit, wenn der Eingangsessay mit dem Satz endet: „Und man darf sich keinen Augenblick darum kümmern, wie weit man auf diesem Wege vorwärtskam, man soll nur nach vorne gehen und gehen, gehen ..."[58]

Die gewisse Willkürlichkeit und Fortsetzbarkeit der Zusammenstellung unterminiert den gemeinhin mit einem Werkanspruch verknüpften Anspruch auf Ganzheit, Abgeschlossenheit und Vollständigkeit. Dies setzt sich auch in dem besonderen „Ton" des Essayisten stilistisch fort, der sich, wie erwähnt, nicht scheut, Inkonsistenzen und Paradoxa unaufgelöst in seinem Text stehen zu lassen: Lukács denkt, wenn man so will, stets das Gegenteil seiner Aussagen mit und nimmt keinen Anstoß am ‚Sowohl-als-auch', selbst wenn dies den Eindruck der Konsistenz und Kohärenz unterläuft:[59] So nennt er beispielsweise den Essay „‚ein Kunstwerk'"[60] und hebt zugleich „das ihn von der Kunst Unterscheidende" hervor;[61] er will die Essayistik zu einer Wissenschaft werden lassen[62] und sie zugleich deutlich von der Wissenschaft abheben[63] etc. „Das Prinzip der Ironie überwiegt [...] nicht nur innerhalb der einzelnen Essays, sondern dominiert auch den Band insgesamt", konstatiert Zsuzsa Bognár zutreffend im Rekurs auf einen Kommentar von György Márkus: „Jedes Stück ist je ein [...] Denkversuch mit irgendeinem Standpunkt, dessen schonungslose Kritik nicht selten schon der darauf folgende Aufsatz enthält."[64]

Auch hinsichtlich der essayistischen Gattungsbestimmung vermeidet Lukács den Eindruck einer zu starken Homogenität des Bandes: Nachdem im Vorwort Platons Dialoge, Kierkegaards Tagebuchblätter und Novellen sowie Euripides' Herakles-Drama als essayistische Formen deklariert wor-

---

57 Ergänzt werden die Essays zu Charles-Louis Philippe und zu Paul Ernst; vgl. Ahn/Müller: Lukács, S. 66.
58 Übersetzung von Bognár: Essays, S. 70. An die Stelle fortgesetzten Gehens bzw. Schreibens tritt in der deutschen Fassung die ‚große Ästhetik'.
59 Für Butler ist dieses „Stakkato mehrerer, rasch aufeinanderfolgender Erklärungen, die die ihnen jeweils unmittelbar vorausgehenden Erklärungen über den Haufen werfen", ein Zeichen des Scheiterns, das so zum Thema des Texts werde; Butler: Einleitung, S. 10. Es ist allerdings nicht das Scheitern des Essays, sondern das Scheitern eines systematischeren Zugriffs auf die Welt, das in Szene gesetzt wird.
60 Lukács: Seele, S. 4.
61 Ebd., S. 39.
62 Vgl. ebd., S. 6.
63 Vgl. ebd., S. 3.
64 Bognár: Essayband, S. 217.

den sind, kündigt Lukács sein vorletztes Essay-Kapitel zu Laurence Sterne als „Zwiegespräch" an[65] – und in der Tat folgt ein dramatisch gestalteter, mit dramaturgischen Nebentexten versehener Dialog, der durch längere Redebeiträge allerdings immer wieder in eine essayistisch-monologische Form zurückzufallen droht, bevor schließlich die Szene – hochdramatisch und zugleich selbstironisch – in einer Geste, nämlich einem Kuss mündet, „wozu die ganze lange Debatte nur eine höchst überflüssige Vorbereitung war".[66]

Es sind folglich nicht allein die Texteigenschaften der Einzelessays, sondern es ist erst ihre Zusammenführung in einem zugleich Einheit und Disparatheit insinuierenden Buch, das die innere Form, ergo die „Seele" seines Bandes manifestiert und eine essayistische Weltanschauung, eine essayistische Haltung exemplifiziert: Konvertiert in ein Buch zeigen die Essays – so könnte man wohl bilanzierend deuten – eine ironische, unabgeschlossene, okkasionell immer wieder neu ansetzende[67] und folglich vielgestaltige, nicht auf Konsistenz, sondern auf geistige Beweglichkeit verpflichtete ‚Haltung' zum Leben, die zwischen künstlerischer und wissenschaftlicher ‚Weltanschauung' angesiedelt ist und in diesem Zwischenraum[68] existentielle, das ‚Leben' betreffende Fragen prozessiert.

Wie aber steht es um die Selbstständigkeit eines so konzipierten essayistischen Werks? Wie hebt es sich vom Kunstwerk, wie vom wissenschaftlichen Werk ab? Von den behandelten Kunstwerken und ihren Formen bleibt der Essay zwar konstitutiv abhängig, kann mit ihnen aber aufgrund seiner Diskursivität und seiner metaästhetischen Perspektive nicht zusammenfallen, sich höchstens überbietend an ihre Stelle zu setzen versuchen.

---

65 Vgl. zum Sterne-Essay auch Bognár: Essays, S. 65–68.
66 Lukács: Seele, S. 323. Dazu kurz auch Vollhardt: Literaturkritik, S. 307.
67 Fohrmann: Kommunikation, S. 125, erläutert Lukács' Deutungsverfahren als ein auf Analogieschlüssen aufruhendes Verfahren; dies greift meines Erachtens fehl. Der hier gemeinte Okkasionalismus hat jedenfalls nicht viel mit dem von Carl Schmitt kritisierten subjektiven Okkasionalismus der Romantiker zu tun, die sich ohne die Anerkennung eines obersten Prinzips unkontrolliert in Analogieschlüssen ergehen würden. Vergleichbar ist aber die ironische Haltung gegenüber der Realität, die Schmitt ebenfalls als romantisch kritisiert.
68 Vgl. zur Zwischenstellung auch Ophälders: Essay, S. 331, der allerdings, wie oft in der Essayforschung, den Unterschied zwischen Essay und Essayband weitgehend ausblendet. Zudem Bognár: Essays, S. 58. Die Platzierung des Essays zwischen Kunst und Wissenschaft führt bis heute zu Verwirrungen in der Forschung, vgl. etwa die paraphrasierend-aktualisierende Lektüre von Konstanze Schwarzwald, für die die Sache eindeutig ist: Der Essay werde, wie die Kritik, „nicht als Wissenschaft, sondern als Kunst verstanden" (Schwarzwald: Literatur, S. 235). Schwarzwald entgeht folglich auch die Spannung zwischen Essayband und ‚großer Ästhetik' (vgl. ebd., S. 237). Es ließen sich viele weitere Beispiele dieser Art angeben.

Doch auch gegenüber der Wissenschaft argwöhnt Lukács gegen Ende seines Vorworts, dass der Essay womöglich nicht mehr als ein Parergon sei, also als Bei- und Nebenwerk[69] zum wissenschaftlichen Werk wahrgenommen werden könnte. In messianischen Bildern[70] wird der Essay hier als „Mittel zum letzten Ziel",[71] als „Vorläufer"[72] eines „kommenden" (philosophisch-wissenschaftlichen) Systems evoziert,[73] das hierarchisch *über* dem Essay rangiert:

> Der Essayist ist ein Schopenhauer, der die Parerga schreibt auf die Ankunft seiner (oder eines anderen) ,Welt als Wille und Vorstellung' wartend; er ist ein Täufer, der auszieht, um in der Wüste zu predigen von einem, der da kommen soll, von einem, dessen Schuhriemen zu lösen er nicht würdig sei. Und wenn jener nicht kommt – ist er dann nicht ohne Berechtigung? Und wenn jener erscheint – ist er dadurch nicht überflüssig geworden? [...] Er ist der reine Typus des Vorläufers, und es scheint sehr fraglich, ob ein solcher, nur auf sich gestellt, unabhängig also von dem Schicksal seiner Verkündigung, einen Wert und ein Gelten beanspruchen darf.[74]

Der Essay markiert demnach eine Übergangsphase, er ist „eine provisorische [...] Form auf dem Weg zur letzten, ,sicheren Wahrheit'",[75] die dann zukünftig womöglich auch in einer systematischen Form als wissenschaftliches Werk dargestellt werden könnte und den Essay durch die Wissenschaft/Philosophie überflüssig zu machen droht.

Diese bewusst nur in Frageform vorgebrachten Zweifel am Eigenwert des Essays werden allerdings umgehend dementiert. Die „Tatsache" der „Existenz" des Essays hat demnach, wie Lukács versichert, „noch einen anderen, selbständigeren Wert".[76] Während das „gefundene[ ] System der Werte" nur eine statische Erfüllung des menschlichen Sehnens nach dem

---

69 Vgl. auch Lukács: Tagebuch 1910–11, S. 17, wo in Bezug auf die Essays von „Beiprodukten" die Rede ist.
70 „Ich zwar taufe euch mit Wasser zur Buße; der aber nach mir kommt, ist stärker als ich, dessen Sandalen zu tragen ich nicht würdig bin; er wird euch mit Heiligem Geist und Feuer taufen" (Matthäus 3,11). „Ich zwar taufe euch mit Wasser; es kommt aber ein Stärkerer als ich, und ich bin nicht würdig, ihm den Riemen seiner Sandalen zu lösen; er wird euch mit Heiligem Geist und Feuer taufen" (Lukas 3,1).
71 Lukács: Seele, S. 37.
72 Ebd., S. 37.
73 Vgl. allgemein zum Systembegriff der Philosophie die ‚klassischen' Arbeiten von Ritschl: System; Stein: Systembegriff. Einen begriffshistorischen Überblick geben Hager/Strub: System.
74 Lukács: Seele, S. 35 f. Vgl. dazu Zimmermann: Essay, S. 234.
75 Vajda: Wissenschaftler, S. 402. Vgl. ähnlich auch Machado: Formen, S. 56: Der Essay erscheint hier als „Nochnicht eines ästhetisch-philosophischen Systems". Und ebd., S. 60: „Der Essay ist das Vorstadium eines philosophischen Systems, ohne auf die systematische Durchführung angewiesen zu sein, um seine Existenz zu rechtfertigen."
76 Lukács: Seele, S. 37.

Ganzen manifestieren könne, manifestiere der Essay das Sehnen selbst, und zwar als „eine ursprüngliche und tiefe Stellungnahme zum Ganzen des Lebens, eine letzte, nicht mehr aufzuhebende Kategorie der Erlebnismöglichkeiten". Wiederum werden die Textmerkmale des Essays auf die essayistische Haltung, eine „Stellungnahme" hochgerechnet; der Essay gestalte die „Sehnsucht nach dem System"[77] und exemplifiziere zugleich durch seine paradoxe und offene Struktur den gegenwärtig (noch) uneingelösten Totalitätsanspruch des Systems.

Lukács belässt es jedoch nicht bei dieser in der Tendenz immer noch hierarchischen Verhältnisbestimmung von System und Essay, sondern schreibt Letzterem eine dritte, nun dezidiert *gegen* das System gewendete weitere Funktion zu: Der Essay soll demnach das wissenschaftliche Werk nicht nur vorbereiten und seine Unerfüllbarkeit exemplifizieren, sondern der Essay kann den Systemanspruch auch konterkarieren und als eitel ‚entlarven'. Der Essayist stellt demnach in seinem Werk das Ungenügen und die auf Dauer gestellte Unabschließbarkeit wissenschaftlich-philosophischen Systemstrebens aus und zeigt auf diese Weise das bleibende Desiderat wissenschaftlicher Werke an. Die Wissenschaft müsse zwar stets die „große Ästhetik" zu erreichen bestrebt sein, scheitere daran aber auf eine sehr prinzipielle Art. Anders der Essay, der nach Lukács' ironisch-sophistischer (oder auch romantischer, aus guten Gründen an Friedrich Schlegel erinnernder) Wendung aufgrund seines eingeschränkten Werkstatus von vornherein keinen Anspruch auf letztgültige Selbstständigkeit, Abgeschlossenheit und Vollendung erhebt, sondern als Fragment, als abhängig und unabgeschlossen *intendiert* ist:

> Ruhig und stolz darf der Essay sein Fragmentarisches den kleinen Vollendungen wissenschaftlicher Exaktheit und impressionistischer Frische entgegen stellen, kraftlos aber wird seine reinste Erfüllung, sein stärkstes Erreichen, wenn die große Ästhetik gekommen ist.[78]

Der Eigenwert des Essayisten gegenüber dem Wissenschaftler/Philosophen besteht demnach gerade darin, dem Werk der Wissenschaft den Zerrspiegel vorzuhalten und das szientifische Konsistenz- und Totalitätsstreben ironisch als prinzipiell unerreichbares Ideal essayistisch zu kompromittieren.[79] Selbst die „große Ästhetik", die den Essay letztlich überflüssig machen würde, ist hier ironisch ins Utopische und Unerreichbare verschoben.

---

77 Ebd., S. 37 f.
78 Ebd., S. 36 f.
79 Vgl. Carl Neumann an Georg Lukács, 27. Juli 1912, in: Lukács: Briefwechsel, S. 291: „Die Wissenschaft […] wird kompromittiert."

Für das Folgende bleibt festzuhalten, dass die drei im Titel des Essaybandes genannten Begriffe ‚Seele', ‚Formen', ‚Essays' für Lukács' Positionierung des essayistischen Schreibens zwischen Wissenschaft auf der einen, Kunst/Literatur auf der anderen Seite leitend sind. Wissenschaftliche Werke haben im Unterschied zum Kunstwerk keine den Essayisten interessierende seelenvolle Form; ihre „Wirkung fußt [...] einzig und allein auf dem Inhalt",[80] pointiert Lukács. Kunstwerke aber, in denen Form und Inhalt eine bedeutungstragende Verbindung eingehen, erregen die Aufmerksamkeit des Essayisten und motivieren ihn, das Verhältnis von Formen und Seele diskursiv auszubuchstabieren. Zugleich aber exemplifizieren essayistische Texte mittels ihrer Form eine spezielle Haltung zur Welt, die – nach dem Vorbild des Kunstwerks – exemplifikatorisch gedeutet werden kann. Es ist für Lukács letztlich die sich in den Formen zeigende ‚Seele', die als materiell-spirituelle Einheit des Essaybandes *Die Seele und die Formen* aufzufassen ist und den Band (nicht die einzelnen Essays) zu einem geformten ‚Werk' macht.

Der bewusst *zwischen* Kunst und Wissenschaft situierte Essayband ist jedenfalls, dies sollte bis hierhin deutlich geworden sein, ein aufwändig und originell komponiertes essayistisches Werk, das auf ganz verschiedenen Ebenen seinen hybriden, künstlerisch-wissenschaftlichen Charakter und die okkasionelle Struktur seiner Einheit präsent hält. Zukünftige Editoren, die sich an der Werkpolitik des Autors selbst orientieren wollten, wären gut beraten, diesem besonderen Werkstatus Rechnung zu tragen. Nicht etwa durch eine Ausgabe, die die Textgestalt der originalen Aufsatzformate für sakrosankt erklärte oder den Werkstatus der originalen Buchausgabe überhöhte; dies wäre dem eingeschränkten Werkstatus, den Lukács seinem Band zuschreibt, gewiss unangemessen. Angemessener wäre eine kommentierte Edition, die dem Leser einerseits mögliche Aktualisierungspotenziale von Lukács' essayistischen Reflexionen erläuterte, ihm andererseits aber auch die kompilatorische Genese des Texts, seine heterogene Struktur und die besonderen zeitgenössischen Bedingungen der erstmaligen Buchpublikation erschlösse. Die jüngste Neuauflage des Essaybandes, die von Frank Benseler und Rüdiger Dannemann für den Aisthesis Verlag anlässlich des „hundertjährigen Jubiläum[s] der deutschsprachigen Erstausgabe"[81] besorgt und mit einem ursprünglich der englischen Ausgabe beigegebenen Vorwort von Judith Butler versehen wurde, hinterlässt unter diesen Gesichtspunkten einen ambivalenten Eindruck: Unproblematisch, wenn nicht sogar erfreulich ist die Aufnahme des Essays *Von der Armut im Geiste. Ein*

---

80 Vgl. Lukács: Seele, S. 159 f.
81 Benseler/Dannemann: Vorbemerkung, S. VIII.

Gespräch und ein Brief, der nicht mit zur Essayauswahl der Erstausgabe zählte, sondern 1912 separat als Zeitschriftenbeitrag publiziert wurde; als Teil der Neuausgabe unterstreicht er die nicht als abgeschlossen intendierte Reihung von *Die Seele und die Formen.* Die Herausgeber setzen allerdings ausschließlich auf die Aktualisierung und gegenwärtige Anschlussfähigkeit von Lukács' essayistischem Projekt. Die historischen Kontexte hingegen, insbesondere die konkreten epistemischen Situationen, aus denen allein sich ein Verständnis für die Provokation gewinnen ließe, die Lukács' Band darstellte, werden nicht kommentiert, im Gegenteil: Anders als noch in der Luchterhand-Ausgabe von 1971[82] werden in dieser Werkauswahl nicht einmal mehr die Erstveröffentlichungen der Essays erwähnt, geschweige denn nachgewiesen. Die durch die Buchform hergestellte ‚neue Einheit' wird so retrospektiv zu einem vollgültigen ‚Werk' erhoben – eine Promotion, die heutigen Lesern vermutlich entgegen-, zugleich aber einem Scheitern von Lukács' origineller werkpolitischer Strategie gleichkommt.

3. Der Weg zum wissenschaftlichen Werk (Max Weber)

Um nach misslungenen Versuchen in Budapest und Freiburg seinem Plan einer Habilitierung an der Philosophischen Fakultät in Heidelberg näher zu kommen,[83] bemühte Lukács sich um die Abfassung einer „große[n] Ästhetik", eines wissenschaftlichen Werks, das seine Bereitschaft und Fähigkeit demonstrieren sollte, den akademischen Erwartungen an wissenschaftliches Philosophieren zu genügen.[84] Der Essayband *Die Seele und die Formen* figurierte gleichsam als Vorlauf, als, wie Lukács gegenüber Leo Popper festhält, „Prolegomena dessen, was jetzt – sehr nebelhaft und anfänglich – im Entstehen ist, nämlich der metaphysischen Bestätigung des Formbegriffs".[85] Und kurze Zeit darauf hält er fest: „ich glaube, der Philippe war der letzte ‚Die Seele und die Formen'-Essay. Jetzt kommt ‚Wissenschaft'."[86] Zwischen 1912 und 1914 entstand so in Florenz und Heidelberg die heute so genannte *Heidelberger Philosophie der Kunst* als erster von zwei systematisch-kunstphilosophischen Entwürfen; der zweite systemati-

---

82 Vgl. Lukács: Seele (1971), S. 251 f.
83 Vgl. die Rekonstruktion von Sauder: Formalitäten. Vgl. auch Weisser-Lohmann: Heidelberg.
84 Vgl. dazu Vajda: Wissenschaftler.
85 Georg Lukács an Leo Popper, 15. Juni 1910, in: Lukács: Briefwechsel, S. 133–135, hier S. 134.
86 Georg Lukács an Leo Popper, 18. Oktober 1910, in: ebd., S. 152–154, hier S. 153. Man beachte die distanzierenden Anführungszeichen um den Ausdruck Wissenschaft.

sche Entwurf ist die sogenannte *Heidelberger Ästhetik*, mit der sich Lukács zwischen 1916 und 1918 beschäftigt hat. Beide kunstphilosophische Arbeiten blieben unvollendet, sie wurden als Fragmente aus dem Nachlass (weitgehend unkritisch) ediert. Dennoch demonstrieren die überlieferten Textteile anschaulich, dass Lukács sich nicht nur als Essayist verstand, sondern auch als Kunstphilosoph Anerkennung finden wollte. Das philosophische Establishment reagierte allerdings mit Befremden. Insbesondere Wilhelm Windelband,[87] Heinrich Rickert[88] und Emil Lask[89] war Lukács' Darstellungsverfahren grundsätzlich „„zu feuilletonistisch"".[90] Einzig Max Weber[91] versuchte trotz deutlichem Unbehagen gegenüber Lukács' „Art zu schreiben"[92] das „Moderne[ ]"[93] an seiner Darstellungsform zu erkennen und war immerhin inhaltlich von seinem ästhetischem Ansatz angetan: „Daß, nachdem man Ästhetik vom ‚Standpunkt' des Rezipierenden, dann jetzt von dem des Schaffenden zu treiben versucht hat, nun endlich das ‚Werk' als solches zu Wort kommt, ist eine Wohltat",[94] konstatiert er.[95] Er ermutigte Lukács mehrfach, vom essayistischen Schreiben Abstand zu nehmen und stattdessen endlich sein Werk zur Ästhetik abzuschließen. Weber erwartete die „*Vorlegung von etwas in sich Abgeschlossenem*, nicht nur ein Kapitel, sondern eine wirklich „‚complette' Schrift", mit der Lukács

---

87 Vgl. Max Weber an Georg Lukács, 22. Juli 1912, in: ebd., S. 290 f., hier S. 290. Vgl. auch Max Weber an Alfred Weber, 9. November 1912, in: Weber: Gesamtausgabe, Bd. II/7, S. 734–740.
88 Vgl. Sauder: Formalitäten, S. 85.
89 Vgl. dazu Karádi: Lask, S. 381 f. im Rekurs auf Briefe aus dem Nachlass von Lask. Vgl. auch Max Weber an Georg Lukács, 14. August 1916, in: Weber: Gesamtausgabe, Bd. II/9, S. 372.
90 Franz Baumgarten an Georg Lukács, 8. Juli 1912, in: Lukács: Briefwechsel, S. 289 f., hier S. 289.
91 Zu Weber und Lukács u. a. Beiersdörfer: Weber; Kaesler: Weber; Vajda: Wissenschaftler; Hohendahl: Scholar; Seery: Marxism.
92 Georg Lukács an Max Weber, 17. Januar 1916, in: Lukács: Briefwechsel, S. 367–369, hier S. 368.
93 Max Weber an Alfred Weber, 9. November 1912, in: Weber: Gesamtausgabe, Bd. II/7, S. 734–740.
94 Max Weber an Georg Lukács, 10. März 1913, in: Lukács: Briefwechsel, S. 320 f., hier S. 320.
95 Weitgehend positiv in der Reaktion auch Ernst Bloch, allerdings misst er den Text vornehmlich an ästhetischen Maßstäben. Ernst Bloch an Georg Lukács, 14. Mai 1913, in: Bloch: Briefe, S. 112–114, hier S. 113: „Ich finde die methodische Einleitung deines M[anu]skripts, dieses endlose ‚Aber es wäre zu bedenken' oder die fortdauernden Zweiteilungen von Problemen nicht richtig. [...] Es ist quälend und langweilig. Später wird alles gut und die Mischung von Essay und Sagazität ist auch stilistisch sehr reizvoll, dazu ist das Ganze von einer prachtvollen, stets erkennbaren Disposition und Systematik umspannt [...]."

den Abschied von seiner „essayistische[n] Periode" unter Beweis stellen und sich als „*Systematiker*" profilieren könnte.[96]

Doch Lukács fiel die Anpassung an die akademischen Erwartungen nicht leicht; im Privaten denunzierte er das wissenschaftlich-systematische Philosophieren schon früh als „,praktische[ ]' Fleißarbeit", zu der er gegen seinen eigentlichen Willen „gedrängt werde",[97] und bezweifelte seine Eignung als zünftiger Philosoph: „Und alles führt auf die alte Frage zurück, wie kann ich Philosoph sein?"[98] Der Abschluss der philosophischen Arbeit ließ entsprechend auf sich warten, zumal Lukács mit Ausbruch des Krieges zu militärischen Hilfsdiensten verpflichtet wurde. Im Dezember 1915 bat er erneut um Webers Unterstützung seiner Habilitierung. Lukács' Vorschlag ging nun dahin, die beiden vorliegenden zwei Kapitel des insgesamt noch „unabgeschlossene[n] Werk[s]" unter dem Titel „,Der Weg zum Werk', ‚Prolegomena zu einer Ästhetik'"[99] als Habilitationsschrift einzureichen, in der Hoffnung, für die Unabgeschlossenheit äußere Gründe, nämlich den Krieg anführen zu können:

> Da bei der unabsehbaren Dauer des Krieges und bei der absoluten Unmöglichkeit, daß ich vor Friedensschluß aus dem Militairverband ausscheide, dazu noch bei der Unmöglichkeit einer wirklich-koncentrierten Arbeit an einem ‚Werk' (der Ästhetik etwa), die Möglichkeiten einer Habilitation [...] wieder ins Unabsehbare verschoben werden, würde es mir sehr wertvoll sein, die Sache – wenn möglich – noch während des Krieges zu erledigen.[100]

Spätestens ab März 1915 hatte sich Lukács allerdings schon wieder seinem essayistisch angelegten Dostojewski-Projekt zugewandt[101] und noch vor seiner Rückkehr nach Heidelberg im August 1916 erste Ergebnisse daraus zur Publikationsreife geführt: Unter dem Titel *Die Theorie des Romans. Ein geschichtsphilosophischer Versuch über die Formen der großen Epik* publizierte er – mit Webers Unterstützung –[102] diese Arbeit als „Abhandlung"[103] in zwei

---

96 Max Weber an Georg Lukács, 22. Juli 1912, in: Lukács: Briefwechsel, S. 290 f., hier S. 290.
97 So Lukács in einem Brief an Paul Ernst im September 1911, in: Lukács, Briefwechsel, S. 254 f. Hier ist allerdings, wie in anderen Briefeditionen auch, von „Fließarbeit" die Rede; ich habe dies zu „Fleißarbeit" emendiert.
98 Lukács: Tagebuch 1910–11, S. 51 f.; vgl. Zimmermann: Essay, S. 236.
99 Georg Lukács an Max Weber, 30. Dezember 1915, in: Lukács: Briefwechsel, S. 364–366, hier S. 366. Der Antwortbrief von Max Weber ist nicht überliefert.
100 Georg Lukács an Max Weber, 30. Dezember 1915, in: Weber: Gesamtausgabe, Bd. II/9, S. 494. Siehe auch Lukács: Briefwechsel, S. 364–367.
101 Vgl. Georg Lukács an Paul Ernst, März 1915, in: Lukács: Briefwechsel, S. 345. Siehe auch Höschen: Dostojewskij-Projekt.
102 Vgl. Max Weber an Georg Lukács, 23. Dezember 1915, in: Weber: Gesamtausgabe, Bd. II/9, S. 224 f. Siehe auch Lukács: Briefwechsel, S. 363 f.
103 Lukács: Theorie (1916), S. 226.

Teilen in der *Zeitschrift für Ästhetik und allgemeine Kunstwissenschaft*. Lukács war der essayistische und „in mehr als einer Beziehung fragmentarisch[e]" Charakter dieses „*Versuch[s]*" bewusst, er wunderte sich daher auch nicht über Webers Befremden gegenüber dem Text[104] und bat seine Leser in einer Anmerkung, die womöglich verfrühte Publikation nicht dem Verfasser, sondern den äußeren Zeitumständen anzulasten.[105] Zeitgleich bemühte er sich weiterhin darum, sein philosophisches Werk endlich zum Abschluss zu bringen: Erneut nahm er sich der ästhetischen Fragestellungen an und produzierte zwischen 1916 und 1918 Entwürfe der heute so genannten *Heidelberger Ästhetik*. Wiederum wurde er dabei von Max Weber unterstützt, obgleich dieser die *Theorie des Romans* für einen höchst bedauerlichen Rückfall in den unwissenschaftlichen Essayismus wertete und folglich auch um die systematische Qualität der Habilitationsschrift fürchtete. Weber musste mit guten Gründen argwöhnen, dass Lukács durch seine essayistischen Arbeiten den schon ruchbar gewordenen „Eindruck wissenschaftlicher Unsolidität" – wie Heinrich Meier sich in Bezug auf die Essays und insbesondere auch die *Theorie des Romans* kurz darauf ausdrücken sollte –[106] weiter beförderte. Am 14. August 1916 schreibt Weber entsprechend an Lukács:

> Ich muß offen sein, noch Eins hinzusetzen. *Sehr* guter Freund von Ihnen – nun also: *Lask* – war[ ] der Ansicht: ‚er [Lukács, A. A.] ist geborener Essayist, er *wird* nicht bei

---

104 Vgl. Anmerkung zum Brief von Max Weber an Georg Lukács, 23. Dezember 1915, in: Weber: Gesamtausgabe, Bd. II/9, S. 224.
105 Lukács: Theorie (1916), S. 225 f. Anm. 104: „Die nachfolgenden Darlegungen sind in mehr als einer Beziehung fragmentarisch. Sie waren als Einleitungskapitel zu einem ästhetisch-geschichtsphilosophischen Werk über Dostojewsky geschrieben und ihr wesentliches Ziel war ein negatives: sowohl in Bezug auf literarische Form wie auf deren geschichtsphilosophische Bezogenheit den Hintergrund zu zeichnen, von dem sich Dostojewsky – als Künder eines neuen Menschen, als Gestalter einer neuen Welt, als Finder und als Wiederfinder einer neu-alten Form – abhebt. Die positive Analyse seiner Werke und seiner geschichtsphilosophischen Bedeutung hätte, so hoffe ich, manches hier nur Angedeutete durch den ergänzenden Kontrast zur wahren Evidenz gebracht. Mein Einrücken zum Militärdienst zwang mich die Arbeit abzubrechen, und bei der hierdurch entstandenen Ungewißheit, wann das ganze Werk vollendet werden kann, wenn es überhaupt dazu kommt, fühle ich mich veranlaßt, die Abhandlung in dieser Form der Öffentlichkeit zu übergeben; sie behandelt ja, soweit es in diesem Umfang möglich ist, dennoch einen begrenzten Gegenstand in einer erstrebt erschöpfenden Weise. Wenn sie freilich – wegen der äußeren Umstände – nicht nur der beabsichtigten systematischen Einordnung, sondern auch an einigen Stellen der letzten Feile ermangelt, so bitte ich den Leser dies nicht ausschließlich mir zur Last zu schreiben und sich bei der Lektüre womöglich an das Positive und Geleistete: an das Spezialproblem dieses Abschnittes zu halten."
106 Heinrich Meier: Gutachten über die Habilitationsschrift von Herrn G. v. Lukács vom 24. November 1918, zit. nach Sauder: Formalitäten, S. 103.

systematischer (zünftiger) Arbeit bleiben; er *sollte* sich deshalb nicht habilitieren. Denn der Essayist ist gewiß auch nicht um Haaresbreite *weniger* als der zünftige Systematiker, – eventuell grade im Gegenteil! – Aber er gehört *nicht* an eine Universität [...]'. Auf Grund dessen, was Sie uns damals von den prachtvollen Bausteinen Ihrer Ästhetik vorlasen, habe ich dieser Ansicht scharf widersprochen. Weil Ihr plötzliches Abschwenken zu Dostojewski – jener Ansicht (Lask's) Recht zu geben schien, haßte ich diese Ihre Arbeit und hasse sie noch. Denn im *Grundsatz* bin ich der gleichen Ansicht. Ist es Ihnen wirklich eine unerträgliche Qual und Hemmung, eine systematische Arbeit fertig zu stellen und Andres inzwischen zu *lassen* – ja, dann würde ich schweren Herzens Ihnen *rathen*: lassen Sie die Habilitation. [...] Dann ist Ihr Beruf ein anderer [...].[107]

Lukács reagierte bestürzt auf diese grundlegenden Zweifel seines inzwischen verstorbenen Lehrers Lask,[108] was Weber wiederum veranlasste, ihm die Bedenken des Kollegen, die er weitgehend teilte, nochmals zu erläutern. Lask habe sich gefragt, schreibt er, ob Lukács „wohl die Natur" habe,

> bei ‚zünftiger' Arbeit zu *bleiben*, d. h. eine systematische Arbeit *fertig* zu stellen. [...] Ihre spezifisch essayistische *Neigung* ließ ihn [Lask, A. A.] schwanken, ob er für *Sie* [...] das *Richtige* thue, wenn er Ihnen in diese ‚Zwangsjacke' zu gehen riethe und behilflich sei.[109]

Dass Lukács trotz seiner literaturkritisch-essayistischen Ambition tatsächlich auch ernsthaft darum bemüht war, die besagte „Zwangsjacke" freiwillig zu tragen und den Erwartungen zünftigen Philosophierens zu genügen, wird nicht zuletzt an den publizierten Teilen der *Heidelberger Ästhetik* deutlich:[110] 1917/18 kann er ein Kapitel der Arbeit in Aufsatzform im *Logos* unterbringen, konzediert aber in einer Anmerkung, dass die „folgenden Darlegungen [...] einem System der Aesthetik entnommen", folglich Stückwerk seien und „deshalb wohl an manchen Stellen den Stempel der Ergänzungsbedürftigkeit an sich" trügen. Lukács ist sich also sowohl der fehlenden systematischen Kohärenz seiner Studie als auch ihrer Unabgeschlossenheit bewusst. Die am „systematische[n] Zusammenhang" interessierten Leser vertröstet er auf „einen anderen Ort", wertet sein konkretes Problem aber zugleich zu einem allgemeineren Problem wissenschaftlichen Arbeitens um: „[D]och wird ja dieser Mangel jeder Behandlung jedes Ein-

---

107 Max Weber an Georg Lukács, 14. August 1916, in: Weber: Gesamtausgabe, Bd. II/9, S. 495–497, hier S. 496 f. Siehe auch Lukács: Briefwechsel, S. 371 f.
108 Der Brief von Lukács ist nicht überliefert, vgl. Lukács: Briefwechsel, S. 377. Vgl. zu dem Verhältnis Lask–Lukács–Weber auch Karádi: Lask.
109 Max Weber an Georg Lukács, 23. August 1916, in: Weber: Gesamtausgabe, Bd. II/9, S. 510 f. Siehe auch Lukács: Briefwechsel, S. 376 f., hier S. 376.
110 Vgl. Sauder: Formalitäten, S. 89. Vgl. zur Einschätzung auch Zimmermann: Essay, S. 237.

zelproblems mehr oder weniger anhaften."[111] Konzentriert auf Einzelnes – also auf die „kleinen Tatsachen", die das „‚wissenschaftliche[ ] Gewissen'" des „‚strenge[n] Gelehrte[n]'" beruhigen,[112] wie es in *Die Seele und die Formen* polemisch heißt – und in den Prozess wissenschaftlichen Fortschreitens eingespannt, können wissenschaftliche Werke folglich gar nicht erstreben, das ‚Ganze' abzubilden, so dass ‚Abgeschlossenheit' im Bereich der Wissenschaften generell nur als ein graduelles Gütezeichen gelten könne. Wissenschaftliche Werke können und müssen zwar – wie Kunstwerke – auf eine jeweils spezifische systematische Geschlossenheit zielen. Im Unterschied zu Kunstwerken würden wissenschaftliche Werke aber in einem konstitutiven Sinne nie fertig, nie letztgültig abgeschlossen, weil sie per se darauf angelegt seien, verbessert, weiterentwickelt und im Zeichen wissenschaftlichen Fortschritts überboten zu werden.[113] Schon in *Die Seele und die Formen* hatte Lukács diesen Gedanken zu einer Reflexion über das besondere Zeitregime des wissenschaftlichen Werks im Unterschied zu dem des (klassischen) Kunstwerks ausgebaut:

> [Z]wischen Kunstwerk und wissenschaftlichem Werk ist der ausschlaggebende Unterschied vielleicht der: das eine ist endlich, das andere unendlich; das eine geschlossen, das andere offen: das eine ist Zweck, das andere Mittel. Das eine ist – wir beurteilen die Sache jetzt von den Folgen aus – unvergleichbar, etwas Erstes und Letztes, das andere wird durch jede bessere Leistung überflüssig gemacht. Kurz gefaßt: das eine hat Form, das andere nicht.[114]

Max Weber übernimmt diese Überlegung partiell in seinen Vortrag *Wissenschaft als Beruf*, allerdings ohne seinen Schüler an dieser Stelle zu erwähnen (erwähnt wird er erst später[115]):

> Ein Kunstwerk, das wirklich ‚Erfüllung' ist, wird nie überboten, es wird nie veralten [...]. Jeder von uns dagegen in der Wissenschaft weiß, daß das, was er gearbeitet hat, in 10, 20, 50 Jahren veraltet ist. [...] jede wissenschaftliche ‚Erfüllung' bedeutet neue

---

111 Lukács: Subjekt-Objekt-Beziehung, S. 1–39, hier S. 1.
112 Lukács: Seele, S. 268.
113 Vgl. zur Gegenüberstellung der Geschichtlichkeit von Kunstwerk und theoretischem Werk auch Wolandt: Philosophie, insbes. S. 68–75.
114 Lukács: Seele, S. 159 f. Vgl. schon nahezu zeitgleich Rickert: System, S. 309: „Ja, für viele wird das, was wir unter *Voll-Endung* verstehen, geradezu mit dem ästhetischen Wert identisch sein. Die künstlerische Form faßt ein Stück des Erlebnisinhaltes so zusammen, daß sie es aus der Verbindung mit der übrigen Welt und damit aus jeder fortschreitenden Entwicklung herauslöst. So ruht das Kunstwerk in sich als voll-endeter Teil. ‚Ausgestoßen hat es jeden Zeugen menschlicher Bedürftigkeit.'" Das Zitat aus Schillers *Das Ideal und das Leben* (1795) zeigt die Herkunft der Vorstellungen aus der Weimarer Klassik an.
115 Weber: Wissenschaft, S. 107.

‚Fragen' und *will* ‚überboten' werden und veralten. [...] Prinzipiell geht dieser Fortschritt in das Unendliche.[116]

Eingebunden in einen fortgesetzten, kontinuierlichen Progress des Wissens muss das wissenschaftliche Werk nicht in gleicher Weise wie ein Kunstwerk in sich geschlossen, sondern darf als Stückwerk konzipiert sein, das einen anderen Wissenschaftler zur Verbesserung und Fortsetzung anregen wird. Das wissenschaftliche Werk ist, wenn man so will, offen für Ergänzungen, Modifikationen, Korrekturen und Revisionen, ohne durch so einen Eingriff seinen Werkcharakter einzubüßen. Auf die systematischen Implikationen dieser Bestimmung komme ich zurück, bleibe aber zunächst noch bei Lukács' fortgesetztem Ringen um einen zumindest relativen Abschluss seines wissenschaftlichen Werks.

Das kontinuierliche und prinzipiell unendliche Fortschreiten der Wissenschaft im Allgemeinen, über das sich Lukács mit Weber einig wusste, lizensierte im Konkreten zwar eine fortsetzbare, aber keine unabgeschlossene wissenschaftliche Qualifikationsschrift: Nachdem Lukács im Mai 1918 formell die Habilitation beantragt und dazu seine ästhetischen Kapitelentwürfe eingereicht hatte, monierte der bestellte Gutachter Heinrich Rickert, dass es schwer sei, nur auf der Grundlage der fünf eingereichten Kapitel „das *Ganze* seines Werkes" zu bewerten.[117] Zudem kritisiert er, dass Lukács ab dem vierten Kapitel „nicht wie bisher rein systematisch weiter" argumentiere, sondern in eine Metaphysik des Schönen ‚abbiege'. Obgleich der „Blick des Verf. [...] überall auf das Ganze des philosophischen Systems gerichtet" sei und dieser seine Fragestellung „bis ins Letzte" durchführe, sei „noch nicht zu ersehen", wie „das Ganze des Systems sich aufbaut [...]. Wegen dieses fragmentarischen Charakters muss ein Urtheil über den ‚absoluten' wissenschaftlichen Wert der Arbeit zurückgehalten werden".[118] Auch Heinrich Meier, der zweite Gutachter, fordert einen „wenigstens relativen Abschluß" der Habilitationsschrift ein.[119]

---

116 Ebd., S. 85. Die Idee vom Veralten des wissenschaftlichen Werks und vom Überdauern des künstlerischen ist keine ureigene Idee von Lukács, eher scheint es ein zeitgenössisch häufig ventilierter Allgemeinplatz zu sein. So hielt beispielsweise der Mathematiker Friedrich Engel 1899 fest, die „Kunst" könne „Werke schaffen", die „niemals veralten", hingegen komme selbst bei den „vollkommenste[n] Werken der größten Mathematiker eine Zeit, wo sie veraltet sind und wo nur ihr Ideengehalt noch fortlebt." Engel: Lie, S. 33.
117 Zit. nach Sauder: Formalitäten, S. 91.
118 Rickert: Gutachten über die Habilitationsarbeit von G. v. Lukács vom 18. Juni 1918, zit. nach Sauder: Formalitäten, S. 102.
119 Meier: Gutachten über die Habilitationsschrift von Herrn G. v. Lukács vom 24. November 1918, zit. nach Sauder: Formalitäten, S. 104.

444 Andrea Albrecht

Lukács wird, wie man weiß, diese Erwartungen nicht erfüllen. Wie schon beim ersten Entwurf schwollen ihm die wissenschaftlichen Ausarbeitungen unter der Hand unkontrolliert immer wieder an, wohl auch, weil Max Weber ihm schon früh signalisiert hatte, das die Länge der Habilitationsschrift seine Chancen für ein Bestehen erhöhen würden: „*je mehr* vorgelegt wird, desto geringer die Schwierigkeiten, die an sich ja große sind".[120] Die geforderte Breite stellte sich ein, induzierte aber nicht die ebenfalls geforderte Systematizität und hatte zudem unerwünschte Konsequenzen für Lukács' essayistischen Schreibstil. Gegenüber Paul Ernst gibt Lukács preis, dass er „durch die Ästhetik" seine „alte glückliche Kürze verloren" habe. Die angestrebte systematische Darstellung stellt sich aber dennoch nicht ein:

> Wenn man breit sein muß und die (unglückliche) Anlage hat, alles auf die letzten Wurzeln zurückzuführen, muß man eine eigentümliche, symphonische Gedankenführung erreichen, die von der architektonischen einer systematisch-philosophischen Schreibweise ganz verschieden ist.[121]

Die um Breite bemühte „symphonische Gedankenführung" erzeugte, wie dem editorischen Bericht der Ausgabe zu entnehmen ist,[122] eine Vielzahl von Neuansätzen, Fortsetzungen und Abbrüchen, ohne dass es zu einem formalen Abschluss der Arbeit oder einer systematisch zu nennenden Struktur kam. Rückblickend erinnert sich Lukács, dass er den „Plan" seiner Studie „während des Schreibens mehr als einmal abgeändert" habe.[123] Gegenüber Paul Ernst klagt er im März 1917 über einen ersten Teil der Ästhetik, der zu diesem Zeitpunkt schon stattliche 900 Manuskriptseiten umfasst haben soll:[124]

> Ich arbeite an der Ästhetik und habe mich entschlossen, sie in zwei Bände zu teilen, deren erster hoffentlich im Sommer fertig wird und dann auch gedruckt werden soll. Diese immer anwachsenden Massen von Manuskripten und Notizen werden mir immer unangenehmer: ich muß etwas beiseite schaffen.[125]

---

120 Max Weber an Georg Lukács, 22. März 1913, in: Lukács: Briefwechsel, S. 321 ff., hier S. 321.
121 Georg Lukács an Paul Ernst, 14. April 1915, in: Lukács: Briefwechsel, S. 348 ff., hier S. 348.
122 Die Edition erfüllt nicht die Standards einer historisch-kritischen Ausgabe, auch die editorischen Hinweise sind sehr sparsam gehalten. Den Nachlass selbst konnte ich für diesen Aufsatz nicht einsehen.
123 Zit. nach Márkus: Nachwort, S. 269.
124 Georg Lukács an Gustav Radbruch, 11. März 1917, in: Lukács: Briefwechsel, S. 400.
125 Georg Lukács an Paul Ernst, Anfang März 1917, in: Lukács: Briefwechsel, S. 395 f., hier S. 395.

Statt ein planvolles Ganzes zu entwerfen und bis zum Ende auszuarbeiten, reihte Lukács offenbar Seite an Seite, verzichtete v. a. bei der *Heidelberger Philosophie der Kunst* oftmals auf Absätze zugunsten ungegliederter zwanzig- bis dreißigseitiger Textteile[126] und verlor offenbar die ‚Umrisse' seines systematischen Ansatzes mehr und mehr aus dem Blick. So blieb letztlich auch die *Heidelberger Ästhetik* unabgeschlossen und das Habilitationsverfahren scheiterte – allerdings nominell aus politischen Gründen.[127] Doch unabhängig von der Frage, ob Lukács nicht willens oder aber nicht fähig war, den philosophischen Anforderungen Genüge zu tun: Die Konfrontation mit den Ansprüchen des akademischen Establishments veranlasste ihn zu einer anhaltenden Auseinandersetzung mit dem Konzept wissenschaftlicher Werke, nicht nur im Blick auf deren (Ab)Geschlossenheit, sondern auch im Blick auf die verlangte Systematizität, wobei weder bei dem ersten noch bei dem zweiten Aspekt Klarheit herrschte, was damit genau gemeint war. Niedergeschlagen hat sich diese Auseinandersetzung in seinen kunstphilosophischen Schriften, in denen daher ästhetische und epistemische Werkkonzepte diskutiert werden.

4. Werkkonzepte in den kunstphilosophischen Schriften

Von kunstphilosophischen Bestimmungen hält Lukács seinen Essayband *Die Seele und die Formen* konsequenterweise weitgehend frei; sie kommen nur *en passant* und in der Figurenrede des Dialogs zu Laurence Sterne expliziter zur Sprache. Die überlieferten Aufzeichnungen der *Heidelberger Philosophie der Kunst* und der *Heidelberger Ästhetik* enthalten aber eine Reihe systematisch angelegter Reflexionen, die in engem Zusammenhang mit den gattungs- und werktheoretischen Andeutungen in *Die Seele und die Formen* stehen – dies wohl nicht zuletzt, weil Lukács mit seinen ästhetischen Schriften auch die Frage nach dem Status seiner eigenen Essayistik zwischen Kunst und Wissenschaft näher aufzuklären versuchte.[128] Was also ist – kunstphilosophisch gesehen – für Lukács ein Kunstwerk?[129] Was ein wissenschaftliches Werk? Und warum erhebt er für den Essay einen nur eingeschränkten Werkanspruch?

---

126 Vgl. Márkus: Nachwort, S. 276.
127 Vgl. Sauder: Formalitäten, S. 97.
128 Vgl. z. B. Lukács: Philosophie, S. 229 f.
129 Eine erste Rekonstruktion versuchte Weisser-Lohmann: Kunstphilosophie, noch ohne Kenntnis wichtiger Quellen und ohne die Abgrenzung von ästhetischem und wissenschaftlichem Werk zu beachten. Weiter führt Kavoulakos: Kulturkritik.

Den theoretischen Hintergrund von Lukács' Werkkonzepten bildet seine von Leo Popper übernommene ‚Theorie des Missverstehens',[130] der zufolge sprachliche Äußerungen prinzipiell nicht in der Lage seien, Individuell-Mentales zuverlässig zu vermitteln. Zeichen und Worte können abstraktes Wissen vermitteln, seien aber grundsätzlich nicht dazu geeignet, individuelle Erlebnisse angemessen abzubilden:

> Denn dem reinen Erlebnis gegenüber ist *jeder Ausdruck inadäquat*: ein Schema; dieses Schema erhält aber bei jedem erlebenden Individuum eine Qualität sui generis, ja ist dem Wesen nach nichts anderes als die Projektion der Subjektivität des Erlebenden auf die ‚Träger' seines Erlebnisses [...].[131]

Karl Mannheim greift diese sprachskeptische These, die für das frühe 20. Jahrhundert nicht untypisch ist,[132] in seiner Vorlesung „Seele und Kultur" aus dem Jahr 1918 unter der (passenderen) Bezeichnung „Theorie der inadäquaten Sicht"[133] auf und erläutert die werktheoretischen Implikationen:

> Sollte mich jemand vor die Frage nach dem wesentlichsten Zug des Menschseins stellen, würde ich darauf hinweisen, daß wir mit anderen, ja mit uns selber nur dadurch in Beziehung kommen, daß wir eine fremde Materie, das Werk zwischen uns und andere, ja zwischen uns selber stellen. Es ist unser wesentlich menschliches Schicksal, daß es unserer viele gibt und wir abgesondert existieren. Es verlangt uns nach einander, doch ohne die Möglichkeit des Zueinanderkommens.[134]

‚Werke' (nicht nur ästhetische Werke) werden folglich, obgleich sie dem Menschen „fremde", weil materiale Objekte darstellen, dazu geschaffen, die Distanz zwischen Subjekt und Subjekt zu überbrücken. Diese Überbrückung gelinge grundsätzlich nur auf eine inadäquate oder missverständliche Weise, weil ein Werk die individuellen Erlebnisse seines Gestalters grundsätzlich nicht angemessen und intersubjektiv vermittelbar ausdrücken könne, sondern dieser seine Erlebnisse bestenfalls auf etwas Materielles (Papier, Leinwand, Marmor etc.) projizieren könne. Allein der vollständige Verzicht auf erlebnishafte, subjektive Gehalte lasse eine adäquate Verständigung zwischen zwei Menschen zu.

Diese nicht-erlebnishaltige Verständigung stellt für Lukács wie für Mannheim die wissenschaftliche Kommunikation dar. Der Wissenschaftler hat demnach kein Mitteilungsproblem; er entscheidet sich mit der wissenschaftlichen Rede für eine logisch-abstrakte Sprache und verzichtet mithin

---

130 Vgl. dazu Machado: Formen, S. 65–70.
131 Lukács: Philosophie, S. 28. Vgl. auch ebd., S. 69.
132 Vgl. dazu Danneberg: Sprachphilosophie.
133 Mannheim: Seele, S. 75.
134 Ebd., S. 70.

willentlich auf die Übermittlung erlebnishafter Gehalte. Dieser Verzicht bildet sich im wissenschaftlichen Werk auf der Ebene der äußeren Formen[135] durch eine standardisierte Darstellungsweise ab, die auf *brevitas*, *simplicitas* und *claritas* ziele, aber sich nicht um eine innere Form, nicht um eine Seele des Texts bemühen müsse. Für Lukács ist aber auch diese seelenlose Form (die eigentlich keine Form, sondern der Verzicht auf Form ist) Ausdruck eines wissenschaftlichen ‚Wollens', Ausdruck einer spezifischen Haltung zur Welt, die im Kern zunächst destruktive, wenn nicht mortifizierende Effekte hat:

> Durch das Wollen der Wahrheit verläßt jedes logische Verhalten die Sphäre der Erlebniswirklichkeit; die Gesinnung zur Logik setzt diese Trennung von ihr schon als vollzogen voraus. Diesem Unvermittelten Zerschneiden aller verbindenden Fäden zum Leben, diesem Verbrennen aller Brücken hinter sich verdankt die Struktur der Logik ihre Geradlinigkeit, Einfachheit und Klarheit […].[136]

Die Abstinenz gegenüber der Vermittlung von Erlebnisgehalten hat Vor- und Nachteile. Sie führt für den Wissenschaftler, sofern er sein Handwerk versteht, immerhin zur Gewissheit, dass seine Botschaft, seine Erkenntnis prinzipiell intersubjektiv vermittelbar ist, dass also

> Aussage und ihre Aufnahme einander prinzipiell gleich sind und daß jede Inadäquatheit, jede Verschiedenheit in der inhaltlichen Erfüllung der Formen nur als ein mangelhaftes Erreichen des logischen Ideals aufgefaßt werden darf.[137]

Wissenschaftliche Werke konstituieren somit, wie Lukács auch in der *Heidelberger Ästhetik* schreibt, eine Sphäre *theoretischer Objektivität*.[138] In einer Auskopplung aus den Heidelberger Studien, einer Aufsatzpublikation in der Zeitschrift *Logos* aus dem Jahr 1917/18, charakterisiert er diese „Sphäre des Theoretischen", also der Wissenschaft, im Anschluss an zeittypische Topoi als eine Sphäre, die von allem Subjektiven, Persönlichen, Menschlichen vollständig gereinigt sei:

> [D]as Wesen der theoretischen ‚Objektivität' ist ja die vollendete Befreiung *der so entstehenden, wertvollen Sinngebilde* von jeder Subjektivität, von allen Spuren und Trübungen, die infolge einer, wie immer gereinigten, logisch gewordenen, subjektiven Einmischung in der reinen Sphäre des Theoretischen, im an sich Gelten der wahren Sätze […] entstehen. Es wird also eine Objektswelt gefordert, deren Charakter durch das Aufgehobensein aller Subjektivität bestimmt werden kann. Nicht nur die raum-zeitlich-individuelle

---

135 Vgl. Lukács: Seele, S. 160: „Kurz gefaßt: das eine [das Kunstwerk] hat Form, das andere [wissenschaftliche Werk] nicht".
136 Lukács: Philosophie, S. 50.
137 Ebd., S. 48.
138 Praktische Objektivität, wie die Ethik es verlangt, kommt in diesem Modell umgekehrt einer Suspendierung des objektiven Pols gleich. Nur in der Ästhetik könne man daher von einer Subjekt-Objekt-Beziehung im eigentlichen Sinne sprechen, meint Lukács.

> ‚Persönlichkeit' ist aus dieser Welt für immer verbannt, nicht nur alles dem Begriff des ‚Menschlichen' anhaftende wird aus ihr entfernt, sondern auch die ganz logisch gewordene theoretische Subjektivität ist bestenfalls ein Grenzbegriff, ein Substrat für das Gelten des schlechthin subjektsjenseitigen Wertes.[139]

Wissenschaftliche Werke und die zugehörigen epistemischen Textsorten sind folglich form- und seelenlos. Sie bedürfen auf der Seite des Rezipienten keiner Interpretation, keiner weitergehenden biographischen, textgenetischen oder historischen Kontextualisierung, aber auch keiner essayistischen Kommentierung ihrer Formen; man versteht sie besser oder schlechter, sie wollen aber nicht *mehr* mitteilen, als in ihnen objektiv, allgemeingültig und formlos ausgesagt ist.

Die von Lukács behauptete Unabhängigkeit des wissenschaftlichen Gehalts einer Aussage von der Form ihrer Darstellung – eine Vorstellung, die im 20. Jahrhundert im Zuge des *linguistic turn* und anderer sprachkritischer Bewegungen mehr und mehr an Kredit verloren hat –[140] erläutert Karl Mannheim mit Blick auf die Analyse und Rekonstruktion eines wissenschaftlichen Systems:

> In einer Systemanalyse handelt es sich um die von der Architektonik befreite Form des Systems, wobei selbstverständlich stets vorausgesetzt wird, daß es eine Möglichkeit gibt, die sinngemäß hierarchische, ‚natürliche' Ordnung der leitenden Gedanken eines Systems zu rekonstruieren. Eine jede ‚Darstellung der Gedanken eines Denkers', sofern sie nicht eine blinde Kopie der Reihenfolge des Originals ist, trachtet nach einer solchen systematischen Rekonstruktion. [...] Auch Darstellungsformen, die aus pädagogischen Gesetzmäßigkeiten und Rücksichten das Prinzip der Reihenfolge eines Gedankenganges entleihen, müssen in solchen Fällen, in denen es auf die Darstellung der sinnmäßigen, der rein logischen Gestalt des Systems ankommt – abgestreift und als Architektonik betrachtet werden, wie sehr sie auch im besonderen Fall ihre gute Berechtigung haben mögen.[141]

In Mannheims Terminologie ist die ‚Architektonik' eines Texts seine ‚äußerliche' Darstellungsform, etwa eine Darstellung *more geometrico*, von der man im Zuge der Analyse und Rekonstruktion eines Systems den inneren und „ursprünglichen Zusammenhang",[142] die „sinnmäßige[ ]", „rein logische[ ] Gestalt" geradezu ‚entkleiden' könne („befreite Form", „abgestreift"), um den ‚objektiven Sinn' eines wissenschaftlichen Werks zu erfassen. Diese analytische Entkleidung aber ist ausschließlich im Fall wissenschaftlicher Kommunikation möglich; der Gehalt erlebnishafter Kommunikation hingegen, die mehr mitteilen, also auch Subjektives, Per-

---

139 Lukács: Die Subjekt-Objekt-Beziehung, S. 2.
140 Vgl. Danneberg: Sprachphilosophie, S. 1544 f.
141 Mannheim: Strukturanalyse, S. 181 f.
142 Ebd., S. 181.

sönliches und Menschliches zum Ausdruck bringen will, ist prinzipiell nicht von der Darstellungsform ablösbar. Der Seelengehalt eines Kunstwerks lebt, wie gesehen, stets in und mit seinen Formen, ein Kunstwerk realisiert eine Interdependenz von Gehalt und Gestalt.

In der *Heidelberger Philosophie der Kunst* erläutert Lukács die Besonderheit formgebundener Seelengehalte u. a. am Beispiel des ‚Briefs' und damit an einer Textsorte, die in seiner Typologie der Formen durch die Zugehörigkeit zur Erlebniswirklichkeit und eine dementsprechend starke Subjektivität ausgezeichnet ist. Briefe zählen für Lukács zu den „Halbfabrikat-artigen Äußerungen des gewöhnlichen Lebens",[143] sind also, wie man heute sagen würde, Egodokumente, die primär der intimen Mitteilung einer Information oder eines persönlichen Erlebnisses an ein anderes Individuum dienen,[144] aber in der Regel weder einen künstlerischen noch einen essayistischen, geschweige denn einen wissenschaftlichen Anspruch erheben und daher auch keinen Werkstatus zugesprochen bekommen. Im Unterschied zum Wissenschaftler hat der mitteilungsbedürftige Briefschreiber ein gravierendes Mitteilungsproblem: Er kann nach Lukács sein Erleben bestenfalls in ein ihm selbst adäquates sprachliches Schema transformieren,[145] aber nicht davon ausgehen, dass der Empfänger seiner schematisierten, auf konventionalisierten Begriffen beruhenden Mitteilung bei der Lektüre das Gleiche oder auch nur Ähnliches erleben werde.[146] Im Unterschied zu wissenschaftlichen Werken sind Briefe daher auch hochgradig interpretationsbedürftig. Der Briefempfänger muss das erhaltene „Schema" für

---

143 Lukács: Philosophie, S. 52.
144 Der Brief ist schon in der Antike als ‚Abbild der eigenen Seele' (epistula imago), mitunter als Spiegel (speculum animi liber, speculum animi oratio) bezeichnet worden. Doch das bedeutet nicht, dass sich im Brief etwas im emphatischen Sinne Individuelles ausdrücken muss. Vgl. z. B. Müller: Brief. Lukács tritt dieser Auffassung entgegen.
145 Diese Lesart steht in einem diametralen Gegensatz zu Riegls Konzept des „Kunstwollens", bei dem die künstlerische Intention unmittelbar und ohne Verluste in das Werk einfließt. Vgl. dazu Born: Budapest, S. 102.
146 Einem deutlichen Solipsismus das Wort redend, konstatiert Lukács, dass „jeder Mensch [...] unmittelbar nur die eigenen Möglichkeiten des Handelns, Empfindens etc." erleben könne, „und ein Motiv, das seiner Psyche [...] fremd ist, wird er nur bei sehr hoher Intellektualität und geringer Erlebnisintensität sich überhaupt vergegenwärtigen können" (Lukács: Philosophie, S. 28). Dieser Gedanke ist zeitgenössisch im Rahmen sprachskeptischer Diskussionen weit verbreitet (vgl. Danneberg: Sprachphilosophie). Zuvor war Lukács in *Zur Theorie der Literaturgeschichte* (1910) noch weit optimistischer von einem über die Formen vermittelten sozialen Erlebnis des Kunstwerks ausgegangen: Die Form als „das wahre Soziale in der Literatur" (Lukács: Literaturgeschichte, S. 29) ruft „Gefühlsreaktionen und Wertungen" (ebd., S. 27) hervor, auf die der Autor seine Konstruktion abzustimmen sucht (ebd., S. 33). Vgl. dazu Vollhardt: Literaturkritik, S. 308–311.

sich ‚auslegen',¹⁴⁷ d. h. unter Hinzuziehung von Kontexten zu verstehen und zu interpretieren versuchen. Er kann dabei, wie Lukács erläutert, zum einen auf andere, briefexterne Kenntnisse, die er über den Briefschreiber gesammelt haben mag,¹⁴⁸ zum anderen auf eigene Erlebnisse zurückgreifen,¹⁴⁹ die er zum Schema hinzu assoziiert. Und er kann weitere Egodokumente als Fortsetzung und Ergänzung der brieflichen Kommunikation einfordern, ist doch die Korrespondenz als Äußerung des Lebens nie vollständig. Bestehen aber bleibt dennoch stets ein konstitutives Missverstehen zwischen Sender und Empfänger,¹⁵⁰ das nur durch die Gemeinsamkeit des Lebens, nicht aber sprachlich ausgeräumt werden kann. Der Brief ist dadurch – ganz anders als das wissenschaftliche Werk, das universelle Geltung beansprucht – in der Regel auf einen sehr engen und intimen Wirkungskreis begrenzt. Will man diesen erweitern, muss der Brief nach Lukács in ein „abgeschlossenes System" und damit tendenziell in ein Kunstwerk transformiert werden:

> Damit aber ein Brief die Wirkungsmöglichkeit jenseits dieser, bloß von einem bestimmten Individuum zum anderen bestimmten Individuum reichenden Welt erlange, muß aus den andeutenden Beziehungen, die das Schema bilden, ein freischwebendes, in sich abgeschlossenes System werden, das immer und überall den Eindruck eines persönlichen Erlebniskomplexes erwecken kann.¹⁵¹

Nur wenn der Brief aus seinen genetisch bedingten Kontexten gelöst und ‚freischwebend' wird, kann er sich hin zu dem entwickeln, was Lukács emphatisch ‚Kunstwerk' nennt und was auf eine allgemeinere, die Zeiten überdauernde Wirkung hin angelegt ist. Die ästhetische Wirkung gewährleistet ebenfalls keine adäquate Vermittlung individueller Erlebnisse, denn auch Kunstwerke unterliegen für Lukács der Theorie des Missverstehens. Doch das „In-sich-geschlossen-sein[ ]"¹⁵² und die ‚Immanenz' des Kunstwerks führen dazu, dass es auch auf der Seite des Rezipienten einen „Erlebniskomplex[ ]" zu erwecken versteht. Das „vom Schaffenden produzierte und vom Rezeptiven genossene Werk" ist zwar nicht identisch,¹⁵³ denn

---

147 Lukács: Philosophie, S. 29.
148 Vgl. ebd., S. 53.
149 Vgl. ebd., S. 29.
150 Vgl. ebd., S. 28. Popper: Mißverständnistheorie, S. 77: „Da der eine Mensch den anderen innerlich nicht kennen kann, kann er nicht verstehen, was der andere will: eine Epoche noch weniger, was eine vorangegangene wollte, denn ‚der Sache nachzugehen' ist unmöglich: wenn sie trotzdem übernimmt, was sie vor sich sieht, übernimmt sie es falsch, mißverstehend und – damit ist der Boden für neue Mißverständnisse vorbereitet."
151 Lukács: Philosophie, S. 53.
152 Ebd., S. 55.
153 Vgl. Lukács: Subjekt-Objekt-Beziehung, S. 37.

es ist Lukács zufolge letztlich nicht feststellbar, ob die Erlebniskomplexe des Künstlers und des Rezipienten sich ähneln. Feststellbar sei aber, dass sich beide erlebend auf das Werk als Kunstwerk selbst beziehen, mit ihm eine ästhetische Erfahrung machen können und dem Werk somit ästhetische Geltung zuerkennen:

> Das [Kunst-]Werk erscheint uns also jetzt als System von Erlebnisse inadäquat vermittelnden Schemata, das so vollendet in sich abgeschlossen ist, daß seine Wirkung, die als allgemein und notwendig gedacht ist, von nichts anderem als den immanenten Beziehungen seiner Elemente zu einander getragen wird.[154]

Diese Bestimmungen des Kunstwerks verdeutlichen Lukács' Bemühen um einen vom ästhetischen Subjektivismus und Psychologismus weitgehend gereinigten Kunstwerkbegriff. In seinem neukantianischen, v. a. Emil Lask entlehnten Verständnis[155] verbindet sich für Lukács im Kunstwerk[156] eine historisch indizierte, d. h. zeitlich-soziale und v. a. auch subjektiv bedingte, inhaltliche Wertrealisation mit einer überhistorischen formalen Wertgeltung zu einer komplexen Einheit.[157] Allein die Wertgeltung ist es, die dem Kunstwerk seine Dauer, seinen Systemcharakter und damit auch seinen Werkstatus verleiht; die inhaltlichen, erlebnishaften Füllungen hingegen sind ephemer, historisch kontingent und intersubjektiv nicht adäquat vermittelbar, und dies obgleich sich Produzent und Rezipient auf einen gemeinsamen Konvergenzpunkt richten: auf das Schema des Werks,[158] das für Lukács, bildlich gesprochen, aber nur eine Art formal perfektionierte „Leerform"[159] für individuelle Erlebnisprojektionen bildet.[160]

Kunstwerk versus wissenschaftliches Werk – in den Heidelberger Schriften stehen Werke nicht allein, sondern gehören jeweils Wert- und

---

154 Lukács: Philosophie, S. 53. Vgl. auch ebd., S. 240 zum „In-sich-Geschlossensein[ ]" und „In-sich-ruhen der Werke der Kunst".
155 Vgl. Kavoulakos: Kulturkritik, S. 133. Vgl. dazu auch Dannemann: Frühwerk.
156 Lukács: Philosophie, S. 206 f.: Das Werk ist für Lukács „das Ewigwerden eines bestimmten, historischen Moments; es reißt einen Augenblick des historischen Zeitablaufs aus diesem Strom heraus und verleiht ihm das Überdauern der Zeit, erhebt ihn in eine Region jenseits der Zeit, ohne ihm den Duft und das Cachet, den Zauber und den Schein der Vergänglichkeit zu nehmen, den er gerade dieser seiner Augenblicklichkeit verdankt."
157 Vgl. ebd., S. 153. Vgl. dazu auch Vollhardt: Literaturkritik.
158 Vgl. Machado: Formen, S. 67.
159 Vgl. Sandor: Text, S. 482 f.
160 Das Kunstwerk steht dabei allerdings, wie Judith Butler zu Recht annimmt, für die beständige Hinwendung zu einem Anderen und damit für das fortgesetzte Bemühen, trotz des prinzipiellen Scheiterns jeder erlebnishaften Kommunikation das Streben nach erlebnishafter Verständigung nicht aufzugeben; vgl. Butler: Einleitung, S. 16. Für Vollhardt (Kunstwerk, S. 82) ist Lukács' Syntheseversuch hingegen gescheitert.

Geltungssphären der Kunst bzw. der Wissenschaft zu. Mit Blick auf die sphärenspezifische Relation von Werk zu Werk erläutert Mannheim:

> Während aus einer Wahrheit stets eine andere folgt und gerade deshalb eine neue Einsicht die vorhergehende als irrig zu vernichten, aufzuheben imstande ist, folgt aus dem einen Kunstwerk das andere nicht im mindesten – weshalb auch in der Sphäre der Kunst das neue Werk das andere niemals zu widerlegen vermag. Wenn das kopernikanische System wahr ist, kann das ptolemäische nicht zugleich wahr sein, aber ein Kunstwerk von Giotto wird niemals durch ein anderes Kunstwerk widerlegt werden.[161]

Da in der Sphäre der Wissenschaft „jede Wahrheit mit den anderen zusammenhängt", identifiziert Mannheim als „systematisierende Voraussetzung" ihrer Struktur ein „,Prinzip der Kontinuierlichkeit'", während „die ästhetische Sphäre das entgegengesetzte Systematisierungsprinzip" besitze,[162] also diskontinuierlich organisiert sei. Sowohl der wissenschaftlichen als auch der ästhetischen Sphäre eignet demnach ein Prinzip der Systematisierung. Doch während in der Wissenschaft die Relation von Werk zu Werk kontinuierlich, stetig und offen ist, ein Werk das andere ergänzen und möglichst bruchlos fortsetzen soll, so dass über die Einzelwerke hinweg eine „geschlossene[ ] Kette von miteinander kontinuierlich zusammenhängenden Sätzen" entstehen kann,[163] ist die Relation zwischen Kunstwerk und Kunstwerk diskontinuierlich und diskret:[164] „In *originärer* Erfahrung

---

[161] Mannheim: Strukturanalyse, S. 173. Die ungarische Fassung erscheint 1918, die erweiterte deutsche 1922. Mannheim unterscheidet zusätzlich ein besonderes Zeitregime der Philosophie (vgl. ebd., S. 173 f.). Im Blick auf die Philosophie insistiert Mannheim – anders als Lukács und Weber – auf einem dritten Typ der Relation von Werk zu Werk, dem weder die Diskontinuität und Diskretheit der ästhetischen noch die Kontinuität und Stetigkeit der wissenschaftlichen Sphäre entspricht und eine entsprechend ambivalente Darstellungsform einer problemorientierten Geschichte erforderlich mache: „Die Geschichte der Philosophie dagegen läßt sich [...] am adäquatesten in Form einer Problemgeschichte darstellen, in der die Kontinuierlichkeit des Gedankens (des Problems) zwar eine überzeitliche Einheit konstituiert, die einzelnen Lösungsversuche aber sich gegenseitig – wenn auch hier im Prinzip nur eine Wahrheit möglich ist – keineswegs ganz im selben Sinne vertilgen, wie dies in der Wissenschaftsgeschichte geschieht, – jedoch auch nicht im selben Sinne sich gegenseitig dulden, wie es in der Kunstgeschichte der Fall ist." Mannheim: Strukturanalyse, S. 174. Vgl. auch ebd., S. 192 f.

[162] Ebd., S. 173.

[163] Ebd.

[164] Mannheim wie Lukács stützen sich wohl auf die systemtheoretischen Überlegungen des ungarischen Philosophen Béla Zalai, der eine sehr abstrakte und folglich sehr basale Vorstellung vom System hatte: „(Jedes Erlebnis) Alles überhaupt [D]enkbare (stellt) hat die Struktur eines unfertigen Systems (dar)" (Zalai: Theorie, S. 15); „Es gibt keine vereinzelte wissenschaftliche Tatsache: jede fordert einen durchgehenden, allgemeinen und notwendigen Zusammenhang, der durch einen Komplex von Definitionen, Axiomen, Hypothesen und Prinzipien hergestellt wird. Diese Forderung oder

der Werke der Kunst wird ein jedes Werk als ein monadisches, isoliertes gesetzt"[165] – eine in der Zeit durchaus verbreitete Auffassung.[166] Im Unterschied zum wissenschaftlichen Werk verträgt das Kunstwerk daher auch keine Ergänzung,[167] Fortsetzung oder Verbesserung. Es ist abgerundet, ‚in sich vollendet'[168] und von zeitlosem Wert, so dass, der klassizistischen Tradition entsprechend,[169] jeder Eingriff seine Integrität zu verletzen droht.[170]

Es bleibt die Frage nach dem eingeschränkten Werkstatus des Essaybandes *Die Seele und die Formen*. In Lukács' System der Formen tendiert der Band auffälliger zum Werk als der Brief, hält aber gleichermaßen Abstand zum Kunstwerk wie zum wissenschaftlichen Werk, ja nutzt seine Zwischenstellung zur Entfaltung einer ganz eigenen Funktion. Er ist, wie man mit Thomas Mann sagen könnte, „allzusehr Künstlerwerk, Werk eines Künstlertums" und folglich noch nicht Kunstwerk.[171]

Wenn Lukács das Buch *Die Seele und die Formen* mit einem als Brief gestalteten Essay eröffnet, in dem der potenzielle Werkstatus der Essaysammlung diskutiert wird, bildet dieser Text durch seine hybride transitorische Qualität förmlich diesen ‚Weg zum Werk' vor:[172] Der zunächst durch

---

dieses Ergänzungsbedürfnis ist nicht nur, ja nicht hauptsächlich konstruktiv, d. h. es ist nicht hauptsächlich vorhanden um vollständig(keit) zu sein. Der tiefste Sinn der Forderung ist kritisch: es kann die Tatsache, der Vorgang, etc. nicht aus sich selbst verstanden werden, also – im idealen Sinne – nicht existieren, (wenn nicht in einem Ganzen) das Ganze macht sie erst verständlich" (ebd., S. 17). Vgl. dazu z. B. Smith: Zalai.

165 Mannheim: Strukturanalyse, S. 173.
166 Vgl. z. B. auch Ermatinger: Kunstwerk, S. 123, der im Hinblick auf die Spezifika dichterischer Weltanschauung betont, dass es hier im Gegensatz zur Philosophie keine zusammenhängende „Kette der Entwicklung" gebe, sondern jeder Teil „eine Welt für sich" darstelle.
167 Vgl. Lukács: Seele, S. 186.
168 Vgl. ebd., S. 46; Lukács: Philosophie, S. 13 u. ö.
169 Aristoteles: Poetik VIII, 4, S. 13: „Wie also auch in den anderen nachahmenden Künsten die Einheit der Nachahmung auf der Einheitlichkeit ihres Gegenstandes beruht, so muss auch der Mythos, da er ja Nachahmung einer Handlung ist, Nachahmung einer einheitlichen Handlung sein, die Einheit und Ganzheit hat, und die Anordnung der Handlungsteile muss so sein, dass das Ganze sich ändert und in Bewegung gerät, wenn auch nur ein Teil umgestellt oder entfernt wird. Das nämlich, was da sein oder nicht da sein kann ohne erkennbaren Unterschied, ist kein [konstituiver] Teil des Ganzen."
170 Vgl. u. a. Fenner: Works; Grübel: Vollendung; Peppard: Poetics.
171 Mann: Betrachtungen (1919), S. 12.
172 Butlers These, dass die gewählte Hybridform „Lukács' Unsicherheit in Bezug auf die Form" belege (Butler: Einleitung, S. 9), überzeugt nicht, viel eher belegt dies seinen bewussten, explizit und performativ herausgestellten Formwillen. Es handelt sich mei-

die Anrede an den Freund[173] noch persönlich angelegte Brief lässt die sich ausdrückende Intimität und Subjektivität bald zugunsten einer mehr und mehr ‚freischwebenden' Gestaltung verschwinden, er wird zu einem auf sich selbst referierenden „Metaessay".[174] Folglich ist nach Lukács' hermeneutischen Vorstellungen der Rezipient seines Briefessays mit Fortgang der Lektüre immer weniger auf biographische oder andere kontextuelle und extratextuelle Kenntnisse, etwa Kenntnisse über die Freundschaft zwischen Lukács und Popper, angewiesen, um den Text angemessen zu ‚verstehen'. Vielmehr ist er angehalten, die schematisierte und zunehmend auch künstlerisch stilisierte[175] Form des Eingangsessays wie auch der folgenden Essays bzw. Kapitel durch eigene Erlebniskomplexe assoziativ und projektiv zu füllen.[176] Trotz der zunehmend selbstreferentiellen Bezugnahmen im Text bildet der Band *Die Seele und die Formen* aber kein abgeschlossenes oder in-sich-geschlossenes ‚System', sondern bleibt auf externe Referenzialisierungen, auf die Verweise auf Dichter und ihre Werke ebenso angewiesen wie auf die Erkenntnisse der Kunstwissenschaft;[177] wie kunstwissenschaftliche Abhandlungen ist der Essayband offen gehalten und lädt durch seine okkasionelle und additive Struktur zu Ergänzungen und Fortsetzungen ein, provoziert durch seine paradoxalen Formulierungen aber auch immer wieder Irritation und Widerspruch. Das essayistische Werk bleibt so prinzipiell sowohl hinter den Ansprüchen an ein Kunstwerk als auch hinter den Ansprüchen an ein wissenschaftliches Werk zurück. Doch wie schon beim Brief ist Lukács zufolge das „ihm Fehlende[ ]" für das Buch selbst „kein Mangel".[178] Vielmehr promoviert Lukács seine Essayistik mit der ihr entsprechenden essayistischen ‚Haltung' zur einzig angemessenen Erkenntnis- und Darstellungsform der ästhetischen Sphäre. Denn im Unterschied zur Kunstwissenschaft, die die konstitutive Diskontinuität der Kunstwerke rationalistisch einebnen und eine Reihe von singulären, diskreten Aussagen in eine kontinuierliche ‚Kette' zwingen würde, könne allein die innere und äußere Form des Essayistischen die Heterogenität

---

nes Erachtens auch nicht, wie Ahn und Müller meinen, um „die Gattung des von vornherein zur Publikation bestimmten ‚offenen Briefs'" (Ahn/Müller: Lukács, S. 69), sondern um eine stilisierte, auf den Band abgestimmte Hybridform.
173 Die Anrede des Freundes tritt nur noch sporadisch auf, etwa Lukács: Seele, S. 5 („Dich"); dazu auch Bognár: Essays, S. 69.
174 Bognár: Essays, S. 56.
175 Vgl. Lukács: Philosophie, S. 53.
176 Dies begünstigt auch Lesarten, die vollständig von historischen Kontexten absehen, vgl. z. B. Lee: Invariance.
177 Vgl. u. a. Lukács: Seele, S. 7, 28.
178 Lukács: Philosophie, S. 53.

und Disparatheit der ästhetischen Dinge bewahren und in angemessen uneinheitlicher Form als ‚neue Einheit' repräsentieren. Die so aufwändig gestaltete Werkeinheit des Essaybandes *Die Seele und die Formen* erfährt auf diese Weise *ex post* in der Kunstphilosophie, wenn nicht seine Rechtfertigung, so doch seinen Platz zwischen künstlerischer und wissenschaftlicher Sphäre angewiesen.

Lukács' Kunstphilosophie ist mit diesen knappen Erläuterungen selbstredend noch nicht ausgeschöpft. Deutlich geworden sein sollte hier aber auch nur, wie sich seine Bestimmung des Kunstwerks unmittelbar in Abgrenzung zum wissenschaftlichen Werk und zum essayistischen Werk entwickelt. Die theoretischen Geltungsansprüche ästhetischer, wissenschaftlicher und essayistischer Art spiegeln die komplexe epistemische Situation, in der Lukács selbst als Essayist und Kunstphilosoph in praktischer Hinsicht zu reüssieren hoffte. Wie abhängig seine theoretischen Erwägungen von *prima facie* theorieexternen Faktoren waren, illustriert schließlich die mit dem ausbleibenden wissenschaftlichen Erfolg korrelierte Infragestellung der Normen wissenschaftlicher Werke.

5. Rhapsodisches Philosophieren (Emil Lask)

In seinen kunstphilosophischen Schriften aus der Heidelberger Zeit beharrt Lukács auf der grundsätzlichen Dichotomie zwischen ästhetischer Abgeschlossenheit und Diskontinuität auf der einen und wissenschaftlicher Offenheit und systematischer Kontinuität auf der anderen Seite. Allein der Essayistik bleibt es vorbehalten, den Raum zwischen der Sphäre der Wissenschaft und der Sphäre der Kunst auszuschreiten. Doch mit dem Scheitern seiner wissenschaftlichen Karrierepläne beginnt Lukács, die zuvor geteilten Vorstellungen über die differenzierten Standards wissenschaftlicher, künstlerischer und essayistischer Werke zunehmend zu hinterfragen und – in Anknüpfung an die system- und wissenschaftskritischen Andeutungen in *Der Seele und die Formen* – den Systemanspruch der Wissenschaft erneut herauszufordern.

In seinem Nachruf auf Emil Lask aus dem Jahr 1918 exploriert er zu diesem Zweck nichts Geringeres als die „Schicksalsfrage der philosophischen Systematisation" und greift dazu Lasks Unterscheidung zweier Typen „philosophische[r] Systembildung" auf.[179] Lask hatte in seiner Schrift *Fichtes Idealismus und die Geschichte* (1902) ein analytisch-systematisches Denken, wie er es prototypisch bei Kant und Fichte findet, von einem emana-

---

179 Lukács: Lask, S. 356.

tistisch-systematischen Denken, wie Hegel es prototypisch praktiziert habe, unterschieden, und zwar im Blick auf den jeweils gewählten philosophischen Ansatz: Während sich das hegelianische Systemdenken monistisch-panlogistisch darauf kapriziere,[180] alles, also auch die empirische Wirklichkeit mit all ihren einzelnen Elementen, aus der „Eigenbewegung" der Begriffe heraus dialektisch zu entwickeln, und somit auf eine „vollständige Ausgleichung von Begriff und empirischer Wirklichkeit" setze,[181] bleibe im dualistisch-‚panarchistischen' Ansatz des Kantianismus intelligible und empirische Wirklichkeit grundsätzlich voneinander geschieden. U. a. aufgrund der fortschreitenden naturwissenschaftlichen Erkenntnisse, die das hypostasierte System Hegels bald sprengten, war in der Mitte des 19. Jahrhunderts der Systembegriff grundsätzlich in die Kritik geraten.[182] Im Rahmen des Marburger Neukantianismus (kurz darauf auch im Rahmen des südwestdeutschen Neukantianismus[183]) war man in der Folge zur Konzeption eines ‚offenen Systems' übergegangen, das die Mängel des spekulativen Hegel'schen Systembegriffs hinter sich lassen und das Fortschreiten des wissenschaftlichen Wissens bzw. den historischen Entwicklungsprozess integrieren können sollte.[184]

Auch Lask entschied sich gegen Hegel und (zumindest in der Tendenz) für Kant, allerdings nicht zum Zweck einer philosophischen Adaptation naturwissenschaftlichen Fortschrittsdenkens, sondern weil seiner Auffassung zufolge nur der kantianische Denkansatz die Möglichkeit irrationaler, nicht-ableitbarer, diskontinuierlicher Phänomene bewahre und folglich einen Raum für Singuläres und Individuelles eröffne, das durch einen panlogistischen Denkansatz Hegels eskamotiert würde:

> Mit diesem Dualismus wird dann auch die Möglichkeit gegeben sein, daß [...] trotz allen Rationalismus *innerhalb* der apriorischen Welt doch das Empirische durch die Kluft der Irrationalität von dieser getrennt wird und trotz aller Deduktion ein *undeduzierbarer Rest* übrig bleibt. [...] Der systematische Charakter bringt zwar beide in gemeinsamen Gegensatz zu dem ‚rhapsodischen' Verfahren *Kants*. Aber es ist eben genau zu beachten, daß die analytisch-systematische Methode neben der dialektischen *Verbin-*

---

180 Vgl. dazu Kimmerle: Genesis.
181 Lask: Idealismus (1902), Bd. 1, S. 84 f.
182 Vgl. Fulda/Stolzenberg: System, S. 4.
183 Vgl. Rickert: System. Der Aufsatz startet, ausgehend von Nietzsche, mit einer Collage zeitgenössischer systemkritischer Polemiken (ebd., S. 295 f.) und versucht sich dann an das Modell einer historisch offenen Systemvorstellung (ebd., S. 297 ff.) mit invarianten formalen Beziehungen. Für dieses System könne keine Letztgeltung mehr beansprucht werden, doch man wisse es als partikuläre Vollendung in einen unendlichen „überindividuellen Fortschrittsprozess[ ]" (ebd., S. 326) eingebettet.
184 Vgl. dazu Edel: Systemform, S. 43–56.

dung zwischen den *Begriffen* die *Unverbundenheit und Vereinzelung* zwischen den einzelnen empirischen *Exemplaren*, die je einem Begriff untergeordnet sind, bestehen läßt.[185]

Die Details dieser philosophiehistorischen Positionierung brauchen hier nicht entfaltet zu werden; für die werktheoretische Frage nach der Systematik eines philosophischen Denkansatzes entscheidend ist vielmehr Lasks Kritik an Hegel, denn in seinem Nachruf faltet Lukács die von Lask begründete Präferenz für den kantianischen Dualismus gegenüber dem Hegel'schen Monismus weiter aus. Das hegelianische Systemdenken wird dabei von Lukács im Anschluss an zeittypische Topoi als selbstherrlich, reduktiv und rationalistisch charakterisiert, während ihm das neukantianische Systemdenken als differenziert und „offen"[186] für Irrationales, Heterogenes und Logosfremdes, also für Phänomene „der Ethik, der Aesthetik, der Religion etc." erscheint.[187] Da diese Sphären Lukács zufolge nicht kontinuierlich strukturiert, sondern im Innen- wie im Außenverhältnis durch Diskontinuität (in Lasks Worten: durch „*Unverbundenheit* und *Vereinzelung*") geprägt sind, reicht Lukács Kants Dualismus aber bei weitem nicht aus. Mit Lask[188] disqualifiziert er daher auch die kantianische Form der Systematisation als „zu ‚rationalistisch'"[189] und baut – weit über Kant, aber nun auch weit über Lask hinausgreifend – sein Lask-Referat zu einer Korrektur jeglichen Systemdenkens aus. Das auch von Lask aufgebrachte Gegenbild eines rhapsodischen Verfahrens avanciert bei Lukács, wenngleich im Konjunktiv formuliert, zur eigentlichen Zielvorstellung eines philosophischen Werks:

> In der letzten Konsequenz [...] würde wohl eine [...] Rechtfertigung des ‚rhapsodischen Verfahrens' von Kant im Gegensatz zu den systematischen Bestrebungen seiner Nachfolger liegen. Denn das Auseinanderfallen des Kosmos alles Erlebbaren und Wissbaren in verschiedene, eigenartige und eigengesetzliche ‚Sphären' [...] wäre für diese Auffassung ein absolutes, schlechthin unableitbares, letztes Urphaenomen. [...] Die Sphären selbst [...] würden einander gegenüber in dem Zustand einer übergang- und vermittlungsloser Heterogenität verharren [...].[190]

Mit Kants und Lasks systemphilosophischen Überlegungen haben diese ontologisch-erkenntnistheoretischen Spekulationen über eine pluralistisch-heterogene Konstellation unterschiedener Sphären und eine ihnen adäqua-

---

185 Lask: Idealismus, Bd. 1, S. 84 f.
186 Lukács: Lask, S. 356.
187 Ebd., S. 358.
188 Vgl. Kavoulakos: Kulturkritik, S. 62 ff.
189 Lukács: Lask, S. 356. Gemeint ist bei Lask wohl nicht nur Kant, sondern auch die zeitgenössische rationalistische Systemphilosophie, wie sie insbesondere von Hermann Cohen ausgebaut wurde.
190 Ebd., S. 357 f.

te rhapsodische Erkenntnis- und Darstellungsform nur noch wenig gemein; dafür gereichen sie Lukács aber zur Nobilitierung seiner systemkritischen Überzeugung. Schon in *Die Seele und die Formen* hatte er im Anschluss an Kierkegaards Kritik an Hegel[191] gegen das Systemdenken insgesamt opponiert und es im Zeichen des Lebens, des Einzelnen und des Konkreten als lebensfeindliche Konstruktion disqualifiziert:

> Doch der tiefste Sinn von Kierkegaards Philosophie ist der: unter den unaufhörlich schwankenden Übergängen des Lebens fixe Punkte zu setzen und absolute Qualitätsunterschiede im verschmelzenden Chaos der Nuancen. Und die als verschieden befundenen Dinge so eindeutig und so tief unterschieden hinzustellen, daß, was sie einmal getrennt hat, durch keine Übergangsmöglichkeit je wieder verwischt werden kann. [...] So gibt es nirgends ein System, denn ein System kann man nicht leben, denn das System ist immer ein Riesenschloß, sein Schöpfer aber kann sich nur in einen bescheidenen Winkel zurückziehen. Das Leben hat niemals Platz in einem logischen Gedankensystem und so betrachtet, ist sein Ausgangspunkt immer willkürlich und, was es aufbaut, nur in sich geschlossen und aus der Perspektive des Lebens nur relativ, nur eine Möglichkeit. Es gibt für das Leben kein System. Nur das Einzelne existiert im Leben, nur das Konkrete.[192]

Im Nachruf auf Lask wird diese ins Bild gebrachte existentialistische Aversion gegen Systeme zu einem neuen, in der Tendenz jedoch paradoxen Systembegriff zusammengeschlossen:

> Wenn hier ein ‚System' im gewohnten Sinne dennoch möglich ist, so beruht seine Möglichkeit auf einem ‚sachlichen' Aufeinanderweisen oder Ineinandergreifen der ‚Urgegebenheiten', die den einzelnen, einander heterogenen Sphären zugrunde liegen. [...] Und dieses ‚System' wäre jedenfalls ein mehrdimensionales und asymmetrisches System.[193]

An die Stelle des traditionellen Systemkonzepts, das nach Lukács' Vorstellungen Totalität, Symmetrie und Vollständigkeit repräsentieren will, tritt folglich eine Konstellation von Sphären, die bestenfalls aufeinander verweisen, aber zu denen sinnvollerweise kein sphärenübergreifendes System mehr angestrebt werden kann. An die Stelle einer architektonisch-systemphilosophischen Erschließung und Darstellung der Welt und ihrer Phänomene soll folglich eine rhapsodisch-essayistische, unsystematische Erschließung und Darstellung treten, die das ‚Prinzip der Diskontinuität' nicht nur wie bisher zwischen Kunstwerk und Kunstwerk innerhalb der

---

[191] Insbes. in „Abschliessende unwissenschaftliche Nachschrift zu den Philosophischen Brocken" (1846) hatte Søren Kierkegaard gegen abgeschlossene und Totalität beanspruchende Systemvorstellungen mit existentialistischem Pathos aufbegehrt; vgl. Zimmermann: Essay, S. 235.
[192] Lukács: Seele, S. 70.
[193] Lukács: Lask, S. 358.

Sphäre der Kunst abbildet, sondern über diese Sphäre hinaus auch die Sphäre der Wissenschaft tangiert.

Mit dem Rekurs auf das Rhapsodische ruft Lukács eine ideengeschichtliche Traditionslinie auf,[194] die er allerdings zunächst positiv umwerten muss. Denn schon für Francis Bacon war der Ausdruck „rhapsody" im Kontext der Wissenschaften deutlich negativ konnotiert,[195] als *patchwork*, als Flickwerk, dem es (noch) an Systematik mangelt. In diesem Sinne kontrastierte auch Kant die „rhapsodistische[ ]" oder auch „fragmentarische[ ]" Methode,[196] die er bei Aristoteles detektierte,[197] mit der systematisch-wissenschaftlichen Methode aufklärerischer philosophischer Erkenntnis[198] und einer entsprechend angelegten Darstellung. Bei rhapsodischen Texten sei „der Übergang von einem Satze zum andern" nicht „deutlich angegeben",[199] man sei vielmehr mit Assoziationen, „kühne[n] Sprünge[n] in Folgerungen",[200] Inkonsistenzen, stilistischen Brüchen und einem intransparenten Textaufbau konfrontiert, was es dem Leser schwer mache, die Auswahl und Reihung der Textsegmente nachzuvollziehen und auf ihren logisch-systematischen (oder auch historischen) inneren Zusammenhang, ihr kohärenzstiftendes ‚Prinzip' hin zu verstehen. Das Rhapsodische wird somit zur noch unwissenschaftlichen, weil sammelnden und ‚bastelnden' Vorstufe degradiert, ihm kommt maximal eine transitorische, vorläufige Funktion auf dem Weg zum wissenschaftlichen Werk zu:

> Es ist schlimm, daß nur allererst, nachdem wir lange Zeit, nach Anweisung einer in uns versteckt liegenden Idee, rhapsodistisch viele dahin sich beziehende Erkenntnisse als Bauzeug gesammelt, ja gar lange Zeiten hindurch sie technisch zusammengesetzt haben, es uns dann allererst möglich ist, die Idee in hellerem Lichte zu erblicken und ein Ganzes nach den Zwecken der Vernunft architektonisch zu entwerfen.[201]

---

194 Abgesehen von der Textsorte ‚Rhapsodie', die sich in der Frühen Neuzeit als locker gefügte Gedichtform etablierte, wurden als ‚Rhapsodien' auch Sammelpublikationen vermischten Inhalts und vermischten Stils bezeichnet, in denen disparate, ursprünglich nicht zusammengehörige Textteile aneinandergereiht bzw. zu einem Ganzen ‚vernäht' wurden, ohne dass ein übergreifender, präformierter Zusammenhang zwischen den Teilen bestehen und/oder die ‚Nähte' unsichtbar gemacht werden musste; vgl. Widmaier: Rhapsodie. Seit spätestens dem 18. Jahrhundert firmierten unter dieser Bezeichnung auch viele nicht-literarische Texte, die durch eine assoziative, bewusst unvollständige, improvisierte Diktion charakterisiert waren; vgl. Bölts: Krankheiten, S. 61 f.
195 Vgl. Bacon: Advancement, S. 105 f.
196 Kant: Logik, § 116, S. 148.
197 Kant: Prolegomena (1783), S. 323.
198 Vgl. dazu Kambartel: „System".
199 Kant: Logik, § 116, S. 148.
200 Kant: Kritik der reinen Vernunft (1787), S. 22 (Vorwort zur zweiten Auflage).
201 Ebd., S. 540.

Lukács kehrt diese Wertung nun, an Friedrich Schlegel und andere Romantiker anschließend,[202] in ihr Gegenteil: Ethischen, ästhetischen, religiösen und anderen Lukács als irrational geltenden Phänomenen könne man durch eine architektonisch-systematische Behandlung weder epistemisch noch darstellerisch gerecht werden, weil eine solche sie intellektualisiere und somit ihrer irrationalen Eigentümlichkeit beraube. Das avisierte ‚rhapsodische System' aber kann Lukács somit trotz oder gerade wegen seines vermeintlich defizienten Charakters wie zuvor den Essay als Salvierung und „Bewahrung der unantastbaren Eigenart der atheoretischen Wertgebiete" ausrufen.[203] Für Lukács steht fest, dass kein Wissenschaftler und kein Philosoph der Moderne, ja selbst Kant nicht in der Lage gewesen sei,[204] ein umfassendes ‚System' zu denken oder gar ein wissenschaftliches Werk zu verfassen, das systematischen Ansprüchen genügt. Stattdessen könne man auch als Philosoph nur, wie es in *Die Seele und die Formen* heißt, einen „bescheidenen Winkel" im „Riesenschloß" des Systems beleben[205] und durch die mehr oder minder kontingente Perspektive Details und Kleinigkeiten (die „kleinen Vollendungen wissenschaftlicher Exaktheit")

---

202 Friedrich Schlegel war allerdings weit weniger systemkritisch als dies gemeinhin angenommen wird. Zu seiner Systemfreundlichkeit vgl. nicht zuletzt Benjamin: Begriff, S. 42: „Die Tatsache, daß ein Autor sich in Aphorismen ausspricht; wird niemand letzthin als einen Beweis gegen seine systematische Intention gelten lassen. [...] Schlegel [...] hat sich niemals auch nur schlechthin als Gegner der Systematiker bekannt." Zum Romantikbild von Lukács vgl. Bognár: Essayband; dies.: Essays; am Rande auch Dannemann: Ursprünge, insbes. S. 43–49. Wenig erhellend: Benke: Formen, S. 131–204; ebenso vage: Benke: Frühromantik; enttäuschend: Kruse-Fischer: Romantik.
203 Lukács: Lask, S. 359.
204 Vgl. Ritschl: System, S. 83 f. Selbst Kant wird im Zuge dessen ein im Vergleich zu seinen idealistischen Nachfolgern ‚rhapsodisches Verfahren' attestiert – eine Zuschreibung, mit der Lukács eine schon um 1800 virulente Verschiebung nachvollzieht: Da sich im Gefolge Kants in der Philosophie erst ein rigoroserer Systembegriff etablierte, mussten sich die frühen ‚Systemphilosophen' von ihren Nachfolgern, etwa im *Ältesten Systemprogramm des deutschen Idealismus*, eines unsystematischen Vorgehens zeihen lassen (vgl. Stadler: System, S. 60 f.; vgl. auch Hager/Strub: System, S. 839 f.). Lukács, der selbst an einem (nie vollendeten) Projekt zu Friedrich Schlegel arbeitete, konnte dieses polemische Argument gegen Kant'sche Systemkriterien beispielsweise schon bei Schlegel finden. Vgl. Schlegel: Vorlesungen, S. 463: Kants Denken sei „rhapsodisch, hin und her raisonnierend über einzelne, herausgerissene Stücke der Philosophie, und so kann sich freilich durch Anwendung des Satzes des Widerspruchs und Grundes alles in Widersprüche auflösen lassen." Und ebd., S. 469: „[...] daß die rhapsodische Manier Kant's gar nicht geeignet sey, ein zusammenhangendes, consequentes System vorzutragen [...]". Vgl. dazu die, wie erwähnt, eher enttäuschende Arbeit von Kruse-Fischer: Romantik; unergiebig in dieser Hinsicht auch Ophälders: Essay. Weiter führt Vollhardt: Literaturkritik.
205 Lukács: Seele, S. 70.

fokussieren. Philosophische Werke können sich demnach maximal durch eine lokale, episodische Systematizität auszeichnen, sie genügen aber prinzipiell keinen weitergehenden Kriterien systematisch-methodischen Philosophierens.

Die etablierte neukantianische Differenzierung von wissenschaftlicher und ästhetischer Wertgeltungssphäre, zwischen denen Lukács sich den Essayisten zuvor noch flexibel und provokant bewegen sah, droht damit zu kollabieren. Während er mit seinem Essayband *Die Seele und die Formen* die Kluft zwischen Wissenschaft und Kunst noch essayistisch auszufüllen und parallel versucht hatte, ein wissenschaftliches Werk fertigzustellen, warb er im Nachruf auf Lask letztlich dafür, die Kluft zwischen Wissenschaft und Kunst durch eine „Poetisierung der Philosophie" zu suspendieren;[206] essayistisches Schreiben wird im Zuge dessen zur einzig angemessenen Darstellungsform, nicht nur für Kunstwerke, sondern auch für wissenschaftliche Werke.[207] Dieses nur angedeutete Projekt hat die Postmoderne später aufgegriffen, allerdings ohne die Beteiligung ihres Anregers: Lukács selbst ging im November 1918 mit seiner Wendung zum Marxismus bekanntlich zu einer ganz anderen Form geschlossenen Philosophierens über. An die Stelle literaturkritischer Essayistik und kunstphilosophischer Systementwürfe treten polemische Kampfschriften.[208]

6. Schlussfolgerungen

Durch die Rekonstruktion sollte deutlich geworden sein, dass Lukács die buch- und text- bzw. medienwissenschaftlichen, gattungspoetischen und werktheoretischen Dimensionen, in denen er seine Werkkonzepte den epistemischen Situationen entsprechend entfaltet, relativ flexibel zu komplexen Funktionseinheiten verknüpfen konnte. Im Kern geht es dabei jeweils – nach dem terminologischen Vorschlag von Carlos Spoerhase – um die Konstitution eines Einzelwerks (Opus),[209] das durch paratextuelle, institutionelle, intentionale, holistische bzw. ästhetische Eigenschaften als möglichst vollgültiges ‚Werk' ausgewiesen ist[210] und kumulativ zum Fundament für ein ‚Gesamtwerk' (Œuvre) beitragen soll. Eingebunden in eine

---

206 Stadler: System, S. 65.
207 Es trifft daher auch nicht zu, wenn Ophälders: Essay, S. 330, schon für *Die Seele und die Formen* annimmt, dass Lukács für ein Einswerden von Philosophie und Kunst votiere.
208 Vgl. Zimmermann: Essay, S. 240.
209 Vgl. Spoerhase: Werk, S. 486 f.
210 Vgl. ebd., S. 488.

spezifische Handlungs- und Kommunikationssituation und designiert als Teil einer bestimmten Sphäre (der Kunst, der essayistischen Literaturkritik, der Philosophie, der Wissenschaft) und ihrer Regularien, folgt die konkrete Ausgestaltung dessen, was ein Werk zu sein hat, zugleich sehr situationsspezifischen Erwartungen und ‚Erwartungserwartungen', denen der Autor zu genügen versucht, die er jedenfalls in der Regel nur punktuell konterkarieren kann. Die durch die Situation bedingte Genese bestimmt folglich mit, was ein Werk zu einem Werk macht, welche Merkmale also als Begründung des Werkstatus gelten können. Versucht man sich der Befunde und der daraus resultierenden systematischen Implikationen durch eine konzeptuelle Differenzierung zu versichern, so ist unter einem ‚Werk' ein besonderes Artefakt zu verstehen,[211] das durch eine Kombination verschiedener Aspekte einen Werkstatus beanspruchen kann.

In buchwissenschaftlicher Hinsicht bedarf es *erstens* einer *materialen, nicht-wortsprachlichen äußeren Gestalt,* wenn man so will: eines Trägermediums. Ein Buch, das wie *Die Seele und die Formen* mit Einband, Umschlag, Papiersorte, Format etc. ausgestattet ist, kann – folgt man Lukács – eher mit dem Anspruch, ein Werk zu sein, versehen werden als einzelne Zeitschriftenaufsätze, die in ihrer materialen Erscheinung keine entsprechende Eigenständigkeit und Wertigkeit erlangen. Die Relevanz des Buchformats für den Werkstatus zeigt sich selbst bei unabgeschlossen gebliebenen Texten: Die *Theorie des Romans* beispielsweise, die zunächst als zweiteiliger „Versuch" unselbstständig erschienen war, wird von Lukács 1920 bei Paul Cassirer erstmals in Buchform gebracht. Die in der Zeitschriftenversion noch konstatierten Mängel der Fragmentarizität und Unabgeschlossenheit[212] erachtet Lukács hier nun offenbar als unbedeutend, verzichtet jedenfalls auf den Abdruck der entsprechenden Anmerkung; stattdessen unterstreicht nun eine Widmung an seine Frau implizit den Werkcharakter des Buchs.[213] 1962 wird der Band dann retrospektiv explizit zum ‚Werk' geadelt; zunächst einem Rezensenten in den Mund gelegt,[214] konfirmiert Lukács im Vorwort der Neuausgabe selbstbewusst:

> Meines Wissens ist ‚Die Theorie des Romans' das erste geisteswissenschaftliche Werk, in dem die Ergebnisse der Hegelschen Philosophie auf ästhetische Probleme konkret angewendet wurden.[215]

---

211 Vgl. Bernhart: Texte.
212 Vgl. Lukács: Theorie (1916), S. 225 f., Anm. 104.
213 Vgl. Lukács: Theorie (1920), S. 5.
214 Vgl. Lukács: Theorie (2009), S. 8.
215 Vgl. ebd., S. 10.

Umgekehrt reicht die Buchform allein in der Regel nicht als Werkkriterium aus, wie nicht zuletzt Lukács' Bemühen um ‚innere Formen' zeigt, die zur materialen Gestalt und zu den äußeren Formen hinzutreten müssen.

In text- bzw. medienwissenschaftlicher Hinsicht bedarf ein Werk *zweitens* einer *textuellen äußeren Gestalt*, also der schriftlichen Manifestation. Diese „textuelle Materialität"[216] – mit Lutz Danneberg würde man vom „Gesicht des Textes",[217] mit Peter Shillingsburg vom „material text"[218] sprechen – beinhaltet einen bestimmten Textumfang, ein Druckbild und Layout, graphische und typographische Eigenschaften etc. Der Autor eines literarischen Kunstwerks kann die materialen Gestaltungsfaktoren mehr oder weniger stark gewichten und Buchform wie textuelle Materialität nahezu beliebig semantisieren, wie dies in Maximalform zeitgenössisch zu Lukács etwa bei Stefan George zu beobachten ist.[219] Lukács agiert weit traditioneller, allerdings auch nicht in der Rolle des Dichters, sondern des Essayisten: Für *Die Seele und die Formen* vertraut er die materiale Buch- und Textgestaltung weitgehend der verlegerischen Expertise an. Vermutlich gehen die modernistische Antiqua-Schrifttype, aber auch die vielen Vakatseiten, die die okkasionelle, rhapsodische Struktur der Sammlung exemplifizierend unterstreichen, auf seinen Wunsch zurück. Wie die Buchform unterstützen auch diese visuellen Charakteristika die Zusammengehörigkeit und Homogenität der im Essayband versammelten Einzeltexte. Vor der Konversion in ein Buch waren diese Texteigenschaften in den originalen Zeitschriftenfassungen noch den äußeren Gestaltungsprinzipien des Zeitschriftenformats unterworfen, ohne hier allerdings eine Werkeinheit der Zeitschrift zu indizieren: Zeitschriften gelten in der Regel nicht als Werke; die plurale, auktoriale Werkherrschaft dominiert hier den Werkanspruch der Herausgeber, und zwar ganz unabhängig vom zumeist sehr homogenen materialen Erscheinungsbild. Für die Neupublikation der Einzeltexte steht es Lukács daher auch frei, die textuelle Materialität nach Belieben zu modifizieren und, ohne die Integrität der Einzelessays zu verletzen, durch die textuelle Vereinheitlichung die neue Werkeinheit seines Essaybands anzuzeigen. Die Gegenüberstellung von Zeitschrift und Essayband lässt zudem deutlich werden, dass weder die Buchform noch die äußere Textgestalt hinreichende Kriterien für die Zuschreibung ‚Werk' darstellen. Auch die Sammlung eigener Einzeltexte und ihre Kompilation zu einem Buch hätte allein noch kein Werk ergeben. Hätte Lukács seine Essays nur aggre-

---

216 Vgl. allgemein und grundlegend dazu Spoerhase: Format.
217 Vgl. Danneberg: Gesicht. Vgl. auch ders.: Gewand.
218 Vgl. Shillingsburg: Text. Vgl. dazu auch grundlegend Rockenberger/Röcken: Text.
219 Vgl. u. a. Nutt-Kofoth: Book.

giert und gebunden, hätte er höchstens von ‚Gesammelten Werken', vielleicht auch von einer Anthologie, jedoch wohl nicht von einem Werk im emphatischen Sinne sprechen können.

Beim *wissenschaftlichen* Werk ist die materiale Dimension für den Werkcharakter hingegen weit weniger relevant, folgt jedenfalls ganz anderen Regeln. Während Lukács die Drucklegung seines Essaybandes weitgehend nach seinen eigenen ästhetischen Vorstellungen gestalten lassen konnte, musste er sich bei seinem wissenschaftlichen Werk *nolens volens* auf die Erwartungen der wissenschaftlichen Gemeinschaft einstellen, deren Konsekration er anstrebte. Da die Qualifikation der Publikation vorausgeht und das wissenschaftliche Werk als akademische Qualifikationsschrift eine nur kleine, klar definierte Öffentlichkeit adressiert, die zumindest offiziell den Gehalt gegenüber der Gestalt privilegiert, ist die materiale Erscheinungsform in ihrer Bedeutung stark heruntergestimmt. Dennoch spielt auch hier die äußere Textgestalt eine Rolle, wird aber nicht als semantisierbare äußere Form, sondern als den wissenschaftlichen Zwecken angemessene und das heißt auch: standardisierte Präsentationsform diskutiert. Max Weber beispielsweise rät Lukács, wie erwähnt, aus pragmatischen Gründen zu einer gewissen Textlänge, deren Angemessenheit sich nicht an der Sache, sondern am Standard einer Habilitationsschrift bemisst. Max Dessoir mahnt im Blick auf die Publikation von Lukács' *Theorie des Romans* eine größere „Übersichtlichkeit" an und schlägt dabei v. a. Kürzungen und, wie Max Weber gegenüber Lukács erläutert, rein „*äußerliche*[ ]" Textstrukturierungen vor:[220] „Es ist alles so gehäuft", moniert Dessoir,

> daß man wenig im Gedächtnis u. in den Fingern zurückbehält. Daher sollten mindestens mehr Absätze gemacht, die Hauptsachen stärker herausgehoben u. an passenden Stellen Zusammenfassungen gegeben werden.[221]

Der Wunsch nach größerer äußerer Übersichtlichkeit und Strukturiertheit, der sich wiederum auf akademische Gepflogenheiten und eine entsprechende Zweckmäßigkeit berufen kann, wird bei Dessoir funktional mit der besseren Lesbarkeit und Memorierbarkeit begründet, wobei hier auch bereits der Wunsch nach *innerer* Übersichtlichkeit und Strukturiertheit mitschwingen mag: „Ich kann aus der Hypertrophie geistreicher Gedanken den Hauptgang u. die baulichen Grundlinien nur schwer herausfinden",[222] klagt Dessoir.

---

[220] Max Weber an Georg Lukács, 23. Dezember 1915, in: Lukács: Briefwechsel, S. 363 f., hier S. 363.
[221] Max Dessoir an Max Weber, 20. 12. 1913, in: ebd., S. 364.
[222] Ebd.

Um – *drittens* – ein Werk genannt zu werden, bedarf es über das äußerliche Trägermedium hinaus stets auch innerer, also interpretativ erschließbarer Eigenschaften, die auf der nicht-materiellen Ebene Einheit, Kohärenz und Selbstständigkeit gegenüber anderen Entitäten garantieren und mithin als ‚spirituelles' Korrelat der materialen Erscheinungsweise gelten können.[223] Lukács unterscheidet dabei, wie gesehen, zwei Aspekte, einen gattungs- und einen werktheoretischen. Ein Werk soll in seiner Beschreibungssprache erstens in einem engeren, gattungspoetischen Sinne über ‚Form' verfügen, d. h. es zeichnet sich durch eine *äußere formale Gestalt* aus, insofern es einer bestimmten Gattung bzw. Textsorte (Roman, Drama, Studie, philosophische Abhandlung etc.) angehört und/oder durchgehend eine bestimmte Darstellungsweise (romanhaft, dramatisch, systematisch etc.) realisiert. Obzwar Judith Butler meint, es „würde innerhalb von Lukács' Begrifflichkeit keinen Sinn ergeben, eine Typologie der Formen zu erstellen",[224] bemüht sich Lukács in seinen Heidelberger Schriften doch erstaunlich intensiv um solch eine differenzierte Typenbildung. Doch diese Typologisierung ist kein Selbstzweck. Lukács interessiert sich vielmehr für die (exemplifikatorische) kunstphilosophische Deutung der jeweiligen Formen und für ihre ‚Seele', die *forma interna*, die ein Artefakt erst zu einem vollwertigen Kunstwerk macht. Dies wird an den synkretistischen, offener gestalteten Textsorten – wie dem Essay, dem Brief, dem Gespräch – besonders augenfällig, bei deren Verwendung der Autor den Anspruch auf einen vollgültigen Werkstatus wissentlich zu verlieren riskiert. Für seinen Essayband kann Lukács nur auf der Charakterisierung als ‚Werk' bestehen, weil, wie dargestellt, die offene, unselbstständige, paradoxe und heterogene Form für ihn eine ganz eigene ‚Haltung' exemplifiziert, die den Band ‚seelenhaft' zusammenhält. Dieses spirituelle Korrelat zum materialen Buch- und Text-Komplex darf nicht mit etwas Psychischem (der ‚Seele des Autors' oder Ähnlichem) verwechselt werden, sondern bezeichnet so etwas wie die ‚Komposition',[225] d. h. eine werkspezifische Interdependenz von Gestalt und Gehalt: Das Ganze eines Werks besteht, wie Lukács in *Die Seele und die Formen* erklärt, in der „Vereinigung des Außen und des Innen, der Seele und der Form."[226] Als solches erschließt es sich erst einer Lektüre, die über den materialen Text und auch die äußere Form auf die ‚Seele'

---

223 Vgl. dazu auch Spoerhase: Format.
224 Butler: Einleitung, S. 7.
225 Vgl. Mannheim: Seele, S. 82, der eine Entsprechung zwischen dem „Vorgang des Systematisierens im Denken" und dem Vorgang des Komponierens und Formens in der Kunst sieht; „beide deuten auf die eigenartige Gesetzmäßigkeit des Stoffes hin."
226 Lukács: Seele, S. 18.

eines Buchs durchgreifen und die Zusammengehörigkeit von Innen und Außen angemessen würdigen kann.

Bei wissenschaftlichen Werken, die für Lukács als ‚seelenlos' gelten, scheint sich das Miteinander von Innen und Außen und damit auch eine aufwändige Rezeption ganz grundsätzlich zu erübrigen. Ein wissenschaftliches Werk mag eine äußere Form haben und einer Gattung zugehören, etwa eine Abhandlung, ein Traktat oder Ähnliches sein, es hat nach Lukács aber keine innere Form, keine Seele. Die Interdependenz von Gehalt und Gestalt ist hier folglich nicht gegeben, somit auch keine essayistische Kommentierung oder Interpretation geboten. Allerdings unterliegen wissenschaftliche Werke anderen, sphärentypischen Ansprüchen: Zu einem wertvollen Teil der wissenschaftlichen Geltungssphäre werden sie nicht durch eine sich selbst genügende und auf sich selbst rückverweisende Komposition, sondern durch ihre Anschlussfähigkeit an andere wissenschaftliche Werke und durch ihre generelle Fortsetzbarkeit. Sie sind auf eine programmatische Weise unvollendet und wollen gezielt zur Erweiterung und Vervollständigung des systematisch erschlossenen Wissensausschnitts anregen. An die Funktionsstelle der ‚inneren Form', deren Korrespondenz mit den äußeren Formen ein Kunstwerk zu einem Kunstwerk macht, tritt beim wissenschaftlichen Werk für Lukács mithin seine Systematizität als eine nicht im Einzelwerk, sondern im Gesamt der wissenschaftlichen Sphäre verbürgte Qualität, an der das eine Werk nur teilhat.

Mit der späteren Infragestellung dieser gewissermaßen außenbestimmten, jedenfalls nicht mehr immanent zu nennenden Systematizität, die zuvor noch, wie gesehen, künstlerische von wissenschaftlicher Systematizität geschieden und auch als Distinktionskriterium für Essayismus und Wissenschaft fungiert hatte, versucht Lukács, die Sphäre der Wissenschaft letztlich auch dem Essayismus zu unterwerfen. So wie sich zuvor die Grenze zwischen Dichtung und Essay aufzulösen schien, sollten nun auch Werke der Wissenschaft nicht mehr der essayistischen Herausforderung bedürfen, sondern selbst rhapsodische Versuche sein. Damit ist die Konstellation von zwar zusammengehörigen, aber dennoch pluralen Sphären der Ästhetik, der Logik und der Ethik weitgehend aufgelöst und somit auch die neukantianische Grundlage von Lukács' Denken erodiert. Wenn man so will, gibt Lukács einer genuin wissenschaftskritischen Aversion nach und bricht auch in systematischer Hinsicht seinen neukantianischen ‚Weg zum Werk' endgültig ab. Alles soll sich fürderhin in der Tendenz dem Projekt des Essayismus, seiner Heterogenität, Paradoxie und Offenheit beugen – alles bis auf das Kunstwerk, das allerdings der essayistischen Vermittlung und diskursivierenden ‚Öffnung' notwendig bedarf, ja in seiner bildersprachlichen Erstarrung dem beweglicheren essayistischen Werk beinah ebenso unterlegen erscheint wie das vergeblich um systematische Abschlüsse ringende wissenschaftliche Werk.

Trotz dieser Privilegierung des Essayismus hält Lukács an den klassischen Attributen des Kunstwerks als einer zentralen kunstphilosophischen Kategorie fest – sogar auch über seine frühe Phase hinaus – und gibt die Forderungen nach Einheit, Ganzheit und Selbstständigkeit für die Sphäre der Kunst letztlich nicht preis. Dennoch deutet sich bei ihm bereits an, was später im Kontext der Diskussionen um das ‚offene Kunstwerk' expliziter wird (hier aber nur angedeutet werden kann): Die durch den Autor intendierte, in der ‚Seele' verbürgte Einheit eines Werks kann unter bestimmten Umständen auch auf die Rezeption verschoben werden. Für Umberto Eco etwa, der in mehreren Anläufen die Eigenschaften der *Opera aperta* zu definieren versucht, wird sowohl die intendierte als auch die nicht intendierte ‚Offenheit' eines Werks durch die aktive Beteiligung des Rezipienten am Werk und seinen Bedeutungen kompensiert;[227] es kommt, in den Worten Thierses, zu einer „Schwerpunktverlagerung der Kohärenzbildung zum Rezipienten hin".[228]

Einen (Eco allerdings wegen der ideologischen Ausrichtung sichtlich unheimlichen[229]) praktischen Vorlauf hat dies in Bertolt Brechts Werkkonzept der frühen 1930er Jahre, das in einem in systematischer Hinsicht erstaunlich konträren Verhältnis zu Lukács' geschlossenem Kunstwerkkonzept steht, dieses in seiner Eigentümlichkeit deshalb aber auch im Vergleich zu erhellen vermag. In seinem Gedicht *Über die Bauart langdauernder Werke* (1929/31) konstatiert Brecht programmatisch, dass die „wirklich groß geplanten" Werke „unfertig" seien: „Unvollkommen noch",

> Unhaltbar noch
> Wie die Maschine, die gebraucht wird
> Aber nicht ausreicht
> Aber eine bessere verspricht
> So gebaut sein muß
> Das Werk für die Dauer wie
> Die Maschine voll der Mängel.[230]

Das Kunstwerk ist folglich – gleich der Maschine – als ein unvollkommenes, nur auf Zeit verwertbares, stets die eigene Fortsetzbarkeit, Verbesserbarkeit und Überbietbarkeit anzeigendes und insofern offenes Artefakt konzipiert[231] – mit weitreichenden Folgen für die Publikationspraxis. Un-

---

227 Vgl. Eco: Kunstwerk (1962/67), insbes. S. 57 und 88 f.
228 Thierse: Ganze, S. 410.
229 Eco: Kunstwerk, S. 13 f.
230 Brecht: Bauart, S. 34 f. – hier in der Fassung von 1929.
231 Lucchesi: Versuche, S. 407.

ter der Bezeichnung *Versuche* kreierte Brecht seit 1930 ein eigenes Format, das in Aufmachung und Konzeption Lukács' Publikationsprojekten diametral entgegensteht: Die zeitschriftenartigen dünnen Hefte in preiswerter Ausstattung waren ausdrücklich für die „Benutzung (Umgestaltung)"[232] bestimmt: „Nicht ‚endgültige' Texte in ihrem ‚Ewigkeitsanspruch' waren das Ziel [...], Unabgeschlossenes sollte [...] in schneller Edition [...] zugänglich gemacht werden."[233] Der von Brecht und seinen Zuarbeitern verantwortete und durchaus auch autoritativ kontrollierte „Stil des Ganzen"[234] hängt dabei nicht an den einzelnen temporär fixierten Textfassungen, sondern das Ganze konvergiert auf eine projektierte, die Fassungen übergreifende außerliterarische Einheit – die rahmenden Vorgaben hierfür bildet bekanntlich Brechts unorthodoxer Marxismus kombiniert mit seiner ‚wissenschaftlichen Weltauffassung'.[235]

Brecht oktroyiert dem Kunstwerk somit spezifische Eigenschaften, die bei Lukács dem wissenschaftlichen und dem essayistischen Werkkonzept vorbehalten waren, das Kunstwerk an sich aber nicht tangierten. Die Distinktion von vollendetem/abgeschlossenem künstlerischem Werk und progredierendem wissenschaftlichem Werk kollabiert folglich auch bei Brecht, allerdings unter ganz anderen Vorzeichen als bei Lukács. Zugespitzt ließe sich vielleicht behaupten, dass Lukács, enttäuscht von der Wissenschaft, das wissenschaftliche Werk essayistisch kompromittiert, wohingegen Brecht, fasziniert von der Wissenschaft, das klassische Kunstwerk wissenschaftlich kompromittiert, die Kunst jedenfalls konsequent auf die Wissenschaft hin ausrichtet.

Die Details dieser Relationierung von ästhetischer und wissenschaftlicher Sphäre würden zu einer anderen Fallstudie zu Brechts Vorstellungen

---

232 Brecht: Versuche, S. 7.
233 Lucchesi: Versuche, S. 408.
234 Brecht: Versuche, S. 141.
235 Vgl. Danneberg: Rezeption. Dass dieses politisch-ästhetische Projekt fortgesetzter Versuchsreihen sich nur schwer mit Werkausgaben im klassischen Sinn verträgt, überrascht nicht: Als Wieland Herzfelde im Prager Exil die Gelegenheit erhält, eine Werkausgabe mit Brechts Stücken herauszugeben, muss er Brecht erst vom ökonomischen Vorteil der Bezeichnung ‚Werke' überzeugen (vgl. Herzfelde: Sache, S. 25). Die in Werkausgaben erschienenen Versuche haben mit Brechts dauerhaft vorläufigem Werkkonzept aber bis heute ihre Probleme, was u. a. Pross: Brecht. Versuche I, S. 194 ff., am Beispiel von Brechts erstem „Versuch", dem *Ozeanflug/Der Flug der Lindberghs* detailliert nachgezeichnet hat: In der *Großen kommentierten Berliner und Frankfurter Gesamtausgabe* (GBA) werden Brechts fortgesetzte Textänderungen in den Apparat verbannt; einzig im posthumen Neudruck von 1959 sind Brechts Revisionen letzter Hand noch durch Durchstreichungen und Überschreibungen sichtbar und zeigen das Werk so, wie es intendiert war: als *work in progress*.

vom „Werkcharakter"[236] führen. Die skizzierte Gegenüberstellung von Lukács' und Brechts Werkkonzepten deutet aber zumindest an, wie sich in vergleichender oder auch generalisierender und differenzierender Absicht das Fallbeispiel zu Lukács auf andere Fälle übertragen und sich zu einem breiter ansetzenden Zugriff auf ‚Werkkonzepte' und ihre komplexen pragmatischen Einbettungen ausbauen ließe. Denn nicht nur für Lukács und Brecht dürfte gelten, dass die Produktion von Werken wie auch die zugehörigen vor- oder nachgeschalteten Werkreflexionen sowie die begrifflichen Bestimmungen von Werkkonzepten zur Klärung von Grundlagenfragen geradezu herausfordern: „Reflexionen über das Werk" sind nicht nur stets, wie Wolfgang Thierse schon konstatiert hat, „Reflexionen auf Wesensbestimmungen von Kunst"[237] bzw. Wissenschaft. Insbesondere in einer Zeit, in der im Zuge modernistischer und avantgardistischer Ästhetiken Prozesshaftigkeit, Fragmentarizität und Offenheit die klassisch-idealistischen Werkattribute abzulösen begannen,[238] involvierte die Auseinandersetzung mit dem eigenen und fremden ‚Werk' jedenfalls auch das eigene künstlerische bzw. wissenschaftliche Selbstbild. Der ‚Weg zum Werk' oder, wie man etwas pleonastisch formulieren könnte, die ‚Arbeit am Werk' wurde in der Moderne in Theorie und Praxis zu einem Punkt, an dem sich intellektuelle Profilbildungen und disziplinäre Anerkennungskämpfe kreuzten. Eine angemessene Rekonstruktion dieser Gemengelage aber steht damit vor Fragen, die über die Frage: „Was ist ein Werk?"[239] weit hinausreichen.

Bibliographie

Ahn, Thomas von/Hans-Harald Müller: Georg Lukács' „Über Wesen und Form des Essays". Philologische und narratologische Analyse einer Selbstthematisierung des Essays. In: Tom Kindt/Katalin Teller (Hg.): Narratologie interkulturell. Studien zu interkulturellen Konstellationen in der deutschsprachigen und ungarischen Literatur 1880–1930. Frankfurt a. M. 2005, S. 49–77.
Albrecht, Andrea/Lutz Danneberg/Carlos Spoerhase/Dirk Werle: Zum Konzept Historischer Epistemologie. In: Scientia poetica 20 (2016), S. 137–165.
Aristoteles: Poetik. Übersetzt und erläutert von Arbogast Schmitt. In: A.: Werke in deutscher Übersetzung. Hg. v. Hellmut Flashar. Bd. 5: Werke. Berlin 2008.
Bacon, Francis: The Advancement of Learning [1605]. Hg. von William Aldis Wright. 2. Aufl. Oxford 1876.

---

236 Brecht: Versuche, S. 6.
237 Thierse: Ganze, S. 380.
238 Vgl. Thierse: Thesen, S. 446; Thierse: Ganze, insbes. S. 407–410.
239 Spoerhase: Werk.

Becker, Oskar: Von der Hinfälligkeit des Schönen und der Abenteuerlichkeit des Künstlers. In: Jahrbuch für Philosophie und phänomenologische Forschung. Ergänzungsband (1929), S. 27–52.
Beiersdörfer, Kurt: Max Weber und Georg Lukacs. Über die Beziehung von Verstehender Soziologie und Westlichem Marxismus. Frankfurt a. M. 1986.
Bendl, Júlia/Árpád Timár (Hg.): Der junge Lukács im Spiegel der Kritik. Budapest 1988.
Benjamin, Walter: Der Begriff der Kunstkritik in der deutschen Romantik. In: W. B.: Gesammelte Schriften. Unter Mitwirkung von Theodor W. Adorno hg. von Rolf Tiedemann/Hermann Schweppenhäuser. Frankfurt a. M. 1972–1991. Bd. I.1: Abhandlungen. Hg. von R. T./H. S. Frankfurt a. M. 1991, S. 7–122.
Benke, Stefanie: Lukács und die Frühromantik. In: Lukács. Jahrbuch der Internationalen Georg-Lukács-Gesellschaft 5 (2001), S. 53–65.
Benke, Stefanie: Formen im „Teppich des Lebens" um 1900. Lebensphilosophie, der junge Lukács und die Literatur. Duisburg 2008.
Benseler, Frank/Rüdiger Dannemann: Vorbemerkung der Herausgeber. In: Georg Lukács: Die Seele und die Formen. Essays. Mit einer Einleitung von Judith Butler. Werkauswahl in Einzelbänden. Bd. 1. Bielefeld 2011, S. VII–X.
Bernhart, Toni: Texte als makrophysikalische Artefakte. In: Scientia poetica 20 (2016), S. 358–363.
Bloch, Ernst: Briefe 1903–1975. Bd. 1. Hg. v. Karola Bloch, Jan Robert Bloch, Anne Frommann u. a. Frankfurt a. M. 1985.
Bognár, Zsuzsa: Georg Lukács' Essayband Die Seele und die Formen im Kontext des frühromantischen Ironie-Diskurses. In: Lukács. Jahrbuch der Internationalen Georg-Lukács-Gesellschaft (2005), S. 201–217.
Bognár, Zsuzsa: Die frühen Essays von Georg Lukács als Auseinandersetzung mit dem frühromantischen Begriff der Kritik. In: Athenäum 24 (2014), S. 45–71.
Bölts, Stephanie: Krankheiten und Textgattungen. Gattungsspezifisches Wissen in Literatur und Medizin um 1800. Berlin 2016.
Born, Robert: Budapest und der sozialgeschichtliche Ansatz in der Kunstgeschichte. In: Dietlind Hüchtker/Alfrun Kliems (Hg.): Überbringen – Überformen – Überblenden. Theorietransfer im 20. Jahrhundert. Köln u. a. 2011, S. 94–124.
Brecht, Bertolt: Über die Bauart langandauernder Werke. In: B. B.: Werke. Große kommentierte Berliner und Frankfurter Ausgabe. Hg. von Werner Hecht u. a. Bd. 14: Gedichte 4. Berlin u. a. 1993, S. 34–38.
Brecht, Bertolt: Versuche 1–12 (Heft 1–4). Berlin, Frankfurt a. M. 1959.
Buchinger, Susanne: Stefan Zweig – Schriftsteller und literarischer Agent. Die Beziehungen zu seinen deutschsprachigen Verlegern (1901 bis 1942). Frankfurt a. M. 1999.
Burdorf, Dieter: Poetik der Form. Eine Begriffs- und Problemgeschichte. Stuttgart, Weimar 2009.
Butler, Judith: Einleitung. Übersetzt von Michael Halfbrodt. In: Georg Lukács: Die Seele und die Formen. Essays. Hg. von Frank Benseler/Rüdiger Dannemann. Bielefeld 2011, S. 1–20.
Danneberg, Lutz: Zu Brechts Rezeption des Logischen Empirismus. In: Deutsche Zeitschrift für Philosophie 44 (1996), S. 363–387.
Danneberg, Lutz: Sprachphilosophie in der Literatur. In: Marcello Dascal/Dietfried Gerhardus/Kuno Lorenz/Georg Meggle (Hg.): Sprachphilosophie/Philosophy of Language/La philosophie du langage. Ein internationales Handbuch zur zeitgenössischen Forschung. 2. Halbbd. Berlin, New York 1996, S. 1538–1566.
Danneberg, Lutz: Einfluß. In: Georg Braungart/Harald Fricke/Klaus Grubmüller/Jan-Dirk Müller/Friedrich Vollhardt/Klaus Weimar (Hg.): Reallexikon der deutschen Literaturwissenschaft. Bd. 1. Berlin, New York 1997, S. 424–428.

Danneberg, Lutz: Besserverstehen. Zur Analyse und Entstehung einer hermeneutischen Maxime. In: Fotis Jannidis/Gerhard Lauer/Matías Martínez/Simone Winko (Hg.): Regeln der Bedeutung. Zur Theorie der Bedeutung literarischer Texte. Berlin, New York 2003, S. 644–711.
Danneberg, Lutz: Ganzheitsvorstellungen und Zerstückelungsphantasien. Zum Hintergrund und zur Entwicklung der Wahrnehmung ästhetischer Eigenschaften in der zweiten Hälfte des 18. und zu Beginn des 19. Jahrhunderts. In: Jörg Schönert/Ulrike Zeuch (Hg.): Mimesis – Repräsentation – Imagination. Literaturtheoretische Positionen von Aristoteles bis zum Ende des 18. Jahrhunderts. Berlin, New York 2004, S. 241–282.
Danneberg, Lutz: Das Gesicht des Textes und die beseelte Gestalt des Menschen: Formen der Textgestaltung und Visualisierung in wissenschaftlichen Texten – historische Voraussetzungen und methodische Probleme ihrer Beschreibung. In: Nicolas Pethes/Sandra Pott (Hg.): Medizinische Schreibweisen. Berlin 2008, S. 13–72.
Danneberg, Lutz: Das perforierte Gewand: Geschichte und hermeneutische Funktion von dictinctiones, partitiones und divisiones. In: Alexander Nebrig/Carlos Spoerhase (Hg.): Die Poesie der Zeichensetzung: Studien zur Stilistik der Interpunktion. Bern 2012, S. 89–132.
Danneberg, Lutz: Zwischen Asche und Fußabdruck. Zu den Konzepten der Spur im Vergleich mit denen der Quelle und des Einflusses sowie zum Spurenlesen als einem grundlegenden Konzept der Beschreibung wissenschaftlichen Arbeitens. In: Scientia poetica 16 (2012), S. 160–182.
Danneberg, Lutz: Hermeneutiken. Bedeutung und Methodologie (in Vorbereitung, ersch. Berlin 2018).
Dannemann, Rüdiger: Ursprünge radikalen Philosophierens beim frühen Lukács. Chaos des Lebens und Metaphysik der Form. In: Lukács. Jahrbuch der Internationalen Georg-Lukács-Gesellschaft 10 (2006/07), S. 41–55.
Dannemann, Rüdiger: [Rez.] Muss Georg Lukács' Frühwerk neu gelesen werden? In: Deutsche Zeitschrift für Philosophie 6 (2015), S. 1158–1168.
Eco, Umberto: Das offene Kunstwerk [1962/67]. Frankfurt a. M. 2012.
Edel, Geert: Offene und geschlossene Systemform. Überlegungen zur Unverzichtbarkeit eines erneuerten Systembegriffs. In: Hans-Dieter Klein (Hg.): Systeme im Denken der Gegenwart. Bonn 1993, S. 43–56.
Engel, Friedrich: Sophus Lie. In: Jahresbericht der deutschen Mathematiker-Vereinigung 8 (1899), S. 30–46.
Ermatinger, Emil: Das dichterische Kunstwerk. Grundbegriffe der Urteilsbildung in der Literaturgeschichte. Leipzig, Berlin 1921.
Ernst, Paul: Der Essay als Form. In: Die Schaubühne 7 (1911), S. 542.
Fenner, David E. W.: Why Modifying (some) Works of Art is Wrong. In: American Philosophical Quarterly 43 (2006), S. 329–341.
Fohrmann, Jürgen: Über analoge und diskrete Kommunikation. Georg Lukács, der Erste Weltkrieg und „Die Theorie des Romans". In: Uwe Hebekus/Ingo Stöckmann (Hg.): Die Souveränität der Literatur. Zum Totalitären der Klassischen Moderne 1900–1933. München 2008, S. 111–126.
Fulda, Hans F./Jürgen Stolzenberg: System der Vernunft. In: H. F. F./J. S. (Hg.): Architektonik und System in der Philosophie Kants. Hamburg 2001, S. 1–23.
Ginzburg, Carlo: Spurensicherungen: über verborgene Geschichte, Kunst und soziales Gedächtnis. Übersetzt von Karl F. Hauber. Berlin 1983.
Grübel, Rainer: Vollendung ohne Ende? Genuine Ambivalenz der Teleologie oder: Wider tyrannische Perfektion. In: Poetica 27.1 (1995), S. 58–100.
Hager, F.-P./Ch. Strub: System/Systematik/systematisch. In: Joachim Ritter/Karl Gründer (Hg.): Historisches Wörterbuch der Philosophie. Bd. 10. Basel 1998, Sp. 824–856.

Hart, Joan: Erwin Panofsky and Karl Mannheim: A Dialogue on Interpretation. In: Critical Inquiry 19.3 (1993), S. 534–566.
Herzfelde, Wieland: Zur Sache geschrieben und gesprochen zwischen 18 und 80. Berlin, Weimar 1976.
Höschen, Andreas: Das Dostojewskij-Projekt. Georg Lukács' neukantianisches Frühwerk in seinem ideengeschichtlichen Kontext. Tübingen 1999.
Hohendahl, Peter Uwe: The Scholar, the Intellectual, and the Essay: Weber, Lukács, Adorno, and Postwar Germany. In: The German Quarterly 70.3 (1997), S. 217–232.
Kaesler, Dirk: Max Weber und Georg Lukács. Episoden zum Verhältnis von ‚bürgerlicher‘ und ‚marxistischer‘ Soziologie. In: Udo Bermbach/Günter Trautmann (Hg.): Georg Lukács: Kultur – Politik – Ontologie. Wiesbaden 1987, S. 74–85.
Kambartel, Friedrich: „System" und „Begründung" als wissenschaftliche Ordnungsbegriffe bei und vor Kant. In: Jürgen Blühdorn/Joachim Ritter (Hg.): Philosophie und Rechtswissenschaft. Zum Problem ihrer Beziehung im 19. Jahrhundert. Frankfurt a. M. 1969, S. 99–113; Diskussion S. 114–122.
Kant, Immanuel: Prolegomena zu einer jeden künftigen Metaphysik die als Wissenschaft wird auftreten können [1783]. In: Kant's Gesammelte Schriften (Akademieausgabe). Königlich Preußische Akademie der Wissenschaften. Berlin 1900 ff. Bd. 4 (1911), S. 253–383.
Kant, Immanuel: Kritik der reinen Vernunft [1787, 2. Aufl.]. In: Kant's Gesammelte Schriften (Akademieausgabe). Königlich Preußische Akademie der Wissenschaften. Berlin 1900 ff. Bd. 3 (1911).
Kant, Immanuel: Logik [1800]. In: Kant's Gesammelte Schriften (Akademieausgabe). Königlich Preußische Akademie der Wissenschaften. Berlin 1900 ff. Bd. 9 (1923), S. 1–150.
Karádi, Éva: Emil Lask in Heidelberg oder Philosophie als Beruf. In: Hubert Treiber/Karol Sauerland (Hg.): Heidelberg im Schnittpunkt intellektueller Kreise. Zur Topographie der „geistigen Geselligkeit" eines „Weltdorfes": 1850–1950. Opladen 1995, S. 378–399.
Kavoulakos, Konstantinos: Ästhetizistische Kulturkritik und ethische Utopie. Georg Lukács' neukantianisches Frühwerk. Berlin, Boston 2014.
Kimmerle, Heinz: Zur Genesis des Hegelschen Systembegriffs. In: Neue Zeitschrift für Systematische Theologie und Religionsphilosophie 14.1 (1972), S. 294–314.
Kruse-Fischer, Ute: Verzehrte Romantik. Georg Lukács' Kunstphilosophie der essayistischen Periode (1908–1911). Stuttgart 1991.
Lask, Emil: Fichtes Idealismus und die Geschichte [1902]. In: E. L.: Gesammelte Schriften. Hg. von Eugen Herriegel. Tübingen 1923 f. Bd. 1. Hg. von E. H. Tübingen 1923, S. 1–274.
Lee, Yoon Sun: Temporalized Invariance: Lukács and the Work of Form. In: Timothy Hall/Timothy Bewes (Hg.): George Lukács: The Fundamental Dissonance of Existence Aesthetics, Politics, Literature. New York 2011, S. 17–35.
Lengyel, Zsolt K.: „Intellektuelle Liebelei" oder ideologische Vereinnahmung? Bemerkungen zum persönlichen Verhältnis zwischen Georg Lukács und Thomas Mann. In: Ungarn-Jahrbuch 20 (1992), S. 181–199.
Lessing, Gotthold Ephraim: Laokoon oder über die Grenzen der Malerei und Poesie. In: G. E. L.: Werke. Hg. von Herbert G. Göpfert u. a. München 1970–1979. Bd. 6: Kunsttheoretische und kunsthistorische Schriften. Bearbeitet durch Albert von Schirnding, hg. von Herbert G. Göpfert. München 1974, S. 7–188.
Lucchesi, Joachim: Versuche. In: Jan Knopf (Hg.): Brecht-Handbuch. Bd. 4: Schriften, Journale, Briefe. Stuttgart 2003, S. 406–416.
Lukács, Georg [von]: Die Seele und die Formen/Essays. Berlin 1911.

Lukács, Georg [von]: Die Theorie des Romans. Ein geschichtsphilosophischer Versuch über die Formen der großen Epik (Teil 1 von 2). In: Zeitschrift für Ästhetik und allgemeine Kunstwissenschaft 11.3 (1916), S. 225–271, und 11.4 (1916), S. 390–431.
Lukács, Georg: Die Subjekt-Objekt-Beziehung in der Aesthetik. In: Logos. Internationale Zeitschrift für Philosophie der Kunst 7 (1917/18), S. 1–39.
Lukács, Georg: Emil Lask. Ein Nachruf. In: Kant-Studien 22.1 (1918), S. 349–370.
Lukács, Georg: Die Theorie des Romans. Ein geschichtsphilosophischer Versuch über die Formen der großen Epik. Berlin 1920.
Lukács, Georg: Die Seele und die Formen. Essays. Neuwied, Berlin 1971.
Lukács, Georg: Zur Theorie der Literaturgeschichte [1910]. In: Text + Kritik 39/40 (1973), S. 24–51.
Lukács, Georg: Heidelberger Philosophie der Kunst [1912–1914]. In: G. L.: Werke. Hg. von György Márkus/Frank Benseler. Darmstadt, Neuwied 1962 ff. Bd. 16: Frühe Schriften zur Ästhetik 1. Aus dem Nachlaß hg. von György Márkus/Frank Benseler. Neuwied 1974.
Lukács, Georg: Briefwechsel 1902–1917. Hg. von Éva Karádi/Éva Feteke. Stuttgart 1982.
Lukács, Georg: Tagebuch 1910–11. Berlin 1991.
Lukács, Georg: Die Theorie des Romans. Ein geschichtsphilosophischer Versuch über die Formen der großen Epik. Werkauswahl in Einzelbänden. Bd. 2. Bielefeld 2009.
Machado, Carlos E. J.: Die Formen und das Leben. Ästhetik und Ethik beim frühen Lukács 1910–18. In: Jahrbuch der Internationalen Georg-Lukács-Gesellschaft (1996), S. 51–77.
Mann, Thomas: Betrachtungen eines Unpolitischen. In: T. M.: Große kommentierte Frankfurter Ausgabe. Hg. von Heinrich Detering u. a. Frankfurt a. M. 2001 ff. Bd. 13.1. Hg. von Hermann Kurzke. Frankfurt a. M. 2009.
Mannheim, Karl: Seele und Kultur. In: K. M.: Wissenssoziologie. Auswahl aus dem Werk. Hg. von Kurt Wolff. Berlin, Neuwied 1964, S. 66–84.
Mannheim, Karl: Besprechung von Georg Lukacs, „Die Theorie des Romans". In: K. M.: Wissenssoziologie. Auswahl aus dem Werk. Hg. von Kurt Wolff. Berlin, Neuwied 1964, S. 85–90.
Mannheim, Karl: Beiträge zur Theorie der Weltanschauungs-Interpretation [1923]. In: K. M.: Wissenssoziologie. Auswahl aus dem Werk. Hg. von Kurt Wolff. Berlin, Neuwied 1964, S. 91–154.
Mannheim, Karl: Strukturanalyse der Erkenntnistheorie [1918/22]. In: K. M.: Wissenssoziologie. Auswahl aus dem Werk. Hg. von Kurt Wolff. Berlin, Neuwied 1964, S. 166–245.
Márkus, György: Nachwort. In: Georg Lukács: Werke. Hg. von György Márkus/Frank Benseler. Darmstadt, Neuwied 1962 ff. Bd. 17: Frühe Schriften zur Ästhetik 2: Heidelberger Ästhetik [1916–1918]. Aus dem Nachlaß hg. von György Márkus/Frank Benseler. Neuwied 1975, S. 253–278.
Müller, Wolfgang G.: Der Brief als Spiegel der Seele. Zur Geschichte eines Topos der Epistolartheorie von der Antike bis zu Samuel Richardson. In: Antike und Abendland 26 (1980), S. 138–157.
Nebrig, Alexander: Zur Pragmatik des Formbegriffs in der Wiener Moderne. [Rez. zu: Stefanie Arend: Innere Form. Wiener Moderne im Dialog mit Frankreich. Heidelberg 2010.] In: IASLonline. 30. 01. 2012. <http://www.iaslonline.de/index.php?vorgang_id=3386> (08. 05. 2018).
Nutt-Kofoth, Rüdiger: The Book in the Poetological Concept of Stefan George. Some Remarks on the Physical and Iconic Side of the Published Text – with an Editorial Conclusion. In: Variants. The Journal of the European Society for Textual Scholarship 4 (2005), S. 111–131.

Ophälders, Markus: Der Essay als Form im Schaffen des jungen Lukács. In: Marina Marzia Brambilla/Maurizio Pirro (Hg.): Wege des essayistischen Schreibens im deutschsprachigen Raum (1900–1920). Amsterdam, New York 2010, S. 325–346.
Otabe, Tanehisa: Die Idee der „inneren Form" und ihre Transformation. In: Prolegomena 8.1 (2009), S. 5–21.
Peppard, Murray B.: The Poetics of the „Open Form". In: Monatshefte 55.6 (1963), S. 325–332.
Popper, Leo: Zur Mißverständnistheorie. In: L. P.: Schwere und Abstraktion. Hg. von Philippe Despoix/Lothar Müller. Übersetzt von Anna Gara-Bak. Berlin 1987, S. 77.
Pross, Caroline: Brecht, Versuche I. Experimenteller Prozess und literarisches Verfahren. In: Michael Bies/Michael Gamper (Hg.): „Es ist ein Laboratorium, ein Laboratorium für Worte". Experiment und Literatur III. 1890–2010. Göttingen 2011, S. 181–201.
Rickert, Heinrich: Vom System der Werte. In: Logos 4.3 (1913), S. 295–327.
Ritschl, Otto: System und systematische Methode in der Geschichte des Wissenschaftlichen Sprachgebrauchs und der Philosophischen Methodologie. Bonn 1906.
Rockenberger, Annika/Per Röcken: Wie ‚bedeutet' ein ‚material text'? In: Wolfgang Lukas/Rüdiger Nutt-Kofoth/Madleen Podewski (Hg.): Text – Material – Medium. Zur Relevanz editorischer Dokumentationen für die literaturwissenschaftliche Interpretation. Berlin, New York 2014, S. 1–27.
Sandor, András: Text und Werk: Forschungslage und Versuch eines literaturwissenschaftlichen Modells. In: Deutsche Vierteljahrsschrift für Literaturwissenschaft und Geistesgeschichte 53 (1979), S. 468–511.
Sauder, Gerhard: Von Formalitäten zur Politik: Georg Lukács' Heidelberger Habilitationsversuch. In: Zeitschrift für Literaturwissenschaft und Linguistik 53/54 (1984), S. 79–107.
Schlegel, Friedrich: Philosophische Vorlesungen aus den Jahren 1804 bis 1806. Nebst Fragmenten vorzüglich philosophisch-theologischen Inhalts. Bd. 2. Hg. von Karl Josef Hieronymus Windischmann. Bonn 1846.
Schwarzwald, Konstanze: Literatur und Sehnsucht. Die Seele und die Formen neu gelesen. Versuch über einen Versuch. In: Lukács. Jahrbuch der Internationalen Georg-Lukács-Gesellschaft (2014/15), S. 233–242.
Schwinger, Reinhold: Innere Form. Ein Beitrag zur Definition des Begriffes auf Grund seiner Geschichte von Shaftesbury bis W. v. Humboldt. München 1935.
Seery, John E.: Marxism as Artwork. Weber and Lukács in Heidelberg, 1912–1914. In: Berkeley Journal of Sociology 27 (1982), S. 129–165.
Shillingsburg, Peter L.: Text as Matter, Concept, and Action. In: Studies in Bibliography 44 (1991), S. 31–82.
Silva, Arlenice Almeida da: Die Entwicklung des Begriffs der romantischen Ironie im Werk des jungen György Lukács. In: Ibero-amerikanisches Jahrbuch für Germanistik 12 (2008), S. 73–94.
Smith, Barry: Béla Zalai und die Metaphysik des reinen Seins. In: Brentano-Studien 5 (1994), S. 59–68.
Spoerhase, Carlos: Was ist ein Werk? In: Scientia poetica 11 (2007), S. 276–344.
Spoerhase, Carlos: Format der Literatur. Materielle Textualität zwischen 1740 und 1830. Göttingen 2018 (in Vorbereitung).
Stadler, Ulrich: System und Systemlosigkeit. Bemerkungen zu einer Darstellungsform im Umkreis idealistischer Philosophie und frühromantischer Literatur. In: Walter Jaeschke/Helmut Holzhey (Hg.): Früher Idealismus und Frühromantik. Der Streit um die Grundlagen der Ästhetik (1795–1805). Hamburg 1990, S. 52–68.

Stein, Alois von der: Der Systembegriff in seiner geschichtlichen Entwicklung. In: Alwin Diemer (Hg.): System und Klassifikation in Wissenschaft und Dokumentation. Meisenheim am Glan 1968, S. 1–14.
Thierse, Wolfgang: Thesen zur Problemgeschichte des Werk-Begriffs. In: Zeitschrift für Germanistik 6.4 (1985), S. 441–449.
Thierse, Wolfgang: „Das Ganze aber ist das, was Anfang, Mitte und Ende hat." Problemgeschichtliche Beobachtungen zur Geschichte des Werkbegriffs. In: Karlheinz Barck/Martin Fontius/W. T. (Hg.): Ästhetische Grundbegriffe. Studien zu einem historischen Wörterbuch. Berlin 1990, S. 378–414.
Vajda, Mihaly: Der Wissenschaftler, der Essayist und der Philosoph. In: Hubert Treiber/Karol Sauerland (Hg.): Heidelberg im Schnittpunkt intellektueller Kreise. Zur Topographie der „geistigen Geselligkeit" eines „Weltdorfes": 1850–1950. Opladen 1995, S. 400–421.
Vollhardt, Friedrich: Das Kunstwerk als ein „in sich selbst Vollendetes". Zur Entstehung und Wirkung der Autonomieästhetik in Deutschland. In: Konrad Adam (Hg.): Kongreß Junge Kulturwissenschaft und Praxis: Kreativität und Leistung – Wege und Irrwege der Selbstverwirklichung. Köln 1986, S. 79–85.
Vollhardt, Friedrich: Literaturkritik an der Wende vom 19. zum 20. Jahrhundert. Problemkonstellationen im Frühwerk von Georg Lukács (1910–1918). In: Wilfried Barner (Hg.): Literaturkritik – Anspruch und Wirklichkeit. DFG-Symposion 1989. Stuttgart 1990, S. 302–317.
Vollhardt, Friedrich/Robert, Jörg (Hg.): Unordentliche Collectanea – Lessings Laokoon zwischen antiquarischer Gelehrsamkeit und ästhetischer Theoriebildung. Berlin, Boston 2013.
Weber, Max: Gesamtausgabe. Hg. von Horst Baier u. a. Tübingen 1984 ff. 2. Abt., Bd. 9: Briefe 1915–1917. Hg. von Gerd Krumeich/M. Rainer Lepsius in Zusammenarbeit mit Birgit Rudhard und Manfred Schön. Tübingen 2008.
Weber, Max: Wissenschaft als Beruf. In: M. W.: Gesamtausgabe. Hg. von Horst Baier u. a. Tübingen 1984 ff. 1. Abt., Bd. 17: Wissenschaft als Beruf, 1917/1919. Politik als Beruf 1919. Hg. von Wolfgang J. Mommsen/Wolfgang Schluchter. Tübingen 1992, S. 71–112.
Weisser-Lohmann, Elisabeth: Georg Lukács in Heidelberg. In: Deutsche Zeitschrift für Philosophie 39.11 (1991), S. 1253–1265.
Weisser[-Lohmann], Elisabeth: Georg Lukács' Heidelberger Kunstphilosophie. Bonn, Berlin 1992.
Widmaier, Tobias: Rhapsodie. In: Handwörterbuch der musikalischen Terminologie 35 (2003), S. 343–359.
Wolandt, Gerd: Philosophie der Dichtung. Weltstellung und Gegenständlichkeit des poetischen Gedankens. Berlin 1965.
Zalai, Béla: Allgemeine Theorie der Systeme. Budapest 1982.
Zimmermann, Jörg: Essay, Kampfschrift, „Große Ästhetik". Zu einigen Problemen der Darstellungsform bei Georg Lukács. In: Udo Bermbach/Günther Trautmann (Hg.): Georg Lukács. Kultur – Politik – Ontologie. Opladen 1987, S. 233–252.

KAI SINA

Spätwerke in Literatur und Literaturwissenschaft: Phänomen und Begriff

Dass der Begriff des Spätwerks bisweilen mehr bedeuten kann als nur eine werkbiographische Unterscheidung, ja dass er mitunter eine ästhetische Qualität von Literatur im Besonderen und Kunst im Allgemeinen bezeichnen kann – auf diesen Sachverhalt hat Theodor W. Adorno in seinem wegweisenden Beitrag zum *Spätstil Beethovens* mit Nachdruck hingewiesen. Der nur wenige Seiten umfassende Artikel, dessen zentrale Überlegungen Thomas Mann im *Doktor Faustus* durch die Figur des Wendell Kretzschmar vortragen lässt, gipfelt in dem ebenso prägnanten wie pathetischen Kernsatz: „In der Geschichte von Kunst sind Spätwerke die Katastrophen."[1]

Wissenschaftlich aufgegriffen und weitergedacht wird dieser Impuls erst seit einigen Jahren, und zwar namentlich von Edward W. Said, der mit seinem posthum erschienenen Essay *On Late Style* gerade in den USA starke wissenschaftliche Energien freisetzen konnte. Aber auch im europäischen Raum lässt sich derzeit ein neues und reges Interesse an der Poetik des Späten ausmachen: Shakespeare, Goethe und Thomas Mann haben sich (auch) hierfür als ergiebige Referenzautoren erwiesen.[2] Daneben findet sich mit Sandro Zanettis Studie zum *Avantgardismus der Greise? Spätwerke und ihre Poetik* ein erster Ansatz zur diskursgeschichtlichen Historisierung und literaturwissenschaftlichen Systematisierung des Phänomens.[3]

Doch so geläufig uns der Begriff des Spätwerks in der kritischen und wissenschaftlichen Kommunikation über die Literatur mittlerweile erscheint, so wenig Klarheit herrscht weiterhin über die Begriffsverwendung. Sichtbaren Ausdruck findet dies in der Tatsache, dass sich in keinem der

---

1 Adorno: Spätstil, S. 17.
2 McDonald: Late Style; Lee: Goethe; Vaget: Greisen-Avantgardismus; zur Konstellation Thomas Mann/Adorno/Beethoven Valk: Beethovens letzte Klaviersonaten.
3 Zanetti: Avantgardismus. Vgl. darüber hinaus die eher diskursiv-essayistischen Überlegungen von Düttmann: Kommen. Wichtig für diese Darlegung sind vor allem die Thesen von Geulen: Unverfügbarkeit.

einschlägigen literaturwissenschaftlichen Handbücher ein entsprechendes Lemma findet. Das Spektrum der aktuellen Begriffsverwendung reicht von einer eher umgangssprachlichen Semantik (dasjenige Werk/diejenige Werkgruppe, das/die in der letzten Schaffensphase eines Autors entstanden ist) über normativ akzentuierte Ansätze (dasjenige Werk/diejenige Werkgruppe, in dem/in der sich das Lebenswerk eines Autors rundend vollendet oder aber fragmentarisch scheitert) bis hin zur typologisierenden Erfassung mehr oder weniger konkreter Schreibverfahren (z. B. die reflektierende Rückschau auf frühere Schaffensphasen) oder Themenstellungen (z. B. Krankheit, Vergänglichkeit, Alter, Tod), die als charakteristisch für Spätwerke erachtet werden. In der Gesamtsicht ergibt sich ein ziemlich uneinheitliches Feld, was angesichts der offensichtlichen Relevanz des Begriffes, die sich an der hohen Quantität seiner Verwendung ablesen lässt, als unbefriedigend bewertet werden muss.[4]

Die folgenden Ausführungen bemühen sich daher – in einer resümierenden Zusammenführung einiger neuerer Forschungsansätze und anhand ausgewählter literarischer Beispiele – um eine vorläufige Systematisierung des Spätwerks als eines literarischen Phänomens, die zugleich eng gebunden ist an den Versuch einer begrifflichen Klärung. Ich gehe in drei Schritten vor, indem ich (1) die semantisch im Begriff des Spätwerks angelegte *temporale Dimension* in den Blick nehme, um davon ausgehend (2) nach den *formalen Konsequenzen* der jeweiligen Zeitschichtungen im literarischen Spätwerk zu fragen, wobei insbesondere der Aspekt der impliziten oder expliziten Werkreflexivität in den Fokus rücken wird. Hiervon wiederum ausgehend lässt sich (3) auf eine *funktionale Ausrichtung* von Spätwerken schließen als künstlerische Versuche, das Kontingente und Nicht-Kontrollierbare – das Ende der Werkproduktion und eine eventuelle Fortsetzung der Werkbiographie – in den Bereich des Nicht-Kontingenten und Kontrollierbaren – die sich finalisierende Werkproduktion – hinüberzuziehen und zu gestalten.

Auf der Grundlage dieser Erörterung des ‚Späten' und der ‚Werkhaftigkeit', die gleichermaßen im Begriff des Spätwerks angelegt sind, lässt sich schließlich (4) ein erster, thesenhafter Versuch der *begriffsgeschichtlichen Kontextualisierung* vornehmen: Woher resultiert eigentlich die in den letzten Jah-

---

[4] In der kaum belastbaren philosophischen Reflexion des Späten mag zumindest ein Grund für die mangelnde Trennschärfe in der literaturwissenschaftlichen Auseinandersetzung mit dem Spätwerk liegen. Siehe hierzu den Eintrag im *Historischen Wörterbuch der Philosophie*: „‚Spät', seine Komposita und die von ihm abgeleiteten Formen haben in der Philosophiegeschichte kaum eine explizite Terminologisierung erfahren und sind in ihrer Bedeutung weitgehend nur aus ihren jeweiligen Kontexten zu erschließen" (Loock: Spät, Sp. 1304).

ren in der internationalen Debatte so auffällig gestiegene Bezugnahme auf die Kategorie Spätwerk? Die Gründe hierfür, so will ich zeigen, sind nicht allein auf wissenschaftliche, publizistische und literarische Interessenlagen zurückzuführen, sondern auch auf die Pragmatik des Spätwerkbegriffs als einer für die Produktion *und* Rezeption von Literatur relevanten Kategorie.

1. Temporalität

Um die mehr oder weniger komplexe Temporalstruktur von Spätwerken zu verstehen, lässt sich zunächst bei der korrelativen Semantik des Adjektivs ‚spät' ansetzen. Angesiedelt wäre das Spätwerk demnach zwischen einer früheren Schaffensperiode, zu der es sich in ein reflexives Verhältnis setzt, und einem absehbaren Ende der literarischen Produktion, das es zugleich mitthematisiert. An dieses absehbare Ende wiederum schließt sich – zumindest potenziell und ohne konkrete Steuerungsmöglichkeiten des Autors – eine zukünftige Fortsetzung der Werkbiographie an.

In welchen konkreten Verhältnissen stehen nun aber der retrospektive und der prospektive Zug, die sich aus dem Begriff des Späten semantisch herleiten? Es lassen sich hier ganz unterschiedliche literarische Konfigurationen denken, von denen ich nur drei Beispiele umreißen will: (1) das intermediäre Zusammenspiel der Zeitbezüge; (2) die temporale Enthebung oder Mythisierung; (3) das rückblickende Scheitern und die Negation des Zukunftsbezugs.

(1) Die germanistische Forschung hat sich daran gewöhnt, dem späten Goethe mit Blick auf seine Bemühungen um die Ausgabe letzter Hand eine Tendenz zum ganzheitlichen Abschluss seiner literarischen Gesamtproduktion zuzusprechen, und in der Tat finden sich hierfür einige gute Belege. Zugleich aber muss dieser Hang zur Geschlossenheit und Ganzheit in Einklang gebracht werden – um nur zwei Beispiele unter anderen zu nennen – mit der experimentellen Poetik der *Wanderjahre*, die sich zuspitzt in dem wissenschaftlich umstrittenen Schluss-Satz „Ist fortzusetzen",[5] oder der programmatischen Serialität seiner Schriften zur Morphologie.[6] Gerade mit Blick auf Goethe zeigt sich also, wie die rückblickende Schließung des eigenen Schaffens und seine zukunftsbezogene Öffnung miteinander verbunden sein können, ohne dass diese

---

5 Goethe: Wanderjahre, S. 774.
6 Geulen: Serialization.

Temporalstruktur in eine Richtung auflösbar wäre. Goethe strebt in seinem mannigfaltigen Spätwerk eine komplexe, das heißt zwischen unterschiedlichen Zeitschichten angesiedelte Mitte an.

(2) Eine andere Variante der für das Spätwerk kennzeichnenden Zeitschichtung ist die temporale Enthebung oder Mythisierung. Bei Zanetti ist davon ebenso wenig die Rede wie bei Adorno; allein Said deutet auf diesen Aspekt vage hin, wenn er schreibt, das Spätwerk sei „*in,* but oddly *apart* from the present" situiert.[7] Auch dies zeigt sich im Fall Goethes, etwa wenn er in seinem späten Gedicht *An Werther* zurückgeht auf sein literarisches Debüt, um dessen titelgebende Hauptfigur als Repräsentanten der Jugend in eines jeden Menschen Leben zu re-interpretieren. Der junge Werther wird damit rückwärtig zu einem anthropologisch relevanten und eben darin mythisch enthobenen „Symbol", dessen Gültigkeit, in Goethes eigenen Worten, „immer unendlich wirksam [...] bleibt".[8] In diesem Unendlichkeitspostulat – der fortwährenden, ja unabschließbaren Aktualisierbarkeit der Werther-Figur – manifestiert sich ein vom Spät- auf das Frühwerk rückprojizierter Zukunftsbezug.

(3) Schließlich ist die Kehrseite dieses Goethe'schen Optimismus für einen gewissen Typus von Spätwerk charakteristisch, nämlich die vollkommene Verneinung aller Zukunftsbezogenheit, die besonders prononciert in den letzten Texten Wilhelm Raabes erkennbar wird, und zwar als typographisch manifester Schlussstrich in den *Akten des Vogelsangs* und als energische Durchstreichung des Schlussabsatzes in dem posthum erschienenen Fragment *Altershausen,* mit denen Raabe jene literarische Epoche beendet, der er selbst und sein Werk angehör(t)en, also den Poetischen Realismus.[9] Gerade in dieser offensiv ausgestellten Negativität zeigt sich allerdings: Auch für Raabes Spätwerk ist der Zukunftsbezug entscheidend, obwohl dieser gleichsam verschleiert in Erscheinung tritt; so wie der „Schatten" bei Friedrich Nietzsche weiterhin auf den längst getöteten Gott rekurriert,[10] so bleibt Raabes Spätwerk selbst in der völligen Negation der Idee einer zukünftigen Vergangenheit verpflichtet.

---

7 Said: Late Style, S. 24.
8 Goethe: Sprüche, S. 207.
9 Eingehender dazu Sina: Schlusspoetik.
10 Nietzsche: Zarathustra, S. 467.

Am Beispiel Raabes zeigt sich aber noch eine weitere Facette des spätwerklichen Temporalitätsproblems, nämlich seine Verbindung mit einer Idee kultureller Spätzeitlichkeit – Forscher wie Fritz Martini oder neuerdings Ben Hutchinson sind diesem seit der Romantik auftretenden Phänomen bereits nachgegangen.[11] Bisweilen sind Spätwerke also nicht nur die Manifestation eines am Ende stehenden literarischen Schaffensprozesses, sondern zugleich künstlerische Artikulationen eines Gefühls des historischen Am-Ende-Stehens, einer epochenspezifischen *lateness*. Im Falle Raabes kommt dies nicht nur implizit-poetologisch zum Ausdruck, sondern zugleich explizit-selbstkommentierend; so betont er immer wieder seine Fremdheit als Schriftsteller in einer unheilvoll beschleunigten Moderne, sein vollkommenes Aus-der-Zeit-Gefallen-Sein: „Ich habe mich ausgeschrieben, und als Schriftsteller des 19. Jahrhunderts dem zwanzigsten gar nichts mehr zu sagen. Seit dem 8. September 1901" – Raabe bezieht sich auf seinen siebzigsten Geburtstag – „ist meine Muse tot."[12]

2. Form

Das formale Grundprinzip des Spätwerks besteht für Adorno – darin liegt die Pointe seiner Überlegungen – in seiner prononcierten Formlosigkeit. Im Spätwerk gehe es dem Künstler darum, „den Schein der Kunst abzuwerfen"; die „Stoffmassen", die er in früheren Schaffensphasen einem ästhetischen Formungsprozess unterworfen habe, blieben nunmehr „zerfallen und verlassen" stehen.[13] Weil sie eines nicht mehr sind, nämlich geschlossene, ganzheitliche, möglicherweise enthobene Werke im klassisch-emphatischen Sinne – gerade deshalb seien „Spätwerke in der Geschichte der Kunst die Katastrophen".

Woraus aber setzt sich der im Spätwerk formlos kulminierende „Stoff" zusammen? Adorno spricht allgemein von „Konventionen", und er meint damit nichts weniger als sämtliche vorgeprägten Elemente der künstlerischen Tradition, die im Spätwerk roh, blank, geradezu trümmerhaft hervorträten. „Was nicht zu bewältigen war oder nicht mehr bewältigt werden wollte, die Risse und Sprünge", so resümiert Eva Geulen, „machen für Adorno den Spätstil aus."[14] Neben Beethovens letzten Klaviersonaten be-

---

11 Vgl. Martini: Spätzeitlichkeit; Hutchinson: Lateness. Spezifisch zur Spätzeitlichkeit im Kontext des Poetischen Realismus vgl. Simon: Gespenster.
12 Raabe: Gespräche, S. 168.
13 Adorno: Spätstil, S. 15 f.
14 Geulen: Unverfügbarkeit, S. 5 (Seitenangabe folgt der Manuskriptfassung, so auch im Folgenden).

zieht er sich hierbei (zumindest stichworthaft) auf Stifters späte Prosa sowie Goethes zweiten *Faust* und die *Wanderjahre*.

Präzisiert man Adornos sehr globale Ausführungen (und entkleidet sie von ihrem existenzialen Pathos), so artikuliert sich in ihnen tatsächlich ein formales Kernelement von Spätwerken, nämlich ihre programmatische Tendenz zur ‚re-evokativen Adressierung'[15] von Motiven, Themen und Mustern, die sowohl der gesamten kulturgeschichtlichen Tradition wie auch dem früheren Schaffen des jeweiligen Autors entstammen. Hierbei muss allerdings differenziert werden: Während der konkrete Rückbezug auf das frühere Werk eines Autors *obligatorisch* und *qualitativ* relevant für die hier vorgestellte Konzeption von Spätwerken ist, ist der Rückbezug auf die historische Überlieferung im Ganzen *fakultativ* und in *quantitativer* Hinsicht von Bedeutung. Außerdem kann die Gewichtung dieser zwei Arten von Rückbezüglichkeit im literarischen Einzelfall äußerst stark variieren – hierzu nun aber wiederum drei Beispiele, anhand derer die Reichweite dieser Variationsmöglichkeiten absehbar wird:

Im Einzelfall kann sich aus der doppelten Bezugnahme auf das eigene Werk und die Kulturgeschichte im Ganzen tatsächlich ein Stoffüberschuss im Sinne Adornos, ja eine „brüchige Landschaft" ergeben.[16] Gustave Flauberts satirisches Spätwerk etwa setzt diese Poetik verblüffend präzise ins literarische Bild: Der prächtige Garten, den Bouvard und Pécuchet nach allen Regeln der zeitgenössischen Gartenbaukunst als eine inkongruente Ansammlung historisch vorgeprägter Stile und Muster anlegen, verkommt mit der Zeit nämlich zu einer ruinösen Landschaft und verweist darin implizit auf die Poetik dieses episodisch zerklüfteten Textes. Zugleich geht Flaubert mit seinem alle erzählerischen Konventionen sprengenden *Bouvard et Pécuchet* zurück auf sein Frühwerk, namentlich auf *Madame Bovary*, was schon durch seine Namensgebung (Bovary/Bouvard) angedeutet wird. Jorge Luis Borges hat diesen Rückbezug poetologisch interpretiert: „Der Mann, der mit ‚Madame Bovary' den realistischen Roman ausarbeitete, war auch der erste, der mit ihm brach."[17] Aus dieser Sicht erscheint es nur folgerichtig, dass *Bouvard et Pécuchet* selbst Fragment geblieben ist.

Jenseits solch einer Fragmentierungs- und Negationspoetik ist allerdings zu sagen: Die Katastrophe im Sinne Adornos ist nur eine – wenngleich eine besonders exzentrische – Spielart des Spätwerks. Auch wenn es in der Spätwerk-Forschung eine deutliche Favorisierung für das Gebrochene und Zerrissene gibt, was auch mit dem modernistischen Topos des

---

15 Für eine formale Typologie dieses Aspekts vgl. Zanetti: Avantgardismus, S. 303 ff.
16 Adorno: Spätstil, S. 17.
17 Borges: Verteidigung, S. 106.

‚Es geht nicht mehr'[18] zu tun haben mag: Die Vollendung, das Versöhnte, das für Theoretiker wie Adorno kaum der Rede wert ist, kann die Form eines Spätwerks ebenso bestimmen. Hannah Rieger hat dies jüngst mit Blick auf Thomas Mann und dessen Roman *Der Erwählte* gezeigt, der von seinem Autor zugleich als rundender Werkabschluss und darüber hinaus – ganz im Sinne jener von Martini und Hutchinson beschriebenen und hier schon mit Blick auf Raabe angedeuteten Spätzeitlichkeit – als Vollendung der abendländischen Tradition begriffen wird. So geht der adaptierende Bezug auf Hartmanns von Aue mittelalterliche Legendenerzählung *Gregorius* in diesem Text einher mit zahlreichen werkgeschichtlichen Referenzen, die bis zu den frühen Erzählungen und *Buddenbrooks* zurückreichen.[19] Insofern präsentiert sich der als „Summe", als „etwas Letztes, Äußerstes" entworfene Legenden-Roman tatsächlich als ein dezidiertes „Spätwerk", und zwar im doppelten Sinne.[20]

Zwischen den beiden Extrempolen sind zahlreiche intermediäre Formen denkbar. So liest sich das unter dem Titel *Goethe; or, the Writer* stehende Schriftsteller- und Werkporträt von Ralph Waldo Emerson fast wie eine vorwegnehmende Entgegnung auf Adornos Behauptung, Spätwerken wie *Faust II* oder den *Wanderjahren* fehle es an einer „sichere[n] Mitte". Emerson schreibt: „He" – also Goethe – „collects and sorts his observations from a hundred sides, and combines them into the body as fitly as he can".[21] Demnach zeichnen sich Goethes späte Werke durch ein Prinzip der Kombinatorik und Kumulation aus, das weder auf eine Harmonisierung des inkludierten Materials noch auf eine weitgehende Dissoziierung hinausläuft. Was sich aus der Sammlung und Verdichtung des aus der kulturellen Überlieferung wie auch der eigenen Werkgeschichte aufgegriffenen und fortgesetzten Materials ergibt, ist vielmehr eine mittlere Poetik, die weder der klassischen Werk- noch einer modernistischen Fragment-Ästhetik entspricht. Für Emerson steht die Elastizität des Werkkörpers („body") im Vordergrund, der einerseits eine Überfülle in sich zu integrieren vermag, ohne andererseits völlig an Kontur zu verlieren. Goethes eigenen Problemreflexionen, gerade im Umfeld der Planung seiner Werkausgabe, kommt Emerson damit sehr viel näher als Adorno, und

---

18 Hierzu mit Blick auf Thomas Mann und seine (auch hier eingangs bereits angesprochene) Auseinandersetzung mit Adorno Löwe: Freund.
19 Rieger: Legende, S. 107–114.
20 So Thomas Mann im Tagebuch vom 5. April 1951 (Mann: Tagebücher, S. 43). Der eingangs angesprochene Adorno-Exkurs im *Doktor Faustus* erscheint demgegenüber als kritischer Kommentar zur einseitigen Betonung des Zerklüfteten und Zerbrochenen; er steht somit in einem unmittelbaren Kontrastverhältnis zum *Erwählten*.
21 Emerson: Goethe, S. 165.

dennoch wird sich eine entsprechende Position in der nationalphilologischen Goethe-Forschung erst im ausgehenden 20. Jahrhundert als Deutungsperspektive etablieren.[22]

Nicht nur am Beispiel Goethes zeigt sich also: In seiner obligatorisch-qualitativen Bezogenheit auf das vorangegangene Schaffen eines Autors und seinem fakultativ-quantitativen Bezug auf die kulturelle Tradition im Ganzen erweist sich das Spätwerk als ein impliziter Modus der Werkreflexion. In ihm entscheidet sich, in welcher Gestalt nicht nur das späte, sondern das gesamte Schaffen eines Autors der Nachwelt übergeben wird und wie es von ihr gesehen werden soll. Mindestens drei verschiedene formale Optionen sind hierbei prinzipiell denkbar: die Vollendung der literarischen Produktion im Sinne eines kohärenten Gesamtwerks (Thomas Mann); das katastrophale Scheitern jeder abschließenden Synthesebemühung (Flaubert); oder die elastische Vermittlung zwischen Synthese und Dissoziation, Homogenisierung und Fragmentierung (Goethe).

3. Funktion

„Die Ambivalenz des Selbsterlösers zwischen letzter Konsequenz des Werks und seinem Hereinragen in eine nicht mehr von ihm autorisierte Sphäre" – mit dieser Feststellung Eva Geulens lassen sich die komplexe Temporalstruktur des Spätwerks und seine formal artikulierte Werkreflexivität in funktionaler Hinsicht zusammendenken.[23] Und auch sie selber argumentiert im Sinne dieser konstitutiven Ambivalenz, wenn sie das Spätwerk als künstlerischen „Umgang mit dem Unverfügbaren" beschreibt. So erkennt sie beispielsweise in Goethes Ausgabe letzter Hand, seinen autobiographischen Schriften oder auch im zweiten Teil des *Faust* „vielfältige werkpolitische Zurüstungen eines sich ‚historisch werdenden' Autors, mit denen er auf das zielt, was sich seiner Verfügungsgewalt eigentlich ent-

---

22 Ich denke hier insbesondere an Albrecht Schönes wegweisenden *Faust*-Kommentar, der im Anschluss an Goethes späte Selbstcharakterisierung als „Kollektivwesen" den in spannungsvoller Weise heterogenitätstoleranten *und* syntheseorientierten Charakter der Tragödien-Dichtung herausstellt (Goethe: Faust, S. 27–29). Dass Goethes Wort vom „Kollektivwesen" bereits für Emerson eine Schlüsselstellung zukam (etwa in dem Essay *Quotation and Originality*), muss hier allerdings dazugesagt werden.

23 Geulen: Unverfügbarkeit, S. 2. Der Begriff „Selbsterlöser" bezieht sich auf Gottfried Benns Gedicht *Spät im Jahre*, dessen letzte Strophe so lautet: „Dich verstreut und dich gebunden/dich verhüllt und dich entblößt –/Saum von Rosen, Saum von Wunden – letzte Blicke, selbsterlöst" (Benn: Gedichte, S. 131).

zieht", nämlich eine gewisse Kontrolle über sein Nachleben.[24] Darin bestehe die basale Funktion von Spätwerken.

In dem von Geulen angedeuteten Tradierungsaspekt ist das Spätwerk – und zwar noch in der negativen Gestalt des Abbruchs und Scheiterns – auf das bezogen, was sich mit einem Begriff von Hermann Lübbe als „Präzeption" bezeichnen lässt, also „die gegenwärtige Vorausschätzung der Interessen Späterer an derjenigen Vergangenheit, die unsere Gegenwart zukünftig geworden sein wird".[25] Es handelt sich also um das Phänomen einer als zunehmend diskontinuierlich erfahrenen Welt, in der Tradierung prinzipiell nur als Problem denkbar ist. Das zeit- und werkreflexive Spätwerk im hier geschilderten Sinne gehört, um es auf einen Begriff zu bringen, der Moderne an, deren Herausforderungen von einschlägigen Spätwerk-Autoren wie Goethe, Heine, Stifter oder Raabe äußerst sensibel wahrgenommen und bedacht werden.[26] Goethe etwa verwendet die Metapher vom „Zeitstrudel", in den er die gesamte Kultur – und mit ihr unweigerlich auch sein Werk – hineingezogen sieht.[27] In dieser Hinsicht ist das Spätwerk dem schriftstellerischen Nachlass verwandt, ja bisweilen greifen Nachlassbewusstsein und Spätwerk-Poetik sogar unmittelbar ineinander: als literarische Nachlassreflexion oder auch genuine Nachlasspoetik.[28]

Im Hinblick auf die „präzeptive Vorwegnahme des historischen Interesses Zukünftiger"[29] ist vor allem der proto-philologische Blick von Interesse, mit dem sich Autoren in ihrem Spätwerk der eigenen werkgeschichtlichen Vergangenheit zuwenden. Das eigene Werk aus größerer zeitlicher Distanz erneut zu lesen, mag schließlich eine mehr oder weniger drastische

---

24 Geulen: Unverfügbarkeit, S. 4. Das generelle Bedürfnis, sich einer künftigen Nachwelt überliefern zu wollen, führt in den Bereich der Existenzphilosophie und lässt sich wohl nur individuell erklären – „als Kontinuitätsbedürfnis und Identitätspflicht, als Verlangen nach jenem Glück, das in der Selbstbewahrung liegt, als ‚Angst vorm Verlieren' [...], als temporale Agoraphobie, und so fort" (Marquard: Hermeneutik, S. 125).
25 Lübbe: Modernisierung, S. 28.
26 Sobald Autoren früherer Epochen in diesen Diskurs einbezogen werden, setzt dies entsprechende Umdeutungen voraus. Beispielhaft erkennbar wird dies bei William Shakespeare, dessen Erfindung als Spätwerkautor nicht etwa auf die Frühe Neuzeit, sondern auf das 19. Jahrhundert zurückgeht. Seine paradigmatische Stellung in der Spätwerkforschung als „poetic counterpart to late Beethoven in musicology and late Rembrandt in art history" (McCullan: Shakespeare, S. 318) verdankt sich somit einer dezidiert modernen Perspektive. Prinzipiell zeigt sich an dieser Stelle, dass sich Kategorien wie ‚das Späte' nicht ahistorisch begreifen lassen (wie es in der Spätwerkforschung üblich ist), sondern an historisch spezifische Zeitkonzepte gebunden sind.
27 Goethe an Carl Friedrich Zelter, Juni 1825, in: Goethe/Zelter: Briefwechsel, S. 374.
28 Zum Verhältnis von Literaturgeschichte und Nachlasswesen vgl. die Beiträge in Sina/Spoerhase: Nachlassbewusstsein.
29 Lübbe: Modernisierung, S. 28.

Neubewertung nach sich ziehen. Wenn zum Beispiel Raabe in den *Akten des Vogelsangs* auf seinen frühen Erfolgsroman *Die Chronik der Sperlingsgasse* zurückgeht (was schon über die Titelgestaltung angezeigt wird), so führt dies nicht nur zu einer Absage an das poetisch-realistische Verklärungspostulat, das im Frühwerk noch wirksam ist, sondern gleichzeitig zu einer vorwegnehmenden Einordnung seines Gesamtwerks an der epochalen Schwelle vom Poetischen Realismus in die literarische Moderne.[30] In seinem Spätwerk entfaltet Raabe somit einen Deutungsrahmen für seine gesamte Werkbiographie und findet dadurch tatsächlich einen Weg, mit dem „Unverfügbaren" umzugehen.

Bezeichnen lässt sich das proto-philologische Verfahren Raabes mit dem Begriff der „Selbsthistorisierung". Gemeint ist damit die rückblickende Bestimmung des eigenen Werkes und der eigenen Autorschaft als „literarhistorische Größen" und die damit verbundene Vorbereitung einer posthum gedachten „Tradition" der eigenen „Werkbiografie".[31] In diesem Sinne führt auch Raabe – im Anschluss an sein erklärtes Vorbild Goethe – den Begriff der Selbsthistorisierung im Munde, wenn er in einem Brief konstatiert: „Jetzt, wo ich […] mir selber sozusagen historisch geworden bin, macht es mir Spaß, durch die anderthalb Menschenalter meiner literarischen Lebensarbeit […] Dingen und Spuren nachzugehen und sie zu finden."[32]

Raabe schreibt diesen Satz bezeichnenderweise an eine Philologin, die eine Studie zu seiner Novelle *Hollunderblüte* plant. Auch darin besteht also die spezifische Modernität von Spätwerken: Sie markieren eben jene Zone, so lässt sich mit Geulen konstatieren, „in der die ‚Werkpolitik' der Autoren, die Epochen- und Periodisierungspolitik der wissenschaftlichen Nachwelt aufeinandertreffen oder ineinander übergehen."[33] Dies wiederum setzt eine institutionell weitgehend etablierte Literaturwissenschaft voraus, deren Interesse sich nicht mehr allein auf mittelalterliche Textdenkmäler konzentriert, sondern auch die Literatur der jüngeren Vergangenheit und Gegenwart philologisch ernstnimmt;[34] insbesondere ist ein wissenschaftliches Interesse an „Werkchronologie im Allgemeinen und Spätwerken im Be-

---

30 Sina: Schlusspoetik, S. 65–67.
31 Stockinger: Zeitalter, S. 255.
32 Wilhelm Raabe an Marie Speyer, 2. November 1908, in: Raabe: Briefe, S. 482. Das Prinzip der Selbsthistorisierung bereits für einen Autor wie Shakespeare geltend machen zu wollen (Haverkamp: Politik, insbes. S. 105), scheint mir allerdings weniger plausibel und der oben bereits angeführten modernen Umdeutung von Werken wie *The Tempest* oder *The Winter's Tale* Rechnung zu tragen.
33 Geulen: Unverfügbarkeit, S. 3.
34 Vgl. Spoerhase: Literaturwissenschaft.

sonderen" vorauszusetzen.³⁵ Von einer allzu einvernehmlichen Kommunikation zwischen Autor und Nachwelt sollte hierbei aber nicht zwangsläufig ausgegangen werden – auch dies zeigt sich mit Blick auf Raabe: Bis die Forschung dazu bereit war, seinen selbstzugewiesenen Ort an der Schwelle zur literarischen Moderne auch wissenschaftlich zu fundieren, mussten immerhin mehr als sechzig Jahre vergehen.³⁶

In dieser Beobachtung offenbart sich ein grundlegendes Paradox im Umgang mit dem Unverfügbaren: Wie lässt sich angesichts der Diskontinuität der modernen Zeiterfahrung, auf die das Spätwerk mit seinen poetischen Tradierungsbemühungen reagiert, überhaupt von einer gewissen Konstanz bestimmter Rezeptionsinteressen ausgehen? Dieser Widerspruch lässt sich, meine ich, nicht auflösen, aber doch immerhin benennen. Jacques Derrida hat dieses Problem kurz vor seinem Tod sehr anschaulich umschrieben:

> Ich habe – und ich bitte Sie, mir zu glauben – das *doppelte Gefühl*, daß man einerseits – um es etwas scherzhaft und unbescheiden zu sagen – noch gar nicht begonnen hat, mich zu lesen, [...] gleichzeitig habe ich andererseits das Gefühl, daß zwei Wochen oder einen Monat nach meinem Tod *nichts mehr bleiben wird*.³⁷

Es ist genau dieser letztlich existenzphilosophische Zweifel, der – ob ausdrücklich mitreflektiert oder nicht – die Poetik des Spätwerks und damit seine Funktion bestimmt.

4. Terminologisches

In meinen Überlegungen war fast durchgehend die Rede vom Spätwerk, nicht aber von dem ebenfalls anzutreffenden Begriff Alterswerk und dem immer noch recht weit verbreiteten Terminus Spätstil. Diese Begriffsverwendung zu reflektieren, ermöglicht es zugleich, das in den letzten Jahren so auffällig gestiegene Interesse an diesem Gegenstand zumindest teilweise zu erklären.³⁸

---

35 Geulen: Unverfügbarkeit, S. 3.
36 Zuerst in diesem Sinne Fairley: Raabe. Die vorangehende nationalistische, zwischen 1933 und 1945 auch im engeren Sinne nationalsozialistische Deutungsgeschichte belegt Denkler mit dem starken Begriff der „Fehlrezeption" (Denkler: Raabe, S. 28).
37 Derrida: Leben, S. 41 f.
38 Anzumerken ist an dieser Stelle, dass der Begriff „Spätwerk" im 19. Jahrhundert noch kaum Verwendung findet. Eine diskursbestimmende Funktion kommt ihm erst im angehenden 20. Jahrhundert zu. Zanetti führt dies überzeugend auf die epochenspezifische Verhandlung des Werkbegriffs im Kontext der modernistischen Avantgarden zurück (Zanetti: Avantgardismus, S. 20).

Die Rede vom *Alterswerk* oder gelegentlich auch vom *Altersstil* legt den semantischen Fokus auf das biologische Alter von Autoren,[39] das für den hier unternommenen Versuch einer Bestimmung der poetischen Qualitäten von Spätwerken nur eine stark untergeordnete Rolle spielt – in dem Sinne nämlich, dass zwischen dem Späten und dem Frühen ein zeitliches Distanzverhältnis liegen muss, so dass die Rede von einer „Summe", einem „Letzten" überhaupt plausibel erscheint. Zudem klingt im Begriff des Alterswerks unweigerlich das im 19. Jahrhundert geprägte Entwicklungsmodell mit, das letzte Werke lediglich als Ausdruck der Schwäche, gar des Absterbens betrachtet – Tom Kindt hat dies anhand der historisch weit zurückreichenden wissenschaftlichen Debatte über den späten Goethe exemplarisch nachvollzogen.[40]

Wer hingegen im Anschluss an Adorno vom *Spätstil* spricht,[41] konzentriert sich zwar auf einen wichtigen Teilaspekt des Phänomens. Geht man jedoch davon aus, wie Zanetti schreibt und auch in diesem Aufsatz unterstrichen wurde, dass Spätwerke „von sich aus" zu einer Auseinandersetzung „mit bestimmten Konzepten von Werken oder Werktypen führen", indem sie solche Konzepte „performativ mitentwerfen oder aber in Frage stellen",[42] so lässt sich dies über den – ja auch seinerseits höchst voraussetzungsreichen – Stilbegriff nicht angemessen berücksichtigen. Spätwerke sind Werke im Modus ihrer Problematisierung, und dies nicht nur hinsichtlich der Stilprinzipien des jeweiligen Einzeltextes, sondern auch mit Blick auf die Konstitution eines Gesamtwerks.

Gerade hierin liegt denn auch eine Anschlussmöglichkeit für die jüngere Literaturwissenschaft, die sich bereits seit einigen Jahren für Probleme der Werkästhetik und Werkpolitik stark sensibilisiert zeigt – Zanettis Studie etwa ist deutlich von diesem Interesse getragen.[43] Außerdem lassen sich am proto-philologisch ausgerichteten, möglicherweise selbsthistorisierenden Spätwerk grundlegende Fragen nach dem Verhältnis von Poesie und Philologie erörtern, womit ebenfalls ein Nerv der gegenwärtigen Forschung getroffen ist: Mitunter sind Spätwerke auf einen affirmativen oder kritischen Dialog mit der zeitgleich einsetzenden oder posthum antizipierten philologischen Forschung ausgelegt.[44]

---

39 Schwieren: Gerontographien; Neumann/Oesterle: Altersstile.
40 Kindt: Spätwerk. Eine quellenreiche begriffsgeschichtliche Rekonstruktion des Begriffes Alterswerk/-stil findet sich bei Schonlau: Werk.
41 Vgl. aus schreibprozessualer Perspektive Kleinwort: Kafka.
42 Zanetti: Avantgardismus, S. 26.
43 Vgl. das Kap. „Werkkonzeptionen" bei Zanetti: Avantgardismus, S. 239–259. Grundlegend für die neuere Forschung zum Werkkonzept ist natürlich Martus: Werkpolitik.
44 Vgl. Geulen: Unverfügbarkeit, S. 3. Zum Verhältnis von Poesie und Philologie liegen mittlerweile mehrere Studien vor, deshalb sei hier nur verwiesen auf die Arbeit von Buschmeier: Poesie.

Dies erklärt die ja nicht ausschließlich wissenschaftliche Aufmerksamkeit für die Poetik des Späten allerdings nur zum Teil. Der andere Teil dieser Erklärung liegt, meine ich, im Bereich der literarischen Öffentlichkeit, genauer, in einem bemerkenswerten Kurzschluss von Literaturkritik, Literatur und Literaturwissenschaft, der sich recht genau auf die Jahre 2006 und folgende datieren lässt. An diesem Vorgang waren einige der prominentesten Schriftsteller und Autoren beteiligt: der impulsgebende Edward W. Said (mit seinem als Vermächtnis verstandenen und entsprechend breit wahrgenommenen Essayband *On Late Style*) sowie die Autoren John Updike (mit einer im *New Yorker* veröffentlichten Besprechung ebenjenes Bandes) und Philip Roth (mit einer Adaption von Saids Thesen in seinem Roman *Exit Ghost*).[45] Hinzu kamen einige Kritiker[46] und, mit nur geringem zeitlichem Abstand, mehrere Literaturwissenschaftler,[47] die Saids Überlegungen und Roths späten Roman in eine thematische, teils sogar werkgenetische Beziehung zueinander stellten. So konstatierte beispielsweise der Anglist und Komparatist Michael Rothberg im Rahmen einer Podiumsdiskussion auf der American Literature Association Conference von 2008:

> I think Roth is engaging with ‚late style' in this book, which is a concept that Theodor W. Adorno first talked about in relationship to Beethoven, and then Edward Said at the very end of his life was developing in a series of essays and lectures that were published in a book called *On Late Style*. There are remarkable correspondences between what Said is talking about and what Roth is doing, really remarkable.[48]

Infolge des hier exemplarisch erkennbaren Zusammenspiels von Theorie, Literatur, Kritik und Wissenschaft war das Thema gesetzt, und der Begriff wurde von nun an auch auf andere Autoren und Werke appliziert.[49]

---

45 Updike: Works; Roth: Ghost, S. 34 (hier werden Richard Strauss' *Vier letzte Lieder* in implizit-poetologischer Absicht als „dramatically elegiac, ravishingly emotional music written by a very old man at the close of his life" charakterisiert).

46 Einer der ersten Belege ist die Rezension von Kasia Body: „It is tempting to read *Exit Ghost* as an example of what Edward Said called late style. Lateness, he said, was not about tidying up but ‚intransigence, difficulty and unresolved contradiction'" (Body: Literature).

47 Eine wissenschaftliche Fundierung dieser These, die in den darauffolgenden Jahren mehrfach aufgegriffen wurde, erscheint 2009 in den *Philip Roth Studies*: „Indeed, the Zuckerman depicted in *Exit Ghost* resembles the characterization of the alienated aging artist that Edward Said posits in *On Late Style*, and Roth's novel can be read as an extended meditation on the implications of ‚lateness' as both an artistic condition and a distinctive style" (Shipe: Politics).

48 Rothenberg, in: Zuckerman Unsound?, S. 20.

49 Eine kursorische Übersicht auf die gegenwärtigen „geriatric writers" im Lichte der Theorien von Said und mit exemplarischen Bezug auf Roths späte Romane gibt McCrath: Codger.

In diesem Vorgang offenbart sich, meine ich, ein wesentliches Merkmal des textsorten-, disziplinen- und gattungsübergreifenden Begriffes selbst, der eben kein Beschreibungsterminus nur der Wissenschaft oder der Literaturkritik ist (wie etwa im Falle des „auktorialen Erzählers" oder des „lyrischen Ich"), sondern eine „produktions- *und* rezeptionsästhetische Kategorie" der Literatur.[50] Für die Wissenschaft ergibt sich daraus eine Chance und ein Risiko zugleich: die Chance, zu einer Diskussion beizutragen, die nicht nur im disziplinären Rahmen, sondern für die Literatur im Ganzen von Relevanz ist; und das hier in besonderem Maße vorliegende Risiko, sich in zirkulären Analysen zu verfangen, die aus der Literatur nur das herausarbeiten, was aus wissenschaftlichen und publizistischen Diskursen zuvor in sie eingegangen ist.

Wie eine risikobewusste und zugleich chancennutzende Spätwerk-Forschung konkret aussehen könnte, zeichnet sich derzeit allerdings nur in groben Zügen ab. Sie müsste zur Kenntnis nehmen, dass Spätwerke – wie ich es hier zu umreißen versucht habe – auf spezifischen Reflexivitätsverhältnissen beruhen: zum einen mit Blick auf das Werk (das späte Einzelwerk, das sich abzeichnende Gesamtwerk), zum anderen in Bezug auf die Zeit (das Späte als ein temporales Stadium zwischen Vergangenheit, Ende und Zukunft). Nur auf dieser Grundlage ließe sich das Spätwerk als eine trennscharfe literaturwissenschaftliche Kategorie etablieren, woraus bestenfalls auch ein Nutzen für die Literatur und die Literaturkritik resultieren könnte: Dass es ein intensives Bedürfnis gibt, diesem literarischen Phänomen sowohl deskriptiv als auch kategorial beizukommen – dies bezeugt die von Said und Roth herkommende Debatte ja nicht zuletzt auch.

Bibliographie

Adorno, Theodor W.: Spätstil Beethovens. In: T. W. A.: Musikalische Schriften IV. Moments musicaux. Impromptus. Frankfurt a. M. 2003, S. 13–17.
Benn, Gottfried: Gedichte. Hg. von Gerhard Schuster und Ilse Benn. Stuttgart 1986.
Body, Kasia: One Last Round for Literature. In: The Telegraph online. 29. 09. 2007. <http://www.telegraph.co.uk/culture/books/fictionreviews/3668237/One-last-round-for-literature.html> (08. 05. 2018).
Borges, Jorge Louis: Verteidigung des Romans „Bouvard et Pécuchet". In: J. L. B.: Das Eine und die Vielen. Übers. von Karl August Horst. München 1966, S. 101–107.
Buschmeier, Matthias: Poesie und Philologie in der Goethe-Zeit. Studien zum Verhältnis der Literatur mit ihrer Wissenschaft. Tübingen 2008.
Denkler, Horst: Wilhelm Raabe. Legende – Leben – Literatur. Tübingen 1989.

---

50 Geulen: Unverfügbarkeit, S. 3.

Derrida, Jacques: Leben ist Überleben. Übers. von Markus Sedlaczek, hg. von Peter Engelmann. Wien 2005.
Düttmann, Alexander García: Kommen und Gehen. Über den Begriff des Spätstils. In: Neue Rundschau 119.2 (2008), S. 109–125.
Emerson, Ralph Waldo: Goethe; or, the Writer. In: The Collected Works of Ralph Waldo Emerson. Bd. 4: Representative Men. Seven Lectures. Hg. von Joseph Slater und Douglas Emory. Cambridge, MA, London 1987, S. 149–166.
Fairley, Barker: Wilhelm Raabe. Eine Deutung seiner Romane. München 1961.
Geulen, Eva: Serialization in Goethe's Morphology. In: Compar(a)ison. An International Journal of Comparative Literature 29 (2013), S. 53–70.
Geulen, Eva: Unverfügbarkeit. Überlegungen zum Spätstil (Goethe, Adorno, Kommerell). In: Kai Sina/David Wellbery (Hg.): Über Goethes Spätwerk/On Late Goethe. Berlin, Boston 2019 (im Erscheinen).
Goethe, Johann Wolfgang: Sprüche in Prosa. Sämtliche Maximen und Reflexionen. Hg. von Harald Fricke. Frankfurt a. M. 1993.
Goethe, Johann Wolfgang: Wilhelm Meisters Wanderjahre oder Die Entsagenden. Hg. von Gerhard Neumann und Hans-Georg Drewitz. Frankfurt a. M. 1998.
Goethe, Johann Wolfgang. Faust. Texte und Kommentar. Hg. von Albrecht Schöne. Bd. 2: Kommentare. 8. Aufl. Berlin 2017.
[Goethe, Johann Wolfgang/Carl Friedrich Zelter:] Der Briefwechsel zwischen Goethe und Zelter. Hg. von Max Hecker. Bd. 2: 1819–1827. Frankfurt a. M. 1987.
Haverkamp, Anselm: Shakespeares Politik – ein Wintermärchen? Das Flüstern der Latenz. In: Bettine Menke/Christoph Menke (Hg.): Tragödie – Trauerspiel – Spektakel. Berlin 2007, S. 104–127.
Hutchinson, Ben: Lateness and Modern European Literature. Oxford 2016.
Kindt, Tom: Goethes Spätwerk. Zur Wissenschafts- und Begriffsgeschichte einer „Entdeckung". In: Kai Sina/David Wellbery (Hg.): Über Goethes Spätwerk/On Late Goethe. Berlin, Boston 2019 (im Erscheinen).
Kleinwort, Malte: Später Kafka. Spätstil als Stilsuspension. Paderborn 2013.
Lee, Charlotte: The Very Late Goethe. Self-Consciousness and the Art of Ageing. Oxford 2014.
Loock, Reinhard: Spät. In: Karlfried Gründer (Hg.): Historisches Wörterbuch der Philosophie. Bd. 9. Basel 1995, Sp. 1304–1312.
Löwe, Matthias: „Freund, es geht nicht mehr." Thomas Mann und die Normativität der ästhetischen Moderne. In: Thomas Mann Jahrbuch 29 (2016), S. 9–29.
Lübbe, Hermann: Modernisierung und Folgelasten. Trends kultureller und politischer Evolution. Berlin u. a. 1997.
Mann, Thomas: Tagebücher 1951–1952. Hg. von Inge Jens. Frankfurt a. M. 1993.
Marquard, Odo: Frage nach der Frage, auf die die Hermeneutik die Antwort ist. In: O. M.: Abschied vom Prinzipiellen. Philosophische Studien. Stuttgart 2010, S. 117–146.
Martini, Fritz: Spätzeitlichkeit in der Literatur des 19. Jahrhunderts. Überlegungen zu einem Problem der Formengeschichte. In: F. M.: Literarische Form und Geschichte. Aufsätze zu Gattungstheorie und Gattungsentwicklung vom Sturm und Drang bis zum Erzählen heute. Stuttgart 1984, S. 147–169.
Martus, Steffen: Werkpolitik. Zur Literaturgeschichte kritischer Kommunikation vom 17. bis ins 21. Jahrhundert. Berlin, New York 2007.
McCrath, Charles: The Artful Codger. In: The New York Times vom 18. 04. 2009, S. WK1.
McCullan, Gordon: Shakespeare and the Idea of Late Writing. Authorship in the Proximity of Death. Cambridge u. a. 2007.
McDonald, Russ: Shakespeare's Late Style. Cambridge u. a. 2006.
Neumann, Gerhard/Günter Oesterle (Hg.): Altersstile im 19. Jahrhundert. Würzburg 2014.

Nietzsche, Friedrich: Also sprach Zarathustra. Hg. von Giorgio Colli und Mazzino Montinari. München 1993.
Raabe, Wilhelm: Briefe. Bearb. von Karl Hoppe. Göttingen 1975.
Raabe, Wilhelm: Gespräche. Hg. von Rosemarie Schillemeit. Göttingen 1983.
Rieger, Hannah: „Die altersgraue Legende". Thomas Manns „Der Erwählte" zwischen Christentum und Kunstreligion. Würzburg 2015.
Roth, Philip: Exit Ghost. Boston, New York 2007.
Said, Edward W.: On Late Style. Music and Literature Against the Grain. New York 2006.
Schonlau, Anja: Werk und Stil des alten Künstlers. Altersbegrifflichkeit um 1900. In: Heiner Fangerau/Monika Gomille/Henriette Herwig/Christoph auf der Horst/Andrea von Hülsen-Esch/Hans-Georg Pott/Johannes Siegrist/Jörg Vögele (Hg.): Alterskulturen und Potentiale des Alter(n)s. Berlin 2008, S. 227–239.
Schwieren, Alexander: Gerontographien. Eine Kulturgeschichte des Alterswerksbegriffs. Berlin 2004.
Shipe, Matthew: Exit Ghost and the Politics of „Late Style". In: Philip Roth Studies 5.2 (2009), S. 189–204.
Simon, Ralf: Gespenster des Realismus. Konstellationen der Moderne in den Spätwerken von Stifter, Raabe und C. F. Meyer. In: Gerhart von Graevenitz (Hg.): Konzepte der Moderne. Stuttgart/Weimar 1999, S. 202–233.
Sina, Kai: Schlusspoetik. Wilhelm Raabe und das Konzept ‚Spätwerk'. In: Jahrbuch der Raabe-Gesellschaft 58 (2017), S. 56–68.
Sina, Kai/Carlos Spoerhase (Hg.): Nachlassbewusstsein. Literatur, Archiv, Philologie 1750–2000. Göttingen 2017.
Spoerhase, Carlos: Literaturwissenschaft und Gegenwartsliteratur. In: Merkur 68.1 (2014), S. 15–24.
Stockinger, Claudia: Das 19. Jahrhundert. Zeitalter des Realismus. Berlin 2010.
Updike, John: Late Works: Writers and Artists Confronting the End. In: The New Yorker 82.24 (2006), S. 64–71.
Vaget, Hans Rudolf: „Greisen-Avantgardismus". Zur Thematik des Alterswerks bei Thomas Mann. In: Claudia Maurer Zenck (Hg.): Igor Strawinskys und Ernst Kreneks Spätwerke. Schliengen 2014, S. 279–291.
Valk, Thorsten: Beethovens letzte Klaviersonaten. In: Zeitschrift für Ideengeschichte 11.2 (2017), S. 29–44.
Zanetti, Sandro: Avantgardismus der Greise? Spätwerke und ihre Poetik. München 2012.
Zuckerman Unsound? A Roundtable Discussion on Philip Roth's „Exit Ghost". Transcribed and Edited by Derek Parker Royal. In: Philip Roth Studies 5.1 (2009), S. 7–34.

Ausblick

ANNETTE GILBERT

Die Zukünfte des Werks: Kleiner Abriss der Gegenwartsliteratur mit Blick auf die Werkdebatte von Morgen

Der folgende Abriss stellt notwendig eine schlaglichtartige Momentaufnahme dar: Er kann das Spektrum literarischer Artefakte und Praktiken ebenso wie die veränderten medialen und technischen Konstellationen und die jüngsten diskursiven, kulturellen und ökonomischen Umbrüche nur andeuten. Die Beobachtungen geben dennoch Tendenzen und Umrisse der zukünftigen Spielräume der Literatur zu erkennen, die in ihren vielfältigen Implikationen für die literarische Werktheorie und -praxis vorgestellt werden. Zugleich lassen sie die Friktionen hervortreten, die zwangsläufig entstehen, wenn neue Artefakte, Praktiken und (Kultur-)Techniken aufkommen und das Zusammenspiel mehrerer „‚Praktiken-im-Zusammenhang'" neu justiert werden muss.[1] Eröffnet wird so ein Ausblick auf mögliche zukünftige Forschungsperspektiven zum literarischen Werk im Schnittfeld von literarischen, philologischen, medialen, bibliothekarischen und juristischen Praktiken und Diskursen.

1. Literarische (Post-)Produktion in „a culture of use"

Wie viele andere Bereiche des Lebens steht auch die Literatur der Gegenwart unter dem Druck der Überflussgesellschaft, was neue Strategien der künstlerischen Produktion und Bedeutungserzeugung erforderlich macht.

---

[1] Jaeggi: Kritik, S. 104. Rahel Jaeggi führt aus: „Einzelne soziale Praktiken haben also *Voraussetzungen* in anderen Praktiken, und sie bieten *Anschlüsse* für weitere Praktiken. Praktiken sind somit vernetzt mit vielfältigen anderen Praktiken und Einstellungen, in deren Zusammenhang sie ihre spezifische Funktion und Bedeutung erst gewinnen." Ebd., S. 103 [Herv. i. O.] – Die folgenden Ausführungen stützen sich auf Gilbert: Winkel und Dies. (Hg.): Reprint.

Die entscheidende Frage lautet nicht mehr: „,what can we make that is new?' but ‚how can we make do with what we have?'"² Eine direkte Folge dieser „culture of use" ist die Zunahme von Werken, die auf der Basis bereits existierender Werke entstehen: „The material they [the artists, A. G.] manipulate is no longer *primary*. It is no longer a matter of elaborating a form on the basis of a raw material but working with objects that are already in circulation on the cultural market, which is to say, objects already *informed* by other objects."³ Nicholas Bourriaud hat diese Entwicklung, die er mit den 1990er Jahren ansetzt und in der Nachfolge von Moderne und Postmoderne sieht, unter den Begriff der Postproduktion gefasst. Das Präfix ‚post-' bezieht sich dabei auf eine Form der künstlerischen Produktion, die der Produktion im primären Sektor (der sogenannten Urproduktion) nachgelagert ist.

Nun bildete die Erkenntnis, dass „im Bereich der Kultur der Rückgriff auf einen wie auch immer gearteten Naturzustand logisch unmöglich" ist,⁴ natürlich bereits den Grundpfeiler der postmodernen und poststrukturalistischen Theorie seit den 1970er Jahren. Sie hat sich in den letzten Jahren allerdings enorm radikalisiert, wofür Felix Stalder drei Hauptgründe sieht:

> Erstens hat sie die Standardmethode der Kulturproduktion verändert. Galt einst der Autor in seiner Stube, der vor dem leeren Blatt sitzt (das Nichts), mit sich ringt (der Wille)[,] um danach das Blatt mit seinen Gedanken zu füllen (die Schöpfung), als das paradigmatische Modell künstlerischer Arbeit […,] so ist dieses Bild merklich in den Hintergrund getreten. […] Zweitens, der Kreis der Kulturproduzenten hat sich enorm verbreitert. […] Drittens sind wir heute mit immer weniger „Natur" und immer mehr „Kultur" konfrontiert.⁵

Auch in der Literatur hat sich in Antwort auf die ins Unermessliche gestiegene Zahl bereits vorhandener und verfügbarer Texte eine Form literarischer Ökologie herausgebildet, die mit der dezidierten Absage an jede Art genuiner, d. h. primärer Textproduktion im Sinne einer vom leeren, weißen Blatt Papier ausgehenden *creatio ex nihilo* einhergeht. So macht sich etwa der amerikanische Dichter Kenneth Goldsmith leicht abgewandelt einen Ausspruch des Konzeptkünstlers Douglas Huebler zu eigen: „The world is full of texts, more or less interesting; I do not wish to add any more."⁶

---

2 Bourriaud: Postproduction, S. 17.
3 Ebd., S. 19 und 13 [Herv. i. O.].
4 Stalder: Autorschaft, S. 100 f.
5 Ebd., S. 102 f.
6 Goldsmith: Writing, S. 1. Bei Huebler hieß es: „the world is full of objects, more or less interesting; I do not wish to add any more." Huebler: o.T., S. 117. – Die Rechnung stimmt jedoch nur bedingt, denn im Bereich der Literatur führt die Weiterverarbeitung existierender Texte und Werke zwar zu neuen Werken, jedoch ohne dass dabei die

Stattdessen gelte es, „to negotiate the vast quantity [of texts and works, A. G.] that exists. How I make my way through this thicket of information – how I manage it, how I parse it, how I organize and distribute it – is what distinguishes my writing from yours."[7] Vor diesem Hintergrund bilden sich unorthodoxe literarische Schreibweisen der Wiederverwendung und Weiterverarbeitung heraus, die Goldsmith unter dem Oberbegriff „*regestures*" subsumiert.[8] Sie gründen auf einem neuartigen Zugang zu Texten und zur Textualität, erzwingen ein neues Konzept von Originalität und Kreativität und bewirken zwangsläufig auch „a profound transformation of the status of the work of art".[9]

1.1 Iteration

Die verbreitetsten künstlerischen Strategien der Wiederverwertung sind wohl die Aneignung, Kopie und Wiederholung, die in der bildenden Kunst spätestens mit Pop Art und Appropriation Art „gleichsam ins Repertoire eingegangen, […] künstlerischer Standard geworden" sind.[10] Dass sie inzwischen auch in der Literatur weit verbreitet sind, lässt Kaja Marczewska von einem „contemporary Iterative Turn" sprechen.[11] Maßgeblich befördert wurde dies nicht zuletzt von der digitalen Allverfügbarkeit von Texten und den neuen Techniken der digitalen Textverarbeitung, die die Voraussetzung für das mühelose und sekundenschnelle Kopieren und Bearbeiten großer Textmengen bilden. Streng genommen stellen diese iterativen Schreibweisen, die im Extremfall einen Text oder ein Werk vollständig und unverändert übernehmen, allerdings nur eine radikale Fortführung grundständiger literarischer Verfahren und Gattungen wie Zitat, Collage, Cut up, Parodie oder Cento dar, die gewöhnlich unter dem Label der Intertextualität oder der Literatur auf zweiter Stufe diskutiert werden: Hier wie dort „wird bereits mit Bedeutung versehenes Material – im Unterschied zu sogenanntem Rohmaterial – verwendet, um neue Bedeutung zu schaffen."[12] Bourriaud bezeichnet die „postproduction artists" in diesem Zusammenhang als „‚semionauts' who produce original pathways through

---

bestehenden Werke ‚verbraucht' würden. Die Summe aller Werke wächst also weiterhin.
7 Goldsmith: Writing, S. 1.
8 Ebd., S. 139 [Herv. i. O.].
9 Bourriaud: Postproduction, S. 20
10 Buss/Graw/Krümmel: Vorwort, S. 4.
11 Marczewska: Turn, S. 17.
12 Stalder: Kultur, S. 97.

signs."[13] In der Tat eröffnen wiederholende und appropriierende Schreibverfahren „[s]elbstgenerierte Referenz- und Handlungsräume", in denen es den Autor/innen möglich ist,

> sich zu objektivieren, indem sie sich explizit in eine historisch-gesellschaftliche Perspektive rücken und zugleich den historisch-gesellschaftlichen Kontext subjektivieren, indem sie sich die Freiheit nehmen, ihre Referenzen selbst auszuwählen und zu arrangieren.[14]

Praktiziert wird dabei allerdings nicht selten eine Form der Geschichtsschreibung, die in der literarischen Werkhermeneutik bisher überwiegend problematisiert wurde. So beschreibt Sherrie Levine, Appropriation Artist der ersten Stunde, ihre künstlerische Arbeitsweise wie folgt:

> One of my main strategies has been to put one image on top of another, hopefully creating an interesting gap between the original and the new one. This allegorical procedure seems to me a good method to produce a model of historical movement, a sort of history of influence.[15]

Die Einflussgeschichte, die Levine dergestalt auch in *gustave flaubert. un cœur simple* (1990), einer wortgleichen Wiederholung von Flauberts berühmter Erzählung unter ihrem Namen, zu schreiben versucht, kehrt jedoch die gewöhnliche Richtung der Geschichtsschreibung um: Es geht ihr weniger um die Abhängigkeit des eigenen Werks von dem des Vorgängers als darum, dass dieses Vorgängige aufgrund ihrer Intervention ab sofort nur noch vermittelt, durch das Nachgängige hindurch, wahrgenommen werden kann. So tritt in *gustave flaubert. un cœur simple* z. B. Flauberts historisch und männlich geprägter Blick deutlich hervor, und auch seine Erzählung kommt inhaltlich neu zur Geltung, etwa im Leitmotiv der Wiederholung, das den Papagei Loulou, der die Wiederholung bereits im Namen trägt, zur zentralen Figur erhebt. Wie einst Jorge Luis Borges' Pierre Menard mit seinem *Don Quijote* „die abgestandene und rudimentäre Kunst des Lesens bereicher[n]" wollte,[16] so will auch Levine – allein kraft Wiederholung und Neurahmung – die gegebenen Werke einer kritischen Relektüre unterwerfen und sie in Entsprechung zur „Borgesian notion of the present enriching the past" mit einer neuen Bedeutungsschicht versehen.[17]

---

13 Bourriaud: Postproduction, S. 18.
14 Stalder: Kultur, S. 155.
15 Levine: Born, S. 128.
16 Borges: Menard, S. 45.
17 Levine in Buskirk: Interviews, S. 180. In diesem Sinn interpretiert auch Howard Singerman entsprechende Äußerungen der Künstlerin: „Increasingly, the artist attempts to rewrite art history as such, to quite consciously recast it – which is what I take Levine to mean by her closing remark to the Getty seminar: ‚I have the same relationship to

Statt einer linearen, in die Zukunft gerichteten Kunst- und Literaturgeschichte, in der das Vergangene die Zukunft prägt und *vor*schreibt, wird hier also eine Form der Geschichtsschreibung entworfen, in der das Spätere das Vergangene *um*schreibt. In der literarischen Hermeneutik wird diese Idee einer „preposterous history" bisher überwiegend abgelehnt,[18] wie Carlos Spoerhase konstatiert: „Interpretamente, die zur Zeit der Entstehung und ersten Rezeption des Werks nicht verfügbar waren, seien anachronistisch; bei der Interpretation eines Werks seien sie deshalb nicht zu berücksichtigen."[19] Einen prominenten Fürsprecher findet Levines Konzept der ‚verkehrten' Einflussgeschichte jedoch in T. S. Eliot, der in *Tradition and the Individual Talent* argumentiert:

> what happens when a new work of art is created is something that happens simultaneously to all the works of art which preceded it. [...] and so the relations, proportions, values of each work of art toward the whole are readjusted; and this is conformity between the old and the new. Whoever has approved this idea of order [...] will not find it preposterous that the past should be altered by the present as much as the present is directed by the past.[20]

In der Kunstgeschichte ist diese Lesart bereits mehrfach aufgegriffen und untermauert worden, etwa durch Mieke Bal, die postuliert: „the work performed by later images obliterates the older images as they were before that intervention and creates new versions of old images instead."[21] Diese Position vertritt auch Michael Baxandall in seinen Überlegungen wider den Einfluss: „‚Influence' is a curse of art criticism primarily because of its wrong-headed grammatical prejudice about who is the agent and who the patient: it seems to reverse the active/passive relation which the historical actor experiences [...]."[22]

Problematisch für die gegenwärtige Werktheorie und -praxis sind Appropriationen dieser Couleur jedoch nicht nur aus hermeneutischer Sicht, sondern auch in Hinsicht auf die Feststellung der Werkidentität und die Werkzuschreibung, insbesondere in jenen Fällen, in denen es Autor/innen

---

van Gogh as Pierre Menard had to Miguel de Cervantes, that is to say, I have influenced him.'" Singerman: Art, S. 115.
18 Bal: Caravaggio, S. 7 [Herv. gelöscht, A. G.].
19 Spoerhase: Werk, S. 308 f. So lautet bspw. Jerrold Levinsons entschiedenes Diktum: „the future, I suggest, is rightly left aside in understanding the artistic past." Levinson: Music, S. 195.
20 Eliot: Tradition, S. 38 f. [Herv. i. O.].
21 Bal: Caravaggio, S. 1. Sie definiert: „This reversal, which puts what came chronologically first (‚pre-') as an aftereffect behind (‚post') its later recycling, is what I would like to call a *preposterous history*." Ebd., 6 f. [Herv. i. O.].
22 Baxandall: Patterns, S. 58 f.

wie Levine bewusst auf eine möglichst infradünne Differenz im „almost-same" anlegen:[23] „Levine's work consists, then, only in its plausible sameness and its tiny difference".[24] Neu verhandelt werden muss in diesen Zusammenhängen das Verhältnis von Text und Werk, das maßgeblich die Identifizierung und Identität von literarischen Werken bestimmt. Eine intrikate Frage dabei lautet: Können zwei Wort für Wort identische Texte zwei verschiedene literarische Werke sein?[25] Bisher wurde sie rein hypothetisch vorrangig am Beispiel des berühmten Gedankenexperiments verhandelt, das Jorge Luis Borges in seiner Erzählung „Pierre Menard, Autor des *Quijote*" (1939) entwirft. Mit der Appropriation Literature, die Borges' Vision in die Tat umsetzt,[26] verliert die Debatte, die bisher von den beiden Antipoden Nelson Goodman und Arthur C. Danto bestimmt war, ihren spekulativen Charakter. Goodman argumentierte von der allographischen Natur der Literatur her: Sofern die „Selbigkeit des Buchstabierens" gegeben sei, müssten alle Inskriptionen eines Textes als Einzelfälle ein und desselben Werks gelten.[27] Nach dieser Lesart ist Menards *Don Quijote* kein neues Werk, sondern nur eine weitere Inskription von Cervantes' Werk wie jede andere textidentische *Don Quijote*-Ausgabe auch: „Daß ich *Don Quijote* nicht gelesen haben soll, wenn mein Exemplar zwar in allen Einzelheiten korrekt buchstabiert, zufällig aber im Jahre 1500 von einem verrückten Drucker oder im Jahre 1976 von einem verrückten Computer hergestellt worden ist, scheint mir völlig unhaltbar zu sein."[28] Arthur C. Danto hingegen argumentierte, dass es sich um zwei verschiedene Werke handle, wenn die zwei fraglichen Texte einer je anderen historischen Situation und somit einem je anderen Kontext entstammen: „ein Exemplar von Cervan-

---

23 Levine in Buskirk: Interviews, S. 178. Marcel Duchamp beschreibt mit dem Begriff des Infradünnen den minimalen Unterschied zwischen ununterscheidbaren Serienprodukten: „La différence (dimensionnelle) entre 2 objets faits en série [sortis du même moule] est un infra mince quand le maximum (?) de précision est obtenu." („Der Unterschied (in den Abmessungen) zweier Objekte einer Serie [die derselben Druckform entstammen] ist hauchdünn, wenn mit größtmöglicher (?) Präzision vorgegangen wird.") Duchamp: Notes, S. 24 [runde und eckige Klammern i.O., eig. Übers.].
24 Singerman: Seeing, S. 86.
25 In der theoretischen Diskussion wird diese Konstellation (ein Text, mehrere Werke) als eine von zwei möglichen Asymmetrien im Verhältnis von Text und Werk behandelt. Vgl. Spoerhase: Werk, S. 290–295. Zur zweiten Asymmetrie (mehrere Texte, ein Werk) vgl. das Beispiel von Nanni Balestrinis *Tristano* unten, Kap. 4.2.
26 Levines Flaubert-Buch kann als Verwirklichung des fiktiven Menard'schen Projekts gelten, das die Künstlerin häufig als Referenz zitiert: „Ich glaube, mein Projekt ist ähnlich dem von Menard." Levine in Smolik: Absicht, S. 291.
27 Goodman: Sprachen, S. 115 [Herv. gelöscht, A. G.].
28 Goodman: Denken, S. 200 f.

tes' Werk und ein Exemplar von Menards Werk sind Exemplare von verschiedenen Werken, obwohl sie sich ebensosehr gleichen, wie Paare von Exemplaren desselben Werks."[29] Appropriationen können ihren Vorlagen also Wort für Wort entsprechen und doch etwas Anderes sein: ein durch die veränderten Kontexte und Rahmungen von der Vorlage unterschiedenes, je anders bedeutendes, eigenständiges Werk – eine Erkenntnis, die dem oben genannten Bemühen um literarische Ökologie auf ideale Weise entgegenkommt und im Conceptual Writing bereits zur Maxime geworden ist: „We don't need the new sentence. The old sentence reframed is good enough."[30]

Allerdings stoßen diese Werkstatus reklamierenden literarischen Experimente (noch) nicht durchgehend auf Akzeptanz, wie etwa die urheberrechtliche Diskussion zeigt.[31] Auch der institutionelle Umgang mit diesen Werken lässt erkennen, dass man verschiedener Ansicht darüber sein kann, ob Levines *gustave flaubert. un cœur simple* in den Regalen einer Bibliothek unter ‚F' (wie Flaubert) oder unter ‚L' (wie Levine) zu finden sein sollte. Die uneinheitliche bibliographische Verzeichnung in den deutschen Bibliothekskatalogen, wo Levine mal als „Autorin" (bzw. „Verfasser" oder „Urheber"), mal als „Mitautorin", „Sonstige Beteiligte", „Herausgeberin" oder „Gestalterin" erfasst ist,[32] weist darauf hin, dass bei der Titelaufnahme das laut Regelwerk anzuwendende „Autopsie- und Vorlagenprinzip" mehrfach verletzt und durch wertende Entscheidungen ergänzt wurde.[33] Dadurch tritt en passant zutage, wie sehr unser Umgang mit literarischen Werken von Wertzuschreibungen und Normvorstellungen grundiert ist: Schon die bloße Zuordnung eines Werks zu einem Autornamen ist kein voraussetzungsloser, rein „klassifikatorische[r] Akt".[34] Bereits der Feststellung der Werkidentität literarischer Werke eignet somit unvermeidlich ein interpretatives, wertendes Moment, weshalb literarische Werke letztlich „nur kraft eines spezifischen evaluativen Konsenses das sind, was sie sind."[35]

---

29 Danto: Verklärung, S. 64.
30 Goldsmith: Theory, o.S.
31 Vgl. die Simulation einer Gerichtsverhandlung über diverse Werke dieser Art in Bently u. a.: Courtroom.
32 Vgl. ausführlich in Gilbert: Winkel, S. 252–254; erstmals dazu vgl. Ramtke: Begleitschutz, S. 108.
33 Steinhauer: Regelwerke (in diesem Band). Steinhauer führt aus: „Von zentraler Bedeutung für die Katalogisierung ist die Manifestation, die in Gestalt konkreter Exemplare vorliegt und der die wesentlichen Angaben für die Titelaufnahme entnommen werden." Ebd.
34 Schmücker: Kunstwerke, S. 158.
35 Ebd., S. 174. Vgl. auch: „Identity criteria in general, and those pertaining to works of art in particular, *presuppose* evaluation." Zemach: Identification, S. 239 [Herv. i. O.].

1.2 (Werk-)Bearbeitung

Auch wenn Sherrie Levine in den deutschen Bibliothekskatalogen derzeit noch überwiegend nur als Herausgeberin, Gestalterin oder dergleichen geführt wird, ist damit nicht gesagt, dass man ihr nicht doch früher oder später die Vollautorschaft zuerkennen muss. Dies könnte auch dadurch befördert werden, dass es zunehmend auch im streng hierarchischen – sogar juristisch kodifizierten und im bibliographischen Regelwerk niedergelegten – Verhältnis zwischen Werk und Bearbeitung zu Verwerfungen kommt: Während Übersetzungen, Gestaltungen, Herausgeberschaften, Pre- und Sequels, Spin-offs usw. bis dato gemeinhin (nur) als *Derivate* eines Werks galten, deklarieren inzwischen immer mehr Autor/innen ihre Bearbeitung zum vollwertigen, eigenständigen Werk, „das auf derselben Stufe steht wie das verwendete Material" und ihrem ureigenen Œuvre zufällt.[36] Das betrifft z. B. Buchgestalter, Herausgeber, Übersetzer und Verleger, die nach gängigen Maßstäben im Dienste des Originals tätig sein, also hinter das Ausgangswerk zurücktreten sollten, aber zunehmend an Selbstbewusstsein gewinnen. So meldet bspw. der kanadische Dichter Eric Zboya volle Autorschaftsansprüche für seine typographische Bearbeitung von Stéphane Mallarmés *Un coup de dés* an. Unter dem Titel *Un Coup de Dés Jamais N'Abolira le Hasard. Translations in Higher Dimensions* (2011) will er der revolutionären, spezifisch räumlichen Dimension dieser Ikone moderner Literatur endlich gerecht werden und mit seinen typographischen Gestaltungslösungen „textbasierte Räume" schaffen, in denen die Wörter z. B. mittels stereoskopischer farbanaglyphischer Darstellung „wie Textskulpturen im Raum [über dem Papier] schweben".[37] Es handelt sich also eigentlich um eine Art inszenierter Typographie, wie man sie etwa von Robert Massins Gestaltung von Eugène Ionescos *La chantatrice chauve* (1964) kennt, nur dass Zboya im Gegensatz zu Massin seine typographische Bearbeitung als selbständiges Werk unter seiner Autorschaft begreift und ausweist.[38]

Ähnlich firmiert die Serie *Phantoms (H__RT _F D_RKN_SS)* (2011) mit großer Selbstverständlichkeit unter der Autorschaft von Stephanie Syjuco, obwohl es sich ‚nur' um eine Art Herausgeberschaft des Romans *Heart of Darkness* von Joseph Conrad handelt. Die „re-editioned texts" basieren auf

---

[36] Stalder: Kultur, S. 97. Eine umfassende medienhistorische Untersuchung zur Frage, wann (welchen) Bearbeiter/innen eines Werks (Mit-/Voll-)Autorschaft bzw. wann (welchen) Bearbeitungen autonomer Werkstatus zugeschrieben wurde/wird, steht noch aus.

[37] Zboya: Übersetzungen, S. 230.

[38] Hier wiederholt sich die oben angesprochene Asymmetrie im Verhältnis von Text und Werk (ein Text, mehrere Werke).

gemeinfreien digital(isiert)en Fassungen des Romans, die Syjuco aus dem Internet herunterlädt, automatisiert in den immer gleichen ‚Behälter' eines Taschenbuchs gießt und so in die Buchform rücküberführt.[39] Der korrumpierte Titel H__RT _F D_RKN_SS deutet bereits die Gefahr solch automatisiert ablaufender Prozesse an: Die Texte sind voller Scanfehler, unformatiert, falsch oder gänzlich ungegliedert, mit Links und Werbung durchsetzt, von Rechtehinweisen umstellt.[40]

Noch provokanter mag die Anmaßung von Alleinautorschaft und Werkstatus im Fall von Übersetzungen wirken, für die noch immer das Ideal der ‚Unsichtbarkeit des Übersetzers' gilt:[41] Ziel einer Übersetzung ist es nach noch immer weitverbreiteter Überzeugung, „das Originalwerk [...] zu erhalten, zu erfassen und zu vermitteln, keinesfalls aber, ein neues Werk zu schaffen, das keinen Vorgänger hat; das Ziel der Übersetzung ist reproduktiv".[42] Zwar eignet dem Übersetzen unstrittig ein schöpferisches Moment, was es durchaus „in die Nähe eines Spezialfalls der originalen Textproduktion rückt",[43] der die notwendige Schöpfungshöhe aufweist, um im Sinne des Urheberrechts als originales Werk gelten und somit seinerseits urheberrechtlichen Schutz genießen zu können. Doch bleibt die Übersetzung als ‚Bearbeitung', ‚derivative work' bzw. ‚Werk zweiter Hand' (so die Begriffe im deutschen, amerikanischen und schweizerischen Urheberrecht) per definitionem unauflöslich auf den Ausgangstext, das ‚Originalwerk', bezogen, dessen urheberrechtlicher Schutz vorgängig ist, da urheberrechtlich geschützte Werke grundsätzlich nicht ohne die Erlaubnis des Urhebers bzw. der nachfolgenden Rechteinhaber übersetzt (oder allgemeiner: bearbeitet) werden dürfen.[44]

---

39 Syjuco: enotes, Schmutztitel. Vgl. außerdem Dies.: Phantoms.
40 Aufgeworfen wird so en passant die alte Frage, bei wie vielen bzw. bei welcher Art von Fehlern es sich nicht mehr nur um akzidentelle, sondern um substantielle Veränderungen des Textes handelt, die seine Zuordnung zu einem bestimmten Werk fraglich werden lassen. Vgl. Urbich: Ästhetik, S. 55.
41 Im Idealfall soll der Eindruck entstehen, „that the translation is not in fact a translation, but the ‚original'": „the translator works to make his or her work ‚invisible', producing the illusory effect of transparency that simultaneously masks its status as an illusion: the translated text seems ‚natural', i.e., not translated." Venuti: Invisibility, S. 1 und 5.
42 Levý: Übersetzung, S. 65 f.
43 Apel/Kopetzki: Übersetzung, S. 5 f. Jiří Levý unterscheidet in diesem Zusammenhang zwischen original schöpferischem Prozess, dem Übersetzen, und reproduktivem Produkt, der Übersetzung: „Die Übersetzung als Werk ist eine künstlerische Reproduktion, das Übersetzen als Vorgang ein originales Schaffen, die Übersetzung als Kunstgattung ein Grenzfall an der Scheide zwischen reproduzierender und original schöpfender Kunst." Levý: Übersetzung, S. 66.
44 Vgl. UrhG § 3; US Copyright Act von 1976, Abs. 101 und Urheberrechtsgesetz (URG) Art. 3. Im Berner Übereinkommen zum Schutz von Werken der Literatur und Kunst

Ungeachtet dessen erheben auch Übersetzungen immer öfter Anspruch auf den Status als eigenständiges, originales Werk. So geben sich etwa Nick Davies' *Rol&> BRtZ. d PlsUR ov d Txt* (2011) und David Jourdans *Th' Life an' Opinions of Tristram Shan'y, Juntleman, as enny fool kin plainly see* (2007) zwar demonstrativ als Übersetzungen zu erkennen – zum einen von Roland Barthes' Essay „Die Lust am Text" in den kreativ-verspielten SMS-Slang Textese, zum anderen von Laurence Sternes *Tristram Shandy* in einen fiktiven hinterwäldlerischen amerikanischen Dialekt.[45] Zugleich werden beide Texte von ihren Übersetzern über die Paratexte unmissverständlich als autonome Werke eigenen Rechts präsentiert, für die sie ganz selbstverständlich Autorschaftsansprüche im vollen Sinn erheben, was man bisher allenfalls vom Genre der Translationsfiktion und homophonen Übersetzung kannte.[46] Erinnert sei etwa an Ernst Jandls „oberflächenübersetzung" (1964) nach William Wordsworth, die mit großer Selbstverständlichkeit in seinem eigenen Gedichtband abgedruckt ist, oder die mehrfache, mal homophone, mal semantische, Hin- und Herübersetzung eines Hölderlin-Gedichts in *Am Quell der Donau* (1998), bei der die Lyriker Friedrich Hölderlin, Schuldt und Robert Kelly als gleichrangige Autoren aufgeführt werden.[47]

In dieser Tradition stehen auch maschinell erzeugte Fehlübersetzungen, die einer Poetik des Fehlers folgen und gleichfalls als eigenständige Werke zu lesen gegeben werden. So dokumentiert Gareth Long in *Don Quixote* (2006), was ein Spracherkennungsprogramm aufzeichnet, wenn ihm ein (englischsprachiges) Hörbuch von *Don Quixote* vorgespielt wird. Entstanden ist dabei ein absatzloser, atemloser Text, in dem der Name Don Quixote kein einziges Mal auftaucht, dafür aber erstaunlich viele Esel („donkey forte" und „donkey vote") mitspielen, die die Software zu erkennen glaubte.[48] Auch Hannes Bajohrs „maschinensprache"-Gedichte dokumentieren

---

(RBÜ) von 1971 heißt es in Artikel 2 Abs. 3: „Den gleichen Schutz wie Originalwerke genießen, unbeschadet der Rechte des Urhebers des Originalwerks, die Übersetzungen, Bearbeitungen, musikalischen Arrangements und andere Umarbeitungen eines Werkes der Literatur oder Kunst."

45 DAvEz: BRtZ und Jourdan: Life.
46 Vgl. Babel: Translationsfiktionen. Verweisen ließe sich in diesem Zusammenhang auch auf das Phänomen von Rückübersetzungen, bei denen der Fakt, dass die Übersetzung in die Originalsprache rückübersetzt wurde, als Beweis für die Eigenständigkeit der Übersetzung gelten kann. Beispielhaft ließe sich Antonin Artauds *Le Moine, de Lewis, raconté par A. A.* von 1931, eine ‚Übersetzung' von Matthew Gregory Lewis' Schauerroman *The Monk* von 1796, anführen, die in Artauds *Œuvres complètes* geführt wird. Sie wurde 2003 ins Englische rückübersetzt und unter Artauds Namen veröffentlicht.
47 Vgl. Jandl: oberflächenübersetzung, S. 51 sowie Schuldt/Kelly/Hölderlin: Donau.
48 Vgl. Long: Don Quixote.

die Verluste, die mit automatischer Sprach- und Zeichenerkennung einhergehen, und die Gewalt, die Texten angetan wird, wenn sie „durch die Augen und Ohren der Maschine" gehen, wobei „deren Missverstehen als Quelle plötzlichen Sinns dient."[49]

In all diesen Fällen scheint für die Entscheidung über den Werkstatus der jeweiligen Übersetzung, Gestaltung, Herausgabe etc. die entsprechende paratextuell markierte, kategoriale Setzung seitens der ‚Autor/innen-Bearbeiter/innen' ausschlaggebend zu sein, deren zunehmende Bedeutung für die Konstitution und Identifizierung eines Werks bisher v. a. mit Blick auf die bildende Kunst unter dem Schlagwort ‚artist's sanction' diskutiert worden ist.[50] Dass Künstler/innen die Bedingungen für die Instantiierung, Realisierung und Kategorisierung ihrer Werke sowie deren konstitutive Eigenschaften individuell festzulegen suchen, ist insbesondere in der jüngeren Kunstgeschichte werkpolitisch von Relevanz. In der älteren Kunst und Literatur hingegen sind die Regeln im Umgang mit den Werken inzwischen hochgradig konventionalisiert, so dass sie kaum noch der Vermittlung bedürfen: „The strength of the conventions with respect to traditional artworks, and the ease with which we tend to apply many of them, has obscured the degree to which the artist's sanction plays a role in making the artwork what it is."[51] Amie L. Thomasson folgt dieser Lesart:

> in cases of traditional painting, it seems, nothing needs to be said; our background practices do all the work in fixing which features are and are not part of the work (the front but not the back is to be viewed, the painting degrades to the extent that the visible markings on its front surface do, and so forth).[52]

Bei innovativen Werkformen hingegen, die nicht auf eingespielte Praktiken vertrauen können oder sich explizit von diesen lossagen und eigene Regeln aufstellen, scheint es, „that the essential and inessential features and survival conditions for the work often have to be explicitly stipulated."[53] Andernfalls sei im Extremfall das Werk als solches nicht erkennbar: „information about the [artist's, A. G.] sanction is often critical to the apprehension of a contemporary work. Looking at formal artist statements and other evidence of an artist's actions and communications is [...] something every

---

49 Bajohr: Halbzeug, S. 105. So hat Bajohr für „Reconnais-toi" einen Scan von Guillaume Apollinaires gleichnamigem handschriftlichen Kalligramm der optischen Zeichenerkennung (OCR) unterzogen, was ein unleserliches Zeichengewirr zur Folge hat, das nun als eigenständiges visuelles Gedicht unter Bajohrs Autorschaft firmiert. Ebd., S. 75.
50 Vgl. Irvin: Sanction.
51 Ebd., S. 323.
52 Thomasson: Innovation, S. 124.
53 Ebd., S. 124 f.

viewer may need to do just to be able to ‚see' the work at all."⁵⁴ In den oben beschriebenen Fällen von Werkbearbeitungen, die sich nicht als Derivat, sondern als Werk eigenen Rechts verstehen, sind es in aller Regel die Paratexte, über die die Autor/innen deutlich ihre Werkintention manifestieren. Damit behauptet sich einmal mehr die Autorschaft als primärer Faktor bei der Konstitution des Werks einschließlich der Festlegung seiner Grenzen und Eigenschaften. Allerdings ist diese Form der ‚Werkintention', versteht man sie als *kategoriale* auktoriale Setzung, von der ‚Autorintention' zu unterscheiden, auf die etwa in der Hermeneutik oder Editionsphilologie rekurriert wird:

> An author's intention to *mean* something by a text T (a semantic intention) is one thing, whereas an author's intention that T be *classified* or *taken* in some specific or general way (a categorical intention) is quite another. Categorial intentions involve the maker's framing and positioning of his product vis-à-vis his projected audience; they involve the maker's conception of what he has produced and what it is for, on a rather basic level; they govern not what a work is to mean but how it is to be fundamentally conceived or approached.⁵⁵

1.3 Verlegen

Eine weitere Strategie im Zeichen der literarischen Postproduktion besteht darin, Prozesse, die bis dato der kreativ-schöpferischen Textproduktion nachgelagert waren und als klassische Postproduktion den Verlagen oblagen, nun dem Gestaltungs- und Verantwortungsbereich der Autor/innen zuzuschlagen. Der britische Autor und Literaturwissenschaftler Nick Thurston beschreibt diese Erweiterung des auktorialen Tätigkeitsspektrums mit der Formel „reproduction-as-production".⁵⁶ Sie bildet das Gegenmodell

---

54 Irvin: Sanction, S. 320.
55 Levinson: Pleasures, S. 188 [Herv. i. O.]. Rockenberger und Röcken greifen Levinsons Vorschlag auf und verbuchen unter den produktionsseitigen kommunikativen Absichten u. a. „die *kategoriale Absicht*, dem Rezipienten die generische Klassifikation eines Artefakts nahezulegen". Rockenberger/Röcken: Text, S. 34 [Herv. i. O.]. – Generell bereitet die genaue Bestimmung der (Werk-)Intention allerdings theoretisch wie praktisch Schwierigkeiten. So vermerkt Martin Kölbel, dass sich eine Intention zwar „gut behaupten läßt", aber „eine schwierige begriffliche Klärung [fordert]. Wem ist die intentionale Struktur zuzuschreiben: dem Rezipienten [...], dem Produzenten [...] oder dem Werk selbst [...]? Und wie ist sie verifizierbar: anhand der Selbstaussagen des Autors oder des überlieferten Materials?" Kölbel: Werk, S. 41 f.
56 Thurston: Publishing, S. 423. Zugleich fängt die Formel „reproduction-as-production" all jene oben beschriebenen zitierenden und appropriierenden Arbeitsweisen ein, bei denen die zu publizierenden Inhalte nicht mehr originär erschaffen (= „production"), sondern aus vorhandenen Quellen übernommen und kopiert werden (= „reproduction").

zur üblichen Arbeitsteilung im Buchgewerbe, die Roger Chartier in das bekannte Diktum gekleidet hat: „Autoren schreiben keine Bücher: nein, sie schreiben Texte, die zu gedruckten Objekten werden."[57] Diesem althergebrachten Modell von „production-then-reproduction" entgegen arbeiten jene Autor/innen,[58] die „the specificities of reproduction *above or before* the conventionally assumed priority of conventional composition" setzen und sich im Extremfall ganz auf die Postproduktion verlegen.[59] Ein Beispiel dafür ist Aurélie Noury, die in ihren Éditions Lorem Ipsum das Verlegen selbst als literarische Produktionsmethode entdeckt. Für ihre Bücher, von denen sie keines selbst ‚geschrieben' habe, wie sie provokant verlauten lässt,[60] begibt sie sich auf die Suche nach jenen Fällen in der Literatur, wo fiktive literarische Werke bereits so erschöpfend beschrieben oder ausbuchstabiert werden, dass sie vollständig, quasi druckfertig vorliegen. Noury löst die bis dato unselbständigen Texte aus ihrem Erzählkontext und veröffentlicht sie neu als separate, autonome Bände unter der Autorschaft des jeweiligen fiktiven Schreibers. Zu ihrem Verlagsprogramm zählen so bspw. Pierre Ménards *El Ingenioso hidalgo Don Quijote de la Mancha* (2009) und Albert Savarus' *L'ambitieux par amour* (nach Honoré de Balzacs *Albert Savarus*, 2013). Ihre Bücher feiern das Verlegen „as an act of creation"[61] und machen so Ernst mit Thurstons Formel „reproduction-as-production".

1.4 Kuratieren

Dem Verlegen sehr nahe kommt das Kuratieren, das in den letzten Jahren im literarischen Feld gleichfalls erheblich an Relevanz gewonnen hat und vor dem Hintergrund des „curatorial paradigm" zu sehen ist, das unsere postindustrielle Konsumgesellschaft generell prägt: „the skill – or, if you will, the ‚art' – of choosing has become a cultural practice in its own right".[62] War es bisher v. a. das Ausstellungsbusiness der Museen und Galerien, in dem die kuratorische Praxis zuhause war und inzwischen sogar

---

57 Chartier: Lesewelten, S. 12.
58 Thurston: Publishing, S. 425.
59 Thurston: Responsibility [Herv., A. G.]. Vgl. auch Thurstons Anspruch, es den Autor/innen des Verlags information as material, an dem er selbst beteiligt ist, zu ermöglichen, „to write books rather than just texts". Thurston/Kivland: Reading, S. 151.
60 Vgl. Noury: Books.
61 Ebd., S. 72.
62 Hantelmann: Paradigm, S. 8. Zu den Parallelen zwischen Verlegen und Kuratieren vgl. Bhaskar: Content sowie Rosenthal/Ruffel: Introduction (2018).

selbst zur *künstlerischen* Tätigkeit aufsteigen konnte, begreifen und etikettieren nun auch im literarischen Feld immer mehr Akteure ihre literarische oder editorische Praxis als kuratorische. So postuliert etwa Kenneth Goldsmith: „Writers are becoming curators of language, a move similar to the emergence of the curator as artist in the visual arts."[63] Erschienen ist dieser Aphorismus ausgerechnet in einer Loseblattsammlung, die der Verlag bewirbt mit dem Slogan: „Curated by the author-poet […]."[64] In der Regel werden jedoch die Texte anderer Autor/innen kuratiert. So kompiliert Carolin Bergvall für ihr Gedicht „Via (48 Dante Variations)" (2003) alle in der British Library verfügbaren Übersetzungen des ersten Terzetts von Dantes *Commedia* in alphabetischer Reihenfolge; Cory Arcangel legt in *Working On My Novel* (2014) eine Sammlung von Tweets vor, die alle die Phrase „working on my novel" enthalten und von verschiedensten Schreibstrategien und -hindernissen Zeugnis ablegen, und Sampsa Nuotio and Raisa Omaheimo veröffentlichen in *Google Poetics* (2012–2015) ihnen zugesandte Found Poems aus den Autocomplete-Vorschlägen der Google-Suchfunktion.[65]

Kurator/innen im literarischen Feld lassen sich somit als Akteure beschreiben, „who mainly mediate, distribute, (re)present, publish, or exhibit in new contexts texts that have been produced by people other than themselves and who thereby create literary phenomena in the public."[66] Im Unterschied zu klassischen Herausgeber/innen oder Verleger/innen wirken Kurator/innen dabei allerdings nicht im Hintergrund: „Different mediators have always existed in the field of literature, […] but what is new is the visibility of these mediators." Wie in der Kunstwelt gilt zunehmend auch für literarische Kurator/innen, dass sie „not only make public others' texts but also seek publicity for their *own* practices, and thus accumulate and create cultural capital for themselves."[67] Dergestalt gelingt es ihnen, „a new artist-like identity" für sich selbst zu generieren und ihre ‚Kollektionen' als Werke eigenen Rechts in ihr eigenes Œuvre einzuschreiben.[68] Das kann leicht auf Kosten der kuratierten Autor/innen gehen, wie sich z. B. in *Google Poetics* andeutet, wo die Einsender der Found Poems nicht genannt werden.[69]

---

63 Goldsmith: Theory, o.S.
64 Goldsmith: Theory [Klappentext].
65 Vgl. Bergvall: Via, Arcangel: Working sowie Nuotio/Omaheimo: Poetics.
66 Kuusela: Publisher, S. 119 [Herv. gelöscht, A. G.].
67 Ebd. [Herv. i. O.].
68 Ebd., S. 123.
69 Die beiden Initiatoren begründen dies damit, dass letztlich Google die Gedichte verfasst habe: „Google writes poetry on subjects people are truly interested in." Nuotio/Omaheimo: Poetics. Negiert wird dabei sowohl der unverzichtbare Beitrag der Einsen-

Wie schnell „the relationship between the (multiple) producers of the text and the (individual) literary curator" ethisch fragwürdige Züge annehmen kann,[70] demonstriert Nick Thurston in seinem crowdgesourctem Gedichtband *Of the Subcontract, or, Principles of Poetic Right* (2013), der die prekären postindustriellen Arbeits- und Produktionsbedingungen der Gegenwart an sich selbst durchspielt: Alle Gedichte wurden von Thurston über die Amazon-Leiharbeiterplattform Mechanical Turk in Auftrag gegeben. Jedem ausgewählten Gedicht ist die Information beigeordnet, wie viel Arbeitszeit die namenlosen Zuarbeiter/innen investiert haben und welchen Preis zwischen 1 Cent und 1 Dollar Thurston dafür gezahlt hat.[71] Crowdsourcing wird so als eine neue Spielart von Kollektivität und Kollaboration im literarischen Feld in Szene gesetzt, der allerdings ein höchst problematisches (diskursives wie ökonomisches) Machtgefälle innewohnt. Wenn dies tatsächlich „realist poetry of the third industrial revolution" sein sollte,[72] wie Thurston behauptet, liegt die Dringlichkeit einer werkethischen Perspektive auf der Hand, die auch in Hinblick auf die anderen genannten Tendenzen der „culture of use" geboten scheint, bei denen Fremdes dem Eigenen eingeschrieben wird und Texte und Werke (zwangs-)kollektiviert werden.

Dass immer häufiger ethische Fragen in die Produktion und Bewertung literarischer Werke hineinspielen, zeigt sich auch an der gegenwärtig zu beobachtenden öffentlichen Neuverhandlung der literarischen Zitationspraxis. Bisher kannte die Literatur keine systematische Nachweispflicht für Zitate, Anleihen, Übernahmen etc. Das ändert sich gerade.[73] Intertextuellen Schreibweisen, die bis vor wenigen Jahrzehnten eine anerkannte und besonders im postmodernen Erzählen weit verbreitete ästhetische Strategie waren, wird in der Öffentlichkeit zunehmend Widerstand entgegengesetzt, wenn Autor/innen die Regeln von Respekt und Anstand im Umgang mit den Quellen missachten. Das betrifft insbesondere das Gebot der Fairness und der Reziprozität, das entgegen weit verbreiteter Vorurteile selbst im Kontext der Sharing-Kultur der Generation Internet noch Gewicht hat. Nicht der Rückgriff auf fremdes Textmaterial als solcher wird dabei als verwerflich empfunden. Das Ideologem der Intertextualitätstheorie, dass

---

der/innen zum Gesamtprojekt als auch der Anteil der ungezählten Google-Nutzer/innen, die mit ihren individuellen Suchanfragen die Autocomplete-Vorschläge überhaupt erst generieren.

70 Kuusela: Publisher, S. 130.
71 Vgl. Thurston: Subcontract.
72 Thurston: Status, S. 20.
73 Möglicherweise geschieht dies unter dem Eindruck der Plagiatsdebatten im wissenschaftlichen Feld.

wir immer nur in Zitaten sprechen und es in der Sprache und Literatur keine individuellen Besitztümer gibt, ist weithin akzeptiert, das Fremde am Eigenen gilt als unhintergehbare *conditio moderna*.[74] In den Augen der Öffentlichkeit diskreditieren sich jedoch jene Autor/innen, die eine gewisse Despektierlichkeit gegenüber ihren Quellen an den Tag legen und so allzu deutlich oder unreflektiert ihre diskursive Machtposition einsetzen – sei es durch den fehlenden Aus- und Nachweis von Zitaten und Übernahmen, was zunehmend als Irreführung des Publikums wie auch als mangelnder Respekt gegenüber den Autor/innen der benutzten Quellen gelesen wird, sei es durch die auffällige Ungleichbehandlung der verwendeten Quellen. Gerade bei schwachen Autorpositionen wie Blogger/innen oder Autorenkollektiven (z. B. Wikipedia) werden die etablierten Regeln im Umgang mit dem geistigen Eigentum anderer gern außer Kraft gesetzt.[75] Als Ergebnis der öffentlichen Dispute zeichnet sich ab, dass nach dem allgemeinen Rechts- und Moralempfinden die Nutzung fremder Textbestände in Zukunft auch in literarischen Werken transparent gemacht und mit ihrer deutlichen Auszeichnung und dem Nachweis ihrer Herkunft entgolten werden sollte. Neben einem klassischen Quellenverzeichnis bietet sich dafür insbesondere die Danksagung an, legt sie doch schon mit ihrer Bezeichnung genau jenes moralische Schuldverhältnis offen, das das Geben und Nehmen in der Literatur kennzeichnet. Die mit der Danksagung geschaffene Transparenz impliziert die Anerkennung dieses Schuldverhältnisses und zeigt „die Grenzen der Souveränität auf, mit welcher der Autor über sein Werk (als Eigentum) verfügt".[76]

---

74 Vgl. Theisohn: Plagiat, S. 469.
75 Als Beispiel angeführt werden kann Helene Hegemanns Erstling *Axolotl Roadkill* (2010), der wegen der unausgewiesenen Übernahmen von Fremdtext skandalisiert wurde. Wenig Beachtung fand bisher, dass die Autorin im Umgang mit Fremdtext eine deutliche Abstufung erkennen lässt, welche die Machtstrukturen im literarischen Feld spiegelt: Während der Blogger Airen nicht als Quelle genannt wird, wird David Foster Wallace direkt unter dem Zitat sowie im Impressum namentlich und mit Copyright-Nachweis gewürdigt (und möglicherweise vom Verlag auch monetär entlohnt), was zeigt, dass moralische Schuldverhältnisse im Bereich der schönen Künste auch juristisch kodifiziert und ökonomisch grundiert sein können. Kathy Acker hingegen findet an herausgehobener Stelle in der Danksagung Erwähnung, vermutlich weil ihr symbolisches Kapital einen Reputationsgewinn verspricht. Vgl. ausführlich Gilbert: Geben.
76 Binczek u. a.: Materie, S. 11. – Die Kehrseite der um sich greifenden Copy-and-Paste-Praxis ist die leichte Detektierbarkeit von Quellen im digitalen Zeitalter, die zur Ausbreitung einer rein positivistischen ‚Quellenforschung' geführt hat. Diese ist ethisch und ästhetisch mindestens ebenso problematisch, denn sie ufert nicht selten in ein wildes ‚Herbeizitieren' von Quellen in potentialis aus. Sie dient damit weniger dem Beleg und der Interpretation eines literarischen Beziehungsgeflechts denn vielmehr der trivialen Anzeige einer oberflächlichen Koinzidenz bestimmter Wortfolgen.

1.5 (Text-)Verarbeitung

Ausdruck der Postproduktion im literarischen Feld ist schließlich auch die (digitale) Textverarbeitung, in der literarische Ökologie und Digitalität zusammenfinden. Sie ist inzwischen von vielen Autor/innen als zeitgemäße Form effizienten Textmanagements entdeckt worden. So zeichnet etwa Kenneth Goldsmith seine Autorenbiographie folgendermaßen nach: „I used to be an artist; then I became a poet; then a writer. Now when asked, I simply refer to myself as a word processor."[77] Dabei geht das Einsatzpotential heutiger Textverarbeitungsprogramme über das bloße Erfassen, Kopieren und Setzen von Texten weit hinaus. Ästhetisch eingesetzt werden inzwischen auch die unzähligen Möglichkeiten des automatisierten Prozessierens von Texten, das Spektrum reicht vom Filtern und Durchsuchen eines Textes über das Auszählen, Sortieren und Vergleichen bis hin zum Zusammenfassen und Übersetzen. So experimentieren etwa Jason Huff in *AutoSummarize* (2010) und Elisabeth Tonnard in *"Speak! eyes – En zie!* (2010) mit der Autozusammenfassen-Funktion von Word und generieren mit ihrer Hilfe Kürzestgedichte aus berühmten Werken der Weltliteratur.[78] Simon Popper (*Ulysses*, 2006), Mark Rutkoski (*Words of Love*, 2012), Mikko Kuorinki (*The Order of Things*, 2012) und Pär Thörn (*Röda rummet (alfabetisk)*, 2010) lassen das Wortmaterial der Werke von James Joyce, William Shakespeare, Michel Foucault und August Strindberg alphabetisch sortieren und präsentieren anschließend die Wortlisten, die man im Sinne eines Frequenzwörterbuchs durchaus als Blueprint für weiterführende sprachstilistische Analysen nutzen könnte, als selbstwertiges literarisches Werk unter ihrer Autorschaft.[79]

Bisweilen wird auch die Größenordnung geändert und statt eines einzelnen Textes gleich ein ganzes Textkorpus prozessiert. Grundlegende Voraussetzung dieser Art von „big data lit" ist die Existenz ästhetisch interessanter und frei verfügbarer Korpora,[80] die derzeit noch rar sind, weshalb sie häufig von den Autor/innen selbst erstellt werden, z. B. durch das Scrapen von Webseiten. Zur Förderung einer solchen ‚Korpusliteratur' haben Hannes Bajohr, Kathrin Passig und Gregor Weichbrodt jüngst eine

---

77 Goldsmith: Theory, o.S.
78 Vgl. Huff: AutoSummarize sowie Tonnard: "Speak!
79 Vgl. Popper: Ulysses, Rutkoski: Words, Kuorinki: Order sowie Thörn: Röda. – Da Thörn die Kapitelaufteilung des Gesellschaftsromans beibehält, in denen Strindberg je verschiedene Milieus beschreibt und dabei naturalistisch deren Jargon imitiert, gibt seine Alphabetisierung Hinweise z. B. auf Strindbergs Gespür für die verschiedenen Soziolekte, aber auch auf typische Pattern in Strindbergs eigenem Schreibstil.
80 Bajohr: Halbzeug, S. 105 [Herv. gelöscht, A. G.].

erste Sammlung an Textkorpora zur ästhetischen Urbarmachung online gestellt, darunter Naheliegendes wie eine Sammlung deutscher Prosa, Nützliches wie Listen von Abstrakta, positiven Adjektiven, untrennbaren Verben und Stoppwörtern, aber auch Überraschendes wie Listen von IKEA-Kategorien, Kryptowährungen, Phobien, Ismen, Berufsbezeichnungen, Marketingsprech-Vokabular und Personen mit Wikipedia-Eintrag.[81] Von entscheidender Bedeutung ist sodann die Wahl des jeweiligen Instrumentariums, mit dem das Korpus maschinell prozessiert und ausgewertet wird. Anwendung finden dabei gängige Softwaretools der Digital Humanities oder eigens geschriebene Skripte sowie die üblichen Analyseverfahren der Korpuslinguistik, von n-grams und KWIC über durchschnittliche Satzlängen und Kollokationen bis hin zu Hapaxlegomena und Stoppwörtern.[82] Die dergestalt erzeugten Datensätze stellen allerdings nur eine Zwischenstufe dar. Eigentliches Ziel ist es, mit und aus ihnen ihrerseits wieder ästhetisch reizvolle und konzeptuell überzeugende Texte zu gewinnen, wie es Bajohr etwa in seinem auf Grimms *Kinder- und Hausmärchen* basierenden 4-gram-Gedicht „es trug sich zu" gelingt: Es legt einerseits offen, wie tief sich selbst in diesen oberflächlichen Sprachstrukturen die spezifische Repetitivität und Formelhaftigkeit von Märchen eingegraben haben, es lässt also sprachliche, strukturelle sowie motivische Eigenheiten des Korpus hervortreten. Andererseits weist es als Gedicht selbst eine überraschende Narration auf, die in ihrem unausweichlichen, geradezu dramatischen Verlauf dem Ausgangsmaterial erstaunlich nahe kommt.[83]

1.6 Textarbeit auf der Codeebene

Digitale Texte lassen sich aber auch auf einer noch ‚tieferen' Ebene prozessieren: der Codeebene. Dabei macht es nicht einmal einen Unterschied, ob es sich ursprünglich um Bild, Ton, Film oder Schrift handelt, denn die gesamte digitale Welt ist (sprach-)schriftlich verfasst, alle Medien liegen unterschiedslos als alphanumerischer Datensatz vor. Auf der Ebene des Codes ist alles Text. In welcher Form dieser letztlich angezeigt wird, „hängt allein von den Ausleseregeln ab, vom Codec, der dabei dem Text

---

81 „Textstelle is a collection of corpora for the creation of bots and other things that generate text. It was mainly launched due to a lack of interesting German text collections online". Bajohr/Passig/Weichbrodt: Textstelle.
82 „Nicht immer ist klar, welche Möglichkeiten der Textverarbeitung für ein Korpus am angemessensten sind, weshalb ich gelegentlich mehrere Versionen produziere." Bajohr: „Erotica".
83 Vgl. Bajohr: Halbzeug, S. 10–11.

immer äußerlich ist."[84] Digitale Objekte sind daher prinzipiell offen für alle Formen der Transkodierung: Bilder können in Text oder Text in Ton gewandelt werden usw., was neue Formen der Arbeit am/mit Text hervorbringt und das literarische Betätigungsfeld beträchtlich erweitert. So kann etwa eine Bilddatei mit einem Texteditor geöffnet und dort bearbeitet werden, um dann wieder als Bild ausgegeben zu werden, wie es Hannes Bajohr bspw. in seiner Serie „Schreibzeug" vorführt, die auf der Einfügung neuen Texts in den Code von Bilddateien beruht.[85] Auf der Ausgabe- und Darstellungsebene kommt es in den dergestalt manipulierten Bildern, Texten, Webseiten, Filmen und Soundstücken in der Regel zu Brüchen und Fehlern (sogenannten Glitches), die ästhetisch reizvoll sein können,[86] v. a. aber von der performativen Kraft dieser Art von transmedialer Textarbeit zeugen: „What we're experiencing for the first time is the ability of language to alter media, be it images, video, music, or text, something that represents a break with tradition and charts the path for new uses of language. Words are active and affective in concrete ways."[87] Letztlich könnte man daher auch manches Werk der Media Art, Browser Art oder Glitch Art mit einigem Recht als textbasiertes, mithin literarisches Werk verstehen, wie es etwa Hannes Bajohr für seine Bildserie „Schreibzeug" implizit einfordert: Durch ihren Einschluss in einen Gedichtband werden sie weniger als *Bilder* denn als visuelle *Gedichte* präsentiert, die nicht nur die ästhetisch reizvollen Oberflächeneffekte der Transkodierung von Text und Bild zu sehen geben wollen, sondern auch die ungewohnte und enorme Wirkkraft, die eine solche Textarbeit auf der Codeebene entfalten kann. Dieses Prinzip von „language acting upon more language"[88] zeichnet auch jene Spielarten früher Codepoetry aus, die in – der natürlichen Sprache sehr ähnlichen – Programmiersprachen wie Perl verfasst sind, so dass sie sowohl (vom Menschen) als Gedicht gelesen als auch (vom Computer) als Code ausgeführt werden können, wobei es gilt, in diesem Zusammenspiel von Code, Computerperformance und Output die Grenzen, Elemente und Eigenschaften des Werks je individuell (ggf. unter Zuhilfenahme der o.g. ‚artist's sanction') zu bestimmen.

---

84 Bajohr: Zeughaus, S. 101.
85 Bajohr: Halbzeug, S. 6, 48, 72, 86, 98.
86 Vorläufer dieser kritischen Medien(netz)kunst waren Mark Napiers *Shredder* (1998), Exonemos *Discoder* (1999) sowie die verschiedenen Aktionen von Jodi, die gleichfalls alle am Zusammenspiel von Code und Darstellung ansetzen.
87 Goldsmith: Writing, S. 24.
88 Ebd., S. 22.

2. Prozessualität und Finalität des Werks

2.1 Halbzeug

Mit der Prozessierbarkeit digitaler Texte eng verbunden und doch von ihr zu unterscheiden ist die zunehmende Prozessualität literarischer Werke. Wenn in „a culture of use" vornehmlich vorgefertigte, bereits zirkulierende Texte zur Generierung neuer Werke verwendet werden,[89] bilden diese Werke ihrerseits ebenfalls nur noch eine Zwischenstufe in den prinzipiell endlosen (Wieder-)Verwertungsketten künstlerischer Postproduktion: „The artwork is no longer an end product but a simple moment in an infinite chain of contributions."[90] Bourriaud führt das am inzwischen paradigmatischen Beispiel des Samples aus:

> When musicians use a sample, they know that their own contribution may in turn be taken as the base material of a new composition. They consider it normal that the sonorous treatment applied to the borrowed loop could in turn generate other interpretations, and so on and so forth. With music derived from sampling, the *sample* no longer represents anything more than a salient point in a shifting cartography. It is caught in a chain, and its meaning depends in part on its position in this chain. [...] Likewise, the contemporary work of art does not position itself as the termination point of the „creative process" (a „finished product" to be contemplated) but as a site of navigation, a portal, a generator of activities.[91]

Dass dies inzwischen auch für die Literatur geltend gemacht werden kann, ist sicher auch dem Einfluss des Digitalen zu verdanken, das per se für „das Nichtendenmüssende, das Immerweitermachenkönnen" stehe, „ohne je einen finalen Zustand anzunehmen."[92] Es ist also nur folgerichtig, wenn Hannes Bajohr seine digital prozessierten Gedichte demonstrativ unter dem Titel *Halbzeug* präsentiert und sie so als Zwischenprodukte ausweist, die sich zwischen unbehauenem Rohmaterial und abgeschlossenem Fertigprodukt situieren und jederzeit wieder in den Text- und Datenstrom eingespeist werden können, aus dem heraus sie selbst erzeugt wurden. Damit arbeiten sie jedoch nicht zwangsläufig dem traditionellen Werkbegriff zu-

---

89 Bourriaud: Postproduction, S. 19.
90 Ebd., S. 20. Vgl. auch Felix Stalders Ausführungen zum „veränderte[n] Charakter des Werks": „Es rückt [...] in die Mitte. Es ist nicht mehr das Ende des kreativen Prozesses, sondern eine spezifische Artikulation eines zeitlich und örtlich weit darüber hinaus reichenden Prozesses von Transformationen. Auch wenn das einzelne Werk sehr wohl abgeschlossen sein kann, ist der Prozess, aus dem das Werk überhaupt seine Bedeutung bezieht, immer offen." Stalder: Autorschaft, S. 104 f.
91 Bourriaud: Postproduction, S. 18 f. [Herv. i. O.].
92 Bajohr: Zeughaus, S. 102. Voraussetzung dieser ‚Verflüssigung' ist, dass keine urheberrechtlichen Eigentumsansprüche auf die wiederverwerteten Werke angemeldet werden.

wider, der gewöhnlich mit dem Kriterium der Geschlossenheit bzw. Vollendung operiert,[93] wie es Bajohrs provokative Formulierung im Nachwort zu seinem Band anzudeuten scheint: „Wo alles Text ist, gibt es kein Werk mehr, nur noch *Halbzeug*."[94] Schließlich beweist sein eigener Gedichtband, dass auch ‚Halbzeug' Werkstatus gewinnen kann, wenn es für einen Augenblick aus der Verwertungskette herausgelöst, stillgestellt und gerahmt der Öffentlichkeit präsentiert wird, wie es hier mit der Veröffentlichung auf Papier „als erzwungene[m] Ruhepunkt" geschehen ist.[95]

2.2 Prozess

Die Vorstellung vom Werk als abgeschlossenes, finales Produkt gerät auch im Zuge der allgemeinen Interessensverlagerung von objekt- zu prozessorientierten Kunstformen zunehmend unter Druck. Wird dies in der Kunstwelt unter dem Label der Process Art, relationalen Ästhetik oder Partizipationskunst diskutiert, so sind in der Literatur v. a. Procedural Writing-Unternehmungen, Crowdsourced Novels und Mitschreibeprojekte einschlägig, deren Bewertung sehr unterschiedlich ausfällt.[96] Während in den Augen der Kritik viele von ihnen spektakulär scheitern, weil sie im Sande verlaufen, nicht in einen finalen Text münden oder sich dessen literarische Qualität in Grenzen hält, wird von den Initiator/innen und den Beteiligten selbst die Fixierung der Kritik auf ein Endprodukt als einzig möglichen Ziel- und Endpunkt kollaborativer Schreibprojekte als völlig verfehlt attackiert: „A lot of people missed the point though, in that the story wasn't actually the focus, but more the system of interactions behind its creation."[97] Mitunter gelangten die Initiatoren jedoch selbst erst im Laufe des Projekts zu dieser Erkenntnis. So berichtet Jeremy Ettinghausen von Penguin Books, dass die unter Beteiligung von knapp 1.500 Autor/

---

93 Vgl. Spoerhase: Werk, S. 288.
94 Bajohr: Zeughaus, S. 102 [Herv. i. O.].
95 Ebd., S. 103.
96 Nicht gemeint sind hier Online-Schreibprojekte einzelner Schriftsteller wie die von Rainald Götz oder Tilman Rammstedt, die zwar als öffentliche Schreibexperimente inszeniert wurden, aber nach Beendigung des Projekts und seiner Veröffentlichung in Buchform sofort aus dem Netz genommen wurden, was beweist, dass sie „kein erinnerungswürdiges Element des Schreibprozesses oder gar des Werkes", sondern letztlich nur eine „Werbephase für das eigentliche Buch" bildeten. Ernst: Autor-Leser-Texte, S. 162 und 161.
97 Zit. n. Kuusela: Processes, Abschnitt: Introduction. Vgl. auch Mason/Thomas: Report, S. 2.

innen entstandene Wiki-Novel *A Million Penguins* (2007) als „a literary experiment" gestartet sei, letztlich aber zu „a social experiment" auswuchs, dessen entscheidende Komponente nicht die Texte selbst, sondern „the processes behind the wikinovel" gewesen seien.[98] Auch die Verfasser/innen des *A Million Penguins Research Report*, die das Projekt als teilnehmende Beobachter von Anfang an begleitet hatten, kommen zum Schluss, dass die Wiki-Novel „something other than a novel" gewesen sei, am ehesten „a specific type of performance".[99] Ähnlich argumentiert Robert Simanowski, wenn er im Rückblick auf die ersten deutschsprachigen Experimente in diesem Bereich konstatiert, „daß die eigentliche Geschichte des Mitschreibprojekts ungetippt zwischen den Teilnehmern abläuft", weshalb diese Literatur „mitunter unabgeschlossen" sei und „eher einer Performance, einem andauernden Ereignis als einem fertigen Werk" gleiche.[100] Diese Formulierung erkennt zwar die Aufmerksamkeitsverlagerung vom (Text-)Objekt zum (Schreib-)Prozess an. Zugleich aber zeigt sie die nach wie vor starke Bindung der (literarischen) Werkkategorie an das Kriterium der Abgeschlossenheit und Vollendung, mithin an einen final(isiert)en und autorisierten Text.

Offen ist zudem, welchen Stellenwert die Lektüre der entstandenen Texte in solchen prozessuralen Settings überhaupt noch hat, wenn diese sich vornehmlich „durch ihre soziale Ästhetik"[101] auszeichnen und „a form of popular culture centered on *production* rather than consumption" verkörpern, wie man sie auch aus dem Umkreis der wachsenden Schar an Hobbyautor/innen und Selbstverleger/innen kennen mag.[102] Konzentriert man sich hingegen, wie von den Beteiligten nahegelegt wird, auf die Produktionsprozesse, steht man vor dem Problem, dass Außenstehenden nicht immer Einblick in die Geschichte(n) hinter der Geschichte gewährt wird: „What to make of artistic processes that do not seek for open communication, or that are most likely important for their doers, but leave others […] outside?"[103] Hier ist nicht nur das Kriterium des Öffentlichma-

---

98 Zit. n. Mason/Thomas: Report, S. 1.
99 Ebd., S. 21 und 17.
100 Alle Zitate aus Simanowski: Interfictions, S. 31 f. und 14. Eng verbunden ist die fehlende Finalisierung des Werks mit dem Problem der Autorisierung und Autorschaftszuschreibung. So konstatiert der *A Million Penguins Research Report*: „In an open wiki, as every page can be edited at any time, it makes no sense to think of any one version of the page as *authoritative*, rather every current page is simply the current version." Mason/Thomas: Report, S. 24 [Herv. i. O.].
101 Simanowski: Interfictions, S. 34 [Herv. gelöscht, A. G.].
102 Haugland: Gates, S. 4 [Herv., A. G.].
103 Kuusela: Processes, Abschnitt: We, Caught in a Perpetual Process. Hanna Kuusela berichtet, dass ihre ‚Anträge' auf teilnehmende Beobachtung diverser Schreibprojekte mehrfach abgewiesen wurden.

chens als notwendige Bedingung der Werkwerdung verletzt.[104] An Aktualität gewinnt außerdem das aus der Werkhermeneutik bekannte Problem der Intentional Fallacy, denn die wenigen öffentlich zugänglichen Fakten und Dokumente (Ankündigungen, Mission Statements, Interviews, retrospektive Berichte etc.), mit denen die Beteiligten in die Rezeption und Deutung ihres Projekts proaktiv einzugreifen suchen, haben einen diffizilen epistemischen Status und verstellen eher den Zugang zum (Prozess-)Werk als dass sie ihn ermöglichen.

2.3 Infinites und instantanes Schreiben

Prozessualität zeichnet auch jene literarischen Projekte aus, die sich kontinuierlich fortschreiben und als potentiell unabschließbarer, serieller Textstrom manifestieren. Während bei Projekten wie Michèle Métails *Poème infini (les compléments du nom)*, das sie 1972 mit dem Kompositum „Donaudampfschifffahrtgesellschaftskapitän" begann und seitdem unter Austausch des je letzten Elements in immer neuen Kombinationen und Sprachen fortschreibt, letztlich der Tod der Autorin dereinst den Schlusspunkt setzen und das Work-in-Progress abschließen wird,[105] könnten Twitterbots wie *@accidental575* von Cameron Spencer (seit 2013) und *@pentametron* von Ranjit Bhatnagar (seit 2012/13) tatsächlich auf ewig Automatengedichte produzieren und tweeten, solange es Twitter gibt.[106]

Man könnte mit Stephan Porombka auch hier von „Performancekunst" sprechen,[107] da in einem Medium, das gewöhnlich mit den Attributen der Lebendigkeit, Unmittelbarkeit und Gegenwärtigkeit versehen wird, jeder einzelne Tweet den Augenblick seines Erscheinens in seiner Ereignishaftigkeit inszeniert. Seine Halbwertzeit ist in vielen Fällen denkbar gering. Christiane Frohmann hat für diese Form literarischer Produktion in den Social Media den Begriff „instantanes Schreiben" geprägt.[108] Auf der anderen Seite entpuppt sich die als Echtzeit-Medium gepriesene Twitter-

---

104 Vgl. dazu weiter unten in Kap. 5.
105 „Il est infini dans son concept même: il y a tellement de langues dans le monde, de mots oubliés, de mots inventés." Métail zit. n. Barras: Entretien, Abschnitt 35.
106 Spencer: @accidental575: „I am a robot/that finds haiku on Twitter/made by accident"; Bhatnagar: @pentametron: „With algorithms subtle and discrete/I seek iambic writings to retweet".
107 Zit. n. Meinert: Twitter.
108 „Beim instantanen Schreiben stellt man nicht dar, wer man ist oder gesellschaftlich determiniert sein sollte, eher schon performt man eine ständig aktualisierte Version seines Ideal-Ichs, unendliches ‚Selfie-Publishing'." Frohmann: Schreiben.

Plattform als ein Medium, das nicht nur auf die unmittelbare Gegenwart, den Moment, sondern auch „auf eigenartige Weise auf das ‚Nächste' verpflichtet" ist, denn die Twitter-Timeline inszeniert über ihre unbegrenzte Fortsetzbarkeit immer auch die Zukunft: Jeder einzelne Tweet „ist zugleich das Versprechen, dass das jetzt nicht die letzte Nachricht war. Der Tweet sagt nicht, dass da was war. Der Tweet sagt: Da kommt noch was".[109] In der Twitteratur ergänzen sich so das Jetzt des einzelnen Tweets und die Kontinuität des sich fortschreibenden, potentiell unbeendbaren Textstroms.

Damit stellt sich auch hier die für serielle Werke seit je diskutierte Frage nach den Grenzen und Einheiten des Werks: Sollen die einzelnen Tweets als je eigenständige Werke gelten, wozu man bei der Haiku-Produktion von Spencers *@accidental575* neigen dürfte, oder soll die gesamte Tweetfolge als Werk angesehen werden, was wohl bei eher konzeptuell oder erzählerisch angelegten Twitter-Projekten wie Vanessa Place' *Gone With the Wind* (2009–15) oder Torsten Rohdes *@RenateBergmann* (seit 2013) der Fall sein dürfte?[110] Votiert man für die zweite Option, so besteht die Herausforderung darin, die Zusammengehörigkeit der Einzeltweets als Serie sichtbar zu markieren, da dies der üblichen Rezeption von Tweets zuwiderläuft, schließlich wird die Folge der von einem Account stammenden Tweets in der individuellen Timeline eines jeden Users ständig durch andere abonnierte Tweets unterbrochen und von Kommentaren, Favs und Retweets ergänzt.[111] Dies geschieht, wie Elias Kreuzmair beispielhaft an Torsten Rohdes *@RenateBergmann* zeigt, nicht nur über die Kohärenz des Erzählten, sondern z. B. auch über die redundante Mehrfachnennung des Figurennamens und die immer wieder evozierte, fiktive Schreibszene („Hier schreibt Renate Bergmann").[112]

Konträr dazu hinterfragt Thomas Ernst unter Verweis auf die juristische Diskussion, „ob die Begriffe des ‚Werks' und der ‚Schöpfungshöhe' zur Kategorisierung von Tweets mit narrativen Qualitäten überhaupt noch angemessen sind", schließlich seien Tweets „grundsätzlich in eine kommunikative Netzwerkstruktur eingebunden und daher schwerlich als eigenständige (ästhetische) Werke zu klassifizieren und zu schützen."[113] Diese

---

109 Beide Zitate aus Porombka: Literatur, S. 42 und 44.
110 Vgl. Place: Statement sowie Rohde: @RenateBergmann.
111 Die Tweets können allerdings auch auf der Profilseite des jeweiligen Accounts gelesen werden, wo sie dann in einer stabilen, quasi-archivarischen Darstellung chronologisch abrufbar sind (allerdings nur eine begrenzte Zeit lang).
112 Vgl. Kreuzmair: Dissociation, Abschnitt: 3. @RenateBergmann.
113 Ernst: Autor-Leser-Texte, S. 159. Er verweist dabei auf die von Juristen aufgeworfene Frage, „ob ein Tweet von einer maximalen Länge von 140 Zeichen überhaupt in der

„Werkfrage" sieht Ernst dann „pragmatisch gelöst", wenn die Tweets wie im Fall von Florian Meimbergs *@tiny_tales* (2009–11) später auch noch einmal in Buchform veröffentlicht werden, „denn die spezifische Auswahl und ihre Gestaltung begründet hier den Werkcharakter der zuvor noch vernetzten Textelemente."[114] Eben eine solche Überführung ins Buchmedium wird von anderen hingegen als Verfälschung und Deformierung des eigentlichen Werks begriffen, das seinen Ursprung in der spezifischen medialen Umgebung des Mikrobloggingdienstes habe, aus der es nicht herausgelöst werden könne: „Die Plattform selbst ist der Kontext, in dem diese Art der Literatur entsteht und funktioniert – und nur in diesem." Daraus folgt: „Es gibt keine Offline-Twitteratur. Keine Twitteratur in Büchern. Nicht mal in E-Books."[115] Dass sie diese plattformabhängigen Werke dennoch manchmal in die Buchform überführt, rechtfertigt die Verlegerin Christiane Frohmann damit, dass sie diese auch „Menschen, die sich für Literatur interessieren, aber nichts mit Twitter anfangen können, […] zugänglich machen" will, um „ihnen klar[zu]machen, dass das große Literatur ist."[116] Folgt man dieser Lesart, würde die Buchveröffentlichung keine Werkwerdung (im juristischen Sinn) bewirken, sondern eine Aufwertung, ja Nobilitierung dieser außerhalb des Buchs entstandenen Literaturformen, deren literarischer Status in vielen Fällen noch immer als umstritten gelten muss und daher noch der Buchwerdung als sichtbaren Beweises von Literarizität und Werkhaftigkeit bedarf.

3. Mediale Zustände des Werks

3.1 Littérature hors du livre

Damit ist die Twitteratur als plattformgebundene Literaturform in den sozialen Medien ein charakteristisches Beispiel für das breite Spektrum literarischer Erscheinungsformen, „pour lesquelles le livre n'est plus ni un but ni un prérequis."[117] Das hat in unserer biblionomen Kultur, in der das

---

Lage sei, die für die Zuweisung des Urheberrechtsschutzes obligatorische Schöpfungshöhe zu einem eigenständigen Werk zu erreichen." Ebd.
114 Ebd. Vgl. Meimberg: Länge sowie ders.: @tiny_tales. Mit gleichem Recht ließe sich diskutieren, ob es sich bei manch nachträglicher Buchpublikation um eine ‚Version' der Twitter-Serie oder gar um ein neues, eigenständiges Werk handelt.
115 Beide Zitate aus Meinert: Twitteratur.
116 Zit. n. ebd.
117 Rosenthal/Ruffel: Introduction (2014), S. 4. Vgl. auch die Festivals „Extra! Quand la littérature sort du livre" im Centre Pompidou Paris, 2017 und 2018.

(massenhaft gedruckte) Buch noch immer „die grundlegende Existenzform des literarischen Kunstwerks" bildet,[118] nicht selten zur Konsequenz, dass diese nichtbuchförmigen literarischen Erscheinungsweisen der allgemeinen Erwartungshaltung an Literatur nicht entsprechen und – in den Begriffen von Helmut Kreuzer – weder „den Distributionsapparat (D) zu passieren" vermögen noch vom „Sichtungsapparat (S) [...] erfaßt" werden. In der Folge sind sie als literarische Werke häufig so gut wie „nichtexistent": „Ein Werk kann nicht in die Klasse der Literatur (im empirischen Sinn) eingehen, wenn und solange es überhaupt keinem der bei den Sichtungsinstitutionen vorherrschenden normativen Literaturbegriffe gemäß ist."[119] Trotz ihrer langen Geschichte eigne dieser „littérature hors du livre" noch immer, „du moins à l'histoire et à l'institution littéraire, un statut marginal", so die leicht verwunderte Beobachtung von Lionel Ruffel und Olivia Rosenthal.[120] Das ist umso erstaunlicher, als sich die nichtbiblionomen Werkmedien der Literatur im Zuge der Digitalisierung und der Entgrenzung der Künste doch gerade in den letzten Jahren enorm ausdifferenziert und, befördert durch die Eventisierung des Literaturbetriebs, erheblich größere Verbreitung und Sichtbarkeit gewonnen haben.

3.1.1 Digital

Zu inzwischen schon mehr oder weniger etablierten Formaten und Gattungen wie Spoken Word, Poetry Slam, Sound Poetry, Biopoetry, Holopoetry, Textadventure, Hyperfiction, interaktiver Sprachinstallation, Multimedia-Performance, Poetry Film und Computerspiel kommen zahllose Werke, für die sich noch keine festen Genrebezeichnungen eingebürgert haben. Diese neue Vielfalt medialer Werkformate zeigt sich beispielhaft auf Portalen wie SoundCloud und YouTube, wo inzwischen auffällig viele Autor/innen ihre Werke präsentieren, und auf verlagsähnlichen Plattformen der Independentszene wie GaussPDF (seit 2010). Diese „treiben einen erweiterten Begriff von Dichtkunst in und auf Grundlage von digitalen Medien voran",[121] indem sie ihre Publikationen in einer Vielfalt an Dateiformaten anbieten: Neben dem gängigen PDF-Format, das vielfach über den Link zu einem Print-on-Demand-Anbieter in gewohnte Printprodukte umgewandelt werden kann, finden sich MP4- und MOV-Videodateien,

---

118 Chvatík: Artefakt, S. 43. Zum biblionomen Zeitalter vgl. Illich: Weinberg.
119 Alle Zitate aus Kreuzer: Literaturbegriff, S. 66, 65 und 67.
120 Rosenthal/Ruffel: Introduction (2014), S. 4.
121 Burke: Page, S. 121.

MP3-und AIF-Audiodateien, JPEG-Bild- und Photoshop-Dateien, ZIP-Archivdateien und GarageBand-Dateien, ja sogar offene PowerPoint-, Microsoft Word-, GoogleDoc- und RTF-Dateien. Letztere können in unterschiedlichen Textverarbeitungsprogrammen geöffnet und bearbeitet werden und betonen so „Austausch und Weitergabe gegenüber örtlicher Fixierung", was sie in den Augen von Harry Burke zum „Symbol für eine Dichtkunst in expandierenden Medienzusammenhängen" macht.[122] Diese schlägt sich aber auch in der wachsenden Zahl von ZIP-Publikationen nieder, die „ganz ungezwungen eine Konstellation zwischen verschiedenen Materialien her[]stellen", was nach Beobachtung von J. Gordon Faylor, dem Betreiber von GaussPDF, der Arbeitsweise vieler Autor/innen auf ideale Weise entgegenkomme, „die auf ganz überraschende Weise zwischen vielen Medien arbeiten."[123] Häufig werden die Werke auf GaussPDF gleich in mehreren Dateiformaten angeboten, was nicht nur den diversen technischen Gerätestandards Rechnung trägt und die Kompatibilität erhöht, sondern auch unterschiedliche Umgangsweisen mit dem Werk ermöglicht. So präsentiert sich bspw. Enar de Dios Rodríguez' *The poetics of landscape – presentation* (2018), „a poetry book in the form of a slide presentation", in den beiden Dateiformaten PPT und GDOC, was einerseits Änderungen an der Powerpoint-Datei und andererseits öffentlich sichtbare Kommentierungen durch die Rezipienten auf Google Docs zulässt.[124] Da die Plattform GaussPDF, die bereits einen Dateityp im Namen trägt,[125] konsequent auf weitere Angaben wie Genrebezeichnung, Autorenbiographie, Inhaltsangabe usw. verzichtet, avanciert das Dateiformat zur zentralen Ordnungskategorie der ins ‚Verlagsprogramm' aufgenommenen Werke. Das mag die Hemmschwelle erhöhen, denn es verlangt dem interessierten Rezipienten die Bereitschaft zur unangeleiteten Erkundung des Werks ab. Zugleich „erhöht [es] die Chance, die eigenen ideologischen, auf Genres fixierten Vorurteile aufzubrechen", begründet der ‚Verleger' J. Gordon Faylor das ungewöhnliche Vorgehen.[126] Hannes Bajohr sieht hier „eine postdigitale Verfremdung" am Werke, denn „[d]er scheinbar kühl-

---

122 Ebd.
123 Beide Zitate aus Faylor: Dateitypen, S. 167 und 168.
124 De Dios Rodgríguez: Poetics [Klappentext]. Vgl. Dies.: Poetics. Es handelt sich um eine Abfolge von Startbildschirmen verschiedener Nutzer mit ihren diversen Hintergrundbildern, Desktop-Ordnern und Taskleisten, deren Beschriftungen von De Dios Rodgríguez zu Found Poems zusammengesetzt werden.
125 Auch wenn sich der Verlagsname ursprünglich von der Gauß'schen Wahrscheinlichkeitsverteilungsfunktion (Gaussian *P*robability *D*istribution *F*unction) ableitet, ist eine solche ‚Fehlinterpretation' natürlich höchst willkommen.
126 Faylor: Dateitypen, S. 170.

technizistische Rückzug auf das Dateiformat unterläuft eingefahrene Gattungszuschreibungen und entautomatisiert auf einer rein kategorialen Ebene klassische Erwartungen an Literatur."[127]

Dieser ‚Clash der Kulturen', der zum Problem der Unentscheidbarkeit der kategorialen Zuordnung dieser Werke führt, lässt sich gut an Sophia Le Fragas Videoserie *The Anti-Plays* (2014–15) beobachten, die im QuickTime-Movie-Format veröffentlicht wurde und sich über die Titelgebung in der Tradition des Dramas verortet. Das bekannteste ‚Stück' dieser Serie, *W8ING 4* (2014), entfaltet auf dem abgefilmten Bildschirm eines iPhones einen (leicht beschleunigten) Echtzeitchat zwischen zwei ‚Sprechern' samt Sofortkorrekturen bei der Texteingabe, der in einer kolloquialen, mit Emoticons und Social-Media-Slang durchsetzten Sprache gehalten ist.[128] Zugleich gibt sich diese aufgezeichnete Sprachperformance bereits über den Titel als Reenactment von Becketts *Waiting for Godot* zu erkennen. Die Kritik scheint sich inzwischen auf die Klassifizierung als ‚Video*gedicht*' geeinigt zu haben. In der spezifischen medialen Hybridität dieser filmischen ‚Publikation', die in öffentlichen Zusammenhängen – als Äquivalent zur klassischen Autorenlesung – häufig auf einer Leinwand auf der Bühne abgespielt oder als Film auf dem iPhone oder Tablet in Galerien ausgestellt wird, fließen jene zwei Tendenzen zusammen, die Ruffel und Rosenthal als die derzeit dominierenden innerhalb der „littérature hors du livre" ausgemacht haben: „un développement sans précédent du performatif et de l'exposition de la littérature".[129] Wobei die bekannte Formel ‚Literatur ausstellen' in diesem Kontext selbstredend einen neuen Sinn bekommt: Es geht hier nicht um die Präsentation von Manuskripten, Erstausgaben, Briefen, Schreibwerkzeugen, biographischen Zeugnissen usw., die im weitesten Sinn mit der Produktion und Rezeption von Literatur verbunden, aber nicht die Literatur selbst sind, wie es in diesem Zusammenhang gern heißt.[130] Gemeint ist vielmehr eine mediale Spielart von Literatur, die besser ausgestellt, gezeigt, installiert, vorgeführt etc. als in klassischer Buchform verlegt werden kann. Dieses Format hat sich bspw. die Broken Dimanche Press auf die Fahne geschrieben, die Literaturverlag und -galerie zugleich ist und als eine der ersten Sophia Le Fragas Arbeiten öffentlich gezeigt hat:

---

127 Bajohr: Asche, S. 152.
128 Vgl. Le Fraga: W8ING.
129 Rosenthal/Ruffel: Introduction (2014), S. 7.
130 Weshalb daraus häufig das Verdikt abgeleitet wird, Literatur als solche lasse sich prinzipiell nicht ausstellen, vgl. z. B.: „Es ist ein offenes Geheimnis, daß Literatur im eigentlichen Sinne nicht ausstellbar ist." Beyrer: Literaturmuseum, S. 235.

With our exhibitions series Exhibiting Literature, we would like to explore the various communicative possibilities that exist in the non-semantic, spatial and visual qualities of language. Here we would like to pose the simple question: [...] What happens when language simply installs itself as a physical reality in space?[131]

3.1.2 Performativ

Derzeit genießen zudem performative Formate wie Poetry Slam und Spoken Word große Popularität, so dass von „a ‚Live Poetry' boom" die Rede ist.[132] Auch hier geht es weniger um die nachträgliche mündliche Darbietung eines vorgängigen Textes wie bei der klassischen Wasserglaslesung als vielmehr um eine eigenständige Werkform, die der Niederschrift bzw. Drucklegung nicht bedarf oder sich ihr sogar gänzlich entzieht. Wie sehr sich solche mündlichen Formate in ihrem Ereignischarakter der klassischen Werkästhetik mit ihrer Fokussierung auf das dauerhafte, reproduzierbare Objekt widersetzen, zeigt das Beispiel von Michèle Métail, die ihre Werke bevorzugt in „publications orales" (so ihre eigene Gattungsbezeichnung) darbietet und diese zu ihrem eigentlichen Werk erklärt, was von der Kritik per se als „une sorte de contestation de l'institution littéraire", ja als „une démarche anti-littéraire" gewertet wird.[133]

Dieses per se kritische Moment eignet vielleicht noch viel mehr der zunehmenden Zahl an literarischen Interventionen, die die Institutionen und Praktiken der Literatur selbst zu ihrem Gegenstand machen – wie man es etwa vom Genre des Literaturbetriebsromans kennt, nur dass hier das gewählte Ausdrucksmittel nicht das Wort, sondern die Aktion ist. Als „[p]erhaps the most relevant work of institutional critique in the poetry world to date"[134] bezeichnet Kenneth Goldsmith die von Stephen McLaughlin und Jim Carpenter im Jahr 2008 herausgegebene Anthologie *Issue 1*, die sich als künstlerisches Ereignis im literarischen Feld realisiert, über dessen Praktiken, Diskurse, Mechanismen und Akteure sie auf einer Metaebene zugleich aufschlussreiche Erkenntnisse liefert. Sie enthält auf 3.785 Seiten Gedichte von 3.164 Autor/innen, die erst nach Veröffentlichung der Anthologie im Netz, häufig über die Google Alert-Funktion und die in den Social Media geführte Debatte, von ihrer ‚Beteiligung' erfuhren und dann auch noch feststellen mussten, dass die unter ihrem Namen veröffentlichten Gedichte nicht aus ihrer Feder stammten. Der alarmistische Unterton

---

131 Bencke/Holten: Literature.
132 Vgl. Novak: Live. Vgl. außerdem Bers/Trilcke (Hg.): Phänomene.
133 Barras: Entretien, S. 147.
134 Goldsmith: Career.

vieler Kommentare zu *Issue 1* zeigt, wie bewusst man sich dessen ist, dass das Œuvre eines Autors keine unveränderliche Größe darstellt, sondern von Zuschreibungen abhängt und leicht Manipulationen von außen unterliegen kann, wie die lange Tradition von Falschzuschreibungen, Pseudepigraphen und Apokryphen in der Literatur-, Philosophie-, Kunst- und Bibelgeschichte zeigt. Aus diesem Blickwinkel könnte man den Fakt, dass viele der betroffenen Autor/innen die Google Alert-Funktion nutzen und ihre Online-Performance pflegen, nicht nur als typisch narzisstischen Auswuchs der gegenwärtigen Aufmerksamkeitsökonomie interpretieren, sondern auch als Form des Selbstschutzes, d. h. als Versuch, über die mit dem eigenen (Autor-)Namen verbundenen Diskursereignisse zeitnah informiert zu sein, um notfalls (insbesondere im Fall von sich selbst verstärkenden Netzwerkeffekten in den Social Media) die Rückkopplungseffekte auf den eigenen Namen und das eigene Werk schnellstmöglich wieder einhegen zu können.

Diese Begleiterscheinungen literarischer Kommunikation geraten auch in den institutionskritischen Interventionen von Mara Genschel in den Blick, die in avantgardistischer Tradition „an der Sabotage aller Üblichkeiten" arbeitet und in ihren Lesungen, die den Charakter von Performances oder Happenings annehmen, „auf die große Verweigerung, auf die Abwehr aller gefälligen Literaturrituale, auf Poesie als Störfall" setzt.[135] Eine ihrer bevorzugten, zuverlässig Irritationen, ja Protest und Tumult hervorrufenden Strategien, die bereits in Auftrittstiteln wie *Bibliothek Dilettantisme* anklingt, ist die Vorspiegelung von Unprofessionalität: „so I had to find professional solutions for a deprofessionalized presenting of my deprofessionalized works, which meant I had to professionalize my deprofessionalism".[136] Die Rolle des avantgardistischen Bürgerschrecks hat auch Tom McCarthy ergriffen, als er 1999 mit dem Philosophen Simon Critchley die International Necronautical Society (INS) ins Leben rief, die mit einem Gründungsmanifest auf der Titelseite der Londoner *The Times* an die Öffentlichkeit ging, das in McCarthys Augen eindeutig eine *literarische* Parodie der Textsorte ‚Manifest' darstellte.[137] Während Genschels Provokationen

---

135 Beide Zitate aus Braun: Erhabenheit.
136 Genschel: MG, S. 14 [Durchstreichung gelöscht, A. G.]. In einem Skript mit dem Titel „Performing by myself" vermerkt sie selbst mit leichter Verwunderung: „To the astonishment of most performers in the context of the cool, discours-firmed and so-called visual arts […], in germany's literary readings it is still possible to relatively easily provoke or, better, disgust an indulgent (patient), literary interested, even if well-informed audience – I mean: making people leave the room/slapping the door etc." Ebd., S. 13.
137 Vgl. INS: Manifesto. Die INS verfügt über Generalsekretär, Chefphilosophen, Propagandaabteilung und Ausschlusskomitee: „it's a construct that not only references but

gemeinhin immer noch der *Dichterin* Genschel zugeschrieben werden, wurde die INS von Beginn an als Kunstprojekt wahrgenommen, in Ausstellungen gezeigt und in Kunstzeitschriften besprochen. McCarthy galt plötzlich als Künstler: „I'd never set out to be an artist. I was even telling people, ‚It's not art'. But, as a result, I ended up with a blooming art career that I never wanted. And no literary career that I did want."[138] Ähnlich zwischen alle Stühle setzte sich die amerikanische Dichterin Vanessa Place mit ihrer 2013 gegründeten ‚ironischen Verlagsfirma' VanessaPlace Inc.[139] Unter dem Slogan „Poetry is a Kind of Money" setzt sie der häufig anzutreffenden Verklärung der Poesie als marktfernster aller Künste die Aufklärung über das „age of semio-capitalism" entgegen, in dem gelte: „we are all of us small corporations, trading our identities in the semiotic market in exchange for remuneration in kind."[140] Gleich die erste Veröffentlichung *20 $* (2013), die aus zwanzig Ein-Dollar-Scheinen bestand, 50 $ kostete und innerhalb einer Stunde ausverkauft war, demonstrierte in diesem Sinn, wie sich Place' eigenes hohes Standing in der Szene effektiv nutzen und „cultural capital into capitalized culture" umwandeln lässt.[141]

3.1.3 Hybrid

Ähnlich wie die VanessaPlace Inc. lässt sich auch Friedrich von Borries' Projekt *RLF* (2013) als ‚ironische Firma' beschreiben, die sich als konsumkritisches Guerilla-Unternehmen (unter der Leitung der fiktiven Künstlerfigur Mikael Mikael) heterotopisch zwischen den Welten positioniert. Es arbeitet disziplinen-, medien- und genreübergreifend: Zum *RLF*-‚Universum' zählen neben dem Unternehmen, dem von Borries als Geschäftsführer vorsteht, u. a. ein Forschungsprojekt, ein Dokumentarfilm, ein Spiel und ein Roman unter von Borries' Autorschaft, in dem die Vorgeschichte

---

 also cannibalises a whole bunch of other cultural moments – the avant-garde, the bureaucracy of Kafka, the secret networks of Burroughs." McCarthy in Fernandez Armesto: Interview.
138 Ebd. Inzwischen ist McCarthy ein gefeierter Romancier. Sein erster Roman *Remainder* wurde aber von literarischen Verlagen mehrfach abgelehnt und daraufhin in dem neu gegründeten Pariser Independent Verlag Metronome Press 2005 erstveröffentlicht und ausschließlich in Galerien und Museen vertrieben. Erst als er dort genügend mediale Aufmerksamkeit gewann, wurde er von literarischen Publikumsverlagen übernommen.
139 Vgl. Place: VanessaPlace Inc. Zu ‚ironischen Firmen' vgl. Friebe: Firma; für einen Überblick über Unternehmen als künstlerisches Projekt vgl. Toma/Barrientos: Entreprises.
140 Place/Latimer: Witness, S. 248.
141 Place: VanessaPlace Inc.

von RLF und Mikael erzählt wird. Hinzu kommen Ausstellungen, in denen von Borries als Kurator von Mikael und dessen Werken auftritt, sowie diverse von Mikael gestaltete, bereits im Roman beschriebene, aber auch realiter zum Verkauf stehende Konsumprodukte.[142] All diese Elemente greifen ineinander und schreiben sich – mal „auf der Ebene der literarischen Konstruktion", mal „auf der Ebene des faktualen Handelns"[143] – wechselseitig fort und bringen so die Werkgrenzen ebenso wie die Grenze zwischen Fiktion und Realität in Bedrängnis.

Ein ähnlich verwirrendes transmediales Storytelling, das die fiktive Welt in die reale Welt zu erweitern sucht und die Debatte um die Grenzen des Werks aktualisiert, hat Juli Zeh mit ihrem Roman *Unterleuten* (2016) in Gang gesetzt, dem sie – wie zur Beglaubigung der Wahrhaftigkeit des Erzählten – Homepages, Facebook-Accounts und Forenbeiträge von im Roman beschriebenen Personen und Institutionen sowie einen bei Goldmann erhältlichen Bestseller-Ratgeber, aus dem im Roman ausführlich zitiert wird, samt Twitterprofil und Videobotschaft seines vorgeblichen Autors zur Seite stellte. Zeh erklärt die Beweggründe für diesen „virtuellen Kosmos" wie folgt:

> Das Kommunikationszeitalter verändert uns, als Einzelne und als Gesellschaft. Viele Fragen stellen sich noch einmal neu: nach der menschlichen Identität, nach dem feinen Unterschied zwischen Fiktion und Wirklichkeit, auch nach Autorenschaft, nach Plagiat und Zitat. […]
>
> „Unterleuten" hatte von Anfang an die Tendenz, über die Buchdeckel hinaus zu wuchern. […]
>
> Die Erzählung „Unterleuten" geht weiter, in Büchern, in Zeitungen, im Internet. […] Weil die Gesellschaft nicht mehr so funktioniert wie zu Zeiten von Balzac, Thomas Mann oder John Updike, ist „Unterleuten" als Gesellschaftsroman des 21. Jahrhunderts ein literarisch-virtuelles Gesamtkunstwerk.[144]

Sowohl bei von Borries als auch bei Zeh besteht die werk- und fiktionalitätstheoretische Herausforderung darin, den Stellenwert des Romans innerhalb dieses komplexen, transmedialen Universums zu bestimmen: Ist er bloße Vorgeschichte zu einem real existierenden Unternehmen, autonomes Einzelwerk oder gleichwertiges Element in einem Gesamtkunstwerk, das die Grenze des Werks sowie zwischen Fiktion und Realität, Möglichem und Wirklichem umspielt?

---

142 Vgl. Borries: Leben sowie https://www.friedrichvonborries.de/de/best/rlf.
143 Borries zit. n. Stahl: Widerstand.
144 Zeh: Kosmos. Vgl. Zeh: Unterleuten.

3.2 Ideenliteratur

Angesichts dieser Vielfalt medialer Erscheinungsformen von Literatur wird man wohl Robert Howell zustimmen müssen, „that it is not possible, in any informative, general way, to fix an ontological kind such that, necessarily, all works of literature fall into that kind." Dabei bezieht sich Howell hier noch nicht einmal auf das gesamte Spektrum, sondern nur auf oral geprägte Gattungen wie Epen, Volksballaden, Märchen, Improvisation und Spoken Word, also auf Spielarten von performativer, „non-fixed-text literature".[145] Amie L. Thomasson führt diesen Gedanken weiter und räumt die Möglichkeit ein, dass „works of art of ontologically new kinds may be introduced."[146] Sie schließt dabei nicht aus, dass es „[f]ür besonders innovative Werke [...] sogar erforderlich sein [mag], sich über den ontologischen Status dieses oder jenes *Werks* Gedanken zu machen statt über diese *Art von* Werk im Allgemeinen."[147] Mitunter erweisen sich ästhetische Innovationen erst mit einer gewissen zeitlichen Verzögerung als einflussreich und wegweisend, so dass sie später doch noch einen eigenen Werktyp begründen. Überzeugende Beispiele hierfür wären die experimentelle Musik in der Nachfolge von John Cage und die Konzeptkunst in der Nachfolge von Marcel Duchamp.

Prinzipiell sollten auch für die Literatur solch radikal neuen Werkformen denkbar sein, wobei man dann manch liebgewordene Gewissheit verabschieden müsste, etwa die von der Sprachgebundenheit aller Literatur, an der bspw. auch Howell noch festhält.[148] Ein besonders aussichtsreicher Kandidat könnten in diesem Zusammenhang jene Formen konzeptueller Literatur sein, die sich explizit in der Tradition der Konzeptkunst sehen, welche einst zu „the most consequential assault on the status of th[e] object" und „the most rigorous elimination of visuality" ansetzte.[149] Im Nachdenken darüber, was in der Literatur als ähnlich radikaler Schritt und logisches Äquivalent zur Favorisierung der Idee und zur Ersetzung des retinalen Objekts durch Sprache in der Konzeptkunst gelten könnte, kommt Craig Dworkin zu folgendem Schluss:

> „the peculiar function of texts in the institutional context of visual art" [...] – to construe language itself as art and the art object as a text to be read – was, as we have seen, to challenge the retinal imperative of art with a deskilled antiaesthetic. From the

---

145 Beide Zitate aus Howell: Ontology, S. 72.
146 Thomasson: Innovation, S. 120.
147 Thomasson: Ontologie (in diesem Band), S. 44 [Herv. i. O.].
148 „However, the only such claim that seems true is the bland observation that all literary works involve words or other linguistic entities, type or token, fixed or variable". Howell: Ontology, S. 76.
149 Buchloh: Art, S. 107.

literary side, of course, the assumption has long been that poems are meant to be read, and so the mere idea of a poem made of words does not intervene in the discipline in the same way as conceptual art's linguistic turn does. Indeed, the equivalent move for a poetry that wanted to model itself on conceptual art would be to posit a nonlinguistic object as „the poem". That kind of conceptual poetry would insist on a poem without words.[150]

Folgt man dieser Logik, müsste ein Objekt ohne Text wie der original verpackte Packen Schreibmaschinenpapier, den der amerikanische Dichter Aram Saroyan 1968 unter dem Titel © *1968 Aram Saroyan* bei Kulchur Press zum Preis von 2 $ ‚veröffentlichte', auch als *literarisches* Werk gelten dürfen.[151] Dem Leser unbeschriebenes Papier als literarisches Werk zu verkaufen, ist wohl einer der radikalsten Akte konzeptueller Poesie und kann als konsequente Weiterentwicklung der minimalistisch-konkreten Schreibweise gelten, für die Saroyan berühmt ist. Die Favorisierung der Idee gegenüber dem Text könnte sich aber auch in einer Form immaterieller Literatur äußern, wie sie Elisabeth Tonnard mit *The Invisible Book* (2012) entworfen hat: Ihr ‚Buch' wurde nie geschrieben und nie gedruckt, es materialisiert sich nicht.[152] Dennoch tritt es als (ihr) Werk in Erscheinung: Die Ankündigung und Listung des Buchs auf ihrer Homepage kommt dem Akt der Veröffentlichung gleich, es kann in zwei limitierten Auflagen erworben werden und es wird auf Ebay gehandelt, in Museen ausgestellt, in Buchwettbewerben gelistet und in Bibliotheken geführt. In Anlehnung an die Konzeptkunst könnte man schließlich auch eine Form von Ideenliteratur entwerfen, die es bei der sprachlich formulierten Idee zu einem Text belässt und auf die Ausführung dieser Idee, also die Produktion des ‚eigentlichen' Textes, verzichtet. Die Idee genügt sich selbst und beansprucht als solche bereits Werkstatus, wie es bspw. Édouard Levé in *Œuvres* (2002), einer Art Katalog unrealisierter Texte und Werke, praktiziert.[153] Alle drei skizzierten Formen radikaler Konzeptliteratur – Werke ohne Text, immaterielle Werke und ‚bloße' Ideen zu einem Werk – übernehmen die von der Konzeptkunst postulierte Vormachtstellung der Idee und plädieren für die Möglichkeit der Existenz eines „poem without words" als vollwertiges, autonomes, anderen literarischen Werkformen prinzipiell gleichgestelltes literarisches Werk.

Es wird wohl kaum verwundern, dass Aram Saroyans Stapel Papier bisher noch kaum als ernsthaftes literarisches Werk, sondern allenfalls als nette Anekdote in der Literaturgeschichte Erwähnung gefunden hat, dass

---

150 Dworkin: Fate, S. xxxvi.
151 Vgl. Saroyan: © 1968. Vgl. dazu ausführlich Dworkin: Logic.
152 Vgl. Tonnard: Book.
153 Vgl. Levé: Œuvres.

Elisabeth Tonnards *Invisible Book*, ungeachtet der demonstrativen Selbstverortung der Autorin im literarischen Feld, derzeit ausschließlich im künstlerischen Kontext rezipiert wird und dass Édouard Levé trotz der gezielten Platzierung seines Buchs in einem literarischen Verlag (P. O.L.) lange um seine Anerkennung als Schriftsteller kämpfen musste. Noch ist nicht abzusehen, ob die genannten Werke jemals Akzeptanz als *literarische* Werke finden werden, und noch weniger, ob es sich bei ihnen um ‚one of a kind' im Sinne von Amie L. Thomasson handelt oder ob sie irgendwann sogar einen eigenen literarischen Werktyp begründen werden. In beiden Fällen wäre ein stark erweiterter Literaturbegriff vonnöten, wie er seit Ende der 1960er Jahre in den Philologien immer wieder neu eingefordert wird,[154] faktisch in der literarischen und literaturwissenschaftlichen Praxis jedoch nur sehr begrenzt Anwendung gefunden hat. Zumindest zeigen Simone Winko, Gerhard Lauer und Fotis Jannidis, dass der Gegenstandsbereich in der Literaturgeschichtsschreibung und einschlägigen Fachzeitschriften „enger ist, als es das gängige Selbstverständnis des Faches nahe legt."[155] Auch im literarischen Leben – „in dem, was sich zwischen Autoren und Lesern, Verlegern, Buchhändlern, Kritikern und Medien, zwischen Kulturveranstaltern und Kulturverbrauchern tut, und nicht was die Wissenschaft bewegt" – nehmen sich die tatsächlichen Erweiterungen des Literaturbegriffs bescheiden aus, wie Gottfried Willems noch 2010 konstatiert.[156] Hier zeigt sich erneut sehr deutlich, dass sich im literarischen Werkbegriff immer auch normative „Annahmen dessen, was Literatur ausmacht […], manifestieren", dass es häufig also „der Literaturbegriff ist, der gewissermaßen die prägende Kraft für den Werkbegriff darstellt".[157]

4. Stabilität des Werks

4.1 Materialität und Textgestalt

Zugleich lassen solche Ausnahme- und Extremfälle wie Tonnards *Invisible Book* den Normalfall hervortreten, und das heißt hier: die übliche Bindung

---

154 Wegbereiter war Helmut Kreuzer, der in den 1970er Jahren „Veränderungen des Literaturbegriffs" anmahnte und „die bisher außerliterarischen Gattungen und die ästhetisch diskriminierten, bisher ‚unterliterarischen' Genres" wie die Trivialliteratur als Gegenstand der Literaturwissenschaft zu etablieren suchte. Kreuzer: Literaturbegriff, S. 74.
155 Winko/Jannidis/Lauer: Geschichte, S. 147.
156 Willems: Literaturbegriff, S. 236.
157 Winko: Werkbegriff (in diesem Band). Ähnlich schon Thierse: „Auffassungen vom Werk und seine begriffliche Bestimmung sind immer mit dem Ganzen einer Kunstauffassung verbunden." Thierse: Ganze, S. 381.

des literarischen Werks an irgendeine Form der Materialisierung (bevorzugt die Buchform). Schließlich darf es wohl als gesetzt gelten, dass das literarische Werk an mediale und materielle Substrate gebunden ist, in denen es konkrete Gestalt annimmt, dass also „die Materialität des Werks zu den Ermöglichungsbedingungen von Werkhaftigkeit [gehört]."[158] Aus diesem Umstand lassen sich zwei Umgangsweisen mit literarischen Werken ableiten: Man kann entweder die „philologische Grundentscheidung" fällen, die konkrete Textgestalt als kontingente Setzung zu begreifen und „den Text von der Physik des Buches und damit letztlich das ,Werk' von seinen zufälligen Manifestationen in verschiedenen Ausgaben abzuheben".[159] Oder man kann Fragen der Materialität literarischer Texte als *conditio sine qua non* auf die Tagesordnung der Philologie setzen und „nach der medienhistorischen Verbindung von ,Buch' und ,Werk' bzw. nach der Buchförmigkeit der Werkkonzeption" fragen,[160] wofür in den letzten Jahren im Zuge der materialitätsorientierten Forschung viele Argumente vorgebracht wurden.[161] Auch in der literarischen Praxis betrachten immer mehr Autor/innen die Materialität und Gestalt ihrer Texte und Bücher nicht länger als kontingente Aspekte der jeweiligen *Instantiierung* ihrer Werke, sondern in einem emphatischen Sinn als konstitutive *Werk*eigenschaften. Gefördert wird dies sicher durch den zunehmenden Gestaltungsspielraum in Zeiten digitaler Textverarbeitung, wo alle Schreibenden automatisch zu Setzer/innen und Grafiker/innen, wenn nicht gar zu Verleger/innen ihrer eigenen Texte werden. In der Folge fordern immer mehr Autor/innen neben der Texthoheit auch die Gestaltungshoheit über die materialisierte und reproduzierte Form ein, in der ihr Werk an die Öffentlichkeit tritt.[162]

Ins öffentliche Bewusstsein gerückt ist diese Verschiebung z. B. im Konflikt um Katharina Hackers Roman *Alix, Anton und die anderen* (2009). Suhrkamp hatte das von Hacker abgelieferte Manuskript ohne Rücksprache mit der Autorin neu gesetzt und dadurch – so Hackers in einer Presseerklärung erhobener Vorwurf – in sinnentstellender Weise verändert. Eine Spalte dieses in zwei Kolumnen verfassten Romans wurde von Suhrkamp so schmal gesetzt, dass nicht der Eindruck einer gleichwertigen Parallelerzählung, sondern der einer kommentierenden Marginalienspalte entstand,

---

158 Martus: Werkpolitik, S. 21 f.
159 Jochum: Textgestalt, S. 20.
160 Martus: Werkfunktion, S. 75.
161 Vgl. z. B. Falk/Rahn: Typographie und Spoerhase: Format.
162 Ausdruck dessen ist auch die unter 1.3 ausgeführte Poetik von „reproduction-as-production".

was „der Erzählweise des Romans einen ganz anderen Charakter" gebe.[163] Die *FAZ* schloss ihre Verteidigung der Autorin gegenüber dem Verlag mit dem Plädoyer: „Bei zentralen künstlerischen Fragen muss der Autor das letzte Wort haben".[164] Diese Aussage ist bemerkenswert, denn sie zeigt, dass hier grundsätzliche Verschiebungen im Gange sein müssen, wenn der drucktechnische *Satz* eines Romans inzwischen nicht nur von einzelnen Literatur- und Editionswissenschaftler/innen, sondern auch von der Literaturkritik und allgemeinen Öffentlichkeit zu den „zentralen künstlerischen Fragen" gezählt werden kann. Zunehmen dürfte damit wohl in Zukunft die Zahl der Werke, die sich gegenüber ihrer materiellen Ausgestaltung nicht länger indifferent zeigen, sondern ein definitives „So-und-nicht-anders-Sein" reklamieren – was im Extremfall durchaus bedeuten könnte, dass sie „nicht mehr mit sichtbarer Differenz *übersetzbar*, sondern nur noch reproduzierbar" wären.[165]

Gegenwind bekommt diese Entwicklung allerdings durch die Entwicklung des Responsive Designs für digitale Publikationen, das die maximale Anpassungsfähigkeit der Textgestalt an das jeweilige Ausgabemedium bzw. die Präferenzen des Users zum Ziel hat und zur Flexibilisierung des Layouts führt.[166] Dadurch wird die Stabilität des Erscheinungsbildes einer Publikation aufgebrochen, was nicht nur für besagte gestalt- und materialitätsbewusste Formen von Literatur problematisch ist, sondern auch für ganze Gattungen wie die Lyrik mit ihrem spezifischen typo-topographischen Dispositiv. Um dem zu entgehen (aber auch als Protest gegen die häufig proprietären E-Book-Formate), verweigern sich viele Autor/innen, etwa auf der bereits erwähnten digitalen Independent-Verlagsplattform GaussPDF, prinzipiell dem Epub-Format. Die Standardlösung ist stattdessen das PDF, das eine unveränderliche Text- und Werkgestalt garantiert. Das Verlagshaus Berlin hingegen hat unter dem Motto „Lyrik im digitalen Raum neu denken" nach anderen Lösungen gesucht und für seine neue E-Book-Lyrikreihe „Edition Binaer" 2016 mit der Grafikerin Corinna Northe den LyriCode entwickelt. Dieser soll die Gedichte z.B. gegen willkürliche Zeilenbrüche wappnen und „eine perfekte, von Lesesoftware und -geräten unabhängige Lesbarkeit von Lyrik in E-Books […] ermöglichen". Um die typo-topographischen Besonderheiten zu bewahren und „bei belie-

---

163 Lovenberg: Hacker.
164 Ebd.
165 Beide Zitate aus Reuß: Spielräume, S. 60 und 86 [Herv. i. O.].
166 „Die typografische Gestaltung im engeren Sinne weicht der typografischen Programmierung." De Jong: Lesbarkeitskonzepte, S. 255. Harald Klinke schlägt vor, von „verschiedene[n] Formen des Ausvisualisierens" zu sprechen. Klinke: Bildwissenschaft, S. 22.

biger Vergrößerung die Struktur des Gedichts lesbar" zu machen, werden zusätzliche Zeichen in die Texte integriert.[167] So gibt es nun Zeichen für Zeilenumbruch (ˇ), Einzug (⌐) und Leerzeichen (−), für Blocksatz (≡), Flattersatz (≈) und Aufzählung (÷), die sich auch kombinieren lassen. „Der Code fügt sich unauffällig in die Gedichte ein und ist für Leser_innen schnell zu erlernen", heißt es im Vorspann zu den einzelnen E-Books.[168] Widerstand dürfte dem LyriCode aber allein schon deswegen erwachsen, weil er etablierte Setzpraktiken und Zeichen wie den Schrägstrich für den Zeilenbruch unnötigerweise ignoriert. Darüber hinaus verlangt der Code dem Leser eine aktive Übersetzungsarbeit ab: Während typographische Dispositive und Gestaltungen eher intuitiv erfasst und verarbeitet werden und so untergründig an der Lektüre mitwirken, muss der Leser eines in LyriCode dargestellten Gedichts den codierten Fließtext erst einmal in seine spezifische Gestalt rückübersetzen und vor seinem inneren Auge visualisieren.

4.2 Unfeste Texte

Flexibilität und Stabilität stehen im digitalen Zeitalter aber nicht nur in Bezug auf die Textgestalt, sondern auch in Bezug auf den Wortlaut eines Textes unter Spannung, wird dieser doch gemeinhin als fixe, unveränderliche Größe angesehen – eine Vorstellung, die maßgeblich geprägt ist durch den industriellen Buchdruck mit seinen per definitionem identischen Exemplaren einer Auflage.[169] Auch diese Gewissheit ist in Gefahr. So kann seit 2007 dank der neuen Print-on-Demand-Drucktechnologie Nanni Balestrinis Roman *Tristano* (1966) als Neuauflage erscheinen, bei der kein Exemplar dem anderen gleicht: Jedes weist einen anderen computergenerierten Text auf. Das Backcover der deutschen Ausgabe verkündet werbewirksam: „Das ist kein den anderen gleiches Exemplar, sondern Ihr per-

---

167 Beide Zitate aus Verlagshaus Berlin: Edition. – Dem Versuch der Erfassung typotopographischer und textstruktureller Spezifika widmet sich auch die Text Encoding Initiative (TEI) zur Erstellung maschinenlesbarer Texte. Mittels Annotation können nicht nur Strukturelemente wie Kapitel, Szenen, Strophen etc., sondern annäherungsweise auch bestimmte typographische und gestalterische Aspekte erfasst, ausgezeichnet und kodiert werden. Die Beurteilung und die Auszeichnung struktureller Gegebenheiten eines Textes erweisen sich jedoch als sehr komplexe, interpretative und fehleranfällige Operationen.
168 Z. B. in Kuhlbrodt/Piekar: Überschreibungen, Vorspann.
169 Bernard Cerquiglini spricht vom „unveränderlich Vervielfachten". Cerquiglini: Modernität, S. 118. Vgl. auch Lutz: Auflage, S. 28.

sönliches, unwiederholbares Buch, das Sie ausgewählt hat. Denn die Geschichte von Tristano sind viele Geschichten, und jeder Leser hat das Recht auf seine eigene."[170] Jedes Exemplar gewinnt so den Charakter eines Unikats, womit Balestrini, dem revolutionären Geist der Entstehungsjahre seines Romans Ende der 1960er Jahre gemäß, das Ungleichgewicht in der Kommunikation zwischen Autor und anonymer Leserschaft zumindest ansatzweise zu korrigieren und den/die Leser/in wieder als Individuum in den Blick zu nehmen sucht.

Die Existenz eines literarischen Werks mit insgesamt 109.027.350.432.000 differierenden Texten widerspricht jedoch vehement unserer Vorstellung vom Text eines literarischen Werks als statischer, invarianter Einheit, sie untergräbt die darauf aufbauenden Praktiken vom Zitationswesen über Editionsprinzipien bis hin zur bibliographischen Katalogisierung und führt manch kunstphilosophische Argumentation ad absurdum, etwa Nelson Goodmans Kriterium der „Selbigkeit des Buchstabierens" zur Feststellung der Werkidentität (siehe Kap. 1.1). Zugleich nähert sich Balestrinis *Tristano* so dem mittelalterlichen *Tristan* an, der sich – einer Besonderheit mittelalterlicher Textualität entsprechend – durch textuelle Varianz (‚mouvance') auszeichnet. Das Erstaunliche daran ist, dass dieser ‚unfeste Text' nicht dazu führte, „daß der Text seine Identität verlor": Es blieb der *Tristan*.[171] Im Fall von Balestrinis *Tristano* ist offensichtlich die einheitliche Präsentation und Rahmung der einzelnen Exemplare ausschlaggebend dafür, dass diese von außen wie mit einer Klammer ‚zusammengehalten' werden: Alle Exemplare der jeweiligen Auflage stimmen in Autorenname und Titel überein, sie weisen dieselben Vor- und Nachworte, dasselbe Format, dieselbe Text- und Buchgestalt auf und entstammen demselben Publikationskontext, ausgewiesen durch Verlag, Auflage und einheitliche ISBN. Es sind somit vorrangig an die Publikationsumstände und an das Buchmedium gebundene Aspekte, die hier „jene Stabilität zur Verfügung [stellen], die die Suggestion von Werkhaftigkeit erzeugt."[172]

Während die Individuierung der Exemplare über die Variierung ihres Textes im Fall von Balestrini als strategische Poetik der Abweichung interpretiert werden darf, kann sie doch zugleich als Vorbote eines die gesamte Literaturproduktion betreffenden Wandels gelten, schließlich ist die Veränderbarkeit, die gegenwärtig unter dem Schlagwort der Fluidität verhandelt wird, im digitalen Zeitalter prinzipiell allen Texten eingeschrieben. So nut-

---

170 Balestrini: Tristano, Backcover.
171 Bumke: Fassungen, S. 389. Zu unfesten Texten vgl. z. B. auch Strohschneider: Situationen, Bein: Text sowie Cerquiglini: Éloge.
172 Martus: Werkpolitik, S. 21.

zen nicht wenige Verlage bereits jetzt die Möglichkeit, ihre E-Book- und Print-on-Demand-Angebote regelmäßig und fortdauernd zu aktualisieren, wie der langjährige Rowohlt-Programmleiter Sachbuch, Uwe Naumann, bezeugt: „Our book apps are modified with respect to content or technology in the course of their product lifecycle – without anyone outside recognizing."[173] Während im Druckzeitalter Änderungen in der Regel als Neuausgaben ausgewiesen wurden, werden sie nun also größtenteils weder angezeigt noch ausgezeichnet (sogenannte silent release) und in der Folge auch nicht systematisch erfasst und archiviert, was die Überlieferungslage und philologische Grundlagenarbeit erschwert und die Dringlichkeit neuer Standards aufzeigt.

Gleiches gilt für digitale Netzliteratur, für deren Beschreibung und Zitation sich gleichfalls noch keine allgemein verbindlichen Konventionen und kein differenziertes Vokabular herausgebildet haben. Wie Matthew Kirschenbaum am Beispiel des Hypertext-Klassikers *afternoon, a story* von Michael Joyce (1987/90) zeigt, kann es keine Werkgeschichte digitaler Objekte ohne Versionsgeschichte geben, die eng an die jeweilige Software- und Betriebssystemgeneration gebunden ist:

> *Afternoon* is typically cited without any acknowledgement or awareness of the differences between its versions, or even the fact that multiple versions exist. [...] In my view a fully adequate scholarly citation for *Afternoon* would specify the text's edition (according to the colophon), Storyspace software version, platform, and operating system; for example *Afternoon, a story*, 5th edition (1992), Storyspace Reader 1.0.7, Windows XP.[174]

Zur Erhöhung der Transparenz im Umgang mit solch ‚verflüssigten' Werken macht auch Dirk von Gehlen den Begriff der Version stark, „den man selbstverständlich aus der Welt von Computerprogrammen und Downloads, aber (noch) nicht aus der Welt von Filmen, Büchern und Musik kennt." Wir sollten, so von Gehlen, „Kunst und Kultur [...] wie Software denken. Wir sollten den Begriff der Version dem des abgeschlossenen Original-Werkstücks entgegenstellen."[175] Nun ist der Begriff der Version in der (Editions-)Philologie weder unbekannt (schließlich ist Fluidität kein ausschließliches Merkmal der digitalen Welt[176]) noch unbelastet (die Defi-

---

173 Zit. n. Bläsi: Children.
174 Kirschenbaum: Mechanisms, S. 195 f. Zur genauen Beschreibung ist die Ausbildung weiterer Kompetenzen im Umgang mit literarischen Werken digitaler Provenienz nötig: „the bibliographer and textual critic of the future may well need to know as much about hex editors, hashes, and magnetic force microscopy as he or she now knows about collation formula, paleography, and stemma." Ebd., S. 158.
175 Beide Zitate aus Gehlen: Version, S. 8 und 17.
176 Vgl. z. B. Bryant: Text.

nition und Abgrenzung zu Begriffen wie Edition, Ausgabe, Auflage, Variante, Fassung, Bearbeitung etc. ist schwierig). Unbestritten ist jedoch, dass die bisherige Begrifflichkeit aufgrund ihrer starken Bindung an die spezifische Materialität von Druck- bzw. Buchwerken für die (post-)digitalen Aggregatzustände literarischer Werke noch einmal neu ausbuchstabiert werden muss: „The disjunctions between the material conditions of printed and electronic objects are [...] too great to bridge", befindet Kirschenbaum.[177] Zu einem ähnlichen Ergebnis kommt Thomas Stäcker:

> der bisherige vom Medium her begründete Begriff der Ausgabe ist für digitale Dokumente ungeeignet, weil damit ein Zustand bezeichnet wird, den die Exemplare einer Ausgabe einheitlich haben sollen (ideal copy), doch einen solchen stabilen Zustand besitzt das digitale Medium nicht vermöge seiner Materialität.
>
> Auch der Begriff des Exemplars bedarf im Verhältnis zu Ausgabe oder Auflage einer neuen theoretischen Durchdringung [...].[178]

4.3 Überlieferung elektronischer Textualität

Die Stabilität und Tradierbarkeit literarischer Werke wird auch von jenen ephemeren bzw. ‚flüchtigen' Werken thematisiert und auf die Probe gestellt, die bewusst eine „aesthetics of disappearance" ausbilden.[179] Das bekannteste Beispiel ist wohl William Gibsons Langgedicht *Agrippa (A Book of the Dead)* von 1992, das sowohl auf einer Diskette als auch in Buchform veröffentlicht wurde, die sich beide nach Gebrauch automatisch selbst zerstören, was Kirschenbaum als „performative commentaries on the material horizons of what McGann has called the textual condition" liest.[180] Gibsons Versuch, sich der Überlieferung zu entziehen und nur noch als ‚Spur' im Gedächtnis der Literaturgeschichte weiterleben zu wollen, hat längst Nachfolger gefunden, etwa mit der 2012 im argentinischen Verlag Eterna Cadencia erschienenen Reihe *El libro que no puede esperar*, die laut Titel nicht warten kann: Öffnet man das Buch, verblasst allmählich

---

177 Kirschenbaum: Editing, S. 46.
178 Stäcker: Digitalisierung, S. 727.
179 Kirschenbaum: Editing, S. 17. Zu Begriff und Konzept von ‚fugitive texts' vgl. auch Benzon: Unpublishing.
180 Kirschenbaum: Editing, S. 16. Eine interessante Volte ist, dass sich gerade dieser Text als einer der stabilsten digitalen Texte der jüngeren Literaturgeschichte erwiesen hat, da er bereits kurz nach der Veröffentlichung im Netz auftauchte und sich dort vervielfältigte. Somit wirken „social networks and network culture as active agents of preservation." Kirschenbaum: Mechanisms, S. 21.

die Tinte. Ein Aufkleber warnt: „Atención: El contenido de este libro comenzara a desaparecer una vez abierto su empaque."[181]

Dass diese tickenden ‚Zeitbomben' mit eingebautem Zerstörungsmechanismus keineswegs nur im digitalen, sondern auch im gedruckten Medium zum Einsatz kommen, widerlegt die weitverbreitete Überzeugung, dass sich v. a. digitale Objekte und elektronische Medien aufgrund ihrer angeblichen entmaterialisierten Virtualität durch eine besondere Instabilität und Volatilität auszeichnen würden, wie insbesondere in den frühen medientheoretischen Arbeiten zur elektronischen Textualität häufig argumentiert wurde. So hält Jay David Bolter 1991 fest: „Electronic text is the first text in which the elements of meaning, of structure, and of visual display are fundamentally unstable [...], and so the natural inclination of computer writing is to change, to grow, and finally to disappear."[182] Auch Vertreter der digitalen Literatur wie Michael Joyce zeigten sich davon überzeugt: „Print stays itself; electronic text replaces itself."[183] Kirschenbaum hält dies für eine sehr verkürzte, ja ideologisch geprägte Sicht, die sowohl das Wesen elektronischer Textualität verkenne[184] als auch die Erkenntnisse der Editionsphilologie missachte, die unzählige Beispiele für die Instabilität *gedruckter* Texte kenne, zu denen auch die beiden oben erwähnten selbstzerstörerischen Bücher gezählt werden können. In seiner Untersuchung zur Materialität digitaler Medien kommt er zum Schluss: „The opposition between fixed, reliable printed texts on the one hand, and fluid and dynamic electronic texts on the other – an opposition encouraged by the putative immateriality of digital data storage – is patently false."[185] Im Versuch, solch starren Gegenüberstellungen aufzulösen, wurde in der Kunst- und Medienwissenschaft der Begriff des Postdigitalen eingeführt.

Nichtsdestotrotz braucht es zur Entwicklung digitaler Nachhaltigkeit und zur Bewahrung und Überlieferung digitaler Werke natürlich besonderer gemeinschaftlicher Anstrengungen. Unter dem Motto „Keeping E-Lit

---

181 „Achtung: Der Inhalt dieses Buches wird verschwinden, sobald die Verpackung geöffnet wird." Vgl. z. B. Trelles Paz: Futoro.
182 Bolter: Space, S. 31.
183 Joyce: Minds, S. 232.
184 Am Beispiel von Michel Joyce' *Afternoon* und William Gibsons *Agrippa* belegt Kirschenbaum die Langlebigkeit und Überlebensfähigkeit digitaler Werke. Damit widerlegt er zugleich die weitverbreitete Ansicht, „that electronic texts are ephemeral [...] (in fact, data written to magnetic storage media is routinely recovered through multiple generations of overwrites), or that electronic texts are somehow inherently unstable and always open to modification (actually, a data file can be just as easily locked or encrypted, preventing any modification) [...]." Kirschenbaum: Mechanisms, S. 17. Zur „medial ideology" der frühen 1990er Jahre vgl. ebd., S. 41–43.
185 Kirschenbaum: Editing, S. 24.

Alive" beschreibt The Electronic Literature Organization (ELO) die Hürden, die es zu überwinden gilt:

> Keeping it on a shelf doesn't mean that it will be easy, or even possible, to read it in the future. Even putting it into a vault with controlled temperature, light, and humidity won't ensure its availability. The new possibilities of electronic literature come from its being as much software as document, as much machine as text.
>
> For electronic literature to be readable, its mechanisms must continue to operate or must be replaced, since changes in the context of computing will complicate access to important works of literature on the computer. The context of computing includes operating systems, applications, the network environment, and interface hardware – and this context is constantly evolving.[186]

So sind die interaktiven und multimodalen Hypertexten, die seit den späten 1980er Jahren mit HyperCard oder Storyspace erzeugt wurden, heute häufig nur noch über den Umweg einer Emulation, einer Migration oder eines Porting zugänglich, wobei – wie für die verschiedenen Ausgaben gedruckter Texte – erst noch ausdiskutiert werden muss, ob es tatsächlich dasselbe Werk ist, wenn man es im Netz, mittels Emulator oder von der originalen Diskette liest, und wie eine historisch-kritische Edition solcher Werke überhaupt aussehen könnte:

> A software upgrade compatible with some current operating system? A carefully crafted simulation of the original platform and interface? A print-out of the underlying source code on acid-free paper? An antique Macintosh, lovingly preserved and maintained, running an authentic copy of [the work] in a climate-controlled computer lab, with access to the mouse and keyboard restricted to credentialed scholars conducting serious archival research?[187]

Gleiches betrifft prinzipiell auch andere Gattungen wie das Computerspiel, das schon 2008 vom Deutschen Kulturrat zum Kulturgut erklärt wurde, oder den großen Bereich der Fan Fiction und die unzähligen literarischen Projekte, die im letzten Jahrzehnt in Blogs oder den sozialen Netzwerken erschienen sind und häufig schon jetzt nicht mehr ohne Weiteres zugänglich sind, etwa weil sie von den Autor/innen selbst wieder aus dem Netz

---

186 Montfort/Wardrip-Fruin: Bits, Abschnitt 1: Keeping E-Lit Alive. Vgl. zur Notwendigkeit digitaler Nachhaltigkeit auch Bläsi: Children. – Florian Cramer kritisiert an der ELO-Initiative jedoch, dass sie „das literarische Werk als abgeschlossene Einheit in Form einer Datei" favorisiere und damit einem ausgesprochen „konventionelle[n] Werkbegriff" folge. Mit diesem ließen sich allenfalls die Frühformen elektronischer Literatur vor dem Siegeszug des Internets adäquat erfassen, nicht aber z. B. „die radikaler ephemeren, signatur- und ortlosen ‚netwurks' […] von Netzkünstlern", „die nur selten als abgeschlossene Dateien, sondern als offene Kommunikationsströme existieren." Cramer: Schreiben, S. 35.
187 Kirschenbaum: Editing, S. 32.

genommen wurden, weil kommerzielle Plattformen wenig Interesse an der (freien) längerfristigen Vorhaltung von Inhalten haben oder aber prinzipiell keine Langzeitarchivierung leisten können. Immerhin aber wurden in den letzten Jahren zur Unterstützung der Bemühungen von Bibliotheken und Archiven um Bewahrung des kulturellen Erbes bereits einige öffentliche Initiativen wie das Marbacher Archiv Literatur im Netz, die Sammlung digitaler Literaturmagazine und Blogs DILIMAG und von Autorenhomepages (2011–14) am Innsbrucker Zeitungsarchiv sowie die Electronic Literature Collection der ELO gestartet. Sie erfassen allerdings nur einen minimalen Bruchteil der gegenwärtigen Produktion. Außerdem sind ihre Laufzeiten, Finanzierungen und Ressourcen viel zu begrenzt. Selbst die US Kongressbibliothek musste eingestehen, dass sie aus Gründen der Speicherkapazität das Twitter-Archiv, das sie seit der Übernahme des Unternehmensarchivs im Jahr 2010 lückenlos führte, ab 2018 nur noch auf einer stark selektiven Basis fortführen kann. Dieses Problem der ungenügenden Erfassung, Sammlung und Überlieferung betrifft wie erwähnt aber keinesfalls ausschließlich digitale bzw. Netzpublikationen, sondern z. B. auch die im Laien-, Genre- und Fan Fiction-Bereich prosperierende Selfpublishing-Szene, deren enorme E-Book- und Print-on-Demand-Produktion über große Anbieter wie Kindle Direct Publishing, Neobooks, Lulu, Blurb etc. noch nicht einmal ansatzweise erfasst ist.

5. Sozialisation des Werks

5.1 Zugänglichkeit

Diese Beispiele zeigen aber auch, dass die langfristige Zugänglichkeit und Überlieferung literarischer Werke keineswegs nur ein rein technisches Problem ist. Es spielen immer auch qualitative Bewertungsmaßstäbe hinein. Darüber hinaus sind im „Age of Access", in dem nicht länger das Sacheigentum samt Verfügungsmacht über das dingliche Artefakt, sondern der Zugang zum Werk samt Nutzungsrecht die entscheidende Währung darstellt, immer auch ökonomische und politische Interessen berührt, wenn etwa über Zugangs- und Kopiebeschränkungen künstliche Sperren in den Umgang mit den Werken hineingetragen werden.[188] Als Vorbote dieser Entwicklung kann sogar schon Gibsons *Agrippa* gelten: „,Agrippa's' disappearing act anticipated current commercial digital rights management (DRM) strategies, which sell a work for one-time use or with a timed

---

188 Vgl. Rifkin: Age.

expiration window."[189] Dies wird inzwischen von vielen Autor/innen und Künstler/innen als Einschränkung und Bedrohung begriffen und in seinen (auch gesellschaftspolitischen) Implikationen thematisiert, stellenweise greifen sie zum Zeichen ihres Protests auch provokativ zur Selbsthilfe.

So baute das Kollektiv Les Sugus einen hölzernen Stuhl *DRM Chair* (2013), der – in Analogie zur neuen Lizenzpolitik von HarperCollins, Bibliotheken nur noch Lizenzen mit ‚Ablaufdatum' zu verkaufen (nach 26 Ausleihvorgängen, der durchschnittlichen Lebensdauer eines physischen Buches, erlischt die Lizenz) – nach mehrfacher Benutzung zusammenbricht. Peter Purgathofer hingegen konstruiert als Protest gegen DRM und aufgezwungene proprietäre E-Book-Formate einen primitiven, aber höchst effektiven *DIY Kindle Scanner* (2012/13), der automatisch ein Kindle-Buch Seite für Seite durchblättert und abfotografiert und im Anschluss mittels Texterkennung den Text ‚wiedergewinnt' und frei zur Verfügung stellt. Jesse England wurde selbst zum Archivar, nachdem Amazon 2009 ohne Vorwarnung im Zuge eines urheberrechtlichen Konflikts die Löschung von George Orwells *1984* auf den Kindle-Geräten aller Kunden veranlasst hatte. England legte sich daraufhin mit *E-book backup* (2012) eine analoge ‚Sicherungskopie' zu, indem er seinen Kindle auf den Kopierer legte und den Orwell-Text Seite für Seite abkopierte und so vorsichtshalber auf Papier sicherte. Von Zensur direkt betroffen war auch Stéphanie Vilayphiou, als Lulu und Amazon im vorauseilenden Gehorsam, d. h. ohne dass jemand Klage erhoben hätte oder ein Gerichtsbeschluss eingegangen wäre, sechs ihrer acht Bücher umfassenden Serie *Blind Carbon Copy* (2009) wegen vorgeblicher Copyrightverletzungen sperrten und löschten. Dabei handelte es sich ausgerechnet um künstlerische Bearbeitungen von Ray Bradburys dystopischem Roman *Fahrenheit 451* (1953), die den schmalen, von unzähligen Unsicherheiten gesäumten Grat zwischen urheberrechtlich erlaubter und verbotener Nutzung fremder Werke auszuloten suchen. Gelöscht wurden selbst diejenigen Versionen, die nach dem Vorbild von Google Books nur einen geringfügigen Teil des Romans reproduzieren und nach geltender Rechtsprechung als Fair Use gelten dürften. Dass die Beurteilung urheberrechtlicher Streitfälle oder zu indizierender Inhalte in letzter Zeit zunehmend vom Staat an private Unternehmen ausgelagert wird, hat auch Jasper Otto Eisenecker erfahren, dessen Bücher wegen expliziter Inhalte bei den großen Print-on-Demand-Anbietern gleichfalls plötzlich nicht mehr öffentlich zugänglich waren. Daraufhin hat er in seiner Serie *Camouflaged Books* (2014) visuelle Strategien entwickelt, die die automatisierten Prüf-

---

189 Kirschenbaum: Mechanisms, S. 232.

und Zensurmechanismen von Print-on-Demand-Anbietern überlisten und es erlauben, vorher inkriminierte Inhalte doch verfügbar zu machen.[190]

5.2 Veröffentlichung

Eng verbunden mit der Zugänglichkeit eines Werks ist der Akt der Veröffentlichung und Sozialisation als Grundvoraussetzung der Werkwerdung, wie Katie Patersons *Future Library* vor Augen führt. Voller Zukunftsvertrauen hat sie 2014 einen Wald angepflanzt und eine Bibliothek gegründet, in die jedes Jahr ein/e bekannte/r Schriftsteller/in einen Text einliefert, der allerdings erst 100 Jahre später, im Jahr 2114, auf dem Papier, das aus den Bäumen gewonnen werden wird, gedruckt und der Öffentlichkeit übergeben werden soll. Angesichts dieses langen Zeithorizonts dürften leise Zweifel an der Zukunft und Überlebensfähigkeit dieser bisher nur in einem einzigen Exemplar existierenden Texte aufkommen. Die für ihre Dystopien bekannte kanadische Autorin Margaret Atwood, die den ersten Text beigesteuert hat, ist da ein eher pessimistisch stimmender Auftakt der Bibliothek, auch wenn Paterson einen enormen institutionellen Aufwand betrieben hat, um über ihren eigenen Tod hinaus den Fortbestand und erfolgreichen Abschluss ihres Projekts sicherzustellen.

Unabhängig vom Ausgang dieses Projekts hat es sich allerdings bereits zum gegenwärtigen Zeitpunkt als prozessuales Konzeptkunstwerk in das Œuvre der Künstlerin und in die Kunstgeschichte eingeschrieben. Anders jedoch liegt der Fall mit den auf lange Zeit versiegelten literarischen Texten, deren merkwürdig unbestimmter Status in der öffentlichen Diskussion bisher noch kaum reflektiert worden ist: Die Aussetzung des Publikationsprozesses sorgt dafür, dass sie zwar auratisch aufgeladen werden, ihnen zugleich aber für 100 Jahre die Erfüllung als literarisches Werk vorenthalten wird. Denn solange die Veröffentlichung, sei es durch Vervielfältigung im Druck oder Öffnung der Bibliothek für das Publikum, aussteht, sind die Texte streng genommen als literarisches Werk noch gar nicht zur Welt gekommen. Ihre rein dingliche Existenz ist kulturell nicht ‚wirksam', zur Werkwerdung braucht es ihre Sozialisation in irgendeiner Form von Öffentlichkeit.[191] Kulturelle und literarische Relevanz erlangen Autor und Werk erst in einem öffentlichen, kommunikativen, sozialen und institutio-

---

190 Vgl. seine auf Lulu erhältliche Handreichung Ano Nymous: Camouflage.
191 Zur Idee, dass der Text zur Werkwerdung auf die Überführung aus dem privaten in einen öffentlichen Raum angewiesen ist, vgl. Jerome McGanns Konzept einer „socialization of texts" in McGann: Condition, S. 21.

nellen Rahmen, wie er von einer Publikation mitgeliefert, ja überhaupt erst geschaffen wird. Indem die *Future Library* eine solche Form des Aufschubs in Gang setzt, stellt sie den Akt der Veröffentlichung in seiner Bedeutung für die Werkwerdung heraus, dem möglicherweise sogar größeres Gewicht beizumessen ist als dem paratextuellen, intentionalen und ästhetischen Kriterium, die häufig gleichfalls als Bedingung der Werkkonstitution genannt werden.[192]

5.3 Öffentlichkeit im postdigitalen Zeitalter

Zweifel sind jedoch angebracht, ob dieser Akt der Veröffentlichung und Sozialisation heutzutage – erst recht im Jahr 2114 – noch immer an die materielle Vervielfältigung im Druck gebunden werden kann. Mediengeschichtlich ist das Konzept moderner Öffentlichkeit zwar stark mit dem Druckmedium verknüpft. Generell aber ist das Konzept der Öffentlichkeit – und damit das Moment der Veröffentlichung als Voraussetzung der Werkwerdung – ein höchst problematisches. Zum einen ist Öffentlichkeit allgemein „ein historischer Begriff von bemerkenswerter Schwammigkeit", der als demokratietheoretisches Konzept zudem normativ aufgeladen ist.[193] Zum anderen besteht kein Konsens darüber, was ‚veröffentlichen' in diesem Zusammenhang genau heißt: Ist die prinzipielle mit dem Publizieren verbundene Idee von Öffentlichkeit entscheidend oder kommt es auf die faktische Zahl der Exemplare an? Ist ausschlaggebend, dass die Publikation prinzipiell zugänglich ist oder dass sie tatsächlich zirkuliert? „[O]r is it epistemological, the state of being known, or even being known to have been published?"[194] Michael Bhaskar illustriert die Komplexität und Diffizilität dieser Fragestellung mit weiteren Beispielen:

> you write a novel, and leave it on a park bench. Is this a published novel? Let's say you print 1,000 copies, leaving them on 1,000 park benches. How about now? Or how about a publisher buys it, takes out masses of adverts, but literally no one buys a single copy? In what sense has that work been published? At what point does a letter or

---

192 Vgl.: „(a) ein Werk konstituiert sich durch einen Titel (paratextuelles Kriterium), (b) durch einen Veröffentlichungsakt (institutionelles Kriterium), (c) durch die Autorabsicht (intentionales Kriterium) oder (d) durch seinen Geschlossenheitsgrad (Anfang und Ende) bzw. Vollendungsgrad (ästhetisches Kriterium)." Spoerhase: Werk, S. 288. – Von Atwoods Text ist sowohl der Titel bekannt als auch der Entschluss der Autorin zur Veröffentlichung gegeben. Was aber fehlt, ist der Vollzug der Veröffentlichung.
193 Negt/Kluge: Öffentlichkeit, S. 17.
194 Bhaskar: Content, S. 19.

email pass from private correspondence to public, published text? One hundred or 100,000 recipients? Or is the idea of putting a numerical value on being public absurd, and if so, what conceptual distinction should we make instead? If I post the email on the Internet, we can assume it has been published, but then, if nobody views it, how is it more public than an email sent to 100 people?[195]

Fragen wie diese gewinnen vor dem Hintergrund der neuen digitalen Produktions- und Kommunikationsformen besondere Relevanz, zumindest hat sich am Posten, Bloggen, Twittern, Instagrammen etc. die Diskussion um den Öffentlichkeitscharakter von Publikationsakten neu entzündet. Aus dem Fakt, dass sich das biblionome Zeitalter zweifellos seinem Ende zuneigt, leitet Kenneth Goldsmith in seinem Essay „If It Doesn't Exist on the Internet, It Doesn't Exist" die provokante These ab, dass in naher Zukunft gerade der Druck dasjenige Medium sein könnte, mit dem etwas privat gehalten und der Öffentlichkeit vorenthalten werden kann: „The new radicalism is paper. [...] Publish it on a printed page and no one will ever know about it."[196] Sollte Goldsmith recht behalten, so wäre den Texten der *Future Library* mit der geplanten Veröffentlichung auf Papier im Jahr 2114 wahrlich schlecht gedient: Die Vervielfältigung im Druck wäre nicht gleichbedeutend mit Werkwerdung, denn sie zöge keine Öffentlichkeit und somit auch keine Sozialisierung der Texte mehr nach sich.

Eine solch strikte Frontstellung der Medien und Kommunikationsräume (hier: Druck vs. Internet) verstellt jedoch den Blick auf die Vielfalt der heutigen und der zukünftigen medialen Konstellationen und Öffentlichkeitsgrade. Statt die Öffentlichkeit des gedruckten Worts auf Papier mit der des online geposteten Worts einfach gegenzurechnen, scheint es vielversprechender, Mischformen und Übergangsräume in den Blick zu nehmen und von einer Abstufung von Sichtbarkeit und Öffentlichkeit in *beiden* Medien und Räumen auszugehen. Wie in der Printwelt mit ihren Polen zwischen Publikums- und Selbstverlag ist auch im Internet nicht jeder Sprechakt gleich öffentlich, sondern abhängig von diversen Konstellationen, etwa dem Ort der Veröffentlichung (die eigene Homepage, eine kuratierte Seite, eine hochgerankte Plattform etc.) und dem Standing des Sprechenden. Darüber hinaus lässt sich auch im Internet, das häufig als per se öffentlicher Raum begriffen wird,[197] die Zunahme von Strategien der (Re-)Privatisierung beobachten, mit denen es den Nutzern gelingt, „to

---

195 Ebd., S. 18 f.
196 Goldsmith: Internet.
197 Vgl. z. B.: „Under the conditions of the digital and the ubiquity of networked communication, most of our representations, utterances, and actions, since they are potentially accessible to everyone, are public by default, even if they are private [...]." Bajohr: Publishing, S. 230.

mark some utterances and appearances as public and others as private, even if both are, in principle, accessible to all", und dergestalt „to *re-inscribe* the difference between privateness and publicness *into* publicness itself."[198] Will man den Veröffentlichungsakt genauer bestimmen, wird man daher in Zukunft wohl nicht mehr nur zwischen „making public" und „making a public" differenzieren müssen, sondern „marking as public" als weitere Variante hinzuziehen müssen. Sie könnte, so Hannes Bajohrs Prognose, zum springenden Punkt in einer Gesellschaft werden, „where publicness is the default".[199] Als erster Beleg dafür, dass eine solche Verschiebung bereits stattgefunden hat, kann Thomas Stäckers Beobachtung dienen, dass mit Blick auf die im Gesetz über die Deutsche Nationalbibliothek (2006, § 3,3) niedergelegte Pflichtexemplarregelung

> bei einer elektronischen Veröffentlichung der Publikationsvorgang selbst nicht mehr konstitutiv für die Definition eines Medienwerks in unkörperlicher Form [...] sein kann. Stattdessen kommt es wesentlich auf die Entscheidung des Autors oder einer autorisierenden Instanz an, die bestimmt, welchen Status ein Werk haben soll. Der Werkcharakter oder das Imprimatur wird ggf. erst nach einem Publikationsakt attestiert.[200]

6. Ist fortzusetzen

Auch wenn die angesprochenen Tendenzen nur einen kleinen Ausschnitt des literarischen Lebens der Gegenwart darstellen, bestätigen sie eindrücklich, dass das literarische Werk eine voraussetzungsreiche und höchst vermittelte Kategorie darstellt, die Gegenstand der Interpretation und der Verhandlung ist und historischem Wandel unterliegt. Indem die Literatur

---

198 Ebd. [Herv. i. O.].
199 Ebd. Diese Gedanken von Hannes Bajohr finden sich bezeichnenderweise in einer Publikation abgedruckt, die selbst zwischen öffentlich und privat changiert und am ehesten als ‚graue Literatur' zu klassifizieren wäre, deren Zitierfähigkeit fraglich ist. Es handelt sich um den Reader zum Symposium *The Publishing Sphere – Ecosystems of Contemporary Literatures* (Juni 2017, HKW Berlin, organisiert von Lionel Ruffel und Annette Gilbert), der Texte der Tagungsteilnehmer versammelt, die vielfach den Status von Arbeitsnotizen, Werkstattberichten, Projektvorstellungen haben und Material beinhalten, für dessen Abdruck keine Rechte eingeholt wurden. Der Reader kursierte im geschützten Raum einer begrenzten Öffentlichkeit, d. h. nur unter den Teilnehmer/innen und Besucher/innen der Tagung – jedoch ohne dass ein Hinausdringen an eine größere Öffentlichkeit unterbunden wurde. Da Hannes Bajohr seinen Beitrag im Reader auch zum Vortrag brachte und die Tagung per Livestream ins Internet übertragen wurde, darf sein Beitrag dennoch als veröffentlicht im Sinne eines „marked as public" gelten.
200 Stäcker: Digitalisierung, S. 727.

der Gegenwart einige neuralgische Punkte, Widersprüchlichkeiten, Unplausibilitäten und implizite Vorannahmen zutage fördert, von denen Theorie und Praxis des Werks geprägt sind, erzwingt sie eine intensive Beschäftigung mit unserem Begriff des literarischen Werks. Sie steht somit exemplarisch für die Herausforderung(en), welche die literarische Werkpraxis für die ästhetische Theoriebildung und die philologischen Werkumgangsformen bereithält, wenn diese den jüngsten und den kommenden komplexen Entwicklungen Rechnung tragen wollen.

Bibliographie

Ano Nymous [d. i. Eisenecker, Jasper Otto]: How To Camouflage Books in Times of Internet-Censorship. O. O. 2014.
Apel, Friedmar/Annette Kopetzki: Literarische Übersetzung. Stuttgart 2003.
Arcangel, Cory: Working On My Novel. London 2014.
Babel, Reinhard: Translationsfiktionen. Zur Hermeneutik, Poetik und Ethik des Übersetzens. Bielefeld 2015.
Bajohr, Hannes: Publishing/Publicking. In: Annette Gilbert/Lionel Ruffel (Hg.): Reader zur Tagung The Publishing Sphere – Ecosystems of Contemporary Literatures im Haus der Kulturen der Welt Berlin. Berlin 2017, S. 229–232.
Bajohr, Hannes: Halbzeug. Textverarbeitung. Berlin 2018.
Bajohr, Hannes: Halbzeug fürs Zeughaus. Notizen zur Arsenalerweiterung. In: H. B.: Halbzeug. Textverarbeitung. Berlin 2018, S. 101–103.
Bajohr, Hannes: In der Asche des Digitalen. Postdigitales Publizieren heute. In: Kunstforum international 256 (2018), S. 150–159.
Bajohr, Hannes: „Erotica" lesen. <https://www.logbuch-suhrkamp.de/hannes-bajohr/erotica-lesen/> (03. 10. 2018).
Bajohr, Hannes/Kathrin Passig/Gregor Weichbrodt: Textstelle. <https://textstelle.0x0a.li/about> (03. 10. 2018).
Bal, Mieke: Quoting Caravaggio. Contemporary Art, Preposterous History. Chicago 1999.
Balestrini, Nanni: Tristano. Frankfurt a. M. 2009 (Exemplarnummer 7985).
Barras, Vincent: Entretien avec Michèle Métail. In: V. B./Nicolas Zubrugg (Hg.): Poésies sonores. Nouvelle édition. Genève 1992, S. 147–156.
Baxandall, Michael: Patterns of Intentions. On the Historical Explanation of Pictures. New Haven, London 1986.
Bein, Thomas: Der ‚offene' Text – Überlegungen zu Theorie und Praxis. In: Anton Schwob/Erwin Streitfeld (Hg.): Quelle – Text – Edition. Tübingen 1997, S. 21–35.
Bencke, Ida/John Holten: Exhibiting Literature. <http://www.brokendimanche.eu/exhibiting-literature/> (03. 10. 2018).
Bently, Lionel/Andrea Francke/Sergio Muñoz Sarmiento/Prodromos Tsiavos/Eva Weinmayr: A Day at the Courtroom. Discussion with Sergio Muñoz Sarmiento, Lionel Bently and Prodromos Tsiavos at The Showroom, London. In: A. F./E. W. (Hg.): Borrowing, Poaching, Plagiarising, Pirating, Stealing, Gleaning, Referencing, Leaking, Copying, Imitating, Adapting, Faking, Paraphrasing, Quoting, Reproducing, Using, Counterfeiting, Repeating, Cloning, Translating. London 2014, S. 91–133.
Benzon, Paul: On Unpublishing: Fugitive Materiality and the Future of the Anthropocene Book. In: Annette Gilbert (Hg.): Publishing as Artistic Practice. Berlin 2016, S. 282–294.

Bergvall, Caroline: Via (48 Dante Variations). In: C. B.: Fig. Cambridge 2005, S. 63–71.
Bers, Anna/Peer Trilcke (Hg.): Phänomene des Performativen in der Lyrik. Systematische Entwürfe und historische Fallbeispiele. Göttingen 2017.
Beyrer, Klaus: Literaturmuseum und Publikum. Zu einigen Problemen der Vermittlung. In: Susanne Ebeling (Hg.): Literarische Ausstellungen von 1949 bis 1985: BRD – DDR. Diskussion, Dokumentation, Bibliographie. München u. a. 1991, S. 233–241.
Bhaskar, Michael: The Content Machine. Towards a Theory of Publishing from the Printing Press to the Digital Network. London u. a. 2013.
Bhatnagar, Ranjit: @pentametron. <https://twitter.com/pentametron?lang=de> (03. 10. 2018).
Binczek, Natalie/Remigius Bunia/Till Dembeck/Alexander Zons: Eine delikate Materie. Einleitende Bemerkungen. In: Dies. (Hg.): Dank sagen. Politik, Semantik und Poetik der Verbindlichkeit. Paderborn 2013, S. 7–17.
Bläsi, Christoph: Will our children have the chance to do research on today's digital books? In: Digital Studies/Le champ numérique 6 (2016). <http://doi.org/10.16995/dscn.3> (03. 10. 2018).
Bolter, Jay David: Writing Space: The Computer, Hypertext, and the History of Writing. Hillsdale, N. J. 1991.
Borges, Jorge Luis: Pierre Menard, Autor des Quijote. In: J. L. B.: Fiktionen. Erzählungen. Frankfurt a. M. 1994, S. 35–45.
Borries, Friedrich von: RLF: Das richtige Leben im falschen. Berlin 2013.
Bosse, Heinrich: Autorschaft ist Werkherrschaft. Über die Entstehung des Urheberrechts aus dem Geist der Goethezeit. 2. Aufl. Paderborn 2014.
Bourriaud, Nicolas: Postproduction. Culture as Screenplay: How Art Reprograms the World. New York 2005.
Braun, Michael: Die Erhabenheit des Tesafilms. 17. 04. 2015. <https://www.zeit.de/kultur/literatur/2015-04/mara-genschel-lyrik/komplettansicht> (03. 10. 2018).
Bryant, John: The Fluid Text. A Theory of Revision and Editing for Book and Screen. Ann Arbor, Mich. 2002.
Buchloh, Benjamin: Conceptual Art 1962–1969: From the Aesthetic of Administration to the Critique of Institutions. In: October 55 (1990), S. 105–143.
Bumke, Joachim: Die vier Fassungen der „Nibelungenklage". Untersuchungen zur Überlieferungsgeschichte und Textkritik der höfischen Epik im 13. Jahrhundert. Berlin 1996.
Burke, Harry: Page Break. In: Texte zur Kunst 98 (2015), S. 119–123.
Buskirk, Martha: Interviews with Sherrie Levine, Louise Lawler, and Fred Wilson. In: M. B./Mignon Nixon (Hg.): The Duchamp Effect. Essays, Interviews, Round Table. Cambridge, Mass., London 1996, S. 176–190.
Buss, Esther/Isabelle Graw/Clemens Krümmel: Vorwort. In: Texte zur Kunst 46 (2002), S. 4–6.
Cerquiglini, Bernard: Éloge de la variante. Histoire critique de la philologie. Paris 1989.
Cerquiglini, Bernard: Textuäre Modernität. In: Stephan Kammer/Roger Lüdecke (Hg.): Texte zur Theorie des Textes. Stuttgart 2005, S. 116–131.
Chartier, Roger: Lesewelten. Buch und Lektüre in der frühen Neuzeit. Frankfurt a. M. u. a. 1990.
Chvatík, Květoslav: Artefakt und ästhetisches Objekt. In: Willi Oelmüller (Hg.): Kolloquium Kunst und Philosophie, Bd. 3: Das Kunstwerk. Paderborn u. a. 1983, S. 35–58.
Cramer, Florian: Postdigitales Schreiben. In: Hannes Bajohr (Hg.): Code und Konzept. Literatur und das Digitale. Berlin 2016, S. 27–43.
Danto, Arthur C.: Die Verklärung des Gewöhnlichen. Eine Philosophie der Kunst. Frankfurt a. M. 1984.
DAvEz, Nik [d. i. Davies, Nick]: Rol& BRtZ. d PlsUR ov d Txt. London 2011.

De Jong, Ralf: Typographische Lesbarkeitskonzepte. In: Ursula Rautenberg/Ute Schneider (Hg.): Lesen. Ein interdisziplinäres Handbuch. Berlin, Boston 2015, S. 233–256.

Duchamp, Marcel: Notes. Hg. v. Paul Matisse. Paris 1999.

Dworkin, Craig: The Fate of Echo. In: C. D./Kenneth Goldsmith (Hg.): Against Expression. An Anthology of Conceptual Writing. Evanston, Ill. 2010, S. xxiii–liv.

Dworkin, Craig: The Logic of Substrate. In C. D.: No Medium. Cambridge, Mass., London 2013, S. 1–33.

Eliot, T. S.: Tradition and the Individual Talent. In: Selected Prose of T. S. Eliot. Hg. v. Frank Kermode. New York 1975, S. 37–44.

Ernst, Thomas: Wem gehören Autor-Leser-Texte? Das geistige Eigentum, netzliterarische Standards, die Twitteratur von @tiny_tales und das Online-Schreibprojekt morgenmehr.de von Tilman Rammstedt. In: Sebastian Böck/Julian Ingelmann/Kai Matuszkiewicz (Hg.): Lesen X.0. Rezeptionsprozesse in der digitalen Gegenwart. Göttingen 2017, S. 145–167.

Falk, Rainer/Thomas Rahn (Hg.): Typographie & Literatur. Frankfurt a. M. 2016.

Faylor, Gordon J.: Dateitypen als Publikationstaktik. Ein Gespräch von Hannes Bajohr. In: Kunstforum international 256 (2018), S. 166–171.

Fernandez Armesto, Fred: Interview with Tom McCarthy. Februar 2011. <http://www.thewhitereview.org/interviews/interview-with-tom-mccarthy-2/> (03. 10. 2018).

Friebe, Holm: Die ironische Firma. In: Literatur konkret 30 (2005), S. 18–19.

Frohmann, Christiane: Instantanes Schreiben. 20. 05. 2015. <https://orbanism.com/frohmann/2015/instantanes-schreiben-christiane-frohmann-literaturinstitu-leipzig-20150529/> (03. 10. 2018).

Gehlen, Dirk von: Eine neue Version ist verfügbar. Wie die Digitalisierung Kunst und Kultur verändert. Update. Berlin 2013.

Genschel, Mara: MG_Performing-Drafts1.jpg. In: Annette Gilbert/Lionel Ruffel (Hg.): Reader zur Tagung The Publishing Sphere – Ecosystems of Contemporary Literatures im Haus der Kulturen der Welt Berlin. Berlin 2017, S. 013–014.

Gilbert, Annette (Hg.): Reprint. Appropriation (&) Literature. Wiesbaden 2014.

Gilbert, Annette: Vom Geben und Nehmen. Literarische Zitationskultur im Wandel. In: springerin – Hefte für Gegenwartskunst 2 (2018), S. 48–53.

Gilbert, Annette: Im toten Winkel der Literatur. Grenzfälle literarischer Werkwerdung seit den 1950er Jahren. Paderborn 2018.

Goldsmith, Kenneth: If It Doesn't Exist on the Internet, It Doesn't Exist. 27. 9. 2005. <http://writing.upenn.edu/epc/authors/goldsmith/if_it_doesnt_exist.html> (03. 10. 2018).

Goldsmith, Kenneth: My Career in Poetry or: How I Learned to Stop Worrying and Love the Institution. In: Enclave Review (Frühj. 2011). <https://enclavereview.files.wordpress.com/2012/09/goldsmith-my-career-in-poetry.pdf> (03. 10. 2018).

Goldsmith, Kenneth: Uncreative Writing. Managing Language in the Digital Age. New York 2011.

Goldsmith, Kenneth: Theory. Paris 2015.

Goldsmith, Kenneth: Theory (Klappentext). <https://www.jean-boite.fr/product/theory-by-kenneth-goldsmith> (03. 10. 2018).

Goodman, Nelson: Vom Denken und anderen Dingen. Frankfurt a. M. 1987.

Goodman, Nelson: Sprachen der Kunst. Entwurf einer Symboltheorie. Frankfurt a. M. 1997.

Hantelmann, Dorothea von: The Curatorial Paradigm. In: The Exhibitionist 4 (2011), S. 6–12.

Haugland, Ann: Opening the Gates: Print On-Demand Publishing as Cultural Production. In: Publishing Research Quarterly 22:3 (2006), S. 3–16.

Hegemann, Helene: Axolotl Roadkill. Berlin 2010.

Howell, Robert: Ontology and the Nature of the Literary Work. In: The Journal of Aesthetics and Art Criticism 60:1 (2002), S. 67–79.
Huebler, Douglas: o.T. In: Gerd de Vries (Hg.): On Art. Artists' Writing on the Changed Notion of Art After 1965/Über Kunst. Künstlertexte zum veränderten Kunstverständnis nach 1965. Köln 1974, S. 117.
Huff, Jason: AutoSummarize. O. O. 2010.
Illich, Ivan: Im Weinberg des Textes. Als das Schriftbild der Moderne entstand. Ein Kommentar zu Hugos „Didascalicon". Frankfurt a. M. 1991.
INS: INS Founding Manifesto. In: The Times. 14. 12. 1999, S. 1.
Irvin, Sherri: The Artist's Sanction in Contemporary Art. In: The Journal of Aesthetics and Art Criticism 63:4 (2005), S. 315–326.
Jaeggi, Rahel: Kritik von Lebensformen, Frankfurt a. M. 2013.
Jandl, Ernst: oberflächenübersetzung. In: E. J.: Werke, Bd. 1: sprechblasen. Hg. v. Klaus Siblewski. München 2016, S. 326.
Jochum, Uwe: Textgestalt und Buchgestalt. Überlegungen zu einer Literaturgeschichte des gedruckten Buches. In: Zeitschrift für Literaturwissenschaft und Linguistik 103 (1996), S. 20–34.
Jourdan, David: Th' Life an' Opinions of Tristram Shan'y, Juntleman, as enny fool kin plainly see. Voloom I. Wien 2007.
Joyce, Michael: Of Two Minds: Hypertext Pedagogy and Poetics. Ann Arbor, Mich. 1995.
Kirschenbaum, Matthew G.: Editing the Interface: Textual Studies and First Generation Electronic Objects. In: Text 14 (2002), S. 15–51.
Kirschenbaum, Matthew G.: Mechanisms: New Media and the Forensic Imagination. Cambridge, London 2008.
Klinke, Harald: Bildwissenschaft ohne Bildbegriff. In: H. K./Lars Stamm (Hg.): Bilder der Gegenwart. Aspekte und Perspektiven des digitalen Wandels. Bielefeld 2013, S. 11–32.
Kölbel, Martin: Das literarische Werk. Zur Geschichte eines Grundbegriffs der Literaturtheorie. In: Text. Kritische Beiträge 10 (2005), S. 27–44.
Kreuzer, Helmut: Zum Literaturbegriff der sechziger Jahre in der Bundesrepublik Deutschland. In: H. K. (Hg.): Veränderungen des Literaturbegriffs. Fünf Beiträge zu aktuellen Problemen der Literaturwissenschaft. Göttingen 1975, S. 64–75.
Kreuzmair, Elias: „The Dissociation Technique". ‚Twitteratur' und das Motiv der Schreibszene in Texten von Renate Bergmann, Florian Meimberg und Jennifer Egan. In: Textpraxis 2 (2017), Sonderausgabe: Digitale Kontexte. Literatur und Computerspiel in der Gesellschaft der Gegenwart. <https://www.textpraxis.net/elias-kreuzmair-twitteratur> (03. 10. 2018).
Kuhlbrodt, Jan/Martin Piekar: Überschreibungen. Berlin 2016.
Kuorinki, Mikko: The Order of Things. An Archaeology of The Human Science. Karlsruhe 2012.
Kuusela, Hanna: Collaborative Processes and the Crisis of Attentiveness. In: Ruukku Studies in Artistic Research 4 (2015). <https://doi.org/10.22501/ruu.141545> (03. 10. 2018).
Kuusela, Hanna: Publisher, Promoter, and Genius. The Rise of Curatorial Ethos in Contemporary Literature. In: Annette Gilbert (Hg.): Publishing as Artistic Practice. Berlin 2016, S. 118–133.
Lamarque, Peter: Work and Object. Explorations in the Metaphysics of Art. Oxford 2010.
Le Fraga, Sophia: W8ING 4. GPDF 093 (2014). <http://www.gauss-pdf.com/post/74187485516/gpdf093-sophia-le-fraga-w8ing> (03. 10. 2018).
Levé, Édouard: Œuvres. Paris 2002.
Levine, Sherrie: Born Again. In: Salzburger Kunstverein (Hg.): Original. Symposium. Ostfildern 1995, S. 126–129.

Levinson, Jerrold: The Pleasures of Aesthetics. Philosophical Essays. Ithaka, London 1996.
Levinson, Jerrold: Music, Art, and Metaphysics. Essays in Philosophical Aesthetics. Oxford 2011.
Levý, Jiří: Die literarische Übersetzung: Theorie einer Kunstgattung. Frankfurt a. M., Bonn 1969.
Long, Gareth: Don Quixote. [New Haven] 2006.
Lovenberg, Felicitas von: Katharina Hacker und Suhrkamp. Chronik einer Zerrüttung. 14. 11. 2009. <http://www.faz.net/aktuell/feuilleton/themen/katharina-hacker-und-suhrkampchronik-einer-zerruettung-1883557.html> (03. 10. 2018).
Lutz, Peter: Auflage. In: Ursula Rautenberg (Hg.): Reclams Sachlexikon des Buches. Von der Handschrift zum E-Book. Stuttgart 2015, S. 28.
Marczewska, Kaja: This Is Not a Copy. Writing at the Iterative Turn. New York u. a. 2018.
Martus, Steffen: Zwischen Dichtung und Wahrheit. Zur Werkfunktion von Lyrik im 19. Jahrhundert. In: St. M./Claudia Stockinger/Stefan Scherer (Hg.): Lyrik im 19. Jahrhundert. Gattungspoetik als Reflexionsmedium der Kultur. Bern u. a. 2005, S. 61–92.
Martus, Steffen: Werkpolitik. Zur Literaturgeschichte kritischer Kommunikation vom 17. bis ins 20. Jahrhundert mit Studien zu Klopstock, Tieck, Goethe und George. Berlin, New York 2007.
Mason, Bruce/Sue Thomas: A Million Penguins Research Report. 24. 04. 2008. <http://www.ioct.dmu.ac.uk/documents/amillionpenguinsreport.pdf> (03. 10. 2018).
McGann, Jerome J.: The Textual Condition. Princeton, NJ 1991.
Meimberg, Florian: @tiny_tales. <https://twitter.com/tiny_tales?lang=de> (03. 10. 2018).
Meimberg, Florian: Auf die Länge kommt es an. Tiny Tales. Sehr kurze Geschichten. Frankfurt a. M. 2011.
Meinert, Julika: Twitter als Literatur – total genial oder nur banal. 28. 12. 2013. <https://www.welt.de/kultur/literarischewelt/article123331985/Twitter-als-Literatur-total-genial-oder-nur-banal.html> (03. 10. 2018).
Montfort, Nick/Noah Wardrip-Fruin: Acid-Free Bits. Recommendations for Long-Lasting Electronic Literature. v.1.0. 14. 06. 2004. <http://eliterature.org/pad/afb.html> (03. 10. 2018).
Negt, Oskar/Alexander Kluge: Öffentlichkeit und Erfahrung. Zur Organisationsanalyse von bürgerlicher und proletarischer Öffentlichkeit. Frankfurt a. M. 1972.
Noury, Aurélie: How I Didn't Write Any of My Books. In: Annette Gilbert (Hg.): Publishing as Artistic Practice. Berlin 2016, S. 62–73.
Novak, Julia: Live Poetry: An Integrated Approach to Poetry in Performance. Amsterdam 2011.
Nuotio, Sampsa/Raisa Omaheimo: Google Poetics. <http://www.googlepoetics.com/> (03. 10. 2018).
Place, Vanessa/Quinn Latimer: The Frictionless Witness or Us, Keeping Us Real. In: Mousse 40 (2013), S. 246–249.
Place, Vanessa: Artist's Statement: Gone With the Wind @VanessaPlace. 19. 05. 2015. <https://genius.com/Vanessa-place-artists-statement-gone-with-the-wind-vanessaplace-annotated> (03. 10. 2018).
Place, Vanessa: VanessaPlace Inc.: About. <https://web.archive.org/web/20160120122146/http://vanessaplace.biz/about> (03. 10. 2018).
Popper, Simon: Ulysses. Brugge 2006.
Porombka, Stephan: Die nächste Literatur. Anmerkungen zum Twittern. In: Berliner Festspiele/Bundeszentrale für politische Bildung (Hg.): Netzkultur. Freunde des Internets (eReader zur Konferenz Technologie Evolution, 30. 11. 2013). <http://netzkultur.berlinerfestspiele.de/wp-content/uploads/2013/11/eReader-Netzkultur.pdf> (03. 10. 2018), S. 42–49.

Ramtke, Nora: Ohne Begleitschutz – Texte auf der Schwelle. Überlegungen zu Textappropriationen und Paratext. In: Annette Gilbert (Hg.): Wiederaufgelegt. Zur Appropriation von Texten und Büchern in Büchern. Bielefeld 2012, S. 103–119.
Reuß, Roland: Spielräume des Zufälligen. Zum Verhältnis von Edition und Typographie. In: Text. Kritische Beiträge 11 (2006), S. 55–100.
Rifkin, Jeremy: The Age of Access. The New Culture of Hypercapitalism. Where All of Life Is a Paid-For Experience. New York 2000.
Rockenberger, Annika/Per Röcken: Wie ‚bedeutet' ein ‚material text'? In: Wolfgang Lukas/Rüdiger Nutt-Kofoth/Madleen Podewski (Hg.): Text – Material – Medium. Zur Relevanz editorischer Dokumentationen für die literaturwissenschaftliche Interpretation. Berlin u. a. 2014, S. 25–52.
De Dios Rodríguez, Enar: The poetics of landscape – presentation. GPDF 256 (2018). <http://www.gauss-pdf.com/post/172071657561> (03. 10. 2018).
De Dios Rodríguez, Enar: The poetics of landscape – presentation (Klappentext). 2018. <http://www.enardediosrodriguez.com/wp/poetry/> (03. 10. 2018).
Rohde, Torsten: @RenateBergmann. <https://twitter.com/renatebergmann> (03. 10. 2018).
Rosenthal, Olivia/Lionel Ruffel: Introduction. In: Littérature 4:160 (2014), Sonderheft: La littérature exposée. Les écritures contemporaines hors du livre, S. 3–13.
Rosenthal, Olivia/Lionel Ruffel: Introduction. In: Littérature 4:192 (2018), Sonderheft: La littérature exposée 2, S. 5–18.
Rutkoski, Mark: Words of Love. an index of the words and their frequency in the complete sonnets of William Shakespeare. New York 2012.
Saroyan, Aram: © 1968 Aram Saroyan. New York 1968.
Schmücker, Reinold: Kunstwerke als intersubjektiv-instantiale Entitäten. In: R. S. (Hg.): Identität und Existenz. Studien zur Ontologie der Kunst. Paderborn 2009, S. 149–179.
Schuldt, Herbert/Robert Kelly/Friedrich Hölderlin: Am Quell der Donau. Göttingen 1998.
Simanowski, Roberto: Interfictions. Vom Schreiben im Netz. Frankfurt a. M. 2002.
Singerman, Howard: Seeing Sherrie Levine. In: October 67 (1994), S. 78–107.
Singerman, Howard: Sherrie Levine's Art History. In: October 101 (2002), S. 96–121.
Smolik, Noemi: Sherrie Levine: ‚Meine Absicht ist es nicht, ein Kunstwerk zu kopieren, sondern es zu erfahren'. Ein Gespräch. In: Kunstforum International 125 (1994), S. 286–291.
Spencer, Cameron: @accidental575. <https://twitter.com/accidental575> (03. 10. 2018).
Spoerhase, Carlos: Was ist ein Werk? Über philologische Werkfunktionen. In: Scientia Poetica 11 (2007), S. 276–344.
Spoerhase, Carlos: Das Format der Literatur. Praktiken materieller Textualität zwischen 1740 und 1830. Göttingen 2018.
Stäcker, Thomas: Digitalisierung buchhistorischer Quellen, Fachportale und buchhistorische Forschung jenseits der Gutenberggalaxie. In: Ursula Rautenberg (Hg.): Buchwissenschaft in Deutschland. Ein Handbuch, Bd. 2. Berlin 2010, S. 711–733.
Stahl, Enno: Widerstand 2.0. 24. 03. 2014. <https://www.deutschlandfunk.de/friedrich-von-borries-rlf-widerstand-2-0.700.de.html?dram:article_id=281286> (03. 10. 2018).
Stalder, Felix: Who's afraid of the (re)mix? Autorschaft ohne Urheberschaft. In: F. S.: Der Autor am Ende der Gutenberg Galaxis. Zürich 2014, S. 97–107.
Stalder, Felix: Kultur der Digitalität. Berlin 2016.
Strohschneider, Peter: Situationen des Textes. Okkasionelle Bemerkungen zur ‚New Philology'. In: Zeitschrift für Deutsche Philologie 116 (1997), Sonderheft: Philologie als Textwissenschaft. Alte und neue Horizonte, S. 62–86.
Syjuco, Stephanie: http://www.enotes.com/heart-of-darkness-text [aus der Serie: H__RT _F D_RKN_SS]. O. O. 2011.

Syjuco, Stephanie: Phantoms (H__RT _F D_RKN_SS) and related works. 2011. <http://www.stephaniesyjuco.com/projects/phantoms-h-rt-f-d-rkn-ss> (03. 10. 2018).
Theisohn, Philipp: Plagiat. Eine unoriginelle Literaturgeschichte. Stuttgart 2009.
Thierse, Wolfgang: ‚Das Ganze aber ist das, was Anfang, Mitte und Ende hat'. Problemgeschichtliche Beobachtungen zur Geschichte des Werkbegriffs. In: Weimarer Beiträge 36 (1990), S. 378–414.
Thomasson, Amie L.: Ontological Innovation in Art. In: The Journal of Aesthetics and Art Criticism 68:2 (2010), S. 119–130.
Thomasson, Amie L.: Die Ontologie literarischer Werke, in diesem Band, S. 29–46 (Erstdruck engl. u. d. T. ‚The Ontology of Literary Works'. In: John Gibson/Noel Carroll (Hg.): Routledge Companion to Philosophy of Literature. New York, London 2016, S. 349–358).
Thörn, Pär: Röda rummet (alfabetisk). Stockholm 2010.
Thurston, Nick: Of the Subcontract, or, Principles of Poetic Right. York 2013.
Thurston, Nick: Status_Anxieties. (Some Notes on Of the Subcontract). In: Convolutions. The Journal of Conceptual Criticism 3 (2014), S. 17–24.
Thurston, Nick: Who is taking responsibility for that text? Vortrag auf International Text and Image Association, Chicago Febr. 2014, Typoskript.
Thurston, Nick/Sharon Kivland: Reading. Some Positions. In: Richard Sawdon-Smith/Emanuelle Waeckerle (Hg.): The Book is a—live! Sheffield 2013, S. 150–159.
Toma, Yann/Rose Marie Barrientos (Hg.): Les entreprises critiques = Critical Companies. La critique artiste à l'ère de l'économie globalisée: Artistic Critique in the Era of Globalized Economy. Saint-Etienne 2008.
Tonnard, Elisabeth: "Speak! eyes – En zie! Gent 2010.
Tonnard, Elisabeth: The Invisible Book. Leerdam 2012. <http://elisabethtonnard.com/works/the-invisible-book/> (03. 10. 2018).
Trelles Paz, Diego: El futuro no es nuestro. Nueva narrativa latinoamericana. 2., spez. präparierte Ausg. Buenos Aires 2012.
Urbich, Jan: Literarische Ästhetik. Weimar u. a. 2011.
Venuti, Lawrence: The Translator's Invisibility. A History of Translation. London, New York 1995.
Verlagshaus Berlin: Edition Binaer – Lyrik im digitalen Raum neu denken. 19. 03. 2016. <http://verlagshaus-berlin.de/19032016-edition-binaer-lyrik-im-digitalen-raum-neudenken/> (03. 10. 2018).
Willems, Gottfried: Der Literaturbegriff als Problem der Wissenschaft. Die Literatur als Refugium des Wertlebens und das Ideal der wertfreien Wissenschaft. In: Alexander Löck/Jan Urbich (Hg.): Der Begriff der Literatur. Transdisziplinäre Perspektiven. Berlin 2010, S. 223–245.
Winko, Simone/Fotis Jannidis/Gerhard Lauer: Geschichte und Emphase. Zur Theorie und Praxis des erweiterten Literaturbegriffs. In: Jürn Gottschalk/Tilmann Köppe (Hg.): Was ist Literatur? Basistexte Literaturtheorie. Paderborn 2006, S. 123–154.
Zboya, Eric: Übersetzungen in höhere Dimensionen. Eine topologische Reise über den zweidimensionalen Raum der Buchseite in Stéphane Mallarmés *Un coup de dés* hinaus. In: Annette Gilbert (Hg.): Wiederaufgelegt. Zur Appropriation von Texten und Büchern in Büchern. Bielefeld 2012, S. 217–230.
Zeh, Juli: Juli Zeh über Manfred Gortz und den virtuellen Kosmos von „Unterleuten". 03. 05. 2016. <https://www.unterleuten.de/#willkommen> (03. 10. 2018).
Zeh, Juli: Unterleuten. München 2016.
Zemach, Eddy M.: No Identification Without Evaluation. In: British Journal of Aesthetics 26:3 (1986), S. 239–251.

Namenregister

Abrams, J. J.   172, 183–185
Acker, Kathy   510
Addison, Joseph   381
Adelung, Johann Christoph   403, 406
Adorno, Theodor W.   56, 477, 480–483, 488, 489
Ahn, Thomas von   454
Airen   510
Alighieri, Dante   508
Aljinovic, Boris   272, 273
Allen, Woody   115, 117, 395
Alvart, Christian   270, 278, 279
Antonioni, Michelangelo   395
Apollinaire, Guillaume   505
Arango, Sascha   276, 279, 280, 282, 289
Arcangel, Cory   508
Aristoteles   100, 196, 197, 202, 215, 306, 453, 459
Artaud, Antonin   504
Atwood, Margaret   540, 541
Aust, Michael   268
Austen, Jane   33, 38, 39
Austin, John L.   336

Bach, Johann Sebastian   390, 395
Bacon, Francis   459
Bajohr, Hannes   504, 505, 511–515, 521, 543
Bal, Mieke   499
Balestrini, Nanni   500, 532, 533
Balzac, Honoré de   214, 265, 507, 526
Barschel, Uwe   277
Barthes, Roland   4, 15, 96, 99, 100, 148, 182, 262, 329–333, 346, 351, 379, 380, 384, 387–389, 393, 394, 504
Bateson, Gregory   175

Baudelaire, Charles   412
Baxandall, Michael   499
Beardsley, Monroe C.   47, 330–333, 343–346
Beckett, Samuel   522
Beethoven, Ludwig van   48, 477, 481, 485, 489
Benjamin, Walter   226, 227, 383, 386, 460
Benn, Gottfried   484
Benne, Christian   217
Benseler, Frank   436
Berger, Edward   285
Bergson, Henri   364
Bergvall, Carolin   508
Bertuch, Friedrich Justin   121
Beuys, Joseph   387
Bhaskar, Michael   541
Bhatnagar, Ranjit   517
Birkholds, Matthew H.   310
Biti, Vladimir   115
Blei, Franz   423, 425
Bloch, Ernst   438
Bodmer, Johann Jacob   107–112, 191, 196
Bognár, Zsuzsa   432
Bolter, Jay David   536
Borges, Jorge Luis   482, 498, 500
Borries, Friedrich von   525, 526
Bosse, Heinrich   98
Bourdeau, Debra Taylor   307
Bourdieu, Pierre   98, 259
Bourriaud, Nicholas   496, 497, 514
Bradbury, Ray   539
Brahms, Johannes   395
Braun, Karlheinz   202, 203

Brecht, Bertolt   201, 422, 467–469
Breitinger, Johann Jacob   107–112
Brenneke, Adolf   218
Brod, Max   224, 225, 229
Broich, Ulrich   387
Bubner, Rüdiger   47
Bülow, Ulrich von   216, 217, 231
Bürger, Christa   303, 373
Bürger, Peter   155
Burke, Harry   521
Burke, Seán   380
Butler, Judith   432, 436, 451, 453, 465

Cage, John   527
Carpenter, Jim   523
Carroll, Noël   334–336, 341, 343, 344, 346, 347
Cassirer, Paul   462
Castelberg, Christian von   286, 288
Cervantes, Miguel de   185, 308, 317, 500, 501
Chartier, Roger   20, 222, 320, 507
Cohen, Hermann   457
Coltrane, John   48, 56, 57
Conrad, Joseph   502
Cotta, Johann Friedrich   82, 122, 123, 197, 199
Courths-Mahler, Hedwig   134
Cramer, Carl Friedrich   113, 114
Cramer, Florian   537
Critchley, Simon   524
Culler, Jonathan   70, 76
Currie, Gregory   35, 38–40, 70, 98, 335, 336, 341–343

Danielewski, Mark Z.   82, 172, 176–178, 180, 181, 183, 185
Danneberg, Lutz   341, 368, 425, 463
Dannemann, Rüdiger   436
Danto, Arthur C.   500
Darabont, Frank   264
Darnton, Robert   174
Davies, David   38–42, 70, 81, 82, 84
Davies, Nick   504
Davies, Stephen   343
Davis, Miles   48, 49, 52
De Dios Rodríguez, Enar   521
Defoe, Daniel   319

Deleuze, Gilles   182
Dembeck, Till   407
Denk, David   283
Denkler, Horst   487
Derrida, Jacques   15, 99, 220, 227, 232, 487
Dessoir, Max   464
Dickens, Charles   265, 292
Dierbach, Alexander   286
Dilthey, Wilhelm   196, 218, 219, 222, 224, 225, 228, 408
Dodd, Julian   41, 47, 50
Donne, John   33
Dorst, Doug   172, 183–185
Dostoevskij, Fëdor   439–441
Drew, Bernard A.   305
Duchamp, Marcel   500, 527
Düntzer, Heinrich   124
Dworkin, Craig   527

Eagleton, Terry   148
Eckermann, Johann Peter   120, 191
Eco, Umberto   69, 97, 118, 259, 284, 288, 380, 388, 467
Eggert, Maren   274
Eidinger, Lars   279
Eisenecker, Jasper Otto   539
Elgin, Catherine Z.   380
Eliot, T. S.   499
Emerson, Ralph Waldo   483, 484
Engel, Friedrich   443
England, Jesse   539
Ermatinger, Emil   453
Ernst, Paul   428, 432, 444
Ernst, Thomas   518, 519
Eschenburg, Johann Joachim   196
Ettinghausen, Jeremy   515
Eugenides, Jeffrey   180
Euripides   432
Evans, Bill   56

Färberböck, Max   268
Faylor, J. Gordon   521
Fechner, Jörg-Ulrich   102
Feind, Barthold   197
Felka, Rike   224
Fernández de Avellaneda, Alonso   308
Feyerabend, Paul   48

Fichte, Johann Gottlieb 455
Fielding, Henry 310
Fietz, Lothar 357, 358
Fischer, Torsten C. 270, 290
Fischer-Lichte, Erika 195, 382
Flaubert, Gustave 482, 484, 498, 500, 501
Fleischel, Egon 423
Fleming, Alexander 41
Fleming, Ian 312
Foer, Jonathan Safran 172
Foucault, Michel 4, 5, 15, 16, 71, 74, 100, 113–115, 117, 213–215, 220, 262, 329, 330, 333, 511
Freud, Sigmund 117
Freytag, Gustav 196, 408
Friedrich V., Pfalzgraf und Kürfürst von der Pfalz 103
Frisch, Max 79, 205, 231
Frohmann, Christiane 517, 519
Fromm, Friedemann 283
Füchtjohann, Jan 294

Gadamer, Hans-Georg 352, 359, 361–364
Gaiser, Gottlieb 75
Ganner-Rauth, Heidi 306
Garde, Claudia 274, 279
Gehlen, Dirk von 534
Genette, Gérard 176, 180, 206, 304, 306
Genschel, Mara 524, 525
George, Stefan 463
Gernhardt, Robert 200, 201
Gertz, Holger 272, 276
Geulen, Eva 481, 484–486
Gibson, William 535, 536, 538
Gilbert, Annette 171, 543
Giuriato, Davide 226
Goedeke, Karl 97, 117
Goehr, Lydia 57
Goethe, Johann Wolfgang 76, 82, 83, 94, 117–124, 191, 192, 196, 197, 199, 200, 217, 232, 310, 311, 316, 318, 319, 323, 386, 477, 479, 480, 482–486, 488
Goldsmith, Kenneth 496, 497, 508, 511, 523, 542
Gombrich, Ernst H. 388
Goodman, Nelson 32, 33, 380, 430, 500, 533

Göschen, Georg Joachim 121
Gottsched, Johann Christoph 105
Götz, Rainald 515
Grabbe, Christian Dietrich 117
Granderath, Christian 279
Greber, Erika 411
Grice, Paul 336, 338, 339, 341
Grimm, Jacob und Wilhelm 512
Gründgens, Gustaf 386
Gryphius, Andreas 198, 206
Gryphius, Christian 205
Guattari, Félix 182
Günter, Manuela 323
Gutenberg, Johannes 174, 175

Hacker, Katharina 170, 171, 530
Haller, Klaus 242
Hamecher, Peter 118
Handke, Peter 201–204, 231
Harris, James 68, 69
Hartmann von Aue 483
Hayles, N. Katherine 175–177, 182, 183, 188
Hegel, Georg Wilhelm Friedrich 54, 55, 67, 68, 196, 197, 332, 456–458, 462
Hegemann, Helene 510
Heidegger, Martin 362
Heine, Heinrich 485
Heinsius, Daniel 102
Heisig, René 284, 287
Herbert, George 44
Herder, Johann Gottfried 68, 69, 405
Herrmann, Max 194
Herzfelde, Wieland 468
Heymel, Alfred Walter 200
Heyse, Paul 197
Hildebrand, Rudolf 117
Himburg, Christian Friedrich 121
Hindrichs, Gunnar 60, 61
Hinrichs, William H. 305, 309, 319
Hirsch, Eric Donald 352, 360, 361, 364–366, 369, 371
Hirsch, Ernst E. 118
Höfele, Andreas 194
Hoffmann, Dagmar 313
Hofmannsthal, Hugo von 200
Hölderlin, Friedrich 504
Horaz 69, 100, 197

Howell, Robert 30, 42, 43, 527
Hrotsvit von Gandersheim 196
Huebler, Douglas 496
Huff, Jason 511
Hügel, Hans-Otto 260
Hughes, Ted 230
Humboldt, Wilhelm von 68, 69
Husserl, Edmund 353–355, 364, 413
Hutchinson, Ben 481, 483

Ingarden, Roman 31, 32, 34, 35, 68, 351, 353–361, 364–367, 371
Ionesco, Eugène 502
Irvin, Sherri 43, 44
Iseminger, Gary 334, 342
Iser, Wolfgang 351, 364, 366, 367, 382, 393

Jahraus, Oliver 131, 149, 194
Jakobson, Roman 410, 412
James, Henry 292
James, William 85
Jandl, Ernst 504
Jannidis, Fotis 86, 380, 529
Jauch, Günther 268, 288
Jauch, Thomas 270
Jauß, Hans Robert 352, 361, 363, 364, 366, 371
Jean Paul 224
Jochum, Uwe 219, 242
Jourdan, David 504
Joyce, James 511
Joyce, Michael 534, 536
Jungen, Oliver 278, 279

Kablitz, Andreas 195, 363
Kafka, Franz 221, 224–226, 229
Kandinsky, Wassily 204
Kania, Andrew 47
Kant, Immanuel 56, 116, 403, 455–457, 459, 460
Kanzog, Klaus 340
Kassner, Rudolf 428
Kaufmann, Rainer 269
Kayser, Wolfgang 68, 97, 364
Keller, Gottfried 223
Kelleter, Frank 262, 263, 265, 293–295
Kelly, Robert 504

Kiefer, Alex 337
Kierkegaard, Søren 432, 458
Kindt, Tom 488
Kirschenbaum, Matthew 534–536
Kittler, Friedrich 176
Kivy, Peter 50
Kleist, Heinrich von 134–136, 138, 139, 144, 147, 150–154, 156–158, 160, 162
Klischnig, Karl Friedrich 320
Klopstock, Friedrich Gottlieb 112–114, 196, 404, 405
Klopstock, Margareta 197
Klotz, Volker 409
Klüppelholz, Heinz 305, 306, 319, 320
Kölbel, Martin 70, 303, 370, 506
Kölbl, Andrea Pia 229
König, Christoph 221
Kraft, Elizabeth 307
Krämer, Klaus 271
Kraus, Karl 196
Kreuzer, Helmut 520, 529
Kreuzmair, Elias 518
Kristeva, Julia 383, 387, 389
Kuhn, Hugo 373
Kuhn, Thomas 48
Kunzendorf, Nina 268
Kuorinki, Mikko 511
Kurbjuhn, Charlotte 407

Lamarque, Peter 37, 38, 70, 73, 79, 80, 85, 337, 370
Larsen, Reif 172
Lask, Emil 422, 438, 440, 441, 451, 455–458, 461
Latour, Bruno 95, 283
Lauer, Gerhard 86, 529
Le Fraga, Sophia 522
Leavenworth, Maria Lindgren 305
Lehmann, Hans-Thies 192
Lemarquand, Jean Baptiste de 197
Leopold, Stephan 314–316
Lessing, Gotthold Ephraim 68, 69, 196, 198, 200, 205, 311, 319, 403, 404, 423
Levý, Jiří 503
Levé, Édouard 528, 529
Levine, Sherrie 498–502
Levinson, Jerrold 34, 35, 38, 40, 57, 115, 334–336, 341–344, 346, 347, 499

Lévi-Strauss, Claude   412
Lewis, Matthew Gregory   504
Lichtenberg, Georg Christoph   226, 227
Locke, John   222
Loetscher, Hugo   230
Long, Gareth   504
Lotman, Jurij   115, 148
Lübbe, Hermann   485
Luhmann, Niklas   118, 187
Lukács, Georg   367, 419–455, 457–469

Macero, Teo   52
Mahler, Gustav   58
Mallarmé, Stéphane   502
Mann, Thomas   453, 477, 483, 484, 526
Mannheim, Karl   427, 429–431, 446, 448, 452, 465
Marana, Giovanni Paolo   319
Marczewska, Kaja   497
Mardersteig, Giovanni   178
Margolis, Joseph   50
Marivaux, Pierre Calet de   309, 319
Márkus, György   432
Marlitt, Eugenie   134–138, 144–147, 151, 153, 154, 156, 159, 162
Marquard, Odo   485
Martens, Gunter   70, 77, 214, 262, 303
Martínez, Matías   367
Martini, Fritz   481, 483
Martus, Steffen   87, 373
Massin, Robert   502
Matuschek, Stefan   83
Mayer, Verena   263
McCarthy, Tom   524, 525
McCullan, Gordon   485
McDowell, John   49
McGann, Jerome J.   171, 188, 535, 540
McKenzie, D. F.   188
McLaughlin, Stephen   523
McLaverty, James   339
Mehldau, Brad   50
Meier, Heinrich   440, 443
Meimberg, Florian   519
Meletzky, Franziska   270
Mendelssohn, Moses   404, 405
Mersch, Dieter   73
Métail, Michèle   517, 523
Meyer-Förster, Wilhelm   312

Meyer-Minnemann, Klaus   309
Michelangelo   395
Milberg, Axel   268, 273, 280, 281
Milton, John   108
Mink, Louis O.   368
Mittell, Jason   294
Monet, Claude   395
Montesquieu, Charles de Secondat, Baron de   319
Moore, Eoin   270, 275, 276, 283, 284, 286, 288, 289
Morel de Vindé, Marie-Renée Choppin d'Arnouville, Vicomtesse de   319
Moretti, Franco   410
Moritz, Karl Philipp   67, 68, 112, 332, 403, 404, 406, 407, 409
Moscherosch, Johann Michael   309, 317
Moyers, Bill   261
Müller, Hans-Harald   454
Müller, Harro   100, 141, 142, 160, 213
Müller, Lothar   175
Müller, Wolfgang G.   304, 314, 315
Müller-Sievers, Helmut   292–296
Multhammer, Michael   311
Musil, Robert   229

Nagel, Ivan   194
Napier, Mark   513
Naumann, Uwe   534
Neschke, Ada B.   69
Nicolai, Friedrich   311, 317
Niehoff, Reiner   227
Nietzsche, Friedrich   113, 213, 379, 456, 480
Nitsch, Hermann   387
Nora, Pierre   217
Northe, Corinna   531
Noury, Aurélie   507
Nowak, Helge   306, 310, 312, 320–322
Nuotio, Sampsa   508

Olsen, Stein Haugom   73, 85, 337
Omaheimo, Raisa   508
Opitz, Martin   102–109, 111, 114, 197
Orwell, George   42, 539
Ostermann, Eberhard   70
O'Toole, James M.   216

Papritz, Johannes 218
Parker, Charlie 56, 57
Passig, Kathrin 511
Pasternack, Gerhard 358
Paterson, Katie 540
Patzig, Günther 366
Peirce, Charles Sanders 85
Petit, Jacques 214
Petterson, Anders 370
Pfister, Manfred 194, 387
Pfranger, Johann Georg 311, 319
Philippe, Charles-Louis 432, 437
Picasso, Pablo 390
Pinkard, Terry 54
Piper, Andrew 188
Pizzolatto, Nic 262
Place, Vanessa 518, 525
Platon 432
Plautus 197
Pope, Alexander 339
Popper, Leo 423, 424, 437, 446, 454
Popper, Simon 511
Porombka, Stephan 517
Poschmann, Gerda 192
Pound, Ezra 171
Propp, Vladimir 410
Pross, Harry 175
Proust, Marcel 214, 322
Purgathofer, Peter 539
Pustkuchen, Johann Friedrich Wilhelm 311, 318, 323

Raabe, Wilhelm 480, 481, 483, 485–487
Raacke, Dominic 271
Raffael 394
Rajewsky, Irina O. 387
Rambach, Johann Jakob 362
Ramler, Karl Wilhelm 196
Rammstedt, Tilman 515
Raumer, Friedrich von 196
Ray, William 364
Rebhun, Paul 198
Rees, Cees J. van 371
Rehfeld, Nina 262, 263
Reißmann, Wolfgang 313
Rembrandt 485
Reuß, Roland 11, 228, 369
Ribeiro, Anna Christina 42

Riccoboni, Marie-Jeanne 309
Richardson, Brian 314, 315
Richardson, Samuel 171, 310, 317
Rickert, Heinrich 438, 442, 443
Rieger, Hannah 483
Riegl, Alois 449
Rilke, Rainer Maria 30
Röcken, Per 369, 506
Rockenberger, Annika 369, 506
Rohde, Torsten 518
Rohrbaugh, Guy 35, 36
Rojas, Fernando de 308
Rosenthal, Olivia 520, 522
Roth, Philip 489, 490
Rothberg, Michael 489
Rousseau, Jean-Jacques 222
Rudolph, Niels-Peter 199
Ruffel, Lionel 520, 522, 543
Rutkoski, Mark 511
Ryan, Marie-Laure 308, 314, 322

Said, Edward W. 477, 480, 489, 490
Sandor, András 367
Saroyan, Aram 528
Saussure, Ferdinand de 405
Schacht, Michael 270
Schalansky, Judith 169–172, 176, 182, 186
Scheffer, Bernd 372
Scherer, Stefan 204
Scheurleer, Henri 319
Schiller, Friedrich 97, 117, 120, 205, 296, 297, 395, 442
Schilt, Jelka 95
Schlegel, Friedrich 435, 460
Schleiermacher, Friedrich 112
Schmid, Gerhard 220
Schmidt, Elisabeth 197
Schmidt, Johann Lorenz 110
Schmidt, Lars 290
Schmidt-Hern, Kai Hendrik 315
Schmitt, Carl 433
Schneider, Ralf 367
Schöne, Albrecht 484
Schopenhauer, Arthur 434
Schößler, Franziska 205
Schöttker, Detlev 227, 229
Schubert, Franz 49

Schuldt (d.i. Schuldt, Herbert)   504
Schwarzwald, Konstanze   433
Schweiger, Til   289
Searle, John R.   71, 74–77, 336, 339
Sebald, W. G.   231, 232
Seelig, Carl   224, 229
Seeßlen, Georg   264
Setz, Clemens   186
Shakespeare, William   197, 205, 390, 395, 410, 477, 485, 486, 511
Sheehan, Helena   261
Shillingsburg, Peter L.   214, 220, 463
Shorter, Wayne   57
Sidney, Philip   310
Simanowski, Robert   516
Simon, David   262, 263
Simonova, Natasha   305, 314, 316
Sina, Kai   224
Spencer, Cameron   517, 518
Spengler, Birgit   305
Sperber, Dan   336
Spoerhase, Carlos   73, 77, 140, 173, 178, 215, 217, 262, 323, 332–334, 367, 461, 499
Stackelberg, Jürgen von   305, 310
Stäcker, Thomas   535, 543
Staiger, Emil   68
Stalder, Felix   496, 514
Stanitzek, Georg   187
Stark, Christoph   271
Stecker, Robert   334–338, 341
Steinfeld, Thomas   260
Stendhal   304
Sterne, Laurence   320, 433, 445, 504
Stiegler, Bernard   175
Stierle, Karlheinz   143, 372, 381, 387, 388
Stifter, Adalbert   482, 485
Stiller, Thomas   287
Storm, Theodor   428
Straczynski, J. Michael   263
Straßburg, Gottfried von   307
Strauß, Botho   199
Strauss, Richard   489
Strindberg, August   511
Strohschneider, Peter   307
Strube, Werner   72, 341
Sukenick, Ronald   379
Sulzer, Johann Georg   191, 196
Sutrop, Margit   388

Sweeney, Sheamus   261
Swift, Jonathan   17
Syjuco, Stephanie   502, 503

Terenz   197
Tesnière, Lucien   411
Thaler, Jürgen   223
Thierse, Wolfgang   87, 93, 118, 141, 142, 155, 332, 370, 371, 421, 467, 469, 529
Thomasson, Amie L.   505, 527, 529
Thomé, Horst   72, 140, 332
Thörn, Pär   511
Thurston, Nick   506, 507, 509
Tilghman, B. R.   366
Titzmann, Michael   149, 161
Tolhurst, William   336
Tonnard, Elisabeth   511, 528, 529
Trabant, Jürgen   16
Triller, Daniel Wilhelm   105–109
Tristano, Lennie   52, 56
Tukur, Ulrich   268
Tykwer, Tom   263

Unseld, Siegfried   203
Updike, John   489, 526

Verdi, Giuseppe   395
Vilayphiou, Stéphanie   539
Vogeler, Heinrich   200

Wachowski, Lana   263
Wachowski, Lilly [zuvor Andy]   263
Wachter, Daniel von   354
Wagner, Birgit   319
Wagner, Richard   197, 395
Waldenfels, Bernhard   371
Wallace, David Foster   510
Walser, Robert   224, 229
Walzel, Oskar   408
Warning, Rainer   364
Warren, Austin   360
Weber, Max   421, 438–444, 452, 464
Weichbrodt, Gregor   511
Weimar, Klaus   365, 372, 399, 400
Weisbrod, Lars   262, 264
Wellek, René   351–355, 357–361, 363, 364, 366, 371
Wenders, Wim   204

Werner, Jürgen 289
Wieland, Christoph Martin 110
Wiethölter, Waltraud 83
Willems, Gottfried 529
Wilsmore, Susan 367
Wilson, Deirdre 336
Wimsatt, William K. 330–333, 343, 345, 346
Windelband, Wilhelm 438
Winkler, Emil 356
Winko, Simone 85, 86, 529
Witte, Gunther 277
Wittgenstein, Ludwig 59, 63, 336
Wolf, Norbert 381
Wölfflin, Heinrich 408
Wollheim, Richard 30, 32, 33

Wolterstorff, Nicholas 33, 34
Wordsworth, William 504

Zabka, Thomas 85
Zahavi, Dror 284, 290
Zalai, Béla 452
Zalta, Edward 35
Zanetti, Sandro 477, 480, 487, 488
Zappa, Frank 204
Zboya, Eric 502
Zeh, Juli 526
Zeller, Hans 95
Zincgref, Julius Wilhelm 102–104, 106
Ziolkowski, Theodore 314
Žižek, Slavoj 54
Zweig, Stefan 221

www.ingramcontent.com/pod-product-compliance
Lightning Source LLC
Chambersburg PA
CBHW031719230426
43669CB00007B/180